兒童福利

Child Welfare

郭靜晃◎著

2nd Edition

序

　　自進入私立中國文化大學青少年兒童福利學系就讀，已是三十三年前的往事。猶記往昔剛考上大學時的喜悅，當時，在閱讀聯招委員會所提供科系資料中，發現介紹欄中唯獨此科系是空白的，也產生對兒童福利的好奇與懷疑！進入大學後，經由老師的提醒與介紹，對於兒童福利的定義與走向仍很陌生，只知一九七三年兒童福利法開宗明義所定義是為促進兒童身心健全發展、保障其權益，並要以兒童的最佳利益為優先考量。然而，此定義是以一般兒童的利益為主，抑或是為不幸兒童或處於不利的兒童及其家庭為主呢？隨著社會的演進及變遷，本土的兒童福利實務工作的擴展，兒童福利漸漸與兒童發展、青少年輔導、犯罪預防或兒童教育作一專業的區隔，並漸漸向社會工作專業靠攏，在時間進展中，兒童福利實務累積及社工專業為社會所接受且重視時，兒童福利工作也漸漸形成一門專業，尤其國外社會工作專業的提昇及實際評估社會問題也漸漸引用生態觀，人在情境及增強和充權理論，對兒童的關心也從兒童個人到家庭甚至整個社會、處遇之模式也漸漸拋棄過去只重視殘補式的處遇到預防性、發展性甚至主導性（proactive）的處遇模式及政策。

　　基於這種體認，本書企圖以美國社會工作實務之規範（SWPIP）為經，介紹兒童福利領域（為危機、不幸及不利兒童及其家庭為優先考量）的相關課題為緯，以提供在學學生及相關領域之兒童福利工作者作一參考，以共同為兒童營造一個無傷害及支持或補充兒童所處家庭及社區，並為兒童打造一快樂成長與發展的環境。

　　本書共分三個部分——理念篇（1～4章）、制度篇（5～8章）、服務篇（9～13章），共十三章，臚列如下：

　　第一篇：理念篇——內容包括兒童福利意涵、兒童福利專業、兒童發展與兒童福利、各國兒童福利發展，共計四章。

　　第二篇：制度篇——內容包括兒童福利政策、兒童少年福利法規、兒童少年福利體系組織及運作、兒童福利專業制度，共計四章。

　　第三篇：服務篇——內容包括支持性的兒童福利服務、補充性的兒童福利服務、替代性的兒童福利服務、兒童保護服務、兒童福利服務之新思維與作法，共計五章。

　　由於二〇〇三年五月二十八日兒童福利法與少年福利法合併爲兒童少年福利法，加上兒童及少年福利之定義及所涉及的範圍相當廣泛，礙於篇幅，實也無法面面俱到。本書撰寫之目的在於整合有關兒童及青少年福利的各項議題，期使讀者能夠因本書而更深切的認識及瞭解其重要性與價值性，進而得以應用本書在學術學理研究與實務運作上，能提供一些實質上的幫助。

　　本書得以順利多版，要感謝揚智文化事業股份有限公司葉總經理忠賢，在葉總經理十年來的誠懇及堅持不懈地邀請與期盼之下，爲本書付梓提供各種協助，才能使本書順利交稿，在此表達誠摯的謝意。

郭靜晃　謹識
陽明山　華岡
2009年初夏

目錄

第一篇
理念篇

Chapter1
第一章

兒童福利意涵

「今日不投資，明日一定會後悔」。每個人只有一個童年，而兒童正處於人生發展的第一個階段，因其尚未發展成熟，所以受周遭的環境影響很深。人類異於禽獸乃在於其有最長的成長準備，在此階段，個體必須要接受環境及成人的保護，以塑造其人格及孕育日後成長的潛能發展；所以世界各國爲了兒童健康、生長與發展，挹注各種資源以制定兒童福利政策，開展兒童福利服務工作，以重視兒童基本成長的權利，冀望營造一個兒童健全成長、無傷害的成長環境。

兒童福利不僅止於兒童的福利，其也是家庭及全人類的福利及未來幸福感（well-being）的基礎。吾人對待兒童的方式會影響我們未來的生活方式及品質（Mather & Lager, 2000）。每一社會皆應愛我們下一代及珍惜他們，但不幸的是，我們卻沒有如此視兒童爲一社會的珍寶，甚至忽略他們成長的基本權利及更有甚之去傷害他們，爲什麼吾人沒有辦法盡我們的全力的去愛我們的下一代？這也是本書想要闡明之處，並試圖介紹其影響因子，以及如何提供一個縝密的保護網，以期兒童在成長過程免受人爲環境之影響。

本章首先闡明兒童福利的意義、功能、內涵、如何形成一種專業及學術，以及兒童福利的研究方法。

第一節　兒童福利之意義

兒童福利（child welfare）是社會福利的一環，更是一門社會工作專業，兒童福利並無一放諸四海而皆準的定義，其定義常依國家的社會、經濟、文化、政治等發展層次不同而有差異。未開發國家視兒童福利爲兒童救濟；開發中國家視兒童福利不僅是消極的救濟，更要解決各種社會中的不良因素所導致的兒童問題，特別要救助不幸的兒童及家庭（尤其是因貧窮而導致兒童處於不利生存的家庭）；對已開發的國家而言，兒童福利係指促進兒童身心健全發展的一切活動而言（李鐘元，1983；引自郭靜晃、彭淑華、張惠芬，1995）。所以說來，兒童福利有兩個層次之定義，一是兒童，二是福利。第一層之定義是有關於兒童年齡層之界定，過去吾人通常

4

將兒童定義為12歲以下之個體，但隨著時代的變遷以及法令之修訂，我國兒童福利法在二〇〇三年五月二十八日經四次修訂最後合併修法為兒童及少年福利法之後，在第2條就規定：「本法所稱兒童及少年，指未滿18歲之人；所稱兒童，指未滿12歲之人；所稱少年，指12歲以上未滿18歲之人。」據此法令之規定，兒童實指12歲以下之人，但在實務上兒童的福利工作已擴充至18歲以下之人。我國兒童福利法之修訂就有參考美日國家的立法精神，例如，美國兒童福利服務的對象包括18歲以下的少年，日本兒童福利法第4條就規定：「本法所稱兒童者，係指未滿18歲之人。細分如下：(1)嬰兒（乳兒）：未滿1歲者；(2)幼兒：滿1歲至學齡者；(3)少年：滿學齡，至滿18歲者。」

　　就發展心理學的觀點，人的一生可從年齡及發展細分為不同之階級，例如，嬰兒期（0～2歲未滿）、學步兒童期（2～4歲未滿）、幼兒期（4～6歲未滿）、學齡兒童期（6～12歲未滿）、青少年前期（12～18歲未滿）、青少年後期（18～25歲未滿）、成年期（25～45歲未滿）、中年期（45～65歲未滿）、成年晚期（65～75歲未滿）及老年期（75歲之後）。每個階段，由於生理、心理、社會期待有其發展特徵，因而有其各個不同階段之發展任務及特殊需要，為了配合各個階段任務之需求性及特徵，社會服務工作需設計滿足不同階段個人需求的各種活動與計畫，是謂不同階段之福利服務工作，例如兒童福利、少年福利、老年福利或身心障礙者福利。因此，各類福利之服務工作及專業的學術與實務便會應運而生（周震歐，1997）。所以說來，兒童福利係為社會福利之一環，早先是一社會工作方法（日後形成為一種專業），之後透過組織制度化的方法以及立法規範來處理社會問題（例如，貧窮、受虐兒童、早期療育及托兒之問題），而兒童又不能獨自生活，所以兒童之問題又與家庭的問題相連結，所以，兒童福利，從廣義來說是針對全體兒童的普遍需求，透過各種方式：政策規劃及福利服務設計，以促進兒童生理、心理最佳發展，保障其基本權利，以符合社會發展的需要。所以說來，兒童福利更是一門社會工作的專業，透過社會工作方法以解決舉凡貧窮及兒童身心遭受傷害的社會問題。

　　在十九世紀中期，美國因為貧窮家庭所衍生之個人問題以及安置所之問題，慈善組織社會（Charity Organization Societies）結合社會工作的個案

工作給予家庭一些庇護及重建（rehabilitation）以解決社會問題（Popple & Leighninger, 1996）。此種方案之處理主要是源自社會個案工作之治療模式做個案處遇。Mary Richmond便是慈善組織社會應用此方法的代表人物。值得一提的是，這也是美國所發展的個案工作哲學的基本理念：個體被視爲其成就的資源，因此，個人的困難也要透過自己來解決。

而安置所（Settlement House）的哲學相對的是給予因環境及社會變遷所造成的家庭困境所提供的機構處遇方式。當時最著名的安置所爲Jane Addam及Hull的安置收容所。之後在二十世紀初期，社會工作已形成一門專業來處理兒童及其家庭的問題，所用的方法除了醫療模式之外，也漸漸採用科學系統的模式，各式各樣的理論、學派及大學也提供學院來培養社會工作專業人才，在方法上也從個人的個案工作轉至社會的個案工作（Popple & Leighninger, 1996）。在一九一九年，精神醫學的崛起，促使社會工作者放棄社會改革方法，轉而擁抱個人干預（intervention）。之後在第一次世界大戰之後，由於愛國主義思潮，也使社會工作者拋棄較自由及激進的方式，改採取保守的個人之個案工作處遇。儘管在美國早期因時代變遷，社會工作專業之方法在個體、家庭及環境上流連，不變的是，其工作的重點仍在於對家庭及兒童的處遇。

而上列之社會工作處遇又稱爲「殘補取向」或「最低限度取向」（residual or minimal-oriented）的社會福利服務，應用於在一般正常社會系統中未能滿足需求的兒童提供社會服務。

之後於一九三〇年代，由於經濟大蕭條（Great Depression），個人及家庭因社會變遷無以倖免，而導致家庭因社會環境產生不利生存的地位，因此社會工作及服務方案開始思考如何提供家庭及兒童一切支持以脫離不幸或不利生存的環境〔是謂對貧窮作戰（War on Poverty）〕，此處遇模式也從殘補式轉向普遍及預防模式（universal or preventive welfare service），此種模式除了提供支持給家庭及兒童之外，也擴大至老人及身心障礙者（Lindsey, 1994）。

雖然貧窮並不是兒童福利領域的唯一要素（Gil, 1981; Lindsey, 1994），但是兒童福利之服務產生卻是因貧窮狀況而衍生的，例如，許多兒童虐待與疏忽是與貧窮、家庭缺乏資源及教育有關，尤其是單親之女性生活在貧

窮線之下容易成為瀕臨高危機之家庭（at high-risk families），並需要社會服務機構的支援，而且生活在此家庭的兒童也容易發生虐待的事件。尤其身在資本主義、崇尚物質價值的社會中，身為貧窮的身分導致個人產生低自我尊重及無價值感。此種感受更使貧窮家庭之母親與子女身受更大的壓力，而導致母親在無法負荷之下，對其子女產生拒絕或虐待行為。所以，在六○年代之後，美國社會工作者改採取社會改革，著名的八○年代福利改革方案（welfare reform project）更是以「發展取向」或「制度取向」（developmental or institutional-oriented）的福利服務，針對所有家庭及兒童，不管是對貧窮、失依、失教、行為偏差、情緒困擾等兒童及其家庭提供支持，以滿足正常兒童在此社會中所需要健全生活的服務。此種服務例如與經濟需求有關的母親年金（Mother's Pension）、失依兒童之家庭扶助（AFDC）、兒童支持服務（Child Support Service）、補充性安全收入（Supplemental Security Income）、兒童虐待及疏忽危機處遇，如家庭維繫服務（Family Preservation Service）、兒童保護服務（Child Protection Service）、兒童保護團隊（Child Protection Team）；以及兒童教育與保養，例如，啟蒙計畫（Head Start）、政府支助托育場地（Governmentally Supported Day Care Space）及兒童支持方案（Child Support Program）。二○○○年之後，政府傾向減少福利補助，而將家庭推向企業以工作方案解決家庭對政府福利之依賴，其次再使用福利輸送服務。

　　一九五九年聯合國的「兒童權利宣言」（Declaration of the Rights of the Child）更指出：「凡是以促進兒童身心健全發展與正常生活為目的之各種努力、事業及制度等均稱之為兒童福利。」

　　一九六○年美國之《社會工作年鑑》（*Social Work Year Book*）更將兒童福利定義為：「旨在謀求兒童愉快生活、健全發展，並有效發掘其潛能，它包括了對兒童提供直接福利服務，以及促進兒童健全發展有關的家庭和社區的福利服務。」（周震歐，1997）而美國兒童福利聯盟（Child Welfare League of American）在一九九○年亦指出：「兒童福利是提供兒童和青少年，尤其是其父母無法實踐兒童養育之責，或其所住之處無法提供資源和保護措施給有需要之兒童及其家庭。」

　　綜合本節之論點，兒童福利之定義實可分為廣義及狹義的區分，廣義

的兒童福利是以全體兒童為服務對象，依我國兒童及少年福利法第9條所規定：「本法所定事項，主管機關及各目的事業主管機關應就其權責範圍，針對兒童及少年之需要，尊重多元文化差異，主動規劃所需福利，對涉及相關機構之兒童及少年福利業務，應全力配合之。」而其主管機關係指內政部兒童局，其他名目的事業主管機關包括有：衛生、教育、勞工、建設、工務、消防、警政、交通、新聞、戶政、財政及其他相關兒童少年福利措施之相關目的事業主管機關。其他最主要的範疇，依兒童少年發展促進會議包括：兒童福利措施、衛生保健、兒童教育及司法保護四項（周震歐，1997）。此種兒童福利服務工作較為積極，又可稱為「發展為取向」之兒童福利。

　　狹義的兒童福利服務對象，多為遭遇各種不幸情境的兒童及其家庭，如失依兒童、身心障礙兒童、貧童及受虐兒童、行為偏差或情緒困擾之兒童等，針對其個別問題需求予以救助、保護、矯正、安置輔導及養護等措施，利用個案管理之技術，有效改善其所面臨之問題，此種兒童福利服務工作又可稱為消極性的兒童福利，實以問題為取向之兒童福利，亦可稱為是「殘補性取向」之兒童福利。

第二節　兒童福利之功能與內涵

　　兒童福利是以兒童為最佳利益（the best interest）及最少危害替代方案（the least detrimental alternative），採用社會工作專業的技術與方法，以維護兒童權益，滿足兒童成長與發展的需求以及保障兒童健康成長之機會（馮燕等，2000）。而兒童福利亦是社會福利之一環，是故社會福利之功能發揮亦是兒童福利所應施展的方針。基本上，社會福利有治療預防和發展等功能（林勝義，2002）。就此觀點，兒童福利之功能，應包括：

一、維護及倡導兒童相關權益

　　「兒童是國家的主人翁，未來的棟樑」。如果國家不能保護他們，使兒

童或少年遭遇不幸或虐待（child maltreatment），抑或是未提供機會使其發揮應有的潛能，而導致其犯罪，家庭流離失散，更造成沉痛又複雜的社會問題。而兒童不像成人，在生理、思想及行為上業臻成熟，可以獨立自主的生活，因此，他們被合法賦予負擔成人責任的一個「依賴」階段（余漢儀，1995），也唯有兒童受到良好的保護，兒童權益受到尊重，兒童福利服務發揮效能，才能落實兒童照顧，避免他們身心受到傷害。

隨著社會的開放與進步，基於人性尊嚴、人道主義，及自由平等的精神，人權的問題廣泛受到世界各國，甚至是聯合國的重視；而國人對於人權的重視，相較於從前，也有更普遍的認知和覺醒。然而，大人為自己權利在爭奪的同時，卻忘了在水深火熱及缺乏能力為自己權利打拚的兒童，甚至更遭受到不公平、不尊重的對待（謝友文，1991）。

過去幾年來，報章雜誌聳動的標題，電視公益廣告中所刊登有關兒童綁架撕票、虐待、強暴、猥褻、兒童青少年自殺、兒童適應不良、乞丐兒、深夜賣花兒、色情傳播、校園傷害、兒童買賣、強迫兒童為妓等情形層出不窮，可見兒童生長的權益受到剝削和忽視，甚至導致身心傷害及凌虐致死，這些事件實令人觸目驚心。雖然我國經濟成長，兒童在物質上的生活條件並不匱乏，但隨之而來的是，社會忽視了兒童的權益，傷害兒童身心安全的危機以及不利兒童健全成長的誘因潛伏在生活環境中，在號稱「兒童是家庭珍寶」的現代社會中，實是一大諷刺（郭靜晃，1999）。

兒童福利聯盟文教基金會從一九九七至一九九九連續三年針對台灣地區約100位的兒童福利學者、機構主管、社政主管、社工實務者、醫療、教育、法律、媒體及立委等瞭解兒童之專業人士，調查相關兒童人權，包括：基本人權、社會權、教育權、健康權等四個兒童人權指標，其結果皆是令人不甚滿意（馮燕，1999）。顯然地，台灣地區兒童在兒童福利專業人士眼中是沒有享受到平等主義取向下所強調的被尊重及社會參與權，也沒有得到保護主義取向下應提供充分的安全與福利等保護措施。

此外，從孩子的角度，兒童福利聯盟文教基金會也於一九九九年四月針對北、中、高三市抽取3,590位五、六年級學童所做的「跨世紀兒童生活狀況調查」問卷，以孩童基本權利、受保護的權利、正常成長的權利以及孩童對權利的認知為指標，結果發現：近九成學童表達經常或偶然對「功

課壓力沉重」、「遊戲空間、時間不足」、「未具足夠的人格尊重」、「缺乏足夠的安全保障」等煩惱及困擾存在。

　　兒童福利法開宗明義地在第1條闡釋：爲維護兒童身心健康、促進兒童正常發育、保障兒童福利，特制定兒童福利法。第5條：兒童之權益受到不法侵害時，政府應予適當的協助與保護。從立法之精神看來，兒童有免於恐懼與接受教育的權利。可是近年來，相關兒童權益之調查報告及兒童覺知其生活狀況調查報告皆指陳兒童人身安全指標不及格，顯示兒童生活危機重重，不但在社會上不安定、在學校不安全，甚至在家也不安全。而兒童被遺棄、虐待、遭性侵害、被強迫從事不法行爲等案件在社會新聞中也時有所聞，資料顯示更有逐年增加之趨勢，這也顯現我國社會對於兒童人權保障仍不及格。

　　我國對於兒童福利服務的推廣，政府與民間雖不遺餘力來進行，除了兒童福利法之訂頒，也賡續建立通報制度，補助設置兒童福利服務中心，落實社區化兒童保護工作，加強對遭受性侵害兒童及施虐者心理治療與後續追蹤輔導工作，並落實兒童之「福利與保護」之立法精神，有訂定相關法規，例如，「菸害防治法」、「特殊教育法」、「少年事件處理法」之對菸、酒、麻醉藥品之管制、有關之特殊兒童之教育資源及對觸法兒童給予尊重、隱私權之保護與公平審議等法也加以制定配合，但是缺乏平行協調而導致無法保障兒童權益及落實立法精神。諸此種種皆表示我國要達到聯合國兒童權利公約之標準及讓兒童能在免於歧視的無障礙空間中，平等享有社會參與、健康安全的成長，是有待兒童福利工作者努力的方向（劉邦富，1999）。

　　聯合國兒童權利公約（U. N. Convention on the Rights of the Child）的訂定起源於一九五九年的聯合國兒童權利宣言（U. N. Declaration of the Rights of the Child）和一九二四年國際聯盟所通過的兒童權利宣言（日內瓦宣言），並於一九八九年十一月二十日通過實施（李園會，2000），此公約於一九九〇年九月二日正式生效，成爲一項國際法，並訂每年十一月二十日爲「國際兒童人權日」。

　　兒童權利憲章從一九四六年起草，至一九五九年完成實施，共歷經十三年的時間。「兒童權利宣言」將「日內瓦宣言」時期視兒童爲保護對象

的兒童觀，進一步提升到把兒童定位為人權的主體，意即期望將獲得國際認同的世界人權宣言條款，積極地反映在「兒童權利宣言」上。圖1-1是社會委員會制定宣言草案的過程，由此圖可看出日內瓦宣言在第二次世界大戰後，將屬於兒童的權利正式納入兒童權利宣言的過程。

聯合國的各國國民再次肯定基於聯合國憲章的基本人權和人性尊嚴的重要性，決心促使人類在自由的環境中，獲得提升生活水準，並使社會更加進步。

聯合國在世界人權宣言中強調，所有的人類不應該由於種族、膚色、性別、語言、宗教、政治或其他理念、國籍、出身、財富、家世及其他與地位等相類似的事由受到差別的待遇，使每個人均能共同享受本宣言所列舉的各項權利和自由。

由於兒童的身心未臻成熟階段，因此無論在出生之前或出生之後，均應受到包括法律的各種適當的特別保護。

此種特殊保護的需要，早在一九二四年的日內瓦兒童權利宣言就有規定，而世界人權宣言以及與兒童福利有關的專門機構和國際機構的規約中，也承認此種保護的必要。同時更應瞭解人類有給兒童最佳利益之義務。

因此，聯合國大會為使兒童能夠有幸福的生活，並顧及個人與社會的福利，以及兒童能夠享受本宣言所列舉的權利與自由，公布兒童福利宣言，務期各國的父母親、每個男女、各慈善團體、地方行政機關和政府均應承認這些權利，遵行下列原則，並以漸進的立法程序以及其他措施，努力使兒童的權利獲得保障。所以說來，兒童權利宣言更規定兒童應為權利之本體，不但與世界人權宣言相呼應，而且更具體以十條條款來保障兒童在法律上的權益，茲分述如下：

第1條　兒童擁有本宣言所列舉的一切權利。所有兒童，沒有任何例外，不能因自己或家族的種族、膚色、性別、語言、宗教、政治或其他理念、國籍、出身、財富或其他身分的不同而有所差別。一律享有本宣言所揭示的一切權利。

第2條　兒童必須受到特別的保護，並應用健康的正常的方式以及自由、尊

兒童福利

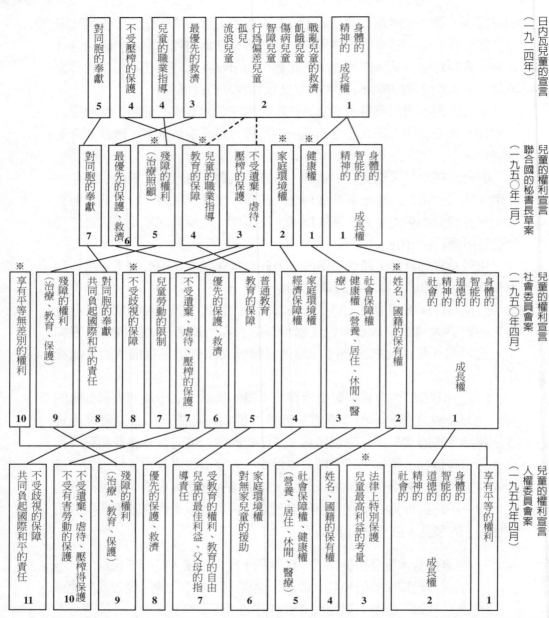

日內瓦兒童的宣言 （一九二四年）	兒童的權利宣言 聯合國的秘書長草案 （一九五〇年二月）	兒童的權利宣言 社會委員會案 （一九五〇年四月）	兒童的權利宣言 人權委員會案 （一九五九年四月）
身體的 精神的 成長權 **1**	身體的 精神的 成長權 **1**	身體的 智能的 道德的 精神的 社會的 成長權 **1**	享有平等的權利 **1**
孤兒 流浪兒童 行為偏差兒童 智障兒童 傷病兒童 飢餓兒童 戰亂兒童的救濟 **2**	※ 健康權 **1**	※ 姓名、國籍的保有權 **2**	身體的 智能的 道德的 精神的 社會的 成長權 **2**
最優先的救濟 **3**	※ 家庭環境權 **2**	社會保障權 **3**	法律上特別保護兒童最高利益的考量 **3**
兒童的職業指導 **4**	壓榨的保護 **3**	健康權（營養、居住、休閒、醫療） **4**	※ 社會保障權、健康權（營養、居住、休閒、醫療） **4**
不受壓榨的保護 **4**	不受遺棄、虐待、教育的權利 **4**	家庭環境權 經濟保障權 **5**	姓名、國籍的保有權 **5**
對同胞的奉獻 **5**	※ 兒童的職業指導 教育的保障 **5**	教育的保障 普通教育 **6**	家庭環境權 對無家兒童的援助 **6**
	殘障的權利（治療照顧） **6**	優先的保護、救濟 **7**	受教育的權利、教育的自由 兒童的最佳利益、父母的指導責任 **7**
	對同胞的奉獻 最優先的保護、救濟 **7**	不受遺棄、虐待、壓榨的保護 **8**	優先的保護、救濟 **8**
		兒童勞動的限制 **8**	殘障的權利（治療、教育、保護） **9**
		不受歧視的保障 **9**	不受遺棄、虐待、壓榨得保護 不受有害勞動的保護 **10**
		殘障的權利（治療、教育、保護） **10**	不受歧視的保障 共同負起國際和平的責任 **11**
		※ 享有平等無差別的權利 對同胞的奉獻 共同負起國際和平的責任 **10**	

圖1-1　兒童權利的體系發展

註：阿拉伯數字表示各條款。實線表示有直接關係者，虛線表示有間接關係者，※表示新設內容。

資料來源：李園會（2000）。《兒童權利公約》。內政部兒童局出版。

　　　　嚴的狀況下，獲得身體上、知能上、道德上、精神上以及社會上的成長機會。爲保障此機會應以法律以及其他手段來訂定。爲達成此目的所制定的法律，必須以兒童的最佳利益爲前提做適當的考量。

第3條　兒童從出生後，即有取得姓名及國籍的權利。

第4條　兒童有獲得社會保障之恩惠的權利。兒童有獲得健康地發育成長的權利。爲了達成此目的，兒童以及其母親在生產前後，應得到適當的特別的保護和照顧。此外，兒童有獲得適當的營養、居住、娛樂活動與醫療的權利。

第5條　對在身體上、精神上或社會方面有障礙的兒童，應依特殊狀況的需要獲得特別的治療、教育和保護。

第6條　爲使兒童在人格上得到完全的和諧的成長，需要給予愛情和理解，並盡可能使在父母親負責任的保護下，使他無論遇到什麼樣的狀況，都能在具有愛情、道德及物質的環境保障下獲得養育。除了特殊的情況下，幼兒不得使其和母親分離。社會及公共機關對無家可歸的兒童與無法維持適當生活的兒童，有給予特別養護的義務。對子女眾多的家庭、國家以及其他有關機關，應該提供經費負擔，做適當的援助。

第7條　兒童有受教育的權利，至少在初等教育階段應該是免費的、義務的。提供兒童接受教育應該是基於提高其教養與教育機會均等爲原則，使兒童的能力、判斷力以及道德的與社會的責任感獲得發展，成爲社會上有用的一員。負有輔導、教育兒童的責任的人，必須以兒童的最佳利益爲其輔導原則。其中兒童的父母是負有最重要的責任者。

　　　　兒童有權利獲得充分的遊戲和娛樂活動的機會。而遊戲和娛樂活動必須以具有教育目的爲原則。社會及政府機關必須努力促進兒童享有這些權利。

第8條　不論在任何狀況下，兒童應獲得最優先的照顧與救助。

第9條　保護兒童不受任何形式的遺棄、虐待或剝削，亦不得以任何方式買賣兒童。兒童在未達到適當的最低年齡前，不得被僱用。亦不得僱用兒童從事危及其健康、教育或有礙其身心、精神、道德等正常發

展的工作。

第10條　保護兒童避免受到種族、宗教或其他形式的差別待遇。讓兒童能夠在理解、寬容、國際間的友愛、和平與世界大同的精神下，獲得正常的發展，並培養他將來願將自己的力量和才能奉獻給全體人類社會的崇高理念。

　　國內兒童福利學者謝友文根據聯合國大會所通過的「世界人權宣言」、「兒童權利宣言」、「兒童權利公約」理念，以及參考我國的「憲法」、「民法」、「刑法」、「兒童福利法」、「國民教育法」及「勞動基準法」等多項法令中之相關規定，並針對兒童身心發展及其所需要的特質，將兒童權利依性質分爲兩類（謝友文，1991）：

1.基本權利：例如，生存權、姓名權、國籍權、人身自由權、平等權、人格權、健康權、受教育權、隱私權、消費權、財產權、環境權、繼承權等。

2.特殊權利：例如，受撫育權、父母保護權、家庭成長權、優先受助權、遊戲權、減免刑責權、童工工作權等。

　　再依內容來看，兒童權利可分爲三類：

1.生存的權利：例如，充足的食物、居所、清潔的飲水及基本的健康照顧。

2.受保護的權利：例如，受到虐待、疏忽、剝削及有危難、戰爭中獲得保護。

3.發展的權利：例如，擁有安全的環境，藉由教育、遊戲、良好的健康照顧及社會、宗教、文化參與的機會，使兒童獲得健全均衡的發展。

　　人權宣言之主張認爲：「對人權及人類尊嚴的尊重是未來世界自由、正義及和平奠基。」（Joseph, 2003）就此觀點而言，兒童權利如同成人一般的平等的社會個體，應享有一樣的權利。但是兒童實際上又要依存社會及成人而生活，加上其又沒有選票，又被稱爲無聲音的團體（invoice group），所以其權利必須透過政府的法規、政策或社會運動來倡導及規

範，這也是Wringe（1985）所主張：兒童福利的本質爲規範式（normative）的道義權利（moral rights）（馮燕等，2000）。

馮燕更指出：「衡諸各項國際兒童權利典章，具有三大特色：一、爲基本權利的強調；二、爲保護弱勢的強調；三、爲隨著兒童權利運動的漸趨成熟，兒童福利法的條文對權利的解釋也愈趨具體務實，而成爲制度式之法令。」基本上，依其主張兒童權利應包括有福利權、社會參與權和特別權（馮燕等，2000）：

1. 福利權（welfare rights）：福利權指爲天賦接受最基本個人生存及醫療照護的權利，這是個人最起碼的生存權，當個人及其家庭的努力無法滿足此需求時，有權接受他人或政府給予協助，這也是兒童最基本的人權，例如家庭因貧窮所衍生的生存威脅的基本生活的滿足。

   在聯合國兒童權利公約中，對福利權的著墨最多：生存權（第6、27條），擁有國籍姓名等認同權（第7、8條），兒童利益在危機時受公權力保護（第3、9條），健康醫療保健服務的享用（第24、25條），和免受各種歧視的平等權（第2條）。另外，還包括有對弱勢兒童的各種保護的權利，如虐待與疏忽（第19、34條），身心障礙兒童保障（第23條），收養時的兒童利益（第21條），禁止誘拐、販賣（第35條）、剝削（第32、34、39條）等有關兒童福利條款或稱爲兒童保護條款，明訂國家應有的責任。這些兒童權利也揭櫫於我國兒童及少年福利法之條文中（例如，第1條、第4條、第5條、第13條、第19條、第30條、第36條等）。甚至於國家更制定國家的責任之明文規定，這也是國家親權主義的宣示。

2. 參與權（rights of participation）：在成人世界中，只要是成熟有理性之人，人人皆享有權利參與民主事務，這也是兒童在社會享有自由的權利。基於兒童是獨立的個體，因成熟度之影響，使得其對公共事務的決定仍不能完全積極的投入。但是在社會上應抱持鼓勵的態度，尤其有關其個人之利益時，應該讓其能獲得完整的資訊，至少可以讓其充分表達個人之意見，這也是兒童基本的自由人權。

   在聯合國兒童權利公約中，對兒童（指18歲以下之人）在社會參與

的權利有：自由意志表達之權利、思想及宗教自由、隱私權益及充分資訊享用權。此外，兒童應獲得機會平等教育的權利（第28、29條），和獲得完整社會化權利（第27條），強調少數民族文化的尊重之認同（第30條），以及明訂兒童應被保障參與社會休閒、文化、藝術活動及得以工作並獲得合理之待遇的權利（第31、32條）。我國兒童少年福利法第9條即有此精神的倡導。

3. 特別權（special rights）：兒童的權利因其身分有其特殊性，這也是某一種身分權（status rights），例如，兒童天生即應接受家庭、社會、國家的保護，而不是要透過與社會之交流而得到之權利，另外，兒童因其成熟度未臻健全，所以其犯法之行為也要接受國家立法特別保護（例如，少年事件處理法之規範）。因此，兒童天生即要父母、家庭、社會及國家給予保護及照顧的承諾，加上兒童的角色及身分，在其成長過程中，他們必須學習及適應各種社會文化，以便日後貢獻社會，這也是兒童最特別的身分及角色權利。

在聯合國兒童權利公約中，兒童即有：與其父母團聚、保持接觸，且於不自然的狀況下，獲得政府協助的權利（第10條）；國家應遏止兒童非法被送至國外，令其不得回國之惡行（第11條）；兒童應享有人道對待，不受刑訊或殘忍、羞辱性不人道的處罰（第30條）；戰爭時15歲以下者不直接參戰，對國家仍需依公約尊重兒童人權（第38、39條），以及在觸犯刑法時的特別身分優遇（第40條）。

兒童是社會成員之一，雖然兒童的身心發展尚未完成，也多半缺乏完全的自主能力，而必須藉由周圍的成人，如父母、師長、長輩等獲得必要的生活資源並授與社會化能力，但這些都無損於兒童是一個獨立個體的事實真相，他們亦不是父母的私有財產，而是「準公共財」（quasi-public goods）。

中國人權協會的「2002年兒童人權指標調查」透過277位專家學者進行調查發現，兒童人權的平均數為2.79，雖然仍未達標準分數的3分，但所有指標（基本人權、社會權、教育權、健康權）都有進步（**表**1-1），值得社會中每一位成員更加努力（馮燕，2002）。

表1-1 1997-2002年兒童人權指標變化情形

指標＼年度	2002	2001	2000	1999	1998	1997
基本人權	2.84	2.72	2.63	2.66	2.82	2.74
社會人權	2.52	2.47	2.60	2.60	2.52	2.38
教育人權	2.88	2.76	2.79	2.70	2.70	2.49
健康人權	2.91	2.87	2.91	2.85	2.83	2.89
總平均	2.79	2.71	2.73	2.71	2.72	2.63

資料來源：馮燕（2002）。2002年兒童人權指標調查報告。取自http://www.cahr.org.tw/HRindicator/child.htm

上述調查兒童權利的內容，是由專家學者及社會菁英來加以規範，可包含下列三大項：

1. 生存的權利：如充足的食物、適當的居所、基本的健康照顧。
2. 受保護的權利：如免於受虐待、疏忽、剝奪及在危難緊急、戰爭中優先受到保護。
3. 發展的權利：如擁有身心安全的環境，藉由教育遊戲、良好的健康照顧及社會、文化、宗教的參與，使兒童獲得健全均衡的發展。

總而言之，兒童是國家社會未來的棟樑，亦是未來國家社會的中堅份子，更是國民的一份子，兒童要接受良好保護及伸張其基本生存、保護及發展的權利，無論是基於人道主義或社會主義，兒童的權利一定要受到良好的維護及倡導，這也是社會及國家的責任。保護兒童，期許兒童有一良好、健全的未來，這是社會及國家的共同的責任，更是兒童福利最基本的課題。

二、滿足兒童的需求

兒童的最佳利益最重要的是要滿足兒童成長的需求。兒童及其發展歷程中，骨在長、血在生、意識在形成，所以，世界上許多事情可以等待，只有兒童的成長不能等待，他的需求要立即被滿足，他的名字叫做「今天」（Gabriela Plistral, 引自王順民，2000）。

「如果我們的孩子都不快樂，一切的努力都是徒然無功的。」（Hayes et al., 1990）所以，兒童的需求獲得滿足，才能夠快樂自在地生活，同時才能獲得相當能力滿足其發展階段的發展任務，進而適應社會的期望，以彰顯個人功效及社會功能。

慣常在探討社會福利政策時，需求（need）的概念是基本且必要的，事實上，大部分的福利服務方案也正是為了因應需求的不同而被設計與提供的。然而，需求的界定不可避免地會涵涉某些的價值判斷與價值選擇，就此而言，社會福利政策釐定過程當中的首要工作便是希冀能夠更清楚地找出確認需求的方法以及掌握有關需求的各種假設（McKillip, 1987）。

在社會福利領域裡最常被援引的需求類型是Bradshaw的類型區分，據以區分出自覺性需求（felt need）、表達性需求（expressive need）、規範性需求（normative need）以及比較性需求（comparative need）（詹火生，1987）。只不過，需求指標本身作為一項社會和文化性的建構，並且與時俱變，就此而言，如何在人們真正的需求（real need）與一般性的規範性需求間取得一個平衡點，是一項基本的課題思考。連帶地，扣緊兒童福利關懷旨趣，即便僅僅是在規範性需求的單一思考面向底下（**表**1-2），這也點明出來：對於兒童相關人身權益的保障與看顧是深邃且複雜的，而亟待更為完整、周全的思考。

在多元主義下，公共政策對資源的分配過程中，兒童係為明顯的弱勢族群，如何使兒童獲得適切而合理的對待，便是兒童福利政策所要努力的標竿。總而言之，對於兒童福祉的看顧是作為文明社會與福利國家的一項發展性指標，就此而言，諸如：受虐保護、重病醫治、危機處遇、緊急安置，以及孤兒照顧等以問題取向為主的弱勢兒童福利工作固然有其迫切執行的優先考量，但是，以正常兒童為主體所提供的發展取向的一般兒童福利工作，則也是同樣地不可偏廢，例如，兒童的人權、休閒、安全與托育服務等。終極來看，如何形塑出一個免於恐懼、免於人身安全危險以及免於經濟困頓的兒童照顧服務（child care services）的生活環境，既是當前兒童局努力的目標，更是整體社會共同追求的願景！

至於，這項攸關到戶政、社政、勞工、警政、醫療、衛生、司法、教育、傳播、交通、建設、工務、消防、財政等業務項目的事業之兒童福利

表1-2　兒童福利規範性需求一覽表

兒童類型	福利需求項目
一般兒童	專責單位、社工員、托育、兒童圖書館、諮商輔導、親職講座、兒童健保、義務教育、生活教育、安全教育
低收入戶兒童	家庭補助、托兒服務、免費醫療服務、學前輔助教育、免費義務教育
原住民兒童	兒童娛樂場所、親職教育、社工員服務、醫護健康檢查、加強師資素質、營養午餐、母語教學、謀生補習、圖書設備、課業輔導、學前教育、獎勵就學措施
意外事故兒童	親職教育、安全教育、急救照顧措施、醫療措施、醫療補助、心理輔導及諮詢
單親兒童	現金津貼、住宅服務、醫療保險、就學津貼、法律服務、就業服務、急難救助、課業輔導、托兒服務、心理輔導、親職教育、學校輔導
未婚媽媽子女	收養服務、寄養服務、機構收容服務
學齡前兒童	托兒設施、課後托育、假期托育、托育人員訓練、在宅服務
無依兒童	醫療服務、寄養服務、機構教養、收養、收養兒童輔導
寄養兒童	寄養家庭招募、寄養家庭選擇、寄養家庭輔導、寄養兒童心理需求、個案資料建立、追蹤輔導
機構收容兒童	專業人員、學業輔導、生活常規訓練
受虐兒童	預防性親職教育、社會宣導、家庭支持、學校社會工作、責任通報制、危機治療、身體照顧、寄養服務、機構照顧、心理治療、熱線電話、緊急托兒所、社會服務家務員
街頭兒童	遊童保護與取締、緊急庇護、中途之家、替代性福利服務、追蹤輔導
性剝削兒童	家庭社會工作、宣導教育、個案救援、法律保護、中途之家、教育需求、心理輔導、追蹤輔導、專業社會工作人員
失蹤兒童	親職教育、安全教育、智障兒童家庭預防措施、個案調查及管理、尋獲、追蹤、暫時安置、永久安置、傷害鑑定、補救教學
問題兒童	親職教育、常態編班、消弭升學主義、取締電玩、傳媒自清、補救教學、輔導服務、藥物治療、直接服務社工員、鑑別機構、家長諮詢機構、兒童心理衛生中心、行為矯治、觀護制度、法律服務、寄養服務、戒毒機構
殘障兒童	心理輔導諮詢、早期通報系統、優先保健門診、早期療育、醫療補助、雙親教室、互助團體、長期追蹤、轉介服務、特別護士、早產兒資料網絡、親職教育、床邊教育、臨時托育、居家照顧、臨終照顧、醫療團隊

資料來源：馮燕（1994）。《兒童福利需求初步評估之研究》。內政部社會司委託研究。

服務，隱含著從制度層次的組織變革擴及到社會與文化層次的全面性改造，就此而言，從兒童福利規劃藍圖的工作時程來說，有關整體兒童照顧政策（holistic child care policy）的擘劃與建構，自然是有現實的迫切性與理想的正當性，其主要之目的乃在於滿足全體兒童之成長需求。

就兒童福利專業而言，僅知其然（不同年齡層所需之發展任務），尚需知其所以然，尤其身為兒童權利之倡導者及方案執行者，除了瞭解服務對象的需求之外，更要設法讓社會大眾明瞭，以及制定良好的政案及服務方案以滿足各階段兒童的需求，更是一重要的工作。基於兒童之定義（廣義定義為18歲以下之人），在此發展歷程中，兒童仍接受社會化，其心智及社會生活能力均在成長，經濟上亦無法獨立，更需與社會化之機構有密切之互動，因此，在整個兒童成長過程中，兒童需要有健全身心發展的需求，此需求可再細分如下（曾華源、郭靜晃，1999）：

1. 生活保障之需求：不僅在生理上獲得基本滿足與照顧，免於成長上的匱乏，得以維持生存，而且獲得尊嚴和健全的體魄。
2. 健康維護之需求：不僅要有健康的成長社會環境，也要獲得生理成長所需的健康、安全的知識與照顧，更要避免疾病及衛生上之危害和社會成本支出增加；在心理上要能有被接納、發展其情感和社會的需求，建立正向之自我價值，以免於受到自我心理困擾和自我毀壞、挫敗的經驗。
3. 保護照顧之需求：為能免於因心智不成熟、知識經驗及解決能力不足而被利用、剝削、虐待和不良之處置，而造成個體身心之影響及受創，兒童更需特別受到保護，協助其免於恐懼以能健全的成長。
4. 教育輔導之需求：兒童需要環境給予刺激，賦予遊戲、休閒及與他人良好的互動，以發揮其應有的潛能。包括兒童應獲得社會提供各種機會，促進其智能成長，獲得社會能力，發展因應挫折及情緒處理能力，以便發揮個人之自我功效及正向身心、社會發展的滿足，並能正常的成長。
5. 休閒育樂的需求：兒童除了智能的增長，更需要有調劑生活、擴大生活領域、發展日後社會適應之生活能力，以增進心理健康和社會適應以提升社會生活之品質。

三、考量兒童最佳利益最少危害之替代方案，落實支持家庭及兒童之整合性兒童福利服務

　　兒童福利服務最直接是對兒童提供清楚的政策，瞭解其問題與需求，提供有效的服務方案。基於考量兒童之最佳利益（best interests of the child）以及最少危害（least detrimental alternatives），賦予服務方案時，更要優先考量兒童的需求，所以兒童福利服務應針對支援兒童之原生家庭的照顧功能而設計方案，並且援引社會之各種資源，挹注於其所生長之家庭，以彰顯家庭功能，免於家庭因社會變遷而產生困境與壓力。

　　兒童福利是社會福利的一個次領域，社會福利之運作通常涵蓋社會保險（social insurance）、社會救助（social assistance），及福利服務（welfare service）三方面。

　　兒童福利之工作落實更是應用社會工作方法達成兒童福利的執行。鄭淑燕在一九九二年的〈關愛就是情，保護更是愛——兒童福利政策與措施的發展取向〉一文中指出：關心一般兒童，更要保護不幸兒童，是國家對兒童福利不變之政策（鄭淑燕，1992），為了確使兒童福利體系明確化，兒童福利政策應包括：

一個意念：以家庭為關愛中心。
二種層次：預防為先，促進為要。前者是面對問題，後者是建立法
　　　　　制，消弭問題。
三項重點：專業體制的堅持、科際整合的必要、民間參與的吸引。

　　肇基「兒童必須生活於家庭中」的根本理念，也是兒童最佳利益及最少危害的考量，兒童福利服務工作更要擷取專業知能，透過資源的有效動員，建立完整的兒童福利服務網絡與體系，才能落實以支持家庭的兒童福利的功能。

　　Kadushin及Martin（1988）在其《兒童福利》之巨著中，是以家庭系統互動之目的，更以父母之角色功能理論為主，將兒童福利服務，分為三類：支持性服務、補充性服務及替代性服務（見圖1-2）。國內兒童福利服務之引用的分類也常以此分類為圭臬，馮燕等學者（2000）更將此分類解釋

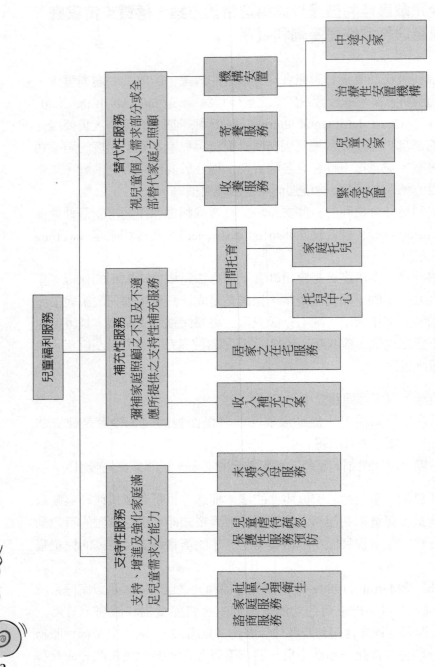

圖1-2 兒童福利服務系統

資料來源：Kadushin & Martin (1988). *Child welfare services*. (4th ed.) p.29. New York: McMillan.

為協助家庭功能發展、保護兒童發展機會之三道防線，即第一道預防防線（預防家庭功能受損），第二道補充及支持防線（補充家庭功能以支持家庭免受壓力之影響）及第三道治療之防線（提供家庭解組後之安全網絡）。林勝義（2002）為了考量兒童福利實務之運作，依家庭功能之運作，將兒童福利服務增加保護性服務，共分為四項：支持性、補充性、替代性及保護性服務。

1. **支持性服務**：因應兒童所處家庭因社會變遷所產生之緊張狀態，雖其結構完整，但不即時因應家庭危機，可能導致家庭產生變數，進而影響兒童，因此即時提供支持性服務，可充權增能（empower）家庭功能。通常，此類的服務包括：兒童與家庭諮詢服務（含親職教育）、未婚父母及其子女的服務、發展遲緩兒童之早期療養、兒童及少年之休閒育樂設施，以及對於有關兒童虐待之資訊服務。支持性服務係以家庭為本位的計畫（home-based programs），透過強化兒童家庭之機構來支持、增強及強化（strengthen）父母親的努力，以適當地幫助父母達成父母責任，提供支持性服務，免於對兒童產生不良之影響。

2. **補充性服務**：因應父母親職角色不適當的執行，嚴重的傷害親子關係，但其家庭結構可透過適當的協助，子女仍能繼續生活在家庭中，而不會再度受到傷害，或者也可以從家庭系統之外給予補充性的服務。補充性服務可以分為社會救助，透過現金及實物給予家庭直接的協助，例如經濟補助計畫（financial maintenance program），利用公共救助或社會保險來給予補助，協助父母實行對子女照顧的功能。

   此外，托育服務（day care services），係指在家庭中，或在機構中運用一天當中的某些時段來補充家庭之需求，對兒童提供暫時及安全的兒童照顧，一方面有加強和支持正向親職角色的功能，另一方面也對兒童提供照顧、保護也兼具教育的功能。此類之服務包括有：經濟補助方案、托育服務、在家服務、學校社會工作等。

3. **替代性服務**：替代性服務是兒童福利服務工作的最後一道防線，當子女陷於反常危機情境，或家庭功能或親子關係嚴重喪失，以致兒

23

童不適宜繼續生活在原生家庭，兒童需要短暫或永久解除親子關係時，兒童福利服務工作者必須考量兒童生存及需求滿足之時，將兒童安排到替代性的居住場所作為一種短期或永久性的安置及教養，例如短暫的寄養家庭、長期的收養家庭、或者安置到兒童教養機構，提供兒童居住之處，當然，此種安置處理仍要以兒童最佳利益為優先考量，在國內就有吳憶樺事件，也造成社會議論紛紛，而何種安置方式最能符合他的最佳利益，也有見仁見智的看法（參考**專欄**1-1）。所有替代家庭照顧的安置，已使兒童之親生父母暫時或永久停止對所有日常父母對子女的責任，而將照顧之責任賦予其他人或國家，必要時，政府透過法令之宣告，剝奪父母之監護權，強使兒童安置到適合生活之家庭或機構，這也是政府行使代親權，限制父母親權，同時也解除父母之責任，轉而由國家親權來代理父母之責任。

4. 保護性服務：上述之系統分類係由於角色理論或家庭之功能理論，將兒童福利服務之系統分類，有時在實務上則較不符合。兒童保護服務就是兒童福利服務較為特殊，是針對特殊兒童所設計的服務方案，也是社會變遷中的產物。此類服務是針對受虐待或被疏忽之兒童，提供適當的處遇，以維護兒童的權利。基於兒童受到虐待或被疏忽，不全然是由於家庭未能發揮養育和照顧的功能，有時也可能是家庭之外的傷害所造成，故而其處遇方式必須依問題根源、案情輕重及兒童利益，採取不同層級的保護服務，以達到復健或預防的目標（林勝義，2002）。

兒童保護服務可以分為預防及處遇兩大功能。前者預防功能可以列入Kadushin及Martin（1988）之支持性保護，而後者處遇之安置服務則可列為替代性之服務。通常兒童保護之服務可分為：兒童身體虐待保護、兒童情緒虐待的保護、兒童性虐待的保護，以及兒童疏忽的保護等服務工作。

美國一直以來未能發展整合性服務輸送以迎合兒童及其家庭的需求，市場經濟及個人觀點導致以殘補為導向的服務——此種服務（太少也太晚）未能提供支持性服務給家庭而讓家庭瓦解及失功能之後，那服務才能介

入。現今社會型態趨向「M」型之格差社會，更多孩子生活於貧窮之中（Ehrenreich, 2002）未來社會福利政策更要反應國家之社會價值，兒童更需全體社會共同來支持（it takes a villiage to raise a child），以回應兒童是國家未來的主人翁，更是社會珍貴之資產，亦是社會之資本（social capital）。

 1-1　保障兒童最佳利益之下的次佳選擇——
有關吳憶樺個案的人文思索

〔評論〕

　　報載針對中巴吳姓混血兒的監護權問題，高等法院三審裁定的結果還是將吳姓幼童交還給巴西的外婆撫養，然而，我們這個社會究竟可以從這樁將近三年的司法纏訟，獲致哪些正面的教化意義，這可能才是超脫於吳憶樺個案而來的人文思索。

　　持平來說，即便是三審定讞而有了一個明確的司法裁定，但是，攸關到吳姓幼童個人的何去何從，很明顯的是任何的抉擇都有其不同成長代價的償付，也就是說，在面對父母已經雙亡而無法提供原生家庭、親生父母、美滿生活，以安全堡壘等等之於吳姓幼童的「最佳選擇」的情況底下，留在台灣抑或返回巴西，這兩種的「次佳選擇」都不應該是一種互斥的對立命題，而是擺回到如何捍衛吳姓幼童的成長權益以及消弱可能的成長痛楚等等的基本提問上來作審慎的思考！

　　就此而言，如何防範司法裁判之後所可能帶給對於吳姓幼童個人身心的構造影響，這會是看待此一個別家務事的基本認知，畢竟，從人類行為與社會環境彼此互動的交會情形來看，那麼，從襁褓時期、幼兒階段到現今落腳高雄成為台灣之子，都已經為吳姓幼童個別的生命歷程寫下不同形式的成長印記。準此，在這裡的思索真義乃是：如何讓吳姓幼童個人不同階段的生命轉折，有其積極性的銜接意義而非是將不同階段、時期之間，做人為恣意地割開、撕裂，也就是說，即便最終的結局還是要回到出生地——巴西，但是，理當思索如何針對吳姓幼童所可能潛藏早熟但未必成熟的心智認知，以提供必要的心理諮商輔導。

　　連帶地，如果是從吳姓小孩兒童本位的論述角度，那麼，中巴兩造各自親情的選擇都是何其地殘忍和不堪，以此觀之，在爭取吳姓幼童監護撫養權益一事上，也不應該是擺置在法律層面上裁判結果所造成兩造雙方的情緒對立，而是雙

方針對各自所擁有的優勢條件，來共謀合作、接手藉以捍衛吳姓幼童遽然失去雙親的無可奈何，以及消弭親情抉擇的無所適從。準此，在這個層次上，巴西的外婆以及台灣的叔叔兩造雙方理當基於合作性夥伴關係的前提底下，思考如何提供給吳姓幼童成長過程裡更多的加分元素，而非是一味地過於凸顯出親情血緣與傳宗接代的道德性指稱。

最後，作為兒童最終父母的國家，在親生的父母以及原生的家庭再也沒有能力去看顧吳姓幼童的人身成長時，那麼，結合各種社會資源而來的服務整合，理應就當前以及後續可能會出現各種的發展性後果，以針對吳姓幼童及叔叔家人提供配套的福利服務，藉以將可能的傷害影響作某種的防範、控制。總之，在這個層次，政府公部門既是社會正義的執行者，但是，也應該要善盡職責以提供積極性的處遇措施；連帶地，吳姓幼童個案所透發出來包括最佳利益、兒童保護、親職教育、心理輔導，以及家庭社工等等觀念宣導的社會性教化工作，多少點明出來：攸關到兒童的人身權益，我們以及這個社會還是存在著某種的文化性迷思！

〔時事現象的緣起與發展〕

「監護權定讞，吳憶樺將回巴西」：

中巴混血小男童吳憶樺的跨國監護權官司，最高法院民四庭昨天駁回吳憶樺叔父吳火眼的上訴，判決吳火眼敗訴確定，吳憶樺的監護權歸巴西外婆。

吳憶樺的監護權官司驚動中、巴兩國，吳家以巴西為母系社會，對吳憶樺的成長不利，質疑羅莎擔任監護人的能力等理由，於前年七月二十日起訴爭取監護權，一審於去年八月十六日宣判，二審於今年二月六日宣判，吳家一路敗訴，直到昨天判決確定，歷時二年三個多月。

法院認為，沒有證據證明巴西外婆不適合教養吳童，吳童並非自主性離開巴西來台，已行使監護權的巴西外婆又有強烈的監護意願，再參酌中、巴兩國的社工、專家報告，及吳童對巴西原生家庭仍有眷戀，判決監護權仍屬巴西外婆。

判決特別強調，訴訟的兩造都是摯愛吳童的親人，要孩子在兩邊作一抉擇，無異使其面臨「忠誠」的考驗，有害其心靈的發展，因此，沒有再次徵詢吳童意願的必要。（時事新聞來源：聯合新聞網，2003.11.14）

資料來源：王順民，《考察社會福利資源——社會時事評析》（台北：洪葉文化，2004），頁250-253。

第三節　兒童福利與社會工作專業

　　兒童福利服務工作是社會工作實務之一環，是以兒童福利服務應採用社會工作方法，而社會工作專業的責任就是協助兒童及其家庭解決面臨的困境（周震歐，1997）。相關兒童福利之研究及文章基本上是以兒童及其家庭為對象，提供殘補式的政策、服務及方案，所有的政策與當地社會之政治與經濟有關，所有的方法也是以問題為導向之社工處遇模式。最近，這種服務取向已從問題為中心轉向以解決問題模式及強化（strengthen）模式來作為處遇的圭臬，例如密集性的處遇以造成家庭中的情境改變（Mather & Lager, 2000）。

　　兒童福利服務之執行，包括許多種專業人員，除社政單位的行政人員外，我國兒童少年福利法，就將兒童福利專業人員定義為托育工作之保育人員、安置機構之保育人員、生活輔導人員、心理輔導人員、社會工作人員、特殊療育人員……等，每一種工作的專業應用不同之技術與方法，來協助個人處遇，配合社會組織要求來介入兒童及其家庭。然而，並不是所有兒童福利機構皆用社工專業方法來做問題處遇，因不同機構之組織任務而採取不同的處遇法，而有些機構也不是依社會工作專業應用的價值與信念來做兒童行為之處遇。

　　社會工作過去的發展是從十九世紀之個人的慈善事業到由政府或私人的社團所舉辦的活動，再到二十世紀由政府或私人社團所舉辦的專業服務，目的是幫助解決因經濟困難所導致的問題，以協助個體或家庭發揮最高潛能，使其獲得最美滿與最有效的生活為目的（李增祿，1986）。美國社會工作者證照標準法（The Model Statute Social Worker's License Act）記載社會工作定義為：「幫助個人、團體與社區，恢復或加強其符合社會功能及社會目標的能力之一種專業活動。」美國社會福利會議（National Conference on Social Welfare）一九七七年於會中更明白揭示：「社會服務乃是運用社會工作方法，協助延展、維持個人或家庭的活動能力，以切合其社會角色及社會生產性參與的需求。」例如犯罪青少年，需要安置到福

利或矯治機構使用特別之輔導（例如重建服務、或社區處遇方式），以幫助個案脫離過去遭致產生偏差行為的環境，以更有效的態度遵行其角色，以適應新環境。Boehm（1959）亦強調：「社會工作乃透過個別或團體活動，重點在個人和環境互動所構成的社會關係，而以強化個體的社會功能運作為目標。」

社會工作者所面臨個體之行為問題，此行為之影響可能來自生物性之遺傳因子，或個體之心理適應不良所產生的違常行為，或來自與社會環境互動中產生的角色適應不良。因此，社會工作者必須面對案主之生理、心理及社會的影響因子，也就是說生理—心理—社會（bio-psycho-social）之社工處遇模式。社會工作者異於心理學家，前者關注個案行為在心理社會情境之社會部分，而心理學者則專注個人行為之生物與心理部分。

兒童福利專業人員又以社會工作人員及保育人員為主，所以兒童福利服務工作也是社工實務領域的一類，兒童福利社會工作者執行兒童福利服務中，發揮領導、處遇、指導、控制案主及其家庭需求之功能（周震歐，1997）。此工作之角色如同美國兒童福利聯盟所宣稱：「兒童福利是針對兒童及少年的父母，不能實行教養責任，或社區缺乏提供需要保護的兒童及家庭資源，而提供的社會服務。」兒童福利服務在於設計支持、補充、替代及保護的社會功能，在其父母不能改善兒童發展及家庭的條件時，來改變現存的社會機構或組織一個新的機構，提供滿足兒童及其家庭的需要。所以說來，兒童福利亦是運用社會工作者專業的一門實務。在美國從事兒童福利之工作人員，最基本要有社會工作相關科系大學畢業，有些工作CWLA甚至要學術是有碩士資格，尤其做到兒童方案督導及政策倡導（Ambrusino et al., 2008）。目前台灣主要也日趨專業化，除了要具有學士學位之外，也有要求要具有社工師證照。

最近有關兒童福利服務之處遇模式漸漸脫離殘補式之模式而改行預防式之處遇模式，所以在運用社會專業中也從治療之角色改用強化（strengthen）及充權增能（empower）之概念。雖然兒童福利工作者在有必要時來做初步之處遇，初步之處遇之原則仍採取最少干預的方法及策略，一旦進入社工專業之處遇後，干預則變多，社會工作者可能採取個案工作、個人治療、家庭治療、團體工作、社區工作或學校社工處遇之方法來介入個案生

活，但最終之目的仍是以增強及充權增能的方法來促使個案（待在原生家庭或替代家庭）能有獨立家庭照顧之功能。

第四節　兒童福利的研究方法

　　兒童福利在實務上是一種助人專業，在學術上也是一門專門的學科，其基本上是為了解決在社會環境互動過程中所面臨的問題。然而解決兒童及其家庭之問題有賴於社工專業之服務方案及政策制立的策略。前者運用社工專業、價值及知識，發展、倡導、協商、組織及政策執行之技巧，以解決影響兒童及家庭的問題，所用之方法如個案管理、治療、社會倡導之策略；有關兒童福利服務之研究還有社會調查、個案研究、實驗設計、行動研究及方案評估等方法（相關社會科學研究法參考第三章）。後者有關政策訂立，如何考量其輕重緩急，訂出服務之重點與優先順序，這一實施，則變成政策考量之重點及策略。

　　社會學者Guy B. Peters認為：「政策絕非在空無一物的真空狀態下制定出來，政策是所有社經、文化、政治等背景因素及政體制度、決策人士意念之交互作用的結果。」Zimmerman（1988）相對也提出政策之制定至少反映：(一)政策是理性選擇；(二)政策是漸進選擇；(三)政策是競爭情境下的理性選擇；(四)政策選擇是利益團體抗爭下的平衡狀態；及(五)政策選擇是菁英喜好。劉麗真（2003）更以社會對公共政策的需求、政府的政策制定結構及政策結果三者之關係說明政策制定之架構（參考**圖**1-3）。Charles O. Jones更提出政策制定之階段有五，分別敘述如下：

1.問題建立政府：認知、界定、匯集與組織、代表。

2.政府的行動：政策制定、合法化。

3.政府對付問題：應用與執行。

4.政策對政府的影響：反應、評估與評價。

5.解決問題或改變：解決或終結。

　　制定兒童福利政策最常使用的方法為決策研究法及以問題為中心之政

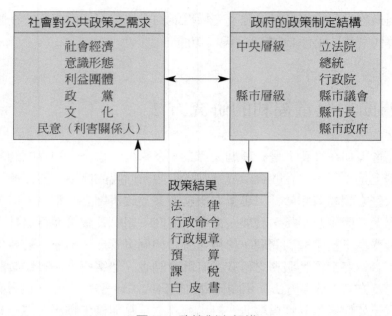

圖1-3　政策制定架構

資料來源：劉麗真，《兒童福利政策與法規》，（台中縣政府委託中國文化大學辦理戊類托兒
　　　　　機構所長主任班上課講義，2003）。

策分析（郭靜晃等，1995）。

　　一九五〇年代美國政治學者Lasswell創用決策研究法，強調以「輸入—輸出」（input-output）之系統分析模式來制定決策的研究方法，應用於兒童福利政策之制度，探討兒童福利將如何制定、執行並落實的方法。

　　另外一種也常被使用的政策分析是以問題為導向（problem-centered）之政策分析（參考**圖**1-4），學者曾運用此模式作為架構，分析台灣之兒童福利政策（郭靜晃等，1995）。

　　問題為導向之政策分析後由美國公共政策學者William Dunn（1994）提出一環環相扣，一方面解決面臨之問題，同時兼顧政策、執行者及標的團體之間的互動與調適，提出政策架構，**圖**1-4整合五大類影響人類解決問題之要素（如**圖**1-4所指的問題建構），經由預測（forecasting）、建議（recommendation）、檢證（monitoring），及評估（evaluation）以形成政策選擇方案，採取政策行動，以達到最後的政策訂定，再進一步加以評估，以便得

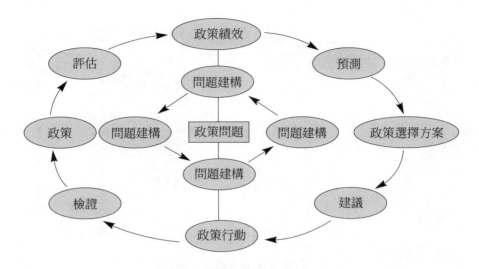

圖1-4　以問題為中心之政策分析

資料來源：郭靜晃、彭淑華、張惠芬，《兒童福利政策之研究》（內政部社會司委託研究，1995）。

知政策之施行績效。郭靜晃等人（1995）應用William Dunn之政策分析，以**圖**1-5作為我國兒童福利政策之規劃建議。

　　吾人之所以探討兒童福利服務之研究方法，有關方案制定、政策規劃、個案服務之成效或相關個案處遇技術之評估有許多方法，兒童福利係一門學科與專業，所以相關社會科學研究皆可以採用，運用各種研究方法在企圖瞭解問題癥結及解決問題，但政策研究因所處之環境為動態，有關兒童福利之需求、決策、內涵及實施也會因當時社會之政治、經濟之因素而決定，唯有不斷之評估，才能更適合當時兒童及家庭的需求與福利，另外有關規範層次之「理念——政策——法規」（應然面）及工具層次「制度——福利服務」（實然面）之分析也是另類方法可供考量的（王順民，1998）。

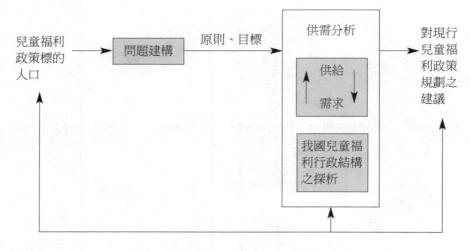

圖1-5　我國兒童福利政策規劃之圖示

資料來源：郭靜晃、彭淑華、張惠芬，《兒童福利政策之研究》（內政部社會司委託研究，1995）。

本章小結

　　兒童是人生發展的第一個階段，其周遭的環境影響很深，此階段其必須要接受環境及成人的保護，以塑造其人格及孕育日後成長的潛能發展，所以世界各國為了兒童健康、生長與發展，挹注各種資源以制定兒童福利政策，開展兒童福利服務工作，以重視兒童基本成長的權利，冀望營造一個兒童健全成長、無傷害的成長環境。本章分四個部分探討有關兒童福利的意義、功能、內涵、兒童福利與社會工作專業，以及兒童福利之相關研究方法，歸納如下：

　　第一，兒童福利之定義無一放諸四海而皆準的定義，通常根據其國家的社會、經濟、文化、政治等發展層次之不同而有所差異。

　　第二，兒童福利為社會福利之一環，其功能之發揮為兒童福利在實施時的主要方針，其最終之目的為保障、維護兒童權益，滿足兒童成長時之

需求，使兒童能健全地發展。

　　第三，兒童福利服務以社會工作專業之方法來幫助兒童及其家庭解決問題，包括提供殘補式的政策、服務及方案，所有的政策與當地社會之政治與經濟有關，所用之方法也是以問題爲導向之社工處遇模式。

　　第四，兒童福利爲一專業學科，相關之研究方法包括政策與方案之規劃與制定、個案服務之成效，以及相關個案處遇技術之評估等方法，其目的爲瞭解問題癥結之所在及尋求解決問題的方法，以滿足兒童及家庭的需求與福利。

　　我國對於兒童福利服務的推廣（例如所有相關法令的頒訂），政府與民間皆不遺餘力地推行，因兒童是國家社會未來的棟樑，兒童的權利一定要受到良好的維護及倡導，兒童的需求獲得滿足，才能夠快樂地成長，這也是社會及國家的責任，保護兒童，期許兒童有健全美好的未來，這是社會及國家的共同的責任，更是兒童福利最基本的課題。

參考書目

一、中文部分

王順民（1998）。兒童福利政策立法過程之探討評述。《社區發展季刊》，81，101-102。

王順民（2000）。《兒童保護與安置政策》，輯於新世紀、新人類、新希望：展望二十世紀青少年兒童福利研討會。中國文化大學社會福利學系。

王順民（2004）。《考察社會福利資源──社會時事評析》。台北：洪葉文化，頁250-253。

余漢儀（1995）。受虐兒童通報法──兒童保護之迷思。《社區發展季刊》，69，5-20。

李園會編著（2000）。《兒童權利公約》。台中：內政部兒童局。

李增祿（1986）。《社會工作概論》。台北：巨流圖書公司。

李鐘元（1983）。《兒童福利：理論與方法》。台北：金鼎出版社。

周震歐（1997）。《兒童福利》。（修訂版），周震歐（主編）。台北：巨流圖書公司。

林勝義（2002）。《兒童福利》。台北：五南圖書公司。

兒童福利

郭靜晃（1999）。邁向二十一世紀兒童福利的願景——以家庭爲本位，落實整體兒童照顧政策。《社區發展季刊》，88，118-131。

郭靜晃、彭淑華、張惠芬（1995）。《兒童福利政策之研究》。內政部社會司委託研究。

曾華源、郭靜晃（1999）。《少年福利》。台北：亞太圖書公司。

馮燕（1994）。《兒童福利需求初步評估之研究》。內政部社會司委託研究。

馮燕（1999）。新世紀兒童福利的願景與新作法。《社區發展季刊》，88，104-117。

馮燕、李淑娟、謝友文、劉秀娟、彭淑華編著（2000）。《兒童福利》。台北：國立空中大學。

詹火生（1987）。《社會政策要論》。台北：巨流圖書公司。

劉邦富（1999）。迎接千禧年兒童福利之展望。《社區發展季刊》，88，97-103。

劉麗眞（2003）。《兒童福利政策與法規》。台中縣政府委託中國文化大學辦理戊類托兒機構所長主任班上課講義。

鄭淑燕（1992）。〈關愛就是情，保護更是愛——兒童福利政策與措施的發展取向〉。輯錄於蔡漢賢（編著），《福利策略與措施的商榷——整體的規劃，個別的入手》。中華民國社區發展研究訓練中心。

謝友文（1991）。《給孩子一個安全童年》。台北：牛頓出版公司。

二、英文部分

Ambrosino, R., Ambrosino, R., Emeritns, J. H., & Emeritns, G. S. (2008). *Social work and social welfare: An introduction* (6th ed.). New York: Thomson Brooks/Cole.

Boehm, W. (1959). *Objectives of the social work curriculum of the future*. NY: Council on Social Work Education.

Dunn, W. N. (1994). *Public policy analysis: An introduction* (2nd ed.). NJ: Prentice-Hall Inc.

Gil, D. G. (1981). The United States versus child abuse. In L. Pelton (Ed.), *The social context of child abuse and neglect*. New York: Human Service Press.

Hayes, C. D., Palmer, J. L., Zaslow, M., & National Research Council Panel on Child Care Policy (1990). *Who care for American's children? Child care policy for the 1990's*. Washington DC: National Academy of Sciences Press.

Joseph, M. P. (2003). Right to life: Fulcrum of child rights. 國立屏東科技大學：兒童人權與福利學術研討會，2003年12月22日

Kadushin, A., & Martin, J. A. (1988). *Child welfare service*. (4th ed.). New York: McMillan.

Lindsey, D. (1994). *The welfare for children*. New York: Oxford University Press.

Mather, J. H. & Lager, P. B. (2000). *Child welfare: A unifying model of practice*. CA: Brooks/ Cole/ Thomson Learning.

Mckillip, J. (1987). *Need analysis: Tools for the human services and education*. Sage Publications, Inc.

Popple, P. R. & Leighninger, L. (1996). *Social work, social welfare and American society* (3rd ed.). Boston, MA: Allyn and Bacon.

Wringe, C. A. (1985). *Children's rights: A philosophical study*. London: Routledge & Kegan Paul.

Zimmerman, S. (1988). *Understanding family policy: Theoretical approach*. CA: Sage Publishing Co, Inc.

三、網站

馮燕（2002）。2002年兒童人權指標調查報告，取自http://www.cahr.org.tw/ HRindicator/child.htm

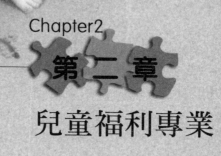

Chapter2

第二章

兒童福利專業

誠如第一章第三節（兒童福利與社會工作專業）所言及的，現今的兒童福利之研究與文章大都對兒童及家庭採用殘補式之政策、服務與方案，也因為兒童福利工作領域受這些殘補式之政策與服務所影響，所以鮮少有研究與文章採用較廣義之預防性取向的服務。因此，兒童福利服務大都採取過去社會工作專業取向的問題解決模式，似如個案管理、團體工作或社區工作之方法。近年來，社會工作實務已改採取解決問題及增強模式以取代過去問題處遇之殘補模式。

目前社會工作專業之實務在價值及信念已有別於過去，尤其運用到兒童福利領域，目前在社會工作實務之規範（Social Work Protocols in Practice, SWPIP）也逐漸成為一種處遇模式之典範，更發展其理論基礎，以下本章將著重社會工作實務之規範為主的兒童福利服務工作，這個模式有其理論基礎，例如，人在情境（person in environment, PIE）、個人與環境交流（transaction in environment, TIE）（有關TIE的相關概念請參考**專欄**2-1）、系統增強取向（systemic strength perspective）、多元文化（diversity）及平等及公平承諾的專業倫理，主要的目的在提供社會中之成員的最佳發展，而這個SWPIP模式不像過去社工實務只專注於系統、危機、心理動力論、充權增能、政治或認知理論模式。

 2-1　TIE之相關概念

　　個人與環境交流（transaction in environment, TIE）最初是由Monkman 及Allen-Meares（1985）共同提出以作為檢視兒童及青少年本身和其情境互動（交流）的架構。這個架構也可考量社會工作對於人在情境之雙向觀點，它不但可以讓社會工作者看出以發展本位的個人需求為標的之工作目標，同時也能看到環境之各個影響層面。

　　TIE之架構其實運用了生態觀點（ecological perspective）及系統觀點（systemic perspective），其組成要素有因應行為、交流及環境品質等要素（請參考**圖**2-1），茲分述如下：

1.因應行為

　　因應行為是指個人面對環境時，意圖要控制自己的行為能力。兒童及少年福利的社會工作者主要需處理個案三個方面的因應行為。

(1)生存的因應行為

生存的因應行為即讓一個人可以取得並使用某些資源，以便其能持續生活與活動。因此，生存行為可再區分為各種為取得食物、衣著、醫療處理和交通等各樣資源的能力。

(2)依附的因應行為

依附的因應行為是在使一個人得以與其環境中的重要他人有著密切的連結（bonding），此類行為可再區分為發展並維繫親密關係的能力，以及運用組織架構（例如，家庭、學校、同儕或社團）的能力。

(3)成長與成就的因應行為

成長與成就的因應行為則在使一個人得以投入利人利及的知識與社會活動。此類行為又可區分為個體之認知、生理、情緒及社會等方面之功能行為，有關此類行為可參考本書之第三章。

2.交流與互動

因應之交流與互動所需的資訊包括特定事務、資源或情境的瞭解，也可能涉及自身的訊息。因應型態係指個人在認知、行為和情感方面的能力。這些能力交互影響形成個人之生活風格，也成長個人成長史的一部分，所以社會工作者在檢視個案可以從其家系圖或過去生長史來作檢閱。因此，個人之因應型態可能是指當前環境現況（here-and-now）的反應，也可能是源自過去或當前環境的一些期許和回饋所發展形成的行為型態。

3.環境品質

在TIE架構中，環境係指案主會直接觸及或交涉的一些情境，可分為資源、期待以及法令與政策。

(1)資源

資源是指人們（如核心家庭、延伸家庭）、組織（如社區、社會服務機構）或制度（教公、政府組織），也是屬於生態系統中之中間或外部系統（messo-and exo-system請參考**圖**3-5）等在個案需要時可以援引當作支持或協助之處，此資源又可分為非正式、正式及社會性等。非正式資源就是支持、勸言或一些具體及實質的服務；正式資源是指個體謀求特定利益的組織或各種協會（基金會）；而社會性資源則是指按特定架構所提供服務的單位，例如學校、醫院、法院、警方或社會服務方案。

(2)期待

社會工作者執行社工處遇時就必須改變兒童及少年身處不良的環境及重要他人對孩子的期待，也就是說要改變重要他人之失功能的角色及其任務。例如，家庭中父母因藥物濫用而失去父母應有的角色功能，那麼社會工作者便要去尋找替代性的安置方式來滿足兒童成長之需求。

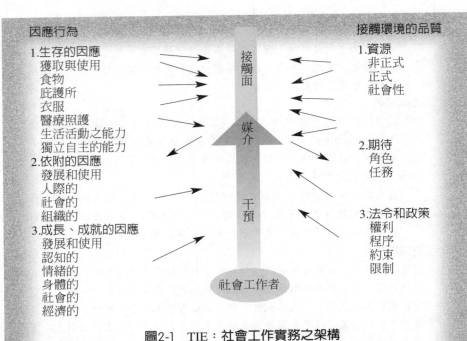

圖2-1　TIE：社會工作實務之架構

資料來源：Allen-Meares, P. (1995): *Social work with children and adolescents*. New
　　　York: Longman Publishers USA.

(3)法令與政策

　　法令與政策是指對個案行為具有約束力的習俗或規範。例如，發現兒童
被虐待就必須向有關當局通報。這法令在保護兒童的同時也規定社會工
作者之職責和任務，而進入通報程序後，就須依兒童保護服務之流程進
行訪查、舉證、開案及對父母之約束及限制。

參考書目

Allen-Meares, P. (1995): *Social work with children and adolescents*. New York:
　　Longman Publishers USA.

Monkman, M., & Allen-Meares, P. (1995). The TIE framework: A conceptual map for
　　social work assessment. *Arete*, 10, 41-49.

資料來源：Allen-Meares, P. (1995): *Social work with children and adolescents*. New York:
　　　Longman Publishers USA.

第一節 社會工作實務規範

　　社會工作服務弱勢使命一直是社會工作專業之形象，而此種服務不僅是靠愛心及耐心即可，最近也提及服務工作之績效。社會工作形成一門專業，更要考量其「適當性」、「正當性」、「可靠性」、以及「有效性」，以滿足案主需求（曾華源、胡慧嫈，2002）。

　　如果要維持有效之服務品質，就必須要求專業從業人員有職業道德，對專業服務品質要有責任感，不得濫用專業知識權威，並且不斷自我追求專業能力上的進步，以及恪遵專業倫理規範。

　　社會工作實務之規範提供社會工作者進行實務工作時能採取適當行為與技巧的指引方針。規範是對社會工作者採取工作步驟之描述，並確信此工作可以解決問題，並不會造成對案主的傷害。最早利用此模式是在醫療社工領域，現在已普遍運用到兒童福利領域，以企圖提供案主一較穩定及可靠的社工處遇。社會工作實務之規範包含有一些步驟，每一步驟又有其規範準則。這些規範步驟及準則並不一定要迎合各個兒童福利機構之設立政策與原則，但至少確信是一個好的實務工作。有關社會工作實務之步驟及規範請參考**專欄**2-2。

 2-2 社會工作實務之步驟與規範

- -

一、社會工作實務規範之步驟

　　社會工作實務規範指出處遇之步驟，可分為準備層面（preparation phase）、關係建立層面（relationship building phase）、檢證層面（assessment phase）、規劃層面（planning phase）、執行層面（implementation phase）、評估及結案層面（evaluation and ending phase），以及追蹤層面（follow-up phase），此步驟之執行

旨在確保增強兒童及家庭走向獨立自主及不再受社工專業依賴的家庭照顧為目標（參考**圖**2-2）。而每一層面又有其參考準則（參考**表**2-1）。

(一)準備層面

此層面在其他社工處遇模式經常被忽略，一個社工員面臨案主之問題可能是多元的，他必須在身在的社區中確認其資源及問題癥結，才能確信如何與案主建立關係以及採用有效的服務。此階段對問題之處遇必須要應用人類行為及社會環境中之人在情境（**PIE**）或個人與環境交流（**TIE**）的診斷模式以瞭解個人、家庭在社區中之互動關係。

(二)關係建立層面

此層面在確保社會工作者與案主之家庭的接觸，必須要小心處理。例如，在

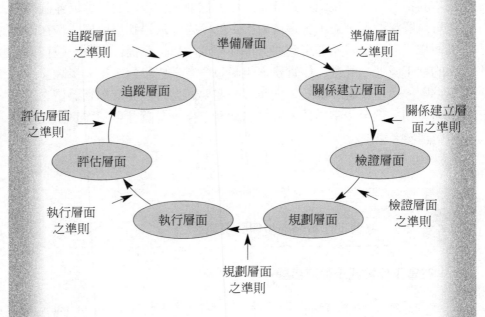

圖2-2　增強數線——社工實務規範層面與準則

資料來源：Mather & Lager (2000). *Child welfare: A unifying model of practice* (p.29). CA: Brooks/Cole/Thomson Learning.

兒童保護服務工作者，如果案主是採用強制隔離兒童待在原生家庭，雖然社會工作者有法令之強制執行命令，此時家庭中的父母與社會工作者之立場是對立的，那關係一定破裂。那麼社會工作者如何提供資源幫助案主之家庭自立呢？因此，社會工作者進入案主之家庭，必須與家庭中之父母建立信任、誠實及互助之關係。

(三)檢證層面

　　正確診斷問題之原因才能確保對的處遇過程及好的處遇結果，以增進兒童及其家庭的福利。檢證不僅對兒童所處之家庭的功能，也要對家庭外之功能加以評估，以及家庭與社會環境如何互動。除此之外，家庭外有哪些資源可以運用以及家庭可能如何透過資源提供來產生正向的改變。

(四)規劃層面

　　社工實務規範之規劃層面類似其他問題解決模式之訂定契約（contracting）及目標設定（goal-setting）之層面，但此模式之規劃是以家庭及其家庭成員成為一系統並整合其他系統來達成家庭問題解決為目標。

(五)執行層面

　　執行層面是整個社工實務規範模式的核心，也是整個規劃及計畫實際運作的過程，而且也須確保所有有關的成員要參與決策過程，再透過密集式及持續且一致性的目標與任務檢測以確定有效的處遇。

(六)評估層面

　　評估層面是整個模式的最後階段——結案，以評量整個處遇之效果。換言之，也是決定是否需要採取不同模式，也衡量整個處遇之有效性。藉著評估過程，瞭解是否造成改變，而不是對處遇的終結；也就是說透過評估過程、瞭解家庭與兒童有否學會自己處理因應問題（壓力）的能力與技巧。

(七)追蹤層面

　　追蹤層面是在處遇結案之後所進行的成效檢測，此層面必須在下列兩原則下進行：(1)兒童福利之社工必須在系統中對所有成員做追蹤，及(2)所有追蹤工作不僅限於對個案及其家庭，同時也須對社區及社會政策加以追蹤。整個社工實務

規範模式在各個層面之工作重點將列於**表**2-1。

二、社會工作實務之規範

　　當規範只源於政策而產生的價值（ideologies）、經濟（economics）或政治（politics），而不是源自科學研究與實務，那難題自然產生。社會工作實務規範是依循兒童福利之社工處遇後的步驟及過程所建立之有效執行步驟與過程之指引。這些指引因兒童福利機構所創立的宗旨或政策而有所不同，但是這些指引都有助於兒童福利之社工專業的執行，共計有三十三條指引將列於**表**2-2。

表2-1　社工實務規範模式各層面之工作重點

1.準備層面
　工作者將個人對個案能有效因應其所處之系統與環境作準備，採用之方法是運用社會資源網絡建立及充權增能個案與其家庭
2.關係建立層面
　運用溫暖、真誠、同理心、積極關注及充權增能等社工技巧，立即與兒童及其家庭建立關係
　（評估此過程與結果）
3.檢證層面
　依據下列系統（兒童、核心家庭、延伸家庭、社會資源及方案與服務）完整診斷與檢證個案之情境
　（評估此過程與結果）
4.規劃層面
　與所有系統作規劃及訂定契約的處遇
　a.個案問題檢閱與協調
　b.邀請家人協同規劃處遇過程
　c.與家人及支持服務系統訂定計畫執行的契約
5.執行層面
　執行計畫
　a.繼續執行會談
　b.繼續與服務資源協調
　c.支持及充權增能兒童與家庭
　d.辨別問題的障礙與解決之道
　e.檢證服務及計畫
　（評估此過程與結果）

（續）表2-1　社工實務規範模式各層面之工作重點

6.評估與結案
　評估結果與結案
　a.評估結果
　b.結案
　（評估此過程與結果）
7.追蹤層面
　從多重系統觀點做個案追蹤
　a.家庭
　b.社區
　c.方案與服務
　d.政策
　（評估此過程與結果）

資料來源：Mather & Lager (2000). *Child welfare: A unifying model of practice* (pp.26-27).
　　　　　CA: Brooks/Cole/Thomson Learning.

表2-2　兒童福利之社會工作專業規範

準備層面
　1.儘早將個人融入社區，為兒童與家庭倡言。
　2.與社區之各種不同專業機構發展好的關係。
　3.積極與政府、社會服務機構及其他助人專業網路建立關係。
　4.與媒體建立良好關係以倡導社區中之兒童與家庭理念。
　5.檢閱社區所有可能的資源。
　6.成為社工專協的會員，並參與社區與國家之政治議題。
關係建立層面
　7.倡導（非由專責社工來與案主建立關係）的社工專業方案，尤其對那些非志願性的案主。
　8.與案主發展正向關係，才能確保處遇的成功與順利。
　9.與案主及其家庭建立關係時，利用同理心、真誠、人性尊嚴及溫暖之技巧。
　10.與社區中之正式及非正式之服務組織建立正向關係。
　11.幫助或加強兒童及其家庭建立自然的支援網路以維持其家庭功能。
檢證層面
　12.對兒童執行危機評量，尤其是受虐兒童。
　13.對案主服務時，利用增強觀點來評量個案。
　14.危機評量表要具信、效度，還有社會工作者之評量能力及經驗也要加以考量。

（續）表2-2　兒童福利之社會工作專業規範

15.採用無缺失之評量工具與方法。

規劃層面

16.與案主（兒童）及其家庭一起參與規劃方案會讓案主及其家庭在自然互動中獲取合作，而使方案執行會更順利。

17.規劃方案最重要是使用個案管理技巧並且要整合社區中之正式與非正式之資源，最好能建立資源網絡。

18.規劃方案及訂定服務契約需要考量個案及家庭的文化背景與需求。

19.兒童福利社會工作者視為個案及其家庭的個案管理者，利用個案管理技巧輔助個案及其家庭與其身在的社區互動。

執行層面

20.執行你所能同意的方案，對你不能同意的部分，切勿有任何行動。

21.尊重家庭的需求，對行動方案可能損失兒童最佳利益，要修正方案。

22.在兒童福利情境中，使用微視及鉅視觀執行方案。如果方案執行不能改變家庭的經濟不平等情況，那兒童的福利會持續惡化。

23.教育家庭為他們的權利與社區中其他人互動及採行任何可能的行動。

24.要能有創新的技術及服務來幫助個案、家庭及社區。

評估及結案層面

25.利用過程及結果的觀點來做個案評估。

26.家庭是一重要的評估過程，目標是導引他們能獨立照顧自己。

27.評估應不僅要考量現有，也要加以考量未來之個案、服務方案、政策及可使用的資源。

28.集中各種個案的評估以促使制定能改變家庭的政策。

29.終止處遇是個案管理的最終目標，但卻是家庭正向生活的始點。

30.儘早因應家庭成員對結案的各種反應才能幫助家庭成員日後的獨立生活照顧。

31.結案最重要的是讓兒童及其家人能關注他們的行動成就，並鼓勵他們持續應用社會支持資源。

追蹤層面

32.追蹤可使兒童及家庭檢視他們的成功及讓他們瞭解兒童福利社會工作者仍然關心他們的福利。

33.追蹤可使兒童福利社會工作者制定更好的政策及機構服務方案。

資料來源：Mather & Lager (2000). *Child welfare: A unifying model of practice* (pp.24-26). CA: Brooks/Cole/Thomson Learning.

第二節　兒童福利之社會工作專業內涵

　　社會工作專業制度之建立已是世界潮流所趨，盱衡歐美先進國家及亞洲日本、香港等均已建立社會工作專業制度。回顧我國邁向專業領域的歷程，早在一九六五年訂頒之「民主主義現階段社會政策」即揭示：運用專業社會工作人員，負責推動社會保險、國民就業、社會救助、福利服務、國民住宅、社會教育及社區發展等七大項福利措施，一九七一年內政部函請省市政府於施政計畫中編列社會工作員名額，一九七一年、一九七五年及一九七七年台灣省政府、台北市政府、高雄市政府分別實施設置社工員計畫。一九九一年、一九九三年北、高二市分別將社工員納入編制。一九九七年四月二日通過社會工作師法，對社會工作師的專業地位、保障服務品質有所提升。一九九九年以後隨著地方制度法施行，內政部陳請考試院將社會工作員納入編制，目前社會工作師職稱已經考試院二○○○年一月七日核定為薦任第六職等至第七職等，縣（市）政府於訂定各該政府組織條例及編制表時，得據以適用，並將社會工作師納入組織編制。雖然社會工作員（師）工作性質隸屬社會福利領域，但在其他諸如勞工、衛生、退除役官兵輔導、原住民事務、教育、司法、國防等領域，亦有因業務需要而設置社會工作員（師）提供服務，以增進民眾福祉。目前各直轄市、縣（市）政府設置有社會工作（督導）員800人，另經社會工作員（師）考試及格者有1,751人（內政部，2004）。

　　台灣社會工作教育至少有五十年歷史，目前計有20個相關科系、11個研究所及3個博士班，每年畢業學生將近千人，加上一些專業人員訓練（例如，兒童福利專業人員之丁類、己類及社會工作學分班），人數更超過千人，預估有1,500人左右。此外，我國也於一九九七年通過社會工作師法，每年透過高等考試取得社工師之執業證照與資格者也不計其數，但透過考試獲得社工師或每年由學校訓練畢業的學生是否意謂有其社會工作專業及其專業地位是否有責信（accountability），對我國社會工作專業發展或應用於兒童福利，是否有其服務品質？

在過去兒童福利社會工作之實務歷史，社會工作者必須發展服務方案來處理兒童及其家庭所面臨之社會難題，例如在美國的安置所、未婚媽媽之家、慈善組織社會，加上托育服務、健康照顧、社會化、充權增能家庭或社區網絡的建立等服務方案。這些方案採用多元系統之處遇（multisystemic perspective of intervention）。這些技術被視爲兒童福利的社工專業。這些專業被要求要具有一對一之個案服務、團體工作、社區工作或政策規劃及服務方案設計與管理的能力。

社會工作者如其他人一樣，來自於不同文化背景，有著自己的一套想法、看法及作法。但身爲一個助人專業，參與協助不同的家庭與個人、瞭解案主的背景，社會工作專業者本身的訓練及專業能力得不斷充實及加強，除此之外，還要有自覺、自省、自我審問、慎思、明辨等能力，這些能力包括：自我透視（對自己的需求、態度、價值、感性、經驗、力量、優缺點、期望等）及專業反省（Pillari, 1998）。

除了自我覺醒及專業反省能力之外，社會工作人員還須對人類行爲及發展（檢證層面）有所瞭解，譬如：生命階段的發展、正常與異常行爲以及正確的評估，如此一來，兒童福利之社會工作者才能規劃方案，以及正確援引社區之資源，以達成有效地協助個案及其家庭改變其生活，達到自助之獨立生活照顧。

現今的兒童福利之專業人員乃採取社會工作方法，應用多元系統之價值來協助個案及其家庭解決問題、克服生活之障礙，本節將敘述兒童福利之社工專業過程所需要之一些價值及能力，包括有社會工作專業背景知識、社會工作、價值與倫理、社會工作角色、社會工作技巧等，分述如下：

一、社會工作專業能力

早期社會工作服務本著慈善心懷、服務弱勢族群，一直深受社會肯定，而且社會工作者只要具有愛心、耐心，常做一些非具有專業性形象的工作，甚至更少提到服務工作績效。近年來，社會工作專業重視責信及服務績效（曾華源、胡慧嫈，2002）。如何讓社會工作服務具有品質呢？簡單來說，就是要求專業從業人員有職業道德、對專業服務品質要有責任感、

不得濫用專業知識權威，並且具有專業能力及不斷追求自我專業能力提升，才能對整個社會工作服務具有專業。

　　社會工作服務需要靠方案之規劃及執行的處遇，而這些處置更需要有專業知識及能力做評斷，一般在兒童福利之社會工作專業更需要瞭解社會環境如何影響兒童及家庭，以及如何援引資源及設計方案來改變兒童與其家庭在環境之適應能力，基本上，兒童福利之社會工作者需要有下列之知識背景：

(一)人類行為與社會環境

　　人在情境（person in environment, PIE）或個人與環境交流（transaction in environment, TIE）一直是社會工作專業著重的觀點，瞭解個案及家庭必須深入瞭解其所身處的環境，社工處遇不僅對個案及其家庭做服務，也要針對個案在社區之正式（機構、政府）或非正式（親戚）的資源加以整合，此種模式很類似生態理論。所以整個處遇不僅要檢示個案之生理狀況、心理違常行為，還要瞭解其在社會（環境）所扮演的角色及其在身處的環境適應情形。此類專業教育除了瞭解人類行為與社會環境之外，還要對兒童及家庭瞭解兒童發展、家庭發展、適齡實務及環境（如家庭、機構、組織、社區及社會等）對個體之影響等知識。

(二)增強觀點

　　兒童福利之社會工作人員不同於醫療人員對個案之處遇是用增強及強化模式（strengths perspective）而不是醫療模式（medical perspective）。Saleebey（1992）以充權增能（empower）之參考架構，幫案主整合資源以助其增強個人能力去因應自我的問題。社會工作者透過增強模式幫助個案及其家庭發掘個體之個性、才能及資源，造成個體能力改變以適應環境要求。此種模式常在社會工作學士及社會工作碩士課程中有關社會工作實務、理論與技巧加以訓練，例如，個案工作、團體工作、社區工作及社會工作管理學科。

(三)多元文化

理論上，當我們做兒童福利之社工處遇必須瞭解多元文化觀點，但事實上，兒童福利之實務工作者卻很難做到此要求。多元文化主義（multiculturalism）要求人們視其他文化就如同對待自己文化一般，為達到此目標，多元文化教育成為社工專業之教育基礎。多元文化主義最能彰顯其觀點是反偏見，包括對性別、種族、能力、年齡和文化的偏見，進而對不同文化也能產生正面之價值觀和態度。應用到兒童福利之社會工作者，我們不僅要瞭解不同個案及其家庭之種族和文化特徵，也要瞭解他們如何看待兒童福利及其家庭，最後，還要去除社會預期（social desirability），給予案主及其家庭更正面之價值與態度，尤其對案主利用優勢以幫助他們增加生活之復原力（resilience），達到充權增能目標，採用增強模式幫助個案因應困境，解決他們所遭遇的問題。有關此觀點需要瞭解政治及經濟學議題、多元文化、危機中的人群（population at risk）、社會及經濟正義。

(四)社會工作政策、研究與評估

社會工作專業不僅要有執行方案之能力，也要具有對方案評估及具有科學研究的實力，尤其是過程評估之能力。除此之外，社會工作者更需瞭解政策制定過程以及可用之政策資源。

二、社會工作價值與倫理

社會工作專業教育的目標，除了培育具備有效專業處置技巧的人才之外，也同時藉由社會工作價值傳遞的教育歷程，培育對社會工作價值有認同感，以及對特定助人情境所遭遇的價值衝突、倫理兩難可以準確作判斷、作抉擇的人才。正如上一節在社會工作實務規範中所提示：社會工作實務過程應具有七個層面——準備、關係建立、檢證、規劃、執行、評估及追蹤。社會工作專業在完成社會所要求之職責與功能之時，必須先行進行服務目標的選定，才能進一步依據服務目標的設定，選擇適切的實務理論進行相關的處遇。在這一系列的服務過程中，社工實務者自身所具備的

知識技術，是決定服務績效的重要依據，但是要「選擇何種處遇方案」、「要不要幫助」、「該不該幫助」、「誰需要幫助」、「幫助的程序」等議題上，則須依賴明確的社會工作價值與倫理守則，才能讓社會工作在處遇時有依循的根據（Bartlett, 1958；Siporin, 1975；曾華源，1999，引自張秀玉，2002）。所以說來，社會工作專業需具有社會工作知識和技巧與社會工作價值與倫理。

至於社會工作價值、社會工作倫理及社會工作倫理守則這三層面之關係爲何？張秀玉（2002）更具體指出這三層面之關係並探討其與社群關係脈絡與實踐場域之關係（參見圖2-3）。

由圖2-3，我們可清楚瞭解社會工作倫理是社會工作價值實踐的指南，社會工作倫理守則則是社會工作倫理之實際表現。社會工作價值經由概念化的過程，形成社會工作者所遵循的社會工作倫理，社會工作倫理再經由概念具體化的過程，形成社會工作者倫理守則。一九八二年美國國家社會工作協會（NASW）更指出社會工作價值是社會工作專業的核心要務，其引導所有社會工作領域實務的模式及原則，有關美國社會工作價值請參考表2-3。

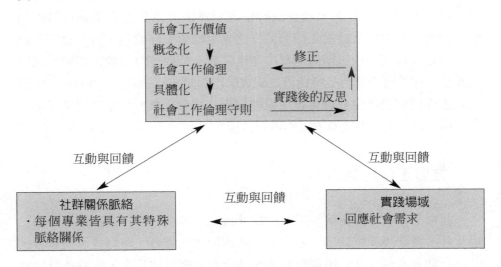

圖2-3　社會工作價值與倫理、社群關係脈絡與實踐場域之關係圖

資料來源：張秀玉（2002）。大學部「社會工作價值與倫理」課程定位與課程內容之探討。《社區發展季刊》，99，287-302。

表2-3　美國社會工作協會訂定之社會工作價值

1.承認對個案之最佳利益
2.為案主保密
3.因應社會變遷建立迎合社會所認可的需求
4.在專業關係中分離個人之情緒與需求
5.教導案主所需的技巧與知識
6.尊重及鑑賞個人之差異
7.扮演使能者之角色，幫助案主自助
8.在挫折困境中，仍能持續提供服務
9.倡導社會正義，滿足社會人民之經濟、生理及心理之幸福感
10.採取高標準之個人與專業行為

資料來源：NASW (1982). NASW standards for the classification of social work practice. MD: Silverspring.

　　「價值」是內在控制的機制，所以，社會工作價值體系是不能輕易改變的；社會工作倫理則是規定什麼是應該做？什麼是不應該做？其是具體的守則，會受到社會變遷、社會對社會工作專業要求的改變等因素影響而有所不同。社會工作倫理一旦改變，其倫理守則也必須跟著更改。此外，倫理守則在實踐的過程中，若發現與社會現實情境差異太大或執行有困難時，則必須回頭檢視社會工作價值概念化至社會工作倫理，若社會工作倫理操作化成倫理守則這兩個過程中產生偏頗，則要進行社會工作倫理之修正改變，才能符合當時社會情境之現實情況與需求（張秀玉，2002）。美國社會工作協會也制定社會專業之倫理原則（請參考**表**2-4），以提供兒童福利實務人員在執行決策及方案的參考依據。

三、社會工作角色

　　社會工作者需要扮演多元角色來執行兒童福利服務。在本章第一節已提及社工實務規範就指出，社會工作者需扮演使能者、教育者、倡導者、社會行動者、調停者、激發行動者、仲介者及充權增能者，每個角色皆有相等重要性，身為社會工作者，必須將這些角色融為一體成為個人之人格，並在兒童福利實務工作實踐這些角色。

表2-4　美國社會工作協會訂定之社會工作倫理原則

1.服務——社會工作者主要任務是幫助有需求之人及指出社會問題
2.社會正義——社會工作者挑戰社會不正義
3.個人尊嚴與價值——社會工作者尊重個人天生之尊嚴爲權利及價值
4.人群關係的重要性——社會工作者瞭解人群關係才是改變的要素
5.誠實、正直與廉潔——社會工作者要整合倫理守則及社會工作價值
6.能力——社會工作者要提升個人之專業技巧與知識，以充實助人之專業能力

資料來源：NASW (1996). Code of ethics of the National Association of Social Workers. Washington, DC: NASW.

1.使能者：使能者（enabler）扮演一輔助者的角色幫助案主達成目標。這個角色必須具有溝通、支持、鼓勵及充權增能的功能，以促使案主及家庭成功完成任務或找到達成目標的解決方法。

2.教育者：教育者（educator）要教育及幫助案主在其互動的家庭及系統中建立知識體系以鼓勵案主及其家庭作決策，並執行達成目標的步驟。

3.倡導者：倡導者（advocate）爲案主及其家庭建立更有效的方案及服務，然後訓練他們爲他們自己及他人擁護他們的權利。

4.社會行動者：社會行動者（activist）要對社會變遷有敏感的心，爲兒童及其家庭的最佳利益制定更適宜的政策、方案及服務。

5.調停者：調停者（mediator）要能積極傾聽各方的聲音及瞭解各方的需求，衝突之情境中扮演一調節的角色。

6.激發行動者：激發行動者（initiator）能辨別案主需求，並促使他人瞭解這些議題及激勵他人爲這些議題尋找解決之道。

7.仲介者：仲介者（broker）的角色是聯結家庭與社區之社會服務機構與方案，進行轉介及進入資源網絡以幫助案主及其家庭獲得最好的服務品質。

8.充權增能者：充權增能者（empowerer）是增強案主及其家庭已具有的才能及資源，並幫助他們有效利用他們的優勢來造成改變。

曾華源（1986）認爲通才的社會工作之工作任務與角色說明如下：

1.任務：由八個一般性任務組成包含：計畫、評估、互動、傾訴、觀察、再評估、紀錄、集中調適。

2.角色：可分為直接服務角色、間接服務角色、合併服務角色三種，共有十三個主要的實務工作角色分述如下：

(1)直接服務角色：包含支持者（supporter）、忠告者（advisor）、治療者（therapist）、照顧者（caretaker）。

(2)間接服務角色：包含行政者（administrator）、研究者（researcher）、諮詢者（consultant）。

(3)合併服務角色：包含能力增進者（enabler）、中間者（broker）、調解者（mediator）、協調者（coordinator）、倡導者（advocate）、教育者（educator）。

四、社會工作技巧

在社會工作實務規範中指出兒童福利實務工作者需要有兩種技巧：關係建立及個案管理技巧，茲分述如下：

(一)關係建立技巧

在與案主初步訪視中，兒童福利社會工作專業需要至少有五種技巧：同理心、真誠、溫暖、積極關注及充權增能，以幫助方案的執行。

1.同理心：同理心（empathy）係指社會工作者有能力回應案主及其家庭，並能傳達社會工作者瞭解案主的感受，更是一種將心比心或感同身受的感受。這不是意謂社會工作者與案主有同樣的感受或同意案主的感受，只是社會工作者能傳輸這個感受是可以接受的，並沒有對錯的價值判斷。例如，在一受虐的家庭，母親因挫折或情緒不好，而對你解釋她為何常常會想要打小孩。身為一社會工作者，可以因為母親因缺乏經濟及情緒支持，而造成虐待小孩的情境，社會工作者可以同理，但不表示接受或允許這種行為。

2.真誠：真誠（genuineness）是一種自然的人格流露，讓人覺得社會工

作者是眞心對待案主及其家庭。當社會工作者具有這種特質,他會容易被案主及其家庭接納及信任。眞誠的本質就是誠實對待任何人及任何情境。例如一位少女因懷孕因素,不敢告訴父母而選擇逃家。身爲一社會工作者,誠實告訴她有關你爲她一個人在眞實社會上生活感受恐懼與害怕。眞誠是社會工作者能誠實與他分享你的恐懼和害怕的感覺。

3.溫暖:溫暖(warmth)是社會工作者傳輸關心每個案主的技巧,對兒童福利實務者而言,對每一個案主都傳達關心之情實有困難,有時兒童福利實務人員對受虐家庭的施虐者會有憤怒或厭惡之意,但如不能表達眞誠與溫暖,又難以獲得他們的合作及意願去做必要的改變,換言之,爲了表示眞誠與溫暖,兒童福利實務者不管任何情境都要對案主及家人同理。溫暖可用語言及非語言方式來作表達。例如,說話之語調及用字遣詞要能表達溫暖之意,同時也要注意臉部表情及身體姿態。

4.積極關注:積極關注(positive regard)不同於同理心,需要對情境更瞭解,此種技巧需要社會工作者有較正向之人群價值及趨使人們走向完善之心,也唯有透過此種價值信念,才能使一社會工作者面對兒童施以性虐待,願意付出關心及熱情促使施虐者作改變。然而,積極關注並不代表社會工作者同意案主對兒童的傷害。

5.充權增能:充權增能(empowerment)的概念也是近二十年社工實務工作者所強調的概念,早先這個概念源自於生態理論。充權增能的角色是幫助案主達成自我尊重及因應個人不足的非眞實感覺。透過社會專業的協助,案主、家庭、社區得以充權增能,以便能在其環境創造好的改變。

(二)個案管理技巧

除了與案主及其家人建立良好關係技巧之外,兒童福利之專屬人員還必須運用個案管理技巧處遇兒童福利事務。個案管理技巧(case management skills)包括有組織、協調、調停、維持、評估及資源整合。

1.組織:兒童福利之社會工作者必須具有組織(organize)的能力,並

55

具有領導能力以領導他人完成服務方案。此種技巧並不是要社會工作者有專制行為，尤其協調不同專業（有其案件負荷、機構責任）一起合作達成方案，必須透過人際溝通及人際影響讓有關方案執行之人，獲得共識，達成合作。

2. **協調**：社會工作實務者執行方案講求協調（coordinate）而不是駕馭別人，調停別人並允許他人自我決策是要融合在此種技術並成為社會工作者的人格特質，尤其兒童福利之社會工作者要協調案主家庭與其他系統一起合作。

3. **調停**：調停（mediate）是一種有能力應用策略解決衝突之情境，尤其在兒童福利領域，母親對子女的施虐會引起其他家人的憤怒，如何讓家人面對此情境一起合作便需要社工人員居中協調，此外，家庭與其他機構不同意方案的執行，應設法使他們一起合作，有共識一起解決問題。

4. **維持**：維持（sustain）的技巧需要社工實務者對於參與兒童福利實務有信心、願意接受挑戰及能夠充權增能自己以維持方案的執行，尤其是案主及其家庭面臨困難情境之時。值得注意的是，兒童福利之實務工作者往往工作負荷很重，所以自我壓力調節與管理就很重要，如此一來，他才能持續給予案主及其家庭與其他機構給予支持與充權增能。

5. **評估**：兒童福利之社會工作者必須具有評估（evaluate）自己的方案效果、及此方案對案主及其家庭產生正／負向之影響的能力。缺乏此種對自己的實務執行、方案評估或政策評估，兒童福利之社會工作者便不能判斷服務績效或考慮案主及其家庭是否需要特殊的服務方案。

6. **整合資源**：整合資源（integrate service）的技巧是需要兒童福利之社會工作者瞭解你可運用（知道）的服務資源，以及將這些資源加以整合成為一系統提供給案主及其家庭，例如處理一中輟個案，他又有吸食毒品及行為偏差的問題，兒童福利之社會工作者必須運用醫療資源、學校資源、法院資源以及機構資源，作為一個資源網絡對兒童及其家庭施予處遇方案。

本章小結

　　本章提出身為一個兒童福利之工作者，也是一專業的社會工作者，除了具備社會工作專業之知識與技巧之外，還要具有社工專業的價值與倫理。本章也介紹美國社會工作專業之規範、倫理原則、運用增強、充權增能之技巧協助案主因應困境，達成有效的問題解決。現今的社會工作實務著重預防與處遇模式，不像往昔是以殘補為唯一的處遇方式，因此，身為一兒童福利專業者更要瞭解社會工作角色、價值與規範以及應用社會工作專業技巧達成有效方案執行。同時，研究亦指出兒童福利之個案希望專業之兒童福利社會工作人員具有下列之特質：(1)傾聽及助人之意煩；(2)具同理心；(3)真誠與溫暖；(4)尊重人及非判斷人之性格；(5)公平；(6)可近性；(7)支持及完務性及(8)有經驗及具能力的（Morales, Sheafor & Scott, 2006）。

參考書目

一、中文部分

內政部（2004）。《中華民國九十二年社政年報》。台北：內政部。

張秀玉（2002）。大學部「社會工作價值與倫理」課程定位與課程內容之探討。《社區發展季刊》，99，287-302。

曾華源（1986）。社會工作者為多重角色的通才實務工作者。《社區發展季刊》，34，97-106。

曾華源（1999）。社會工作專業倫理困境與信託責任之探討。《社區發展季刊》，86，54-79。

曾華源、胡慧嫈（2002）。強化社會工作專業教育品質——建構「價值與倫理課程」為學校核心課程。《社區發展季刊》，99，73-89。

二、英文部分

Bartlett, H. M. (1958). Working definition of social work practice, *Social Work*, 3, 6.

Mather, J. H. & Lager, P. B. (2000). *Child welfare: A unifying model of practice*. CA: Brooks/Cole/Thomson Learning.

Morales, B., Sheafor, B. & Scott, B. (2006). *Social work: A profession of many faces* (11th ed.). Boston: Allyn & Bacon.

NASW (1982). NASW standards for the classification of social work practice. MD: Silverspring.

NASW (1996). Code of ethics of the National Association of Social Workers. Washington, DC: NASW.

Pillari, V. (1998). *Human behavior in the social environment* (2nd ed.). New York: Wadsworth.

Saleebey, D. (1992). *The strengths perspective in social work practice*. New York: Addison-Wesley.

Siporin, M. (1975). *Introduction to social work practice*. NY: Macmillan Publishing Co., Inc.

Chapter3
第三章

兒童發展與
兒童福利

生活是複雜的，而我的世界註定要隨之改變——Loren Eiseley [1]

改變是生命中唯一的永恆之物——Heraclitus [2]

　　兒童發展為全人發展（life-span development）的一環，更是人類行為的詮釋。在探索千變萬化的人類行為之前，應去瞭解「發展」（development）這個名辭。發展的基本概念是行為改變（behavior change），不過並非所有的行為改變都具有發展性，諸如中了樂透，或車禍，對人類而言，這是一種意外事件，更是一種周遭環境的改變而影響過去的固定的生活模式（life pattern）。

　　每個人帶著個人獨特的遺傳結構來到這個世界，並隨之在特定的社會文化與歷史背景展露（upholding）個人的特質，而形成個體的敘事（narrative）及生活型態。就如同Loren Eiseley所主張：「人類行為是在於歷史的特定時間內與他人傳說之互動中逐漸模塑成形的。它受個體之生理、心理及所處環境之社會結構和文化力之相互作用中逐漸形成其人生歷程（life course）。」從社會學的觀點來看，人生歷程是穿越時間而進展（Clausen, 1986），也就是說，隨著時間的推移而產生行為的改變。因此，個體除了生物性的成長改變，他也必須隨著社會變遷而改變，以迎合更穩定的社會結構、規範和角色。生命只有兩種選擇，改變或保持現狀。誠如二千五百年前的希臘哲人Heraclitus所言：「世界無永恆之物，除了改變。」社會學家涂爾幹（Durkheim）也以社會變遷與整合來分析社會的自殺行為，他說：「一個人愈能與其社會結構相整合，他愈不可能選擇自殺。」

　　從心理社會的觀點（psychosocial perspective）來看，人生歷程指的是工作以及家庭生活階段順序之排列的概念。這個概念可用於個體生活史的內容，因為個人生活史體現於社會和歷史的時間概念之中（Atchley, 1975; Elder, 1975）。每個人的生活過程皆可喻為是一種人生適應模式，是每個人對於在特定時間階段所體驗到的文化期望，所衍生的人生發展任務、資源

註[1]：Eiseley, L. (1975). *All the strange hours: The excavation of a life*. New York: Charles Scribner's Sons.

註[2]：Heraclitus, 二千五百年前的希臘哲人，其至理名言：" There's nothing permanent except change."

及所遭受障礙的一種適應。

　　綜合上述，人類的發展是終其一生連續性的變化，每個人的成長及變化是持續並隱含於每個發展階段之中，全人發展意指人類在有生之年，內在成長與外在環境之動態交互作用中產生行為的變化，而變化最能代表發展之涵義。本章是以人類生命週期（發展階段）與全人發展的觀點，呈現個人的成長變化、發展與行為。基於兒童之定義為12歲以下之個體，廣義可延伸至18歲以下之人，故本章將著重於18歲以下之兒童（少年）及其家庭之不同生命歷程對其個人及家庭產生的衝擊及衍生的需求。

第一節　人生歷程與發展之意涵

　　Atchley（1975）提出一種在職業和家庭生活歷程中，與年齡聯繫在一起所產生變化的觀點（參考圖3-1）。由圖3-1中可看到生命歷程中工作與家庭生活之間的可能結合形式。例如，某一女性青年結婚前曾在工作職場待過，在結婚生子之後，因要撫養子女而退出就業市場，待孩子長大又重返勞動市場，她必須重新受訓。對她而言，職業生涯可能會產生很大變化，例如，從全職工作退居到兼差，或從在大企業工作轉到小企業，甚至到個人工作室。對於那些結婚、生育子女、再結婚、再生育子女的人而言，家庭生活在其個人之觀點及體驗是有所不同的。這也可解釋為何婦女就業之職場與工作轉換，許多婦女在工作職業生涯之變化與其是否有孩子、孩子數目及孩子年齡層有關。而有關本章兒童福利為兒童發展之關係更要保持兩個層面，一是父母在其發展階段所面臨之環境與角色和社會對其的期望，另一層面是父母及其家庭對兒童所產生的影響。

　　生命過程模式受歷史時代的影響。生活於西元一九〇〇至一九七五年的人，其生命過程可能就不同於生活於一九二五至二〇〇〇年的人。人們可能在不同人生階段，面對著不同的機遇、期望和挑戰而經歷那同樣的歷史年代。職業機遇、教育條件和同族群人數的差異，是可能影響生活經歷模式的三個族群因素（Elder, 1981）。最近，日本學者將西元一九五五年之前出生者歸之為舊人類，在一九五五年之後出生者稱之為新人類。而這些

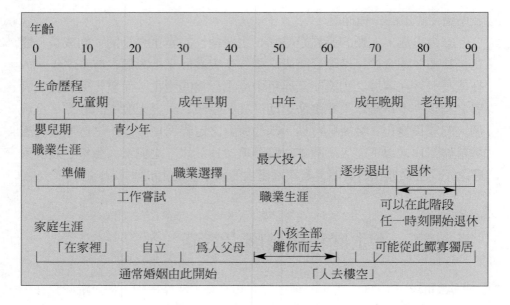

圖3-1　年齡、生命歷程、職業生涯和家庭生涯之間的關係

資料來源：Atchley R. C. (1975). The life course, age grading, an age-linked demands for decision making, In N. Datan & L. H. Ginsberg (eds). *Life-span developmental psychology: Normative life crises* (p.264). New York: Academic Press.引自郭靜晃、吳幸玲譯，《發展心理學：心理社會理論與實務》（台北：揚智文化），頁516。

新人類在一九六五年之後出生者稱之為X世代（X generation），一九七五年之後出生者為Y世代，及一九八五年之後出生者謂之為Z世代。這些世代歷經了社會變遷、教育模式及不同境遇也衍生了不同價值觀，甚至形成了特定的次文化（subculture）。換言之，處於不同世代的父母，因受社會變動因素之影響，而有不同之機遇及別人對其角色的期望，而產生此世代的個別經驗及知覺。應用於兒童福利（尤其是托育服務），此世代之父母對於養育子女的觀念及需求也會異於不同世代之父母，加上父母因需求之滿足或個人境遇之變化（例如，離婚家庭或外籍配偶家庭）而產生對子女管教與保育之差異，進而對子女發展產生不同之影響。

　　儘管生命歷程與事件的時間順序密切相關，但有一種觀點認為，處於不同年齡階段的人對事件有不同的看法。人們並不是簡單地在各個事件之

中埋頭忙碌，他們會進行選擇。有的人在選擇時比別人更為小心、更為明智；他們接受某些職責，拒絕其他職責；而有些人則比其他人承擔更多的責任。

人們對角色的興趣或重要性有著不同的看法。他們認為，有些角色是重要的，有些角色則是次要的。他們從某種過去經驗中吸取教訓，增加他們在某些角色中的效果。例如，在成年早期，有關母親和父親的回憶可能關係到一個人結婚或生育子女方面的決定。在中年期，隨著人們在社會組織中接觸到職業生涯管理或領導的任務，人們對手足或學校同儕經歷的懷念會更加明顯（Livson, 1981）。

然而，不管什麼時候，每一個人的早期經驗都將影響其當前的選擇，個人特點也將由此而形成。在研究生命歷程時，我們不僅對經驗的時間順序感興趣，而且還很關注在成人努力於適應中不斷變化，且有時此變化是相互衝突的角色要求時所出現的心理成長。

在生命歷程中，適應模式的整體面貌應包括：年齡增長的生理過程及其他生物歷程的概觀，這其中又包括：生育子女、更年期停經、荷爾蒙分泌的減少、慢性疾病，以及死亡（Katchadourian, 1976）。適應模式的總體概觀還應包括各種因素，例如，發展任務、心理社會危機及種種經歷，包括：職業、婚姻、養育子女等生活的各個方面（Feldman & Feldman, 1975）。它應包括規範性的、針對各個年齡的期望、發展期望和角色期望方面的背景。它應包括一個廣泛的涉及經濟危機、戰爭、饑荒、政治變革和社會運動等的社會歷史背景。對於一個特定的年齡群體來說，這些方面都會改變某些行為的涵義（Erikson, 1975; Miernyk, 1975）。事實上，大多數有關生命歷程的研究並沒有做到如此全面。這些研究往往只是單獨涉及對心理社會事件的適應，或只是注重與年齡相關聯之期望的背景（Brim, 1976）。

人的全人發展的起點是從個體受孕開始，一直到終老死亡為止。發展改變（change）的過程是有順序的、前後連貫的、漸進的，及緩慢的，其內容包含有生理和心理的改變，此種改變受遺傳、環境、學習和成熟相關。而人類行為是由內在與外在因素之總和塑造而成，藉著社會規範所給予個人的方向與指引，因此有些人類行為是可預期的且規律的。例如，在

63

吾人社會中，依時間前後排序的年齡，時常會隨著地位和角色轉換而產生改變，文化上也相對地規範在「適當的」時間中展開上托兒所、學才藝、上學、約會、開車、允許喝酒、結婚、工作或退休。當在這些特殊生活事件中存在相當的變異性時，個人將「社會時鐘」（social clock）內化並時常依照生命歷程的進行來測量他們的發展進程，例如，某些父母會（因他們2歲的小孩尚未開始說話，或是一近30歲的已成年子女並未表現出職業發展方向，或一近35歲結婚女性尚未生育子女等行為）開始擔心他們子女是否有問題。問題是與「在某段時間之內」有關，會因此受內在情緒強度所掌握，此種社會規範的影響是與特定生活事件所發生的時間有關。

社會規範界定社會規則，而社會規則界定個體之社會角色。若社會角色遭受破壞，那他可能會產生社會排斥。例如，過去的傳統社會規範「女性無才便是德」，女性被期待在她們青少年晚期或20歲初結婚，再來相夫教子並維持家務。至於選擇婚姻及家庭之外的事業，常被視為「女強人」，並被社會帶著懷疑的眼光，而且有時還會視為「老處女」，或「嫁不出去的老女人」。或現代之父母育兒觀：「望子成龍，望女成鳳」，孩子在小時候被期望學習各種智能及才藝，甚至要成為超級兒童（super kids）。除此之外，社會價值也隨著社會變遷與發展產生了變化，原有的傳統家庭價值受到挑戰與衝擊，進而形成各種家庭型態（如單親家庭、隔代家庭、外籍配偶家庭），這些改變也相對地影響兒童的發展，所以現代之家庭與兒童需要外在之支持以幫助其適應社會。

人生全人發展常令人著迷，有著個別之謎樣色彩，相對地，也是少人問津的領域。想去理解它，我們就必須弄清楚在發展各個階段上，人們是怎樣將他們的觀念與經歷統合，以期讓他們的生命具有意義，而這個生命歷程就如每個人皆有其生活敘事（narrative），各有各的特色。

由人類發展的涵義來看，它包括有四個重要觀念：第一，從受孕到老年，生命的每一時期各個層面都在成長。第二，在發展的連續變化時程裡，個體的生活表現出連續性和變化性；要瞭解人類發展必須要瞭解何種因素導致連續性和變化性的過程。第三，發展的範疇包含身心各方面的功能，例如，身體、社會、情緒和認知能力的發展，以及它們相互的關係。我們要瞭解人類，必須要瞭解整個人的各層面發展，因為個人是以整體方

式來生存。第四，人的任何一種行為必須在其相對的環境和人際關係的脈絡中予以分析，因為人的行為是與其所處的脈絡情境有關，也就是說人的行為是從其社會脈絡情境中呈現（human behavior nested in the social environment），故一種特定的行為模式或改變的涵義，必須根據它所發生的物理及社會環境中加以解釋。

　　人生歷程將生命視為一系列的轉變、事件和過程，發生在人生歷程中任何一階段，皆與其年齡、所處的社會結構和歷史變革有關。然而，Rindfuss、Swicegood及Rosenfeld等人（1987）卻指出：人生事件並非總是依照預期中的順序發生，破壞和失序在穿越生命歷程中均隨時可能會發生。例如，不在計畫中、不想要的懷孕，突然發生的疾病、天災（九二一地震、風災或SARS），經濟不景氣被裁員等都會造成生命事件中的那段時間段落中的失序和破壞，甚至衍生了壓力，此種壓力的感受性通常是依個人與家庭所擁有的資源及其對事件詮釋而定（Moen & Howery, 1988）。

　　持平而論，個人的人生歷程是本身的資源、文化與次文化的期待，社會資源和社會暨個人歷史事件的綜合體，深受年齡階段、歷史階段和非規範事件所影響（參考圖3-2），茲分述如下：

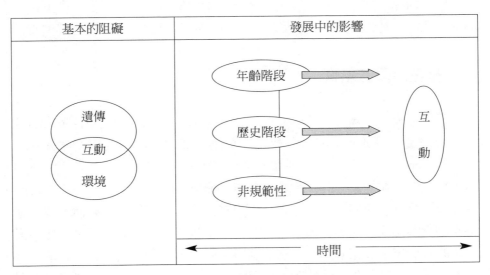

圖3-2　人生歷程中之影響因素

資料來源：陳怡潔譯，《人類行為與社會環境》（台北：揚智文化，1998），頁173。

65

兒 童 福 利

一、年齡階段的影響

　　人類行為受年齡階段之影響（age-graded influences），是那些有關於依照時間進程的年齡（例如，出生、青春期），以及特定的年齡期待（例如，學業、結婚生子、退休）。在發展心理學的佛洛伊德的心理分析論、艾力克遜的心理社會論、皮亞傑的認知發展論及柯爾堡的道德發展論皆指明人類行為根植於生命歷程中各年齡階段的行為改變（下節中會有詳細的介紹）。

　　人類行為會因個體的成熟機能而表現出不同的行為結構，加上這些事件上許多文化期待的規範性和預期性的型態，而產生預期社會化的行為（Hagestad & Neugarten, 1985）。預期的社會化過程規範個人在文化中所假定的扮演角色行為。例如，在某些文化，要求青少年獨立自主，並會安排家務或其他雜務給子女，並視此種獨立及幫忙家務是為日後職業生涯之價值及工作取向做準備。

　　年齡階段之影響是由文化性與歷史性所定義，例如，在二十世紀初期，童工在貧窮與中等階級的家庭中是必要的人力資源；但至二十世紀初通過童工法和補習教育，兒童被期望接受教育並為日後提升經濟生活做準備。將此觀點應用於兒童福利實務，應給予父母親職教育，倡導尊重孩子的權利及適齡發展的托育，以及避免給予過度學習壓力的快樂童年。

二、歷史階段的影響

　　歷史階段的影響（history-graded influences）意指由歷史事件帶來的各項社會變遷，例如，人口統計學上的更動、能力技巧的改變和就業率。「族群」（cohort）受其出生年代和分享歷史背景經驗所影響，如前面所述的舊人類和新人類的X、Y、Z世代。族群的概念在解釋人生歷程中不同時間點上所受之歷史階段影響，它會受歷史階段或同儕來相互影響而形成一種特殊的行為模式。例如，最近台灣的經濟不景氣即是一歷史事件，此事對失業的青壯年及其家庭的生活造成衝擊。幾十萬人無法找到工作且承受著經濟不景氣及通貨膨脹的痛苦。結果，造成他們在工作、節約和經濟消費行為的信念改變。工作不再是事求人、垂手可得的，因此，經濟上的節約

變得相當重要。對那些原本就是貧窮的人而言，他們會經歷到「比原本更困苦」的沮喪；而對那些富有的人而言，這只是一段困苦的時間，並非原本就必須要承受的災難，或許暫時咬緊牙關，忍耐一陣就會否極泰來。將此觀點應用於兒童福利實務，除給予急難救助的社會支持及服務方案外，也要運作各種資源增加個人因應壓力的能力，增加個人生活的堅毅力及增強正性的自我信念與價值。

三、非規範性的影響

非規範性的影響（non-normative influences）係指在行為上的各種事件是無法預測及始料未及的事件，例如，天災（火災、地震、風災、水災、SARS）或失業，突然喪偶或暴發疾病。這些事件與歷史上的推移關聯甚少，而且時常比預期中的生命事件具有更大的壓力及影響。「天有不測風雲，人有旦夕禍福」，兒童福利應提供社會支持，整合社會可利用之資源，增強及充權增能兒童及家庭能有再適應社會之功能。

第二節　兒童發展的理論

當我們檢驗兒童發展時，重要的是能夠從發展模式的一般性看法轉入對特殊變化過程的解釋。心理社會理論為我們探究人的發展提供了概念保護傘，但是我們也需要其他理論在不同的分析層次上來解釋行為。如果我們要說明一生中的穩定性和可變性，我們就需要有理論構想，來幫助說明全面演化的變化、社會和文化的變化，以及個體的變化。我們也需要有種種概念，解釋生活經驗、成熟因素，以及一個人的經驗結構對生理、認知、社會的、情緒的和自我發展模式之作用。

本節將介紹影響兒童個體行為改變理論之重要基本概念：成熟理論、行為理論、心理動力論、認知理論和生態環境理論。

理論乃是指針對觀察到種種現象與事實（facts）以及其彼此之間的關係所建構出之一套有系統的原理原則。理論是整合與詮釋資料之一種架

構，主要的功能是用於探究兒童的成長與行為，對於所觀察到的行為提出一般性的原則並加以詮釋，它指出了在兒童遺傳的結構上和環境之條件下，哪些因素影響兒童的發展和行為改變，以及這些要素如何產生關聯。

一、成熟理論

成熟理論（maturationist theory）主張人類之發展過程主要是由遺傳所決定。人類之行為主要受內在機制，以有系統之方式，且不受環境影響的情況下指導著發展的進行，進而影響個體組織的改變。

在遺傳上，兒童在成熟的時間產生行為逐漸外露（upholding）的過程。成熟理論學派認為當一些行為尚未自然出現時，即予以刻意誘導是不必要的，甚至造成揠苗助長。被強迫性地要求達到超過其成熟現狀發展的兒童，他們的發展不僅效率低而且須經歷低自我與低自我價值，但兒童的發展情況若不符期望中的成熟程度，則產生低學習動機，則需要予以協助與輔導。

被視為兒童發展之父的George Stanley Hall，其觀點影響了兒童心理學與教育學之領域，他的學生Arnold Gesell更延續Hall的論點，將其論點以現代的科學研究加以運用。

(一)George Stanley Hall

G. Stanley Hall（1844-1924）在哈佛大學跟隨心理學家William James，取得博士學位，又轉往德國跟隨實驗心理學派（亦是心理學之父）Wilhelm Wundt研究，回到美國後，便將實驗心理學之知識應用於兒童發展的研究，並且推展至兒童保育之應用。

Hall的研究發展雖然採用不合科學系統研究之嚴謹要求，其論點反映發展是奠基於遺傳。兒童行為主要是受其基因組合之影響。其研究是招募一群對兒童有興趣的人來進行實地觀察（field observation），蒐集大量有關兒童的資料，企圖顯示不同階段兒童之發展特質。

Hall的研究工作反映出達爾文進化論的論點，其深信：人類每一個體所經歷的發展過程類似於個體發展的順序，即是「個體重複種族演化的過

程」（ontology recapitulates phylogy）。兒童行為從進化的原始層面脫離出來，透過成熟，帶來兒童的行為及自然的活動。

(二)Arnold Gesell

Arnold Gesell（1890-1961）以更有系統的方式延續Hall的研究，他待在耶魯大學的兒童臨床中心（Yale University Clinic for Child Development）近四十年的歲月，研究兒童的發展。他藉由觀察並測量兒童各種不同領域：生理、運動、語言、智力、人格、社會等之發展。Gesell詳細的指述從出生至10歲兒童發展的特徵，並建立發展常模。

Gesell的發展理論強調成熟在兒童發展之重要性，他與Hall不同之處是其不支持發展的進化論點，但是其相信兒童發展是取決於遺傳，並且人類發展之能力及速率是因人而異，故在兒童保育要尊重每個人與生俱來的個人特質。環境對改變兒童行為僅扮演次要的角色，而應取決於人類內在具有的本質，而保育應配合兒童發展的模式，故教育更要配合兒童發展的基調，壓迫與限制只會造成兒童負面之影響（Thomas, 1992）。

成熟理論多年來在兒童發展領域深深地影響兒童托育。成熟學派之論點之哲學觀點與Rousseau之浪漫主義相符，支持「以兒童為本位」的教育觀點。因為後天環境對於個體的發展影響不大，所以，企圖擴展超越兒童之天賦能力，只會增加兒童的挫折與傷害，甚至揠苗助長。配合兒童目前的能力提供學習經驗，是較符合兒童發展與人性（本）之教育理念，同時亦是美國幼兒教育協會（National Association of Education for Young Children, NAEYC）所倡導的「適齡發展實務」（Developmentally Appropriate Practice, DAP）的重要依據。基於這個觀點，兒童保育之教師（保育員）被要求本於兒童的「需求與興趣」來設計教學計畫，課程要配合兒童發展，並以遊戲為主要的教學設計原則。

此論點同時也導引出學習準備度（readiness）的概念。假使兒童被評定為尚無能力學習某些事，則教師必須等待兒童進一步成熟，這種準備度之觀點尤其在閱讀教學的領域更為明顯。成熟學派對於幼兒早年學習所持有之取向是依賴個體之成熟機能，不同於往年教育學者所採用之介入論者（interventionist）的取向。後者針對失能兒童（disabled children）或處於危

機邊緣之兒童（children at risk）所設計，主要是依據行為主義之觀點，利用特殊介入模式來協助兒童符合學習的期望。

二、行為理論

　　行為理論（behaviorism theory）影響心理學的理論發展已超過一世紀之久，行為理論基本上是一種學習理論，同時也一直被當做是一種發展理論，其提出了解釋由經驗而引起的相對持久的行為變化的機轉（mechanism）。它與成熟學派持有不同看法，此學派認為除了生理上的成熟之外，個體的發展絕大部分是受外在環境的影響。人類之所以具有巨大的適應環境變化的能力，其原因就在於他們做好了學習的充分準備，學習理論之論點有四：(1)古典制約；(2)操作制約；(3)社會學習；以及(4)認知行為主義，茲分述如下：

(一)古典制約

　　古典制約（classical conditioning）的原則是由Ivan Pavlov（1849-1936）所創立的，有時又稱巴卜洛夫制約。Pavlov的古典制約原則探究了反應是由一種刺激轉移到另一種刺激的控制方法，他運用唾液之反射作用作為反應系統。

　　古典制約模型由圖3-3可見，在制約之前，鈴聲是一中性刺激（neutral stimulus, NS），它僅能誘發一個好奇或注意而已，並不會產生任何制約化之行為反應。食物的呈現和食物的氣味自動地誘發唾液分泌（是一反射作用），即非制約反應（unconditioned response, UR）（流口水）的非制約刺激（unconditioned stimulus, US）（食物）。在制約試驗期間，鈴聲之後立即呈現食物。當狗在呈現食物之前已對鈴聲產生制約而分泌唾液，我們則說狗已被制約化。於是，鈴聲便開始控制唾液分泌反應。僅在鈴聲鈴響時才出現的唾液分泌反應稱作為制約反應（conditioned response, CR）。此一原則先對動物實驗，再由John B. Watson（1878-1959）應用到Albert的小男孩，將新的刺激與原先的刺激聯結在一起，對新刺激所產生的反應方式相類似於其對原先刺激所做出的反應。

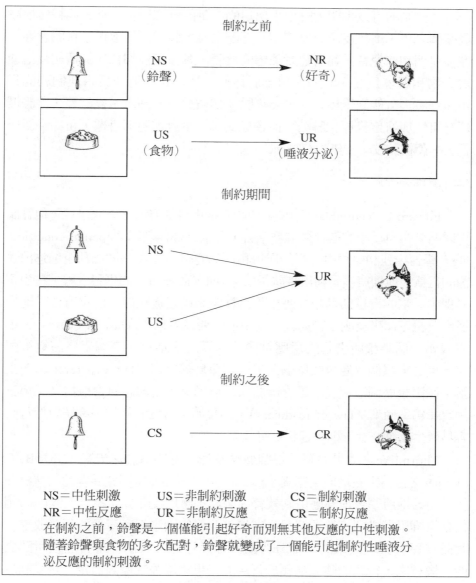

制約之前

NS
（鈴聲）

NR
（好奇）

US
（食物）

UR
（唾液分泌）

制約期間

NS

US

UR

制約之後

CS

CR

NS＝中性刺激　　US＝非制約刺激　　CS＝制約刺激
NR＝中性反應　　UR＝非制約反應　　CR＝制約反應
在制約之前，鈴聲是一個僅能引起好奇而別無其他反應的中性刺激。
隨著鈴聲與食物的多次配對，鈴聲就變成了一個能引起制約性唾液分
泌反應的制約刺激。

圖3-3　古典制約

資料來源：郭靜晃、吳幸玲譯（1993），《發展心理學：心理社會理論與實務》（台北：揚智
　　　　　文化），頁114。

　　古典制約可以說明人一生中出現的大量的聯想學習。當一個特殊信號與某個表象、情緒反應或物體相互匹配之後，該信號便獲得了新的意義。在嬰兒期和幼兒童，隨著兒童依戀的發展，各種正性和負性的情緒反應便與人物和環境建立了制約作用，同樣的，恐懼也不能成為古典制約的作用，許多人可能回憶出一次恐怖經驗，如被蛇咬、溺水、挨打等，此恐懼反應可能與特定目標相聯結，而造成此人一生會逃避那目標，正如俗語所言，一朝被蛇咬，十年怕草繩。

(二)操作制約

　　Edward L. Thorndike （1874-1949）採用科學方法來研究學習，他嘗試由聯結刺激與反應的過程來解釋學習，又稱為操作制約（operant conditioning）學習，強調學習中重複的作用和行為的結果。Thorndike利用貓逃出迷籠的行為，他觀察貓是利用嘗試錯誤（trial and error）的學習過程，在學習過程中，貓的盲目活動越來越少，行為越來越接近正確解決之方法。他發展出一組定律來說明制約過程，其中最主要為效果率（law of effect）：說明假如一個刺激所引起的反應是愉快、滿足的結果，這個反應將會被強化，反之，這個反應會被削弱。另一定律為練習率（law of exercise），主張：個體經歷刺激與反應鍵之聯結次數愈頻繁，則聯結將會愈持久。第三個定律為準備率（law of readiness），則說明：當個體的神經系統對於行動容易產生反應的話，則學習將更有效果。

　　Thorndike之效果率實為增強概念及操作制約概念之先驅，亦是B. F. Skinner之行為主義取向之基礎。Skinner對學習心理學與發展理論的貢獻在於其巧妙地將學習理論應用到教育、個人適應以及社會問題上。Skinner相信欲瞭解學習必須直接觀察兒童在環境改變的因素下所產生的行為改變。其認為兒童表現出來的大部分行為，都是透過工具制約學習歷程所建立的。換言之，行為的建立端賴於行為的後果是增強或處罰而定，是受制於環境中的刺激因素。增強與處罰正是行為建立或解除的關鍵，增強被用於建立好的行為塑化（shaping good behavior），而處罰被用於移除不好的行為聯結（removal of bad behavior）。

　　增強物（reinforcement）有兩種，分為正增強或負增強。對兒童而言，

係食物、微笑、讚美、擁抱可令其產生愉悅的心情，當它們出現時，正向之行為反應連續增加，稱之為正增強物。反之，負增強物，如電擊、剝奪兒童心愛的玩物，當它們被解除時，其正向行為反應便增加。另一個觀點是處罰，是個體透過某種嫌惡事件來抑制某種行為的出現。有關正增強、負增強及處罰之區別請參考**表**3-1。

(三)社會學習

　　社會學習論（social learning theory）認為學習是由觀察和模仿別人（楷模）的行為而學習（Bandura & Walters, 1963），尤其在幼兒期的階段，模仿（imitation）是其解決心理社會危機的核心，此外，青少年也深受同儕及媒體文化所影響，漸漸將其觀察的行為深入其價值系統，進而學習其行為，這也就是兒童在生活周遭中，透過觀察和模仿他人來習得他們大部分的知識，而成人及社會也提供兒童生活中的榜樣（model），換言之，也是一種身教，如此一來，兒童便習得了適應家庭和社會的生活方式。

　　Bandura（1971, 1977, 1986）利用實驗研究方法進行楷模示範對兒童學習之影響，結果表現兒童喜歡模仿攻擊、利他、助人和吝嗇的榜樣，這些研究也支持了Bandura之論點：學習本身不必透過增強作用而習得。社會學習的概念強調榜樣的作用，也就是身教的影響，榜樣可以是父母、兄弟姊妹、老師、媒體人物（卡通）、運動健將，甚至是政治人物。當然，學習過程也不只是觀察模仿這般簡單而已，一個人必須先有動機，並注意到模仿

表3-1　**正增強、負增強和處罰的區別**

	愉快的事物	嫌惡的事物
增加	正增強 小明上課專心給予記點，並給予玩具玩	處罰 小明上課不專心，給予罰站
剝奪	處罰 小明上課不專心，而不讓他玩所喜歡的玩具	負增強 小明取消罰站的禁令，因而增加上課的專心

行為，然後個體對行為模式有所記憶，儲存他所觀察到的動作訊息，之後再將動作基模（訊息）轉換成具體的模仿行為而表現出來（郭靜晃等，2001）。換言之，行為動作之模仿學習是透過注意（attention）→取得訊息的記憶（retention）→行為產出（reproduction）→增強（reinforcement）的四種過程。

(四)認知行為主義

過去的行為主義以操作與古典制約強調環境事件和個體反應之間的聯結關係，而卻忽略個體對事件的動機、期望等的認知能力。Edward Tolman（1948）提出個體之認知地圖（cognitive map）作為刺激與反應聯結中的學習中介反應的概念，此概念解釋個體在學習環境中的內部心理表徵。Walter Mischel（1973）認為要解釋一個人的內部心理活動，至少要考量六種認知因素：認知能力、自我編碼、期望、價值、目標與計畫，以及自我控制策略（見**圖**3-4）。認知能力（cognitive competency）是由知識、技巧和能力所組成。自我編碼（self-encoding）是對自我訊息的評價和概念化。期望（expectancy）是一個人的操作能力、行為結果和環境事件的意義和預期。價值（value）是由一個人賦予環境中行為結果的相對重要性。目標和計畫（goal and plan）是個人的行為標準和達到標準的策略。自我控制策略（self-control strategy）是個體調節其自我行為的技術。

所有這四種學習理論都對洞察人類行為有所貢獻（見**表**3-2），也說明人類行為習得的過程。古典制約能夠說明信號與刺激之間形成的廣泛的聯想脈絡、對環境的持久的情緒反應，以及與反射類型相聯繫的學習的組織。操作制約強調以行為結果為基礎的行為模式的習得。社會學習理論增加了重要的模仿成分，人們可以透過觀察他人學習新的行為。最後，認知行為主義認為，一組複雜的期望、目標和價值可以看作是行為，它們能夠影響操作。訊息或技能在被習得之時並不能在行為上表現出來，除非關於自我和環境的期望允許它們表現。這種觀點強調了個人指導新的學習方向的能力。

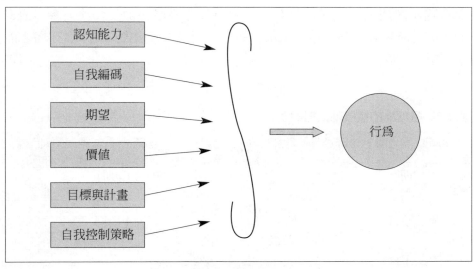

圖3-4　影響行為的六個認知向度

資料來源：郭靜晃、吳幸玲譯（1993），《發展心理學：心理社會理論與實務》（台北：揚智文化），頁114。

表3-2　四種學習過程

古典制約	操作制約	社會學習	認知行為主義
當兩個事件在非常接近的時間內一起出現時，它們就習得了相同的意義並產生相同的反應。	隨意控制的反應既可以加強，也可以消除，這取決於和它們相聯繫的結果。	新的反應可以透過對榜樣的觀察和模仿而習得。	除了新的反應以外，學習者還習得了關於情境的心理表徵，它包括對獎賞和懲罰的期望、適當的反應類型的期望以及反應出現的自然和社會環境的期望。

資料來源：郭靜晃、吳幸玲譯（1993），《發展心理學：心理社會理論與實務》（台北：揚智文化），頁125。

三、心理動力論

　　心理動力論（psychodynamic theory）如同認知論學者Piaget與Kohlberg，對兒童發展及兒童教育領域有廣泛、深遠之影響，他們皆認為

兒童隨年齡成長，機體成熟有其不同階段的發展特徵及任務（參考**表**3-3），如同認識發生論（epigenetic）般，個體要達到機體成熟，其學習才能達到事半功倍。

表3-3　各理論的發展階段對照表

生理年齡及分期	性心理階段 （S. Freud）	心理社會階段 （E. Erikson）	認知階段 （J. Piaget）	道德發展階段 （L. Kohlberg）
0歲　乳兒期	口腔期	信任←→不信任	感覺動作期	
1歲　嬰兒期				避免懲罰
2歲	肛門期	活潑自動←→羞愧懷疑		服從權威
3歲　嬰幼兒期			前運思期	
4歲	性器期	積極主動←→退縮內疚		
5歲　幼兒期				
6歲				現實的個人取向
7歲　學齡兒童期	潛伏期	勤奮進取←→自貶自卑		
8歲			具體運思期	
9歲				
10歲				
11歲				和諧人際的取向
12歲			形式運思期	
13歲　青少年前期	兩性期	自我認同←→角色混淆		
14歲				
15歲				
16歲				
17歲				社會體制與 制度取向
青少年後期 （18歲~22歲）	※		※	
成年早期 （22歲~34歲）	※	親密←→孤獨疏離	※	基本人權和 社會契約取向
成年中期 （34歲~60歲）	※	創生←→頹廢遲滯	※	
成年晚期 （60歲~70歲）	※		※	
老年期 （70歲~死亡）	※	自我統合←→悲觀絕望	※	普遍正義原則

76

(一)心理分析論

　　Sigmund Freud（1856-1939）的心理分析理論集中於個人之情緒與社會生活的人格發展，他更創立性心理發展。雖然該理論大部分已被修正、駁倒或扼殺，但許多Freud的最初假設仍存留於現代之人格理論中。Freud集中研究性慾和攻擊驅力對個體心理活動之影響，他認爲強而有力的潛意識生物性驅力（drive）促成了人的行爲（尤其是性與攻擊驅力）。Freud的第一個假定：人有兩種基本的心理動機：性慾和攻擊，他認爲人的每一行爲都源自個體之性慾和攻擊衝動的表現。其第二個假定是：人具有一種叫做潛意識的精神領域。它是無法被察覺到，且是強大的、原始的動機儲存庫。無意識動機和有意識的動機會同時激發行爲。Freud將此種假定應用到個人之心理治療，而個人之精神問題源自於童年（尤其前5年）影響個人行爲和情緒的潛意識衝突。Freud認爲活動個人之意識和潛意識需要心理能量，稱爲原慾（libido），其集中於性慾或攻擊衝動的滿足，個體基本上的行爲是追求快樂，避免失敗與痛苦，故心理能量激發個體兩種行爲本能：生的本能（Eros）及死的本能（Thanato）。而隨著個體生理的成熟，性本能透過身體上不同的區域來獲得滿足，他稱之爲個體之性心理發展階段（stage of psychosexual development）（參見表3-3）。Sigmund Freud發展獨特的心理治療模式，他稱之爲精神分析（psychoanalysis），讓患者主述其過去的歷史以及目前的狀況，其利用夢的解析（dream interpretation）及自由聯想（free association）等技術，協助患者面對其潛意識的害怕與矛盾，其心理分析論廣泛影響了心理學家、精神病醫師與精神分析師的思想，甚至也影響了日後的遊戲療法。

　　此外，Sigmund Freud將人的人格結構分爲三種成分：本我（id）、自我（ego）及超我（superego）。本我是本能和衝動的源泉，是心理能量的主要來源，其更是與生俱來。本我依據唯樂原則（pleasure principle）表現其生物性之基本需要，此種思維稱作原始過程思維（primary process thought），其特點是不關心現實的制約。自我是個人與環境有關的所有心理機能，包括：知覺、學習、記憶、判斷、自我察覺和語言技能。其負責協調本我與超我之間的衝突。自我對來自環境的要求作出反應，並幫助個人在環境中

有效地發揮作用。自我依據現實原則（reality principle）來操作個體與環境互動及協調個人生物性之需求，在自我中，原始過程思維（即本我）要配合現實環境之要求，以更現實的取向來滿足個人的本我衝動，所以此思維為次級過程思維（secondary process thought）。次級過程思維即是一般我們在與人談論中所用的一般邏輯、序列思維，其必須要透過現實來體驗。超我包括一個人心中的道德格言——良心（conscience）以及個人成為道德高尚者的潛在自我理想（ego ideal）。超我為一個人的觀念，如哪些行為是適當的、可接受的、需要追求的，以及哪些是不適當的、不可接受的，提供一個良好的衡量，它也規定一個人要成為一個「好」人的志向和目標。兒童則是透過認同（identification）與父母與社會互動，在愛、親情和教養的驅使下，兒童積極地模仿他們的重要他人，並將社會準則內化，成為他們日後的價值體系及理想的志向。

(二)心理社會發展論

Eric Erikson是出生於德國的心理分析家，他擴展了Sigmund Freud的精神分析論，並修正佛氏的性心理發展，是社會化之概念解釋一般人（不限於病態人格）並擴及人的一生的生命歷程發展的心理社會發展理論（psy-chosocial theory）。Erikson主張個體在其一生的發展乃透過與社會環境互動所造成，成長是經由一連串的階段進化而成的（Erikson, 1968）（參考**表3-3**）。在人的一生發展中，由於個人身心發展特徵與社會文化要求不同，每一階段有其獨特的發展任務與所面臨的轉捩點（即心理危機），雖然這個衝突危機在整個人生中多少會經歷到，但此一時期特別重要，需要透過核心過程（central process），例如幼兒期的模仿或認同，學齡兒童期之教育來化解心理社會發展危機，進而形成轉機，以幫助個體的因應能力，那麼個體行為則能獲得積極性地適應社會環境的變化，以促進個體的成長，更能順利地發展至下一個階段。Erikson之心理社會發展強調解決社會之衝突所帶來的心理社會危機，而非如Sigmund Freud強調性與攻擊的衝突，因此，個體必須能掌控一連串的社會衝突，方能達到個體成熟（Erikson, 1982），衝突則是由於個體在文化上以及個體在社會所經歷的處境所致。

心理動力論強調人際需要與內在需要在塑造人的人格發展中的重要

性。Sigmund Freud強調個人的性和攻擊衝動的滿足，而Erikson則強調個人與社會互動中的人生發展，前者較著重童年期對成人行為之影響，而後者則強調個人的一生中的各階段的成長。心理動力論認為兒童期的發展非常重要，同時也體察到如果我們冀望幼兒能成長為一健全的成人，則在幼兒階段便需幫助他們解決發展上的衝突，而且成人與社會應扮演著重要的角色，此理論也深深影響兒童心理、教育及福利工作之實務者。

四、認知理論

認知（cognition）是經驗的組織和解釋意義的過程。解釋一個聲明、解決一個問題、綜合訊息、批判性分析一個複雜的課題皆是認知活動。而認知理論在一九六〇年代之後除了一致性研究兒童的智力發展的建構論點，且研究也持續地進行，而理論也不斷地修正，進而形成更周延的建構理論。建構理論（constructivist theory）主張個體是由處理其所經驗中所獲得的資訊，而創造出自己的知識。建構理論乃是針對理性主義和經驗主義兩者間對立之處而提出的一種辯證式的解決之道。這兩種理論的論點皆是探索個體是如何知悉世界萬物的方法。理性主義者（rationalism）視理性（即心智）為知識的來源，而經驗主義者（empiricalism）視經驗為知識的來源。建構主義者自一九六〇年代之後才開始影響美國兒童發展和教育領域，其中以Jean Piaget、Lev S. Vygotsky及Jerome S. Bruner為代表人物，其分別之論點，特分述如下：

(一)Jean Piaget

Jean Piaget （1896-1980）乃是認知發展建構理論的先驅。他利用個案研究方法，長期觀察其女兒而建立其認知發展階段理論（參考**表**3-3）。除此之外，他長期蒐集一些不同年齡層的兒童解決問題、傳達夢境、道德判斷及建構其他心智活動之方法與資訊。Piaget主張兒童的思考系統是透過一連串階段發展而來，而且這些發展階段在各種文化中適用於所有的兒童。

Piaget假定，認知根植於嬰兒天生的生物能力（又稱之為反射動作），只要在環境提供充分的多樣性和對探索（遊戲）的支持，智力則會系統地

逐步發展。在Piaget的發展理論，有三個重要的概念：基模、適應和發展階段。

1. **基模**：依Piaget的觀點，兒童是經由發展基模來瞭解世間萬物的意義。基模（schema）乃是思考世間萬物之要素的整合方式。對嬰兒而言，基模即行動的模式，在相似的情境當中會重複出現，例如嬰兒具有吸吮（sucking）和抓握（grasping）的基模，稍後隨基模逐漸分化及練習而發展出吸吮奶瓶、奶嘴和乳房的不同方式，或抓握不同物品的動作基模。基模是透過心理調節過程而形成的，它隨著個體成長與環境的各個層面的反覆相互作用而發展，人終其一生皆不斷地產生並改變基模。

2. **適應**：適應（adaptation）是兒童調整自己以適應環境要求的傾向。Piaget擴充演化論之適應概念，提出：「適應導致邏輯思維能力的改變」。

   適應是一個兩方面的過程，也是基模的連續性與改變。此過程是透過同化（assimilation）及順應（accommodation）。同化是依據已有基模解釋新經驗，也是個體與外在互動造成過去基模的改變，同化有助於認識的連續性。例如有一幼兒小明認為留長鬍子的男性都是壞人。當小明遇到男性，他留著長長的鬍子，小明預料（認知）留鬍子的這位男性是壞人。在與這位陌生的留鬍子的男性在一起，小明認為這位男性是壞人。

   適應過程的第二方面是順應，這是為說明物體或事件顯露出新的行為或改變原有基模，換言之，也是個體改變原有的基模以調適新的環境要求。例如小明如果與那位留著鬍子的男性相處的時間更久些，或與他互動，小明可能發現，這位男性雖留著鬍子，但他很熱情、親切並且很友善。日後，小明就瞭解並非每個留著鬍子的男性都是壞人。兒童即透過此兩個歷程增加其對世界的瞭解並增進個體認知的成長。在一生中，個體透過相互關聯的同化和順應過程逐漸獲得知識。為了得到新的觀點與知識，個體必須能夠改變其基模，以便區分新奇和熟悉的事物。個體之同化與順應之過程造成適應的歷程，也造成個體的心理平衡的改變。平衡（equilibrium）是在個人與外界之間，以及個人

所具有的各個認知元素之間，求取心理平衡的一種傾向。當個體無法以既有的認知結構處理新經驗時，他們會組織新的心理型態，以回復平衡的狀態（郭靜晃等，2001）。

3. 發展階段：Piaget的興趣在於理解人是如何獲得知識。認識（knowing）是一種積極過程，一種構造意義的手段，而不是瞭解人們知道哪些特定內容。Piaget的研究集中兒童探索經驗方式之基礎抽象結構，他對兒童如何瞭解問題的答案，比對答案本身更感興趣。基於這個觀點，他不斷觀察兒童如何獲知問題的答案過程，而創立了認知發展的基本階段理論，共分為四個階段：感覺動作期、前運思期、具體運思期和形式運思期。Piaget認為個體透過此四種認知成熟的基本模式成長，發展個體的邏輯推理能力。因此，他所指述的階段包含著能夠運用於許多認知領域的抽象過程，以及在跨文化條件下，在實際年齡大致相同的階段中觀察到的抽象思維過程。六〇年代之後，許多研究兒童發展的學者除受Piaget理論之影響，也深入探究其理論，也有些人駁斥Piaget的理論並修正其理論而成為新皮亞傑學（neo-Piagetian theory）。

(二)Lev Semenovich Vygotsky

Lev S. Vygotsky（1896-1934）是一位蘇聯的心理學家，也是一位建構心理學的理論家，他原先是一位文學教師，非常重視藝術的創造，日後轉而效力發展心理學和精神病理學的研究。

Vygotsky認為人同時隨著兩種不同類型的發展——自然發展和文化發展來獲得知識，創立「文化歷史發展理論」。自然發展（natural development）是個體機體成熟的結果；文化發展（cultural development）則是與個體之語言和推理能力有關。所以，個體之思考模式乃是個體在其成長的文化中，從他所從事的活動所獲得的結果。此外，進階的思考模式（概念思想）必須透過口頭的方式（即語言發展）來傳達給兒童。所以說來，語言是決定個體學習思考能力的基本工具，也就是說，透過語言媒介，兒童所接受正式或非正式的教育，決定了其概念化思考的層次。

Vygotsky提出文化發展的三階段論，有一個階段又可再細分為一些次

表3-4　Vygotsky的文化發展階段

階段	發展內涵
階段1	思考是無組織的堆積。在此階段，兒童是依據隨機的感覺將事物分類（且可能給予任何名稱）
階段2	利用複合方式思考，兒童不僅依據主觀印象，同時也是依據物體之間的聯結，物體可以在兒童心中產生聯結。兒童脫離自我中心思考，而轉向客觀性的思考。在複合思考中，物體是透過具體性和真實性來進行思維操作，而非屬於抽象和邏輯的思考
階段3	兒童可從概念思考，也發展了綜合與分析能力，已具有抽象和邏輯思考能力

資料來源：Thomas, R. M. (1992). *Comparing theories of development* (3rd ed). (pp.335-336). Belmont, CA: Wadsworth.

階段（Thomas, 1992）（見表3-4）。Vygotsky認為兒童的發展是透過他們的「近似發展區」（zone of proximal development）或他們可以獨立自己運作。在這個區域中，兒童從比他們更成熟的思考者（如同儕或成人）提供協助，猶如建築中的鷹架（scaffolding）一般，支持並促使兒童發揮功能及學習新的能力。從Vygotsky的觀點，學習指導著發展，而非先發展再有學習。Vygotsky的理論近年來引起廣大的注意，尤其是那些對Piaget理論有所質疑的兒童發展與教育學者，Vygotsky的理論在語言及讀寫能力之教育應用上已有研究的雛型。

(三)Jerome Seymour Bruner

　　Jerome S. Bruner（1915- ）如同Vygotsky般，對兒童思考與語言之間的關心，他提出三個認知過程：(1)行動模式（enactive mode）；(2)圖像模式（iconic mode）；(3)符號模式（symbolic mode）。行動模式是最早的認知階段，個體透過動作與操作來表達訊息，大約在0～2歲的嬰兒期，嬰兒透過行動來表達他的世界，例如用手抓取手搖鈴表示他想說，或用吸吮物體表示他的飢餓。

　　圖像模式約在2～4歲的幼兒期，兒童藉由一些知覺意象來表達一個行為，如用視覺的、聽覺的、觸覺的或動態美學的方式來表達其心中的圖像或其所目睹的事件。符號模式發展在5歲之後，由於兒童語言的擴增，可幫

助其表達經驗並協助他們操作及轉化這些經驗，進而產生思考與行動，故語言成為兒童思考與行動的工具。之後，理解力得以發展。故兒童的認知過程始於行動期，經過了關係期，最後到達符號期，如同個體對事物的理解力般，一開始是透過動手作而達到瞭解，進而藉由視覺而獲得瞭解，最後是透過符號性的方式表達個體意念。建構主義對幼兒發展的解釋，也影響日後幼兒保育及兒童福利。Piaget的理論已被廣泛地運用於幼兒的科學與數領域的認知模式之托育，而近年來，Vygotsky及Bruner之理論已影響到幼兒閱讀與語言領域之幼兒保育，尤其在啟蒙讀寫之課程運作。

(四)Lawrence Kohlberg

Lawrence Kohlberg（1927-1987）是Piaget道德認知論的追隨者，同時，他又在Piaget道德發展理論（前道德判斷、他律道德判斷及自律道德判斷三階段）的基礎上，進一步作了修改與擴充，在五〇年代提出了他自己的一套兒童發展階段論（參考表3-3）。

Kohlberg與Piaget一樣，承認道德發展有一固定的、不變的發展順序，都是從特殊到一般，從自我中心到關心他人利益，而道德判斷要以其認知為基礎，也皆強調社會之互動作用可以促進道德的發展。

Kohlberg於一九二七年生於美國，是一猶太人，由於生活中親身經驗到的道德兩難問題，自一九五八年在芝加哥大學獲得博士學位，之後三十年，其結合哲學、心理學及教育實務，致力於道德判斷發展歷程的研究（張欣戊等，2001）。Kohlberg的實徵資料的蒐集，範圍遍及歐、亞、非三洲，包括有工業化社會、發展中的社會、農業社會及部落社會，雖然他以個人建構為道德原則的基礎，其實是相當西方式之個人主義，有時難以應用至部落社會或東方社會之以集體（社會）的運作及和諧為考量的道德原則之基礎。

道德發展的研究也吸引後面的學者研究兒童的道德情感（例如，良心、道德感化）、道德行為（例如，攻擊行為、利社會行為、誘惑抵制），以及道德調節。這些研究之應用對於社會上培養與教育兒童道德行為有很大的啟發，尤其對於現代兒童少年價值的功利、行為反常、受外在環境所誘惑，如果能有效地對兒童少年進行道德教育，探索兒童道德發展之心理

機制，並促進兒童發展高層次的道德判斷，對於社會上之不良風氣及偏差
行為應可以產生抑制之作用，而促進兒童少年之發展及福利。

五、生態環境理論

　　生態環境理論（ecological theory）視兒童整個人為其周遭的環境系統
所影響，此理論可應用解釋到兒童保育及兒童福利。此理論相對於個體之
成熟論，是由Urie Bronfenbrenner（1917-　）所倡導的。他認為人類發展的
多重生態環境，是瞭解活生生的、成長中的個體如何與環境產生互動關
係，他將環境依與人的空間和社會距離，分為連環圖層的四種系統──微
視、中間、外部和鉅視等系統。（參見**圖**3-5）個人被置於核心，個人受其
個人的原生能力及生物基因的影響，以及日後受環境互動中所形成個人的
經驗及認知，稱之為微視系統（microsystem），而與個體最密切的家庭或重
要他人如照顧者、保母與個人互動最直接與頻繁，故影響最直接也最大。
中間系統（messosystem）是各微視系統（如家庭、親戚、同儕、托育機

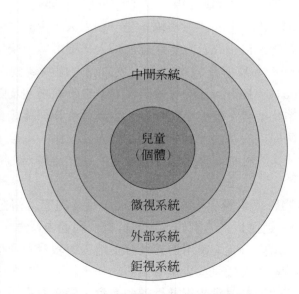

圖3-5　生態系統理論之系統組合

構、學校、宗教機構等）之間的互動關係，兒童最早的發展即是透過與這些微視系統所組成之居間系統的接觸而達成社會化，進而瞭解最早的周遭環境。外部系統（exosystem）是指社會情境直接影響其中間系統的運作，間接地影響兒童的發展，例如父母的工作情境、學校的行政體系、政府的運作、社會制度或民間團體等等。最後的系統是鉅視系統（macrosystem）是直接受到各個社會文化的意識形態和制度模式所影響，例如社會文化、社會意識形態和價值觀，直接影響外部系統、中間系統及微視系統的運作，再間接影響個體的發展。

在Bronfenbrenner理論，人類發展最重要的本質是透過與環境互動增加個體之適應社會之能力。年小的兒童因個人之成熟性不夠，受微視系統影響最大，而隨著年齡的成長，其微視系統擴大，個體可從家庭、托育的機構、學校、社區或宗教組織，甚至擴大個人生活圈與同儕接觸及多媒體之影響。就此理論運用到兒童托育：個體之發展受個人天生之基因遺傳、家庭及托育環境（空間、玩物、課程）、同儕機構之行政與社會對托育價值之影響。

生態環境論著重兒童對於周遭環境的詮釋，以及這些詮釋是如何改變的。所以兒童發展工作者在解釋兒童行為之時，必須先瞭解兒童身處情境中的知覺，才能對兒童的行為有所體認。而兒童的行為深受環境中任何一個環節（系統）所衝擊，環境中之家庭、學校、社區與文化皆息息相關，唯一是透過正面地影響兒童身處的社區及社會的改善，並透過這些環境的支持與協助，才能改善不好的發展因素，以促進正向的兒童發展。兒童身受其所處的家庭、社工區、大眾傳播媒體、社會中之教育及福利政策，以及社會文化之價值所影響。而兒童福利工作者更是要整合兒童身處於環境之各種資源，以幫助兒童及其家庭適應環境之要求、期待及衝擊，培養一身心健全之個體。

第三節　兒童福利之科學研究法

近代有關兒童發展之研究最重要的特徵是方法的科學化（張欣戊等，

2001）。科學方法使我們創立一個知識體系。事實上它是一種發展蘊含訊息的方法，這方法有保證訊息正確的程序。進一步來說，科學研究是人類追求知識或解決問題的一種活動，藉由科學研究的活動，使人類能瞭解事實眞相，進而解決問題，而使人類生活素質得以提高。

　　兒童福利既是一項實務工作，也是一門對於科學研究結果加以應用的學問。兒童發展研究最主要目的在於瞭解兒童發展的連續性以及對於變化模式加以描述和解釋，而兒童托育研究之主要目的在於瞭解幼兒發展上的順序和預期的模式。兒童發展與兒童托育最常見的一個變項（variable）就是年齡，那是其他心理學所沒有。研究年齡變化之研究設計有四種：回溯研究、橫斷研究、縱貫研究，以及族群輻合研究。

一、回溯研究

　　使用回溯研究（retrospective study）的研究者常會要求受試者回憶並描述他們早期的經驗。許多探討兒童教養的研究，利用父母對育兒經驗的追憶來評估兒童行爲的模式。佛洛依德問有神經症狀的成人的早期生活經驗，並從中嘗試找出早期經驗與其成年神經病症之關聯性。而研究家庭婚姻滿意感的研究者嘗試問結婚三十年的夫妻，他們在結婚二十年時，十年時及剛結婚時的互動情形或他們對婚姻的滿意情況，或父母對子女施虐之行爲，瞭解其早期是否有受虐之經驗，或其父母言教的經驗。這一種方法可獲得一個人對過去事件所保留的記憶的材料，但我們不能確信是否這些事件確實像他們記憶那般的情形；因爲時間的轉移，有可能會使我們對往事意義的記憶產生變化；或因我們認知熟度的增加而影響我們的態度或對往事的記憶（Goethals & Frost, 1978）。

二、橫斷研究

　　橫斷研究（cross-sectional study），是在一個固定時間觀察數組不同年齡的兒童；同時，此種設計也可應用到不同社會背景、不同學校或不同社會團體的人來進行研究。這種設計可普遍地應用於研究兒童及少年的生活

狀況調查，研究者可以比較不同身心水準或不同年齡的兒童及少年，瞭解兒童及少年的特定的身心發展領域是如何隨著年齡之不同而有所差異；此外，研究者也可比較各種不同社經水準的家庭，探討其育兒方式有何差異。如圖3-6所示：於二○○四年觀察10、15及20歲等三組兒童（他們分別出生在1994、1989及1984年），此研究設計便是橫斷研究法。

三、縱貫研究

縱貫研究（longitudinal study），係指在不同時期的反覆觀察。觀察間隔可能是短暫的，例如出生後的立即觀察或間隔幾天再觀察；觀察間隔也可能是一段長時間，如圖3-6所示，若在二○○四、二○○九及二○一四年，十年內分三次重複觀察某組出生於一九九四、一九八九及一九八四年的兒童（此組兒童在三次觀察時年齡分別為10、15及20歲），此種研究設計是為縱貫研究。

縱貫研究的優點是在於使我們能對一組個體的發展歷程作追蹤式重複，並從中瞭解個體隨著年齡的成長而產生身心行為的變化。縱貫法很難完成，尤其是受試者必須參與涵蓋相當長的年齡階段，如兒童時期到成年期。在這個階段中，參試者可能退出研究，造成受試者的亡失（mortality）；也有可能是調查者失去經費，或對研究計畫失去興趣，或者實驗方法已落伍了，或者曾經是很重要的問題，現在已不再重要了，這些都可能是縱貫法難以繼續或完成的原因。

出生年　　觀察年	1994	1989	1984	
2004	10	15	20	→橫斷研究
2009	15	20	25	
2014	20			

↓縱貫研究

圖3-6　橫斷研究與縱貫研究

四、族群輻合研究

　　族群輻合研究（the sequential design），乃是將上列橫斷和縱貫兩種設計方法合為一種的研究方法（Schaie, 1965）。參與者的各組受試者，叫做同族群（cohort group），這些受試樣本是經抽樣過程選定的，如圖3-7，這些受試者在年齡上相差一定的歲數，吾人在二○○四年進行研究時，選取10歲（1994年出生）、15歲（1989年出生）、及20歲（1984年出生）的受試者，這是謂橫斷研究；然而每隔五年針對某一族群進行訪談，直到10歲的成長到20歲，這是謂縱貫研究；當某一族群的年齡超過20歲時則退出青少年研究，而再一次又抽取新的族群（研究時剛好是10歲），到了公元二○○九年時，只剩下15歲及20歲組，因此，研究者必須再抽取10歲（1999年出生），此時才能構成第二組的10歲、15歲及20歲組青少年，進行第二次的橫斷研究。而當二○○四年是10歲（1994年出生）及二○○九年是10歲（1999年出生），還有二○一四年也是10歲（2004年出生）是同期年齡的比較。族群輻合研究設計的各成分列於圖3-7。

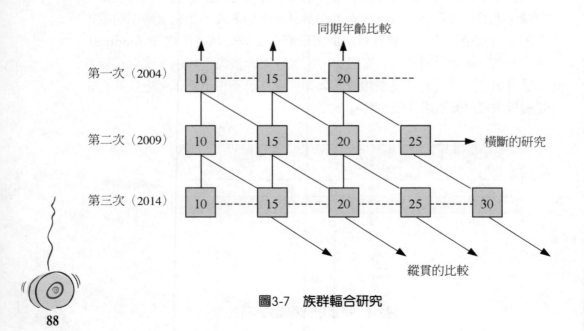

圖3-7　族群輻合研究

族群輻合研究是橫斷比較和縱貫比較的聯合，它是一種非常強而有力的發展研究方法。它不但可產生立即橫斷的比較，而且在五年或十年之後也可以產生縱貫的比較，此外也可以有相同年齡的族群比較（cohort comparison）。使用這種方法不僅可以瞭解年齡的成長改變，還可以瞭解社會和歷史的因素造成的差異。

發展的改變雖然千變萬化，但其研究方法仍是萬變不離其宗的，所以乃是以橫斷研究和縱貫研究為基礎（張欣戊等，2001）。此外，研究發展的方法有很多種，每一種皆有它的優點和缺點，所以研究者所選擇的任何研究方法或設計必須適合研究者所要研究的問題。社會行為研究的方法有許多不同的分類，任何一種都可用在兒童發展與保育的研究上。應用最廣泛的兩種分類為計質（qualitative）研究和計量（quantative）研究方法。計質研究方法是針對非數據性的觀察、面談或是書面資料的分析，最具知名的為應用在深度（in-depth）訪談中，用以瞭解兒童解決問題的策略和認知思考，此種方法也適用於研究道德發展、人際關係的發展和社會行為的研究。而大部分兒童發展與保育的研究是計量研究，此種研究是針對數據的測量與分析。這兩種分類的方式並非用來解釋研究設計的最好分類方法。接下來將介紹五種常用的兒童福利的研究方法：觀察法、實驗法、調查與測驗法、個案研究，以及訪談法。

(一)觀察法

觀察研究乃是研究者基於研究之目的，客觀地記錄兒童在家庭或學校中的行為。這是一種研究兒童發展的最古老的方式之一。皮亞傑（Jean Piaget）在他的認知理論的形成中，就是對他自己的孩子進行自然觀察。現今有些觀察者也將此種方法應用到家庭、學校、托育中心或托兒所進行觀察；也有的觀察者請受試者在人為的實驗情境中來進行觀察，以便進行人為的控制。前者稱為直接觀察法，或自然情境觀察（natural setting observation）；後者稱為控制觀察法或實驗情境觀察（lab setting observation）。這種研究是在檢查各種有關的行為，其優點是：(1)能夠隨時獲得自然發生的反應，(2)可讓正在發生的實際行為啟發研究者瞭解為何產生；其缺點是：(1)究竟發生什麼行為，不同觀察者之間常常也難取得一致意見。因此當有

兩個或兩個以上觀察者記錄同一情境時，爲了證實他們的記錄是否具有一致性，我們還要評估其一致性的程度（degree of agreement）或進行評分者間信度（interrator reliability）考驗，(2)有些環境中活動過於頻繁，因而很難全部予以精確觀察。因此，研究者必須掌握一些工具，如抽樣系統或錄影技術來幫助我們進行兒童行爲觀察。

錄影技術提供我們一個有效觀察的工具，它既適合實驗情境、也適合自然情境的觀察。另外一個抽樣系統可分爲時間取樣與事件取樣。時間取樣（time sampling）是事先設定的時間內，以規律性間隔或隨機性間隔，觀察和記錄所選擇的行爲。時間取樣中研究者要確定所觀察行爲是否具有代表性是很重要的。研究者可決定時間間距（time interval），例如以15秒、30秒或1分鐘爲單位，在這段時間以外所發生的行爲和事件則不加以記錄。另一種方法是事件取樣（event sampling），它是以事件發生爲重點，而時間取樣是以時間爲重點，兩者之間的步驟和結果都大不相同。事件取樣只選擇某一特定之事件作爲記錄的對象。事件是指某特殊範圍的行爲，例如兒童的攻擊行爲或社會戲劇遊戲。當觀察這些特定行爲時，我們必須先確定這些行爲是否合乎操作型定義（operational definition），如果是，那麼就代表行爲具有吾人想研究的屬性，再進行整個研究觀察與記錄。除了上述時間抽樣法及事件抽樣法外，觀察記錄法還可分爲採樣記錄法、日記式記錄法、軼事記錄法、檢核表法及量表法等。

(二)實驗法

實驗法主要是讓研究人員可以推論獨立變項（independent variable）與依變項（dependent variable）之間的因果關係。這是因爲實驗法可以讓研究人員操弄（manipulate）、實驗或控制獨立變項（或處遇變項），並觀察依變項的變化的研究設計。例如研究人員想要知道不同的托育環境（獨立變項）是如何影響兒童的適應行爲（依變項），則可以用實驗設計來進行，或評估不同服務方案（獨立變項）之實施對標的兒童幸福感之提升（依變項）。

在實驗設計中，一組受試者通常會接受另一組不同的經驗或訊息〔通常稱爲處遇（treatment）〕。接受處遇的受試組稱爲實驗組（experimental group）；而不接受處遇的受試組則爲控制組（control group）。這兩組在接

受任何處遇之前，分派到實驗或控制組是根據隨機（即沒有順序、規則或型態的原則）選定（抽樣）及隨機分派的原則；換言之，各組的受試者在沒有接受處遇之前，假設他們之間是沒有差異的，之後，這兩組行為上的差異就歸因於處遇的不同（這稱為組間控制，樣本為獨立）。在另一種實驗設計是只對一組受試者（沒有所謂實驗組及控制組之分），在接受處遇之前與之後，或在各處遇之間比較其行為的差異。這種處遇前後行為的差異是來自實驗處理的安排，這種設計稱為組內控制，樣本為相依。

　　實驗法的優點是具有解釋變項之間的因果關係，但其限制乃是在於控制的應用；換言之，我們不能確定在實驗室的人為控制情境如何應用到真實世界的自然情境。例如吾人把實驗控制的依戀行為（母親是否在場或陌生人是否在場時，孩子的行為反應），應用到家中，或教育機構時，孩子的行為可能會有所不同。

　　兒童福利的許多研究是採用準實驗法的方法（quasi-experimental method），也就是說，研究者也是研究他們所感興趣的因果關係的研究或變項，但他們並不實際操控它，例如研究時我們所抽取的樣本，其本身在抽樣時已包含了不同的家庭型態（例如單親或雙親家庭），或不同的父母教養態度（民主、權威或放任式的教養態度），對兒童、青少年或成人之影響。

(三)調查與測驗法

　　調查研究主要的目的是探索變項其表面意義所隱含的事實，或描述變項在特定群體的分配，例如普查的研究就是以描述為目的。當研究者想瞭解全國兒童的生活狀況而進行的調查是一普查的行為，而且是以描述為目的。調查研究是從大量樣本蒐集特定的訊息，其方法可分問卷調查、電話訪談及親自訪談等。例如內政部對全國兒童進行其家庭的訪查，調查內容則是針對成人對待兒童的行為。調查的方法可以用來蒐集有關態度的訊息（你認為老師可以對學生進行體罰嗎？）；關於現有生活行為和習慣的訊息（你每天可以自由運用的時間是多少？）；關於知覺的訊息（你的父母是如何與你溝通？）。

　　調查的問題可按標準型式準備好，對回答也按事先設定好的一系列類別進行登錄；這種方式是結構型的問卷，通常是以紙筆測驗方式進行。一

份設計很好的調查問卷，問題陳述清楚，備有可選擇的答案，這些選擇答案不是模稜兩可或內容重複。另外調查的問題也可使用開放式的問題，讓受試者自由回答，再經研究者深度（in-depth）的深探（probing）以達到研究者的目的，這種問題及方式是屬於非結構式的問卷。也有結構式的問題加上非結構式的問題合併成為半結構式的問卷。如果研究是讓受試者直接回答調查問題，受試者必須具備讀寫能力，否則要讓研究者讀出調查的問題讓受試者瞭解，以便他們能回答。調查法也可和觀察法合併，是讓研究者直接觀察受試者以得到研究問題的答案。

測驗法在形式與調查法相似。通常測驗被設計來測量某一種特殊的能力或行為特質，如智力、成就能力，是以一組標準化（standardize）過的問題來給兒童作；或以一些作業或工作（task）讓幼兒來做，從中評定幼兒的特質。

測驗必須是可信和有效的。當對同一受試者的每次測量都能得到幾乎同樣的分數或診斷時，則此測驗是可信的（reliable）。所謂測驗有信度的意義是指測量結果的誤差小。測量信度可被區分兩類：(1)穩定性（可參考再測信度、複本信度、評分者內信度等）；(2)一致性〔可參考郭靜晃與徐蓮蔭（1997）：折半信度、KR-20信度、 α 信度、評分者間信度等〕。該測驗若能測得本身所真正要測量的內容時，則此測驗是有效的（valid）。設計測驗的人必須規定什麼是研究者想測量的，他們也必須提供證據，證明測驗確實測量了此一建構（Messick, 1989）。效度種類很多，主要目的是找出其測量的適當性，請參考相關的效度內容，如內容效度、邏輯效度、效標關聯效度、建構效度等（郭靜晃、徐蓮蔭，1997）。

(四)個案研究

個案研究是對個人、家庭或社會群體作更深入的描述。其目的在描述特定的人或群體的行為，通常用於描述個體經歷或考察與理論預見不一致的現象。目前日漸趨之若鶩的質化研究也常常應用此種研究設計。

個案研究可以各式各樣的訊息來源作為依據，包括：訪談、治療過程的對話、長期觀察、工作記錄、信件、日記、回憶錄、歷史文獻等。

發展研究也常使用個案研究，如心理分析學派大師Sigmund Freud曾用

此方法澄清某些精神障礙疾病的起因。其女兒Anna Freud描述一群孤兒（社會群體）的依戀發展，該研究描述在第二次大戰期間生活在集中營裡的一群孤兒彼此的依戀，以及日後重返正常社會環境中，相互維持情感的策略。此外，Jean Piaget對其女兒長期觀察並透過訪談技巧建立兒童的認知結構概念。

個案研究被批評為不太科學。因為個體不能代表大規模群體，而以一個案去概論（generalize）其他個體或群體時，必須更加小心謹慎。另外，個案研究也被批評，缺乏可靠性，因為不同的研究者對同一受試者進行研究，也可能因事件或對事件的詮釋不同而造成有不同的觀點。

符合科學觀察標準的個案研究必須有明確的研究目的和蒐集資料的系統方法，同時真實的記錄及令人信服的個案資料，才能刺激兒童福利理論和實務的發展。

(五)訪談法

訪談法也可以和上述的研究方法共同使用，其主要是以與個案者面對面的談話為依據。這個方法適用於個案研究，也適用於群體推論的研究。同時，訪談法可以是結構式或開放式的口頭調查。應用到兒童保育的研究時，研究者可將想得到的資料（基於研究目的）與父母、保育兒在兒童家中或保育機構中面對面的溝通，以達到瞭解幼兒行為或進行幼兒行為矯治工作。

一個人的回答極易受訪談者的影響。訪談者可利用微笑、點頭、皺眉或看別處，故意或無意地表示贊成或不贊成，以在建立親密關係和影響回答之間保持一微妙的界限。

以上五種研究兒童發展與保育常用方法之定義及其優缺點，概要整理如**表**3-5。

表3-5　兒童發展與保育常用五種方法的優缺點

方　法	定　義	優　點	缺　點
觀察法	行為的系統描述。	記載不斷發展中的行為；獲得自然發生、沒有實驗干預的材料。	耗費時間，故需要仔細訓練觀察者；觀察者會干擾正常發生的事物。
實驗法	將其他因素保持恆定，通常改變一些條件而控制其他條件以分析其中因果關係。	可檢驗因果關係假設，可控制和分離特殊變量。	實驗室的結果不一定適合其他環境；通常只注意單向因果關係模式。
調查與測驗法	對大群體問一些標準化問題。	可從大樣本中蒐集資料；不大要求訓練；使用非常靈活方便。	修辭和呈現問題的方式會影響作答；回答可能與行為無密切關係；測驗可能不適於學校或臨床環境。
個案研究法	對個人家庭或群體的深入描述。	注重個人經驗的複雜性和獨特性。	缺乏普遍性；結果可能帶有調查者的偏見，難以重複。
訪談法	面對面的交談，每個人都可充分闡明他（她）的觀點。	提供複雜的第一手資料。	易受調查者成見的影響。

資料來源：郭靜晃、吳幸玲（譯），《發展心理學：心理社會理論與實務》（台北：揚智文化，1993），頁27。

第四節　運用兒童發展知識於兒童福利實務

　　兒童發展在探討個人之先天與後天，也就是遺傳與環境對兒童在各層面，諸如認知、語言、生理、情緒、社會等之影響，而發展上之規律性造成個人差異，諸如文化、語言、社會階層及發展上之差異。兒童發展相關之知識與理論提供了一常態的、平均的發展趨勢，但是遺傳、環境及社會事件也會造成個人之影響，例如不平等的對待及特殊需求兒童的發展。兒童是國家未來的主人翁，其在社會有生存的權利，如果兒童成長的環境與文化不能促進兒童達成一般或促進其潛能發展，社會工作之服務則需發

展、規劃各種不同之處遇計畫，落實兒童身心成長之需求及倡導兒童福利事業。

在現代之社會發展中，兒童面臨一些不利生存的因子，例如，不被期望的出生、身心障礙兒童、重症病童、貧窮、出生率降低、猝死、家庭破碎，而造成流浪兒童、受虐兒童、愛滋病兒童或失親（依）的兒童。兒童福利之本質為促進兒童及少年身心健全發展、保障其權益，增進其福利（兒童福利法之第1條規定），給予兒童少年一健全成長的環境、擁有快樂的童年、讓兒童免於恐懼、免於人身安全危險，以及免於經濟困頓之兒童照顧，這是執政當局，也是整體社會共同追求的願景，更是攸關國家人口素質及社會發展的指標，準此，世界各國皆積極地挹注經費、人力，制定不同的服務方案，以確保兒童福利的保障，在執行各項兒童福利計畫時，宜先考量兒童不同年齡層次以及不同層面的發展。以下乃以兒童之年齡區分，就兒童福利之服務層面——「善種」、「善生」、「善養」、「善教」及「善保」之五善政策原則來敘述兒童福利應發展的方向與業務。

一、懷孕及胚胎期

兒童發展的起始在於精子與卵子受孕的一瞬間，此時期約266天，故父母先天之遺傳基因的完善，才能確保不良遺傳之排除。為了預防不良遺傳，只能從婚前檢查及產前篩檢著手。故兒童福利工作者需瞭解相關遺傳之生物學知識，與醫療單位結合資源，積極推展優生保健概念，以促進兒童「善種」規則，有關服務有：

1.婚前健康檢查與遺傳諮詢服務。
2.婚前性教育與兩性教育的推展。
3.準父母教育。
4.對貧窮婦女及家庭給予營養補助。
5.胎教的倡導及對孕婦提供可能的支持方案。
6.對危機受孕父母作強制性的體檢。

二、嬰兒期

自出生至2週為新生兒，2週至2歲為嬰兒期，此時期是人生發展最快及最重要的發展階段，在生命中的第一年裡，體重可成長至出生時的3倍，2歲時，運動、語言、概念形成的基礎已具備。在此時期的發展與保育、營養衛生保健、疾病預防及給予依戀及信任是必需的，此外，適當的教育也是相當重要的。兒童福利之工作者除了積極善種兒童安全與健康生長之環境以為發揮「善生」之精神，另一方面也要規劃支持及補充父母因不能親自照顧子女的教育計畫，例如，保母、托嬰所，以及提供兒童有多元參與學習及受到良好生活照顧，使其潛能得以發展之「善教」精神，此時期的兒童福利服務有：

1.提供親職教育。
2.提供量足質優之托嬰所及家庭（保母）照顧。
3.安全教育之宣導。
4.倡導兒童生存、保護及發展之兒童權利，禁止兒童被販賣。
5.提倡家庭生活教育。
6.落實出生通報制。

三、學步期

學步期又稱嬰幼兒期，2～4歲左右，在此階段的幼兒總是活動不停、好問問題、幻想。在此階段的發展與保育，預防意外產生、營養衛生保健、親情與教育的提供是必需的。

在此時期的兒童福利服務除延續上一階段之「善生」及「善教」之精神，更要保護兒童、尤其是弱勢兒童的發展權利，以落實「善保」之精神。相關兒童福利之服務有：

1.倡導兒童不能單獨在家之法令。
2.規劃各種補助方案，支持不利地位及高危險家庭之兒童照顧。

3.兒童保護的宣傳與落實。

4.規劃量足質優的托育機構。

5.早期療育服務。

四、幼兒期

　　從4～6歲，此階段的幼兒已受到複雜的社會所影響，在此階段的幼兒大多會去上托育機構（幼兒園或K教育），台灣在4～5歲左右托育率約有80％，而5～6歲的幼兒則有96％是在托育機構受到照顧與教育。除家庭與托育機構外，同儕團體、鄰里環境及電視對幼兒期的自我概念也產生具體之影響，在此時期的發展與保育的需要上，安全、營養、衛生及生活自理能力的培養也是相當重要的。因此，此時期的兒童福利服務要重視「善生」、「善教」、「善保」之外，也要加強促進兒童因成熟發展所衍生之各種生理與心理需求的滿足之「善養」精神。此時期相關的兒童福利服務除延續上階段之服務外，還需有：

1.健全兒童托育政策，使兒童能獲得優質的照顧。

2.淨化媒體、避免給予兒童心靈污染之節目。

3.提供兒童及其家庭諮詢輔導服務。

4.提高貧窮線，給予需要之家庭予以生活扶助或醫療及托育補助。

5.提供兒童適當之休閒、娛樂及文化活動。

6.加強家庭之外之社區支援系統，以健全兒童成長環境。

五、兒童期

　　從6～12歲，又稱學齡兒童期或兒童後期，此時期對於日後適應社會的能力的培養相當重要，親子關係、同伴友誼及參與有意義的人際交往，對於日後因應青少年期的挑戰是必要的。此時期的兒童大都是快樂、充滿活力及有意願學習。此時期的發展與保育的需要上，教育及培養技能是最爲優先要務。此時期的兒童福利服務需要有「善生」、「善教」、「善保」及

「善養」之精神，相同之服務除延續上一階段外，還需要有：

1. 規劃各種兒童課程照顧方案。
2. 兩性教育及性教育之推展。
3. 健全適齡適性及適文化之教育。
4. 加強校園安全。
5. 落實學校社工制度。

六、青少年前期

從生理的突然衝刺到生殖系統成熟，出現第二性徵，在此時期的少年歷經思春期的變化，約在10～18歲。除了生理的變化，還有明顯的認知成熟及對同伴關係特別敏感。這一階段的特點是確定對家庭的自主性及發展個人認同。在此階段發展與保養的需要上，性教育及獨立生活的培養以及在同儕互動中產生正向之自我評價是必需的。此時期除了延續上一階段之兒童福利服務之外，加上此一階段正值成長之青春期，更需要有一些服務規劃，目標則是滿足少年之身心發展，強調少年之發展性、保護性及育樂性。

1. 預防中輟問題。
2. 強化生活輔導及社會技巧訓練。
3. 規劃不同性質之安置機構。
4. 提供少年家庭之處遇。
5. 推展少年健康休閒。
6. 預防未婚懷孕及生子。
7. 強化就業準備及生涯發展。

本章小結

「人」的全人發展之起點是從個體受孕開始，一直到終老死亡為止，而兒童發展為全人發展中的一環，更是人類行為的詮釋。發展的基本概念是行為改變，但並非所有的行為改變都具有發展性。從社會學的觀點及心理學的觀點來看人生歷程，前者之觀點是隨著時間的推移而產生行為的改變（包括社會的變遷、結構、規範及角色等）；而後者所指的是工作以及家庭生活階段順序之排列的概念。本章從人類生命週期（發展階段）與全人發展的觀點，探討在不同的階段中每個個體所呈現的成長變化、發展與行為。

另外，本章探討了許多有關兒童發展之相關研究，其最主要目的在於瞭解兒童發展的連續性以及對於變化模式加以描述和解釋，例如兒童托育研究之主要目的在於瞭解幼兒發展上的順序和預期的模式（年齡變化之研究有回溯、橫斷、縱貫、族群輻合研究），另外也提到五種常用的兒童福利的研究方法（觀察法、實驗法、調查與測驗法、個案研究，以及訪談法）等。綜合上述所提到的各種研究方法（在第一章第四節中也探討了有關兒童福利服務之相關研究），皆各有其優、缺點，無論使用何種研究方法，在選擇時必須針對所要研究之問題來設計。

其實，兒童福利的本質是為了保障兒童及少年的權益及建構一個健全的、快樂的成長環境，執行當局必須確切落實相關的福利政策，滿足兒童及少年的需求，進而使其身心能獲得健全的發展，這也是整體社會所共同追求的願景。

參考書目

一、中文部分

朱智賢（1989）。《心理學大辭典》。北京：北京師範大學出版社。

馬慶強（1996）。〈發展心理學〉。輯於高尚仁（主編），《心理學新論》。台北：揚智文化。

張欣戊等（2001）。《發展心理學》（第三版）。台北：國立空中大學。

張春興（1991）。《張氏心理學辭典》。台北：東華書局。

郭靜晃、吳幸玲譯（1993）。《發展心理學：心理社會理論與實務》。台北：揚智文化。

郭靜晃、徐蓮蔭譯（1997）。《家庭研究方法》。台北：揚智文化。

郭靜晃、黃志成、陳淑琦、陳銀螢（2001）。《兒童發展與保育》。台北：國立空中大學。

陳怡潔譯（1998）。《人類行為與社會環境》。台北：揚智文化。

黃志成（1999）。《幼兒保育概論》。台北：揚智文化。

蘇建文等（1991）。《發展心理學》。台北：心理出版社。

二、英文部分

Atchley, R. C. (1975). The life course, age grading and age-linked demands for decision making. In N. Datan & L. H. Ginsberg (eds.), *Life-span developmental psychology: Normative life crises*. New York: Academic press.

Bandura, A. & Walters, R. H. (1963). *Social learning and personality development*. New York: Holt, Rinehart & Winton.

Bandura, A. (1977). *Social learning theory*. Englewood Cliffs, NJ: Prentice-Hall.

Bandura, A. (1986). *Social foundations of thought and action: A social cognitive theory*. Englewood Cliffs, NJ: Prentice-Hall.

Bandura, A. (ed.) (1971). *Psychological modeling*. Chicago: Aldine-Atherton.

Brim, O. G., Jr. (1976). Theories and the male mid-life crisis. *Counseling Adults,* 6, 2-9.

Clausen, J. (1986). *The life course: A sociological perspective.* Englewood Cliffs, NJ: Prentice Hall.

Elder, G. H. (1975). Age differentiation and life course. *Annual Review of Sociology,* 1, 165-190.

Elder, G. H. (1981). Social history and life experience. In D. H. Eichorn, J. A. Clausen, N. Haan, M. P. Honzik, & P. H. Mussen (eds.), *Present and past in middle life* (pp.3-31). New York: Academic Press.

Erikson, E. H. (1963). *Childhood and society* (2nd ed). New York: Norton.

Erikson, E. H. (1968). *Identity: Youth and crisis.* New York: Norton.

Erikson, E. H. (1975). *Life history and the historical moment.* New York: Norton.

Erikson, E. H. (1982). *The life cycle completed: A review.* New York: Norton.

Feldman , H. & Feldman, M. (1975). The family life cycle: Some suggestions for recycling. *Journal of Marriage and the Family,* 37, 277-284.

Gesell, A. (1952). Developmental pediatrics. *Nerv. Child,* 9.

Goethals, G. R. & Frost, M. (1978). Value change and the recall of earlier values. *Bulletin of the Psychonomic Society.* 11, 73-74.

Hagestad, G. & Neugarten, B. (1985).Aging and the life course. In R. Binstock & E. Shanas (eds.), *Handbook of aging and the social science* (pp.35-61). New York: Van Norstrand Reinhold.

Hurlock, E. B. (1968). *Developmental psychology* (3rd ed.). NY: McGraw-Hill Inc.

Katchadourian, H. A. (1976). Medical perspectives on a adulthood. *Deadalus,* Spring.

Livson, F. B. (1981). Paths to psychological health in the middle years: Sex differences. In D. H. Eichorn, J. A. Clausen, N. Haan, M. P. Honzik, & P. H. Mussen (eds.), *Present and past in middle life* (pp.195-221). New York: Academic press.

Messick, S. (1989). Meaning and values in test validation: The science and ethics of assessment. *Educational Research,* 18, 5-11.

Mischel, W. (1973). On the interface of cognition and personality: Beyond the person-situation debate. *Psychological Review,* 80, 252-283.

Miernyk, W. H. (1975). The changing life cycle of work. In N. Datan & L. H. Ginsberg (eds.), *Life-span developmental psychology: Normative life crisis.* New York: Academic press.

Moen, P. & Howery, C. (1988).The significance of time in the study of families under stress. In D. Klein and J. Aldous (eds.), *Social stress and family development* (pp.131-156).

New York: Guilford press.

Piaget, J. (1936/1952). *Judgment and reasoning in the child*. New York: Humanities Press.

Rindfuss, F., Swicegood, C., & Rosenfeld, R. (1987). Disorders in the life course: How common and does it matter? *American Sociological Review, 52*, 785-801.

Schaie, K. W. (1965). A general model for the study of development problems. *Psychological Bulletin, 64*, 92-107.

Thomas, R. M. (1992). *Comparing theories of development* (3rd ed.). Belmont, CA: Wadsworth.

Tolman, E. C. (1948). Cognitive maps in rats and men. *Psychological Review, 55*, 189-208.

Chapter4

第四章

各國兒童福利發展

兒童問題由來已久，幾乎是自有人類，即有孤兒、私生子、棄嬰等古老問題，但專業性的兒童福利工作也是近幾十年才逐漸發展出來。以整個西方文明史觀之，兒童歷經二段「非人」的生活，一是史前時代至西元四○○年之殺嬰（infanticide）期，意即社會接受「殘害嬰兒生命」之事實，羅馬法律甚至不認為殺害小孩是謀殺行為，小孩甚至被當作玩具，從大人手中拋來拋去；其二是四至十三世紀之遺棄（abandonment）孩童期，在這段時期，兒童常被賣為奴隸或僕人，甚至為求能乞討更多金錢，殘忍地將淪為乞丐的孩童斷手斷足（有時在現今的社會也有所聞），以作為「討錢的工具」（郭靜晃等，1997）。但隨著社會的變遷及基督教「博愛」的教義深入人心，直到二十世紀兒童發展理論逐一問世，兒童始被社會所重視，加上科技發達及科學知識的發展，尤其是社會工作的專業發展與實務推廣，兒童福利學理被廣泛的研究及推展，兒童福利服務工作遂能成為社會所公認的一門專業。

他山之石，可以攻錯，世界各國對兒童的關心不遺餘力，也隨著歷史的變遷各有不同的起源及發展過程，但皆有一共通的發展歷程——從早期的人文關懷，始於對兒童的救濟、關心貧窮所帶來的問題，隨著社會福利思潮湧起及發展，訂定政策、制頒法規、設立行政機關、民間的積極參與，遂成為一門兒童福利專業。

本章將介紹美國、英國、日本及瑞典的兒童福利發展與台灣的兒童福利發展，以一窺工業國家與我們在兒童福利發展之歷史沿革、福利設施與服務。

第一節　美國的兒童福利

一、影響兒童福利發展之因素

美國一向重視兒童福利，尤其提升至總統召開白宮兒童會議，一共有8屆，從一九八一年起，改在各州召開，也使得兒童福利政策與方案能落實

於地方，此外，並促成聯合國公布兒童權利宣言，因此，博得「兒童天堂」之美譽。美國兒童福利發展之重要因素歸納如下：

(一)觀念、知識的改變

1.人道主義的發展：早期美國解決兒童問題的主要方式即是消滅其「來源」，尤其是對非期望中來臨的孩童，如墮胎、殺嬰及遺棄等記載史不絕書；但隨著社會演變加上宗教的教義也影響社會大眾根植人道精神，並禁止傷害子宮中的胎兒，墮胎和殺嬰被視為罪惡。尤其在一九五九年十一月二十日由聯合國通過「兒童權利宣言」（Declaration of the Rights of the Child）（詳見第一章），父母對子女支配的權力轉變為以子女發展為前提而教養及照顧子女，並提出10條兒童權利，以宣示兒童福利之十大原則。

2.科學知識的發展：科學知識的發展，尤其對兒童心理學與兒童發展理論的創立與研究（可參閱第三章），加上自一九六〇年代社會工作實務的發展，也增強對兒童福利的關心及研究，更使兒童福利工作成為一門專業（可參閱第二章）。

(二)社會、經濟與政治的演變

美國歷經社會變遷也影響到對兒童及其家庭的價值改變，如一九三〇的經濟大蕭條，一九八〇年貧窮家庭增加，也使得政府從最少干預的政策理念到擴大政府干預，尤其反映在稅賦上，除了白宮的兒童會議，也舉辦了白宮家庭會議，使原來只關心兒童的問題擴大至家庭，政策的導向也從個人的干預到獨立的家庭照顧。隨著對兒童的價值理念之改變，政府形成保護及干預家庭的政策，特此制頒法規，建立行政體系機制，再形成制度轉成兒童福利服務。除了政府編列預算經費，也促成兒童福利機構的創立（如教會、營利性兒童福利機構），形成家庭之正式與非正式之資源網絡，推廣兒童福利社會工作。

(三)家庭與兒童地位的提升

美國的家庭一直被期望能持續享有富裕、習慣於社會所提供抉擇之新

自由。在一九四〇年代的嬰兒潮（baby boom）加上一九七〇年代美國經濟衰退也衝擊到社會產生新問題——貧窮，加上自一九六〇年兒童的出生率遞減（自一九六〇年至一九七七年至少減少25%），也提醒人們正視兒童的價值，尤其更要關心兒童所身處的家庭，尤其自一九八〇年代的「福利體制改革」，政府提出各種方案，如失依兒童家庭補助計畫（Aid to Family with Dependent Children, AFDC）、啓蒙計畫（Head Start）、兒童津貼（Children's Allowances, CA）、負所得稅（Negative Income Tax, NIT）、婦嬰食物補助（Supplementary Food Program for Woman, Infants and Children, WIC）、家庭扶助方案（Family Assistance Program, FAP）、國民所得保險方案之全國補助（Universal Demogrant, UD）、全國所得保險計畫（National Income Insurance Plan, NIIP）、安全所得補助（Supplementary Security Income, SSI）、薪資所得抵免（Earned Income Tax Credit, EITC）、社會服務的綜合補助（Block Grant）、較佳工作與所得計畫（Better Jobs and Income Plan）等，一直到二〇〇〇年代，柯林頓總統爲了因應AFDC的龐大經費支出及避免造成家庭對福利之依賴，將AFDC制度改成「需要家庭的暫時補助」（Temporary Aids to Needy Family, TANF）。

二、美國兒童福利之政策取向

美國兒童福利政策的形成，反映當時的時代背景與因應社會環境的變遷所衍生人民與其家庭的需求，從最早一九〇九年由羅斯福總統召開的白宮兒童會議，並規定每隔十年召開一次，以倡導兒童權益，尤其第一次以「失依兒童保育會議」（White House Conference on the Care of Dependent Children, 1909），規範了日後兒童福利凸顯原生家庭（natural family）和家庭優先（family first）的政策取向，並且在採取以家庭型態（cottage system）之機構收容方式改革的同時，仍然將家庭寄養服務（foster care service）視爲救助兒童時之最先考量（馮燕等，2000；郭美滿，1997），兒童福利甚至在一九七九年更明定該年爲國際兒童年，呼籲全球共同重視人類更珍貴的資源——兒童，在一九八一年之後，兒童會議改在各州舉行，充分凸顯各州之地方性和服務多元性，以落實符合基層需求的兒童福利政策與方案。

在此之間，美國福利政策可分爲幾個發展階段——啓蒙期、創建期、大社會期、合夥期、新聯邦期及調整期，有關各期的大約年代及相關立法條件，請參閱表4-1。

由表4-1可顯示出美國早期的兒童福利政策強調兒童權益，建立行政體制，到三〇年代反映社會經濟大蕭條，強調社會安全，到六〇年代重視家庭工作平權，七〇年代重視兒童被虐待之事件，直到八〇年代兒童福利改革強調「家庭」取向，反映家庭稅賦，直到九〇年代民主黨總統柯林頓（Bill Clinton）入主白宮後，特別重視兒童照顧及發展等預防性的兒童福利議題，在一九九七年四月及十月分別召開幼兒照顧和幼兒發展會議，甚至提撥經費，發展優質兒童照顧以及紓解家庭對幼兒照顧的壓力。

在二〇〇一年布希總統（George W. Bush）入主白宮，強調共和黨一貫在福利所採取的保守主義（conservativism）的意識形態，主張個人與家庭應負責照顧其個人的福祉，社會與國家對兒童及其家庭要能增強其獨立自主能力，達成獨立性的家庭照顧，以減少對社會之依賴（Mather & Lager,

表4-1　美國兒童福利政策轉型之階段及立法條例

階段	年代	立法條例及依據
啓蒙期	1909	1.白宮兒童會議
	1912	2.聯邦兒童局成立
	1920	3.兒童福利聯盟建立
創建期	1935	1.社會安全法案通過實施
	1953	2.聯邦衛生、教育與福利部實施社會福利一元化具體措施
大社會期	1964	1.民權法案
	1964	2.經濟機會法案
	1965	3.貧民健康保險
合夥期	1973	1.兒童虐待預防法案
	1975	2.社會安全法案20條款
新聯邦期	1980	收養輔助與兒童福利改革法案
調整期	1995	1.與美國立約
	1996	2.個人責任及工作機會預算調整法案（HR3734）
	1997	3.收養法案備忘錄
	2005	4.福利預算削減法案
	2006	5.兒童及家庭服務改進法案

資料來源：謝依容（1990），Ambrosino 等（2008）。

2000）。

少年福利政策則始於二十世紀初，一九○九年羅斯福總統召開的「全國兒童福利會議」是為兒童及青年福利發展之先河，一九一二年成立聯邦兒童局為專責機構，一九七一年尼克森總統召開第七屆「兒童白宮會議」研究14至24歲青少年問題。目前美國聯邦政府實行選擇性的給付政策，針對「有需要」的家庭，由國家僅透過稅利（針對中、高所得家庭）或是社會救助體系（針對低所得家庭）提供給有需要的家庭最低水準的經濟支持，至於生育給付、親職假以及托育服務等，則被視為是雇主的責任。

三、美國兒童福利之法規制度

美國眾議院（U. S. House Representatives）在一九九○的一項報告，指出有關兒童福利相關之法案，就有127項，可分為收入輔助、營養、社會服務、教育訓練、保健與住宅等六大類（蔡文輝，1995）。

Pecora等人（1992）更將美國聯邦法案中有關兒童福利之服務及其政策擇出12條（請參閱表4-2）。

在此之後，美國尚有一九九三年頒布的「家庭與醫療假法案」（Family and Medical Leave Act），以及一九九四年通過的「家庭增強法案」（Family Reinforcement Act），前者提供雙親家庭醫療假，如因分娩、養育幼兒或醫療照顧所需，得有數週的短期休假（留職停薪），以照顧家庭；後者嚴格執行離婚後父親對子女應給予贍養費以作為單親母親及其子女的經濟支持，並給予收養家庭減稅優待（林勝義，2002）。

四、兒童福利服務

美國是實施地方分權制度的國家，行政權集中在各州，聯邦政府只負責規劃、輔助與督導，而地方之州政府負責執行之責（郭靜晃等，1997：94-95）。兒童福利行政最高主管機關為衛生及人群服務部（Department of Health and Human Service），負責統籌規劃人群服務之相關事務，其下又分為衛生服務部及人群服務部。在人群服務部之下設置兒童家庭署

表4-2　美國聯邦立法之相關兒童福利法規

法案	年代	目的
社會安全法案第4款	1935	制定依賴家庭兒童補助（AFDC），提供現金補助給低收入家庭的兒童。
社會安全法案第19款修正案	1965	依據醫療補助方案，爲合於收入規定的個人及家庭提供健康照顧。
兒童虐待預防及處遇法案	1974	補助各州對兒童虐待與疏忽加以預防及處遇，並提出報告。
少年審判及少年犯罪預防法案	1974	提供補助，促使各州減少對未成年人不必要的拘禁，並加以防治。
殘障兒童教育法案	1975	要求各州爲殘障兒童提供支持性教育、社會服務、個別教育計畫（IEP）、回歸主流。
印第安兒童福利法案	1978	加強遷移管理，爲世居美國的兒童及家庭提供多樣化服務方式。
收養補助及兒童福利法案	1980	運用基金獎勵和手續上的改革，促進兒童安置的預防及永續計畫。
社會安全法第20款修正案	1981	各州以聯邦基金，透過街區安排，提供多樣化的特別服務方案。
自主生活創新法案	1986	爲收養照顧的青少年準備在社區獨立生活時提供基金補助。
家庭支持法案	1988	爲低收入家庭財務補助制定新的措施，要求其須接受訓練及就業。
農家法案（Farm Bill）	1990	貧苦兒童食物券（food stamp）的再確認是此法案的一部分。
印第安兒童保護及家庭暴力預防法案	1991	每年撥款補助保留地種族實施兒童受虐個案之強制舉報及處置。
個人責任及工作機會預算調解法案（HR3734）	1996	消除AFDC並以需要家庭之暫時協助的綜合補助取代，規定何種家庭享有多長之補助。
收養法案備忘錄	1997	在二〇〇二年之前，盡量將家外安置之兒童找到永久的家或安排永久性之收養。
福利預算削減法案	2006	減少個人及家庭對福利依賴，要求州政府提供工作機會以減少福利個案之依賴。
兒童及家庭服務改進法案	2006	五年期間要提增家庭之安全及穩定。

資料來源：Pecora, et al., (1992). *The child welfare challenge: Policy, practice, and Research* (pp.14-15). New York: Aldine De Gruyter.

Ambrosino, et al. (2008). *Social work and social welfare; An introduction*. New York: Thomson, Brooks/Cole.

（Administration for Children and Families）；而在兒童家庭署之下又有「兒童、少年及家庭處」（Administration of Children, Youth and Families），內設4個局，分別掌理兒童福利相關事務（馮燕，1998；林勝義，2002）：

1.兒童局（Children's Bureau）：負責兒童福利政策擬定，提供經費補助，協助州政府進行兒童福利服務方案的執行。
2.托育局（Children Care Bureau）：撥款補助各州的低收入家庭，進行托育服務的研發及支援，以減輕家庭育兒負擔，增進托育品質。
3.家庭及少年局（Family and Youth Services Bureau）：對逃家少年提供緊急庇護，協助其發展獨立的能力；辦理教育宣導以預防逃家少女受到性侵害，並提供補助，讓社區、非營利組織辦理貧窮家庭少年的課後活動。
4.啟蒙局（Head Start Bureau）：針對低收入戶3～5歲兒童及其家庭，提供教育、營養和健康，以及社會和情緒發展等服務。

至於在地方上之行政體系，會因地方分權而有不同之組織體制，但近年來已逐漸配合邦聯體制，在人群服務處設置「兒童與家庭福利科」（Division of Child and Family Welfare）運用社會工作方法（即兒童福利行政與社會個案工作、社會團體工作，以及社區工作），結合各業務，提供兒童及其家庭專業的服務（郭靜晃等，1997）。

在邁入二十一世紀之後，美國政府盡量削減兒童福利預算，增加工作機會以減少個人及家庭對兒童福利之依賴，而且也要為家外安置之兒童尋求永久之家，如親戚或收養機制，兒童局也盡量鼓勵親戚來收養兒童，以力求家庭是安全及穩定之場所以提供兒童成長。

目前美國的社會福利措施大致可分為四類：人力資源發展（human resource development）、社會保險（social insurance）、現金收入支持（cash income support），以及服務或實物代金計畫（programs that provide income in kind）（蔡文輝，1995；林勝義，2002）。有關兒童福利服務方案會因各州之需求不同，有關之服務方案依Kadushin及Martin（1988）之支持、補充及代替之分類，有不同之方案設計（請參閱**表**4-3）。

由於美國對於兒童福利的定義，對象涵蓋未滿18歲之兒童及少年，因

表4-3　美國兒童福利服務方案之內涵

福利服務內涵	服務項目	服務內容
支持性兒童福利服務	1.家庭個案服務	1.兒童諮商 2.社區心理衛生 3.個案管理 4.心理輔導與治療 5.危機仲裁 6.父母教養能力及營養補助（WIC） 7.健康及心理衛生方案
	2.兒童保護服務	1.家庭或少年法庭 2.兒童福利機構民營化 3.社會工作、醫療人員、心理輔導人員 　、警察之兒童保護團隊的預防措施 4.緊急反應服務（emergency response） 5.家庭維繫服務（IFPS）
	3.未婚或未成年父 　母及其家庭服務	1.失依兒童之家庭補助方案（AFDC） 2.青少年健康服務、預防與照顧法案 3.未婚媽媽之家
補充性兒童福利服務	1.居家服務（低收 　入戶）	1.教養子女 2.維護健康 3.家庭管理
	2.托兒服務（低收入 　戶、情緒、身體、 　智能障礙兒童、不 　幸兒童）	1.適齡發展實務 2.教養、財政補助 3.啓蒙計畫（Head Start） 4.托育服務之品質與安全標準 5.證照制度 6.嚴格評鑑與督導
	3.學校社會服務	1.個人及家庭輔導 2.學校與社區顧問諮詢 3.仲介協調、危機仲裁
	4.失依兒童家庭補 　助（AFDC）	1.兒童及家庭津貼 2.減稅、免稅 3.房屋津貼 4.食物券
替代性服務	1.寄養服務	1.緊急性寄養 2.短期性寄養 3.長期寄養
	2.機構式服務	1.機構式教養 2.住宿治療 3.團體寄養服務
	3.領養服務	1.社會工作服務 2.法律專業服務 3.合適家庭服務

資料來源：作者整理。

此，福利政策的現行措施也是橫跨教育、司法、勞工與衛生等多層級，藉此共同提供廣泛且完整的資源網絡，相關的部門組織包括有：衛生及人群服務部下設有「兒童家庭署」，其中由「家庭及少年局」負責少年福利方案（如整合性兒童福利服務方案、家庭維繫方案）之推動；「勞工部」則提供職業訓練與就業機會，工作訓練伙伴法案是一種針對低收入家庭少年的福利服務；「教育部」提供少年生活需求有關的福利工作，如校園毒品防制、防止輟學獎勵計畫等；司法部「少年司法與犯罪防治局」則在於協助處理少年幫派管束、社區獄後照顧、吸毒與傷害防制等工作，進一步建議成立「青少年服務局」，計畫少年輔導轉向制度，以教育刑法模式取代過去的懲罰模式。由家庭維繫方案與少年轉向制度等方案的評估實施，顯示美國對少年福利的重視，亦可窺見其對我國近年來兒童福利政策的影響。

　　此外，美國也應用第三部門，例如美國志願工作組織（Volunteers of America）倡導公共政策來提增青少年兒童及其家庭正向發展（positive youth development），例如課後托育方案、輔導、青少年發展、諮商、健康提升、夏令營、生活技巧訓練、緊急庇護及暫時居住庇護等服務。在西元二○○二年已服務超過33,600名個案及其家庭組織。美國志願工作組織在正向青少年公共政策內容有：

1.強調青少年全人發展之正向發展哲學，以取代病態及缺陷模式。
2.強調法院、教育與社政系統，整合之社區資源服務。
3.援引親職教育實務，強化父母教養技巧。
4.由地方及中央政府編定預算，提供青少年課後及假日營隊育樂方案與輔導措施。
5.鼓勵社區與企業建教合作。
6.增加青少年社區服務參與機會。

綜觀美國兒童福利之特色如下：

1.強調家庭自主功能，以「家庭」為政策取向。
2.美國實施中央地方分權，權責分明，各司其職。
3.歷任總統對兒童法案，每隔十年召開兒童福利法案外，全力支持福利相關法案實施。

4.具體福利措施結合營養、衛生、教育、司法等措施，提供多元福利服務，以滿足各類兒童及其家庭的需要。

5.運用社工專業輸送兒童福利服務。

6.強調父親對兒童及家庭應有照顧的責任，以減少對社會及國家的依賴。

7.要求家庭是安全及穩定，盡量爲兒童安排永久安置的家庭。

8.透過立法要孩子生活於永不落後的生活情景（Leave No Child Behind, LNCB），要孩子生活於安全、健康、迎頭趕上、避免貧窮，以及具有道德感。

9.運用專業社工，結合社區資源，提供兒童、少年及家庭之服務。

第二節　英國的兒童福利

一、影響兒童福利發展之因素

英國是世界上最早建立社會福利制度的國家，早在西元三二五年（約中國的東晉時代）就有專門爲窮人、病人以及棄兒設置的庇護收容所（almshouse），不過，根源於宗教教義而來的慈善工作，使得由中世紀之前由修道僧侶專門設置的孤兒院（orphan asylum），成爲這些倖存且孤苦無依幼童的主要收容場所（Kadushin & Martin, 1988）；尤其在一六〇一年，由女皇伊麗莎白頒布濟貧法案（The Elizabethan Poor Law），並指派貧民負責監督濟貧法的執行（overseers of the poor），首開政府爲興辦兒童福利之主體，更是兒童福利立法的濫觴（李瑞金，1997），而且也是福利國家（welfare state）的典範之一。

英國在一九八九年才通過兒童法案（The Child Act），但早在一六〇一年之前，英國就重視兒童的照顧問題，尤其對失去家庭保障的兒童、孤兒或棄嬰，一般是由兒童的親戚、鄰居或宗教團體（大都爲非正式之資源網絡）來加以照顧，到了中古世紀，教會更是擔當負責教區內之孤兒及貧民

之照顧工作。直到十六世紀，由於宗教改革，使得原有之教會無法再收容貧民及孤兒，迫使他們成為遊民，而造成當時之社會問題，才有十七世紀的濟貧法案的頒布。濟貧法確定了政府為保護失依兒童，明定地方政府編列經費，準備糧食以負責兒童救濟之行政事務，主要是支持、鼓勵家庭、親戚或社區中其他家庭代為扶養，政府予以補助，最後再由政府興辦救濟院做收容安置。

之後在十八世紀自工業革命後，生產方式由機器代替手工，工廠制度形成，資本主義社會形成，資本家為利用生產之剩餘價值，開始使用廉價之童工與婦女。童工由於睡眠不足、營養不良、空氣污濁而造成職業災害，陽光缺乏，又缺乏適當的休息，造成身心受到嚴重影響，甚至過勞。於是，英國政府於一八○二頒布「健康與道德法案」（Act of the Health and Morals of Apprentices），限定兒童工作時間每日不得超過12小時，並禁止在晚上工作，這也是英國立法保護童工及兒童勞動權益的社會思潮與立法濫觴。之後在一八一九年乃修正法令，禁止雇用9歲以下的童工，並於一八三三年制定工廠法。一八八○年實施普及性的國民義務教育，強調教育與保護工作的重要性，這不但是家庭的責任，更是國家責無旁貸的義務。一八九三年的基本教育法案（Elementary Education Act–Blind and Deaf Children），授權地方政府，支付盲聾生之特殊教育及設備費。除此之外，英國在十九世紀新興的都市慈善組織一方面糾責原生家庭親職行使的不當與失職，另一方面提供親戚鄰里非正式的支持系統，並本著救濟孤兒及貧窮兒童的濟貧原則。

一八九九年的教育法案（Education Act–Defective and Epileptic）將教育精神延伸至精神障礙兒童，一直到一九四四年才頒布教育法（Education Act）提供普及性的身心障礙兒童之教育。

二、近代之兒童福利之法規制度

二十世紀以來，英國先後在一九一八年通過「產婦與兒童」福利法案（Maternity and Child Welfare Act），規定地方政府得設立托兒所之權責，並由衛生部核發補助費，對孕婦、產婦及5歲以下幼兒提供保健服務。同時，

在一九一八年英國為因應非婚生兒童的高死亡率設立「未婚媽媽及其子女全國委員會」（National Council for the Unmarried Mother and Her Child），之後，改為全國單親家庭委員會（National Council for One-parent Families），主旨在聯合主要機構關懷非婚生兒童。一九三四年牛奶法案（Milk Act）頒布，全面為小學生供應營養午餐，提升兒童健康（始於一九○六年的教育法，提供部分學生的餐飲，一九一四年因世界大戰需求人數激增，地方政府對經濟狀況較佳學生的家庭收費，一九四四年二次世界大戰期間，修訂的教育法案使得地方政府實務提供負責膳食及牛奶）。一九四五年國民保健服務法（National Health Service Act）頒布，地方教育機構負有行政監督學校保健服務。一九四六年通過「家庭補助法案」（Family Allowance Act）補助子女數眾多的家庭，使其能維護兒童的營養健康受教育的費用，並提供營養食物（如美國WIC），同年也頒布「國民健康服務法」（National Health Service Act），責成地方政府提供懷孕婦女及5歲以下幼兒保健服務，並要求地方政府及醫院設立兒童輔導部門提供預防及治療服務，為適應不良之兒童提供心理輔導。一九四八年通過「托兒所及保母條例法案」（the Nurseries and Child Minders Regulation Act），為有幼兒的職業婦女提供托兒服務，各托兒所並接受地方衛生行政機關督導，保母在家照顧幼兒，也需要在地方政府註冊，並接受監督管理。一九五八年頒布的「收養法案」（Adoption Act）及一九七五年的「兒童法案」（Children Act）規定地方政府提供相關機構，照顧或領養未婚母親無法照顧子女的服務。一九八六年社會安全法案（Social Security Act）決定自一九八八年後地方政府停止供應付費營養午餐，對於領家庭給付（Family Credit），給予現金替代付費午餐。一九八九年通過兒童法案（The Child Act），整合兒童照顧養育及保護的重要法規（類似我國的兒童福利法），強調照顧及教育兒童是父母的基本任務，地方主管機關對於兒童照顧的家庭應提供廣泛的幫助，並以謀求兒童的最佳利益為目的（林勝義，2002）。英國如同其他發展國家一般，已將兒童最佳利益整合至家庭政策及兒童福利法規並形成制度（Jacquerline, 1994: 260; Buehler & Gerard, 1995）。

英國政府於一九九八年提出「穩健開始」（Sure Start）的方案，結合公私部門的兒童福利措施，呼籲父母相互合作提供入學前的兒童及其家庭照

顧的服務（類似美國的Head Start），方案之內容包括家庭訪視、提供育兒資訊、成立高品質的學習托育中心，並針對弱勢家庭的孩子提供特殊的服務（馮燕，1999；林勝義，2002）。

有關英國的兒童福利之立法沿革，整理於**表**4-4。

整個兒童福利業務推動之行政體系，英國是由社會安全部（Department of Social Security）掌管社會保險與社會行政，衛生部（Department of Health）掌管衛生保健與醫療服務，地方政府的社會服務部門（Social Service Department of Local Councils）掌管各種福利服務。英國如美國般，由中央政府立法，由地方政府負責服務輸送及監督之責。然而，英國地方政府之組織，在地方政府如英格蘭、威爾斯、蘇格蘭，以及北愛爾蘭各有其不同之行政體系，故其兒童福利服務輸送也有地區之差異（林勝義，2002）。

三、兒童福利服務

英國地方政府對於兒童及其家庭福利措施，大致是根據兒童法案規定為基礎，再配合社會變遷及地區情況而提供適當的服務，如下分析：

(一)一般兒童福利服務

1.兒童津貼（Child Allowances）：兒童津貼包括家庭津貼（Family Allowances）與低收入兒童家庭津貼所得補助（Family Income Supplement）兩種。補助法中規定，前者：凡家中有兩個或兩個以上未滿16歲之子女不管其家庭經濟狀況如何，均有權申請補助。後者：凡專任工作之男性、寡婦、離婚者、背棄妻子或未婚媽媽，其子女未滿16歲或19歲以下的學生，經調查符合低收入資料，即可獲補助。

2.婦幼福利服務：將婦幼保健服務工作交由各地方政府負責，並設有受過特殊訓練護士擔任保健訪視員（health visitor）。兒童及孕婦也可到婦幼福利中心（Maternity and Child Welfare Centers），來請求指導。

表4-4　英國的兒童福利相關之立法年鑑

立法名稱 \ 內容及負責部門	內容	負責部門
1601年濟貧法	對失依兒童的保護	地方政府編列經費
1802年健康道德法案	對童工的保護	中央政府
1880年普及性的國民義務教育	強調兒童教育及保護工作的重要性	中央政府
1893年基本教育法案	對於特殊教育的重視（對盲生及聾生）	地方政府編列經費
1899年教育法案	特殊教育延伸至精神障礙兒童	地方政府編列經費 地方政府監督
1918年產婦與兒童福利法案	設立托兒所	衛生部核發補助費
1918年全國未婚媽媽及其子女委員會（後改為全國單親家庭委員會）	關懷非婚生兒童	中央政府
1934年牛奶法案	提供小學生營養午餐	地方政府編列經費
1945年國民健康服務法	學校提供保健服務	地方政府負責行政監督
1946年家庭補助法案	補助子女眾多家庭之食物及營養品	地方政府負責
1946年國民健康服務法	孕婦及五歲以下幼兒之保健服務 兒童之心理輔導	地方政府及醫院
1948年托兒所及保母條例法案	設立家庭托育及托兒所	地方衛生行政機關督導
1958年收養法案	地方政府設立相關機構提供未婚生子女之照顧	地方政府
1975年兒童法案	地方政府設立相關機構提供未婚生子女之照顧	地方政府
1986年社會安全法案	停止全面性營養午餐提供，改由家庭給付，以現金代替	地方政府
1989年兒童法案	對兒童照顧養育及保護之規定	地方政府負責監督
1998年穩健開始計畫	整合公私部門、幼兒照顧往下紮根，鼓勵親師合作，提供弱勢家庭之照顧	地方政府監督

3.幼兒托育服務：英國基於反對兒童在家庭以外地方成長政策取向，政府所提供托育服務相當有限，如由各地衛生所及民間團體所辦理之托兒所（day care），托兒所要向當地保健機關立案，衛生所隨時派

117

員指導。3歲以前之幼兒大多進入私人興辦托育機構，由家長付費，5歲開始義務教育。普遍性設立保母提供家庭托育，地方政府會給予小額補助，有些家庭會選擇企業附設托兒所。

4.學校社會服務：

(1)學校保健室：負責平時學生的保健維護健康事宜。

(2)學校營養餐：從一九四六年家庭補助法案通過後，公立或私立學校一律提供免費午膳及牛奶與果汁。

(3)兒童保育委員會：作為學校與家庭間聯繫與溝通，並設有社工員。

(二)特殊兒童福利服務

1.兒童輔導工作：兒童輔導中心，大多由各地教育局所設立，來處理情緒困擾問題及兒童行為問題機關。工作人員由精神醫師、教育心理專家及精神病社會工作人員所組成。

2.特殊教育：近年來，英國政府為減輕財政負擔，對殘障兒童照顧採取醫療與教育並重做法。依教育地方教育行政機關對殘障兒童施予健康檢查與特殊教育，其義務年限最高為16歲。

(三)不幸兒童福利服務

1.非婚生子女特別補助：各地衛生局對未婚媽媽及其子女在產前產後提供免費照顧，並指派社工員協助及輔導，必要時安排合法的收養手續。

2.失依兒童養護：地方政府會安排失依兒童至寄養家庭，寄養父母可申請家庭津貼以維持兒童生活。另外在社區籌畫成立「兒童之家」，並由正常家庭父母照顧。寄養之前需由專業社工調查評估，並接受訪視。

3.受虐兒童的保護：依據兒童法案之規定，兒童遭受惡待（maltreatment）時，地方政府及兒童福利機構人員有權申請緊急保護令（emergency order）、兒童評量令（child assessment order）、復元令（recovery order），藉以保護兒童安全，並提供緊急安置及保護，此

外，警察單位亦可提供「警察保護」（police protection），作適當的轉介服務或提供尋人服務。

綜觀英國兒童福利，有幾項特色值得討論：

1. 社會福利職責，中央政府與地方政府分工明確，地方政府負責兒童福利輸送。
2. 一九八九年通過兒童法案，都能依規定逐一落實，凸顯民主法治精神。
3. 處於弱勢家庭及困境兒童，除提供必要福利措施外，並連結社會工作及相關專業服務，使兒童權益獲得保障。
4. 政府除提供法定服務外，志願組織對兒童福利亦積極參與，結合公私部門及第三部門擴展兒童福利服務，並建構資源體系，也實施福利多元主義（welfare pluralism）的主張。

第三節　日本的兒童福利

一、影響兒童福利發展的因素

日本是東方國家，一向重視家庭倫理，認為養兒育女是家庭責無旁貸的天職，早期的兒童福利觀念源於宗教式及皇室貴族以慈善事業方式對社會貧困兒童施以救助，其後日本政府又陸續頒布一些禁止令、救護法、扶助法案等，並設置收容機構，此等法案及措施多為殘補式的兒童福利措施。日本在第二次世界大戰戰敗之後，戰禍孤兒造成家庭解組，兒童亟需保護，因此，日本政府於一九四七年三月於厚生省設置「兒童局」，且於同年十二月公布「兒童福祉法」，日本的兒童福利透過立法，制定政策，設有行政專責單位，也代表日本兒童福利已形成體制與制度（徐錦鋒，1984）。

從日本的兒童福利發展的歷史觀之，日本早期從佛教傳入及其所倡導救世、助人的宗教志願服務，吸引皇族投入慈善事業，救濟工作也受基督

教教義的影響。之後體制形成期「兒童福祉法」及相關福利政策的頒布，建立體制，推展兒童福利事務至現代的體制變革期，共可為四期，茲分述如下（李鍾元，1981；李淑娟，2000）：

1. 宗教式慈善事業期（明治維新時代以前）：此時期始於約西元六世紀聖德太子開辦救濟院，到明治維新時代（一八六八～一九一二），日本成為君主立憲政體之前，此期間有關兒童福利的相關政策與措施如下：

   (1)西元五九三年，聖德太子建難波荒陵，收容貧病無依兒童；光明皇后設立悲田院，收容孤兒、棄嬰。

   (2)西元七六四年，淳仁天皇派專人設專責機構負責收容孤兒。同時基督教傳教士到日本傳教，並積極推展救助孤兒的工作。

   (3)西元一五五六年，設立養育院、救濟院等，並且雇用乳母養育之。同時於院中設置醫療設施，為其治療疾病。

   (4)西元一六九〇年，禁止成人遺棄親生子女，違者流放邊區。若遺棄他人子女者，判處終身監禁；若殺嬰者即遊行示眾後處死。

2. 體制形成形（明治維新時代～第二次世界大戰）：明治維新時代（一八六八～一九一二），日本成為君主立憲政體。自此日本門戶洞開，積極向世界先進國家學習新的觀念與體制，此時期也陸續建立具雛形的兒童福利概念，相關兒童福利政策及措施如下：

   (1)西元一八七一年，政府下令配給孤兒撫養米。

   (2)西元一八七三年，對有三個孩子以上的貧困家庭撫育補助米。

   (3)西元一八七四年，制定救助規則，對窮困者、殘疾獨居者及無謀生能力者可接受政府救助，13歲以下兒童與獨居者相同，每年可領7斗米。

   (4)西元一八八五年，設立東京感化院，收容性行不良的兒童。

   (5)西元一八八七年，創設岡山孤兒站。

   (6)西元一八九〇年，創設博愛社。

   (7)西元一八九一年，設立龍野川學院，從事低能兒教育，同時也收容精神薄弱的兒童。

   (8)西元一九〇〇年，制定「感化法」，指導不良少年行為，對有遊

蕩等之不良行為，且無家長監護，強迫其入感化院。

(9)西元一九○二年，成立「日本兒童研究會」，利用科學方法來研究兒童身心狀況。

(10)西元一九一一年，制定「工廠法」，保護童工。

(11)西元一九二一年，制定「兒童保護法案」，其目的在於保護產婦、嬰兒、孤兒、棄嬰、失學兒童、貧困兒童、問題兒童、流浪兒童、低能兒童等，並且積極防止虐待兒童行為之產生。此法案乃為目前「兒童福利法」之前身。

(12)西元一九二二年，制定「少年法」及「感化教育法」，重視不良少年之訓教工作。

(13)西元一九二六年，舉行「第一次全國兒童保護團體會議」，研討有關兒童保護工作。同年制定「工人最低年齡法」，保護婦女及未成年童工。

(14)西元一九二八年，制定「兒童扶助法案」，規定對貧困寡婦及其子女、棄兒者，應予救助。

(15)西元一九三三年，訂定「兒童虐待防止法」，禁止兒童虐待事件的發生及預防政策。同年訂定「少年救護法」及實施「不良少年訓教法規」，對14歲以下不良少年實施矯治教育。

(16)西元一九三七年，公布「母子保護法」及「保健所法」，對13歲以下貧困兒童提供救濟及增加幼兒之營養衛生保健。

(17)西元一九三八年，設置厚生省（類似西方國家的衛生福利部），其下設置兒童課，確立地方政府之行政體制及中央集權化。

3.兒童福利推展期（二次世界大戰後～一九九○年）：一九四五年，二次世界大戰戰敗後的日本，排除軍國主義，接受美國托管，朝向建設和平民主國家的社會改革推進，期間，制定憲法，再以憲法為根基，賡續制定「生活保護法」、「兒童福祉法」、「學校教育法」、「兒童憲章」、「障礙兒童保育法」等，積極建立兒福利立法體制及推展兒童福利服務，相關立法及兒童福利措施分述如下：

(1)西元一九四五年，頒布「戰禍孤兒等保護對策綱領」，並依此綱領設置「社會局」。

(2)西元一九四六年，頒布「實施流浪兒童與其他兒童保護等緊急措施」的行政命令，側重消極性（殘補性）的兒童保護工作。

(3)西元一九四七年，中央政府厚生省設立「兒童局」，並且制定「兒童福祉法」。

(4)西元一九五〇年之後，陸續展開全國性之兒童狀況調查。

(5)西元一九五一年，訂定「兒童節」，並制定「兒童憲章」，將兒童福利工作從貧困兒童擴及至一般兒童。

(6)西元一九五九年，於東京召開「國際兒童福利研究會議」；同年，聯合國通過「兒童權利宣言」。

(7)西元一九六一年，實施「兒童撫養津貼法」，地方政府並廣泛興建兒童福利機構（如兒童之家、心智重建院等）。

(8)西元一九六二年，兒童福祉法施行十五週年紀念，發表兒童福利白皮書，同時召開全國兒童福利會議，將兒童福利政策指標擴展至一般家庭。

(9)西元一九六四年，厚生省「兒童局」改為「兒童家庭局」，並施行「母子福祉法」，及「支持特別兒童撫養津貼等相關法律」。設支持性的兒童相談法，首開地方區域的兒童諮商與輔導。

(10)西元一九六五年，公布「母子保健法」。

(11)西元一九七一年，公布「兒童津貼法」。

(12)西元一九七四年，頒布「支付特別兒童撫養津貼」，同年實施「障礙兒保育」等措施，擴充特殊教育及障礙兒的保育政策。

(13)西元一九七五年，開辦教職員、護士及保母等之育兒假。

(14)西元一九八一年，頒布「母子與寡婦福祉法」，擴展至單親家庭之兒童福利。

4.兒童福利體制變革期（一九九〇年～迄今）：隨著時代及社會變遷，各國政府為因應人口老化及少子化之來臨，無不制定質優的兒童照顧政策，日本也不例外。因此在推展兒童福利理念，也從殘補式、特殊兒童之服務到一般家庭及著重預防及發展性的兒童福利服務，所以相關的兒童福利體制及策略也隨之改變，此期間有關之兒童福利政策及福利措施分述如下：

(1)重視地方區域之福利服務及提供在宅服務。

(2)將特殊兒童保護擴展至一般兒童。

(3)重視雙親共同養育子女的觀念。

(4)推展「天使計畫」，建立支持父母養育子女之系統，推展健全的育成教育，並減輕父母教養子女之經費負擔等。

(5)二〇〇三年頒布少子化社會對策基本法及次世代育成支援對策推進法，二〇〇四年少子化社會對策大網。

(6)推展「新新天使計畫」（2005-2009），提供社會不同托育之服務，如臨拖、假日托、夜托等。

日本的兒童福利相關立法年鑑及內容彙整於**表**4-5。

二、兒童福利行政

日本兒童福利的主管機關，在中央為「兒童家庭局」，隸屬於衛生福利部（即厚生省）。其下設有：兒童與母親保健部門、寡母及未成年子女部門、殘障兒童部門、兒童津貼部門、兒童照顧部門、兒童福利督察處等，分別掌理並推動全國兒童福利行政業務；各級地方政府，也設有專門機構推動（如**圖**4-1），其重要機構及職掌分述如下（鄭淑燕，1986；郭靜晃等，1997）：

1. 兒童家庭局：隸屬於厚生省，為日本最高兒童福利行政機關，前身為一九四七年的兒童局。對全國兒童及婦女福利作整體的規劃，並指導監督地方政府兒童福利業務之執行。

2. 中央兒童福利委員會：為一諮詢及調查單位，在中央、都道府縣及各市鄉鎮皆有設置，前身為兒童福利審議會，以調查、審議有關兒童、產婦、精神薄弱兒童之福利事項為目的之單位。

3. 健康部門：設於都道府縣級，主要負責婦女及幼童之保健服務，下設有保健所（市、鄉、鎮級也有設置）

4. 福利部門：設於都道府縣級，執行有關兒童福祉法之業務，尤其對兒童遭受惡待之保護，以及對兒童之照顧與扶助。其下設有兒童相

兒童福利

表4-5 日本的兒童福利相關立法年鑑及內容

階段	年代	立法條例及依據
宗教式慈善事業期	西元六世紀	1.開辦救濟院收容老人、棄嬰、窮人 2.頒布禁止令、救護法、扶助方案
體制形成期	1871年	配給孤兒養育米
	1873年	三個孩子以上的貧困家庭補助養育米
	1874年	制定救助規則
	1885年	設立東京感化院
	1887年	創設岡山孤兒站
	1890年	創設博愛社
	1891年	設立龍野川學院，從事低能兒教育，同時也收容精神薄弱的兒童
	1900年	制定「感化法」
	1902年	成立「日本兒童研究會」
	1911年	制定「工廠法」，保護童工
	1921年	制定「兒童保護法案」。此法案乃為目前「兒童福利法」之前身
	1922年	制定「少年法」及「感化教育法」
	1926年	舉行「第一次全國兒童保護團體會議」 制定「工人最低年齡法」
	1928年	制定「兒童扶助法案」
	1929年	成立貧民救濟法
	1933年	訂定「兒童虐待防止法」 訂定「少年救護法」及實施「不良少年訓教法規」
	1937年	公布「母子保護法」及「保健所法」
	1938年	設置厚生省（健康福利部），其下設置兒童課
兒童福利推展期	1945年	頒布「戰禍孤兒等保護對策綱領」，並依此綱領設置「社會局」
	1946年	頒布「實施流浪兒童與其他兒童保護等緊急措施」
	1947年12月	中央政府厚生省設立「兒童局」，並且頒布「兒童福祉法」
	1947年3月	設立兒童局隸屬厚生省
	1950年	訂定生活保護法。西元一九五〇年之後，陸續展開全國性之兒童狀況調查
	1951年	訂定「兒童節」，並制定「兒童憲章」
	1958年	通過國民健康保險法
	1959年	於東京召開「國際兒童福利研究會議」

（續）表4-5　日本的兒童福利相關立法年鑑及內容

階段	年代	立法條例及依據
兒童福利推展期		聯合國通過「兒童權利宣言」
		通過國民年金法
	1961年	實施「兒童撫養津貼法」
	1962年	發表兒童福利白皮書
		召開全國兒童福利會議
	1964年	厚生省「兒童局」改為「兒童家庭局」
		施行「母子福祉法」及「支持特別兒童撫養津貼等相關法律」。設支持性的兒童相談法，首開地方區域的兒童諮商與輔導
	1965年	公布「母子保健法」
	1970年	制定身心障礙兒對策基本法
	1971年	公布「兒童津貼法」
	1972年	實施兒童津貼
	1974年	頒布「支付特別兒童撫養津貼」
		實施「障礙兒保育」等措施
	1975年	開辦教職員、護士及保母等之育兒假
	1981年	頒布「母子與寡婦福祉法」
兒童福利體制變革期	1990年～2000年	1.重視區域福利服務及在宅服務
		2.從特殊兒童擴展到一般兒童保護
		3.提供雙親養育子女優質環境
		4.推出天使計畫
		5.少子化社會對策大綱（2004）新新天使計畫（2005-2009）
		6.廣設實施臨時、假日、夜間托育及鄰里社區育幼支援。
	2003年	全國青少年發展政策
	2004年	青少年政策白皮書

談所、福利事務所及兒童福利機構（如育嬰所、育幼院、保育所、特殊兒童教養院、少年養護院、托兒所等）。

5.兒童相談所：設於都道府縣級，類似我國兒童少年福利法第19條所規定之直轄市、縣（市）政府應辦設兒童及少年及其家庭提供諮詢輔導服務（第3款）。其主要提供兒童諮商、兒童問題診斷與治療之機關。

6.福利事務所：乃根據「社會福利事業所」所設置之機關，設於都道

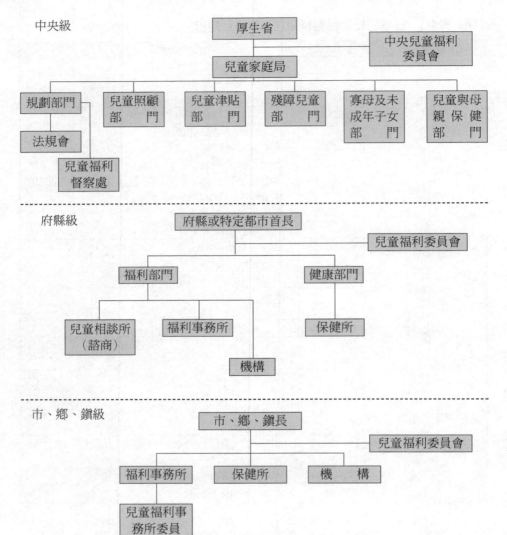

中央級
厚生省
中央兒童福利委員會
兒童家庭局
規劃部門
兒童照顧部門
兒童津貼部門
殘障兒童部門
寡母及未成年子女部門
兒童與母親保健部門
法規會
兒童福利督察處

府縣級
府縣或特定都市首長
兒童福利委員會
福利部門
健康部門
兒童相談所（諮商）
福利事務所
保健所
機構

市、鄉、鎮級
市、鄉、鎮長
兒童福利委員會
福利事務所
保健所
機　構
兒童福利事務所委員

圖4-1　日本兒童福利行政機構組織系統

資料來源：鄭淑燕（1986）。日本兒童福利行政組織。《社區發展季刊》，36，54-57。

府縣級及市、鄉、鎮級，是一全盤性綜理社會福利行政之機關，也管理兒童福利行政業務。

7. 保健所：設於都道府縣級及市、鄉、鎮級之政府，爲兒童保健醫療之中心機關，也是公共衛生行政之專門行政機關。

三、兒童福利措施

根據日本兒童福祉法第7條對日本兒童措施之定義，及其36～44條所規定之各種兒童福利措施之目的，現將14種兒童福利措施分述如下（引自李淑娟，2000：94-96）：

1. 助產措施：指基於保健上之必要，對於因經濟原因未能入院生產之產婦，予以入院助產爲目的之措施而言。依日本「醫療法」之規定，助產設施包括醫院與助產所兩種。（兒童福祉法第36條）

2. 育嬰院（乳兒院）：指將未滿1歲之乳幼兒，予以入院留養爲目的之措施而言，於必要時可延長留養期限至滿2歲止。（兒童福祉法第37條）

3. 母子保護措施（母子寮）：指將無配偶或類似情形之子女及其應監護的兒童，予以入院保護爲目的之措施而言。（兒童福祉法第38條）

4. 托兒所（保育所）：指將保護人每日委託之缺乏保育的嬰兒或幼兒，予以保育爲目的之措施而言。（兒童福祉法第39條）

5. 兒童福利措施：亦即兒童衛生福利措施，是指兒童樂園、兒童館、保健所等，給予兒童健全的遊樂設施、增進兒童健康、且陶冶其情操爲目的之措施而言。（兒童福祉法第40條）

6. 兒童養護措施：指將無保護人、被虐待以及其他環境上需要養護的兒童，予以入院養護爲目的之措施而言。（兒童福祉法第41條）

7. 精神薄弱兒童設施：係提供精神薄弱兒童之通勤接送由專人予以保護，並教導其獨立生活所需之知識技能爲目的之設施。（兒童福祉法第42條之二）

8. 盲聾啞兒童措施：指將盲童、聾啞童予以入院保護，並授與獨立生

活所需之必要輔導或救助為目的之措施而言。（兒童福祉法第43條）

9. **虛弱兒童措施**：指賦予身體虛弱之兒童適當的環境，以謀求增進其健康為目的之措施而言。（兒童福祉法第43條之二）

10. **肢體殘障兒童措施**：指將上肢、下肢或身體機能不健全之兒童予以治療，並授與獨立生活所需必要知識技能為目的。（兒童福祉法第43條之三）

11. **重度身心障礙兒童措施**：指將重度智能不足，以及重度肢體殘障兒童予以保護、治療，並指導其日常生活為目的之措施。（兒童福祉法第43條之四）

12. **情緒障礙兒童短期治療措施**：指將輕度情緒障礙、年齡未滿12歲之兒童予以短時間收容，或由其保護人通勤接送入所矯治為目的。（兒童福祉法第43條之五）

13. **教護院**：指將不良行為或具有不良行為之虞的兒童，予以入院教護為目的之措施而言。（兒童福祉法第44條）

綜觀以上13種兒童福利措施，可知道前六者為一般性社會的保護措施，擔任兒童的保護與育成；後七者為針對身心缺陷的兒童，需要特殊保護、教育及訓練而設置的（參考**圖4-2**）。

日本也隨著社會變遷之影響造成兒童生活環境的變化，如核心家庭上升、職業婦女增加、高離婚率，以及人口老化，也促使日本政府積極適度增訂及修改兒童福祉法，以提供更有彈性及質優的托育服務。此外，為了培育健全下一代，日本政府也有各種促進指導，例如在縣市設兒童館、兒童樂園，促使兒童健康；推展兒童體驗活動，促使兒童在自然生活體驗，發揮創造力；對都市嬰兒之家庭提供健全培育之諮詢服務；及安排小學低年級兒童做課後照顧之健康活動（江亮演等，1996）。

日本內閣於二○○四年提出青少年政策白皮書，主要內容依據二○○三年十二月公布的「全國青少年發展政策」形成，白皮書分為三部分：日本青少年的現況、青少年的相關政策與措施、參考文獻。第一部青少年現況，描述青少年的人口、健康與安全、教育、勞動、青少年犯罪等內容；第二部青少年相關政策與措施則包括「完整與系統性的政策提供以協助青少年健全發展」、「不同年齡層的政策」、「特殊情況下的青少年政策」、

措施類別　　　　　對象　　　　　　　措施目標、內容及法令根據

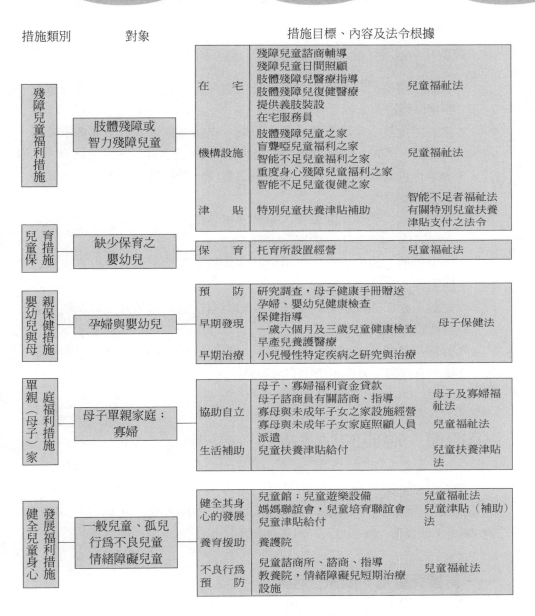

殘障兒童福利措施	肢體殘障或智力殘障兒童	在　宅	殘障兒童諮商輔導 殘障兒童日間照顧 肢體殘障兒醫療指導 肢體殘障兒復健醫療 提供義肢裝設 在宅服務員
			兒童福祉法
		機構設施	肢體殘障兒童之家 盲聾啞兒福利之家 智能不足兒童福利之家 重度身心殘障兒童福利之家 智能不足兒童復健之家
			兒童福祉法
		津　貼	特別兒童扶養津貼補助
			智能不足者福祉法 有關特別兒童扶養津貼支付之法令
兒童保育措施	缺少保育之嬰幼兒	保　育	托育所設置經營
			兒童福祉法
嬰幼兒與母親保健措施	孕婦與嬰幼兒	預　防	研究調查，母子健康手冊贈送 孕婦、嬰幼兒健康檢查 保健指導
		早期發現	一歲六個月及三歲兒童健康檢查 早產兒養護醫療
			母子保健法
		早期治療	小兒慢性特定疾病之研究與治療
單親（母子）家庭福利措施	母子單親家庭；寡婦	協助自立	母子、寡婦福利資金貸款 母子諮商員有關諮商、指導 寡母與未成年子女之家設施經營
			母子及寡婦福祉法
			寡母與未成年子女家庭照顧人員派遣
			兒童福祉法
		生活補助	兒童扶養津貼給付
			兒童扶養津貼法
健全兒童身心發展福利措施	一般兒童、孤兒行為不良兒童情緒障礙兒童	健全其身心的發展	兒童館；兒童遊樂設備 媽媽聯誼會，兒童培育聯誼會 兒童津貼給付
			兒童福祉法 兒童津貼（補助）法
		養育援助	養護院
		不良行為預防	兒童諮商所、諮商、指導 教養院，情緒障礙兒短期治療設施
			兒童福祉法

圖4-2　日本兒童家庭福利措施

資料來源：鄭淑燕（1986）。日本兒童福利行政組織。《社區發展季刊》，36，54-59。

「建構合適的環境以提供青少年足夠的支持」等內容。

綜觀日本推展兒童、少年福利工作，有下列六個特色：

1. 明確兒童福利政策，不管積極性促進兒童身心發展或消極性兒童及少年保護政策；健全的行政組織。
2. 強調兒童及少年與家庭式緊密聯繫，提供兒童與家庭不同需求及服務措施，例如，健康保險、兒童津貼、兒童養育津貼、育嬰假等。
3. 企業界也提供兒童、少年福利供給責任，提供員工所需要之企業托育服務及設施。
4. 重視兒童、少年休閒娛樂，充分運用各種兒童福利機構，增添兒童遊樂設施，辦理兒童健康活動體驗諮詢。
5. 中央與地方政府之分工，中央制定法規與政策，地方政府負責執行與監督。
6. 兒童福祉法能反映社會變遷，並由消極性朝向預防性及發展性之服務及政策規劃。
7. 對青年就業及家庭提出具體措施，支持就學及托兒照顧，以刺激家庭生育意願，減少少子化的趨勢惡化。

第四節　瑞典的兒童福利

瑞典（Kingdom of Sweden）位於北歐，介於挪威與芬蘭的一個國家，也是北歐三小國之一，面積449,964平方公里（約爲台灣的12.43倍）人口超過900萬，國民所得26,000元（約爲台灣2倍）。

一、影響兒童福利政策之因素

完全就業及促進男女平等是瑞典社會福利體制之主要目標，瑞典社會中人口老化程度嚴重，婦女生育意願不高，職業婦女比率高（約占70%，而七歲以下家庭之婦女就業約占80%），兩性平等狀況高，尤其一九三四年

曾任瑞典商業部長，也是經濟學家的麥德爾教授及其夫人（Professor & Mrs. Gunnar Myrdral）出版《人口問題的危機》（*Crisis in the Population Problem*）一書，指出瑞典人口有逐漸減少的潛在危機，此書也促使瑞典政府特別重視家庭及兒童福利措施（林勝義，2002）。之後，瑞典政府發展強調兒童照顧是國家責任，尤其瑞典採取混合經濟與民主決策方式，一方面致力提高就業率，以促進經濟發展，另一方面以民生為念，認為照顧人民生活是國家的使命，提高國民生活水準是國家的責任，瑞典採高稅收之政策，平均國民繳納稅金約占所得收入的40%，而政府用於社會福利的經費約占國民生產總額的30%，政府運用這些福利經費提供國民在所得維持、醫療、教育、老人及兒童福利等層面有最低限度的保障（江亮演等，1996）。在兒童福利及婦女福利之層面上，瑞典提供普及性兒童照顧政策，供給高品質托育服務，以支持婦女就業，甚至也強調兒童照顧父親也應負責任，並建立親職假（parental leave）、兒童照顧假，以及公共托育，以鼓勵父母生育，並倡導兩性平等（詳見**表**5-7）。此外，除了兒童照顧政策外，瑞典也本著國家照顧之政策取向，配合衛生及教育，使得兒童在其人生各階段，接受國家資源來達成其所需發展之任務，並培育優值國民。

二、兒童福利之法規與體制

瑞典也與其他OECD各國一樣，從十九世紀末開始引進社會保險，並建立社會安全制度，例如一八九一年制定健康保險法，一九○一年頒布工業意外保險法，一九一三年實施國民年金，一九三四年頒布失業保險法，直到一九四七年開始實施普及性的家庭津貼，之後也頒布有薪資親職假法案。

除此社會保險法規之外，瑞典對於兒童福利措施，主要還是透過立法，保障就業婦女及其子女之權益，配合親職假及公立托育服務（public day care），推展兒童福利事務。

瑞典於一九六○年制定了「兒童及少年福利法」（Child and Youth Welfare Act），規範受虐兒童及犯罪少年的強制性保證，隔年頒布「兒童照顧法」（Child Care Act），規範學前兒童與學齡兒童的托育服務。一九八二

年訂頒「社會服務法」（Social Service Act）（兒童及少年福利法及兒童照顧法也併入該法案中）。此法案第12條規定有關兒童及青少年照顧，第25條是對於兒童及青少年保護的特別規定（林勝義，2002）。此外，在一九七四年實施普及性的家庭津貼制度，以保障眾多子女家庭之最低生活水準，一九七五年實施學前教育法，為入小學前一年之幼兒，提供一天3小時免費的學前教育。有關瑞典兒童福利相關法規及年鑑，詳見**表**4-6。

三、兒童福利服務

　　瑞典的兒童福利政策是採取國家干預主義，是一種福利國家的制度，基本上是由政府承擔兒童照顧及家庭支持的責任，而且是沒有限制性（普及性），其主要的福利服務措施有：

(一)育嬰假（產假）

　　父母一方可允許在母親生產完後有9個月（全職）或18個月（兼職）的

表4-6 瑞典相關兒童福利法規及紀事

法規類別	年代	法規	內容
社會保險	1891	健康保險法	享有醫療免費之照顧
	1901	工業意外保險法	工安意外之保險給付
	1913	國民年金	被保險人在參加某一年數之後，於老年或死亡（殘廢），提供本人或家屬長期按期年金給付
	1934	失業保險	失業勞工之保險
兒童福利	1944	公共托育政策	公辦托兒所
	1947	兒童津貼	對家中兒童給予現金補助
	1947	有薪親職假	提供父母休假並給薪在家中照顧兒童
	1960	兒童及少年福利法	受虐兒童及犯罪少年之強制性保護
	1961	兒童照顧法	學齡前及學齡兒童之托育服務
	1974	家庭津貼	保障子女眾多家庭之最低生活水平，給予現金補助，每位兒童有每月750克朗
	1975	學前教育法	入讀小學前一年，免費一天三小時的學前教育
	1982	社會服務法	兒童及青少年的照顧與保護

育嬰假，並享有90%的工資，父（母）在育嬰假中可享有給付年金（3個月全職，6個月半職或12個月1/4日職的補償年金）。父親有2週的產假並亨有90%的工資，此外，父母一年中有2天給薪的親職假，父母在子女7歲之前，可享有每天減少2個工作小時的福利。

(二)托育服務

瑞典採取公共托育政策，自一九四四年起實施公辦托兒所（全日托）由地方政府興辦，托育機構工作稱為學前機構，包括有托兒所、母親俱樂部和幼稚園，此外也有政府訂立家庭教育機構（採半日托），但由家長付費。一九七五年實施「學前教育法」（Preschool Act），對6歲兒童實施每天3小時免費學前教育。托兒所和學前教育是由衛生福利部管轄，但7歲之後是由義務教育之教育部管轄，學齡前托育業務是由地方政府社會福利委員會負責營運。

(三)家庭協助服務

一九八二年實施「社會服務法」，其中規定：對育有子女之家庭，其當父母因無法照顧子女時，由地方政府的社會福利委員會安排家庭協助服務，家庭因生病或生產而無法親自照顧子女時，由專業之家事服務人員協助家務；此外，若兒童因生病而無法上托育機構，由一般家庭主婦兼職幫忙照顧小孩。

(四)家庭津貼

一九七四年起瑞典實施普及式之家庭津貼制度，其目的是為了讓家中育有較多子女數的家庭，保障其最低生活水準。只要是年齡未滿16歲（學生19歲）之兒童，均可領取家庭津貼。此外，父母也可享有住家津貼，在學青少年之學生津貼及給薪親職照顧津貼。

(五)家庭之家

瑞典大多是以寄養家庭作為兒童保護的主要措施（例如受虐兒童及犯罪青少年）。一九八二年社會服務法將寄養家庭改為「家庭之家」（family

homes），以示尊重個人隱私，去除兒童被標籤化。另外有「處遇、住宅之家」（treatment or residential homes）協助青少年戒毒或戒酒之治療（林勝義，2002）。

(六)兒童收容、安置服務

瑞典對於兒童收容與安置，政策上是以家庭之家為優先，再者才考慮機構收容，而機構收容也是以短期、暫時性為考量，最終目標是協助兒童及早回歸正常生活。有關瑞典之兒童收容、安置機構之類型有五種，分述如下：

1. 嬰兒之家：對於母親亡故或家庭產生變故，而無人撫養之1歲以下之嬰兒。
2. 母親之家：失依孕婦，或未成年媽媽之安置。
3. 母子之家：失依孕婦生產後仍需被照顧，母子一起安置養護。
4. 暫時收容之家：養育1歲以上兒童之家庭在養育中發生問題，並進入此種機構、接受短期內解決問題，以期能返回原生家庭。
5. 特別之家：家庭有身心障礙兒童，以及暫時收容的轉介，也申請進入特別之家接受照顧與養護。

綜觀瑞典之兒童福利，具有下列特色，包括：

1. 國家介入兒童照顧政策，提供公共托育體制及社會保障制度，以刺激人口生育及鼓勵婦女就業；另一方面，提供安心生育環境，如稅制優惠、育嬰假及育嬰保險、彈性工時等。
2. 學前教育及托育能合一，由社會福利單位統籌，以達到事權統一及資源整合之效。
3. 多樣化及彈性的托育服務，應由公部門負責推動。
4. 中央與地方分權負責，中央負責法規制定，而地方負責業務執行及監督之責。
5. 兒童收容、寄養強調個人意願及尊重隱私，並以「家庭之家」方式實施，去除寄養兒童被標籤化及去機構化之人性考量。

第五節　德國的兒童福利

德國在俾斯麥統一帝國之後，鑑於工人階級的大量成長，為避免原有的社會秩序被推翻，因此藉由社會政策的制訂來拉攏支持社會民主黨的工人階級，社會保險的開辦便從此時開始。雖然已經過了一百多年，但德國現今的保險模式與原創者俾斯麥所規劃的模樣並沒有太大的改變，雖然對勞工的保障以不再有薪資的限制，然而根據社會地位劃分的保障體系，仍然維持著。

二次大戰之後德國分裂，導致德國的政黨重組，隨者德國的分裂，根植於階級和宗教因素而產生的社會分裂也隨之變動，原先代表天主教的中間黨被基督民主黨所取代，而基督民主黨的家庭政策受到宗教道德價值強烈的影響，包刮新轎和天主教的影響。因此，大致可歸納出受到天主教影響的基民黨家庭政策的特點為：

1. 強調家庭的倫理價值，而在婚姻法中強調家庭存續的重要性。
2. 基於家庭的自然本質，國家必須避免直接介入家庭生活中。換言之，國家的家庭政策只是在避免那些可能導致家庭結構功能崩解的社會力量。
3. 國家除了避免介入家庭生活中，同時還積極補貼那些提供福利的私人組織，尤其是宗教性團體，使其提供諮詢等社會服務以及設施。

德國的兒童及少年福利內容：

一、健康保險

保險範圍中包括有生育給付，生育給付適用於具有12週的投保年資者，或在產前1個月至第4個月間曾有連續就業者。給付標準採現金給付，發放女性勞工產前6週與產後8週的淨薪資的全額。

二、特別津貼

　　主要是針對單親家庭給予的特別幫助，根據生活維持法（Maintenance Advance Act）規定，若家中兒童無法得到另一家長的經濟支持，則可申請由公基金法給救助金。此種救助金只有12歲以下的兒童得以申請，且金額約只有兒童津貼的一半。

三、救助

1. 兒童零用金：家中小孩年齡在18歲以下，便可獲得零用金，每個小孩每個月可得到270馬克，家中第三個小孩則可獲得300馬克，第四個及往後的小孩為350馬克，但是這筆零用金的加總數額不得超過每戶家庭的所得扣除額。若小孩仍在就學或正在接受職業訓練，且每年所得收入不超過14,040馬克者，則可繼續申請兒童零用金。
2. 預防性的健康救助（Vorbeugende Gesundheitshilfe）：主要有健康檢查及孩童、青少年、母親與老人的休息療養。

四、福利服務

1. 家庭教養協助：針對已婚或單親的家庭提供子女諮詢工作或家庭婚姻諮詢工作，如果父母因更換職業而居無定所，則提供少年安置服務。
2. 教養協助：針對少年行為問題或身心發展有障礙的少年，提供社會團體工作、家庭協助員到家的外展服務、日間團體教養和家庭或機構的安置教養（曾華源、郭靜晃，1999）。
3. 托兒所（day nurseries for the under-threes）：收托年齡層為零至3歲以下，政府立法讓父母享有最長3年的親職假及教育津貼做報償。
4. 幼稚園（kingdergarten）：收托年齡層為3至6歲幼兒，只提供半天的服務，不分公私立，多為免費。
5. 國小幼兒班或學校幼稚園（vorklassen or schulkindergarten）：為已屆

學齡但能力尚未發展成熟的兒童準備的機構，附設於小學的免費訓
練機構。

6.特殊幼兒教育訓練（sonderkindergarten or forderkindergarten）：專門
收容失能幼兒訓練的教育機構。

德國的兒童福利協會（The German Child Welfare Association）促進歐
洲兒童及少年福利服務與政策的發展，並將其向科學化導向的研究，推動
成立「歐洲兒童與少年福利政策」專家委員會。

第六節　澳洲的兒童福利

澳洲最早屬於英國的殖民地，社會福利受到資本主義影響，強調以個
人為責任，因此澳洲最早的福利主要是以慈善團體為主，政府並未做任何
的協助。直到面臨經濟大恐慌，讓澳洲政府重新認知貧窮並非僅個人因
素，環境也是造成貧窮的原因，故需要制訂政策去解決，因此成立聯邦政
府，並且開始通過一連串的福利法案。

隨著社會福利支出日益上升、福利依賴人口的增加與貧富差距擴大等
全球化資本主義帶來的問題，澳洲政府開始福利改革，一九九一年實施
「一九九一年社會安全法案」，取代原先的法案，並在一九九八年創立「家
庭與社區服務部」，此為澳洲社會福利再造後，執行社會福利行政的主要部
門。其目的在於確實將社會政策的成果透過與非營利組織合作，確實輸送
給所有社區、家庭與個人。

澳洲政府對社會福利的態度，認為福利的功能是協助個人使能、充權
實踐社會或經濟參與，藉以避免社會排除的發生，此外並提出相互責任的
概念，指出政府、企業、社區與個人都有其應盡的責任，以促使領取社會
福利的人能更快回到市場以解決依賴的問題。澳洲轄內的八個州和職轄
區，各有各的歷史、立法機構，以及兒童與家庭服務的規定，大部分這些
服務規定都是由以教會為基礎的非政府機構所訂定的，很多此類機構均長
期為兒童提供家庭寄養及領養的照護服務。

澳洲的兒童及少年福利內容包括如下：

一、社會保險

社會保險中的醫療給付，只要爲人民便可享有，經費來源爲被保險人課徵所得稅支付，而有養育一名子女的家長予以減免。此項補助被保險人85%的醫療費用，此外亦可針對醫療處方領藥劑給付，在公立醫院則有住院給付免費就醫。

二、津貼

申請家庭津貼的資格限制爲子女必須爲16歲以下（含25歲以下之學生），父母或監護人及兒童爲國內國民。

1. 基本家庭給付：給予其扶養小孩的家庭協助，同生育給付。
2. 額外家庭給付：有領取年金、津貼協助者，因要扶養小孩可領取額外家庭給付，須經過資產調查。
3. 孤兒津貼：父母皆歿（其中一位死亡，但另一位無法扶養小孩或失蹤），則給付兒童津貼協助。
4. 子女殘障津貼：給予在家照護殘障子女者，不須所得調查。
5. 單親父母給付：對於單親家庭父母給予津貼協助。
6. 家庭津貼補助金：低收入戶家庭，有扶養小孩且爲領取其他年金津貼者。
7. 嬰兒免疫津貼（Matemity Lmmunization Allowance）：此項津貼鼓勵父母爲自己的孩子進行免疫注射，家長必須在孩子滿2歲前申領這項津貼。
8. 新生兒獎金（Baby Bonus）：無須經過資產調查，可一次性領取的款項，用於幫助支付新生兒所需的費用，年齡爲滿2歲被領養的兒童也可以獲得這筆獎金。如果是本地領養，或是被領養的海外兒童在抵達澳洲之前已經完成領養手續，該兒童在開始受到正式照顧時年齡

爲滿2歲。如果被領養的海外兒童在抵達澳洲前尚未完成領養手續，該兒童必須在進入澳洲境內時尚未滿2歲，才可以獲得這項獎金。在兒童出生後或正式照顧領養孩子開始後26週內向Family Assistance Office提出申請。

9.多胎兒津貼（Mulitple Birth Allowance）：家中若有三胞或是四胞胎者，可申請此筆津貼。

三、救助

1.托兒福利金（Child Care Benefit）：爲使用核准／註冊托兒服務的家庭提供經濟資助。

2.兒童保育退稅（Child Care Tax Rebate）：兒童保育退稅是爲了工作家庭減輕子女保育費用負擔提供的額外幫助。任何家庭如果因使用經核准的托兒服務需要支付費用差額（即實際收入減去托兒福利金），並且符合就業、培訓和學習評估要求，可獲相等與差額的30%的減稅優惠。

3.大型家庭補助金（Large Family Supplement）：家中有超過三名以上孩子的大型家庭，可以獲得此項福利。

四、福利服務

1.兒童保護服務：保護兒童免於虐待與疏忽，州政府與領地政府提供包括辯護調查、家外安置、指引或介紹兒童與家庭獲取援助、接受非政府部門輔導、監督與資助，以及教育與社區覺醒計畫的提供。

2.替代性照護服務：對無法與其親生父母居住，而須以另類照護方式安置兒童的服務。包括：兒童收養、寄養照護、緩衝照護，以及宿舍式與團體養育院式的機構照護。

3.家庭援助服務：支持親職與家庭機能，包括物質與財政援助、親職援助與教育、家庭諮商、危機援助、初期介入、兒童監護計畫、家庭調解服務、緩衝照護、危機住宿、預防家庭暴力的服務與計畫，

以及明確的標的援助計畫（葉肅科，1998）。

4.家庭托育照顧：家庭托育支持服務管理者會提供所有家庭托育必備的要素，包括訓練及支持照顧者，也協助父母選擇適當照顧給他們的孩子。最初只提供給為上學的小孩，現在也有提供到12歲的兒童，時間可彈性，為家庭需要量身訂做。

第七節　韓國的兒童福利

　　韓國社會是以家庭為中心的儒教傳統社會，以家長為家庭中心，孝敬父母的傳統，形成了韓國特殊的“家族保護”福利模式，也就是鼓勵以家庭為單位的社會福利政策，提供家庭在居住、稅收等方面的優惠，同時，為了防止家庭解組，實行夫婦優待制度，對獨身則不優待。韓國提倡家族共同體、地區社會共同體、企業共同體和國家共同體，不採取以設施為中心的西歐方式，實行家庭式的社區照顧，這就是韓國式社會福利模型。當然，隨著現代化、國際化的進步發展，經濟結構、收入結構、就業結構、家庭結構以及人們的生活觀念都將發生變化，這種韓國社會福利模式構想能否實現，還有待考驗。

　　韓國的兒童及少年福利內容包括如下：

一、健康保險

　　健康保險組合（National Health Insurance Corporation, NHIC），健康保險提供新生兒健康照顧福祉和服務，健康照顧福祉包含診斷、處方、健康照顧器材、手術、住院，看護及其他處遇，健康照顧服務則以受保險及依賴人口在生育子女時為服務對象。

二、兒童津貼

目前韓國僅規劃老人津貼及老人殘障津貼、兒童照顧津貼（Child Care

Allowance）將於二〇一〇年開辦，藉以提升生育率（Today's Korea, 2008）。

三、救助

1. 單親家庭經濟補助（Financial Aid For Single Parent Families in Need）：單親家庭中正在上中學或高中的子女，可接受政府提供學費補助；而6歲以下的兒童可領兒童照顧津貼。以二〇〇二年為例，政府提供20,039人次學費補助，經費共10,144百萬韓鎈；提供7238人次的兒童照顧津貼，經費共1,149百萬韓鎈。且當有不足6歲的孩子時，單親家庭也可獲得兒童保育津貼。
2. 未成年家庭補助（Support for Juvenile-headed Households）：很多未成年家庭有財政上的困難，為了保護這些家庭並且提供更好的生活標準，政府提供他們生計上的保護和健康幫助系統，此外，他們也接受教育和衣服的金融支援。

四、福利服務

1. 機構安置、收養（Support for Disadvantaged Children in Welfare Facilities）：政府擴大對機構孩子的支援，並且為機構的特別訓練支付津貼。在二〇〇〇年將近29,350兒童受到105億韓鎈的補助。韓國政府強調盡量以國內收養為主，因此提供機構人員的特別訓練。
2. 托育服務（Child Education-Care Project）：兒童托育的目的在於提供學齡前兒童身體和心理保護，適合的教育和更好的生活水準。政府藉由托育服務，提供教育中心以及對貧窮家庭提供支援。
3. 預防兒童虐待（Prevention of child abuse）：韓國政府透過立法來預防兒童虐待，二十四小時熱線也已經開始運作；另外，中央政府為民間機構提供鑑定、治療、保護等措施來防止虐待兒童。
4. 兒童保育：兒童保育較大的目標在於保護的需要和不足6歲孩子發展的教育服務的供應，目的是養育幼小的孩子成為身心健全的成年人，在財政上支援父母，最後促進家庭的福利。

第八節　新加坡的兒童福利

　　新加坡在一九六五年宣布退出聯邦，成為獨立的主權國家，實行議會內閣制政府，總理從國會多數黨中產生，其領導的內閣擁有行政權，並由獨立的公共服務委員會管理公務員的聘用以及處分。在一九七〇年代以後，雖然新加坡在政治上的自由空間逐漸被壓制，經濟上卻取得快速發展，成為東南亞重要的金融和轉口貿易中心，擠身當時的「亞洲四小龍」之一。在此同時，新加坡人民的生活水準也得到大幅度提高，住房、教育、交通等問題都得到解決。

　　新加坡的兒童及少年保護政策主要立基於家庭負有兒童及少年照顧責任的基本想法，其對兒童的正式保護從一九二七年的兒童法（Children's Ordinance）開始，而在一九四九年整合兒童及少年相關法令，為兒童少年提供更周全的保護。

　　新加坡的兒童及少年福利內容包括如下：

一、保險

　　公基金：個人公積金帳戶分為三個部分，分別為普通帳戶（ordinary account）、保健帳戶（medisave account）和特別帳戶（special account）。普通帳戶可用來支付教育費，而保健帳戶的存款則可以用來支付前三名子女的分娩費用。

二、津貼

1.生育給付（Maternity Benefits）：只要子女出生時是新加坡公民，且有半年以上工作資歷的女性勞工，前四名子女都能享有產前4週與產後8週的生育假，如果與資方取得協議，亦可再延長4週；至於在資方部分，除了需支付全薪外，也包括產後8週基本的生育假津貼，如

142

果是合乎「兒童發展共同儲金法案」（Children Development Co-Savings Act）的女性勞工，則可以享有全部12週的生育假津貼；胎兒死產者，僱主亦須提供生育假，墮胎與流產者須請病假。

2.兒童保育補貼：家長將子女送到政府核可的托兒中心，全日托育者給予150新幣的補助，半日托育者給予75新幣的補助。

三、救助

兒童照顧補助（Child Care Subsidies）：只要是針對7歲以下兒童之低收入家庭（每週的家戶收入不得超過1,500新幣）所提供的兒童照顧補助，藉此讓母親得以投入職場，尤其是弱勢家庭；至於，補助的金額每人每月從100新幣到250新幣不等，並且可以持續6至12週，並且也擴及到學齡前托育服務之入學註冊與制服等費用補助。另外，小孩在12歲以下並且是委託給祖父母照顧的職業婦女，則可享有3,000新幣的稅額扣抵。

四、福利服務

1.學前教育（early childhood education）：學前教育是鎖定在零至6歲的幼兒，據以設計出兒童照顧中心（child care center）與學齡前學校（preschool）兩種不同的制度設計，這其中，兒童照顧中心的主管機關是「社區發展、少年與運動部」（The Ministry of Community Development, Youth and Sports, MCYS），係以出生2週至6歲的幼兒為主；學齡前學校則是由教育部（Ministry of Education, MOE）所贊助設置，集中在4至6歲年齡層的幼兒，不過，這兩個不同型態的單位組織都是由個人、社區、非政府組織或民間業者自行來管理、運作。

2.兒童照顧中心：從早上七點到晚上七點，以提供全天或半天的幼兒照顧服務，必要時也會配合父母的勞動型態，設計出多樣的服務方案，同時也有針對4至6歲幼兒而來的才藝課程，不過，這方面的教育課程並不歸屬於教育當局主管；除此之外，兒童照顧費用也享有

143

政府的補助（每週全天與半天的照顧服務各補助150新幣與75新幣），非政府組織也有對貧窮幼兒提供更多的經費補助。

第九節　香港的兒童福利

　　香港政府雖然有長遠管制的企圖，但是在民生政策上卻甚少有長遠的規劃，更不會透過社會福利達到宏遠的社會理想或藍圖。在一九五〇及一九六〇年代，香港的福利是以發乾糧及熱食的實物救濟為主，由志願機構負責，到了一九六五年，香港政府才發表了第一部社會福利白皮書，但是，這部白皮書是在解釋為何香港無法全面推行福利服務的原因。一直到一九七三年的社會福利白皮書，才開始重視社會福利是現代社會不可缺少的機制，並非只是單純的救濟措施；該白皮書中，強調志願機構的重要性：(1)與政府有互相激勵的作用；(2)倡導社會福利；(3)志工的運用；(4)提升社會服務的效率，強調政府與志願機構合作。

　　香港的兒童及少年福利內容：

一、保險

　　綜合社會保障援助計劃：家中有超過兩名兒童的家庭，每名兒童補助1,665港幣；有三名兒童的家庭，每名兒童補助1,495港幣；有四名或以上兒童的家庭，每名兒童補助1,330港幣。

二、救助

　　單親補助金：單親家庭每個月可獲發單親家庭補助金。

三、福利服務

1. **領養服務**：為父母雙亡、被遺棄及非婚生而婦女未能撫養的兒童尋找適合及永久的家庭，協助進行領養。

2. **兒童住宿照顧服務**：對象為21歲以下暫時未能得到適當照顧的兒童及青少年，提供住宿照顧，分為院舍及分院舍服務。

3. **寄養服務**：對象為18歲缺乏家人照顧的兒童，提供家庭式照顧服務，使其可以繼續在家庭生活，直到可以與家人團聚、入住領養家庭或可獨立生活。

4. **日間照顧服務**

5. **幼兒服務**：為支持和鞏固家庭及促進3歲以下幼兒的體能、智能、語言、社交及情緒的發展，提供全日幼兒照顧服務、暫托幼兒服務、延長時間服務。

6. **殘疾兒童服務**：為學前殘疾兒童提供早期教育及訓練中心，由各特殊幼兒中心加強自閉症兒童的訓練課程，臨床心理學家提供輔導。此外也為需要住宿照顧的學齡弱智兒童提供服務。

7. **中心服務**

   (1)兒童及青年中心：服務對象為6至24歲，鼓勵參加有意義的活動，協助自行組織小組，使其投入社會，藉以促進兒童及青少年的個人發展。

   (2)綜合青少年服務：為身處不利環境的兒童及青少年提供的支援服務、社群化服務及培養社會責任和能力發展。

8. **學校社會工作服務**：幫助在學業、社交和情緒發展上有困難的學生，協助解決問題，使其能夠把握學習機會、發展潛能。

9. **邊緣青少年服務**

   (1)地區青少年外展社會工作服務：主動接觸那些通常不太參與傳統社交或青少年活動，並且容易受不良影響的青少年，提供輔導和指引。

   (2)社區支援服務計畫：接受警司警誡（類似於轉向制度）的兒童及

青少年提供支援服務，協助他們重新投入學校或工作，及減低再觸犯法律的機會。

(3)朋輩輔導員計畫（同僑輔導員計畫）：協助中學離校的邊緣青少年面對未來生涯的抉擇。

10.違法者服務

(1)社會支援服務計畫：針對25歲青少年違法者（接受感化令、社會服務令者）提供小組輔導及訓練活動，協助其重返正途。

(2)感化／住宿院舍：爲行爲上有適應問題的兒童、青少年以及青少年違法者提供住院訓練服務。

第十節　我國的兒童福利

一、影響兒童福利發展之歷史沿革

我國兒童福利的思潮，比世界各國更早，早在距今三千多年前即已啓蒙，並漸進貫徹於歷代施政中，但因缺乏規劃及系統，尤其缺乏法制，所以無法建立體制。我國在「易經」即以「蒙以養正」，揭櫫了育幼思想。孔子（西元前五五一至四七九）於「禮運大同篇」的「幼有所長」，揭示了「幼吾幼以及人之幼」之博愛情懷。「周禮司徒篇」將「慈幼」列入保息六政之首。春秋戰國之「管子入國篇」標舉「慈幼」及「恤孤」爲入國九要之二。越王勾踐（西元前四九四）更以具體之生育補助方式普及施於父母。漢高祖（西元前二〇〇年）以家庭補助方式實施於育有子女之家庭。南北朝北魏文帝（西元五三五年）明令保護兒童不得任意販賣。唐文宗（西元八二七年）以替代性方式將孤兒交給近親收養，朝廷給糧兩個月。

宋朝對兒童救濟工作更不遺餘力，更將兒童福利理念具現化。宋朝所作之措施仿若現今之兒童收容安置、家庭補助、急難救助等兒童福利服務。其對棄嬰孤兒方面的安置服務，像是慈幼局之類設置辦法的縝密周

全，也儼然有如現代育幼院經營規模；連帶地，對於孤貧的兒童，政府也考慮給予受教的就學機會（王順民，2004）。

清代據「大清會典」所記載保息之政有十項，其中一項之「養幼孤」即為現今之兒童福利之事務（郭靜晃等，1997）。清代地方性質的慈善組織亦繼承著明末的救濟傳統藉以推動，包括：育嬰堂、普濟堂、施棺善所等等以濟貧為前提的民間志願福利。以收養照顧棄兒的育嬰堂為例，不僅只是短暫的救濟，並且形成一套縝密的育嬰網絡，而是長期性的策劃為目標，同時也由於善堂收入的正規化，也使得育嬰堂成為清朝時期民間慈善機構制度化發展的一個重要實例，並且大幅度領先同一時期歐洲的棄嬰救濟制度（參見**表**4-7）（梁其姿，1997）。

總之，東方的中國社會大致上所呈顯出來的是早熟的福利思想但卻是未臻成熟的福利作為，發展的軌跡包括從殷商時期（1751BC）開始長達將近三千年偏屬於臨時搶救性質的「兒福理念化階段」，演變至兩宋時期（960AD）的「兒童具現化階段」，以迄於明清時期（1368AD）以民間私部門為主的「兒童自力救濟階段」；連帶地，對於孤苦無依幼童的保護措施主要也是依循著道德意識形態之文化決定論的思考邏輯。除此之外，相關聯的各項濟助施為也隱含著政治經濟的結構性考量（the politics of charitable practices），而這多少也凸顯出慈善組織的育幼服務在整個中國皇朝帝國侍從福利體制裡的殘補與邊緣性格（王順民，2004）。

民國建立之後，兒童福利機構相繼成立，兒童福利行政的雛形遂逐漸形成，從召開全國兒童福利會議、頒布兒童福利之行政法規到建立我國兒童福利制度。政府撤退來台後，從頒布兒童福利法，到合併成為兒童少年福利法，經四次的修訂，大致可分為四個發展階段，茲分述如下：

(一)兒童福利的倡導期（民初～抗戰時期～遷台）

民國建立，中華民國也深受西方先進國家思潮及資訊交流，及一九○九年第一次白宮兒童會議及後續所發表之兒童權利宣言，國人逐漸注意兒童福利工作，及經由熱心公益人士倡議，我國兒童福利工作隨即展開。

一九一七年，熊希齡等人創造「慈幼局」，收容因水災而無家可歸之兒童，一九二○年改名為「北平香山慈幼院」。一九二三年北平私立燕京大學

表4-7　清朝保嬰措施對照表

名詞稱謂	育嬰堂	保嬰會
運作年代	十七世紀中葉	十九世紀中葉
運作性質	半官方性質	民間性質
運作單位	棄嬰個人	棄嬰及其貧困家庭
運作型態	院內收容、集中化	院外救濟、分散式
運作方式	1.以會員的捐銀雇請乳婦，育養棄嬰，以三年為期，到時招人領養。 2.規範乳母的行為，要求乳母住進堂內，而且乳婦之夫不准入住，同時一婦只育一嬰，以保證嬰孩可以得到足夠的乳汁，而一般乳育三年始斷乳。 3.乳婦不得擅自出堂，並且定期檢查嬰孩健康，如有疏忽而使嬰兒衰弱，乳婦會受罰甚至被逐出。 4.規條中註明安排棄嬰的出路。	1.給予有新生嬰兒的窮苦之家每月一斗米及錢二百丈，為期五個月，五個月後如果還是無法撫養嬰兒，便安排送至育嬰堂收容。 2.新生嬰兒如果是遺腹子，除了酌增每月的補助外，受濟的期限會增至到四年，如果母親產後身故，則又會額外給予每月五百錢的乳哺銀補助。 3.備有常見的兒科藥，並且為幼兒接種疫苗。 4.重視嬰孩的教育與職訓。
運作經費	地方紳矜捐贈	地方紳士捐贈
運作特色	官方認可、民辦官督 官民合資、財務正規化 建立管理制度	補充育嬰堂的不足、就地取材利用當地資源、強化社區居民認同、嬰兒存活率較大、按個別家庭需求提供補助
運作後果	官僚化、管理不善	劃分值得救濟與否、影響範圍較小

資料來源：梁其姿，《施善與教化：明清的慈善組織》（台北：聯經出版事業公司，1997）。

社會系首開兒童福利課程，一九二八年社會開始重視婦嬰保健工作，進而成立「中華慈幼協會」在各地推展兒童福利工作。一九三四年及一九三六年分別舉行有關兒童福利之全國性會議。一九三八年提倡新生活運動促進總會婦女指導委員會在蔣主席夫人指導下，設立「戰時兒童保育會」，從事戰區難童的急救及教育工作（林勝義，1986）。

　　一九三八年行政院中央賑濟委員會在各戰區搶救難民與難童，亦分別在後方及安全地帶設置兒童教養院所。一九四○年五月，中央政府增設社會部，之後，各省在一九四二年間先後設置社會處，自此之後，我國兒童福利工作有了政府專門單位負責策畫與推展，兒童福利工作也因此受行政體系的監督。在此期間，中國正處於抗戰期間，社會行政部門一方面不僅

致力於戰禍難童之救濟工作，另一方面訓練兒童福利人才，建立兒童福利制度，推展社區兒童服務，我國也在此期間先後頒布保護童嬰運動辦法要點、獎懲育嬰育幼事業暫行辦法、育幼院設置辦法與組織章程、普設工廠托兒所辦法、兒童營養標準、兒童教養機關標準、兒童福利工作競賽辦法等，使兒童福利行政之推展有所依循（林勝義，1986）。除此之外，於一九四一年、一九四四年及一九四六年先後召開全國性的兒童福利會議，對我國兒童福利政策的制定及實際工作和推展很有助益。

(二)兒童福利體制的新興期（政府遷台～一九七三年兒童福利法公布前）

　　一九四九年，因內戰，政府南遷廣州並精簡行政組織及人員，將原社會部併入內政部社會局，繼續辦理社會福利行政及其他相關事宜。除此之外，光復初期也陸續制定育幼院服務機構教養之相關法規，例如，「台灣省立救濟院組織規程」、「台灣省育幼院組織規程」、「台灣省育幼院兒童入院出院辦法」，以及「台灣省救濟育幼院所家庭補助辦法」等以作為遷台之後政府實施社會救濟之法源依據（孫健忠，1995）。

　　一九五五年，為因應農忙季節農家婦女需參與協助農作而無法妥善照顧學齡前的幼兒，省政府社會處配合農林、財政及農會等相關單位，研擬籌辦「農忙托兒所推行辦法」，於鄉鎮設立農忙托兒所。其後，由於農村婦女於農閒季節亦忙於農村家庭副業，於是農忙托兒所更名為長期的農村托兒所。

　　一九五九年，內政部修正托兒所設置辦法，將收托對象從滿月到6歲，分為托嬰及托兒所，收托方式分為全日托、日托及半日托三種。一九六二年，聯合國兒童福利基金會（UNICEF）援助我國兒童之社會服務工作，除撥款支援台灣的農忙及農村托兒所外，並支援在彰化設立「台灣省兒童福利工作人員研習中心」（現已撤至南投縣草屯鎮）（劉修如，1965）。一九六五年頒布「民生主義現階段社會政策」，工作重點包括改善公私立救濟設施、擴展院外救濟，以及救濟貧苦老幼人民維持最低生活水平的政策目標，將部分地價稅和土地增值稅充當社會福利基金的使用（林勝義，1986）。一九七○年，政府為貫徹UNICEF資助在台實施之19項計畫，並研

討有關兒童少年發展計畫方案,並加強聯繫配合、規劃人力資源、促進國家建設,乃邀請衛生、教育、福利、司法各部門主管之相關學者、專家及機構負責人共160人,召開「全國兒童少年發展研討會」,會議中除研訂「中華民國兒童少年發展方案綱要」,並組成「中華民國兒童少年發展策進委員會」,對我國兒童福利政策之推動,頗具引導性的貢獻。

(三)兒童福利的拓展期(一九七三～一九九三年兒童福利法第一次修正前)

　　一九七二年,我國退出聯合國,也失去了聯合國兒童基金會對我國的援助。一九七三年二月為因應聯合國兒童基金會對我國兒童福利事務的贊助及支援,通過「兒童福利法」,並於同年七月頒布「兒童福利法施行細則」,從此我國兒童福利工作有了立法依據,也使得我國兒童福利能依法行政,將兒童福利工作推展至另一個新紀元。

　　然而,張笠雲(1983)質疑一九七三年所制定的「兒童福利法」是在國際政治壓力下來制定完成的,不是本諸兒童需求加以制定,就法令文五章三十條之內容除了對兒童最佳利益之宣誓外,也規定三級政府之責任,強調所有兒童的普通照顧,但因缺乏專業的人力及相關子法的配合,對於兒童福利服務之效果雖有限,但具有擴展兒童福利服務之積極性。

　　自一九七三年兒童福利法頒布,有了母法依據外,行政機關依實際業務需要,紛紛訂頒子法,擴展了兒童福利法之執行,假如,在一九七五年及一九七九年分別在台北召開「第一次全國兒童福利業務研討會」及「第二次全國兒童福利研討會」,一九八三年內政部函頒「托兒所工作人員訓練實施要點」及「托兒所工作人員訓練課程」,同年內政部又發布「兒童寄養辦法」,一九八四年,頒布「加強兒童青少年福利服務實施要點」,同年十二月也制頒「特殊教育法」,一九八六年四月及五月分別在台北、台中、高雄召開「第三次全國兒童福利與專業人員研討會」,一九八九年制定「少年福利法」,同年,各縣市也紛紛設置兒童保護專線,提供兒童保護諮詢與服務,日後也設立全國熱線服務080-422-110(現在已納入家庭暴力113專線)及失蹤兒童少年協尋專線080-049-880。

(四)兒童福利之建制期（一九九三年兒童福利法第一次修正～迄今）

　　自一九七三年兒童福利法頒布，歷經二十年，台灣社會在社會變遷下──小家庭增加、兒童受虐事件頻傳、兒童人口失蹤等，於一九九三年第一次修正兒童福利法，將修文增加至五十四條，此修正本著「關愛為先，保護為要」，將兒童福利法能更呼應當時之社會背景，也使兒童福利政策能根植於親情，補足於社區，落實於社會。一九九四年五月，為了配合兒童福利法新增條文內容之實施，也同時修正「兒童福利法施行細則」。一九九五年制定「兒童福利專業人員資格要點」，一九九七年公布「兒童福利專業人員之訓練實施方案」，一九九八年六月制定「家庭暴力防治法」，隔年一九九九年公布「家庭暴力防治法施行細則」。一九九九年四月，「兒童福利法」第二次修正，七月十四日內政部公布實施「兒童局組織條例」，同年十一月二十日兒童局正式成立，局址設立於台中市黎明路，成為兒童福利之專責行政單位。二〇〇〇年六月十四日，「兒童福利法」第三次修正及修正兒童福利專業人員訓練實施方案；二〇〇二年「兒童福利法」第四次修正，並於二〇〇三年五月兒童福利法與少年福利法合併為「兒童少年福利法」。二〇〇四年十二月完成兒童及少年福利機構設置標準；二〇〇七年七月制訂兒童及少年性交易條例；二〇〇八年五月兒童及少年福利法第一次修正（第30條及58條）；二〇〇八年八月兒童及少年福利法第二次修正（第20條）；二〇〇九年公布兒童及少年機構專業人員資格及訓練辦法；二〇〇九年六至七月兒童及少年福利法第三次修正。

　　綜觀自國民政府一九四九年遷台以來五十多年的變遷與發展，固然在不同時空脈絡及社會發展之變遷環境下，台灣從原先救濟為主之育幼院→解決農忙托兒→都會地區之托育服務→兒童福利立法→兒童保護→兒童安全→兒童福利專業化→兒童福利專責行政單位等發展軌跡，也使得我國兒童福利從殘補式走向預防式及主導式的發展及服務。

二、兒童福利體制

　　我國兒童福利之體制於一九七三年頒布「兒童福利法」以來，政府有

了行政建制，並依法規劃兒童福利服務事項，並制定兒童福利專業人員資格要點及訓練辦法，從此我國兒童福利有了專業的體制。

自兒童福利母法訂頒以來，政府也相繼公布有關子法，以便兒童福利業務之推展。有關我國兒童福利相關法令及相關內容請參考**表**4-8，其他各國法規資源可參考**專欄**4-1。

表4-8　我國兒童福利相關法令之年鑑

法令與內容 福利發展階段與年代		法令名稱	內容
萌芽期	易經	學以養正	育幼思想
	禮運 （約西元前500年）	大同篇	幼有所長及幼吾幼以及人之幼
	周禮	司徒篇	慈幼
	春秋戰國	管子入國篇	慈幼及恤孤
	越王勾踐 （西元前494年）		普及性生育補助
	漢高祖 （西元前200年）		家庭補助
	南北朝之魏文帝 （西元535年）		兒童保護
	唐文宗 （西元827年）		親戚收養
	宋朝		兒童收容安置、家庭補助、急難救助、兒童教育
	清朝	大清會典	養幼孤
倡導期	1917年	慈幼局	收容因水災而無家可歸之兒童
	1920年	將慈幼局改名為北平香山慈幼院	同上
	1923年	北京燕京大學社會系	首開兒童福利課程
	1928年	中華慈幼協會	推展婦嬰保健
	1934年		第一次全國兒童福利會議
	1936年		第二次全國兒童福利會議
	1938年	戰時兒童保育會	戰區兒童之急救與教育
	1938年	兒童教養院	收容戰區之難民與兒童
	1940年	中央增設社會部	社會福利之最高行政機關
	1942年	各省設置社會處 頒布保護童嬰運動辦法要點 獎懲育嬰育幼事業暫行辦法	各省之最高社會福利機關

（續）表4-8　我國兒童福利相關法令之年鑑

福利發展階段與年代 \ 法令與內容		法令名稱	內容
倡導期	1942年	育幼院設置辦法與組織章程 普設工廠托兒所辦法 兒童營養標準 兒童教養機關標準 兒童福利工作競賽辦法等法令	
新興期	1949年	台灣省立救濟院組織規程 台灣省救濟育幼院所家庭補助辦法 台灣省育幼院兒童入出院辦法 台灣省育幼院組織規程	社會救濟之法源依據
	1955年	農忙托兒所推行辦法	為農村兒童辦理托育服務
	1959年	托兒所設置辦法	收托對象普及至6歲以下之幼兒
	1962年	設立台灣省兒童福利工作人員研習中心	提供兒童福利工作人員專業之訓練
	1965年	民主主義現階段社會政策	改善公私立救濟設施 擴展院外救濟 救濟貧苦老幼人民維持最低生活水平 將部分地價稅和土地增值稅充當社會福利基金
	1970年	全國兒童青少年發展研討會	研討會分衛生保健、教育訓練、社會福利及司法保護4組，並通過「中華民國兒童青少年發展綱要」，組成「中華民國兒童少年發展策進委員會」
擴展期	1973年	頒布兒童福利法及兒童福利法施行細則	共有5章30條條文
	1975年	全國兒童福利業務研討會	
	1979年	全國兒童福利研討會	
	1981年	兒童福利業務人員研究中心擴充為社會福利人員研習中心	
	1983年	托兒所工作人員訓練實施要點 托兒所工作人員訓練課程 兒童寄養辦法	全文15條條文
	1984年	加強兒童青少年福利服務實施要點 特殊教育法	
	1986年	全國兒童福利專業人員研討會（於台北、台中、高雄三地分別舉行）	

（續）表4-8　我國兒童福利相關法令之年鑑

福利發展階段與年代 \ 法令與內容	法令名稱	內容
拓展期 1989年	少年福利法制頒 各縣（市）設置兒童保護專線 失蹤兒童少年協尋專線	 080-422-110，後來配合家暴專線改為080-422-113 080-049-880
1993年	兒童福利法第一次修訂	共有6章，54條條文 重視家庭責任 從消極性的兒童保護到積極性的兒童扶助
1994年	兒童福利法施行細則修訂	
1995年	頒布兒童福利專業人員資格要點	專業人員分為保育人員（及助理保育人員）、社工人員、保母人員、主管人員
1997年	頒布兒童福利專業人員訓練實施方案	
1998年6月	制定家庭暴力防治法	
1999年	家庭暴力防治法施行細則	
1999年4月	兒童福利法第二次修正	
1999年7月	兒童局組織條例	
1999年11月	兒童局成立於台中	
建制期 2000年	兒童福利法第三次修正	
2002年	兒童福利法第四次修正	
2003年	兒童及少年福利合併並頒布兒童少年福利法	共有7章，75條條文
2004年	兒童及少年福利機構設置標準 兒童及少年福利機構專業人員資格要點修訂	 專業人員為保母人員、教保人員（及助理教保人員）、社工人員、保育人員、生活輔導人員、心理輔導人員、早期療育人員及機構主管人員
2007年	兒童及少年性交易條例	
2008年5月	兒童及少年福利法第一次修正	
2008年8月	兒童及少年福利法第二次修正	
2009年	兒童及少年福利機構專業人員資格及訓練實施計畫 兒童及少年福利專業人員訓練實施計畫修訂	

資料來源：作者整理。

　　我國兒童福利行政也在兒童福利法頒布之後，有了依據，在中央爲內政部（在一九九九年之後改爲兒童局爲專責單位），直轄市爲社會局，縣（市）政府爲社會局（課）。（有關兒童福利行政請參考第七章）

 4-1　各國法規資源

一、中文法規

〈台灣〉

1.總統府公報／總統府第二局編印

〈兒童及少年福利法〉

(1)第6526號（92.05.28）　頁45-66
　　刊載92年制定全文條文內容

〈兒童福利法〉

(1)第2532號（62.02.09）　頁01-03
　　刊載62年制定全文條文內容

(2)第5676號（82.02.05）　頁13-20
　　刊載82年修正全文條文內容

(3)第6270號（88.04.21）　頁12-13
　　刊載88年修正第26條條文內容

(4)第6344號（89.06.14）　頁12-15
　　刊載89年修正部分條文內容

(5)第6469號（91.06.26）　頁02-03
　　刊載91年修正第17條及第25條條文內容

〈少年福利法〉

(1)第5040號（78.01.23）　頁03-06
　　刊載78年制定全文條文內容

(2)第6344號（89.06.14）　頁10-11
　　內容刊載89年修正部分條文內容

(3)第6469號（91.06.26）　頁04-06
　　刊載91年修正部分條文內容
　　（非常適用）

2.立法專刊／立法院議事處編印

〈兒童及少年福利法〉

(1)第105輯（92.09）　頁106-128

刊載92年修正全文條文內容

〈兒童福利法〉

(1)第44輯（62.02.10）　頁09-14

刊載62年制定全文條文內容

(2)第84輯（82.02.01）　頁51-66

刊載82年修正全文條文內容

(3)第97輯（88.09.01）　頁17-18

刊載88年修正第26條條文內容

(4)第99輯（89.09.01）　頁30-36

刊載89年修正部分條文內容

(5)第103輯（91.09）　頁61-62

刊載91年修正第17條及第25條條文內容

〈少年福利法〉

(1)第76輯（78.02.10）　頁04-09

刊載78年制定全文條文內容

(2)第99輯（89.09.01）　頁22-23

刊載89年修正部分條文內容

(3)第103輯（91.09）　頁65-68

刊載91年修正部分條文內容

（非常適用）

二、外文法規

〈日本〉

1.現行法規總覽／參議院法制局、眾議院法制局編──東京：第一法規出版株

式會社，2003

查尋款目：

兒童福祉法

（26）（Ⅰ）卷頁821～859-17

R/583.31/6073 V26（相關可備參考）

2.兒童福祉六法／厚生省兒童家庭局編集── 東京：中央法規出版株式會社，

　1991

　R/583.13023/7292（相關可備參考）

〈英國〉

1.Halsbury's Statutes of England and Wales.－4thed.－London: Butterworths,

　1998

　(1)Children and Young Persons Act 1933

　(2)Children and Young Persons（Harmful Publications）Act 1955

　(3)Children and Young Persons Act 1963

　(4)Children and Young Persons Act 1969

　(5)Children Act 1972

　(6)Child Abduction Act 1984

　(7)Child Abduction and Custody Act 1985

　(8)Children Act 1989

　(9)Child Support Act 1991

　(10)Children and Young Persons（Protection from Tobacco）Act 1991

　(11)Child Support Act 1995

　(12)Children（Scotland）Act 1995

　(13)Child Support, Pensions and Social Security Act 2000

　R348.42022/H196（相關可備參考）

〈美國〉

1.United States Code Annotated: 1998 general index.－St. Paul, 1998.

　(1)Child Support Enforcement Act of 1935

　(2)Economic Opportunity Act 1964

　(3)Child Protection Act of 1966

　(4)Child Nutrition Act of 1966

　(5)Child Health Act of 1967

　(6)Child Nutrition Amendments of 1978

　(7)Child Abuse Prevention and Treatment and Adoption Reform Act of 1978

　(8)Adoption Assistance and Child Welfare Act of 1980

　(9)Child Protection Act of 1984

　(10)Child Abuse Amendments of 1984

兒童福利

(11)Child Support Enforcement Amendments of 1984

(12)Family Violence Prevention and Services Act 1984

(13)Child Development Associate Scholarship Assistance Act of 1985

(14)Children's Justice Act 1986

(15)Child Abuse Victims' Rights Act of 1986

(16)Child Sexual Abuse and Pornography Act of 1986

(17)Child Nutrition Amendments of 1986

(18)Children's Justice and Assistance Act of 1986

(19)Family Support Act of 1988

(20)Child Protection and Obscenity Enforcement Act of 1988

(21)Child Abuse Prevention, Adoption and Family Services Act of 1988

(22)Child With Disabilities Temporary Care Reauthorization Act of 1989

(23)Deficit Reduction Act 1990

(24)Child Care and Development Block Grant Act of 1990

(25)Child Protection Restoration and Penalties Enhancement act of 1990

(26)Children's Television Act of 1990

(27)Children's Nutrition Assistance Act of 1992

(28)Child Abuse, Domestic Violence, Adoption and Family Services Act of 1992

(29)Child Nutrition Amendments of 1992

(30)National Child Protection Act of 1993

(31)Family and Medical Leave Act 1993

(32)School-to-work Opportunities Act of 1994

(33)Improving America's Schools Act of 1994

(34)Child Safety Protection Act of 1994

(35)Children's Bicycle Helmet Safety Act of 1994

(36)Child Care and Development Block Grant Act of 1996

(37)Child Pornography Prevention Act of 1996

(38)Child Abuse Prevention and Treatment Act Amendments of 1996

(39)Child Abuse Prevention, Adoption and Family Services Act of 1996

(40)Adoption and Safe Families Act of 1997

(41)Children's Health Act of 2000

(42)No Child Left Behind Act of 2001

R348.73023/U58（相關可備參考）

〈德國〉

1.（Sozialgesetzbuch Achtes Buch （SGB VIII） Kinder-und Jugendhilfe）

　社會法典第八冊－兒童及青少年扶助

　公布：1990.06.26（BGBl.IS.1163）

　修正：1996.03.15（BGB1.IS.477）

　　　　1998.05.29（BGBl.IS.1188）

　http://www.datenschutz-berlin.de/recht/de/rv/ges_soz/sgb08_1.htm（相關可
備參考）

〈俄羅斯〉

1．Об осиовиых гараитиях прав ребёика в Российской Федерации

　俄羅斯聯邦未成年者權利之基本保障法

　公布：1998.07.24

　修正：2000.07.20

　http://www.mshr.ru/docs/rebpzak.htm

　（相關可備參考）

〈西班牙〉

1.Ley Orgánica de Protección Juridica del Menor, de modificación del Código
　Civil y de la Ley de Enjuiciamiento Civil

　未成年人司法保護暨民法及民事審判法修正組織法

　公布：1996.1.15

　http://noticias.juridicas.com/base_datos/privad o/lol-1996.html（相關可備參
考）

〈墨西哥〉

1.Ley para la Protección de los Derechos de Niñas, Niños y Adolescentes

　兒童及少年權利保護法

　公布：2000.5.29

　http://www.cddhcu.gob.mx/leyinfo/pdf/185.pdf（相關可備參考）

資料來源：兒童及少法福利法，《法規資源引介》，66，1-13，立法院國會圖
　　　　　書館編印。

本章小結

　　本章介紹美國、英國、日本、瑞典、德國、澳洲、韓國、新加坡、香港及我國之兒童福利發展現況，世界各國政府對於兒童福利政策制定及預算規劃等問題，無不竭盡所能，更結合各種資源及力量，以發揮最大之效用，進而提升兒童之福利及教育品質，讓下一代能夠獲得最好的照顧。綜觀世界先進各國有關兒童福利之發展，都是歷經了「慈善事業」→「立法」→「建立行政體系」→「有組織的服務」→「專業化」的發展軌跡，台灣也不例外。

　　無論如何轉變，其最終之目的是希望兒童的權益能受到最大的保障，在健全的政策及專業體制下，兒童福利的推動才得以順利進行，希望從其他先進國家之兒童福利服務政策內涵中，擷取其菁華，供作國內制定相關政策時的參考。

參考書目

一、中文部分

王順民（2004）。《兒童福利服務的新思維——育幼院機構照顧服務的困境、轉折與希望》。大國文化大學社會福利學系：二十一世紀福利國家社會安全議題研討會。2004年4月21日，台北陽明山華岡。

立法院。兒童及少年福利法，《法規資源引介》，66，1-13。立法院國會圖書館編印。

江亮演、洪德旋、林顯宗、孫碧霞（1996）。《社會福利與行政》。台北：國立空中大學。

李淑娟（2000）。各國兒童福利的發展。輯於馮燕等著，《兒童福利》。台北：國立空中大學。

李瑞金（1997）。英國兒童福利簡介。輯於周震歐（主編），《兒童福利》（修訂版）。台北：巨流圖書公司。

李鍾元（1981）。《兒童福利》。台北：金鼎圖書公司。

林勝義（1986）。《兒童福利行政》。台北：五南圖書公司。

林勝義（2002）。《兒童福利》。台北：五南圖書公司。

孫健忠（1995）。《台灣地區社會救助政策發展之研究》。台北：時英出版社。

徐錦鋒（1984）。《兒童福利法之比較研究》。中國文化大學兒童福利研究所碩士論文。

張笠雲（1983）。《我國殘障福利法與社會救助法執行之規劃與成效評估之研究》。行政院研考會專案研究。

梁其姿（1997）。《施善與教化：明清的慈善組織》。台北：聯經出版事業公司。

郭美滿（1997）。寄養服務。輯於周震歐（主編），《兒童福利》（修訂版）。台北：巨流圖書公司。

郭靜晃等（1997）。各國兒童福利簡介。輯於周震歐（主編），《兒童福利》（修訂版）。台北：巨流圖書公司。

馮燕（1998）。我國中央兒童局的功能與意義。《社區發展季刊》，81，29-47。

馮燕（1999）。新世紀的兒童福利的願景與新作法。《社區發展季刊》，90，63-71。

馮燕、李淑娟、劉秀娟、謝友文、彭淑華（2000）。《兒童福利》。台北：國立空中大學。

曾華源、郭靜晃（1999）。《少年福利》。台北：亞太圖書公司。

葉肅科（1998）。澳洲兒童福利新趨勢。《社區發展季刊》，81，234-249。

劉修如（1965）。《社會福利行政》。台北：國立編譯館。

鄭淑燕（1986）。日本兒童福利行政組織。《社區發展季刊》，36，54-57。

謝依容（1990）。《兒童福利概論》。台北：啓英文化。

蔡文輝（1995）。美國一般家庭之福利服務。《二十一世紀兒童福利政策》（頁279-306）。台中：中華兒童福利基金會。

二、英文部分

Ambrosino, R., Ambrosino, R., Emeritns, J. H., & Emeritns, G. S. (2008). *Social work and social welfare: An introduction* (6th ed.). New York: Thomson, Brooks/Cole.

Buehler, C., & Gerard, J. M. (1995). *Divorce law in the United States: A focus on Child custody,* 44 Fam. Rel. 439.

Jacquerline, R. D. (1994). The best interest principle in French Law and practice. In P. Alston (ed.), *The best interest of the child–Reconciling culture and human rights*. UNICEF, Clarenden Press.

Kadushin, A., & Martin, J. A. (1988). *Child welfare service* (4th ed.). New York: McMillan.

Mather, J. H. & Lager , P. B. (2000). *Child welfare: A unifying model of practice*. New York: Brooks/Cole, Thomson Learning.

Pecora, P. J., Whittaker, J. K & Maluccio, A. N. (1992). *The child welfare challenge: Policy, practice, and research*. New York: Aldine De Gruyter.

Today's Korea (2008). Childcare allowance to be introduced in 2010 to boost birth rate. in Korea.net. Retrieved Jul. 20, 2008. from the world wide web: http://www.korea.net/news/news/newsview.asp?Serial_no:20060607023.

第二篇
制度篇

Chapter5

第 五 章

兒童福利之政策

第一節　緣起：打造一個兒童天堂

　　兒童福利已不再是單純的人道主義問題，至少目前世界潮流對兒童福利努力的目標，不再是消極地針對特別需要救濟和保護的不幸兒童，而是更進一步地積極針對每位兒童權益的保護，包括：兒童托育、教育、衛生及社會各方面的福利事業，甚至也是一個當作一個國家之文明的重要指標。所以說來，兒童福祉與兒童照顧攸關國家的永續發展。許多先進國家，如美國、加拿大、英國、紐西蘭等國家開始提撥大筆預算，一方面減輕家庭照顧幼兒的負擔，一方面提供最好的支持育兒措施與照顧方案，讓國家的新巨輪能在最關鍵的時刻獲得最好的照顧。投資兒童就是投資未來，今日不做，明日就會後悔，為了培養下一世紀優質的人口，規劃整體的兒童照顧政策與服務方案有其必要性（天下雜誌，1999；郭靜晃，1999）。兒童福利政策可以說是運用一切有效之社會資源，滿足兒童時期生理、心理、社會環境之特殊需求，促使兒童得以充分發揮其潛能，達成均衡且健全發展之目的的計畫與方案。

　　近年來，我國由於經濟與社會發展快速，國民所得已超過一萬二千美元，並且政治結構也日趨民主化，然社會的長期成長卻未能同步跟進，導致家庭和社會不論在結構層面、功能內涵均起了相當的變化（郭靜晃，1999）。這些轉變造成家庭兒童照顧負擔愈加沉重，婦女轉至就業市場更使照顧的功能遭到嚴重挑戰，因此，台灣有愈來愈多的幼童不再是由母親或家人留在家中照顧，而是接受政府或民間團體所提供的托育服務（余多年，1999）。然而，從傳統的理念而言，除了父母雙亡或是不適任時，母親留在家中照顧幼兒乃是天經地義的事，兒童照顧根本不是問題，也沒有所謂的兒童照顧需求（余多年，1999）。

　　但是，二十世紀之末期，由於社會與經濟發展快速，導致家庭與社會不論在結構層面、功能內涵均起了相當之變化，這些改變，對兒童照顧及福利政策也產生一些轉變方向，茲分述如下：

一、兒童人口減少

二○○二年，12歲以下兒童人口數共計 3,611,832人，至二○○三年減為3,517,927人，至二○○四年減為3,413,894人，至二○○五年的3,294,247人、二○○六年的3,176,997人及至二○○七年的3,058,061人左右；在總人口所占的比例中，則由二○○二年的16.04%下降至二○○三年的15.56%，及二○○四年的15.05%下降至二○○五年的14.47%，及二○○六年的13.88%到二○○七年的13.32%，六年中兒童人口數呈現穩定減少之趨勢，從一九九六年至二○○○年間零至12歲兒童每年平均約減少三萬名兒童，而二○○六年底之兒童相較於二○○七年底減少達118,936人，此乃我國人口結構趨向老化、少子化之社會現象（內政部，2009）。

兒童出生人數雖減少，但由於今日公共衛生及醫藥的進步、有效的避孕方法，使兒童在父母的愛與期望中誕生；因此，今日之兒童較諸以往更加受到家庭與社會之關注。再加上台灣社會已呈現老人化社會，老年人口逐年增加，平均餘命亦增加，未來的人口依賴比率也逐年增加，而未來兒童及少年成年後之負擔比例也將加重，是以社會及政府愈來愈重視兒童福利「質」的提升。

二、家庭結構與功能的改變

家庭是人類生活中最初的社會化團體，雖然家庭在經歷生命週期（life cycle）的不同階段時，會引起結構上的改變，包括：家庭形成（結婚、同居）、家庭擴大（收養、養育子女）及家庭解組（家庭成員離家、離婚）等。除此之外，家庭環境、結構、功能及生存方式等方面的變化往往是家庭因應外在壓力及需求，或自行選擇新生活方式的結果，家庭的任何變動，都將對依附家庭而生長的兒童，產生巨大之影響。

現代社會至少要保存下列五種家庭功能：生育的功能、照顧兒童的功能、提供社會化之教育功能、規範性行為的功能以及提供親情資源之功能（Zastrow, 1994）。然社會變遷也使得美國之家庭產生巨大之變化，如離婚率上升、促使單親家庭增加、家庭之親情功能瓦解、促使兒童受虐或婚暴事

件增多，也使得空殼婚姻（empty shell marriage）增加。

　　台灣根據內政部統計處（1997）編印的《一九九五年台灣地區兒童生活狀況調查報告》指出，我國之家庭結構以核心家庭（占59.79%）為主要之家庭型態。由於家庭組織規模的縮小與社會生活步調的快速，過去傳統農業社會對家庭養兒育女的家庭支持，也在現在社會中逐漸式微。這些社會變遷反映出離婚率上升、單親家庭驟增（在1995年台灣地區兒童生活狀況調查中，約占3.28%），由於漸增的離婚率促使單親家庭數穩定成長，也使兒童面臨生長在單親家庭，單親母親大都需要外出工作（約達90%），以維持家庭經濟收入，這更加顯現兒童照顧的重要性。此外，我國已婚婦女勞動率也有逐年增加的趨勢，其中育有6歲以下子女的婦女勞動參與率則平均在40%以上（行政院主計處，1984～1996），再加上兩性工作不平權，同工不同酬，婦女平均工資為男性的71.6%，這也顯現婦女就業率提增對家庭的經濟貢獻，但也顯現同時家庭需要以家庭為取向之兒童照顧政策來支持他們因家庭與工作所帶來的角色壓力（郭靜晃，1999）。而在一般的家庭，尤其是育有學齡前兒童，他們仍是以「在家由母親帶」的托育方式為最高（占52.06%），且最期待政府辦理「增設各種公立托育機構」（重要度為31.46%）之兒童福利措施（內政部統計處，1997）。至二○○七年底我國共有4,008所托兒所，收托236,460餘名幼兒，加上約有55,679名的專業保母（內政部，2009）。這些轉變皆明白顯示我國現代家庭對兒童照顧需求的殷切，而且政府也積極推展兒童托育服務專業化，以提升托育服務專業素質。

三、經濟成長

　　我國近十年來，國民所得已超過12,000美元，年平均漲幅為9.75%，富裕的經濟生活，使得一般國民希求更精緻的生活品質。此種現象就如同Kadushin 與 Martin（1988）所提及：經濟的高度成長，將促使社會更有能力支持、照顧生理、心智上殘障，以及父母無力養育的兒童。尤其我國社會因應工商發展、社會快速變遷、家庭組織結構的演變、核心家庭及雙薪家庭的形成，衝擊著傳統價值觀與家庭照顧兒童功能，導致兒童被疏忽、

虐待，也使得我國父母需要以兒童福利之服務來支持父母照顧子女及輔導與保護孩子（劉邦富，1999）。

　　因此，較諸以往，兒童權益受到重視，是必然的潮流，政府的責任，便是順應民意的需求，提供適當的服務。我國在一九九三年第一次修訂兒童福利法，修文增加至五十四條，另於一九九九年四月作第二次修正，並於十一月中央成立專責單位——兒童局，各級政府並陸續配合訂頒各項福利措施，以建構國內兒童福利之輸送服務，並以兒童權益、照顧、保護等福利工作為首要任務。

四、社會大衆對兒童福利觀念的轉變

　　由於兩性觀念日趨平權，加上通貨膨脹的壓力，使得婦女投入工作職場，再加上工作機會增加，而且也不需要太多勞力之工作，諸此種種造成家庭角色功能面臨重新調整，養兒育女不再是女性一個人之責任。這也使得原來家庭教養小孩相同之議題一直被定位為私領域（private sphere）的概念，屬於家庭的責任；相對地，男性的角色是公領域（public sphere）的領域，男性主外，在外負責賺取薪資（breadwinners），而女性主內，則是在家中扮演照顧者、支持者的角色（housekeepers）（余多年，1999）。

五、兒童權益擴張，落實國家親權

　　兒童雖是獨立的個體，但因沒有足夠的能力及社會地位，所以導致在社會資源的分配是受到忽視，甚至更定義為「無聲音的群體」（group with no voice）。儘管社會對兒童的觀念及賦予地位不斷地有提升與進步的現象，但相對於成人而言兒童還是不當地被認為是父母的擁有物或私產（馮燕，1999）。另一方面，從兒童利益的觀點，過去由於兒童從被視為是家長的資產，雖然早在二十世紀初期，許多先進國家就開始介入家庭兒童照顧領域，但是政府介入的角度、關懷點是在支持家庭與婦女。雖然一九二四年聯合國發表兒童權利宣言，在一九五九年更有第二次兒童福利宣言，不過，這些議題的定位是僅限於補充家庭功能之不足。反觀於台灣，鑑於舊

有兒童福利法之部分條文內容，難符合社會需求，尤其在保護及處遇方面及兒童福利機構之管理等規定，實有修正及充實之必要。因此，內政部於一九九三年第一次修正通過兒童福利法，其中對於兒童權益及價值觀念轉為更為積極之規範，如將兒童認為是準公共財（quasi-public goods），並以兒童福利法規定國家親職，規定政府對於未受保護及受侵害之兒童可以剝奪父母之監督權，並轉移監護權至國家；並將早期以問題取向，針對特殊需求之兒童提供救助、保護、矯正、輔導及養護等措施，轉至以發展取向為主，針對至一般對象之兒童健全活動所需之服務、福利措施包括：衛生保健、兒童托育教育及司法保護等領域，發展脈絡是由消極扶助到積極關懷，從特殊性到普遍性，從機構收容到以家庭為基礎的服務方案。

此外，鑑於自一九九三年兒童福利法修正，一九八九年少年福利法公布以來，也已歷經十一年或十五年，隨著社會環境與家庭結構的變遷，兒少福利需求日新月異，在輔導工作上也面臨另一新的挑戰。加上兩法除了年齡之差異，在業務上也互有重疊，內政部於一九九八年九月十日邀集中央及省市、縣市機關及民間團體共同會商決議，以「合併修法」為原則，研修兒童少年法。研修內容除了將兒童年齡擴大至18歲，也新增落實保障無國籍之兒童人權，加強各目的事業主管機關之橫向分工，加強原生家庭功能，對兒童個案之保密工作及人權保護、兒童財產信託、媒體分級以保護兒童、增列兒童遊戲場之管理等法規。兒童少年福利法也在眾望殷盼下，於二○○三年五月二十八日經總統令公布。

為了因應社會快速變遷，導致家庭結構的演變，核心及雙薪家庭的形成衝擊著傳統價值觀與家庭照顧幼兒功能，致兒童被疏忽、虐待事件時有所聞，加上兒童福利服務、輔導與保護工作需求日殷，社會大眾期盼中央能有一專責機構以提供多元的、及時的專業服務，此種殷盼也一併在一九九三年的兒童福利法修正條文中明訂（第6條）。長達六年多的期盼中，兒童局終於在聯合國的「兒童權利宣言」公告四十年後的一九九九年十一月二十日「國際兒童人權日」正式掛牌運作。兒童局的成立，除了落實兒童福利法立法精神，對全國兒童而言，更是有了一個中央專責單位，掌管兒童權益，更能有接納無聲音團體（兒童之聲）的功能，這也象徵我國兒童福利工作邁向二十世紀的開端及新紀元，更能展現政府想辦好兒童福利工

作的強烈企圖心，也凸顯政府積極參與兒童福利工作之推展與維護兒童權益的決心（內政部，2000）。

　　所謂「政策」，常會因研究者所研究之對象性質的不同而有見解互異；Harold D. Lasswell及Abraham Kaplan指出：「政策乃係為某項目標、價值與實踐而設計之計畫；政策過程則包括：各種認同、需求和期望之規劃、頒布與執行」（Lasswell & Kaplan, 1950）；David Easton將其界定為：「對整個社會所從事權威性之價值分配」（Easton, 1953）；而T. R. Dye則指出政策乃是：「政府選擇作或不作為的行為」（Dye, 1975）。由此可知，公共政策即政府透過政府機關、團體或個人，從許多可行方案中選優而行，以解決某一項社會問題（郭靜晃等，1995）。

　　在探討社會福利政策時，需求（need）的概念是基本且必要的，事實上，大部分的福利服務方案也正是為了因應需求的不同而被設計與提供的。然而，需求的界定不可避免地會含括到某些的價值判斷與價值選擇，就此而言，社會福利政策釐定過程當中的首要工作便是希冀能夠更清楚地找出確認需求的方法以及掌握有關需求的各種假設（McKillip, 1987）。

　　在社會福利領域裡最常被援引的需求類型是Bradshaw的類型區分，據以區分出自覺性需求（felt need）、表達性需求（expressive need）、規範性需求（normative need），以及比較性需求（comparative need）（詹火生，1987）。只不過，需求指標本身作為一項社會和文化性的建構，並且與時俱變，就此而言，如何在人們真正的需求（real need）與一般性及規範性需求間取得一個平衡點，這會是一項基本的課題思考。連帶地，扣緊兒童福利的關懷旨趣，即便僅僅是在規範性需求的單一思考面向底下（詳見**表**1-2），這也點明出來：對於兒童相關人身權益的保障與看顧是深邃且複雜的，而亟待更為完整、周全的思考。

　　在多元主義下，公共政策對資源的分配過程中，兒童係為明顯的弱勢族群，如何使兒童獲得適切而合理的對待，便是兒童福利政策所要努力的標竿。兒童福利更是社會發展的產物，兒童福利政策更反映社會當時兒童福利理念。總而言之，對於兒童福祉的看顧是作為文明社會與福利國家的一項發展性指標，就此而言，諸如：受虐保護、重病醫治、危機處遇、緊急安置，以及孤兒照顧等等，以問題取向為主的弱勢兒童福利工作固然有

其迫切執行的優先考量，但是，以正常兒童為主體所提供的發展取向的一般兒童福利工作，則也是同樣地不可偏廢，比如，兒童的人權、休閒、安全與托育服務等。終極來看，如何形塑出一個免於恐懼、免於人身安全危險，以及免於經濟困頓的兒童照顧服務（child care services）的生活環境，這既是當前兒童局努力的目標，更是整體社會共同追求的願景！

　　至於，這項攸關到戶政、社政、勞工、警政、醫療、衛生、司法、教育、傳播等等業務項目的兒童福利服務，隱含著從制度層次的組織變革擴及到社會與文化層次的全面性改造。就此而言，從兒童福利規劃藍圖的工作時程來說，有關整體兒童照顧政策（holistic child care policy）的擘劃與建構，自然是有現實的迫切性與理想的正當性。兒童福利工作能否有效執行，端賴有與時俱進的明確政策作為引導，再依引導制定具體周全的法規，再透過適切的兒童福利行政運作，始能發揮功效。然而兒童福利政策涉及層面廣泛觸及各個行政部門，本章茲以兒童福利之主管行政機關——兒童局所負責之兒童照顧為例，闡述各國與我國相關的措施。

第二節　兒童福利政策發展取向

　　在社會變遷之下，台灣面臨社會經濟環境快速轉變，婦女勞動參與率逐年增加（尤其是有年幼子女的婦女）、生育比率逐年下降，以及家庭組成結構的變遷、轉型，使得「雙薪家庭」（dual-earner family）、「單親家庭」（single-parent family）的數量增加，而非正式的社會支持網絡卻較不如從前的緊密，親戚、鄰居協助照顧兒童的比例日益減少，結果造成家庭照顧兒童負擔愈見沉重，家庭中的兒童以及父母親最受到影響。

　　且在二十世紀前，養育、照顧兒童的相關議題一直被定位為私領域的概念，屬於家庭的責任，而這樣的概念將男性的角色預設在公領域，負責賺取薪資，而女性則留在私領域的家庭中，扮演著照顧者、支持性的角色。可是當女性參與公領域的事務愈來愈多時（特別是勞動市場的工作），在私領域中的兒童照顧已不再是婦女可以獨立承擔與面對的問題（余多年，1999）。兒童照顧需求的提出與婦女福利是息息相關的，也藉由近年來

婦女團體積極的投入以及社會壓力，使得兒童照顧可以擺到檯面上成為公開的問題（陳美伶，1991）。而當婦女主動要求國家分擔兒童照顧責任時，意謂著國家對家庭照顧兒童有更多的干預。

隨著社會的變遷以及家庭結構的改變，家庭對於國家提供社會福利的需求日益殷切。然而，國家與家庭之間的分工往往引起很大的爭議。政府對於主要福利供給者的態度傾向常影響福利政策的制定與執行。本節即擬從國家對於兒童照顧職責的發展取向探討政府與家庭分工觀念的改變，以及對於兒童照顧實務的影響。兒童福利政策發展取向分四部分來探討：一、自由放任主義；二、國家干涉主義；三、尊重家庭與雙親權利；以及四、尊重兒童權利與自由。分別說明如下（Harding, 1997；郭靜晃等，1995；彭淑華，1995）：

一、自由放任主義及父權制下之兒童福利政策

此觀點源於十九世紀，但在二十世紀仍被廣泛的採用。「自由放任主義」（laissez-faire）或「最少干預主義」（minimalism）係指政府應儘量減少扮演照顧兒童的角色，政府應尊重雙親與孩子關係的隱私權與神聖性。「父權制」（patriarchy）係指成年男性的權力凌駕婦女及兒童之上。在父權制的理念下，父親的角色被界定為工具性與任務性取向的，屬於公共領域的世界。婦女則被歸類於家庭私有領域，必須在家中善盡照顧老人、兒童、或丈夫的責任。婦女若投入勞動市場則是觸犯男女分工的鐵律，須受道德的譴責。因此，自由放任主義雖然強調基於家庭的私密性而不應干預此私有領域，但政府仍透過對於傳統男女分工鐵律的維繫介入家庭事務。Fiona Williams分析十九世紀迄今國家干預家庭的過程，其實主要仍在限定婦女的母職角色為其干預目的，以維持資本主義社會及父權主義社會的結構性需要（Williams, 1989）。因此，雖有部分此觀點的代表學者同意若是兒童接受極端不適當的雙親照顧應予以特殊安置外，家庭的權力與家人的關係不容被剝奪。此意即強調政府應儘量避免介入家庭事務，兒童照顧應為家庭的權責，政府應減少參與。

自由放任主義強調家庭與政府角色的分立，此種對於家庭自主性的維

護信念直至今日仍深植於西方社會中。即使社會工作員（指政府僱用，代表政府干預的人員）常介入家庭事務中，但社會工作員往往較易於接受雙親的解釋，而不輕易使用強制權即是一例（Harding, 1997）。因此，支持自由放任主義者認為國家對於兒童照顧的角色應遵守下列兩個基本原則：

1. 對家庭的干預減至最低：愈有為的政府應愈尊重家庭的自主性與個人的自由權，同時採最低干預原則，普遍而言，對政府與家庭是有益的。
2. 父母養育子女的方式有充分的決定權：父母的照顧加強父母與兒童間的特殊連結（bond），政府的介入是有害的。

自由主義及父權制觀點明確規範了政府干預的情況，主張照顧孩子及教育孩子為家庭的職責，政府則退居幕後擔任監督及補充的角色。政府對於家庭私密性的干預減至最低程度，僅在對於兒童福祉有相當違害的情境下，公權力方可介入。

二、國家干涉主義及兒童保護下之兒童福利政策

此種觀點與十九世紀末、二十世紀初政府介入福利事務有密切的關聯。「國家干涉主義」（state paternalism）及「兒童保護」（child protection）係指政府應主動積極介入家庭事務，避免兒童遭受不適當的照顧，以兒童福祉為優先考慮。在此種觀點下，國家介入兒童保護與照顧是適當的，但政府的干涉常是具權威性，且忽視了兒童與原生家庭間的親情關係。國家干涉主義強調孩童的重要地位，雙親的權利與自由則在其次。因此，當父母無法妥適照顧兒童時，高品質的替代性照顧（substitute care）是絕對必要的。政府可對不適任父母採取強制帶離小孩的措施。

異於自由主義觀點對於政府干預的限制，國家干涉主義強調政府公權力的介入，而其主要目的即在對於兒童的保護。因此，兒童不再視為父母永久的資產。對於兒童的照顧，父母應如同受托者用心經營，以兒童福祉為依歸。若父母未能提供適當的照顧，則此經營權將由國家強制收回，並安排更適當的人負責照顧。雖然此派觀點較自由主義觀點獲得更多的支

持，且可透過立法及國家法權積極保障兒童福祉，然而卻貶抑了原生家庭與子女間親情之連結，強調「親權的剝奪」、「忽視孩童自身的觀點與想法」，以及「過度強調兒童福祉而忽略了家庭及社會政策的整體性」等皆引起相當多的爭議，也因此衍生了第三種觀點——「家庭及雙親權利」的政策取向出現。

三、尊重家庭與雙親權利取向下之兒童福利政策

「家庭與雙親權利」的政策取向（the birth family and parents' rights）與第二次世界大戰後福利國家的擴展有密切的關係。此派觀點強調原生家庭對於雙親和兒童相當重要，同時此種親子關係應儘可能被維繫。即使因為特殊理由使得父母與子女必須分開時，仍應儘量加強父母與子女之間的聯繫。政府所扮演的角色既不像自由主義般消極干預或像國家干涉主義般的積極干預，政府的角色在支持家庭、保護與維繫家庭的發展。政府提供家庭所需的各種服務以確保家庭的整合，共同建立一個共識——兒童與其原生家庭的關係應儘可能被維繫，此對整個家庭或社會是有相當大的益處。

「家庭與雙親權利」取向顯然異於前面二大觀點。此派觀點與自由放任主義雖然同樣強調政府有限的干預，但後者為政府消極的不干預，前者則重視心理性與生理性連結的價值。原生家庭是兒童成長、養育與發展的最佳場所，這不僅立基於父母與子女血緣上的生物性連結（biological bond），同時亦能滿足親子間的心理性連結（psychological bond）。此觀點不僅尊重父母養育子女的權利，同時亦重視父母與孩子彼此之間的情感性需求。因此，雖然政府亦介入家庭事務中，但政府的角色是支持性的。

與國家干涉主義相比較，支持「家庭與雙親權利」取向者認為，國家干涉主義過度強調「父母的責任」（parental duties），而忽略了「父母的權利」（parental rights）；強調兒童為獨立於父母的個體，而忽略了早期親子之間的互動關係。因此，對於「家庭與雙親權利」的肯定無非是對前二大發展觀點的反省與調整。雖然此派觀點亦贊成較廣泛的國家干預，但卻非強制性的，且以支持家庭為主的介入角色可避免政府職權的過度擴張（Antler, 1985）。原生家庭照顧兒童的角色應被肯定與支持；替代性照顧應

是最後一種選擇或是以「父母」與「替代照顧者」共同照顧（shared care）為原則。若採用替代性照顧方式，孩童應儘可能與原生家庭密切聯繫，若有可能可再重返其原生家庭。

另外，在福利國家觀念的思潮下，政府的福利措施往往被視為人民應享的福利權。政府應滿足人民的基本需求，以維繫家庭的功能與成長。強調「家庭與雙親權利」的觀點使得政府所提供的福利措施應朝著家庭維繫與家庭重塑方向著手，並針對特殊群體加強處遇，以保障兒童與家庭之權益。

四、尊重兒童權利與自由取向下之兒童福利政策

「兒童的權利與自由」（children's rights and child's liberation）政策取向係尊重孩子的自主性。此派觀點認為孩童如大人般為一獨立的個體。兒童的觀點及想法應受尊重與肯定。兒童應被賦予較多類似成人的地位，以減少來自成人的壓制或不合理的待遇。因此，應透過法律與政策來保護孩童，確保兒童的權益。然而，對於兒童是否能承受如成人般的壓力與責任則尚未有定論。但賦予兒童較多的權利與自由，並表達自身的感受與看法則是此派觀點的基本共識。

此種價值理念，特別是較極端的觀念（例如，孩童被賦予類似成人的地位），在目前的兒童照顧法律與政策尚未真正的落實，然而由於與前述的三種觀點取向相異甚大，對未來與兒童照顧相關的法律、政策與實務工作有相當的引導性。此種意識形態視兒童為獨立的個體，應尊重兒童的觀點、感覺、期望、選擇與自由，兒童應享的權利不是成人所能決定的。然而，兒童是否足夠成熟，可以獨自做決定也令人質疑。若就視兒童為獨立個體的觀點來看，此與國家干涉主義的觀點相似，兒童權利觀點較強調兒童的自主性、自我決定權，兒童有能力界定其情境並獨立作出決定；而並非像干涉主義中兒童的權益係由親生父母、替代父母、法院或社會工作員來解釋或決定。

目前，力倡兒童權利的國家有挪威及瑞典，並且在其立法、政策或實務工作上強調兒童的自主權及其他相關權利；而在英國及威爾斯，雖然沒

有立法的支持，但對於兒童的想法及觀點非常的重視。加拿大及紐西蘭亦在兒童權益相關的立法上加以檢討修訂。可想而知尊重兒童權利與自由的觀點將逐步為人接受，並逐步引導未來與兒童照顧相關法律或政策的修訂。然而，兒童的成熟度是否高到足以做出正確的決定，且孩童對其自我想法的表達能力與意見的穩定程度仍難以克服。雖然尊重兒童權利與自由是發展的新趨勢，但目前大多數國家對於兒童照顧政策的發展與觀點仍偏向第三種，亦即認為政府對於兒童照顧應採取支持性的干預，以維繫與發揮家庭功能。

綜合上述，「兒童福利政策」是國家為協助家庭及父母分擔兒童照顧責任所進行的干預措施。國家對於家庭的態度，亦即意識形態，將影響國家採取的干預程度及具體的干預政策，換言之，上列之意識形態也可以區分新左派與新右派的觀點來看國家與家庭之分工：

1. 新左派（New Left）：此觀點融合了傳統馬克思主義、修正後的馬克思主義及女性主義觀點，若跳開福利國家與資本主義本質的批判不談，新左派基於現實考量，提出主動性的社會政策，支持全面性的國家干預作為轉換資本主義以建立社會主義未來的重要計畫。馬克思主義關注經濟的生產關係及勞資雙方的階級衝突，家庭屬於私領域，在公共或經濟領域中不具份量，因此，很少針對家庭作討論。直到一九六〇年代婦女運動以及女性主義的發展，才將家庭提升到理論層次的討論，其對於家庭的看法為父權主宰是壓迫婦女的問題來源；家務和照顧是兩性共同的責任；支持家庭內的兩性平等與家庭外的階級平等。因此，主張國家干預的目的在平衡經濟制度與家庭制度整體的福祉，國家和家庭分工的目的在於使所有的——不分性別、地位和階級都能享有相同的社會福利和國家支持（陳美伶，1991）。

2. 新右派（New Right）：又稱「新保守主義」，其思想內涵可分為兩部分，一是古典的個人主義和自由放任思想，另一則為對戰後福利國家和社會主義國家的批判反省。追求個人最大的自由與維持自由市場經濟是其最堅持的原則，主張最小的國家干預和最大的個人自

由，反對福利國家，但是允許在不妨礙個人自由與市場機能的前提下，以資產調查方式提供少量的社會福利，維持最低的生活保障；強調國家福利的民營化（privatization）。在兒童照顧政策方面，界定社會福利的主要供給者為家庭和自由市場，國家退居幕後擔任監督和補充的角色，鼓勵營利機構或私人企業自辦托兒所（陳美伶，1991；李明政，1994）。

新左派和新右派皆認為國家與家庭在兒童照顧方面皆負有責任，只是在兩者的分工責任與干預目標上有所差異（見**表**5-1）。關於兒童的照顧過程，新左派也提出看法，認為成人總是基於兒童沒有能力判斷其最佳利益的前提假設下對兒童為所欲為，年齡也構成兒童在家庭中附層的階級地位（陳美伶：1991）。

表5-1　新右派、新左派家庭與國家干預態度之比較

態度	新左派	新右派
家庭型式	不作限制	核心家庭
婦女就業	支持	有條件的支持
工作與家庭	整合	隔離
婦女地位	平權	附屬、依賴
主要照顧者	兩性	婦女
國家干預之目的	支持個人選擇	支持家庭責任
主要福利供給者	國家	家庭、市場
福利目標	平等	安全
國家與家庭分工	支持	反對
社會政策規劃	經濟與家庭整合	家庭附屬於經濟制度

資料來源：陳美伶（1991）。《國家與家庭分工的兒童照顧政策——台灣、美國、瑞典的比較研究》。國立台灣大學社會學研究所碩士論文。

第三節　兒童照顧政策的發展歷程

　　從歷史研究的演變中可以發現不同類型的福利國家將社會事故納入社會安全制度的過程，通常都是循序、漸進的（Pierson, 1991）（見**表**5-2）。其中有關工業意外的勞工賠償，往往是最先被採納的福利模式。之後，疾病、殘障保險、老人年金，以及失業保險才相繼地被接納。至於「家庭津貼」的項目，則是由於被界定爲可由婦女來擔當，因此「家庭津貼」方案最晚才引進來──顯然，社會政策抑或社會立法背後的意圖是值得進一步探究的（王順民、郭登聰、蔡宏昭，1999）。

　　倘若由社會福利系統來看兒童照顧政策的發展歷程，期間歷經第二次

表5-2　**經濟合作發展組織會員國（OECD）各國引進社會保險制度的年代**

	工業意外	健康	年金	失業	家庭津貼
比利時	1903	1894	1900	1920	1930
荷蘭	1901	1929	1913	1916	1940
法國	1898	1898	1895	1905	1932
義大利	1898	1886	1898	1919	1936
德國	1871	1883	1889	1927	1954
愛爾蘭	1897	1911	1908	1911	1944
英國	1897	1911	1908	1911	1945
丹麥	1898	1892	1891	1907	1952
挪威	1894	1909	1936	1906	1946
瑞典	1901	1891	1913	1934	1947
芬蘭	1895	1963	1937	1917	1948
奧地利	1887	1888	1927	1920	1921
瑞士	1881	1911	1946	1924	1952
澳大利亞	1902	1945	1909	1945	1941
紐西蘭	1900	1938	1898	1938	1926
加拿大	1930	1971	1927	1940	1944
美國	1930	--	1935	1935	--

資料來源：Pierson, C. (1991). Beyond the welfare state? Unpublished manuscript, Pennsyviania State University.

世界大戰、貧窮的再發現（rediscovery of poverty）與因經濟不景氣所影響的福利國家緊縮等重大事件的影響，可細分為四個時期，每個時期各有其政策發展方向，分別說明如下：

一、十九世紀末到第二次世界大戰結束（1945年以前）

在十九世紀期間，快速的都市及工業化導致社會經濟環境歷經巨大的變化，雖有部分家庭因此而受益，但大多數人仍過著低薪、貧困的生活，甚至是處在高危險且不健康的工作環境中。然而，各國的政府並未察覺出問題的嚴重性，而提出適當的對策因應。因此，高貧窮率、高嬰幼兒死亡率，以及因國家問題所導致的生育率降低等皆引起了大眾對貧窮家庭、兒童養育、兒童照顧、兒童保護等問題的重視（Gauthier, 1996; Kamerman & Kahn, 1989）。

在高貧窮率問題部分，由於勞工的薪資收入不足以支付家中小孩的養育費用，生活負擔沉重的問題未能獲得解決，終於導致罷工事件的發生，最後以發放兒童津貼給育有子女的已婚勞工來解決問題，不過這項措施卻為育有子女的已婚勞工帶來了僱用歧視的問題。於是一九一八年成立的「地方均等基金會」（Local Equalization Funds）改由雇主依員工數的比例來分擔經費，而不再依已婚員工數來分擔成本，以支付津貼給需要者（Gauthier, 1996）。此時，僱用歧視的問題才不再發生。雇主也會基於經濟因素的考量開始依不同行業別來分擔兒童照顧成本，減輕員工負擔，為家庭津貼奠定根基。

另外，因工作、生活環境差所導致的嬰幼兒高死亡率方面，部分國家採取了生育給付及親職假等的相關政策因應。但不同的認知及態度有不同的對策訴求，國家也認知到必須提出對策因應。有些國家認同全職的家庭主婦對兒童發展與整個家庭是較好的，除非金錢收入對婦女有非常重要且實質的幫助（例如，勞動階級對金錢收入的需要），女性才會被認同有需要從事有酬工作，例如，英國、德國；相對地，瑞典與法國則較為認同及接受婦女就業，國家也提供給付與法律的保障，以支持及保護女性就業。不過，政府應對於那些因金錢需要而必須就業的孕婦提供因應的對策，普遍

受到各國的認同，至於親職假給付、兒童照顧措施等也獲得初步的發展（余多年，1999）。

接著，針對生育率下降的問題，由於當時歐美國家正值整裝軍備，企圖向外擴張的重要階段，因此，支持生育的呼聲便成為主要的政治議題之一。最重要的是形成了家庭養育子女的經濟負擔應由全民共同負擔的共識。例如，在法國方面，於一九三○年代建立了家庭津貼制度，針對育有子女的已婚員工給予補助，給付水準依子女數的多寡成正向攀升，財源則是來自雇主的社會安全稅（Kamerman, 1996）。至此，國家介入干預的全國性家庭津貼獲得充分發展。

但是由於各國間對人口政策採取不同的態度，相對地在家庭津貼制度上也有不同的對應，例如，英國由於高度的都市化及人口密集的因素影響下，並未制定支持生育的政策，而以支持家庭為其目標。另外，有些國家認為家庭津貼的成本過高，並且會使家長推卸照顧兒童的責任，因此，對家庭津貼給付水準的爭議，常徘徊在保障最低生活水準上。並在領取給付的限制上，規定須資產調查或是只給第三個以後出生的小孩（余多年，1999）。一九一四年英國首先以分居特別津貼方式，給予軍人的妻子與小孩現金給付，使其有能力繼續扶養小孩。這項津貼在一九二五年轉換成寡婦與孤兒年金，成為英國年金體制的一環。在第一次世界大戰前後，也有多個歐洲國家實施寡婦與孤兒年金給付。美國則是實施寡婦津貼，提供寡婦一筆現金，使其有能力在家照顧幼兒，避免小孩被送到孤兒院（Gauthier, 1996）。針對各國在一九四五年前給予家庭照顧兒童現金給付體制的實施現況（詳見**表**5-3）。

二、第二次世界大戰後到五○年代末期（1945-1960）

在一九四○、一九五○年代，「社會公民地位」的概念開始在大英國協及北歐國家發酵，「全民性」的家庭津貼開始為一些國家所採用（張世雄，1996）。家庭津貼逐漸成為社會安全體系中另一項重要的社會安全制度。在此階段，「貝佛里奇報告書」（The Beveridge Report）扮演著關鍵性的角色（鄭清風編譯，1993）。但貝佛里奇式的社會安全體系係因循社會保

兒童福利

表5-3　國家給予家庭照顧兒童現金給付體制的實施現況：1945年以前

國家	實施年度	體制名稱
一、寡婦與孤兒津貼		
比利時	1924	寡婦／孤兒保險　　*
法國	1928	寡婦／孤兒保險　　*
德國	1911	寡婦／孤兒年金　　*
紐西蘭	1926	寡婦／孤兒年金　　**
英國	1914	分居津貼
	1925	寡婦／孤兒年金　　**
美國	1911	母親年金　　　　　**
二、其他給予家庭照顧兒童的現金給付		
比利時	1930	家庭津貼
法國	1913	給予大家庭的救助給付
	1918	分娩津貼
	1923	給予大家庭的給付
	1932	家庭津貼
德國	1936	家庭津貼
紐西蘭	1926	家庭津貼
英國	1944	家庭津貼
美國	1935	給予依賴兒童的救助給付（ADC）

說明：＊社會保險制度的一部分
　　　＊＊免繳費（Non-contributory）體制（社會救助制度的一部分）

資料來源：轉引自余多年（1999）。《各國學齡前兒童照顧支持政策之研究》。國立中正大學社會福利研究所碩士論文。

險原則，實際上並非全民性的，因此，從事家務工作的家庭主婦是無法納入社會體系保障中的。第二次世界大戰後，女性勞動需求遞減，加上對婦女回歸家庭照顧小孩的觀念盛行，使得女性在社會安全體系中更處於不利的地位。雖然如此，在親職假給付方面仍爲多數國家所採用，給付期間有較長的擴增，給付金額也朝向以一定比例的薪資替代（詳見**表5-4**）。

而採用全民性家庭津貼的國家所顯現的意涵在於：「國家普遍認同，不論父母的職業、地位或收入狀況，所有的兒童應該都要得到補助。」因此，國家採取普及式的津貼給付來承擔兒童的照顧成本。但是，雖然法國與瑞典採行全民性家庭津貼制度，但是其立意是在於提高生育率，其次才是減輕家庭經濟負擔（Kamerman, 1996）。雖然多數的工業國家皆同意並採

182

表5-4　部分OECD國家家庭津貼政策第一次立法之給付內容

期間	立法年度	國家	給付類型	給付範圍
二次大戰前	1926	紐西蘭	普及式	第三個及以上小孩
	1930	比利時	與就業相關	給所有小孩
	1932	法國	與就業相關	給所有小孩
	1937	義大利	與就業相關	給所有小孩
二次大戰期間	1939	荷蘭	與就業相關	第三個及以上小孩
	1941	澳洲	普及式	給所有小孩
	1944	加拿大	普及式	給所有小孩
	1945	英國	普及式	第三個及以上小孩
二次大戰後	1946	挪威	普及式	第三個及以上小孩
	1947	盧森堡	與就業相關／普及式	給所有小孩
	1947	瑞典	普及式	給所有小孩
	1948	奧地利	與就業相關	給所有小孩
	1948	芬蘭	普及式	給所有小孩
	1952	丹麥	普及式	給所有小孩
	1954	德國	與就業相關	第三個及以上小孩
	1971	日本	與就業相關／普及式	第三個及以上小孩

資料來源：余多年（1999）。《各國學齡前兒童照顧支持政策之研究》。國立中正大學社會福利研究所碩士論文。

取承擔部分兒童照顧成本的制度，不過，由美國在一九三五年施行的「羅斯福新政」（New Deal）、失依兒童的救助（Aid to Dependent Children, ADC）計畫中可發現，聯邦政府雖然有給付給單親家庭，並逐漸擴增給付對象，但是一直沒有擴及到全民性。直到一九五四年的所得稅法中，才加入兒童照顧扣減額（tax deduction）的規定。

　　在一九五九年除日本與美國外，幾乎所有國家皆立法施行家庭津貼制度，藉以達成社會平等的目的，作為國家進行垂直重分配的工具。而美國在戰後，因深信私部門的重要性，在有限政府的意識形態下，資產調查形式的給付〔例如，ADC及失依兒童的家庭扶助（Aid of Family to Dependent Children, AFDC）〕並未擴張成為普遍性質的家庭津貼制度（Hantrais, 1993；余多年，1999）。

三、六○年代初期到七○年代中期（1960-1975）

　　由於一九六○年代歐美工業國家「貧窮的再發現」，兒童貧窮問題開始受到部分國家的重視，進而開始思索應如何調整所得重分配的功能。例如，法國在一九七○年代將原有的家庭津貼附加許多補充性津貼，並對有特殊需求的風險群，包括：育有子女、單親低所得家庭給予補充性的給付。而美國則在AFDC的給付資格上限定須接受就業輔導、增加工作福利（workfare）的取向，給付領受者必須就業或是即將就業（Atkinson, 1994; Kamerman, 1996；石婉麗，1995；陳小紅，1989）。

　　除透過所得重分配外，Friedman的累退稅理念也受到部分國家的採用，例如，美國於一九七四年立法通過EITC計畫（earn income tax credit），針對低所得、有小孩的家庭給予稅式補助，包括有：扣除額（tax deduction）、稅額抵減（refundable tax credit），以及針對家庭養育兒童的免稅額（tax exemption）三種。前兩種屬於稅式支出（tax expenditure）範圍。扣除額是一種間接的所得移轉；稅額抵減則是直接性的所得移轉；而免稅額則可視為是一種稅式津貼（tax allowance），給予課稅優惠，不納入納稅人課稅所得內（Hayes, et al., 1990; Gilbert, et al., 1993）。西德在一九七五年則是通過給予所有家庭稅額抵減的政策，以改變原先賦稅免稅額只利於中、高所得收入家庭的制度（Kamerman & Kahn, 1989）。另外，加拿大在一九七九年也開始提供稅額抵減給所得低於下限的家庭，以解決中、低所得家庭因家中小孩而增加的照顧成本及經濟壓力（鄭清風編譯，1993）。

　　整體而言，在兒童照顧支持政策上，北歐國家開始扮演領導的地位，一方面發展更多的公立托育服務設施，鼓勵婦女就業，保障女性就業的權利；另一方面，則建立更完善的法定產假及親職假制度，包括：對工作的保障、留職留薪產假、親職假等，讓家長有更多選擇的機會。雖然如此，還是有許多國家傾向讓女性留在家中照顧小孩，例如，澳洲、加拿大、紐西蘭及美國等，也因此針對保護懷孕中的職業婦女及後續照顧幼兒的責任等問題皆不在其兒童照顧政策的保障中。

四、七○年代末期至今（1975年以後）

　　一九七○年代末期，經濟的不景氣導致許多國家緊縮財政支出，社會安全支出首當其衝成為被刪減的對象，尤其是普及性的家庭津貼給付，例如，降低給付水準（例如英國及美國）或納入排除高所得家庭之類的給付限制條件（例如加拿大與澳洲）等（Gauthier, 1996）。除此之外，透過稅制提供家庭兒童照顧支持的間接性支出，在此時期仍受到部分國家的重視。在一九七○年初期，有部分國家係基於稅式優惠的不公平（較利於中、高所得家庭），將原先免稅額形式改成扣除額、稅額抵減的形式，在此時期，這項改革仍為一些國家接受，並加以跟進（見**表5-5**）。綜觀各國現存兒童

表5-5　部分OECD國家家庭（兒童）津貼體制

國家	最初立法年度	給付條件（制度類型）	給付類型（一般條件）	給付水準*	財源
比利時	1930	與就業相關（社會保險）	未滿18歲子女	10.4%（隨子女人數的增加，給付水準愈高）	雇主承擔7%薪資稅，不足部分由政府負擔
法國	1932	普及式（全民制度）	至少有兩個未滿16歲子女	7.1%（隨子女人數增加給付愈高，但第五個以後則減低）	雇主承擔5.4%薪資稅，政府支出1.1%歲收
義大利	1937	與就業相關（社會保險）	未滿18歲子女	0.0%（1988年納入資產調查條件，達到製造業男性平均薪資水準者無法領取）	雇主負擔保費4.84%（97年後開始就業受僱者負擔2.48%），97年2.48%，98年3.34%
荷蘭	1939	普及式	未滿16歲子女	7.4%（子女年齡愈大，給付水準愈高）	政府以稅收支付（全民制度）
澳洲	1941	普及式（全民兼社會救助模式）	未滿16歲子女	3.4%（1988年納入資產調查的限制，但所得限制條件優厚，製造業的男性平均薪資並未達到所得限制條件）	政府以稅收支付
加拿大	1944	普及式（全民制度）	未滿18歲子女	2.4%	政府以稅收支付

（續）表5-5　部分OECD國家家庭（兒童）津貼體制

國家	最初立法年度	給付條件（制度類型）	給付類型（一般條件）	給付水準*	財源
英國	1945	普及式（全民制度）	未滿16歲子女	6.3%	政府以稅收支付
盧森堡	1947	普及式（全民制度）	未滿18歲子女	8.3%（隨子女人數愈多給付愈高，但第四個及以後子女給付水準則降低；令隨子女年齡愈大，給付愈多）	政府以稅收支付（但自僱者須繳納0.7%的所得作爲費用）
瑞典	1947	普及式（全民制度）	未滿16歲子女	7.2%（第三個及以上子女可領取補充給付）	政府以稅收支付
奧地利	1948	普及式（全民制度）	未滿19歲子女	11.3%	僱主繳納4.5%薪資稅，州政府依人數每人補助24先令（shilling），另部分聯邦所得做家庭津貼平準基金
丹麥	1952	普及式（全民制度）	未滿18歲子女	5.2%	政府以稅收支付
德國	1954	普及式（全民制度）	未滿16歲子女	4.9%（隨子女人數增加給付愈高）	政府以稅收支付
日本	1971	普及式（雇主責任兼救助模式）	3歲以下子女，四口之家年收入日元3,722,000元以下	3歲以下子女，四口之家年收入日元3,722,000元以下	受雇者：雇主負擔總成本的70%（約0.11%薪資稅），國庫負擔20%，縣爲5%，市爲5%；自雇者：國庫66.6%，縣16.7%，市16.7%

說明：*1990年家庭津貼金額與製造業男性平均薪資的比例。

資料來源：Gauthier, A. H. (1996). *The state and the family: A comparative analysis of family policies in industrialized countries.* Oxford: Clarendon Press.

Social Security Administration (U. S. D. H. H. S.) (1997). Social security programs throughout the world-1997.http: //www.ssa.gov/statistics/ssptw97.html.

石婉麗（1995）。《家庭變遷中實施兒童津貼意義之探討——以現行國家經驗爲主》。中正大學社會福利研究所碩士論文。

余多年（1999）。《各國學齡前兒童照顧支持政策之研究》。國立中正大學社會福利研究所碩士論文。

養育、照顧稅式支出制度，事實上仍以兒童免稅額為主要類型，兒童照顧扣除額為另一項較重要的稅式支出，稅額抵減的接受度仍低（余多年，1999）。因此，在家庭津貼制度改革的過程中，有許多國家嘗試藉由整合家庭津貼與兒童照顧、養育稅額抵減、扣除額與免稅額政策等，來彌補在家庭津貼給付水準上的削減，或是消除因增加給付而形成每位兒童的給付金額不同，不符平衡理念的現象（Gauthier, 1996）。

在此時期，人口與家庭議題仍持續受到關注，許多國家在兒童照顧支持政策方面皆出現有關人口與家庭的政策提議。例如，義大利、波蘭及西班牙因快速的人口變遷與生育率過低的問題而受到重視。另一方面，要求國家直接提供普及性的公共托兒服務措施已不再受到普遍的認同。在福利多元主義的旗幟下，部分歐洲國家的政策關懷轉向接受由私人或第三部門提供兒童照顧服務。由政府支持實施多樣化托育服務、提供家長更多時間於親職功能的發揮，以及補助便利女性調和工作與家庭取向的政策漸受歡迎（Kamerman & Kahn, 1994）。

綜合上述，整個兒童照顧政策隨著時間的推移而造成社會的變遷，歐美國家隨著當時社會之背景及所發生事件的不同，衍生出各種不同的政策及對策措施，也造成兒童照顧政策走向制度化及立法化的取向（參考**表5-6**）。

第四節　工業國家兒童照顧支持政策之服務內涵

Andersen（1990）於福利資本主義的研究中假設：「只有透過對各國歷史意識形態的傳統以及其社會、經濟、政治背景的討論，並瞭解這些因素將形塑現今決策者的行動，才能清楚瞭解福利國家的本質。」以此為出發點，其依資本主義福利國家在需要去商品化的程度，將福利國家分為三大類型（Esping-Andersen, 1990; Esping-Andersen & Micklewright, 1991）：

1. 自由主義或殘餘模式：此類型國家通常認為自由市場將帶給最大多數人福利，而國家只有在家庭或市場失靈下才會干預。國家所提供的給付是殘補式的，強調資產調查，同時帶有社會烙印的負面效果，例如，美國、加拿大及澳洲等。

表5-6 兒童照顧支持政策之重要背景與相關對策措施

期間	重要背景、事件	對策措施
十九世紀末至二次世界大戰結束（1945年以前）	1.普遍的工業化、都市化景象 2.生育率的下降使部分國家對於人口成長情況產生憂慮感（相對於馬爾薩斯主義） 3.三〇年代經濟大恐慌 4.兩次世界大戰引起的物質膨脹	1.給予有小孩的就業者現金給付（包括家庭津貼或兒童津貼） 2.給予貧困的母親、寡婦、孤兒現金給付（包括寡婦、孤兒救助與年金給付） 3.生育給付體制產生（包括有給薪以及未給薪） 4.針對母親與兒童預防性的生育與健康諮詢中心的設立
二次世界大戰後至五〇年代末期（1945-1960）	1.二次世界大戰結束，百廢待舉 2.一九四二年貝佛里奇報告書效應開始作用	1.普及性的兒童津貼出現，兒童津貼給付水準持續擴張 2.外顯的支持生育政策的形成 3.生育給付的擴張 4.所得稅中兒童照顧扣除額的出現
六〇年代初期至七〇年代中期（1960-1975）	1.六〇年代「貧窮再發現」 2.七〇年初發生石油危機 3.女性勞動參與率顯著增加 4.女權運動高漲，女性就業權利、男女平權受到重視	1.兒童津貼給付水準擴張終止。而針對單親、低所得家庭給予補充性給付的對策出現 2.針對家庭有依賴兒童（或兒童照顧）的稅額抵減制度的形成（改進扣除額制度受益者為中、高所得者的缺失） 3.法定親職假體制的擴張 4.公共提供兒童照顧服務、措施的擴張
七〇年代末期迄今（1975年以後）	1.生育率降低、家庭結構快速轉變與人口老化現象漸趨嚴重 2.經濟不景氣，導致福利國家縮減 3.福利國家危機引起爭議，各國進行福利制度的改革 4.福利多元主義高漲 5.歐洲共同體在社會政策面的發展促使各國重視職業婦女、家庭的問題	1.兒童津貼的改革，部分國家納入資產調查機制，在給付水準方面則持續下降 2.針對低所得與單親家庭的給付制度的擴張 3.親職假體制持續的擴張 4.公共提供兒童照顧服務、措施的縮減 5.給予兒童照顧稅式給付的改革（從扣除額朝向稅額抵減制度） 6.婦女年金給付權利的改革（包括留在家中照顧幼兒年數併計入在年金制度的年資與給予照顧者照顧津貼）

資料來源：余多年（1999）。《各國學齡前兒童照顧支持政策之研究》。國立中正大學社會福利研究所碩士論文。

2.保守或組合主義模式：在此模式中，教會扮演著舉足輕重的角色。福利提供經常是以職業為基礎，並給予公務人員更加優渥的福利給付。已婚婦女常被排除在個人年金、失業給付權利等保障之外；此類型的國家有德國、奧地利、法國及義大利等。

3.社會民主或制度模式：其特徵在於福利與工作的相互融合及完全就業的保障上，並以完全就業的獲得作為福利制度的根基。此模型的福利提供是制度性的，極少需要資產調查，福利給付的對象是全民性的，強調平等主義。

在本章中，作者選取了瑞典、法國、德國、日本與美國等五個工業國家，試圖針對其兒童照顧支持政策作一探討與比較。

一、瑞典

完全就業及增進男女平等是瑞典福利體制的主要目標。政府承擔了支持家庭中兒童照顧的責任，特別是對職業婦女的支持。瑞典的兒童照顧政策及其高比例的婦女就業率可說是社會民主福利國家的成果，兒童照顧支持的提供是普及式的，同時也是高品質托育服務供給的範例。政府除了讓婦女能同時兼顧職場及家庭的責任外，還讓父親在兒童照顧上能有更多發揮的空間，例如，親職假、兒童照顧假，以及公共托育的提供等，以充分顯現性別平等的意涵。在現金給付方面，其目的是在於鼓勵生育，給付水準低於法國（見**表**5-7）。

二、法國

由於法國的生育率過低，因此，政府提供了普及式的兒童照顧支持措施，輔以資產調查，給予家庭支持，特別是給予第二個、第三個及之後小孩的經濟支持計畫。其兒童照顧支持政策的內容包括：高給付水準的生育給付、親職假、公共托育的服務，以及為因應家長在就業與家庭責任間的調和問題，以維持大家庭形式的環境來增進女性就業的可近性及提升生育率，進而保護兒童的利益。

189

表5-7　工業國家福利體制特色與學齡前兒童照顧支持政策的取向及給付水準

項目別	瑞典	法國	德國	日本	美國
一、福利體制特色					
政治文化、意識形態	集體主義 社會民主主義 社會民主主義 民粹主義	集體主義	集體主義 父權家庭主義	有機體主義 儒家家庭主義 保守主義	個人主義 自由主義
福利國家結構	民主組合主義	福利組合主義	福利組合主義	準組合主義	福利多元主義
給付權利基礎	公民權	工作、公民權	工作、公民權	需要、工作	需要、工作
福利分配原則	普及式	職業地位 普及式	職業地位 普及式	限制對象 職業地位	限制對象
福利提供的主要機制	公民權保障社會保險	社會保險	社會保險	社會救助 企業福利	社會救助 社會保險
福利行政管理機制	中央 地方政府	組合式的 自治管理	組合式的 自治管理	組合、市場與政府的混合	市場、地方與中央政府混合
階級意識	低	高	高	中	低
左派政黨的影響力	高	中高	中	低	低
右派政黨的影響力	中	高	中	高	高
國家對福利干預程度	高	中高	中	低	低
所得重分配程度	高	中	中	低	低
家庭的責任	微小	有限	中等	重要	重要
市場的角色	微小	有限	有限	重要	重要
資產調查角色	微小	有限	有限	重要	重要
提供公共服務態度	高	高	中	中低	低
對完全就業的態度	高	中	中低	高	高
二、社會現象					
生育率狀況	中低	中低	低	低	中
人口老化程度	高	中低	高	中	低
女性就業率情況	高	中	中	中	中高
兒童貧窮率情況	低	低	低	低	高
性別平等狀況	高	中	低	低	低
對支持生育的態度	支持	高度支持	中性	高度支持	中性
對支持家庭的態度	支持	高度支持	支持	支持	支持
對有年幼子女婦女就業的態度	高度支持	高度支持	保守	保守	支持

（續）表5-7　工業國家福利體制特色與學齡前兒童照顧支持政策的取向及給付水準

項目別	瑞典	法國	德國	日本	美國
現金給付					
家庭津貼	重要（中高）	重要（高）	重要（中）	微小（中低）	無（低）
稅式優惠	微小	微小	有限	微小	重要
兒童照顧救助	微小	適中（中高）	有限	適中	重要
生育親職假					
生育給付	重要（高）	適中（中）	適中（中）	適中（中）	有限（低）
親職假	重要（高）	適中（高）	重要（中高）	適中（中低）	微小（低）
公共托育服務	重要（高）	適中（高）	適中（中）	有限（中低）	微小（低
婦女年金給付權利	高	中	高	中低	低

說明：在第二部分—社會現象中，括弧外說明為國家政策趨向的強度，括弧內說明則是就給
　　　付水準比較而言。
資料來源：余多年（1999）。《各國學齡前兒童照顧支持政策之研究》。國立中正大學社會福
　　　利研究所碩士論文。

三、德國

德國的兒童照顧支持政策不鼓勵女性參與勞動市場，也不願充分地提供公共托育服務，對女性親自照顧幼兒有較高的認同感，鼓勵傳統男主外，女主內的家庭運作模式。政府雖然承擔部分支持家庭的責任，但是主要還是由家庭、社區及慈善團體負擔起責任。雖然如此，政府在親職假的延伸假期上卻有相當的偏好，在年金制度上也認同採計婦女留在家中照顧幼兒時的年資，讓母親能留在家中照顧自己的小孩，並保障其工作的延續。

四、日本

日本由於強調家庭對兒童有照顧的職責，因此，政府傾向支持傳統家庭模式的社會保險、相關的普及性（或選擇性）現金給付以及公共托育服務的支持措施，但僅提供最小給付對象與給付水準，另一方面也鼓勵市場及雇主對兒童照顧提供支持系統，因而形成了一種混和多樣模式的制度類型。

191

五、美國

美國所提供的兒童照顧支持政策主要是針對「有需要」的家庭，國家僅透過稅制（針對中、高所得家庭）或是社會救助體系（針對低所得家庭）提供給有需要的家庭低水準的經濟支持。由於政府實行選擇性的給付政策，針對生育給付、親職假，以及托育服務的提供等，則被視爲是雇主的責任，國家僅供最低水準的給付。

第五節　我國兒童及少年福利政策之依據

如第四章所述，台灣的兒童福利發展，自一九五五年政府訂定托兒所設置辦法作爲「因應農忙時節的臨時性托兒所」的法規依據，爲政府因應「女性投入農忙工作」而介入家庭照顧子女之始；女性被視爲次級勞動力，照顧兒童還是女性主要的責任。一九七三年，政府爲了要得到聯合國兒童福利基金會的援助，促成兒童福利法通過；世界糧農組織援助方案停止，轉而由政府全面接管托兒所業務。政府接掌部分兒童照顧業務，但仍處被動狀態，兒童福利法的通過其宣示性大於實質性。

一九八〇年以後，政府才開始制定法規以規範或提供滿足兒童照顧的福利服務，包括一九八一年修正托兒所設置辦法、一九八一年台北市率先訂定托育中心設置立案標準；到一九九〇年代，除托育外的兒童照顧政策議題也相繼被提出（如津貼、育嬰假）一九九六年之後，兒童津貼更因選舉而成爲熱門話題，但實際執行上仍以補助弱勢兒童爲主，尚未有普及性兒童津貼。二〇〇一年，兩性平等法通過，雖宣示性大於實質性，但女性因性別角色期待受困於兒童照顧者角色的事實被凸顯，而這也使兒童照顧體系建構開始完整。

綜觀至今，兒童照顧議題三方面發展；兒童托育方面，主要還是以民間提供爲主，政府僅扮演補充角色；津貼部分則成爲選舉時爭論不休議題，但迄今除了「幼兒教育券」外，仍未有普及性的兒童津貼；至於育嬰

假與相關親職假，除早期為攏絡公職人員而制定相關法規，兩性工作平等法的通過，對工作雙親親自提供兒童照顧，並未見曙光。整體而言，台灣現階段兒童照顧政策仍是以殘補性的方式提供弱勢兒童，仰賴私部門或自願部門來提供，服務輸送以地方政府為主導角色，而中央政府僅大部分做輔導之角色，例如，輔導地方政府辦理兒童福利專業人員訓練、輔導地方政府辦理評鑑、發放托育津貼，以及推動社區保母支持系統、規劃中低收入戶幼童托教補助及研究幼托整合方案。

以Howard Leichter於一九七九年提出影響政策的四個因素來檢視台灣兒童照顧發展過程：

1. **情境因素**：包括層出不窮的托兒所意外事故、失業潮引發的失業家庭兒童短期照顧補助等。

2. **結構因素**：兒童照顧政策受結構因素影響甚鉅，人口結構改變、婦女勞動參與率與家庭型態變革等，都是促使兒童照顧需求浮現的主因。

3. **文化因素**：傳統男主外、女主內的觀念與「愛的勞務」，讓婦女甘心奉獻照顧家庭，使女性工作與家庭必須兼顧；而自解嚴以來，政黨活動熱絡，喊價式選舉大開福利之門，也促成兒童津貼的提出與相關兒童政策支票。

4. **環境因素**：受到西力東漸，台灣福利受美國殘補式福利的影響頗深，因此，政府對於提供福利服務也顯得躊躇不前，由一九七三年兒童福利法立法修法後，直到二十年後的一九九三年才有第一次修法可見一斑。之後經過四次修法，並於二○○三年五月二十八日與少年福利法合併為兒童少年福利法。

透過四個因素分析，更能瞭解台灣兒童照顧政策走向，特別是受到結構因素與文化因素影響，左右政府對兒童照顧政策的介入，建構政府介入角色。

我國有關兒童及少年福利政策主要是依據憲法之基本國策（其中社會安全一節），社會福利政策綱領及社會福利政策綱領實施方案，茲分述如下：

兒童福利

一、中華民國憲法

1. 我國憲法第153條規定：「婦女兒童從事勞動者，應按其年齡及身體狀態，予以特別之保護」。
2. 我國憲法第155條規定：「國家為謀社會福利，應實施社會保險制度。人民之老弱殘廢，無力生活及受非常災害者，國家應予以適當之扶助與救濟」。
3. 我國憲法第156條規定：「國家為奠定民族生存發展之基礎，應保護母性，並實施婦女、兒童福利政策」。
4. 我國憲法第157條規定：「國家為增進民族健康應普遍推行衛生保健及公民制度」。

二、社會福利政策綱領

行政院一九九三年七月十四日第二三八九次院會審議核定通過，一九九三年七月三十日修正核定之「社會福利政策綱領」實施要項中第三部分福利服務之第14點規定：「對於需要指導、管教、保護、身心矯治與殘障重建之兒童與其父母、養父母、監護人提供親職教育與社會服務；並提供周延兒童托育與育樂服務，以保障兒童權益，健全其身心發展」。另第15點規定：「健全少年身心發展，滿足少年對於教養、輔導、服務、育樂之各類需求，以增進少年福利」。之後，社會福利政策綱領也在二○○四年二月十三日經行政院函修正核定。

三、社會福利政策綱領實施方案

此項方案行政院亦於一九九三年七月十四日審議通過，一九九三年七月三十日修正核定。該方案第三部分福利服務中：

1. 第5點規定：「建立完善兒童保護體系暨諮詢輔導服務網絡」。
2. 第6點規定：「對發展遲緩之特殊兒童建立早期通報系統，並按其需

要提供早期療育、醫療或就學等相關方面之特殊照顧」。

3.第7點規定：「研訂兒童福利機構設置與管理準則暨其專業人員資格標準與訓練辦法，並規劃家庭托兒保母專業制度」。

4.第8點規定：「訂定獎勵公民營機構設置育嬰室、托兒所等各類兒童福利設施及優待兒童、孕婦措施之辦法」。

5.第9點規定：「建立少年保護網絡，結合各級政府相關單位、民間團體、機構共同參與」。

6.第10點規定：「獎勵民間單位設立各類少年福利機構，提供少年各項需求服務」。

7.第11點規定：「鼓勵地方政府設置青少年福利服務中心，並結合區域內相關機關，以加強中心功能提供區域性諮商輔導及支持性服務」。

綜合上列之依據，我國兒童及少年福利之政策仍以補救性為重，較少涉及發展性及預防性之政策取向，這三者各有不同的強調及著重點。補救性係針對已發生的問題，予以解決或舒緩有礙個人或社會健康發展的障礙；預防性政策是滿足青少年一般普及性的需要、防範不良問題出現，建立健康成長之基礎；而發展性政策具有前瞻未來提高素質及鼓勵承擔之特點。

事實上，這三種類型在各國兒童少年政策是同時採取、同時存在，也有互補作用。再從兒童少年工作觀點亦可分為兩種取向，一種是以「問題為導向」（problem-oriented）之殘補式政策，著重在兒童少年問題預防，主要工作重點在兒童少年福利、犯罪與藥物濫用防制，兒童少年保護與處遇等，過去我國日本偏重於此政策取向；另一種是以「人力資源為導向」（human resource-oriented），著重對兒童及少年投資概念，工作重點在就業輔導與訓練、促進兒童及少年志願服務學習、加強國際視野與領導力、累積未來社會之人力資本（human capital）與社會資本（social capital），如加拿大、澳洲、紐西蘭、新加坡等（青輔會，2004）。

第六節　我國兒童及少年福利實施內容

　　我國的兒童福利政策，主要是針對兒童的問題及需求，並以家庭為核心，結合社區的力量，融合「國家干涉主義」與「家庭雙親權力」之優點的政策取向，以促進兒童生理、心理、社會的成長與發展（鄭鈞元，2004）。我國的兒童及少年福利，自國民政府一九四九年遷台以來五十多年的變遷與發展，固然在不同時空脈絡及社會發展之變遷環境下，台灣從原先救濟為主之育幼院→解決農忙托兒→都會地區之托育服務→兒童福利立法→兒童保護→兒童安全→兒童福利專業化→兒童福利專責行政單位→兒童福利及少年福利合併立法→家庭政策→人口政策等發展軌跡，也使得我國兒童福利從殘補式走向預防式及主導式的發展軌跡。

　　我國的兒童及少年福利內容包括：

一、保險

　　全民健康保險：全民健康保險是一種強制性的社會保險，於一九九五年三月一日正式開辦，目的為提供全民平等就醫的權利。保險給付範圍為綜合性醫療給付，包含了門診、住院、中醫醫院、診所、分娩、復健服務、處方藥品、預防兒童保健服務、居家照護服務及慢性疾病復健。

二、津貼

(一)低收入戶兒童托育津貼

　　直轄市、縣市政府對於低收入戶或家庭寄養之兒童，給予托育津貼補助。

(二)托嬰津貼政策

　　自二○○八年四月起，針對夫妻雙方都是受僱者，年收入在新台幣一百五十萬元以下，家庭有2歲以下幼兒，有托育需要，並將幼兒送給具有專業證照保母人員照顧的家庭，每月補助新台幣三千元；對低收入戶或家有發展遲緩、身心障礙兒童托育者，每月補助新台幣五千元。

三、救助

(一)兒童寄養家庭補助

　　社會局會按月補助每名兒童、少年寄養費用，但補助費用依照各縣市政府規定而有差異。

(二)中低收入戶兒童及少年生活扶助

　　各縣市政府於家庭總收入平均分配全家人口，每人每月未超過內政部規定當年度最低生活費一‧五倍，其父母雙亡、或一方死亡、重病、失蹤、服刑無力扶養之兒童及少年，發給中低收入戶兒童少年生活扶助費，每名兒童每月補助約新台幣一千四百元生活扶助費，提供其經濟協助，以度過困境。

(三)托育補助

1. 發放幼兒教育券：兒童局與教育部補助全國年滿五足歲實際就讀（托）於已立案私立托兒所、幼稚園之幼兒，每人每學期補助新台幣五千元。
2. 中低收入戶幼童托教補助：兒童局與教育部針對中低收入戶年滿五足歲實際就讀（托）於已立案公、私立幼稚園、托兒所（含村里托兒所）之幼童托教費用補助，每人每學期最高補助新台幣六千元。

(四)3歲以下兒童醫療補助

為使3歲以下兒童獲得適切的健康照顧，促進其身心正常發展，減輕家庭負擔，出生日起至年滿3歲之兒童參加全民健康保險者，補助項目為門診及住院部分負擔費用。

(五)低收入家庭暨弱勢兒童少年醫療補助

協助低收入戶暨弱勢兒童繳納健保欠費、水痘疫苗注射、發展遲緩兒療育、訓練及評估費、住院期間看護、膳食費及住院部分負擔費等。

(六)中低收入家庭3歲以下兒童健保費補助

只要符合中低收入家庭3歲以下兒童資格者，即能享有全民健保保費補助。

(七)低收入戶生活補助

家中若有15歲以下兒童每人每月加發新台幣一千八百元生活補助費，就讀高中職以上者，每人每月新台幣四千元生活補助費。

(八)原住民幼兒托教補助

就讀公立幼稚園每人每學期最高補助新台幣二千五百元，私立幼稚園每人每學期最高補助新台幣一萬元。

(九)弱勢兒少緊急生活扶助

18歲以下的兒童或青少年，父母若有失業、入獄服刑、離婚、患有重大疾病、藥酒癮及精神疾病等高分險因子，且經調查評估有經濟急困者，即給予每月新台幣三千元的緊急生活扶助。

(十)早期療育費用補助

促進發展遲緩兒童及早接受療育，掌握其最佳療效期，使發展遲緩兒童的障礙程度減至最低，並減輕發展遲緩兒童家庭之經濟負擔，協助其維

持家庭功能，降低社會成本，依規定補助低收入戶者，每名每月最高補助新台幣五千元，非低收入者，每名每月最高補助新台幣三千元。

(十一)特殊境遇婦女之子女傷病醫療補助

1. 未滿6歲之子女，參加全民健保，無力負擔自行負擔之費用者，凡在健保特約醫療院所接受門診、急診及住院診治者，依全民健康保險法規定應自行負擔之費用，每人每年最高補助新台幣十二萬元。

2. 補助6歲以上未滿18歲之子女參加全民健保，無力負擔且未獲其他補助或保險給付者，自行負擔醫療費用超過新台幣五萬元部分，每人每年最高補助新台幣十二萬元。

四、福利服務

(一)兒童少年社區照顧輔導支持系統

整合教育、衛生及社政相關資源，結合民間公益團體提供遭遇困難兒童少年諮商、課輔、寄養安置、親職活動等服務，並以培訓志工推動社區認輔制度方式，逐步建立社區兒童少年照顧輔導支持系統，積極予以協助及支持。

(二)隔代及單親家庭子女教養及輔導計畫

針對有教養困難問題之隔代及單親家庭進行定期訪視、親職教育、諮詢服務、心理輔導及治療、行為輔導、課業輔導、寒暑假生活輔導營隊等各項外展服務，增進家庭的親職教養能力與支持，協助兒童少年在成長過程中有良好的照顧，預防或協助解決家庭問題，避免其受到疏忽，減少行為偏差事件。

(三)外籍配偶弱勢兒童少年家庭外展服務

鑑於外籍配偶因語言溝通及文化背景的差距，除須面臨婚姻適應的困難外，在教導子女方面也有認知方面的差距，為提供正確的親職照顧知

能，辦理外籍配偶弱勢兒童外展服務及親職教育研習與親子活動，其透過訪視輔導、志工課業輔導、成長團體、親子活動及親職教育講座等相關輔導措施，協助外籍及大陸配偶子女在成長過程有良好生活適應，增進親子關係。

(四)外籍配偶及弱勢家庭兒童學前起蒙服務計畫

協助外籍配偶及弱勢家庭兒童透過學前親子共讀、親子活動等，增加其親子閱讀表達能力及社會發展能力，以增強文化刺激不足之兒童語言、認知等發展。

(五)「家事商談」服務

結合司法院與各地方法院合作辦理「離婚案件之未成年子女及其家長諮商或商談服務」，透過商談人員協助離婚夫妻尋求雙方均滿意的衝突解決方式，包括離婚後的子女監護權歸屬、生活、探視、教養、居住及財物分配等各種安排，協助家長保持正向、良性的互動關係，促進雙方和平理性溝通，共同合作教養子女，減少雙方與子女因離婚造成的傷害，進而保障子女成長權益。

(六)兒童及少年保護服務

設置二十四小時婦幼保護專線「113」，提供兒童保護諮詢、舉報、失蹤兒童協尋及親職教育等服務，積極輔導地方政府辦理諮詢、緊急安置、輔導、轉介、實施強制性親職教育及家庭維繫重建輔導服務；另建置完成「兒童保護個案管理資訊系統」及分級辦理兒童保護社會工作人員訓練，積極提升整體服務效能。

(七)保護個案家庭處遇服務

針對通報確定為兒虐個案，積極輔導地方政府辦理家庭處遇服務（包括家庭維繫方案及家庭重整方案），另規劃專業人員相關訓練，積極且整體提升保護個案家庭處遇知能，以恢復及促進受虐家庭功能，防止虐待情形再度發生，並協助家外安置之兒童少年返回家庭。

(八)兒少保護與家庭暴力防治

　　為有效防治兒童及少年虐待事件，落實兒童虐待通報及辨識兒虐高風險家庭，俾讓公權力及時介入以防範未然，除函頒實施「落實兒童及少年保護家庭暴力與性侵害事件通報及防治工作實施方案」外，並成立「兒童及少年保護與家庭暴力防治小組」。藉由整合社政、勞政、教育、衛生、法務、戶政、警政及營建等系統之中央及地方資源，深入鄰里社區，建構縝密的通報、救援與保護服務網絡，以有效防治家報及兒童虐待事件發生。

(九)高風險家庭處遇服務

　　有鑒於兒虐事件重在預防，爰訂頒「高風險家庭關懷輔導處遇實施計畫」，動員勞工、教育、衛生及民政系統人員協助發掘高風險家庭，並輔導地方政府結合民間兒福團體，辦理高風險家庭關懷輔導處遇服務，針對有兒虐危機家庭，就其家庭需求提供訪視、輔導、親職教育諮詢服務、心理輔導、行為輔導、課業輔導、家庭生活輔導、社會救助等各項處遇服務，預防兒虐事件之發生。

(十)協助失蹤兒童少年之查尋工作

　　失蹤兒童及少年之協尋，係屬警政主管業務；惟為擴大協尋功能，兒童局亦結合兒童福利聯盟合作設置「失蹤兒童少年資料管理中心」，以「0800-049880」—「您失蹤幫幫您」專線，提供協尋、宣導及父母親心理諮商輔導等服務。

(十一)中輟、失蹤逃家或虞犯之兒童少年犯罪防治

1.辦理家庭外展服務：為降低國、高中生中途輟學或逃家，衍生家庭及社會問題，結合民間社會福利團體，針對中輟、失蹤逃家之虞犯兒童或少年，適時介入並提供定期訪視、電話諮商輔導、心理輔導、課業輔導及親職教育之家庭外展服務，以協助中輟、逃家兒少重返校園。

2.辦理邊緣少年高關懷團體輔導工作：結合民間公益團體針對邊緣、

非行少年辦理休閒輔導活動，由專業人員引領活動並融入輔導教育，期從活動中導正其行為及偏差價值觀，以落實少年身心健全發展之任務。

(十二)少年轉向服務

依據少年事件處理法規定，強化少年保護措施，輔導各直轄市、縣（市）政府協助司法人員對非行少年之轉介服務或安置輔導處遇等工作提供相關資源。

(十三)兩性關係諮詢及未婚懷孕處遇服務

為推動性教育及未婚懷孕宣導工作，配合衛生署辦理「推動少年性教育方案」，編列經費專案補助辦理「兩性關係諮詢及未婚懷孕處遇服務」專線，對於青少年兩性交往及未婚懷孕的兒童少年提供預防性活動、心理輔導及治療計畫。

(十四)兒少網路色情及性交易預防

兒童局定期召開「兒童及少年性交易防制督導會報」，凡經檢警查獲或救援有從事性交易或有從事性交易之虞者，均由當地社政主管機關指派社工人員做緊急安置及陪同偵訊，保護受害人權益及協助案情瞭解及處理。

本章小結

兒童及少年福利政策的發展，早期係以問題取向（problem oriented）為主，即針對有特殊需求的兒童及少年，如被遺棄、貧困失依、受虐、行為偏差、情緒困擾、發展遲緩、身心障礙、非行兒童及少年等，提供關懷、救助、安置、保護、輔導、養護或矯正等措施，換言之，也是較偏向殘補的處遇模式。近年來，在兒童少年政策的取向較以生態、增強、充權增能的理論，漸漸採用發展及預防取向（development and prevention oriented）為主，將服務對象擴及一般兒童及少年健全生活之所需，包括衛生保

健、托育服務、教育、就學、休閒娛樂，以及司法保護等領域，並建立服務網絡。換言之，此發展的趨勢是：(1)從不幸特殊到一般關懷的健全成長；(2)從機構收容之積極性家庭維存（繫）的服務方案；(3)從兒童及少年之個案本身到家庭生態的整體考量。

　　具體、完善的兒童及少年福利政策，需要決策者評估社會變遷及預測未來環境的變化結果，並要反映標的人口的需求及解決現有的問題困境，思考應採用的原則與策略；而政策制定之後，更需要有完善的法規（參考第六章）及健全的行政體制（參考第七章）。兒童及少年福利政策之制定是反映民間團體對兒童及少年照顧理念與價值，以及家庭、社會與政府角色的定位。因此，兒童少年福利政策之制定應對標的服務人口考慮到公平、正義、效率、均衡、整合等原則，更應去除因政黨輪替而造成政策的搖擺動盪，致使兒童少年權益受損，福利受害（陳武雄，2003）。

參考書目

一、中文部分

內政部（1997）。《中華民國台灣地區兒童生活狀況調查報告》。台北：內政部。

內政部（2000）。《兒童及少年福利促進委員會八十九年第一次會議——內政部兒童局工作報告》。台北：內政部。

內政部（2002）。《內政統計年報》。台北：內政部。

內政部（2003）。《內政部九十二年度預算總目錄》。台北：內政部。

內政部（2004）。《中華民國九十二年社政年報》。台北：內政部。

內政部（2009）。《九十八年度社政年報》。台北：內政部。

內政部兒童局（2001）。《家庭寄養、兒童受虐類型》。台中：內政部兒童局。

內政部兒童局（2003）。《九十二年內政部兒童局單位預算書》。台中：內政部兒童局。

內政部社會司（2000）。《社會福利白皮書——社福新願景》。台北：內政部。

內政部統計處（1997）。《中華民國八十五年台灣地區兒童生活狀況調查報告》。台北：內政部。

天下雜誌（1999）。《二十一世紀從○開始》（作者：周慧菁）。

王順民（1999）。〈兒童福利的另類思考──以縣市長選舉兒童福利政見爲例〉。《社會福利服務─困境、轉折與展望》（頁39-68）。台北：亞太出版社。

王順民、郭登聰、蔡宏昭（1999）。〈結論：福利國家發展的歷史比較〉，《超越福利國家？！社會福利的另類選擇》（頁58-65）。台北：亞太出版社。

王順民（2002）。兒童保護與安置政策。輯於中國文化大學社會福利學系（主編），《當代台灣地區青少年兒童福利展望》。台北：揚智文化。

石婉麗（1995）。《家庭變遷中實施兒童津貼意義之探討──以現行國家經驗爲主》。中正大學社會福利研究所碩士論文。

行政院（2004）。行政院青少年事務促進委員會九十三年度第一次臨時會議資料（2004年3月25日）。台北：行政院。

行政院主計處（1997）。《中華民國社會指標統計──民國七十三年至八十五年》。台北：行政院。

行政院主計處（2003）。《2001至2003年中央政府預算編列與社會福利支出》。台北：行政院。

余多年（1999）。《各國學齡前兒童照顧支持政策之研究》。國立中正大學社會福利研究所碩士論文。

南投縣政府社會局（2003）。《南投縣政府九十二年度社政概算（預算案）調查表》。南投：南投縣政府。

李明政（1994）。《意識形態與社會政策模型》。台北：冠英出版社。

青輔會（2004）。《青少年政策白皮書》。台北：行政院。

張世雄（1996）。《社會福利的理念與社會安全制度》。台北：唐山出版社。

郭靜晃（1999）。邁向廿一世紀兒童福利的願景──以家庭爲本位，落實整體兒童照顧政策。《社區發展季刊》，88，118-131。

郭靜晃等（1995）。《學齡前兒童托育問題之研究》。行政院研考會委託研究。

陳小紅（1989）。1980年美國社會福利政策的改革方向與啓示。《經社法制論叢》，4，1-17。

陳美伶（1991）。《國家與家庭分工的兒童照顧政策──台灣、美國、瑞典的比較研究》。國立台灣大學社會學研究所碩士論文。

陳武雄（1995）。《整合福利政策、法規、措施之理與作法──社會福利的理念與實踐》。八十四年度國家建設研究會社會福利分組會議。

陳武雄（2003）。兒童及少年福利法之剖析。《社會發展季刊》，102，131-143。

彭淑華（1995）。我國兒童福利法政策取向之評析。《社區發展季刊》，72，25-40。

馮燕（1999）。新世紀兒童福利的願景與新作法。《社區發展季刊》，88，104-117。

馮燕（2002）。《2002年兒童人權指標調查報告》。台北：中國人權協會。

詹火生（1987）。《社會政策要論》。台北：巨流圖書公司。

劉邦富（1999）。迎接千禧年兒童福利之展望。《社區發展季刊》，88，97-103。

鄭清風編譯（1993）。《主要工業國家社會安全政策（勞工保險研究叢書之廿二）》。台北：台閩地區勞工保險局。

鄭鈞元（2004）。〈各國兒童福利的發展〉。載於彭淑華（主編），《兒童福利》。台北：群英出版社。

二、英文部分

Atkinson, A. B. (1994). On targeting social security: Theory and western with family benefit. 25-68. Baltimore: The John Hopkins University Press.

Antler, S. (1985). The social policy context of child welfare. In John Laird and Ann Hartman (Eds.), *A Handbook of child welfare: Context knowledge, and practice*. NY: The Free Press.

Dye, T. R. (1975). Understanding public policy. *Englewood Cliffs*. NJ: Prentice Hall.

Easton, D. (1953). *The political system*. New York: Knopt.

Esping-Andersen, G. (1990). *The three worlds of welfare capitalism*. Cambridge: Polity Press.

Esping-Andersen, G. & J. Mickle Wright (1991). *Welfare state models in OECD countries: An analysis for the debate in central and Eastern Europe*. Hants: Arebury.

Gauthier, A. H. (1996). *The state and the family: A comparative analysis of family policies in industrialized countries*. Oxford: Clarendon Press.

Gilbert, N., Specht, H. & H. Q. Terrell, P. (1993). *Dimensions of social welfare policy,* (3rd ed.). Englewood Cliffs, NJ: Prentice-Hall.

Hantrais, L. (1993). *Women, work and welfare in France*. 116-137. Hants: Edward Elgar.

Hayes, C. D., Palmer, J. L. & Zaslow, M. J. (eds.) (1990). *Who cares for America's children? : Child care policy for the 1990s*. Washington D. C.: National Academy Press.

Harding, L. F. (1997). *Perspectives in child care policy* (2nd ed.). London: Longman.

Kadushin, A., & Martin, J. A. (1988). *Child welfare services*. New York: McMillan Publishing Co., Inc.

Kamerman, S. B. (1996). *Child and family policies: An international overview* . New York: Cambridge University Press.

Kamerman, S. B.& Kahn, A. J. (1989). Family policy: Has the United State learned from

Europe?. *Policy Studies Review*, 8(3), 581-598.

Kamerman, S. B.& A. J. Kahn (1994). Family policy and the under-3s: Money, services and time in a policy package. *International Social Security Review,* 47 (3-4), 31-43.

Lasswell, H. D. & Kaplan, A. (1950). *Power and society.* New Heven: Yale University Press.

McKillip, J. (1987). *Need analysis: Tools for the human services and education.* Sage Publications, Inc.

Pierson, C.(1991). Beyond the welfare state? Unpublished manuscript, Pennsyviania State University.

Social Security Administration (U. S. D. H. H. S.) (1997). Social security programs through-out the world-1997.http: //www.ssa.gov/statistics/ssptw97.html.

William, S. F. (1989). *Social policy: A critical introduction.* Oxford: Basic Blackwell.

Zastrow. C. (1994). *Introduction to social welfare institutions: Social problems, services and current issues* (3rd ed.). 台北：雙葉書局。

三、網站

內政部戶政司（2000）。台閩地區身心障礙者人數按年齡分。取自http://www.moi.gov.tw/w3/stat/topic/topic143.htm

內政部戶政司（2003）。少年人口數12~17歲者。取自http://www.moi.gov.tw/w3/stat/gen-der/s02-01.xls

內政部志願服務資訊網（2003）。2003年台灣地區少年福利工作人員實際人數。取自http://vol.moi.gov.tw/

內政部志願服務資訊網（2004）。社會福利績效考核總報告。取自http://volnet.moi.gov.tw/sowf/29/audit_2.htm#社會福利施政計畫效能

內政部兒童局（2003）。托兒所統計表。2003年12月24日。取自http://www.cbi.gov.tw/all-benefits.php?t_type=s&h_id=37

內政部兒童局（2003）。兒童人口概況。2003年5月6日。取自http://www.cbi.gov.tw/all-demo.php

行政院主計處（2001）。2001至2003年中央政府預算編列與社會福利支出。取自http://www.dgbas.gov.tw/

行政院青年輔導委員會（2003）。青少年政策推動方案。http://www.youthrights.org.tw/data/data_1.pdf

財團法人國家政策研究基金會（2002）。2003年度兒福預算檢視弱勢兒童處境。取自http://www.npf.org.tw/publication/ss/091/ss-b-091-009.htm

Chapter6

第六章

兒童少年福利法規

政府是依法行政，所以說來，兒童少年福利的行政措施必須依據兒童少年福利法規行事，而社會立法更是落實社會政策的具體表現；兒童少年福利行政所規劃的福利服務是基於兒童少年福利法規，兒童少年福利法規源於政策，這三者之間的關係除了相互關連之外還要反映社會變遷中的兒童需求與問題（參考圖6-1）。兒童少年福利之實務一則要滿足兒童的需求，符合兒童及少年的最佳利益，二則要以專業方法與技術解決兒童及少年所遭受影響其身心發展的問題。

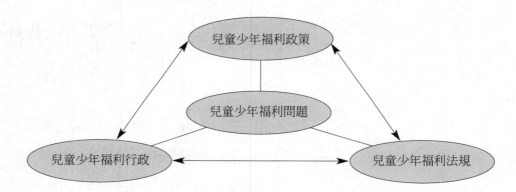

圖6-1　兒童福利法規、行政與政策之關係
資料來源：謝友文，〈兒童福利法規與行政體制〉，輯於馮燕等著，《兒童福利》（台北：國立空中大學，2000）。

「兒童少年福利法規」之目的為推動兒童少年福利工作之法令規定，也是一種兒童少年福利的法律與命令。也就是說，兒童少年福利法規規定在現實社會生活中，人與人之間在有關兒童福利之層面關係的規範與準則；此外也透過國家立法機關依一定的程序制定，命令各級行政機關就其職務事項遵守相關之規範及準則。

兒童少年福利法規可分為廣義與狹義之定義。前者係為整合政府不同部門的相關業務，從整體、全面的角度來看，係指凡是能夠增進兒童福祉之各種法規的總稱；後者專指兒童少年福利法及其相關附屬法規，係針對政府現行兒童少年福利主管機關的業務，從兒童少年福利專業、特定的角

度著眼（謝友文，2000）。謝友文（2000）進一步列舉兒童少年福利法規有八種主要推動兒童少年福利事務的重要功能，列舉如下：

1. 有效推動兒童少年福利政策。
2. 經由法規揭示的理念目標、哲理精神，可作為推展兒童福利工作的指引方向。
3. 透過制訂法規，訂定明確規範，建立相關制度、標準，可供適切遵循。
4. 涉及有關部門之組織職掌及權限，事關重大。
5. 攸關人民的權利義務，尤其兒童權益方面，影響深遠。
6. 有利於兒童福利措施的執行落實。
7. 維持制度之公平性，有利於監督管理。
8. 發生問題或爭議時，可作判斷基準。

　　我國兒童少年福利的推展，依現行法令規定，以社會福利行政機關為主體。但就整體觀點而言，兒童少年福利工作牽涉的範圍並不只社政部門而已，有關兒童少年各種權益及福利的保障，還包括政府部門中教育、衛生、司法、勞工、新聞傳播等層面，才能有效推動整體性的兒童少年福利工作（謝友文，1987，2000；鄭淑燕，1992）。現行有關兒童少年相關之條文，除了兒童少年福利法是最根本推動兒童及少年福利之法律之外，尚有「優生保健法」從善種、善生的觀點，保護兒童的健康；「幼稚教育法」為善教之相關法令；「國民教育法」、「強迫入學條例」規定6～15歲之國民應受國民義務教育，並強迫入學；「特殊教育法」對資賦優異與身心障礙兒童提供特殊教育；「勞動基準法」規範僱用童工及其保護之條件；「民法」對兒童基本權利、行為能力的保護、父母子女、監護、扶養、家庭等均有所規定；「刑法」對未滿14歲人之行為，明訂加以保護規定（鄭淑燕，1992）；另外，「全民健康保險法」為增進全體國民（包括兒童）健康，提供醫療保健服務；「少年事件處理法」對兒童觸犯刑罰法令的行為時，應如何處理及保護的規定；「衛星廣播電視法」規定節目內容不得妨害兒童身心健康等。

　　我國現階段與兒童少年福利有關的各類法規，涵蓋範圍甚廣；謝友文（1987）將其歸納分類為八類：(1)一般基本法規；(2)福利服務與救助類法規；(3)教育類法規；(4)衛生保健類法規；(5)司法保護類法規；(6)勞動類法規；(7)新聞傳播類法規；(8)其他類法規。現將各類法規所包含的主要內容彙整成「兒童少年福利法規一覽表」，詳見**表**6-1。

表6-1　**兒童少年福利法規一覽表**

類別／法規名稱
一、一般基本法規（有關兒童之基本權利與保護的規定）
1.中華民國憲法
2.中華民國憲法增修條文
3.民法第一編　總則
4.民法第四編　親屬
5.民法第五編　繼承
6.中華民國刑法
7.性侵害犯罪防治法
8.性侵害犯罪防治法施行細則
9.家庭暴力防治法
10.家庭暴力防治法施行細則
二、福利服務與救助類法規（兒童福利服務與有關救助的規定）
1.兒童福利法
2.兒童福利法施行細則
3.兒童及少年性交易防制條例
4.兒童及少年性交易防制條例施行細則
5.內政部兒童局組織條例
6.內政部兒童及少年福利促進委員會組織規程
7.兒童福利專業人員資格要點
8.兒童福利專業人員訓練實施方案（含訓練課程）
9.保母人員技術士技能檢定規範
10.發展遲緩兒童早期療育服務實施方案
11.社會工作師法
12.社會工作師法施行細則
13.身心障礙者保護法
14.身心障礙者保護法施行細則
15.社會救助法
16.社會救助法施行細則
17.社會救助機構設立標準

（續）表6-1　兒童少年福利法規一覽表

類別／法規名稱
18.社區發展工作綱要
19.中華民國立案托兒所標誌
三、教育類法規（有關兒童受教育、學習權益及保護的規定）
1.教育基本法
2.幼稚教育法
3.幼稚教育法施行細則
4.國民教育法
5.國民教育法施行細則
6.強迫入學條例
7.強迫入學條例施行細則
8.特殊教育法
9.特殊教育法施行細則
10.教師法
11.教師法施行細則
12.師資培育法
13.師資培育法施行細則
14.原住民族教育法
15.原住民族教育法施行細則
16.幼稚園課程標準
17.幼稚園設備標準
18.私立幼稚園獎勵辦法
19.教師輔導與管教學生辦法
20.國民小學學生健康檢查實施辦法
21.學校衛生保健實施辦法
22.加強維護學生安全及校區安寧實施要點
23.校園事件通報管理系統實施要點
24.各級學校兩性平等教育實施要點
25.國民中小學中途輟學學生通報及復學輔導辦法
26.中小學性侵害防治教育實施原則及課程參考綱要
27.大學校院教育學程師資及設立標準
28.公私立各級學校校車顏色及標誌標準圖
29.高級中等以下學校及幼稚園教師資格檢定及教育實習辦法
30.教育部辦理兒童及少年性交易防制教育宣導辦法
31.特殊教育課程、教材及教法實施辦法
32.特殊教育相關專業人員及助理人員遴用辦法
33.特殊教育設施及人員設置標準
34.少年矯正學校矯正教育指導委員會設置辦法

（續）表6-1　兒童少年福利法規一覽表

類別／法規名稱
35.幼兒園管理條例
四、衛生保健類法規（有關兒童健康、醫療保健的規定）
1.優生保健法
2.優生保健法施行細則
3.食品衛生管理法
4.食品衛生管理法施行細則
5.精神衛生法
6.精神衛生法施行細則
7.全民健康保險法
8.全民健康保險法施行細則
9.全民健康保險預防保健實施辦法
10.菸害防制法
11.菸害防制法施行細則
五、司法保護類法規（有關兒童司法保護的規定）
1.少年事件處理法
2.少年事件處理法施行細則
3.少年保護事件審理細則
4.少年保護事件執行辦法
5.少年不良行爲及虞犯預防辦法
6.少年觀護所條例
7.少年輔育院條例
8.少年輔育院條例施行細則
9.少年矯正學校設置及教育實施通則
10.少年矯正學校學生累進處遇分數核給辦法
11.少年矯正學校學生接見規則
12.少年矯正學校學生申訴再申訴案件處理辦法
13.少年矯正學校辦理校外教學活動實施辦法
14.少年矯正學校學生處遇審查委員會會議規則
15.更生保護法
16.更生保護法施行細則
17.更生保護會設置兒童學苑實施要點
18.財團法人台灣更生保護會兒童學苑收容學生言行考核要點
19.財團法人台灣更生保護會兒童學苑與少年輔育院協調聯繫要點
六、勞動類法規（有關童工勞動條件、權益保護的規定）
1.勞動基準法
2.勞動基準法施行細則
3.勞工保險條例

（續）表6-1　兒童少年福利法規一覽表

類別／法規名稱
4.勞工保險條例施行細則
5.勞工安全衛生法
6.勞工安全衛生法施行細則
7.勞工健康保護規則
8.童工女工禁止從事危險性或有害性工作認定標準
9.勞工教育實施辦法
七、新聞傳播類法規（有關兒童閱聽權益及保護的規定）
1.電影法
2.電影法施行細則
3.電影片分級處理辦法
4.電影片檢查規範
5.廣播電視法
6.廣播電視法施行細則
7.印製發行中小學生課外讀物輔導要點
8.電視廣告製作規範
9.廣播廣告製作規範
10.廣播電視廣告內容審查標準
11.有線電視廣告製作標準
12.電視節目製作規範
13.廣播節目製作規範
14.錄影節目帶製作規範
15.有線廣播電視法
16.有線廣播電視法施行細則
17.衛星廣播電視法
18.衛星廣播電視法施行細則
19.衛星廣播電視廣告製播標準
20.電視節目分級處理辦法
21.兒童及少年性交易防制條例教育宣導辦法
八、其他類法規（其他有關兒童安全及保護的規定）
1.兒童遊戲設備安全準則──設計與安裝
2.兒童遊戲設備安全準則──檢查與維護
3.玩具商品標示基準
4.經濟部防制兒童及少年性交易教育宣導辦法
5.手推嬰幼兒車商品標示基準
6.各類場所消防安全設備設置標準
7.道路交通安全規則

資料來源：謝友文，《青少年兒童福利政策與法規彙編》（台北：桂冠，1987）。〈兒童福利
　　　　法規與行政體制〉，輯於馮燕等著，《兒童福利》（第二版）（台北：國立空中大
　　　　學，2002）；及作者增列。

兒童及少年福利行政立於法規，法規出自於政策，有關我國兒童少年福利之行政體系，有兒童福利之政策（在上一章有專章敘述）、兒童少年福利行政（將於下一章討論），以及本章兒童少年福利法規。本章分爲三個部分：一、兒童及少年福利法之立法過程；二、兒童福利法修正後之特色；以及三、兒童及少年福利法合併修法之重點及未來推展之方向。

第一節　兒童及少年福利法之立法過程

兒童福利法是我國推動兒童福利、兒童保護工作之用法，於一九七三年二月八日制定公布，歷經一九九三、一九九九年、二〇〇〇年、二〇〇二年四次修正，及二〇〇三年五月二十八日與少年福利法合併成爲兒童少年福利法，分爲七章，包括總則、身分權益、福利措施、保護措施、福利機構、罰則及附則，共七十五條。兒童福利法制定之後，隨著社會情況的改變，需要有計畫地因應時須加以修正與充實，才能發揮與時俱進，歷久彌新的良法美意；否則，本身條文仍屬陳舊過時或聊備一格而已。因此，兒童福利法的修定與訂定，對推動兒童福利工作及政府主管機關內訂定相關方法或附屬法規，都有助於執行兒童福利相關工作的依據（謝友文，2000）。

法律是將政策法制化，兒童福利政策須經由法制化的過程，才能成爲具體的兒童福利法，因此兒童福利法的制定過程，如同各種法律的制定，有一定的程序。我國兒童福利法於一九七二年一月二十五日立法院制定全文三十條，在一九七三年二月八日經總統台統（一）義字第620號令制定公布，歷經四次修正；第一次修正一九九三年一月十八日立法院修正全文五十四條，一九九三年二月五日經總統華總（一）義字第0475號令修正公布；第二次修正是一九九九年三月三十日立法院修正第26條條文，一九九九年四月二十一日經總統華總（一）義字第8800084030號令修正公布；第三次修正是二〇〇〇年五月二十六日。立法院刪除第8條條文；並修正第2條、第3條、第6條、第7條、第9條、第22～24條、第26條、第31條、第32條、第35條，以及第46條條文，二〇〇〇年六月十四經總統華總（一）義

字第8900147040號令修正公布；第四次修正是二〇〇二年五月三十一日立法院修正第17條及第25條文，二〇〇二年六月二十六日經總統華總（一）義字第09100125170號令修正公布。之後，兒童福利法與少年福利法二法合併修正為兒童少年福利法。在這之前，少年福利法在一九八九年一月十日由立法院制定全文三十二條，一九八九年一月二十三日經總統華總（一）義字第0415號令公布；第一次修正是二〇〇〇年五月二十六日立法院修正第3條、第4條、第7條、第20～27條條文，二〇〇〇年六月十四日經總統華總（一）義字第8900147020號令公布；第二次修正立法院於二〇〇二年五月三十日修正第9條、第11～16條、第18條，以及第19條條文，二〇〇二年六月二十六日經總統華總（一）義字第09100125190號令公布。

兒童福利法及少年福利法二法合併修正為兒童少年福利法，經行政院於二〇〇二年六月二十日函送立法院審議，業於二〇〇三年五月二日三讀通過，五月二十八日總統公布施行（參考**圖6-2**）。

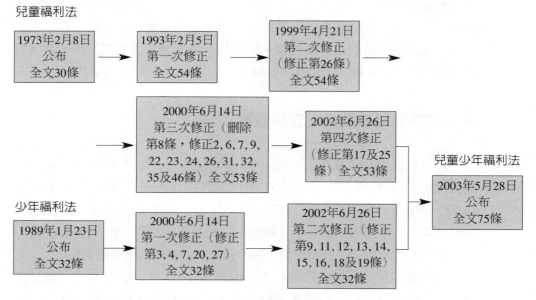

圖6-2 兒童福利法及少年福利法公布及修正時程

　　為維護12歲以下兒童身心健康，促進兒童正常發育，保障兒童福利，並加強推展我國兒童福利工作，政府於一九七三年制定兒童福利法，以作為推展及執行我國兒童福利工作之根據，並建構國內兒童福利服務之基模。兒童福利法實施後，其間因社會結構改變，兒童福利問題也日益複雜，為尋求提供兒童較大之福利及受虐兒童保護之措施，政府復於一九九三年修正兒童福利法，擴大對兒童福祉照顧。此外，對12歲以上未滿18歲少年，政府並於一九八九年制定少年福利法，藉以增進少年福利，健全少年身心發展，並提高父母及監護人對少年之責任感。自此，我國對於18歲以下之未成年人規劃了較完整的建置及保障。

　　上開法律將對18歲以下未成年人之福祉照顧，區別兒童及少年分予規範，雖在強調兒童重保育、少年重輔導之不同成長過程，惟兒童及少年在保護、福利措施及相關需求上有其延續性及一致性，且此二法之性質有所雷同，而規範確有其差異與不足之處，以致在執行上常衍生困擾。再者，隨著社會及家庭環境結構之變遷，兒童及少年福利需求日新月異，在輔導上亦面臨許多新的挑戰，觀諸聯合國兒童權利公約及其他國家有關兒童法律之立法，多無類似國內以年齡區隔立法之情事，實有必要將二法予以整合為一，以強化政府及民間機構、團體對兒童及少年之保護工作，落實對兒童及少年福祉照顧（立法院，2004）。

一、兒童福利法制定之立法過程

　　我國兒童福利法草案，一開始是內政部於一九六〇年間草擬，但因時機尚未成熟，故遲至一九六六年才將草案報請行政院審核（劉曉秋，1997），歷經多次開會商討，終於在一九七三年間完成立法（周建卿，1986；馮燕、李淑娟、劉秀娟、謝友文、彭淑華，2002；賴月蜜，2003），在此期間經行政與立法機關提案，議會及公布的過程（參考圖6-3）。

　　在兒童福利法公布施行後，雖對我國兒童福利工作的推展有了法律依據，但在社會變遷中造成社會環境丕變、造成兒童問題層出不窮，兒童身心發展受到不良影響及兒童權益極需重視，例如，江玉龍等人（1997）研究就發現台灣受虐兒童嚴重，以及馮燕、郭靜晃、秦文力（1992）對一九

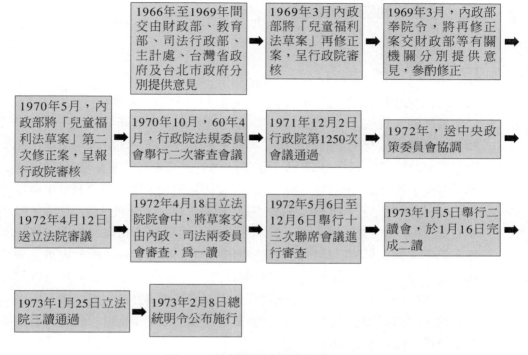

圖6-3　兒童福利法制定過程

資料來源：賴淑惠（1983），《我國兒童福利政策之研究》，國立政治大學公共行政研究所碩士論文，頁93-94。

七三年公布的兒童福利法在二十年中執行的種種困難及阻礙其執行成效，加上一九九○年所成立的民間團體——「兒童福利聯盟」有鑑於兒童問題的嚴重惡化，諸此種種皆有修法的呼籲。除此之外，民主進步黨政策白皮書更載明：「一九七三年兒童福利法的通過，明顯地是在因應聯合國兒童基金會從一九六三年至一九七二年間對我國的支助，隨著我國退出聯合國，聯合國兒童基金會也隨之撤離台灣，我國兒童福利法就在隔年通過，以反應給國際社會看的法規」（民進黨，1993）。因此，兒童福利法就在此社會變遷所衍生兒童的問題及社會需求而展開修法的歷程，一共歷經四次。

二、兒童福利法修法過程

(一)兒童福利法

　　「兒童福利法」在一九九三年、一九九九年、二〇〇〇年，以及二〇〇二年歷經四次修法（參考**圖6-2**），除了上述兒童問題逐漸惡化及民間與學術界的呼籲，故有兒童福利法第一次修正。第二次修正則配合刑法第10條增訂第5項將「姦淫」一詞改爲「性交」，故在兒童福利法第26條第1項第10點「姦淫」也改爲「性交」。第三次修正係因精省後，將所有原條文中涉及「省」的相關規定，一律加以刪除，或爲相關之修改，有關兒童福利法之條文有第2，6，7，9，22，23，24，26，31，32，35及46條，共十二條修正。第四次修正係明訂第17條兒童安置時，得向撫養義務人酌收安置兒童所需之生活費、衛生保健費及其他與寄養或收容有關之費用；其收費規定，由直轄市、縣（市）主管機關訂定之。另修訂第25條對兒童福利機關之規範，明訂其接受捐助者，應公開徵信，並不得利用捐助爲設立目的以外之行爲（賴月蜜，2003）。

(二)少年福利法

　　「少年福利法」於一九八九年一月二十三日經總統令公布，此法係指12歲以上未滿18歲之人爲少年，制定宗旨爲增進少年福利、健全少年身心發展、提高父母及監護人對少年的責任感。有關少年福利措施包括：輔導就學就業、困苦失依少年生活扶助、不幸少年收容、安置輔導、保護、寄養、教養等。少年福利法共有三十二條。第一次修訂在二〇〇〇年六月十四日經總統令公布，因配合精省之故，將原修文中涉及「省」的相關規定，一律加以刪除，或爲相關修改，一共修正第3，4，7，20，27條，共五條條文修正。第二次修正爲二〇〇二年六月二十六日，經總統令公布，其中皆對相關的行政措施做細部修訂。例如，第9條增列一項：對寄養家庭之遴選、審校、輔導、評鑑、獎懲及收費等事項之規定，由當地主管機關訂定之；第11條配合修訂明訂父母應給付少年所需之生活費、衛生保健費，以及其他寄養或收容教養等費用。第12條增訂，就少年福利機構其設立規

模、面積、設施及人員配置等事項之標準，由中央主管機關定之。少年福
利機構就其所提供之設施或服務，得收取費用；其費額，由各該主管機關
訂定之。第13條增訂，少年福利機構之設立要件、申請程序、審核期限、
籌設、許可及其他應遵行事項之辦法，由中央主管機關訂定之。第14條增
加但書條款，即由財團法人附設者，得免再辦理財團法人登記。第15條增
訂二項，少年福利機構接受私人或團體之捐贈，應妥善管理及運用。其屬
現金者，應設專戶儲存，專作增進少年福利之用。但捐贈者有指定用途
者，應專款專用。依前項規定所受之捐贈，應辦理公開徵信。第16條增
訂，少年福利機構不得利用其事業，為不當之宣導或兼營營利事業。第18
及19條增訂，對顧客之年齡、身分有疑者，得請其出示身分證明；無身分
證明或不出示證明者，應拒絕供售其菸、酒、檳榔吸食及應拒絕其出入該
場所。其次修正有第9，11，12，13，14，15，16，18，19條，共修正九條
條文。

第二節　兒童福利法修正後之特色

　　雖然民進黨（1993）的社會政策白皮書指出我國兒童福利法之制定是
因應我國退出聯合國，因應聯合國兒童基金會對我國之支助只是做給國際
社會看的。蔡漢賢（2002）卻指出：「兒童福利法歷經十三年的研擬，瓜
熟蒂落乃是情理之常，說外交受挫才通過，似過分牽強。」在事隔三十多
年，事實如何卻難以釐清，但不可否認，我國福利法之制定，公布對於我
國兒童福利行政及推展兒童福利工作卻是功不可沒。

　　兒童福利法在歷經二十年的社會變遷，影響之因素包括國內兒童虐待
問題頻傳，加上民間團體及學術界的呼籲，終於在一九九三年有了第一次
修訂，修訂後的兒童福利內容，共有五十四條條文，分為六章：第一章總
則；第二章福利措施；第三章福利機構；第四章保護措施；第五章罰則；
及第六章附則，其主要內容摘要如下：

1.第一章　總則（第1條至第12條）
　a.宗旨、對象

219

　　b.出生通報制

　　c.優先保護權

　　d.中央及地方政府主管機關與其職掌

　　e.兒童福利專業訓練

　　f.兒童福利經費來源

2.第二章　福利措施（第13條至第21條）

　　a.地方政府執行兒童福利具體措施

　　b.不幸兒童之保護安置

　　c.責任報告制

　　d.一般優待措施

3.第三章　福利機構（第22條至第25條）

　　a.一般兒童及不幸失依兒童福利機構之設立

　　b.非營利兒童機構設立條件

　　c.政府輔導評鑑及獎懲

4.第四章　保護措施（第26條至第42條）

　　a.保護行為

　　b.收養條件與程序

　　c.法定兒童管教責任

　　d.兒童保護程序

　　e.兒童安置

　　f.特殊兒童之特殊照護

5.第五章　罰則（第43條至第52條）

　　a.對兒童犯罪者刑罰加重

　　b.第四章各項違法行為之罰鍰

6.第六章　附則（第53條與第54條）

　　一九九三年此次修正比一九七三年所公布的兒童福利法，在觀念上帶有一些新改變，分述如下：

　　1.輔導雛妓並懲罰嫖妓者。

　　2.司法中對非行兒童的處罰由輔導替代矯治。

3.對不適任家長有最具威脅性的「親權轉移」的措施。

4.對未善盡保護養育之父母以親職教育及輔導替代懲罰。

5.公權力介入兒童保護。

又此次修正，援引了一些新的制度，分述如下：

1.出生通報制（第2條）。

2.建立殘障兒童指紋檔案（第2條）。

3.責任報告制（第18條）。

4.收養制度（第27至29條）。

5.兒童保護制（第15至17條、第26條、第30至31條、第35條、第48條）。

6.兒童非行的輔導制度（第38條）。

7.發展遲緩兒童早期療育制度（第13條、第23條、第42條）。

8.兒童福利專業人員制度（第11條、第24條）。

在一九九三年之後，為了配合一九九九年刑法修正案，二○○○年因精省之修法配合及二○○二年對兒童安置及捐助之公開徵信之條文修訂，使得兒童福利法內容，修訂成為五十三條條文，仍為六章，歸納計有八項主要特色（謝友文，2000）。

1.具體宣示兒童福利理念與倫理（兒童福利法第1條）。

2.闡明家庭與社會對兒童共同的責任（兒童福利法第3、4、5條）。

3.重視全體兒童的權益（兒童福利法第2、4、22、23、26、27條）。

4.強化兒童福利行政體系（兒童福利法第6、7、8、9、10、11條）。

5.擴大兒童保護措施範圍（兒童福利法第26、27、28、29、30、31、32、33、34、35、36、37、38、39、40、41、42條）。

6.催生相關配套制度，全面落實兒童福利政策（兒童福利法第2、18、35、38、42、48條）。

7.明訂相關委任立法及適度授權地方政府（兒童福利法第10、11、12、20條）。

8.具體多樣的罰則，兼俱輔導與加重處罰（兒童福利法第43、44、

45、46、47、48、49、50、51及52條)。

　　綜合本節所述，兒童福利法之制定宗旨在於推動兒童福利工作，貫徹兒童福利政策，但法規要隨社會變遷所衍生的問題情境，日後要適時加以充實及修正。我國兒童福利法歷經二十九年四次修正，當然徒法不足以執行，在法規上還要擴充子法來充實架構及內容，並且依法建立行政體系，才能有效推動兒童福利工作。

第三節　兒童及少年福利法合併修法之重點及未來推展之方向

一、兒童少年福利法合併修法之歷程

　　為因應兒童及少年不斷出現的新議題，避免兒童及少年之資源重疊及行政體制的整合，以及順應先進國家的兒童法及一九八九年聯合國兒童權利公約，其所指之「兒童」，皆以18歲以下為規範，故民間團體自一九九七年起，即針對兒童福利法與少年福利法二法之合併及其相關議題，不斷地開會研討，更具體地區分為實務、學術及法條等三組，歷經六十餘次的會議，研修版本。除擬訂修法版本外，亦發起成立「兒童及少年福利法修法促進聯盟」，努力為修法遊說及萬人連署活動，以促加速通過修法。

　　民間版本早於二○○一年九月，即先由林志嘉立法委員提案連署，送請立法院審議，惟因屆期不繼續，無法在當期完成修法，但仍發揮引起朝野關注之效，繼而，在隔年四月，民間版本再由秦慧珠立法委員、周清玉立法委員等為提案人，在立法院第五屆新會期提出。而官方版本，自兒童局於一九九九年十一月成立以來，即開始著手兒童及少年福利合併修法的工作，歷經六次審查會，於二○○一年六月送行政院審查，故在二○○二年六月間，共計有行政院版、楊麗環委員等、周清玉委員等、秦慧珠委員等、台灣團結聯盟黨團等五個版本在立法院審議中，而各版本分別依序在

立法院第五屆第一會期第四、八、九、十、二十次會議報告後決定：「交衛生環境及社會福利委員會與相關提案併案審查」（立法院，2002）。之後，在二○○二年十二月立法院衛生環境及社會福利委員會將這五案合併，併案審查「兒童及少年福利法修訂草案」，終於，一讀逐條討論部分，分別在二○○二年十二月二十五日及二○○三年三月十九日完成，而同年四月二十九日之二讀及五月二日之三讀，皆在SARS（嚴重急性呼吸道症候群）陰影的籠罩下，快速而無聲地通過。在整個兒童及少年福利法的修訂中，以民間團體的角度觀之，從「修法歷程大事紀」（參考**表6-2**），更可清楚看出，修法的漫漫長路，係由許多熱心的人士共同參與完成。

表6-2　兒福聯盟兒少法修法歷程大事紀

時間	會議／行動內容
1997.06～ 1997.12	第一次至第八次修法會議 討論兒童少年福利法研修方向芻議、緊急安置、通報制度、一般安置、收養、停止或改定監護權、親權、強制性親職教育輔導、獨立告訴等。
1998	第九次至第二十二次修法會議 討論兒少法中關於親權之規定、一般安置，安置相關議題決議、棄嬰戶籍登記、擴大棄嬰年齡定義、無國籍及外國籍兒童及少年在台之議題、兒保個案中無戶籍者之戶籍登記與保密問題、父母不詳的無戶籍兒童與少年戶籍登記處理、增列確認親子關係之訴、否認子女是否可由生父或主管機關以血緣鑑定方式舉證提起、否認子女之訴是否應有時間限制？又限制時間應有多久、對於父母被停止親權者，主管機關可否代為出養、父母無力照顧子女，如收養符合子女最佳利益，主管機關可否代為出養、如何制訂機構出養部分、機構對於出養資料之保密義務等。
1999.01～ 1999.05	第二十三次至第三十次修法會議 討論失蹤兒少、親職教育輔導、兒少法修法專題托育相關法條研擬、一般性保護（媒體方面）、強制性保護、一般性保護、非行兒少防治等。
1999.05	兒盟版「兒童及少年福利法」修正案第一版
1999.06～ 1999.07	第三十一次至第三十七次修法會議 綜合討論，潤飾法條，部分條文修正。
1999.07	兒盟版「兒童及少年福利法」修正案第二版
1999.08～ 1999.11	第三十八次至第五十四次修法會議 綜合討論，潤飾法條，部分條文條正。
1999.11	兒盟版「兒童及少年福利法」修正案第三版

（續）表6-2　兒福聯盟兒少法修法歷程大事紀

時間	會議／行動內容
2000.04.21	舉辦「推動兒童及少年福利法合併修訂」公聽會
2000.07.6	第五十五次修法會議，召開修法小組會議，確認兒盟版條文
2000.09.29	舉辦兒童保護法律實務研討會，針對兒少法保護專章進行討論
2000.07.6	第五十六次修法會議，修法小組會議確認兒盟版條文，部分條文修正
2001.04	兒盟版「兒童及少年福利法」修正案第四版
2001.05	兒盟版「兒童及少年福利法」修正案第五版
2001.08	兒盟版「兒童及少年福利法」修正案第六版
2001.09	・兒盟版「兒童及少年福利法」修正案第七版 ・由林志嘉立法委員提案，送立法院審議
2002.03	與立法院聯繫，注意立法院動態，嗣新立委名單產生後，即就衛環委員會名單為評估。
2002.04	・周清玉立法委員與秦慧珠立法委員各自完成連署，並將法案送入立法院 ・在台大校友會館召開記者會，由周清玉與秦慧珠等委員出席記者會，正式對外公布兒盟版兒少法已於該新會期再進入立法院審議 ・兒少法修法完成交付委員會
2002.07～	第五十七次至第五十九次修法會議
2002.08	與社盟青少年組各團體逐條討論，部分條文修正
2002.09.4	第六十次修法會議 法條組再度檢視兒少法全文，部分條文修正並研擬具體建議
2002.09	兒盟版「兒童及少年福利法」修正案第八版
2002.09.17	與民生報、財團法人國家政策研究基金會共同舉辦「為新世代奠基石——兒童及少年福利併法座談會」
2002.09.26	立法院召開「催生兒少法，全民總動員」記者會，為兒童及少年福利法催生，並成立「兒童及少年福利法修法聯盟」，簡稱「兒少法聯盟」，計有33個團體加入，仍持續加盟中
2002.10.7	發動籲請立法院優先審查兒少法之萬人連署行動
2002.10.21	第六十一次修法會議 與社盟兒童、少年團體逐條討論，部分條文修正
2002.10.25	與發展遲緩兒童基金會、好生育幼院、台北市青友中心、敦安基金會等團體代表拜會立法院院黨團行動，籲請立法院優先三讀通過「兒童少年福利法」
2002.11.12	・於立法院召開「兒童少年福利法」修正案民間團體共識會議，計有八個兒少法聯盟團體參加，商討兒少法修法行動策略 ・於立法院召開「兒童少年福利法」合併修正案協商會議，計有行政院相關部會官員、立法委員與兒少法聯盟團體出席，進行兒少法版本之說明與協商

（續）表6-2　兒福聯盟兒少法修法歷程大事紀

時間	會議／行動內容
2002.12.5	赴立法院拜會衛生環境與社會福利委員會各委員，遞交「兒童及少年福利法」合併修正版本比較法條與說帖，表達儘速優先審查此民生法案之訴求，尋求委員會委員支持
2002.12.24	兒童福利聯盟基金會常務董事兼執行長、台大社工系系主任馮燕教授再赴立法院拜訪周清玉、徐少萍等委員
2002.12.25	立法院衛生環境與社會福利委員會第一次審查「兒童及少年福利法修正草案」，本次會議審議至行政院版本之第13條條文
2003.03.7	召開兒少法修法聯盟會議，邀請陳彥智先生與孫一信先生分享立院生態與身心障礙保護法修法經驗分享，並與聯盟成員商討兒少法行動策略
2003.03.14	召集兒少法聯盟團體成員，拜會衛生環境及社福委員會召委，力促儘快排入委員會審查議程
2003.03.18	召集兒少法聯盟團體共同參與賴清德委員召開之「兒童少年福利法」會前協商會議，與行政部門就法案內容進行協商
2003.03.19	在賴清德立法委員召集主持下，立法院衛生環境暨社會福利委員初審通過「兒童及少年福利法」，整部法案將逕付二讀
2003.04.29	立法院二讀通過「兒童及少年福利法」
2003.05.2	立法院三讀通過「兒童及少年福利法」
2003.05.28	總統府公布「兒童及少年福利法」

資料來源：賴月蜜（2003）。兒童及少年福利法合併修法之歷程與爭議——民間團體推動修法之經驗。《社區發展季刊》，103，50-65。

　　兒童少年福利法之合併修法，除了合併現行兒童福利法及少年福利法外，還參照現行「兒童及少年性交易防治條例」，將適用對象擴大為18歲以下之兒童及少年，並充實章節架構及內容，共分為七章七十五條，增加第二章身分權益。

　　基本上，兒童少年福利法包括：總則、身分權益、福利措施、保護措施、福利機構、罰則和附則等共計七章，整體內容與規定來看，除了詳細列舉各目的事業主管機關之權責和罰責外，亦對執行工作之細節做較為完備之規定，以更有效的保護和處理兒童少年被侵害的權益。諸如：(1)嚴格規定出生通報責任，妥善解決棄嬰、非婚生子女無戶口或其他因素而造成戶口問題，以及收養和出養過程中的必要行為，以便兒童少年成長過程中，就醫、就學和就養權益得以維護；(2)落實早期療育資料建檔、建構發

展遲緩評估與早期療育服務之網絡；(3)保障3歲以下兒童以免因為家庭經濟因素而無法獲得醫療照顧；(4)對於提供不當的教養、未善盡教養和利用兒童少年謀利之父母得實施強制性親職教育；(5)代替父母或監護人協助、輔導和安置兒童少年之條件；(6)詳細規定安置保護程序和應有之作為；(7)扶養人不支付費用時，為保護兒童少年主管機關應先行支付。

雖然兒童少年福利法的修訂條文不少，但仍有未盡之處。因其內容偏重於將過去較不完備的部分加以補正，以利執行，並加重處罰的部分。其中第5條規定政府及公私立機構、團體處理兒童及少年相關事務時，應以兒童及少年之最佳利益為優先考量；有關其保護及救助，並應優先處理。顯示積極發展性的福利工作仍未被考慮。再者對於少年福利之法規增修甚少，這與實際少年成長上所面對之需求仍有差距，**專欄**6-1有專文討論缺失之處，有待日後增補修正之參考。此外，徒法不足以執行，亦期待施行細則能有較完備之補充，以及主管機關能盡力協調相關目的事業主管機關，確切落實對兒童與少年的保護與福利工作，以增進兒童少年的成長（郭靜晃，2003）。

二、兒童福利法、少年福利法及兒童少年福利法之比較

兒童及少年福利法合併後之兒童及少年福利法，除適用對象範圍擴大外，其內容也根據兒童福利法及少年福利法不足的部分做補強。**表**6-3中將兒童福利法、少年福利法及合併後之兒童及少年福利法之條文、立法目的、保障之對象、主管之機關與經費來源，以及相關之福利及保護措施作比較。

表6-3 兒童福利法、少年福利法與兒童及少年福利法之比較

項目	兒童福利法	少年福利法	兒童及少年福利法
條文	五章（總則、福利措施、福利機構、保護措施、罰則）原三十條，修正後為五十四條	五章（總則、福利措施、福利機構、保護、罰責）共三十二條	七章（總則、身分權益、福利措施、保護措施、福利機構、罰責、附則）共七十五條
頒布日期	1973年1月25日 1993年2月5日第一次修正	1989年1月23日	2003年5月28日
立法目的	為維護兒童身心健康，促進兒童正常發育，保障兒童福利，特制定本法。	為增進少年福利，健全少年身心發展，提高父母及監護人對少年之責任感，特制定本法。	為促進兒童及少年身心健全發展，保障其權益，增進其福利。
保障對象	所稱兒童，指未滿12歲之人。	所稱少年係指12歲以上未滿18歲之人。	所稱兒童，指未滿12歲之人。 所稱少年係指12歲以上未滿18歲之人。
主管機關	兒童福利之主管機關：在中央為內政部；在直轄市為直轄市政府；在縣（市）為縣（市）政府。兒童福利主管機關在中央應設置兒童局；在直轄市及縣（市）政府應設置兒童福利專責單位。司法、教育、衛生等相關單位涉及前項業務時，應全力配合之。	少年福利主管機關：在中央為內政部；在直轄市為直轄市政府；在縣（市）為縣（市）政府。	在中央為內政部；在直轄市為直轄市政府；在縣（市）為縣（市）政府。 前項主管機關在中央應設兒童及少年局；在直轄市及縣（市）政府應設兒童及少年福利專責單位。 目的事業主管機關──可分為衛生、教育、勞工、建設、工務、消防、警政、交通、新聞、戶政、財政等單位。
經費來源	兒童福利經費之來源如下： 1.各級政府年度預算及社會福利基金。 2.私人或團體捐贈。 3.兒童福利基金。	少年福利經費之來源如下： 1.各級政府年度預算及社會福利基金。 2.私人或團體捐贈。	兒童及少年福利經費之來源如下： 1.各級政府年度預算及社會福利基金。 3.依本法所處之罰鍰。 4.其他相關收入。
福利措施	1.規定縣市政府應辦理的兒童福利措施〈13〉 2.提供家庭生活扶助或醫療補助〈14〉 3.緊急保護安置或其他處分〈15〉 4.無依兒童之照顧──寄	1.進修就業之輔導。 2.輔導保護安置事由及指定監護人。 3.無依少年之扶助。 4.父母養父母監護人之協助義務。	1.縣（市）政府自辦或委託、鼓勵民間辦理的兒少措施〈19〉 2.3歲以下兒童醫療照顧措施〈20〉 3.發展遲緩、身障兒童及少年指紋資料之建立、

227

（續）表6-3　兒童福利法、少年福利法與兒童及少年福利法之比較

項目	兒童福利法	少年福利法	兒童及少年福利法
	養或機構安置〈17〉 5.責任通報義務〈18〉 6.建立個案資料及保密義務〈19〉		檔案管理、早期療育、醫療、就學，以及轉介服務〈21-23〉 4.少年進修就業輔導〈25〉
福利機構	1.一般機構：如托兒所、兒童樂園、兒童福利服務中心、兒童醫院等。 2.收容機構：如育幼院、兒童緊急庇護所、智能障礙兒童教養院、傷殘兒童重建院、發展遲緩兒童早期療育中心等。	各級主管機關為辦理少年福利事業，應設少年教養、輔導、服務、育樂及其他福利機構。對於遭遇不幸之少年，應專設收容教養機構。 少年福利機構，得單獨或聯合設立；其設立規模、面積、設施及人員配置等事項之標準，由中央主管機關定之。	兒童及少年福利機構分類如下： 1.托育機構。 2.早期療育機構。 3.安置及教養機構。 4.心理輔導或家庭諮詢機構。 5.其他兒童及少年福利機構。
保護措施	1.對兒童特定行為之禁止任何人對於兒童不得有下列行為： (1)身心虐待。 (2)利用兒童從事危害健康、危害性活動或欺騙之行為。 (3)利用身心障礙或畸形兒童供人參觀。 (4)利用兒童行乞。 (5)供應兒童觀看閱讀聽聞或使用有礙身心之電影片、錄影節目帶、照片、出版品、器物或設施。 (6)剝奪或妨礙兒童接受國民教育之機會或非法移送兒童至國外就學。 (7)強迫兒童婚嫁。 (8)拐騙、綁架、買賣、質押兒童，或以兒童為擔保之行為。 (9)強迫、引誘、容留、	少年福利機構就其所提供之設施或服務，得收取費用；其費額，由各該主管機關定之。 1.禁止吸菸、飲酒、嚼檳榔。 2.禁止出入不良場所。 3.禁止吸毒、施打藥品，及觀看不良錄影帶、書刊。 4.禁止從事有害身心之行為。 5.發現足以影響少年身心健康之情事者，應通知當地主管機關、警察機關或少年福利機構。警察機關或少年福利機構接獲通知後，應立即處理，並通知主管機關；處理遭遇困難時，應即交由主管機關處理，並予必要之協助。 6.監護權宣告停止。	1.兒童及少年行為之禁止。 2.物品之分級。 3.禁止兒童及少年出入危害其身心健康之場所。 4.禁止兒童及少年充當不當場所之侍應工作。 5.對兒童及少年特定行為之禁止。 6.孕婦行為之禁止。 7.不得使兒童獨處之情形。 8.相關機構協助、輔導或安置。 9.兒童及少年需通報處理情形。 10.兒童及少年罹患性病得協助就醫。 11.兒童及少年緊急保護、安置之處理。 12.繼續安置。 13.接受訪談、偵訊或身體檢查之處理。 14.家庭發生變故兒童及少

（續）表6-3　兒童福利法、少年福利法與兒童及少年福利法之比較

項目	兒童福利法	少年福利法	兒童及少年福利法
	容認或媒介兒童為猥褻行為或性交。 (10)供應兒童毒藥、毒品、管制藥品、刀械、槍砲、彈藥或其他危險物品。 (11)利用兒童攝製猥褻或暴力之影片、圖片。 (12)帶領或誘使兒童進入有礙其身心健康之場所。 (13)其他對兒童或利用兒童犯罪或為不正當之行為。 2.兒童行為之禁止： (1)父母、養父母、監護人或其他實際照顧兒童之人，應禁止兒童吸菸、飲酒、嚼檳榔、施打毒品、迷幻物品、管制藥品或其他有害身心健康之物質。且任何人均不得供應前項之物質予兒童。 (2)父母、養父母、監護人或其他實際照顧兒童之人，應禁止兒童出入酒家、酒吧、酒館（店）、舞廳（場）、特種咖啡茶室、賭博性電動遊樂場及其他涉及賭博、色情、暴力等其他足以危害其身心健康之場所。 (3)父母、養父母、監護人或其他實際照顧兒		年之安置或輔助。 15.個案資料之建立及定期追蹤評估。 16.追蹤輔導及福利服務。 17.不得揭露足以識別兒童及少年姓名身分之資訊。 18.停止親權或監護權、終止收養關係。 19.兒童及少年之財產管理。

（續）表6-3 兒童福利法、少年福利法與兒童及少年福利法之比較

項目	兒童福利法	少年福利法	兒童及少年福利法
	童之人，應禁止兒童充當前項場所之侍應或從事其他足以危害或影響其身心發展之工作。 3.兒童收養之相關規定。		
特色	1.以禁止對兒童不當行為之相關保護措施為主。 2.對兒童收養應以兒童之最佳利益，以及7歲以上兒童之收養應尊重兒童意願。	1.輔導有意進修或就業少年進修、職訓或就業。 2.安置或輔導家庭發生重大變故而無法生活於其家庭者。 3.為受不當對待之少年提供保護與安置。 4.對無力維持生活者給予生活扶助或醫療補助。 5.規定少年之監護人應配合與協助主管機關或福利機構之措施。 6.各級機關應設教養、輔導、服務、育樂及其他福利機構以辦理少年福利事業。 7.明文規定少年不當行為。	1.嚴格規定出生通報責任，妥善解決棄嬰、非婚生子女無戶口或其他因素而造成戶口問題，以及收養和出養過程中的必要行為，以便兒童少年成長過程中，就醫、就學和就養權益得以維護。 2.落實早期療育資料建檔、建構發展遲緩評估與早期療育服務之網絡。 3.保障3歲以下兒童以免因為家庭經濟因素而無法獲得醫療照顧。 4.對於提供不當的教養、未善盡教養和利用兒童少年謀利之父母得實施強制性親職教育。 5.代替父母或監護人協助、輔導和安置兒童少年之條件。 6.詳細規定安置保護程序和應有之作為。 7.扶養義務人不支付費用時，為保護兒童少年主管機關應先行支付。

三、兒童少年福利法之重點

　　賴月蜜（2003）針對本次兒童及少年福利之新法提出有四十七條重點，茲以各章分述如下：

(一)第一章　總則

1. 擴大適用對象，18歲以下之兒童及少年皆適用本法之保護。（第2條）
2. 明訂各機關權責之劃分，強調兒童福利服務之科際整合，以及行政上橫向聯繫之重要。（第9條）
3. 明文規範兒童及少年福利諮詢委員會之成立，及其成員之組合、開會次數，避免委員會流於形式。（第10條）
4. 增加兒童及少年福利經費，明訂依本法所處之罰鍰，專罰專款方式，列入兒少福利經費。（第12條）

(二)第二章　身分權益

1. 加強出生通報，明訂胎兒出生後七日內，接生人應將其出生之相關資料通報戶政及衛生主管機關備查；並由中央衛生主管機關統一訂定出生通報表。（第13條）
2. 尊重兒童及少年意願，當兒童及少年對收養事件不同意時，非確信認可被收養，符合其最佳利益，法院應不予認可；增列出養必要性之審核，以維護兒童及少年在原生長家庭成長之權利。（第14條）
3. 增設收養資訊中心，保存出養人、收養人及被收養兒童及少年之身分、健康等相關資訊之檔案。以避免近親結婚、遺傳疾病之發生，及維護出養人、收養及被收養兒童及少年三方之權利。（第17條）
4. 增設機構收養制度，父母或監護人因故無法對其兒童及少年盡扶養義務時，於聲請法院認可收養前，得委託有收出養服務之兒童及少年福利機構，代覓適當之收養人，以杜絕販賣子女及非法媒介等情事發生。（第18條）

(三)第三章　福利措施

1.對於不適宜在家庭內教養之兒童及少年，得予以安置之規定，擴大安置對象，將逃家之兒童及少年，亦增列爲得予以安置之對象。（第19條）

2.增列兒童課後照顧之規定，得由直轄市、縣（市）政府指定所屬國民小學辦理，其辦理方式、人員等相關事項標準由教育部會同內政部定之。（第19條）

3.增訂政府應規劃實施3歲以下兒童醫療照顧措施，必要時並得補助其費用。（第20條）

4.擴大指紋資料建立之制度，即疑似發展遲緩兒童或身心障礙兒童及少年之父母或監護人，得申請警政主管機關建立疑似發展遲緩兒童或身心障礙兒童及少年之指紋資料。（第21條）

5.建立早期療育通報系統，即各類兒童及少年福利、教育及醫療機構，發現有疑似發展遲緩兒童或身心障礙兒童及少年，應通報直轄市、縣（市）主管機關。直轄市、縣（市）主管機關應將接獲資料，建立檔案管理，並視其需要提供、轉介適當之服務。（第22條）

6.明訂各機關對早期療育之職責，及父母親應盡配合之義務。（第23條）

(四)第四章　保護措施

1.擴大規範兒童及少年不良閱聽物品之範圍，並將飆車及參與飆車的行爲增列爲兒童及少年禁止之行爲。（第26條）

2.明訂媒體分級制度，即出版品、電腦軟體、電腦網路應予分級；其他有害兒童及少年身心健康之物品經目的事業主管機關認定應予分級者，亦同。（第27條）

3.增列福利機構除對非行兒童及少年之協助與輔導外，亦得予以安置；且安置期間之必要生活費、衛生保健費、學雜各費及其他相關費用，由扶養義務人負擔。（第33條）

4.中央主管機關應統一訂定對於兒童及少年非行行爲之禁止與違反兒童及少年保護事件之通報與處理辦法。（第34條）

5. 擴大保護範圍，兒童及少年罹患性病或有酒癮、藥物濫用情形者，應予以強制性治療。（第35條）

6. 擴大保護安置之期限，緊急安置72小時，繼續安置三個月為限，但必要時，得聲請法院延長，不限次數。（第37條）

7. 將原安置抗告期間五日延長為十日；明訂直轄市、縣（市）主管機關對安置期滿或依法撤銷安置之兒童及少年，應繼續予以追蹤輔導一年。（第38條）

8. 安置期間，兒童及少年之父母、親友等對兒童及少年之探視，應經主管機關之許可，而主管機關為許可時，應尊重兒童及少年之意願。（第39條）

9. 增列安置期間，對兒童及少年隱私權之保護，不得為非必要之訪問、偵訊、訊問或身體檢查；必要進行時，應由社工員陪同。（第40條）

10. 增列對兒童及少年保護事件及目睹暴力兒童及少年之家庭處遇計畫。（第43條）

11. 對於依少年事件處理法所轉介或交付安置輔導之兒童少年及其家庭，當地主管機關應予以追蹤輔導，並提供必要之福利服務。（第45條）

12. 對於兒童及少年保護案件，增列媒體及文書禁止揭露兒童及少年之身分資訊，且任何人亦不得於媒體、資訊或以其他公開方式揭示有關該兒童及少年之姓名及其他足以識別身分之資訊。（第46條）

13. 增訂對兒童及少年財產之保護，即有事實足以認定兒童及少年之財產權益有遭受侵害之虞者，主管機關得請求法院就兒童及少年財產之管理、使用、收益或處分，指定或改定社政主管機關或其他適當之人任監護人或指定監護之方法，並得指定或改定受託人管理財產之全部或一部。（第49條）

(五)第五章 福利機構

　　兒童及少年福利機構，依類別分為：托育機構、早期療育機構、安置及教養機構、心理輔導或家庭諮詢機構及其他等，而主管機關依兒童及少

年福利機構類別，訂定機構標準。（第50條）

(六)第六章　罰則

1.接生人違反通報義務，提高罰鍰處新台幣六千元以上三萬元以下。（第54條）

2.父母、監護人或其他實際照顧兒童及少年之人，未盡管教兒童及少年職責，違反第26條第2項規定情節嚴重者，提高罰鍰處新台幣一萬元以上五萬元以下；刪除原公告姓名之規定。（第55條）

3.明訂供應毒品、非法供應管制藥品或其他有害身心健康之物質予兒童及少年者，處新台幣六萬元以上三十萬元以下罰鍰。（第55條）

4.明訂供應有關暴力、猥褻或色情之出版品、圖畫、錄影帶、影片、光碟、電子訊號、電腦網路或其他物品予兒童及少年者，處新台幣六千元以上三萬元以下罰鍰。（第55條）

5.父母、監護人或其他實際照顧兒童及少年之人，違反禁止兒童及少年進出不良場所者，提高罰鍰處新台幣一萬元以上五萬元以下；前項場所應拒絕兒童及少年之進入，違反者，提高罰鍰處新台幣二萬元以上十萬元以下，並公告場所負責人姓名。（第56條）

6.父母、監護人或其他實際照顧兒童及少年之人，違反禁止兒童及少年為不良場所之侍應者，提高罰鍰處新台幣二萬元以上十萬元以下；任何人不得利用、僱用或誘迫兒童及少年在前項場所，違反者，提高罰鍰處新台幣六萬元以上三十萬元以下，公告場所負責人姓名，並令其限期改善；屆期仍不改善者，除情節嚴重，由主管機關移請目的事業主管機關令其歇業者外，令其停業一個月以上一年以下。（第57條）

7.違反第30條，對兒童及少年禁止行為之規定者，提高罰鍰處新台幣三萬元以上十五萬元以下罰鍰，情節嚴重者，並得公告其姓名。（第58條）

8.違反媒體分級第30條第1項第12款規定者，加重處新台幣十萬元以上五十萬元以下罰鍰，並得勒令停業一個月以上一年以下。（第58條）

9.增訂違反第31條第2項任何人不得強迫、引誘或以其他方式使孕婦為

有害胎兒發育之行為規定者，處新台幣一萬元以上五萬元以下罰鍰。（第59條）

10.增訂違反第32條兒童獨處禁止之規定者，處新台幣三千元以上一萬五千元以下罰鍰。（第60條）

11.增訂違反第17條第2項、第34條第5項、第44條第2項、第46條第3項等保密責任而無正當理由者，處新台幣六千元以上三萬元以下罰鍰。（第62條）

12.增訂違反兒童及少年個人資料保護第46條第1項規定者，各目的事業主管機關對其負責人及行為人，得各處新台幣三萬元以上三十萬元以下罰鍰，並得沒入第46條第1項規定之物品；違反第3項規定者，處新台幣六千元以上三萬元以下罰鍰。（第63條）

13.增訂兒童及少年之父母、監護人、實際照顧兒童及少年之人、師長、雇主、醫事人員及其他有關之人違反第47條第2項配合義務規定而無正當理由者，處新台幣六千元以上三萬元以下罰鍰，並得按次處罰，至其配合或提供相關資料為止。（第46條）

14.擴大親職教育輔導之時數為8至50小時，並提高不接受親職教育之罰鍰為新台幣三千元以上一萬五千元以下罰鍰；經再通知仍不接受者，得按次連續處罰，至其參加為止。（第65條）

15.提高未辦立案或禁止事項之處罰，即違反第52條第1項規定者，由設立許可主管機關處新台幣六萬元以上三十萬元以下罰鍰，並公告其姓名，並命其限期申辦設立許可，屆期仍不辦理者得按次處罰；經設立許可主管機關依第52條第1項規定，令其立即停止對外勸募之行為，而不遵令者，由設立許可主管機關處新台幣六萬元以上三十萬元以下罰鍰並限期改善；屆期仍不改善者，得按次處罰並公告其名稱，並得令其停辦一日以上一個月以下；兒童及少年福利機構有違反規定情節嚴重者，設立許可主管機關應通知其限期改善，屆期仍不改善者，得令其停辦一個月以上一年以下。（第66條）

(七)第七章　附則

1.擴大本法適用範圍，即18歲以上未滿20歲之人，於緊急安置保護措

施，準用本法之規定。（第69條）

2.成年人對兒童及少年犯罪加重其刑二分之一部分，以故意犯爲限。（第70條）

3.以詐欺或其他不正當方法領取本法相關補助或獎勵費用者，主管機關應撤銷原處分並以書面限期命其返還，屆期未返還者，依法移送強制執行；其涉及刑事責任者，移送司法機關辦理。（第71條）

4.增訂扶養義務人不依本法規定支付相關費用者，如爲保護兒童及少年之必要，由主管機關於兒童及少年福利經費中先行支付。（第72條）

四、合併修法後，未來兒童及少年福利推展之方向

徒法不足以執行，展望未來，在兒童及少年福利合併修法之後，我國兒童少年福利工作的推展還有很長的路要走。陳武雄曾當過最高社會行政主管（社會司長），以他個人之實務經驗建議，兒童少年福利法合併修法之後，應朝向下列重點推展（陳武雄，2003），同時有些項目也是內政部兒童局未來的工作重點，分列如下（內政部，2004）：

1.加速建構完整兒童及少年福利法規體系。

2.積極研商訂定幼托整合方案。

3.賡續推動「社區保母支持系統」。

4.落實兒童少年保護工作。

5.建置「發展遲緩兒童早期療育個案管理資訊系統」。

6.規劃辦理兒童少年照顧方案。

7.推動外籍配偶家庭子女親職教育。

8.結合社會資源有效防杜兒童少年犯罪。

9.強化兒童少年網絡安全認知。

10.致力提升寄養家庭的照顧品質與能力。

11.寬列推展兒童及少年福利經費預算。

12.加強培訓兒童及少年福利專業人才。

13.落實主管機關及各目的事業主管機關之權責分工。

6-1　對新版兒童及少年福利法的分析與批判——
　　　　一部與少年現實需要有差距的法規

一、前言

　　在知識經濟的時代中，任何社會的長期發展是要有許多條件相互配合的，不僅政治環境必須穩定，社會治安問題要少，而且人口的素質也要高，才能提供經濟發展條件吸引國內外長期投資資金。台灣地小人稠、缺乏天然資源，無法僅靠內需市場維持經濟成長。雖然這些年來，國民所得不斷提高，但是生產成本卻也是不斷升高。因此，產業結構必須導向資本密集和生產附加價值較高的產品。這不僅是靠雄厚的資金資本即可，還要有優質的人力資源配合。少年是國家社會未來的中堅，其人力素質的培育是不容忽視的。以國內目前的狀況而言，從人口結構看出老人平均壽命增加，而出生率下降。自一九九一年以降，各縣（市）少年人口總數占總人口的比例已逐年下降，顯示未來生產人口的實際產值必須提升，否則對社會未來經濟發展有很大的影響，值得關注。因此，國內整體社會經濟要能持續的成長，擁有更高的人力素質是必然條件。

　　依照行政院主計處（1999）及內政部統計處（1999）調查統計資料顯示，目前台灣地區的少年人口逐年下降，值得注意的事是：（一）少年在各區總人口比例均逐年下降，代表未來生產人口將減少，社會要維持高的經濟產值和繼續發展，人口素質位居重要地位。（二）在學學生人數逐年增加，而少年勞動力參與，則逐年下降。但是逐年下降的趨勢，且城鄉差異大，少年有集中都市的情況（曾華源、郭靜晃，1998）。由此看來，個人社會適應能力仰賴學校教育的程度加重，學校教育體系能否就未來社會發展的角度，擬定教育方案，以減少少年問題，培養社會發展所需要的人才，至為關鍵。否則未來不僅有可能引發結構性失業，與就業機會結構失衡，將導致社會問題增加，而且少年成年後的社會適應與就業訓練之工作，必然會對社會帶來沉重負擔。

　　近年來，台灣社會快速變遷的情況下，教育改革爭議四起，家庭組織結構多樣化後，許多家庭功能已減弱，而無法承擔子女保護與教養職責，甚至成為侵害子女的來源。再者，大眾媒體與網路全面性侵入家庭與學校系統，對傳統的社會規範和價值體系受到很大的衝擊，使家庭與學校系統無法掌控對少年的教育。當前少年成長環境比成人當年成長的環境優渥，彼此的生活經驗差異很大，少年接

受多元來源的價值，但是缺乏成熟的認知能力去體驗經歷，表現出來的不同或標新立異之行為和想法，卻為成人世界所不解，而被標籤為「新新人類」、「狂飆少年期」，或批評「怕苦、怕累，卻不怕死」的「草莓族」。因此，相較於過去，少年在成長過程中，政府和社會應擴大現有家庭支持體系和強化學校教育體制功能，以提供少年成長上的需求。

近年來，台灣的少年問題，從援交、飆車、安非他命、吸毒、自殺、未婚懷孕、墮胎、搶劫及少年失學逃家等等，使得我們意識到現在少年所遭遇的問題，將成為日後嚴重的偏差行為或犯罪行為，進而影響到家庭生活的穩定及社會的發展。此外，當前社會經濟的發展條件與過去不同，貧富差距拉大，社會變遷也造成家庭結構與功能弱化，也使得少年需要家庭外的各種社會服務。提供少年福利服務更需瞭解少年發展階段的需求，進而檢討整個少年福利整體規劃。因此，我們應該重視少年福利之工作。二〇〇三年五月二十八日修訂頒布之兒童少年福利法是否能夠滿足少年需求，值得詳細的審視。

二、少年身心發展與社會福利需求

隨著在學年齡期的穩定發展之後，在少年期（teenagers）這時段中，由於性賀爾蒙之催化，造成少年身體產生明顯的變化，對其身體變化之專注性和敏感性高。受限於性知識之不足，會引起許多焦慮驚慌的情緒，對社會適應會有影響，故要能認識身體變化之知識。少年與成人一樣，其情緒表現受社會環境因素及個人認知與信念所影響，只不過是其認知判斷能力在發展中，不一定以成熟方式呈現，故少年階段不必視為「狂飆期」。

隨著年齡的增加，在認知思考上，由於少年可以透過形式思維，從自我中心思考朝非自我中心驗證假設發展，在此一發展過程中，少年會對於未經驗過的事物提出假設，並透過邏輯原則，演繹推論較高層次的思考上，而不是知覺和經驗來思維。少年會在經驗不足的情況下，產生假想現象與個人傳奇的冒險行為；同時，也有強烈的相對定義價值觀，開始懷疑一些社會的判斷標準。在此一時期，特別需要發展出良好的自我節制（self-regulated）能力，以減少產生偏差或犯罪行為（Bandura, 1997）。少年認知判斷能力要能獲得成長，必須仰賴家庭父母教育、學校課程、同輩團體活動和大眾傳播媒體。少年與家庭之間不一定有很深的矛盾存在，與父母溝通之內容與同輩不同，親子之間的衝突，可能來自認知思考能力之發展及父母控制過嚴下，追求個人自主的反應，但不一定會帶來破壞性。

由此看來，少年在此一階段仍在接受社會化，其心理智能及社會生活能力均

238

在成長階段，少年的犯罪行為，如濫用藥物、自殺、逃學逃家與懷孕等均應視之為是發展中的問題，亦即少年因為認知判斷能力、自我控制和問題解決能力等的不足所導致問題的發生，也是少年身心發展中需要克服的阻礙。這些需要家庭和社會以正確的態度協助其正常發展。因此，在成長過程中，除了基本的生存保障之外，少年有照顧與保護的需要、適當教養的需要和休閒育樂的需要。這些需求來自個體身心發展上及社會因素所致的需求，正是少年福利服務致力的重心，茲分述如下：

(一)生活保障之需求

我國所訂定之貧窮線較為嚴格。對於中低收入戶少年之教養與照顧問題，相當值得注意。對於少年在成長過程中，不僅要在生理上獲得基本滿足與照顧，免於成長上的匱乏，得以維持生存，而且也要獲得尊嚴和健全的體魄。

(二)健康照護的需求

社會變遷，生活作息及飲食行為都產生變化，而少年在趕上潮流的同時，也為身心健康付出不少代價，例如，速食飲食容易因過量而導致肥胖、性知識不足但性態度開放或藥物的濫用（程百君，1999；董氏基金會，2002），這些生理上的顯著困擾是少年急欲解決的卻無適當的福利服務可提供正確照護及預防；此外，在升學就業上的困擾、生活壓力或情緒情感困擾、兩性關係都容易造成少年心理上極大的負擔與痛苦（王淑女、許臨高，1991；王淑俐，1995）。身心方面的困擾又會相互影響，對成長中的少年來說，由於情緒管理不佳，人際技巧缺乏，健康照護也就刻不容緩了。因此，少年健康維護之需求除了不僅要有健康的成長社會環境，也要獲得生理成長所需的健康知識與照顧，以避免疾病之危害和社會成長支出增加之外，在心理健康上要能獲得被接納之需求滿足，建立自我價值感，發展處理情緒的能力，且要能免於心理困擾和自我毀滅。

(三)保護照顧的需求

輟學及親子關係欠佳的少年容易以逃家的方式來面對生活上的困境，而逃家也容易造成偏差行為和非行少年（姚淑芬，1995）。此外，少年深夜遊蕩、出入不當的場合及飆車行為也是目前治安措施中的執行與防範重點，例如，台北市的柔性勸導、希望少年不要在深夜12點以後逗留在外，實因社會型態改變、少年行為與思想均產生大幅變革，使得保護照顧趨於迫切。因此，少年在保護照顧之需

要為能免於因智能判斷尚未成熟，知識經驗問題解決能力不足而被利用、剝削、虐待和不當的處置偏差行為，必須要特別保護，協助其免於恐懼，並健全成長。

(四)教育輔導的需求

傳統家庭功能式微，導致少年的社會化歷程缺乏傳統家庭的協助，特別是在價值觀及情緒管理和人際互動上的塑化。使無法在一般教育體制內適應的少年，更無法發展社會生活能力與一技之長。這些情況所反映的壓力與健康適應問題，是教育及輔導必須透過福利服務來強化的。因此，少年在教育輔導之需求包括獲得社會提供各種機會，促進少年智能成長，使少年獲得社會生活所需之知識，發展挫折情緒處理能力，社會關係與就業之能力，學習社交技巧與處理生活問題之能力，以便有處理生活適應問題能力，獲得經濟、情感及自我心理的滿足，並能正常的成長。

(五)休閒娛樂的需求

郭靜晃等（2002）研究指出，少年可用休閒時間不多，且休閒內容偏向娛樂性、體育性及靜態觀賞（如漫畫）；翁玉珠（1995）的研究也發現目前少年的休閒活動缺少情意、技能的培養。行政院主計處（1994）的調查顯示有三分之一學生對現有休閒生活不滿意，且認為「增設休閒活動場所」是政府應優先提供之福利措施。此外，根據葉至誠（1997）指出，少年的休閒活動反映出來的價值已明顯具有團體性格，亦即大部分的少年都因休閒的規劃及服務不足所導致欠缺良好的價值行為，例如，性侵害的增加。同時現行少年福利中心多為提供直接性的福利服務，普及性不足且整體規劃不足，這類現況更顯示少年的休閒娛樂需求未達滿足且品質有待提升。因此，少年休閒娛樂的需求包括調劑生活、擴大生活領域範圍、發展各種才能與社會生活能力成長，以增進心理健康和社會適應，提高社會生活之品質。

三、過去對制訂少年福利法規之建議

在訂定「少年福利法」以前，少年的各項福利適用兒童福利法。另外，少年不良行為與虞犯以「少年事件處理法」為依據，包括一九八一年三月四日內政部、法務部和教育部發布「少年不良行為與虞犯預防辦法」。一九八九年台灣頒訂了少年福利法，這是有關少年福利制度的一大里程碑，顯示政府對少年生活問

題和需求的重視。一九九四年行政院在第2389次院會審議時通過社會福利政策綱領，並且在實施方案中規定社政單位必須（1）建立少年保護網絡，結合各級政府相關單位、民間團體與機構供健康維護之需求：除了不僅要有健康的成長社會環境，也要獲得生理成長所需的健康知識與照顧，以避免疾病之危害和社會成本支出增加之外，在心理健康上要能獲得被接納之需求的滿足，建立自我價值感，發展處理情緒的能力，且要能免於心理困擾和自我毀滅；（2）獎勵民間單位設立各類少年福利機構，提供少年各類需求服務；（3）鼓勵地方政府設置少年福利服務中心，結合區域內各相關機構，以加強中心功能，提供區域性諮商輔導及支持性服務，這些措施與規劃，顯示主導性福利服務的概念與措施將成為必然趨勢（曾華源等，1995）。到一九九五年制訂「兒童及少年性交易防治條例」與一九九七年首頒「性侵害防治法」之中，其與少年相關法條，構成了當今少年福利政策的具體內容。

(一)法令不足之處

這些法令所構築之少年福利政策，仍然存在一些必須檢討與改進的困境和問題。許多學者（許臨高，1993；孫碧霞，1994；曾華源、許翠紋，1995；曾華源、郭靜晃，1998）提出之建議綜合歸納如下：

1. 福利經費預算編列未能兼顧整體社會發展之需要；福利經費預算膨脹、實際經費不足且分配不均，少年福利經費比例偏低。

2. 就少年福利法之法條內容來看，比較是著重於消極性的禁止少年不當行為，和處罰照顧者和迫害者，但是罰則又過輕，也無獨立告訴權。這是從他律取向的道德管制保護教養，透過法規採用負面禁制和違規處罰的方式，由於執行不易、執行力落實困難，而造成各種相關特別法的出現。在一九九五至一九九六年的「兒童及少年性交易防制條例」與一九九七年一月十二日通過頒定的「性侵害犯罪防治法」均為彌補法律不足與提升福利服務品質所做的努力。

   由少年福利相關法規之規定看來，是以少年「個體」而非「家庭」為服務單位，以及主要之保護對象。此外，關於一般少年身心發展任務方面之需求，並沒有全面性的福利政策規劃。這些相關法規及特別法並未整合或以少年為單一對象來規劃，其執行上勢必會再碰到困境與不足。

   目前相關法規之標的著重於針對不幸少年為主；包括虞犯或犯罪少年之保

護、管束及相關人員的處罰。從福利供給面而言，法規內容是以少年偏差行為的問題處置為主。整體說來屬於當前少年福利是屬於「殘補式」、「替代性」的福利政策，對於少年父母也只有提出進行親職教育的處置，並未針對問題發生原因提出因應對策，也未採取對家庭和父母提出「支持性」、「發展性」的福利服務。不過少年屬未成年，法定代理人是父母，其處罰對象是父母，服務對象是少年，而非以「家庭」及父母為主要服務對象，反而是處罰為主，就算是強制親職教育用意雖好，相信亦將如交通違規講習效果相同，似忽視家庭與父母可能在教養子女上的「無能」，而只是假定其「不願」，因此，只採取「處罰」之方式來要求父母盡責，是否規定未盡完善。

3. 少年福利政策缺乏統整和執行效能不彰。的確有許多相關法令來主張推動少年福利服務，然而少年福利政策缺乏整體性的規劃，並且無一專責機構作統籌，由於法律分屬不同組織系統及機關（如教育、司法、勞工職訓、衛生、警政、新聞、社福等）且法令未整合，如現有的少年福利法、少年事件處理法、兒童及少年性交易防制條例、不幸少年之家庭寄養、安置辦法、性侵害防制法等。此外，如教育法規、勞動基準法等，所指涉的少年福利措施皆未全面統整，而新的特別法（如菸害防治法）又一再出現，顯見整體少年法規尚待重新建構，才不至於形成在保護及保障或處置少年事件時的適法性考驗及困境。

4. 政府各級單位間福利輸送體系之規劃未落實服務網絡功能，而且少年福利機構無法與其他機關作有效的協調、聯繫與合作，以致社政機關只憑單方面努力，無法辦好少年福利工作。

5. 少年輔導安置機構之功能不彰。根據研究（陳宇嘉，1994；曾華源等，1995）指出國內不幸少年教養輔導機構功能不彰。許翠紋（1998）的研究顯示，不幸少女接受機構安置教養對其行為改變，不僅沒有影響，而且還有輕微的負向影響力存在。

6. 少年福利服務中心效益有待彰顯。一般少年對少年福利服務中心認識不多，設置地點不佳，前往使用率亦不高，可見其服務輸送之設計或宣導不夠，使預期服務功能不符合少年需求，而無法吸引少年使用。

7. 公辦民營之少年福利機構設置有待強化執行方式。

(二)對少年福利法規內涵與走向之建議

　　整體說來，未來少年福利政策走向應由補救功能走向支持發展式之功能。重視以家庭功能支持與維繫、少年休閒與教育輔導為主，機構照顧為輔。

1.強化高危險群少年的保護照顧工作，推動遊蕩少年外展服務方案；高危險少年家庭教養知能強化方案；依照學生多元性向潛能，推動學校實施多元教育方案，以落實學生受教育之權力和避免進入中途學校被標籤為不良學生。其中對虞犯少年和中途輟學學生的輔導，應以對家庭教養功能的增強為主要取向，而非僅是處罰家長。

2.加強單親家庭的支持功能，有實施單親家庭少年生活津貼；結合社區志工，推動單親少年生活教育照顧方案，使單親家庭對少年的保護照顧能確實做到。

3.加強少年休閒教育，以培養少年有正當休閒嗜好和專長。

4.加強少年社會生活技能，實施少年打工保護方案；少年身心健全方案，以避免學生以不當方式處理自己的問題，並培養企業所期望之能力，諸如少年自我負責、挫折處理能力、生活問題解決能力、重視團隊與溝通……等。

5.強化少年安置機構功能與少年福利中心，建構完成少年福利服務網絡。

6.充實少年福利經費與少年福利專業人才。

　　曾華源等（1995）進一步就少年需求與教養問題、福利政策趨向，提出少年福利政策規劃之內涵，強調台灣少年福利政策總目標應為「保障少年基本生活權益、促進少年獲得健全發展」，其主要工作內容為：(1)獲得基本的生活照顧；(2)獲得完整的健康照顧；(3)免於被剝削和傷害；(4)獲得良好的家庭生活；(5)滿足少年的學生需求；(6)滿足休閒娛樂需求；(7)擁有社會生活之能力；(8)能有良好的心理發展。由這些工作內容不難發現，學界對於政策的規劃是以身心健全且社會生活能力的基本要求，以反映少年福利政策的規劃企圖與意識，這也反映了先前的少年政策並不具體也缺乏整體性的規劃。

四、新版兒童少年福利法的積極功能

　　兒童及少年福利法於二○○三年五月二日立法院第五屆第三會期第十次會議通過，並在同年五月二十八日由總統公布施行。此一新修訂的法規共七章七十五

條，雖然條文內容比過去多，回應過去所提過的建議卻不多。但是有幾點新規定值得一提。

(一)明確訂出兒童與少年福利之主體和職責：第3條訂出兒童少年的保護與教養職責在父母，而政府與機關在配合和協助。第4條主要規範兒童與少年福利之主要範圍，對於「需要保護、救助、輔導、治療、早期療育、身心障礙重建及其他特殊協助之兒童及少年」提供協助。第5條明文規定政府實施兒童少年福利重點角色之優先順序，以及規定政府與公私立機構、團體應有的協助，藉以共同規劃推動各項兒童及少年福利服務。對於政府及公私立機構、團體處理兒童及少年相關事務時，應以兒童及少年之最佳利益為優先考量；有關其保護及救助，並應優先處理。兒童及少年之權益受到不法侵害時，政府應予適當之協助及保護。

(二)政府的職責劃分和統籌規劃之方式：第6條、第7條和第8條分別將中央及直轄市、縣（市）主管機關權責劃分清楚，第9條規定主管機關與各目的事業主管機關權責。在橫向聯繫工作上，第10條規定主管機關為協調、研究、審議、諮詢及推動兒童及少年福利政策，應設諮詢性質之委員會。前項委員會以行政首長為主任委員，學者、專家及民間團體代表之比例不得低於委員人數之二分之一。委員會每年至少應開會4次。

(三)專章規範兒童及少年之身分權益，以確保其最佳利益（修正條文第13條至第18條），並且規定兒童少年局專責主管與執行協調相關事宜。

(四)兒童及少年福利專業人員訓練之規劃事項，對工作人員要求工作素質，應定期舉辦職前與在職訓練。但是卻刪掉專業人力之數量之規定，另一方面卻又沒有規定機構管理者的資格和專業訓練。

(五)第34條醫事人員、社會工作人員、教育人員、保育人員、警察、司法人員及其他執行兒童及少年福利業務人員，知悉兒童及少年有下列情形之一者，應立即向直轄市、縣（市）主管機關通報，至遲不得超過24小時。這比過去未做規定更加明確，更具有執行上的規範，並且有罰則六至三萬元。

(六)提供社會工作者更大權力執行保護工作。如37、38條規定，但是責任也多，如34條規定。（如果人力不足，又在時間壓力下，是否會帶給社工人員更多處遇上的問題）43、44和45條規定，都是對社工人員課以更多責任。不過涉及公權力部分，如47條規定可委託民間機構或團體進行訪視、調查和處遇，是否適當？其間有協調其他公部門者，還要該主管機關請求警政、戶政、財政、教育或其他相關機關或機構協助。

(七)保護安置工作執行過程重要方式和注意事項明確規定。從41條到45條詳

細規定何種情況下應安置、安置費用來源、安置的處遇計畫內涵、執行項目與轉介或結束安置後的追蹤工作。第40和46條對於兒童少年保密保護工作規定亦相當明確。

(八)基於保護兒童及少年權益，促進其福利之必要，採行各種福利措施，並要求直轄市、縣（市）引進民間參與福利措施之辦理。

(九)扶養義務人不依本法規定支付相關費用者，如為保護兒童及少年之必要，主管機關得由兒童及少年福利經費中先行支付，以免因扶養義務人未支付費用致使兒童及少年之保護無著或不周。

(十)除了對執法不力者罰款處置之外，減少以負面詞彙，如「品行頑劣、浪蕩成性者」（原少年福利法24條第3款）描述高危險少年之行為。

五、新修訂的兒童少年福利法未能回應當前許多少年之需求

Gilbert與Specht（1989）認為政策為行動的計畫或步驟。因此，任何訂定出來的政策均反映決策者對問題或需求的認定，以及價值選擇，所以政策也是指為實踐理想而定出的某些可能作為。政策要能落實，則要依靠立法為後盾，但社會政策的制定除了立法條文之外，更需要透過擬定具體可行的方案來推動（李欽湧，1994）。就此而言，政策方案的執行，更有賴具體的策略與原則。策略即為達成目標的必要手法，以作為方案的選擇與資源規劃的依準。一般說來，福利服務的目的有三：社會控制——對於社會上非行或偏差行為少年提供福利服務以達到行為的改變，使之回歸到社會所認可之行為模式；社會保護——對於依賴性較高的少年如身心障礙者提供庇護性的保護服務；社會整合——提供發展的機會或實質的幫助，使弱勢人口擁有較平等的機會，以營建自己的生活，脫離弱勢生活圈（Gladstone, 1995）。

提供福利服務所依據的基礎可分為兩種取向：一是以需求為取向，這是屬於發展性、預防性或主導性（proactive）的福利服務，即福利服務本著案主的需求提供計畫、活動、項目以滿足其需要，更有助於生理、心理、行為發展為目標。另一是以問題解決為取向。這是屬於殘補性或治療性的福利服務，透過問題之瞭解與分析，探究其原因，並針對原因提供福利服務項目，以減少問題產生為目標（周震歐，1986）。

(一)新版的兒童少年福利法之屬性

由於少年人力資源素質與未來國家社會發展之水準息息相關。少年福利政策

與法規所追求之目標，不應該僅是在消極性免除生活上被虐待、遺棄或匱乏，還應積極的使少年能獲得充分教養、照顧、休閒育樂與輔導等機會，以提供少年身心健全發展。因此，我們要提出下列幾個問題：

1. 法規修訂的目的是保障少年基本生存權利。但政府與家庭之間的權責為何？對於家中發生經濟變故或經濟條件所得較低的少年家庭，或有問題行為之少年，政府應提供何種經濟及其他福利措施，以保障其基本生活和成長之權益？而家長之責任又在哪裡？

2. 在滿足一般少年成長所需（法規修訂之目的在增進少年成長上生活功能或解決現存之問題）？

3. 法規在照顧一般或特別少年身心發展（對於少年身心發展權益的照顧），對於在教育體系中的少年，有何規範提供福利和保障少年應有的權益？

4. 法規在增加社會公平性？對社會整合有更積極長遠之影響？

顯然地，從新版的兒童及少年福利法第4條和第5條之規定來看，新修訂的法還是以解決特殊少年問題為主，著重在社會控制與保護性工作上，法規之內涵仍然缺乏積極性回應一般少年成長之各種需要，對弱勢少年的積極性權益維護闕如，無法透過社會福利增加社會公平，只是補充過去部分的少年福利法規定不足之處。諸如：各相關目的事業之間的職責、解決戶口、收養等問題；提高對父母和業者的罰款和要求接受親職教育，這是消極苛責父母，要求盡責；機構安置年齡銜接問題的處理，以及處罰少年危險駕車的行為和吸食藥物等。此外，專門是為兒童需要打造的法規，也是解決法院在處理收養與安置問題為主的法規，如第37、38條規定。至於對生活遭遇困難的個人與家庭提供服務是被動的和不具體的，甚至沒有提出具體福利措施。

(二)兒童少年福利法未觸及的重要議題

要提供少年養成健全人格之環境，除了積極取締有害少年心理健康之不當資訊與場所之外，要積極推動少年參與各種社會性活動，以增進少年自我意識、社會關懷、團隊精神和健全的價值觀。

1. 家庭照顧與養育功能之協助：根據徐孟愔（1998）研究顯示父母在子女發生偏差行為的心理上，大多是呈現驚訝、憤怒、焦慮、自責與憂鬱，而因

應子女的偏差行為歷程可分為三階段，初期以自行勸告、哭罵、找親近的親友協助，如果孩子行為沒有明顯改善後，父母會開始找神明算命，或採取限制孩子自由的行為或退讓配合孩子。當子女偏差行為繼續時，父母會在不得已的情況下，才求助輔導機構，或是採取認命、放鬆自己的行為。親子關係與互動上不同的研究調查也發現，約二成至五成的調查對象表示與父母親有代溝或是父母親不瞭解他們（戶外生活文教基金會，1995；林瑞欽，1994）。有三分之一或五分之二的少年不喜歡待在家裡或覺得在家很煩（王淑女、許臨高，1991；林瑞欽，1994）；約有四分之一少年對父母強烈不滿，不想回家，覺得父母偏心（林瑞欽，1994）。姚淑芬（1995）的調查發現有逃家行為的少年，約有46%左右的父母親在家時間不定，甚至很少在家。許翠紋（1998）研究從娼不幸少女之研究中，不幸少女大多表示家人感情不錯，但是卻表示父母大都不知道她們的行蹤。第65條規定對於父母疏於照顧而致使兒童及少年出入酒家、特種咖啡茶室、限制級電子遊戲場及其他涉及賭博、色情、暴力等經主管機關認定足以危害其身心健康之場所，或從事危險、不正當或其他足以危害或影響其身心發展之工作。

2. 或其他原因而逃家和中輟之少年，政府應提供替代性或支持性之福利設施，以避免少年犯罪。但是第19條第2款和第12款只規定兒童托育和兒童課後照顧，卻沒有提及少年課後托育需要。對於陷入危機情境之高危險少年，應提供積極輔導安置之措施，以導正少年之發展。

3. 單親家庭子女的需要。許多研究例如吳齊殷（2000）均指出單親家庭子女不一定會犯罪，但是單親家庭是處於資源缺乏的弱勢（張清富，1995）和子女照顧和管教負擔較重的情況下（謝美娥，1997），常被視為問題家庭。但是最近台灣對單親家庭的研究已經擺脫對單親家庭的負面刻板印象（薛承泰，2001）。研究發現單親家庭之壓力包括經濟負擔、角色轉換、社會支持不足或孤立（薛承泰，2001）。林萬億、秦文力等（1992）研究台北單親家庭時，發現單親家庭的子女照顧問題比成為單親家庭之前感到困擾的比例超過半數（56.7%），其中管教少年子女最感到困擾的是：教養子女的時間和經歷不足；不清楚子女在家庭外的情形；不知如何與子女溝通；不知如何安排子女假期活動，以及子女不聽管教等五項。其他研究（沙依仁，1996；李月纓，1994；謝秀芬，1995）結果亦同。在此情況下，單親家庭中少年的生活形態（life style）必然與一般家庭不同，而且生活機會（life

chance）處於弱勢情境中。應針對單親家庭的少年提供更多社會資源，以供其成長。

4. 保護安置機構後的就學（教養）問題：安置機構不是只有隔離不良的環境而已，對於安置機構應有之功能為何，並未做規定。主要條文重點只重機構安置上的養育、處遇和保密，對弱勢者之權益增進無任何幫助。其中最常見的問題之一，對於兒童少年安置期間的就學問題，卻隻字不提。也無增進其就學機會之規定。在實務工作上常見學生無法安置於學區內就讀，學校抗拒高危險少年到校，而學校輔導機制功能何在？顯示對於兒童少年的服務品質和內涵並不重視。

5. 中輟學生問題的協助與處遇：許多對少年中輟原因的研究分析中，常會提及個人、家庭、學校和社會等因素。學校拒絕中級學生返校就讀之消息，時有所聞。當學生中輟之後，通報與協尋學生之責任歸屬於誰。許多學生返校之後，常常沒有辦法適應學校生活和老師之態度。程秋梅、陳毓文（2001）研究指出學校師生正向關係有助中輟學生復學和降低再中輟率。因此，要真正照顧少年成長之需求，法規應該要求在少年生活的中心領域——學校，建立真正能發揮功能的輔導系統，對低學業成就學生提供「多元性補救方案」，以及「建立學校社會工作制度」來結合學校、家庭與社區。

6. 對社會福利機構設置與經營管理者資格與條件的要求。曾華源（1997）研究指出安置機構缺乏專業性服務，只重視硬體設施標準。目前國內已經要求全體幼教從業人員之專業資格，對於少年安置機構之負責人專業資格的要求，應該是刻不容緩的。

7. 少年身心健康維護。為加強少年有健康之體魄、預防疾病之發生，應對少年不良生活習慣有積極性預防之措施。王月伶（2003）指出我國15～19歲男性少年住院主要健康問題，集中於損傷中毒、消化系統疾病與呼吸系統疾病三診斷類別；而15～19歲青少女則為妊娠生產褥期併發症、損傷中毒與消化系統疾病。顯示少女墮胎與援交問題不可忽視。對於漸增多的少女未婚懷孕現象，應結合教育與醫療體系，除了提出了「建立未成年未婚媽媽支持系統」之外，更要重視少女墮胎保障問題，最好能夠承認此一事實，規定墮胎前必須先經由社工人員會談處置，並於事後進行心理輔導，否則即是違法。此外，陳宇嘉（1994）、程秋梅等（2001）研究少年有自殺念頭之比例不低，其中負面的家庭與學校生活經驗是重要影響因素，這些因素都不是少年有能力處理的。因此，要加強心理衛生中心和學校輔導室

對少年自傷行為之處遇功能。

8. 休閒育樂：第19條11款的規定提及「提供兒童及少年適當之休閒、娛樂及文化活動」，但是，對此一有益身心健康發展的活動與設施並未見有執行工作上的規範，也未見專責之主管機關。保障少年社會參與之權益、學習社會民主價值與態度，應積極鼓勵和協助學校與民間少年社團與機構舉辦各種以少年為主體之活動；特別針對少年休閒活動空間規劃與安全維護（如社區運動場所、網咖），以及如評鑑少年消費場所與經營者、普設休閒活動場所等等。除此之外，為加強少年多元休閒生活能力和習慣之培養，應鼓勵民間社團以少年為主的提供多元休閒活動之機會，以強化少年情意、智慧和體能。

9. 忽略校園暴力問題和參加黑幫問題。如果少年保護課題很重要，還有兩個課題很重要——保護少年免於校園暴力和切斷少年參加黑幫途徑問題，也應該是保護範圍內。此外，對於散播不當資訊應以刑法因應。至於少年工讀上常有衛生安全和未加保的保障問題，甚至被騙工讀費和身分證，以致權益大為受損，也未見列在福利法中，有關工作權的議題只有其中第25條提及「少年年滿15歲有進修或就業意願者，教育、勞工主管機關應視其性向及志願，輔導其進修、接受職業訓練或就業。雇主對年滿15歲之少年員工應提供教育進修機會，其辦理績效良好者，勞工主管機關應予獎勵」。這一條是和過去少年福利法相同的規定。缺乏對於少年於寒暑假與平時之打工應立法強制保險，以及保障工作場所之安全，加強處罰違法雇主，避免少年身心健康受到傷害。

10. 定期調查兒少身心發展概況與福利需求。目前國內對於少年定義不一，各個政府目的事業統計單位對少年年齡設算基礎不一，實在是無法相互檢驗和比較，浪費資源。此外，除了針對特殊兒童少年進行調查研究外，也應定期針對一般兒童少年之體能健康、社會態度、休閒參與等各方面的狀況，進行長期趨勢之研究。

六、結語

國內有許多單位共同來推動少年的工作，但是大多是由教育單位負責學校學生的教導，以及司法單位負擔比較多少年偏差行為矯治的責任，少部分是由勞工部門負責推動就業少年的就業輔導工作。但是，少年福利工作則由社會司在社會救助和急難保護工作上來點綴一下。因為少年被視為在家就養和在校就學，一切

問題和需要應該由他們負責來處理即可；除非家庭面對經濟危機和父母雙亡無力教養。

　　總之，新版的兒少法中有關少年福利的部分，可以說是只為現有工作困境找出路，讓該做的事情好做一點，而對於上述許多需要做的事，一件也沒有提到；甚至還把重要的規定刪掉。過去一些學者和專家對少年福利需要所做的研究和建議，真可說是白說與白做。其實新法中雖然提到兒童與少年是無法明確分割的，但是，兒童與少年的需求和問題卻是有很大的不同的。整體說來，這是一部專門為兒童需要打造的法規，也是解決法院在處理兒童收養與安置問題為主的法規（少年只是附帶的字眼，有多少少年被收養？）。整體上說來，對於生活遭遇困難的個人與家庭提供服務是被動的和消極性的。國內的少年福利政策還是偏向責怪家庭父母未盡照顧之責，因此需要被處罰，未能對實際照顧者提供支援體系；亦即提供教育、諮詢之機會與經費補助，善盡照護少年權益。

參考書目

內政部統計處（1999）。《中華民國88年台閩地區少年狀況調查報告》。台北：內政部。

戶外生活文教基金會（1995）。《84年度全國冬令青年活動意見調查統計》。台中：鄉林文教基金會。

王月伶（2003）。《台灣地區少年住院主要健康問題之長期趨勢分析》。國立成功大學護理系研究所碩士論文。

王淑女、許臨高（1991）。《我國現行少年福利法規適用情況調查報告》。台灣省法規會。

王淑俐（1995）。《青少年情緒的問題、研究與對策》。台北：合記圖書。

行政院主計處（1994）。《台灣地區國民休閒生活調查報告》。台北：行政院。

行政院主計處／行政院青輔會（1999）。《台灣地區青少年狀況調查報告》。台北：行政院。

吳齊殷（2002）。家庭結構、教養實施與少年的行為問題。《台灣社會學研究》，4，51-95。

李月纓（1994）。《青少年竊盜行為家庭因素之探討》。東海大學社會工作研究所碩士論文。

李欽湧（1994）。《社會政策分析》。台北：巨流圖書公司。

沙依仁（1996）。兒童期。載於沙依仁、江亮演、王麗容編著，《人類行為與社會環境》。台北：國立空中大學。

周震歐（1986）。《我國青年福利服務之綜合規劃研究》。台北：行政院青輔會委託研究報告。

林瑞欽（1994）。《嘉南地區13～15歲青少年自我意向調查研究——正常與犯罪青少年之比較》。台北：教育部訓委會。

林萬億、秦文力（1992）。《台北市單親家庭問題及其因應策略之研究》。台北市政府研考會委託研究報告。

姚淑芬（1995）。《少年逃家與資源運用之研究》。東海大學社會工作研究所碩士論文。

孫碧霞（1994）。兒童福利法與少年福利法政策執行力之檢討。《社區發展》，67，146-153。

徐孟愔（1998）。《台北市少年輔導委員會偏差行為青少年父母的角色壓力與因應歷程之初探》。東海大學社會工作系碩士論文。

翁玉珠（1995）。《青少年休閒活動傾向、凝聚力與情緒調適之相關研究》。文化大學家政研究所。

張清富（1995）。《單親家庭現況與因應對策之探討》。行政院國家科學委員會委託專題成果。

許翠紋（1998）。《不幸少年生活型態與再從娼意願之相關研究》。東海大學社會工作研究所碩士論文。

許臨高（1993）。從對少年福利法之檢討談我國少年福利法之修正。《輔仁學誌》，XXV，1-33。

郭靜晃（2000）。我國少年對少年福利措施的需求與使用之現況分析。《社區發展》，92，333-345。

郭靜晃等（2002）。少年休閒阻礙分析及輔導策略之研究。《華岡社科學報》，16，11-47。

陳宇嘉（1994）。《邁向21世紀社會福利之規劃與整合——少年福利需求初步評估報告》。台北：內政部委託研究。

曾華源、許翠紋（1995）。青少年福利政策規劃之探究。《社區發展》，72，62-77。

曾華源、郭靜晃（1998）。《少年福利》。台北：亞太圖書。

曾華源、曾騰光、陶蕃瀛（1995）。《青少年福利政策之研究》。台北：內政部社會司專案研究。

程百君（1999）。國內藥物濫用現況及防制策略。《學校衛生》，35，69-84。

程秋梅、陳毓文（2001）。中輟少年的復學適應：傳統復學模式與另類復學途徑比較。《台大社會工作學刊》，4，45-96。

董氏基金會（2002）。《吸菸率參考資料，菸害防治特區》。2003，4月10日取得，取自

http://www.jtf.org.tw/JTF06/06-02.htm。

葉至誠（1997）。《社會學》。台北：揚智文化。

薛承泰（2001）。《台灣單親戶及其貧窮之趨勢分析》。台灣單親家庭現況與政策研討
　會，1-18。

謝秀芬（1995）。台灣已婚婦女問題與家庭福利政策。《東吳社會工作學報》，1，1-
　36。

謝美娥（1997）。從單親家庭教養困擾談子女的照顧。《社會工作學刊》，4。

Bandura, A. (1997). *Self efficacy: The exercise of control*. New York: W. H. Freeman.

Gilbert, N. & Gilbert B. (1989). *The Enabling State: Modern Welfare Capitalism in America*.
　Oxford: Oxford University Press.

Gladstone, D. (1995). *Introducing the Personal Social Services in British Social Welfare:
　Past, Present and Future*. London: UCL.

資料來源：曾華源、郭靜晃（2003）。對新版兒童及少年福利法的分析與批判——一部
　　與少年現實需要有差距的法規。《社區發展季刊》，103，90-103。

第四節　兒童及少年福利法修正草案

　　兒童及少年福利法自二○○三年五月二十八日經總統公布後實行，歷
經六年後於二○○九年五、六月間，兒童局提出局版修正草案，而民間機
構由台灣少年聯盟及陳節如立法委員亦提出委員版修正草案，經五、六月
間，由兒童局召集學者專家、地方政府執行業務相關單位及中央目的事業
主管機關人員，召開十餘次議商會議，提出兒童及少年福利法修正草案
（見表6-4）。

表6-4　兒童及少年福利法修正草案

98.07.02

兒童局修正條文	現行條文	各單位意見及本局說明
第一章　總則 第一條　為促進兒童及少年身心健全發展,保障其權益,增進其福利,特制定本法。 兒童及少年福利依本法之規定,本法未規定者,適用其他法律之規定。	第一章　總則 第一條　為促進兒童及少年身心健全發展,保障其權益,增進其福利,特制定本法。 兒童及少年福利依本法之規定,本法未規定者,適用其他法律之規定。	本條未修正。
第二條　本法所稱兒童及少年,指未滿十八歲之人;所稱兒童,指未滿十二歲之人;所稱少年,指十二歲以上未滿十八歲之人。	第二條　本法所稱兒童及少年,指未滿十八歲之人;所稱兒童,指未滿十二歲之人;所稱少年,指十二歲以上未滿十八歲之人。	本條未修正。
第三條　父母或監護人對兒童及少年負保護、教養之責任。對於主管機關、目的事業主管機關或兒童及少年福利機構、團體依本法所為之各項措施,應配合及協助之。	第三條　父母或監護人對兒童及少年應負保護、教養之責任。對於主管機關、目的事業主管機關或兒童及少年福利機構、團體依本法所為之各項措施,應配合及協助。	一、本法規範之收養認可調查、收養資訊保存服務,保護個案之家庭處遇計畫、安置兒童及少年之追蹤輔導事項等均得由兒童及少年福利機構或團體辦理,爰配合實務運作修正之。 二、兒童及少年福利團體係指於章程中訂有辦理兒童及少年福利相關業務之團體。
第四條　政府及公私立機構、團體應協助兒童及少年之父母、監護人或實際照顧兒童及少年之人,維護兒童及少年健康,促進其身心健全發展,對於需要保護、救助、輔導、治療、早期療育、身心障礙重建及其他特殊協助之兒童及少年,應提供所需服務及措施。	第四條　政府及公私立機構、團體應協助兒童及少年之父母或監護人,維護兒童及少年健康,促進其身心健全發展,對於需要保護、救助、輔導、治療、早期療育、身心障礙重建及其他特殊協助之兒童及少年,應提供所需服務及措施。	因應國家庭結構改變,政府對於隔代教養兒童及少年者或其他實際照顧兒童及少年之人,亦考量需求提供各項服務與措施,爰增列「實際照顧兒童及少年之人」,擴大服務提供之對象以符實務。
第五條　政府及公私立機構、團體處理兒童及少年相關事務時,在處理兒童及少年相關事務時,應以兒童及少年之最佳利益為優先考量;並應優先保護及救助,以兒童及少年	第五條　政府及公私立機構、團體處理兒童及少年相關事務時,應以兒童及少年之最佳利益為優先考量;有關其保護及救助,並應優先處理。兒童	一、1989年聯合國通過兒童權利公約係當前規範兒童權利最為完整的國際性公約,為世界各國所共同遵守,我國際於1995年9月12日響應實踐公約之內容及履行義務決心,為配合該公約之落實並籲請國人對兒童及少年權益之重視與瞭解,爰於第一項增列作概括性之規範,另該

253

（續）表6-4 兒童及少年福利法修正草案

兒童局修正條文	現行條文	各單位意見及本局說明
年之最佳利益為優先考量，並尊重兒童及少年之意見；有關其保護及救助，並應優先處理。 兒童及少年之權益受到不法侵害時，政府應予適當之協助及保護。	及少年之權益受到不法侵害時，應予適當之協助及保護。	公約所稱「兒童」係指18歲以下之人。 二、參考聯合國兒童權利公約第十二條（兒童的意見）精神增列之。處理兒童及少年相關事務，應以兒童及少年之最佳利益為優先考量，而兒童及少年意見可為最佳利益判斷依據之一。
第六條 甲案（內政部所提）本法所稱主管機關：在中央為內政部；在直轄市為直轄市政府；在縣（市）為縣（市）政府。 前項主管機關在中央應設兒童及少年局；在直轄市及縣（市）政府應設兒童及少年福利專責單位。 乙案（研考會所提）本法所稱主管機關：在中央為內政部；在直轄市為直轄市政府；在縣（市）為縣（市）政府。	第六條　本法所稱主管機關：在中央為內政部；在直轄市為直轄市政府；在縣（市）為縣（市）政府。 前項主管機關在中央應設兒童及少年局；在直轄市及縣（市）政府應設兒童及少年福利專責單位。	甲案（內政部所提） 本條未修正。 乙案（行政院研究發展考核委員會所提） 有關現行條文第6條第2項「前項主管機關在中央應設兒童及少年局；在直轄市及縣（市）政府應設兒童及少年福利專責單位」，依據「中央行政機關組織基準法」第5條第3項規定「本法施行後，除本法及各機關組織法規定外，不得以作用法或其他法規規定機關之組織。」及依「地方制度法」規定，直轄市及縣（市）政府之機關、單位設係規程所屬地方自治事項，建議刪除前段文字，並就後段文字妥適性再行檢討。 本條未修正。
第七條　下列事項，由中央主管機關掌理。但涉及各中央目的事業主管機關職掌，依法應由各中央目的事業主管機關掌理者，從其規定： 一、全國性兒童及少年福利政策、法規與方案之規劃、釐定及宣導事項。	第七條　下列事項，由中央主管機關掌理。但涉及各中央目的事業主管機關職掌，依法應由各中央目的事業主管機關掌理者，從其規定： 一、全國性兒童及少年福利政策、法規與方案之規劃、釐定及宣導事項。	

98.07.02

（續）表6-4　兒童及少年福利法修正草案

兒童局修正條文	現行條文	各單位意見及本局說明
二、對直轄市、縣（市）政府執行兒童及少年福利之監督及協調事項。 三、中央兒童及少年福利經費之分配及補助事項。 四、兒童及少年福利事業之策劃、獎助及評鑑之規劃事項。 五、兒童及少年福利專業人員訓練之規劃事項。 六、國際兒童及少年福利業務之聯繫、交流及合作事項。 七、兒童及少年保護業務之規劃事項。 八、中央或全國性兒童及少年福利機構之設立、監督及輔導事項。 九、其他全國性兒童及少年福利之策劃及督導事項。 第八條　下列事項，由直轄市、縣（市）主管機關掌理。但涉及各地方目的事業主管機關職掌，依法應由各地方目的事業主管機關掌理者，從其規定。 一、直轄市、縣（市）兒童及少年福利政策、自治法規與方案之規劃、釐定、宣導及執行事項。 二、中央兒童及少年福利政策、法規及方案之執行事項。	二、對直轄市、縣（市）政府執行兒童及少年福利之監督及協調事項。 三、中央兒童及少年福利經費之分配及補助事項。 四、兒童及少年福利事業之策劃、獎助及評鑑之規劃事項。 五、兒童及少年福利專業人員訓練之規劃事項。 六、國際兒童及少年福利業務之聯繫、交流及合作事項。 七、兒童及少年保護業務之規劃事項。 八、中央或全國性兒童及少年福利機構之設立、監督及輔導事項。 九、其他全國性兒童及少年福利之策劃及督導事項。 第八條　下列事項，由直轄市、縣（市）主管機關掌理。但涉及各地方目的事業主管機關職掌，依法應由各地方目的事業主管機關掌理者，從其規定。 一、直轄市、縣（市）兒童及少年福利政策、自治法規與方案之規劃、釐定、宣導及執行事項。 二、中央兒童及少年福利政策、法規及方案之執行事項。	本條未修正。

98.07.02

（續）表6-4 兒童及少年福利法修正草案

兒童局修正條文	現行條文	各單位意見及本局說明
三、兒童及少年福利專業人員訓練之執行事項。 四、兒童及少年保護業務之執行事項。 五、直轄市（縣）（市）兒童及少年福利機構之設立、監督及輔導事項。 六、其他直轄市、縣（市）兒童及少年福利之策劃及督導等事項。 第九條 本法所定事項、主管機關及各目的事業主管機關應就其權責範圍，針對兒童及少年之需要，尊重多元文化差異，主動規劃所需福利，對涉及相關機關之兒童及少年福利業務，應全力配合之。主管機關及各目的事業主管機關權責劃分如下： 一、主管機關：主管兒童及少年福利法規、政策、福利工作、福利事業、專業人員訓練、兒童及少年保護、親職教育、福利機構設置等相關事宜。 二、衛生主管機關：主管婦幼衛生、優生保健、發展遲緩兒童早期醫療、兒童及少年心理健康、醫療、復健及健康保險等相關事宜。 三、教育主管機關：主管兒童及少年特殊教育	三、兒童及少年福利專業人員訓練之執行事項。 四、兒童及少年保護業務之執行事項。 五、直轄市（縣）（市）兒童及少年福利機構之設立、監督及輔導事項。 六、其他直轄市、縣（市）兒童及少年福利之策劃及督導等事項。 第九條 本法所定事項，主管機關及各目的事業主管機關應就其權責範圍，針對兒童及少年之需要，尊重多元文化差異，主動規劃所需福利，對涉及相關機關之兒童及少年福利業務，應全力配合之。主管機關及各目的事業主管機關權責劃分如下： 一、主管機關：主管兒童及少年福利法規、政策、福利工作、福利事業、專業人員訓練、兒童及少年保護、親職教育、福利機構設置等相關事宜。 二、衛生主管機關：主管婦幼衛生、優生保健、發展遲緩兒童早期醫療、兒童及少年心理健康、醫療、復健及健康保險等相關事宜。 三、教育主管機關：主管兒童及少年特殊教育	一、本條係就主管機關及各目的事業主管機關權責進行業務分工。 二、為免主管機關權責掛一漏萬，參酌老人福利法第三條體例修正第二項。 三、第二項所列各目的事業主管機關權責之部分修正，旨在有關兒童及少年事務分工之推動，有賴於相關部會共同協力合作，方克有功，並此照身心障礙者權益保障法第二條第二項各目的事業主管機關權責之相關條文規定予以增列。 四、配合實務運作，修正第二項各目的事業主管機關權責。 （一）第二款考量「優生」概念具有部分歧視性，爰參照國民健康局的業務不慮以單遭傳基因或身體狀況判定其好壞，爰修正改為「生育」保健。 （二）第三款：因中學階段已有部分少年提早進入就業市場，亦為少年發展生涯探索時期，教育主管機關應透過各式職涯探索課程，協助少年對於就業市場、職涯規劃、勞動權益、職業性向、職涯性向等有基礎之概念，爰於第三款增列「職涯教育」。 （三）第四款：鑑於升學管道多元開放，延緩青少年進入職場時間；又查教育及就業環境轉趨嚴苛，衡酌為強化青少年就業機制，應及早協助建構個人全方位職涯規劃與奠定就業準備就業選擇易行生種種困難，爰於第四款增列就業準備。本款

(續)　表6-4　兒童及少年福利法修正草案

98.07.02

兒童局修正條文	現行條文	各單位意見及本局說明
育、幼稚教育、安全教育、家庭教育、職業教育、休閒教育、性別平等教育、社會教育、兒童及少年就學就學權益之維護及兒童及少年課後照顧服務等相關事宜。 四、勞工主管機關：主管年滿十五歲兒童及少年之職業訓練、就業準備、就業服務及勞動條件維護等相關事宜。 五、建設、工務、消防主管機關：主管兒童及少年福利機構建築物管理、公共設施、公共安全、建築物環境、消防安全管理、遊樂設施等相關事宜。 六、警政主管機關：主管兒童及少年人身安全之維護及犯罪預防、失蹤兒童及少年之協尋等相關事宜。 七、交通主管機關：主管兒童及少年交通安全、幼童專用車檢驗等相關事宜。 八、新聞主管機關：主管兒童及少年閱聽權益之維護、媒體分級等相關事宜。 九、戶政主管機關：主管兒童及少年身分資料及戶籍相關事宜。 十、財政主管機關：主管兒童及少年福利機構稅捐之減免等相關事宜。 十一、其他主管機關：主管兒童及少年福利措施由各	育、幼稚教育、安全教育、特殊教育、家庭教育、兒童及少年性別平等教育、兒童及少年課後照顧服務等相關事宜。 四、勞工主管機關：主管年滿十五歲兒童及少年之職業訓練、就業服務、勞動條件維護等相關事宜。 五、建設、工務、消防主管機關：主管兒童及少年福利機構建築物管理、公共設施、公共安全、建築物環境、消防安全管理、遊樂設施等相關事宜。 六、警政主管機關：主管兒童及少年人身安全之維護、保護個案人身安全之協尋等相關事宜。 七、交通主管機關：主管兒童及少年交通安全、幼童專用車檢驗等相關事宜。 八、新聞主管機關：主管兒童及少年閱聽權益之維護、媒體分級等相關事宜。	所列職業訓練、就業準備、就業服務件之維護由目的事業主管機關訂定各項計畫辦理，至於勞動條件則依勞動基準法相關規定辦理。 (四)第六款：為強調警政單位於兒童及少年犯罪防制工作之責任，爰修正本款相關文字增列「觸法預防」。 (五)第七款：為強調少年司法矯正工作之重要性，爰增列本款於本法務主管機關。 (六)第九款：將新聞主管機關之媒體分級修正列列「出版品、錄影節目帶分級」。 (七)第十款：國家通訊傳播委員會依該會組織法第三條第五款規定，掌理影視音內容分級制度，以避免兒童及少年透過電子媒體傳播有害之資訊，維護兒童及少年透過訊傳播之閱聽權益。配合國家通訊傳播委員會之成立，爰增列第九款通訊傳播主管機關，並將該會執掌有關廣播電視之監理與電腦網路內容分級制度之建立與推廣業務納入規範。 (八)第十三款： 1.部分兒童少年因家庭發生重大變故致父、母死亡而繼承財產（例如九二一震災之助金），為使該財產能實際運用於照顧兒童及少年，使其財產權益不致受到侵害，爰參酌老人福利法規定，於第十三款增列金融主管機關之權責，對兒童及少年提供財產信託服務之權益，保障兒童及少年之財產權益。 2.信託具有破產隔離、財產規劃與管理等功能，可提供兒童及少年之財產權益保障機制，爰使兒童及少年或其法定代理人瞭解信託運用該機制，於第十三款增列金融主管機關之權責、主管金融機構對兒童及少年提供財產信託服務之規劃，推動及監督相關財產業務，監督金融機構推動相關信託業務，促進兒童及少年財產管理委員會... 3.行政院金融監督管理委員會建議行政院97年2月18日審查會議結論二，有關修正條文第九條，各相關機關應引具財產信託作為信託，兒童及少年之財產信託與一般財產信託二 (四)有關修正條文第九條：於現行信託法制下，各相關機構在符合法制的前提下，兒童及少年之財產信託措由各

(續) 表6-4 兒童及少年福利法修正草案

98.07.02

兒童局修正條文	現行條文	各單位意見及本局說明
閱聽權益之維護、出版品、錄影節目帶分級等相關事宜。 十、通訊傳播主管機關：主管兒童及少年通訊傳播視聽權益之維護，內容分級之規劃及推動等相關事宜。 十一、戶政主管機關：主管兒童及少年身分資料及戶籍相關事宜。 十二、財政主管機關：主管兒童及少年福利機構捐稅減免等相關事宜。 十三、金融主管機關：主管金融機構對兒童及少年提供財產信託服務之規劃及監督相關事項。 十四、經濟主管機關：主管兒童及少年相關商品及非動力遊戲場設備標準之建立、電腦軟體分級等相關事宜。 十五、體育及文化主管機關：主管兒童及少年體育及文化藝活動等相關事宜。 十六、事故安全維護與其他兒童及少年福利措施由各相關目的事業主管機關依職權辦理。	相關目的事業主管機關依職權辦理	並無不同，兒童及少年財產信託並非亦不宜為強制規定，本法似無必要增列財產信託之實際作為條文。因此若行政院認為需審酌規定，始須列明主管機關權責，則第九條第二項第十二款金融主管機關權責之條文自宜刪除。 (九)第十四款： 兒童及少年身心未臻健全，為提供其健康之發展環境，對於其使用之物品及遊戲環境應給予安全之篩選，故相關標準之建立刻不容緩，另依據本法第四十二條第一項規定經濟主管機關應辦理電腦軟體分級等事宜，故增列經濟主管機關權責如第十四款。 (十)第十五款：按據合國兒童權利公約第三十一條規定簽約國要承認兒童有休息、享受閒暇、遊戲、娛樂活動及參加生活與藝術活動的權利，故增列第十五款體育與文化主管機關之權責，規劃兒童及少年之體育及文化藝術活動。 (十一)第十六款：由於生活環境複雜難測，致使兒童及少年在日常生活中潛藏著許多危機，卻又對危險的認知不足，而且又缺乏應變能力，有關兒童及少年事故傷害防需從人、環境及制度三方面著手，需各單位努力合作始克有功，以交通安全為例：人的部分須由教育部、少年及師長進行教育宣導；環境部分需透過交通部、營建署、教育部、營建署、警政署及地方政府共同合作以改善各類運具、通學及居住環境的安全；制度部分則由衛生署主導事故傷害的檢測及預防性工作之規劃，綜上，為凸顯其童要性及整體性，爰將兒童及少年事故安全維護工作增列於本款。 (十二)各款次依序調整。
第十條 主管機關及目的事業主管機關為協調、研究、審議、諮詢及推動兒童及少年福利相關事項，應邀集兒童及少年福利相關學者	第十條 主管機關及各目的事業主管機關應以兒童及少年福利政	一、依據中央行政機關組織基準法第5條第3項規定「本法施行後，除本法及各機關組織法規外，不得以作用法或其他法規定其他法定機關之組織。」，本

(續) **表6-4　兒童及少年福利法修正草案**

98.07.02

兒童局修正條文	現行條文	各單位意見及本局說明
或專家、民間相關機構、團體代表及各目的事業主管機關代表、協調、研究、諮詢及推動兒童及少年福利政策。 前項兒童及少年福利學者或專家及民間相關機構、團體代表不得少於二分之一，單一性別不得少於三分之一。	策，應諮詢性質之委員會。 前項委員會以行政首長為主任委員，專家、學者、民間團體代表之比例不得低於委員人數之三分之一。委員會每年至少應開會四次。	一、配合老人福利法或身心障礙者權益保障法之相關體例，就本條內容酌作修正。 二、配合行政院婦女權益促進委員會第22次委員會議通過行政院各部會所屬委員會（小組）委員任一性別比例不低於三分之一及改善原則，爰修正第二項後段文字納入性別組成比例。
第十一條　政府及公私立機構、團體、人員，並應培養兒童及少年福利專業人員，並應定期舉辦職前訓練及在職訓練。	第十一條　政府及公私立機構、團體、人員，並應培養兒童及少年福利專業人員，並應定期舉辦職前訓練及在職訓練。	本條未修正。
第十二條　兒童及少年福利經費及社會福利基金如下： 一、各級政府年度預算及社會福利基金。 二、私人或團體捐贈。 三、依本法所處之罰鍰。 四、其他相關收入。	第十二條　兒童及少年福利經費之來源如下： 一、各級政府年度預算及社會福利基金。 二、私人或團體捐贈。 三、依本法所處之罰鍰。 四、其他相關收入。	本條未修正。
第十三條　主管機關應每五年對兒童及少年身心發展或生活及需求現況進行調查、統計、分析，並公布結果。		一、本條新增。 二、本條由現行施行細則第23條規定移列，並將細則「定期」改為「每五年」。 三、身心障礙者保護法第十一條規定及老人福利法第十條規定，以節一調查期程，以節省本並成本並利長期資料分析。
第二章　身分權益 第十四條　胎兒出生時不論活產或死產，接生人應於其出生後七日內，將其出生之相關資料通報戶政及衛生主管機關備查。	第二章　身分權益 第十三條　胎兒出生後七日內，接生人應將胎兒出生之相關資料通報戶政及衛生主管機關備查。	一、條次變更。 二、為強化人口素質、有關兒童福利之保障應自胎兒開始，為使其更為明確，爰修正本條；有關相關服務及監測作為之推展，為避免接生醫療院所於通報範

259

(續) 表6-4 兒童及少年福利法修正案

兒童局修正條文	現行條文	各單位意見及本局說明
管關備查。 接生人無法取得完整資料以填報出生通報者，仍應為產前項之通報。戶政主管關應於接獲通報後，依相關規定辦理；必要時，得請求主管機關、警政及其他目的事業關協助。 有關出生通報之相關表單由中央衛生主管機關定之。 第十五條 滿七歲之兒童及少年被收養時，兒童及少年之意願應受尊重。兒童及少年不同意時，法院非確信符合其最佳利益，應不予認可。 法院認可兒童及少年之收養前，得准收養人與兒童及少年先行共同生活一段期間；共同生活期間，對於兒童及少年權利義務之行使或負擔由收養人為之。 一、准收養人與兒童及少年先行共同生活一段期間：共同生活期間，對於兒童及少年權利義務之行使或負擔，由收養人為之。 二、接受兒童及少年福利機構或其他適當之團體之親職教育課程。 三、進行精神鑑定。 四、進行藥、酒癮檢測。 五、其他維護兒童及少年最佳利益之必要事項。 法院認可兒童及少年之收養前，主管機關、兒童及少年福利機構、其他適當之團體或專業人員進行訪視。	管關備查。 接生人無法取得完整資料以填報出生通報者，仍應為產前項之通報。戶政主管關應於接獲通報後，依相關規定辦理；必要時，得請求主管機關、警政及其他目的事業關協助。 有關出生通報之相關表單由中央衛生主管機關定之。 第十四條 法院認可兒童及少年收養事件，應基於兒童及少年之最佳利益，斟酌收養人之人格、經濟能力、家庭狀況及以往照顧或監護其他兒童及少年之紀錄決定之。 滿七歲之兒童及少年被收養時，兒童及少年之意願應受尊重。兒童及少年不同意時，非確信符合其最佳利益，法院應不予認可。 法院認可兒童及少年之收養前，得准收養人與兒童及少年先行共同生活一段期間，供決定認可之參考。 法院認可兒童及少年之收養前，應命主管機關、提出調查報告及建議。收養之試驗或收養事件之利害關係人亦得提出相關資料或證據，供法院斟酌。	三、因不夠明確，故第一項明定通報對象包括「活產」及「死產」。 三、為使出生通報之相關表單有明確表單之依據，第三項酌作文字增修。 一、條次變更。 二、民法第一八三條之一業明文規定法院依一七九條之一規定為裁判時，準用法第一八五條之一之規定。是以，法院認未成年人收養之認可，於判斷養子女最佳利益時，係依第一五五條之一規定之收養之事由審判之。其規範較為詳盡，爰刪除第一項。 三、增列法院認可收養前得請收養人接受準備教育課程，俾作為法院決定認可之參考，並明定收養費用由收養人自行負擔。 四、實務上法院認可兒童及少年之收養前，除主管機關、兒童及少年福利機構外，亦可請其他適當之團體或專業人員包括社工師及心理師等。 五、第二項文字修正；第四項、第五項、第八項依主管機關職務酌作文字修正。 六、項次變更。

98.07.02

（續）表6-4　兒童及少年福利法修正草案

兒童局修正條文	現行條文	各單位意見及本局說明
提出訪視報告及建議。收養人或收養事件之利害關係人亦得提出相關資料或證據樣，供法院斟酌。 前項主管機關或兒童及少年福利機構進行前項訪視，應評估出養之必要性，並給予必要之協助。其無出養之必要者，應建議法院不為收養之認可。 法院對被遺棄兒童及少年為收養認可前，應命主管機關調查其身分資料。 父母對於兒童及少年出養之意見不一致，或一方所在不明時，父母之一方仍可向法院聲請認可。經法院調查認為收養乃符合兒童及少年之最佳利益時，應予認可。 法院認可或駁回兒童及少年收養之聲請時，應以書面通知主管機關，主管機關應為必要之訪視或其他處置，並作成紀錄。 第十六條　收養兒童及少年經法院認可者，收養關係溯及於收養書面契約成立時發生效力；無書面契約者，以向法院聲請時為收養關係成立之時；有試行收養之情形者，收養關係溯及於開始共同生活時發生效力。 聲請認可收養後，法院裁定前，兒童及少年死亡者，聲請程序終結。收養	前項主管機關或兒童及少年福利機構進行前項訪視，應評估出養之必要性，並給予必要之協助。其無出養之必要者，應建議法院不為收養之認可。 法院對被遺棄兒童及少年為收養認可前，應命主管機關調查其身分資料。 父母對於兒童及少年出養之意見不一致，或一方所在不明時，父母之一方仍可向法院聲請認可。經法院調查認為收養乃符合兒童及少年之最佳利益時，應予認可。 法院認可或駁回兒童及少年收養之聲請時，應以書面通知主管機關，主管機關應為必要之訪視或其他處置，並作成報告。 第十五條　收養關係溯及於收養書面契約成立時發生效力；無書面契約者，以向法院聲請時為收養關係成立之時；有試行收養之情形者，收養關係溯及於開始共同生活時發生效力。 聲請認可收養後，法院裁定前，兒童及少年死亡者，聲請程序終結。收養	一、條次變更。 二、配合第十五條修正，增列其他適當之團體或專業人員辦理規定，並酌作文字修正。

261

（續）表6-4　兒童及少年福利法修正草案

兒童局修正條文	現行條文	各單位意見及本局說明
人死亡者，法院應命主管機關或其委託機構、其他適當之團體或專業人員為訪視調查，並提出報告及建議，法院認收養於兒童及少年有利益時，仍得為認可收養之裁定，其效力依前項之規定。	人死亡者，法院應命主管機關或其委託機構、其他適當之團體或專業人員為訪視調查，並提出報告及建議，法院認收養於兒童及少年有利益時，仍得為認可收養之裁定，其效力依前項之規定。	
第十七條　養父母對養子女有下列行為之一者，養子女、利害關係人或主管機關得向法院請求宣告終止其收養關係： 一、有第四十一條各款所定行為之一。 二、違反第四十一條第二項或第四十五條第二項規定，情節重大。	第十六條　養父母對養子女有下列行為之一者，養子女、利害關係人或主管機關得向法院請求宣告終止其收養關係： 一、有第三十條各款所定行為之一。 二、違反第二十六條第二項或第二十八條第二項規定，情節重大。	一、條次變更，對應條文條次修正。 二、本條終止收養係屬收養事件，愛配合酌作文字修正；其餘文字酌作修正。
第十八條　中央主管機關應自行委託辦理收出養資訊保存、保存出養兒童及少年之檔案。 收養資訊保存或其他辦理收出養業務之人員，對前項資訊，應妥善維護當事人之隱私並負專業上保密之責，未經當事人同意或依法律規定者，不得對外提供。 第一項資訊之範圍、來源、管理及使用辦法，由中央主管機關定之。	第十七條　中央主管機關應自行委託兒童及少年福利機構設立收養資訊中心，保存出養人、收養人及被收養兒童及少年之身分、健康等相關資訊之檔案。 收養資訊中心、所屬人員或其他辦理收出養業務之人員，對前項資訊，應妥善維護當事人之隱私並負專業上保密之責，未經當事人同意，不得對外提供。 第一項資訊之範圍、來源、管理及使用辦法，由中央主管機關定之。	一、條次變更。 二、依據「中央行政機關組織基準法」第五條第三項規定：除該法及各機關組織法規外，不得以作用法或其他法規規定機關之組織，愛修正第一項及第二項之文字修正。 三、次按設立收出養資訊中心由中央主管機關自行或委託辦理、惟委託辦理對象可由中央主管機關辦理委託時再行規定，無須於條文中明文規定，愛刪除第一項「兒童及少年福利機構」文字。 四、收養資訊之保存應配合諮詢服務之提供，使服務更具完整性。
第十九條　公私立機構、團體從事收		一、本條新增。

98.07.02

(續) 表6-4　兒童及少年福利法修正草案

兒童局修正條文	現行條文	各單位意見及本局說明
出養媒合服務，以財團法人、公立兒童及少年福利機構為限，並經主管機關許可。 前項經許可之法人、機構，應定期將收出養媒合相關資訊提供中央主管機關保存。 第一項許可之申請要件、程序、撤銷與廢止許可、管理及其他應遵行事項之辦法，由中央主管機關定之。 任何人不得以提供收出養媒合服務謀利。		二、收出養媒合服務不以兒童及少年福利機構為限，惟考量該服務影響兒童權益甚鉅，應以非營利為目的，另考量社團法人係以「人」為組織之團體，本項服務應以財務健全且能夠長期經營之機構，受規定財團法人、公立兒童及少年福利機構經主管機關許可得從事收出養服務。 三、明定經許可之法人、機構，應定期將收出養媒合相關資訊提供中央主管機關保存，以求資訊完整。 四、參考入出國及移民法第五十八條第二項規定並修正本法第十八條第三項規定，訂定從事收出養服務許可之申請等事項要件等辦法由中央主管機關定之。 五、為避免兒童販賣情事發生，維護兒童最佳利益，增列任何人不得以提供收出養媒合服務取得合理成本以外之費用。
第十九條之一　父母或監護人因故無法對其兒童及少年盡扶養義務時，得於聲請法院認可收出養媒合服務之前，得委託前項經許可之法人、公立兒童及少年福利機構代覓適當之收養人。 前項機構應於接受委託後，為出養必要性之訪視調查：評估有其他出養必要性後，始為寄養、試養或其他適當之安置，輔導與協助。 兒童及少年福利機構從事收出養媒合服務項目之許可、管理、撤銷及收出養媒合介程序等事項，由中央主管機關定之。	第十八條　父母或監護人因故無法對其兒童及少年盡扶養義務時，於聲請法院認可收出養前，得委託有收出養服務之兒童及少年福利機構，代覓適當之收養人。 前項機構應於接受委託後，評估有其他出養必要性之訪視調查：評估有其他出養必要性後，始為寄養、試養或其他適當之安置，輔導與協助。 前項出養，應以國內收養人優先收養為原則。	一、條次變更。 二、第一項酌作文字修正，並配合第十九條規定，酌作文字修正。 三、依海牙國際公約精神，增列兒童有出養必要時，應以國內收養人優先收養為原則。 四、原第三項移列前條第三項。
第十九條之二　經各級主管機關，經主管機關許可可從事收出養媒合服務之		一、本條新增。 二、參考入出國及移民法第五十八條第三項規定，增列除各級主管機關及經

98.07.02

（續）表6-4　兒童及少年福利法修正草案

兒童局修正條文	現行條文	各單位意見及本局說明
法人、機構外，任何人不得於廣告物、出版品、廣播、電視、電子訊號、網際網路或以其他使公眾得知之方法，散布、播送或刊登收出養媒合廣告。 **第三章　健康與成長** 第二十條　各類社會福利、教育及醫療機構，發現有疑似發展遲緩兒童或身心障礙兒童及少年，應通報直轄市、縣（市）主管機關應接受提供，建立檔案管理，並視其需要提供、轉介適當之服務。 前項通報及轉介流程、檔案管理之辦法，由中央主管機關定之。		許可之機構、法人、任何人不得以公開方式散布、播送或刊登收出養媒合廣告，以防杜販嬰事件發生。
第二十一條　政府應建立六歲以下兒童之全面發展篩檢機制，並按其需要，給予篩檢、評估、早期療育、就學、家庭支持等方面之特殊照顧。 父母、監護人或其他實際照顧兒童之人，應配合前項政府對發展遲緩兒童所提供之特殊照顧。 早期療育所需之篩檢、評估、通報、治療、教育等各項服務之銜接及協調機制，由中央主管機關會同衛生、教育主管機關規劃辦理。	第二十二條　各類兒童及少年福利、教育及醫療機構，發現有疑似發展遲緩兒童或身心障礙兒童及少年，應通報直轄市、縣（市）主管機關應接受提供，並視其需要提供、建立檔案管理、轉介適當之服務。 前項通報及轉介流程、檔案管理之辦法，由中央主管機關定之。	一、條次變更。 二、修正並整併現行條文第十九條第一項第一款前段及第二十二條、有關早期療育通報系統之規定。 三、兒童安置機構除不限於兒童及少年福利機構，身心障礙機構亦為之一，為使通報來頻更為完備，爰建議修正。 四、有關身心障礙兒童及少年之通報業於身心障礙者權益保障法第十八條規範之，本條不予重複規範，爰建議刪除。 五、為建立協調整合機制，提高對發展遲緩兒童通報轉介服務與早期療育之成效，爰增列第二項之授權辦法。
第二十二條　政府應規劃實施兒童及	第二十三條　政府對發展遲緩兒童，應按其需要，給予早期療育、醫療、就學方面之特殊照顧。 父母、監護人或其他實際照顧兒童之人，應配合前項政府對發展遲緩兒童所提供之特殊照顧。 早期療育所需之篩檢、評估、通報、治療、教育等各項服務之銜接及協調機制，由中央主管機關會同衛生、教育主管機關規劃辦理。 第二十條　政府應規劃實施兒童及少年未滿十八	一、條次變更。 二、修正並整併現行條文第十九條第一項第一款前段及第二十二條有關早期療育服務之規定。 三、發展遲緩兒童除本身之療育與照顧需要外，家庭之支持亦須政府予以協助。 實務上，家該兒童發展評估、診斷、療育中經歷自責、失落、尋求資源等困境，因此，早期服務與協助，使兒童順利接受療育，使兒童及家庭順利家庭之照顧增列家庭支持及經費輔助。

98.07.02

(續) 表6-4　兒童及少年福利法修正草案

兒童局修正條文	現行條文	各單位意見及本局說明
少年之醫療照顧措施，必要時並得視其家庭經濟條件補助其費用。 前項費用之補助對象、項目、金額及其程序等之辦法，由中央主管機關定之。	歲兒童及少年之醫療照顧措施，必要時並得視其家庭經濟條件補助其費用。 前項費用之補助對象、項目、金額及其程序等之辦法，由中央主管機關定之。	二、本法第六條業已明定兒童及少年係指十八歲以下之人，爰建議刪除之。
第二十三條　兒童及少年罹患性病或有酒癮、藥物濫用情形者，其父母、監護人或其他實際照顧兒童及少年之人應協助就醫，或由直轄市、縣（市）主管機關同衛生主管機關配合協助就醫；必要時，得請求警察主管機關協助。 前項治療所需之費用，由兒童及少年之父母、監護人負擔。但屬全民健康保險給付範圍或依法補助者，不在此限。	第二十五條　兒童及少年罹患性病或有酒癮、藥物濫用情形者，其父母、監護人或其他實際照顧兒童及少年之人應協助就醫，或由直轄市、縣（市）主管機關同衛生主管機關配合協助就醫；必要時，得請求警察主管機關協助。 前項治療所需之費用，由兒童及少年之父母、監護人負擔。但屬全民健康保險給付範圍或依法補助者，不在此限。	條次變更，內容未修正。
第二十四條　兒童及孕婦應優先獲得照顧。 交通及醫療等公、民營事業應提供兒童及孕婦優先照顧措施。	第二十六條　兒童及孕婦應優先獲得照顧。 交通及醫療等公、民營事業應提供兒童及孕婦優先照顧措施。	條次變更，內容未修正
第三十一條　孕婦不得吸菸、酗酒、嚼檳榔、施用毒品、非法施用管制藥品或為其他有害胎兒發育之行為。 任何人不得強迫、引誘或以其他方式使孕婦為有害胎兒發育之行為。	第二十八條　孕婦不得吸菸、酗酒、嚼檳榔、施用毒品、非法施用管制藥品或為其他有害胎兒發育之行為。 任何人不得強迫、引誘或以其他方式使孕婦為有害胎兒發育之行為。	條次變更，內容未修正。
第二十五條　目的事業主管機關及公		一、本條新增。

（續）表6-4　兒童及少年福利法修正草案

兒童局修正條文	現行條文	各單位意見及本局說明
私立機構、團體，應鼓勵兒童及少年參與學校、跨校學生、社會等公共事務，並提供機會，保障其參與及權利。		二、參考兒童權利公約社會參與及權增訂之。政府機關、民間團體均應鼓勵兒童少年透過不同管道積極參與公共事務。
第二十七條　目的事業主管機關應鼓勵國內兒童及少年文學、視聽出版品與節目之創作，優良國際化之引進、翻譯與出版。		一、本條新增。 二、為強化我國兒童與少年之文化素養，並需改善目前國內兒童及少年文學、視聽出版與節目之創作環境，以及參考日本制度，由中央單位統一把關翻譯之兒童及少年書籍與視聽作品，以確保其品質與有益於兒童少年視聽。
第二十八條　目的事業主管機關對優良兒童及少年出版品、錄影節目帶、廣播與電視節目應予獎勵。		一、本條新增。 二、為鼓勵出版與傳播業者出版、製播優質之兒童及少年出版品、節目，奠立兒童及少年之視聽品味與環境，故增訂本條文。
第四章　福利與就業 第二十九條　直轄市、縣（市）政府，應建立整合性服務機制，並鼓勵、輔導、委託民間或自行辦理下列兒童及少年福利措施： 一、建立發展遲緩兒童早期通報系統，並提供早期療育服務。 二、辦理兒童托育服務。 三、對兒童及少年及其家庭提供諮詢輔導服務。 四、對兒童及少年及其父母辦理親職教育。 五、對於無力撫育其未滿十二歲之子女或被監護人者，視需要予以扶助或醫療補助。 六、對於無謀生能力或在學之少年，	第三章　福利措施 第十九條　直轄市、縣（市）政府，應鼓勵、輔導、委託民間或自行辦理下列兒童及少年福利措施： 一、建立發展遲緩兒童早期通報系統，並提供早期療育服務。 二、辦理兒童托育服務。 三、對兒童及少年及其家庭提供諮詢輔導服務。 四、對兒童及少年及其父母辦理親職教育。 五、對於無力撫育其未滿十二歲之子女或被監護人者，視需要予以扶助或醫療補助。 六、對於無謀生能力或在學之少年，	一、所列各類服務對象及需求項目需視個案狀況彈性調整，且各項服務資源來源由直轄市、縣（市）政府各單位分別提供，為強調跨界合作整合機制，刪除「童」之重要性，使各項服務收效確實落實，爰修正第一。 二、第一項第五款配合民法用語，將「被監護人」修正為「受監護人」。 三、罕見疾病及兒童家庭所需的醫療與重病兒童，早產兒同等照護人，爰於第七款增列之。 四、「家事商談」係屬訴訟外替代性爭議處理，兒童及少年監護權、探視權安排、教養費等事宜，若能先進行家事商談，因事訟過程而造成家庭生活困難，爰增列第一項第十三款。 五、按少年於結束安置後之生活，若因現實需無法返家生活，且避免之扶助，避免其生活遭遇困難，爰增列第一項第十三款規定，並配合依序調整其餘款次。 六、為更明確規範服務對象包括所有懷孕及生育過程之兒童、少年及其子女，爰修正第十一款明定對未成年懷孕協助對象所需資

（續）表6-4　兒童及少年福利法修正草案

兒童局修正條文	現行條文	各單位意見及本局說明
六、對於無謀生能力或在學之少年，無扶養義務人或扶養義務人無力維持其生活者，予以生活扶助、協助就學或醫療補助，並協助培養其自立生活之能力。 七、早產兒、罕見疾病、重病兒童及少年與發展遲緩兒童之扶養義務人無力支付醫療費用之補助。 八、對於不適宜在家庭內教養或逃家之兒童及少年，提供適當之安置。 九、對於無依兒童及少年，予以適當之安置。 十、提供家事商談服務。 十一、對於因懷孕或生育而遭遇困境之兒童、少年及其子女，予以適當之安置、生活扶助、醫療補助、托育補助及其他必要協助。 十二、提供兒童及少年適當之休閒、娛樂及文化活動。 十三、對結束安置，無法返家之少年，提供自立生活適應協助。 十四、辦理兒童及少年教育之宣導及訓練與安全教育等兒童及少年事故傷害防制服務。 十五、其他兒童及少年及其家庭之福利服務。	無扶養義務人或扶養義務人無力維持其生活者，予以生活扶助或醫療補助。 七、早產兒、重病兒童及少年與發展遲緩兒童之扶養義務人無力支付醫療費用之補助。 八、對於不適宜在家庭內教養或逃家之兒童及少年，提供適當之安置。 九、對於無依兒童及少年，予以適當之安置。 十、對於未婚懷孕或分娩而遭遇困境之婦嬰，予以適當之安置及協助。 十一、提供兒童及少年適當之休閒、娛樂及文化活動。 十二、辦理兒童課後照顧服務。 十三、其他兒童及少年及其家庭之福利服務。 前項第九款無依兒童及少年之通報、協尋、安置方式、要件、追蹤之處理辦法，由中央主管機關定之。 第一項第十二款之兒童課後照顧服務，得由直轄市、縣（市）政府指定所屬國民小學辦理，其辦理方式、人員資格等相關事項標準，由教育部會同內政部定之。	源，包含實施人工流產、托育、出養、心理輔導等相關協助，並配合於第一項第十一款後段規定，免疏漏，致保護不週，爰增列於第一項第十一款後段規定，調整其餘款次。 七、國內兒童及少年意外事故傷害比率偏高，故增列第十四款事故傷害防制與安全教育及預防之宣導及訓練。 八、「兒童教育及照顧法」草案已納入兒童課後照顧服務之相關規定，該草案第四十九條第六項並說明定「國民小學於原校辦理課後教保服務之方式、教保服務人員之配置等相關事項之辦法，由教育部定之」，爰配合刪除第一項第十二款及第三項。 九、第一項第一款至第九款、第八款至第九款、第十二款內容未修正，僅第十二款次配合遞移。

267

(續) 表6-4　兒童及少年福利法修正草案

兒童局修正條文	現行條文	各單位意見及本局說明
利服務。 第一項第九款無依兒童及少年之通報、協尋、安置方式、要件、追蹤之處理辦法，由中央主管機關定之。 第六十三條　主管機關對於進入司法程序處理之兒童及少年與其家庭，應提供必要之兒童及少年福利服務。		一、本條新增。 二、為強調對於兒童及少年所提供之任何福利服務，不因其進入司法程序而中斷。 三、所謂「司法程序」係指依少年事件處理法為少年保護事件之刑事案件之處理程序。 四、另福利服務之提供係視個案需要劃分由該管主管機關提供，爰此，「當地主管機關」修正為「主管機關」。
第六十三條之一　主管機關對於依少年事件處理法所轉介或交付安置輔導或感化教育結束、停止或免除，或經交付轉介之兒童及少年及其家庭，應予追蹤輔導，並提供必要之兒童及少年之福利服務一年。 前項追蹤輔導及福利服務，得委託兒童及少年福利機構或團體為之。	第四十五條　對於依少年事件處理法所轉介或交付安置輔導之兒童及少年及其家庭，當地主管機關應予追蹤輔導，並提供必要之兒童及少年之福利服務。 前項追蹤輔導及福利服務，得委託兒童及少年福利機構為之。	一、條次變更。 二、司法介入停止後之兒童及少年屢需持續提供相關服務，以確保其順利復歸社會，爰配合輔導對象由現行依少年事件處理法第29條轉介或第42條交付安置輔導結束之少年，增列包括感化教育結束之少年。 三、實務上，少年結束安置或感化教育免除後，追蹤輔導應視應回歸戶籍所在地之主管機關，爰此，「當地主管機關」修正為「主管機關」，明定追蹤訪視輔導為一年。 四、第二項增列「團體」，此處「團體」係指兒童及少年福利團體，相助章程明定辦理兒童及少年相關業務之團體，故刪除「字」。
第三十七條　少年年滿十五歲有進修或就業意願者，教育、勞工主管機關應視其性向及志願，輔導其進修、接受職業訓練或就業。 雇主對年滿十五歲之少年員工應提供教育進修機會，其辦理績效良好者，教育、勞工主管機關應予獎勵。 前項教育主管機關之就業準備、職業訓練及督導高級中等以下學校辦理勞動學動獎金	第三十五條　少年年滿十五歲有進修或就業意願者，教育、勞工主管機關應視其性向及志願，輔導其進修、接受職業訓練或就業。	一、條次變更。 二、少年之就業準備與相關輔導措施應由教育及勞工主管機關提供，爰新增第二項及第三項，詳細規定教育及勞工主管機關對於年滿十五歲少年之就業準備、教育訓練與就業服務應提供之措施。 三、現行條文第二項規範之主體不同，另列於第三十八條。

（續）表6-4　兒童及少年福利法修正草案　　　　　　　　　98.07.02

兒童局修正條文	現行條文	各單位意見及本局說明
及職業安全教育。 第一項所稱就業措施準備、職場體驗、就業媒合、支持性就業安置及其他就業服務措施。		
第三十八條　對年滿十五歲少年員工應保障其教育進修機會。其辦理績效良好者，勞工主管機關應予獎勵。		一、本條新增。 二、係由現行第二十五條第二項移列。
第三十九條　勞工主管機關應配合相關政策與法令，對於缺乏技術與學歷並有就業需求之少年，應整合教育與社政主管機關，提供個別化就業服務措施。		一、本條新增。 二、部分年滿十五歲未繼續就學之少年，或有因生活所需而迫使少年必須長期間斷性處於易受剝削且無發展性之工作，陷入低所得之貧窮循環。或有因生活費用由家庭供應而缺乏就業意願，但確實有就業需求，久之逐漸無法進入就業市場，家長亦感困擾，成年後易陷入貧窮。上述情況少年之就業輔導需整合主管機關提供規範政府就業輔導整合提供個別化之就業輔導措施。
第四十條　高級中等以下學校協調教育合作機構與學生及其法定代理人，簽訂定型化訓練契約。		一、本條新增。 二、少年參與職業學校建教合作之學生比例甚高，其勞動權益應受更多重視與保障，爰增訂本條文，規範其學校、機構與學生應遵守之基準法「簽訂定型化訓練契約」，並配合訓練需求於定型建教契約以為保障。 三、參與職業學校建教合作之學生，依勞動基準法第六十四條規定，準用第二衍生相關規定。本條內容參照「高級職業學校建教合作實施辦法」第二條第二項、第五條。
第五章　保護與安全 第四十一條　兒童及少年不得為下列行為： 一、吸菸、飲酒、嚼檳榔。 二、施用毒品、非法施用管制藥品或	第五章　保護措施 第二十六條　兒童及少年不得為下列行為： 一、吸菸、飲酒、嚼檳榔。 二、施用毒品、非法施用管制藥品或	一、條次變更。 二、第一項第三款酌作文字修正，並參照出版品及錄影節目帶分級辦法之內容，增列「恐怖、血腥」等文字，保護更臻周延。

（續）表6-4　兒童及少年福利法修正草案

兒童局修正條文	現行條文	各單位意見及本局說明
三、觀看、閱覽、收聽或使用足以妨害其身心健康之暴力、色情、恐怖、血腥、猥褻、賭博之出版品、圖畫、錄影節目帶、影片、光碟、磁片、電子訊號、電腦及遊戲軟體、網際網路網路內容或其他物品。 四、在道路上競駛、競技或以蛇行等危險方式駕車或參與其行為。 父母、監護人或其他實際照顧兒童及少年之人，應禁止兒童及少年為前項各款行為。 任何人均不得供應第一項之物質、物品予兒童及少年。	三、觀看、閱覽、收聽或使用足以妨害其身心健康之暴力、色情、圖畫、錄影帶、影片、光碟、磁片、電子訊號、遊戲軟體、網際網路或其他物品。 四、在道路上競駛、競技或以蛇行等危險方式駕車或參與其行為。 父母、監護人或其他實際照顧兒童及少年之人，應禁止兒童及少年為前項各款行為。 任何人均不得供應第一項之物質、物品予兒童及少年。	
第四十五條　兒童及少年不得出入酒家、特種咖啡茶室、成人用品零售業、限制級電子遊戲場及其他涉及賭博、色情、暴力等經主管機關認定足以危害其身心健康之場所。 父母、監護人或其他實際照顧兒童及少年之人，應禁止兒童及少年出入前項場所。 第一項場所之負責人及從業人員應拒絕兒童及少年進入。	第二十八條　兒童及少年不得出入酒家、特種咖啡茶室、限制級電子遊戲場及其他涉及賭博、色情、暴力等經主管機關認定足以危害其身心健康之場所。 父母、監護人或其他實際照顧兒童及少年之人，應禁止兒童及少年出入前項場所。 第一項場所之負責人及從業人員應拒絕兒童及少年進入。	一、條次變更。 二、依內政部93年9月30日臺內童字第0930093698號令示：成人用品零售業（情趣商店）為兒童及少年福利法第28條第1項所稱涉及賭博、色情、暴力等足以危害其身心健康之場所，建請將該項所納入法規明確規定，促使業者善盡其責。
第四十六條　父母、監護人或其他實際照顧兒童	第二十九條　父母、監護人或其他實際照顧兒童	條次變更，內容未修正。

98.07.02

(續)　表6-4　兒童及少年福利法修正草案

兒童局修正條文	現行條文	各單位意見及本局說明
及少年充當前條第一項場所之待應或從事危險、不正當或其他足以危害或影響其身心發展之工作。 任何人不得利用、僱用或誘迫兒童及少年從事前項之工作。 第四十七條　任何人對於兒童及少年不得有下列行為： 一、遺棄。 二、身心虐待或疏忽。 三、利用兒童及少年從事有害健康等危害性活動或欺騙之行為。 四、利用身心障礙或特殊形體兒童及少年供人參觀。 五、利用兒童及少年行乞。 六、剝奪或妨礙兒童及少年接受國民教育之機會。 七、強迫兒童及少年結婚。 八、拐騙、綁架、買賣、質押兒童及少年，或以兒童及少年為擔保之行為。 九、強迫、引誘、容留或媒介兒童及少年為猥褻行為或性交。 十、供應兒童及少年刀械、槍礮、彈藥或其他危險物品。 十一、利用兒童及少年拍攝或錄製暴力、猥褻、色情或其他有害兒童及少年身心發展之出版品、	及少年充當前條第一項場所之待應或從事危險、不正當或其他足以危害或影響其身心發展之工作。 任何人不得利用、僱用或誘迫兒童及少年從事前項之工作。 第三十條　任何人對於兒童及少年不得有下列行為： 一、遺棄。 二、身心虐待。 三、利用兒童及少年從事有害健康等危害性活動或欺騙之行為。 四、利用身心障礙或特殊形體兒童及少年供人參觀。 五、利用兒童及少年行乞。 六、剝奪或妨礙兒童及少年接受國民教育之機會。 七、強迫兒童及少年結婚。 八、拐騙、綁架、買賣、質押兒童及少年，或以兒童及少年為擔保之行為。 九、強迫、引誘、容留或媒介兒童及少年為猥褻行為或性交。 十、供應兒童及少年刀械、槍礮、彈藥或其他危險物品。 十一、利用兒童及少年拍攝或錄製暴力、猥褻、色情或其他有害兒童及少年身心發展之出版品、	一、條次變更。 二、依據內政部兒童局委託財團法人台灣兒童暨家庭扶助基金會及輔仁大學社工學系劉可屏教授修訂之「兒童及少年是否未受適當照顧忽研評估指標及危機診斷表」，兒童及少年受虐之兒童及少年係因未受適當照顧被疏忽情事亦為架構及之一，目實務上受疏忽之兒童及少年係列為保護個案，為使對兒童及少年之保護措施更為周延，爰於第二款增列「疏忽」，至於「疏忽」指標，修訂定工作手冊供執法人員參考。 三、第一項第七款將「婚嫁」修正為「結婚」之正式法律用語。 四、有關違反本法第四十二條分級規定，現行罰則係以違反本條第十二款之構成處罰要件為要件，惟其條件廠可，目審處罰供應者，對進行分級之出版商或網際網路商並未加以處罰，形同具文爰予刪除。至違反分級辦法之處罰於第七十八條規定。又網際網路係其本質應為媒介，受將「網際網路」者性質不同，爰將「網際網路」各修正為「網際網路內容」。

271

(續) 表6-4　兒童及少年福利法修正草案

兒童局修正條文	現行條文	各單位意見及本局說明
圖畫、錄影節目帶、影片、光碟、磁片、電子訊號、電腦軟體、網際網路內容或其他物品。 十二、帶領或誘使兒童及少年進入有礙其身心健康之場所。 十三、強迫、引誘、容留或媒介兒童及少年為自殺行為。 十四、其他對兒童及少年或利用兒童及少年犯罪或為不正當之行為。	圖畫、錄影帶、錄音帶、影片、光碟、磁片、電子訊號、遊戲軟體、網際網路內容或其他物品。 十二、違反媒體分級辦法，對兒童及少年提供或播送有害其身心發展之出版品、圖畫、電子訊號、影片、光碟、電子訊號、網際網路或其他物品。 十三、帶領或誘使兒童及少年進入有礙其身心健康之場所。 十四、強迫、引誘、容留或媒介兒童及少年為自殺行為。 十五、其他對兒童及少年或利用兒童及少年犯罪或為不正當之行為。	條次變更，內容未修正。
第四十九條　父母、監護人或其他實際照顧兒童之人不得使兒童獨處於易發生危險或傷害之環境；對於六歲以下兒童或需要特別看護之兒童及少年，不得使其獨處或由不適當之人代為照顧。	第三十二條　父母、監護人或其他實際照顧兒童之人不得使兒童獨處於易發生危險或傷害之環境；對於六歲以下兒童或需要特別看護之兒童及少年，不得使其獨處或由不適當之人代為照顧。	
第四十三條　新聞紙以外之出版品及錄影節目帶、電腦及遊戲軟體應予分級；其他有害兒童及少年身心健康之物品經目的事業主管機關認定應予分級者，亦同。	第二十七條　出版品、電腦軟體、電腦網路應予分級；其他有害兒童及少年身心健康之物品經目的事業主管機關認定應予分級者，亦同。 前項物品列為限制級者，禁止對兒童	一、條次變更。 二、查世界各國未有將新聞紙分級之先例，行政院新聞局亦於其訂定應u出版品及錄影節目帶分級辦法」時，明文排除新聞紙適用，愛於本條明定新聞紙不予列入應分級之物品。 三、電腦網路有別於傳統媒體，具有跨國界的特性，我國探強制立法方式規

（續）表6-4　兒童及少年福利法修正草案　98.07.02

兒童局修正條文	現行條文	各單位意見及本局說明
前項物品列為限制級者，禁止對兒童及少年為租售、散布、播送或公然陳列。 第一項物品之分級及管理辦法，由目的事業主管機關定之。	及少年為租售、散布、播送或公然陳列。 第一項物品之分級辦法，由目的事業主管機關定之。	定電腦網際網路應予分級，與世界各民主國家尊重事業自律之趨勢不盡相符，並有侵害言論自由之虞。又網際網路所引發之問題不僅限於暴力、色情、猥褻內容，其他如網路詐欺、交友、誹謗、電子商務及網路成癮等問題也層出不窮。我國目前也無法要求無法避免國內法律責任，於國外網站註冊或架設同服器規避國內法律責任，實質規範效果有限。目前我國僅將網路內容管理限縮在網站分級，對於抑制網路帶來負面影響之成效十分有限。應為整體規劃相關配套措施，以因應電腦網路實際狀況。爰建議刪除「電腦網際網路應予分級」之規定，並增列第二十七條之二規定以資管理。 四、邇來安裝於電腦、電視、手機、掌上型電視遊樂器等遊戲發展迅速，已成為兒童及少年主要休閒活動之一，惟部分遊戲軟體具血腥、暴力內容危害兒童及少年身心，爰明定應予分級管理，以避免兒童少年接觸有害其身心健康之遊戲軟體。 五、出版品及其他物品應視其內容予以分級外，相關分級之措施、方法，亦應納入大規範，爰修正第三項將「管理」第三項納入授權項目。 一、本條新增。 二、查行政院新聞局依據本法第二十七條第三項規定訂定「出版品及錄影帶分級辦法」，惟考量報導輿論之新聞紙載體特性，且世界各國尚未有將新聞紙分級之先例，爰於訂定上開辦法時，明文排除新聞紙適用出版品分級管理規定。故報紙刊載不適合兒童少年閱讀之圖文，目前外屬媒體業者自律範疇。惟新聞紙屬兒童少年經常接觸閱聽之媒體，近來部分新聞媒體有色情、血腥、暴力之報導，對兒童少年身心健康影響甚鉅，民眾及民間團體紛紛要求管理新聞紙之報導內容，爰增列本條，以維護社會善良風俗，保護兒童少年之閱讀權益。
第四十三條　新聞紙不得刊載下列有害兒童及少年身心健康之內容： 一、詳細描寫犯罪、自殺行為之工具、方法及細節者。 二、過度描述恐怖、暴力、血腥情節，足以引發兒童及少年模仿者。 三、藥大過染性行為、過度描述強制性交、色情、恐怖、血腥細節。 四、暴力、色情、恐怖、血腥猥褻之圖片。		

273

(續) 表6-4　兒童及少年福利法修正草案

兒童局修正條文	現行條文	各單位意見及本局說明
第四十四條 甲案（內政部所提）為防止兒童及少年接觸有害其身心發展之網路內容，通訊傳播主管機關應邀集有關機關、各目的事業主管機關協助民間團體辦理下列內容防護業務： 一、兒童及少年網路內容及行為之觀察。 二、分級標準詞彙與等級之評定及檢討。 三、申訴機制之建立及執行。 四、過濾軟體之建立及推動。 五、其他防護機制之建立及推動。 網際網路不當提供者或其相關公協會應依前項相關防護機制訂定自律規範，以採取明確可行的防護措施，並送通訊傳播主管機關核定公告之。 網際網路不當提供者經通訊傳播主管機關告知網路內容有害兒童及少年身心健康或違反前項規定未採取明確可行防護措施者，或先行移除、瀏覽之措施，或先行移除。 本條所稱網際網路提供各項服務者，指提供連線上網後各項兒童不當提供者，包含在網際網路上提供儲存空間，或利用網際網路設置建置網路以提供資訊發布及網頁連結服務等功能者。		一、本條新增。 二、增訂網際網路管理事項。 三、本案甲、乙兩案併陳，其中第一項甲案由通訊傳播主管機關主政；乙案由行政院主政；第二項甲案規定業者之自律規範應送通訊傳播主管機關核定公告之，乙案則否；第三項甲案規定由通訊傳播主管機關告知網際網路不當提供者移除不當內容，乙案則由目的事業主管機關告知。 甲案（內政部所提） 一、本條新增。 二、基於國家通訊傳播委員會主管國家通訊傳播業務，具網路安全維護之專業，委其定由其主責邀集主管機關、各目的事業主管機關，推動分級相關工作。 三、推動保護兒少上網安全相關業務所需的人力與經費，需要政府予以扶植，爰於本條明定之。依澳洲等國之經驗，內政部等各相關目的事業主管機關應協助編列預算，以更多面向進行兒童及少年網路內容與行民間團體辦理內容防護業務。 四、為促進網際網路事業健全發展，應避免政府過度介入管理，鑑於網路開放之特性、網路內容包羅萬象，初涉及侵害著作權、誹謗、猥褻等違反法律強制或禁止規定，應由內容提供者負其責任，而網際網路提供不當平臺提供者或提供者(IPP)定義，俾資明確。 五、明定經通訊傳播主管機關告知網路內容違法或違反自律規範規定者，應先行移除或為規範網際網路內容限制兒童或少年接收者之措施。 六、於第四項規範網際網路不當平臺提供者或提供者(IPP)定義，俾資明確。

（續）表6-4　兒童及少年福利法修正草案

兒童局修正條文	現行條文	各單位意見及本局說明
乙案（國家通訊傳播委員會所提）： 為防止兒童及少年接觸有害其身心發展之網際網路內容，行政院應成立跨部會工作小組蒐集各相關目的事業主管機關協助民間團體成立內容防護機構，並委託該機構辦理下列事項： 一、兒童及少年網際網路內容及行為觀察。 二、分級標準詞彙與等級之評定及檢討。 三、申訴機制之建立及執行。 四、過濾軟體之建立及推動。 五、兒童及少年上網安全教育宣導。 六、推動網際網路平臺提供者建立自律機制。 七、其他防護機制之建立及推動。 網際網路平臺提供者或其相關公協會應依前項相關機制訂定自律規範「網際網路平臺提供者如未制訂自律規範應依其相關公協會所訂自律規範採取必要措施。」 網際網路廣告知網際網路內容經目的事業主管機關認定有害兒童及少年身心健康或違反前項規定未採取明確可行防護措施者，應為限制兒童及少年接取、瀏覽之措施，或先行移除。		乙案（國家通訊傳播委員會所提）： 一、鑑於網際網路之內容包羅萬象，與實體世界一樣，其所生之事項應由各目的事業主管機關依權責處理，又發生於網際網路之問題，多具有跨部會之性質（例如網路〔遊戲軟體〕成癮之防範及醫療，涉及之教育宣導部及衛生署；亟需辦理強化網際網路安全相關議題之教育宣導，涉及之單位包括教育部、內政部兒童局及通傳會等，如何整合議題進而提出防制之道，應明確訂由行政院組成跨部會性質之兒童安全委員會為處理機制，於辦理兒少上網安全業務，國際趨勢係以成立的網際網路兒童安全委員會（UK Council for Child Internet Safety簡稱「UKCCIS」）即為一例。 二、本條須附帶「跨部會工作小組」，主要係定位為政策規劃擬定及協調，經參酌本會98年2月26日所召開之「研商建立防護兒童及少年網際網路安全機制研商會議」，大多數與會機關建議，提請跨部會處理機制如下： （一）以任務編組方式成立跨部會之兒童及少年網際網路安全委員會，其組成為： 1.置主任委員一人，由行政院所屬部會首長兼任。 2.置副主任委員二人，由行政院所屬相關部會人員兼任。 3.相關部會為列席機關。 4.另聘網路、傳播、心理、教育及法律等領域學者專家為委員，係應於機制成立後，再由召集機關開會討論確認，針對此節，本會初步規劃如下：由該機制主任委員定期召開兒童及少年網際網路安全會議研擬短程改善目標，對策與具體措施。 1.針對我國有關兒童及少年網際網路安全會議研擬短程改善目標，對策與具體措施。 2.擬訂各目的事業機關之分工。 3.督導及追蹤各機關辦理情形。 4.協助民間團體成立各種兒少內容防護機構。 三、行政院研究發展考核委員會表示意見以，依據「中央行政機關組織基準

(續) 表6-4 兒童及少年福利法修正草案

兒童局修正條文	現行條文	各單位意見及本局說明
本條所稱網際網路平臺提供者，指提供連線上網後各項網路平臺服務，包含在網際網路上提供儲存空間，或利用網際網路建置網站提供資訊發佈及網頁連結服務等功能者。		法」第五條第三項規定：除該法及各機關組織法規外，不得以作用法或其他法規定機關之組織，建議第一項後段文字修正為：「…行政院應邀集各相關目的事業主管機關協助民間團體辦理下列內容防護業務：…」。 四、本會於組織上係屬獨立管制委員會，依行政院秘書長95年2月21日院臺內字第0950082621號函有關行政院研考會及行政院法規會之意見，「通傳會得做為電腦網路及電子訊號之目的事業主管機關，董宜提供執法所需規範性事項之協助」；愛此，依本會組織屬性並不宜扮演擔任邀集各目的事業主管機關辦理兒少上網安全政策協調統合之角色，併此敘明。 五、依據本會97年7月9日召開「兒童及少年福利法涉及賊子網際網路平臺提供者義務相關條文公聽會」，與會認為網際網路平臺提供者所提供服務的不同而分屬不同的目的事業主管機關，若要送目的事業主管機關核定公告，會有實際操作上的困擾。 六、本規範內容如上述於實際運作上將會產生窒礙難行，為免「並送通訊傳播主管機關核定公告之」之規範文，爰建議刪除。 七、依行政院秘書長95年2月21日院臺內字第0950082621號函行政院研考會及行政院法規會有關「通傳會不應做為電腦網路及電子訊號之目的事業主管機關，董宜提供執法所需規範性事項之協助」之意見；又依本會組織法第3條第5款所訂，本會係執掌「通訊傳輸內容及網際網路內容管理係指相助度及官導找法律規定事項之規範」之規定，其有關網際網路內容管理之內容及行為；並非全部的網路內容行為。 八、網路內容包羅萬象，其所涉及消費者糾紛、色情、犯罪等，其相關網路內容管理，係應由各目的事業主管機關依權責，例如利用網路刊登食品廣告、內容涉及違反食品衛生管理法規定，乃由食品衛生管理主管機關自行調查核處。 九、承上、網路內容管理既係由各目的事業主管機關依權責處理，又鑑於行政程序，若需由通訊傳播主管機關於「通知移除」時需踐行一定之行政程序，若需由通訊傳播主管

(續) 表6-4　兒童及少年福利法修正草案

98.07.02

兒童局修正條文	現行條文	各單位意見及本局說明
第四十六條　宣傳品、出版品、廣播電視、網際網路內容或其他媒體對下列兒童及少年不得報導或記載其姓名或其他足以識別身分之資訊： 一、遭受第四十七條或第五十四條第一項各款行為之兒童及少年。 二、施用毒品、非法施用管制藥品或其他有害身心健康之物質之情事者，亦及其少年。 三、監護權訟事件之兒童及少年。 四、少年保護事件及刑事案件所做出或被害人為兒童及少年者。 行政機關及司法機關所製作必須公開之文書，不得揭露足以識別前項兒童及少年身分之資訊。 除前二項以外之任何人亦不得於媒體、資訊或以其他公示方式揭示有關第一項兒童及少年之姓名及其他足以識別身分之資訊。	第四十六條　宣傳品、出版品、廣播電視、網際網路內容或其他媒體不得報導或記載遭受第三十條或第三十六條第一項各款行為兒童及少年之姓名或其他足以識別身分之資訊： 一、遭受第四十七條或第五十四條第一項各款行為之兒童及少年。 二、施用毒品、非法施用管制藥品或其他有害身心健康之物質之情事者，亦及其少年。 三、監護權訟事件之兒童及少年。 四、少年保護事件及刑事案件所做出或被害人為兒童及少年者。 行政機關及司法機關所製作必須公開之文書，不得揭露足以識別前項兒童及少年身分之資訊。 除前二項以外之任何人亦不得於媒體、資訊或以其他公示方式揭示有關第一項兒童及少年之姓名及其他足以識別身分之資訊。	機關辦理此項業務，於時效上難以肆應新興網路新興媒體之運作特性；為免降低行政效能，爰建議不宜限定由「通訊傳播主管機關」命其移除，宜由「目的事業主管機關」為之較妥。 十、於第四項增列網際網路示臺提供條文條次。 一、條次變更，調整對該條文。 二、新聞媒體報導有關兒童及少年新聞時，常發生大量報導造成爭議，有鑑於監察院調查吳憶樺監護權及隱私權案件時，要求將兒童及少年之身分資訊，並且報導監護權及隱私權之內容，不僅使兒童及少年身心受到傷害，爰將前述事件納入法律規範，也將使光兒童及少年身心受到傷害。資訊之對象，增列為第一項第三款之保護項目。 三、有關違反「少年事件處理法」第八十三條規定，依同法第一項規定，主管機關依法子予以處分，按司法院九十五年三月十六日秘台廳家字第九五五九七號函釋，其「主管機關」在中央為行政院新聞局，在地方為縣(市)政府，平面媒體報導。為避免「少年保護事件或少年刑事案件」當事人之隱私權因媒體揭露而造成當事人身心受創，爰增列第四款。 四、第二項有關「司法機關所製作之文書」係指裁判主文之公告及公示送達之公告等，不包括裁判文書（裁判正書對特定人送達）至於監護權防制媒體報告因係提供給法院，並未公開可列出兒童少年姓名。 五、國家通訊傳播委員會建議第一項規範之媒體項目中，有關網際網路項目內容事項，建議移列至第四十四條併予規範，爰建議刪除「網際網路」內容等字。
第五十條　疑似發展遲緩兒童或身心障礙兒童及少年之父母或監護人，得申請直轄市、縣(市)主管機關建立指紋資料。前項資料，除作為失蹤協尋外，不得作緩兒童或身心障礙兒童及少年之指紋	第二十一條　疑似發展遲緩兒童或身心障礙兒童及少年之父母或監護人，得申請警政主管機關建立指紋資料。	一、條次變更。 二、本條係涉及疑似發展遲緩兒童之合意性，但基於保障特殊需求兒少之生存與發展權，在維護兒少之最佳利益發展原則下，本條參照《憲法》釋字第603號新增第二項規定，在明定建立指紋資料之目的，限定使用途範

277

(續) 表6-4 兒童及少年福利法修正草案

兒童局修正條文	現行條文	各單位意見及本局說明
為其他用途使用。 第一項指紋資料按核及管理辦法，由中央主管機關定之。 第五十二條 醫事人員、社會工作人員、教育人員、保育人員、警察、司法人員、村（里）幹事、及其他執行兒童及少年福利業務人員，於執行業務知悉兒童及少年有下列情形之一者，應立即向直轄市、縣（市）主管機關通報，至遲不得超過二十四小時： 一、施用毒品、非法施用管制藥品或其他有害身心健康之物質。 二、充當第四十五條第一項場所之待應。 三、遭受第四十七條各款之行為。 四、有第四十九條第一項各款之情形。 五、有第五十四條第一項各款之情形。 六、遭受其他傷害之情形。 其他任何人知悉兒童及少年有前項各款之情形者，得通報直轄市、縣（市）主管機關。 直轄市、縣（市）主管機關於知悉或接受通報前二項案件時，應立即處理，至遲不得超過二十四小時，其承辦人員並應於受理案件後四日內提出調查報告。 第一項及第二項通報及處理辦法，由	資料。 第三十四條 醫事人員、社會工作人員、教育人員、保育人員、警察、司法人員、村（里）幹事、及其他執行兒童及少年福利業務人員，於執行業務知悉兒童及少年有下列情形之一者，應立即向直轄市、縣（市）主管機關通報，至遲不得超過二十四小時： 一、施用毒品、非法施用管制藥品或其他有害身心健康之物質。 二、充當第二十八條第一項場所之待應。 三、遭受第三十條各款之行為。 四、有第三十六條第一項各款之情形。 五、遭受其他傷害之情形。 其他任何人知悉兒童及少年有前項各款之情形者，得通報直轄市、縣（市）主管機關。 直轄市、縣（市）主管機關於知悉或接受通報前二項案件時，應立即處理，至遲不得超過二十四小時，其承辦人員並應於受理案件後四日內提出調查報告。 第一項及第二項通報及處理辦法，由	圖，除做失蹤協尋外不得為其他用途。 三、有關加害人檔案資料之建置及管理，涉及人民隱私權，其救核及管理辦法授權由中央（警政）主管機關訂之。 一、條次變更，調整對應條文條次。 二、兒童及少年有本條第一項各款情形時，因村里幹事較易發覺，受參酌老人福利法第四十三條規定，將其列入第一項責任通報人範圍，俾使保護網絡更嚴密。 三、本條文涉責任通報所知悉兒童及少年有第一項各款之情事時始有適用。

（續）表6-4　兒童及少年福利法修正草案

98.07.02

兒童局修正條文	現行條文	各單位意見及本局說明
調查報告。 第一項至第三項通報及處理辦法，由中央主管機關定之。 第一項至第三項通報人之身分資料，應予保密。 第五十三條　醫事人員、社會工作人員、教育人員、保育人員、警察、司法人員、村（里）幹事、村（里）長、公寓大廈管理服務人員及其他執行兒童及少年福利業務人員，知悉兒童及少年家庭、兒童及少年有遭遇經濟、婚姻、醫療照顧等問題之虞，致兒童及少年有未獲適當照顧之虞，應通報直轄市、縣（市）主管機關。 直轄市、縣（市）主管機關於接獲前項通報後，應對前項家庭進行訪視評估，並視其需要結合警政、教育、戶政、衛生、財政、金融管理、勞政或其他相關機關提供生活、醫療、就學、托育及其他必要之協助。 第一項及第二項通報及協助辦法，由中央主管機關定之。	中央主管機關定之。 第一項及第二項通報人之身分資料，應予保密。	一、本條新增。 二、兒童及少年應於成長過程全之生長環境，若有因各種社會因素、家庭因素、照顧者因素或兒童及少年因素等問題，則可能對人身安全、教養、就學權益及身心發展有所危害，故賴子有公權力或較易接觸兒童及少年之人員，通報主管機關予以處置，並由主管直轄市、縣（市）主管機關提供相關協助。 三、本條文於通報人執行職務時知悉兒童及少年有第一項之情形時始有適用。 四、本條屬兒童少年保護之預防性措施，無通報時效限制也無罰則規定，遂將村（里）長納入通報人範圍，鼓勵基層從事村里社區工作者及早發現未獲適當照顧之兒童少年，以建立及擴大兒童少年更為綿密之保護網絡。 五、另考量本條係為鼓勵及早通報及不利兒童及少年成長之家庭，由社政單位主動介入提供服務，以預防發生嚴重兒童少年偏待及不當待之情事，現行第一線管理服務人員，而目前都市化蓬勃之住宅，以公寓大廈最為普及，遂能接觸兒童少年，為能納入兒童少年更為綿密保護網絡，以強化其兒童少保護人員及擴大通報義務服務區角落，遂將公寓大廈管理之管理服務施措入區角護人員係指公寓大廈管理服務人員，包括大廈管理員及服務人員。
第五十四條　兒童及少年有下列各款	第三十六條　兒童及少年有下列各款	條次變更，內容未修正。

279

（續）表6-4　兒童及少年福利法修正草案

98.07.02

兒童局修正條文	現行條文	各單位意見及本局說明
情形之一，非立即給予保護、安置或為其他處置，其生命、身體或自由有立即之危險或有危險之虞者，直轄市、縣（市）主管機關應予緊急保護、安置或為其他之處置： 一、兒童及少年未受適當之養育或照顧。 二、兒童及少年有立即接受診治之必要，而未就醫者。 三、兒童及少年遭遺棄、身心虐待、買賣、質押，被強迫或引誘從事不正當之行為或工作者。 四、兒童及少年遭受其他迫害，非立即安置難以有效保護者。 直轄市、縣（市）主管機關為前項緊急保護、安置或為其他必要之處置時，得請求檢察官或當地警察機關協助之。 第一項兒童及少年之安置，直轄市、縣（市）主管機關得辦理家庭寄養，縣（市）主管或安置其他適當之兒童及少年福利機構或其他安置機構教養之。 第三十五條　直轄市、縣（市）主管機關依前條規定緊急安置時，應即通知當地地方法院及警察機關，並通知兒童及少年之父母、監護人。但其無父母、監護人或通知顯有困難時，得	情形之一，非立即給予保護、安置或為其他處置，其生命、身體或自由有立即之危險或有危險之虞者，直轄市、縣（市）主管機關應予緊急保護、安置或為其他之處置： 一、兒童及少年未受適當之養育或照顧。 二、兒童及少年有立即接受診治之必要，而未就醫者。 三、兒童及少年遭遺棄、身心虐待、買賣、質押，被強迫或引誘從事不正當之行為或工作者。 四、兒童及少年遭受其他迫害，非立即安置難以有效保護者。 直轄市、縣（市）主管機關為前項緊急保護、安置或為其他必要之處置時，得請求檢察官或當地警察機關協助之。 第一項兒童及少年之安置，直轄市、縣（市）主管機關得辦理家庭寄養，縣（市）主管或安置其他適當之兒童及少年福利機構或其他安置機構教養之。 第三十七條　直轄市、縣（市）主管機關依前條規定緊急安置時，應即通報當地地方法院及警察機關，並通知兒童及少年之父母、監護人。但其無父母、監護人或通知顯有困難時，得	一、條次變更。 二、考量安置涉及兒童及少年之權利及義務，依據中央法規標準法第五條第一項第二款規定，有關人民權利、義務者應以法律定之。故將現行施行細則第十三條提列至本條第二項。

（續）表6-4　兒童及少年福利法修正草案

兒童局修正條文	現行條文	各單位意見及本局說明
不通知之。 緊急安置不得超過七十二小時，非七十二小時以上之安置不足以保護兒童及少年者，得聲請法院裁定繼續安置。繼續安置以三個月為限；必要時，得聲請法院裁定延長之，每次得聲請延長三個月。 繼續安置之聲請，得以電訊傳真或其他科技設備為之。 第五十六條　直轄市、縣（市）主管機關、父母、監護人、受安置兒童及少年對於前條第二項裁定有不服者，得於裁定送達後十日內提起抗告。對於抗告法院之裁定不得再抗告。 聲請及抗告期間，原安置機關、機構或寄養家庭得繼續安置。 安置期間因情事變更或無依原裁定繼續安置之必要者，直轄市、縣（市）主管機關、父母、原監護人、受安置兒童及少年得向法院聲請變更或撤銷之。 直轄市、縣（市）主管機關對於安置期間期滿或依前項撤銷安置之兒童及少年，應續予追蹤輔導至少一年。 第五十七條　安置期間，直轄市、縣（市）主管機關或受其交付安置之機構或寄養家庭在保護安置兒童及少年	不通知之。 緊急安置不得超過七十二小時，非七十二小時以上之安置不足以保護兒童及少年者，得聲請法院裁定繼續安置。繼續安置以三個月為限；必要時，得聲請法院裁定延長之。 繼續安置之聲請，得以電訊傳真或其他科技設備為之。 第三十八條　直轄市、縣（市）主管機關、父母、監護人、受安置兒童及少年對於前條第二項裁定有不服者，對於裁定送達後十日內提起抗告。對於抗告法院之裁定不得再抗告。 聲請及抗告期間，原安置機關、機構或寄養家庭得繼續安置。 安置期間因情事變更或無依原裁定繼續安置之必要者，直轄市、縣（市）主管機關、父母、原監護人、受安置兒童及少年得向法院聲請變更或撤銷之。 直轄市、縣（市）主管機關對於安置期間期滿或依前項撤銷安置之兒童及少年，應續予追蹤輔導一年。 第三十九條　安置期間，直轄市、縣（市）主管機關或受其交付安置之機構或寄養家庭在保護安置兒童及少年	一、條次變更。 二、第四項修正追蹤輔導期間為「至少」一年，以符特殊情況兒少之實際需求。 一、條次變更。 二、探視會面進行，以雙方約定為之。

(續) 表6-4　兒童及少年福利法修正草案

兒童局修正條文	現行條文	各單位意見及本局說明
之範圍內，行使、負擔父母對於未成年子女之權利義務。 法院裁定得繼續安置兒童及少年者，直轄市、縣(市)主管機構或受養家庭付安置之機構或寄養家庭，應選任其成員一人執行監護事務，並負與親權人相同之注意義務。直轄市、縣(市)主管機關應陳報法院執行監護事務項之人，並應按個案進展作成報告備查。 安置期間，兒童及少年之父母、原監護人、親友、師長經主管機關許可，得依其約定時間、地點及方式，探視兒童及少年。不遵守約定者，直轄市、縣(市)主管機關得禁止之。 主管機關為前項許可時，應尊重兒童及少年之意願。	之範圍內，行使、負擔父母對於未成年子女之權利義務。 法院裁定得繼續安置兒童及少年者，直轄市、縣(市)主管機構或受養家庭付安置之機構或寄養家庭，應選任其成員一人執行監護事務，並負與親權人相同之注意義務。直轄市、縣(市)主管機關應陳報法院執行監護事務項之人，並應按個案進展作成報告備查。 安置期間，兒童及少年之父母、原監護人、親友、師長經主管機關許可，得依其指示時間、地點及方式，探視兒童及少年。不遵守指示者，直轄市、縣(市)主管機關得禁止之。 主管機關為前項許可時，應尊重兒童及少年之意願。	
第五十九條　安置期間，非為貫徹保護安置兒童及少年之目的，不得使其接受訪談、偵訊、訊問或身體檢查。兒童及少年接受訪談、偵訊、訊問或身體檢查，應由社會工作人員陪同，並保護其隱私。	第四十條　安置期間，非為貫徹保護安置兒童及少年之目的，不得使其接受訪談、偵訊、訊問或身體檢查。兒童及少年接受訪談、偵訊、訊問或身體檢查，應由社會工作人員陪同，並保護其隱私。	條次變更，內容未修正。
第六十一條　兒童及少年有第四十七條或第五十四條第一項各款情事，或目睹家庭暴力之兒童及少年，經直轄市、縣(市)主管機關列為保護個案	第四十三條　兒童及少年有第三十條或第三十六條第一項各款情事，或目睹家庭暴力之兒童及少年，經直轄市、縣(市)主管機關列為保護個案	條次變更，調整對應條文條次。

282

98.07.02

（續）表6-4　兒童及少年福利法修正草案

兒童局修正條文	現行條文	各單位意見及本局說明
案者，該主管機關應提出兒童及少年家庭處遇計畫；必要時，得委託兒童及少年福利機構或團體辦理。 前項處遇計畫得包括家庭功能評估、兒童及少年安全與安置評估、親職教育、心理輔導、精神治療、戒癮治療或其他與維護兒童及少年或其他家庭正常功能有關之協助及福利服務方案。處遇計畫之實施，兒童及少年本人、父母、監護人、實際照顧兒童及少年之人或其他有關之人應予配合。 第五十一條　兒童及少年有下列情事之一，宜由相關機構協助、輔導者，直轄市、縣（市）主管機關得依其父母、監護人或其他實際照顧兒童及少年之人之申請或經其同意，協調適當之機構協助、輔導或安置之： 一、違反第四十一條第一項、第四十五條第一項規定或從事第四十六條第一項禁止從事之工作，經其父母、監護人或其他實際照顧兒童及少年之人盡力矯正而無效果。 二、有偏差行為，情形嚴重，經其父母、監護人或其他實際照顧兒童及少年之人盡力矯正而無效果。 前項機構協助、輔導或安置所必	者，該主管機關應提出兒童及少年家庭處遇計畫：必要時，得委託兒童及少年福利機構、團體辦理。 前項處遇計畫得包括家庭功能評估、兒童及少年安全與安置評估、親職教育、心理輔導、精神治療、戒癮治療或其他與維護兒童及少年或其他家庭正常功能有關之扶助及福利服務方案。處遇計畫之實施，兒童及少年本人、父母、監護人、實際照顧兒童及少年之人或其他有關之人應予配合。 第三十三條　兒童及少年有下列情事之一，宜由相關機構協助、輔導者，直轄市、縣（市）主管機關得依其父母、監護人或其他實際照顧兒童及少年之人之申請或經其同意，協調適當之機構協助、輔導或安置之： 一、違反第二十六條第一項、第二十八條第一項、第二十九條第一項規定或從事第三十條、第三十一條第一項禁止從事之工作，經其父母、監護人或其他實際照顧兒童及少年之人盡力矯正而無效果。 二、有品行不端、暴力等偏差行為，情形嚴重，經其父母、監護人或其他實際照顧兒童及少年之人盡力矯正而無效果。	一、條次變更，調整至應照條次。 二、「品行不端、暴力」等字與標籤意識，爰修正文字。

283

（續）表6-4 兒童及少年福利法修正草案

兒童局修正條文	現行條文	各單位意見及本局說明
要之生活費、衛生保健費、學雜費、代收代辦費及其他相關費用，由扶養義務人負擔。	前項機構協助、輔導或安置之生活費、衛生保健費、學雜各費及其他相關費用，由扶養義務人負擔。	
第五十九條 兒童及少年因家庭發生重大變故或其他事由，致無法正常生活於其家庭者，其父母、監護人、利害關係人或兒童及少年福利機構，得申請直轄市、縣（市）主管機關安置或輔助。 前項安置，直轄市、縣（市）主管機關得辦理家庭寄養、交付適當之兒童及少年福利機構或其他安置機構教養之。 直轄市、縣（市）主管機關、受寄養家庭或機構負責人依第一項規定，在安置兒童及少年之範圍內，行使、負擔父母對於未成年子女之權利義務。 第一項之家庭情況改善者，被安置之兒童及少年仍得返回其家庭，並由主管機關續予追蹤輔導至少一年。 第二項及第五十四條第三項之家庭寄養，其寄養條件、程序與受寄養家庭之資格、許可、督導、考核及獎勵之辦法，由直轄市、縣（市）主管機關定之。	第四十一條 兒童及少年因家庭發生重大變故，致無法正常生活於其家庭者，其父母、監護人、利害關係人或兒童及少年福利機構，得申請直轄市、縣（市）主管機關安置或輔助。 前項安置，直轄市、縣（市）主管機關得辦理家庭寄養、交付適當之兒童及少年福利機構或其他安置機構教養之。 直轄市、縣（市）主管機關負責人依第一項規定，在安置兒童及少年之範圍內，行使、負擔父母對於未成年子女之權利義務。 第一項之家庭情況改善者，被安置之兒童及少年仍得返回其家庭，並由主管機關續予追蹤輔導一年。 第二項及第三十六條第三項之家庭寄養，其寄養條件、程序與受寄養家庭之資格、許可、由直轄市、縣（市）主管機關辦法之。	一、條次變更，調整對應條文條次。 二、第四項修正追蹤輔導期間為「至少」一年，以符特殊情況兒少之實際需求。
第六十條 直轄市、縣（市）主管機關依第五十四條第三項或前條第二項......定之。	第四十二條 直轄市、縣（市）主管機關依第三十六條第三項或前條第二項......機關定之。	一、條次變更，調整對應條文條次。 二、修正各項費用名稱以符現況。

284

（續）表6-4　兒童及少年福利法修正草案

98.07.02

兒童局修正條文	現行條文	各單位意見及本局說明
對兒童及少年為安置時，因受寄養家庭或安置機構提供兒童及少年必要服務所需之生活費、衛生保健費、學雜費、代收代辦費及其他與安置有關之費用，得向扶養義務人收取；其收費規定，由直轄市、縣（市）主管機關定之。	項對兒童及少年為安置時，因受寄養家庭或安置機構提供兒童及少年必要服務所需之生活費、衛生保健費、學雜費、代收代辦費及其他與安置有關之費用，得向扶養義務人收取；其收費規定，由直轄市、縣（市）主管機關定之。	
第六十二條　依本法保護、安置、訪視、調查、評估、輔導、處遇兒童及少年或其家庭，應建立個案資料，並定期追蹤評估。 因職務上所知悉之秘密或隱私及所製作或持有之文書，應子保密，非有正當理由，不得洩漏或公開。	第四十四條　依本法保護、安置、訪視、調查、評估、輔導、處遇兒童及少年或其家庭，應建立個案資料，並定期追蹤評估。 因職務上所知悉之秘密或隱私及所製作或持有之文書，應子保密，非有正當理由，不得洩漏或公開。	條次變更，內容未修正
第六十六條　直轄市、縣（市）主管機關就本法規定事項，必要時，得自行或委託兒童及少年福利機構或團體進行訪視、調查及處遇。 直轄市、縣（市）主管機關或受其委託之機構或團體進行訪視、調查及處遇時，兒童及少年之父母、監護人、雇主、醫事人員及其他有關之人應予配合並提供相關資料；必要時，該主管機關並得請求警政、戶政、財政、教育或其他相關機關或機構協助，被請求之機關或機構應予配合。	第四十七條　直轄市、縣（市）主管機關就本法規定事項，必要時，得自行或委託兒童及少年福利機構或團體進行訪視、調查及處遇。 直轄市、縣（市）主管機關或受其委託之機構或團體進行訪視、調查及處遇時，兒童及少年之父母、監護人、雇主、醫事人員及其他有關之人應予配合並提供相關資料；必要時，該主管機關並得請求警政、戶政、財政、教育或其他相關機關或機構協助，被請求之機關或機構應予配合。	條次變更，酌作文字修正。

98.07.02

（續）表6-4　兒童及少年福利法修正草案

兒童局修正條文	現行條文	各單位意見及本局說明
第六十七條　父母或監護人對兒童及少年疏於保護、照顧情節嚴重，或有第四十七條、第五十四條第一項各款行為，或未禁止兒童及少年施用毒品、非法施用管制藥品者，兒童及少年最近尊親屬、主管機關、兒童及少年福利機構或其他利害關係人，得請求法院宣告停止其親權或監護權之全部或一部，或另行選定或改定監護人；對於養父母，並得聲請法院宣告終止其收養關係。 法院依前項規定選定或改定監護人時，得指定主管機關、兒童及少年福利機構之負責人或其他適當之人為兒童及少年之監護人，並得指定監護方法、命其父母、原監護人或其他扶養義務人支付子女、支付子女扶養費用及必要事項，命為其他必要處分或訂定必要事項。 前項裁定，得為執行名義。	第四十八條　父母或監護人對兒童及少年疏於保護、照顧情節嚴重，或有第三十條、第三十六條第一項各款行為，或未禁止兒童及少年施用毒品、非法施用管制藥品者，兒童及少年最近尊親屬、主管機關、兒童及少年福利機構或其他利害關係人，得聲請法院宣告停止其親權或監護權之全部或一部，或另行選定或改定監護人；對於養父母，並得聲請法院宣告終止其收養關係。 法院依前項規定選定或改定監護人時，得指定主管機關、兒童及少年福利機構之負責人或其他適當之人為兒童及少年之監護人，並得指定監護方法、命其父母、原監護人或其他扶養義務人支付子女、支付子女扶養費用及必要事項，命為其他必要處分或訂定必要事項。 前項裁定，得為執行名義。	一、條次變更。調整對應條文條次。 二、停止侵權或監護權之全部或一部為一部訴訟案件，爰將現行條文第一項條文之「聲請」修正為「請求」。 三、選定改定監護權為非訟事件，爰增列「聲請」二字。
第六十八條　有事實足以認定兒童及少年之財產權益有遭受侵害之虞者，主管機關得請求法院就兒童及少年財產之管理、使用、收益或處分，指定或改定社政主管機關或其他適當之人任監護人或指定監護之方法，並得指定或改定受託人管理財產之全部或一部。	第四十九條　有事實足以認定兒童及少年之財產權益有遭受侵害之虞者，主管機關得請求法院就兒童及少年財產之管理、使用、收益或處分，指定或改定社政主管機關或其他適當之人任監護人或指定監護之方法，並得指定或改定受託人管理財產之全部或一部。	條次變更，內容未修正。

98.07.02

（續）表6-4　兒童及少年福利法修正草案

兒童局修正條文	現行條文	各單位意見及本局說明
部。 前項裁定確定前，主管機關得代為保管兒童及少年之財產。 第六十九條　中央主管建築機關應建立機械遊樂設施設置與檢查管理制度。 中央經濟主管機關應建立非動力遊樂場設施標準。 建設、工務、消防、教育主管機關應定期檢查遊戲（樂）設施（備）並建立申訴機制。	部。 前項裁定確定前，主管機關得代為保管兒童及少年之財產。	一、本條新增。 二、目前市面上有關於兒童及少年之動力機械遊戲設施或非動力遊戲場設備常因未符標準，而使兒童及少年受傷，爰增列本條第一項及第二項，規範目的事業主管機關透過有效的管理機制，促進兒童及少年身心健康發展。 三、又市面上兒童及少年之動力遊戲機或非動力遊戲，有育或設施（備）或設施（備）標準不明或其材合標準經過查而使兒童少年受傷，爰增改善兒童少年遊（樂）戲設施，以減少兒童及少年受傷之機會。 四、因學校遊戲遊（樂）設施或公共設施，設施或公園常因社區人士之不當使用而造成設損壞，並因處罰居民款處罰困難性，故由兒童及少年遊戲（樂）設施及公共設施之提供者負責管理職權。
第七十條　中央教育主管機關應針對公私立學校、補習班及兒童少年所使用之交通載具訂定管理法規。 前項交通載具之申請程序、輔導措施、管理辦法、以及安全維護人員之資格、訓練，以及負責人應配合事項，由教育主管機關會同交通主管機關另定之。		一、本條新增。 二、有關幼童專用車、課後托育中心接送車已於兒童教育及照顧法中規範，本法亦於第九條各主管機關分工中明列，故本條僅就未規範之補習班及公私立學校校車另行定之。
第六章　福利機構 第七十一條　兒童及少年福利機構分類如下： 一、早期療育機構。	第五章　福利機構 第五十條　兒童及少年福利機構分類如下： 一、托育機構。	一、條次變更。 二、配合兒童教育及照顧法訂定，刪除第一項第一款「托育機構」。

287

(續) 表6-4　兒童及少年福利法修正草案

兒童局修正條文	現行條文	各單位意見及本局說明
二、安置及教養機構。 三、心理輔導或家庭諮詢機構。 四、其他兒童及少年福利機構。 前項兒童及少年福利機構之規模、面積、設施、人員配置及業務範圍等事項之標準，由中央主管機關定之。 第一項兒童及少年福利機構，各級主管機關應鼓勵、委託民間或自行創辦；其所屬公立兒童及少年福利機構辦理之業務，必要時，並得委託民間辦理。	二、早期療育機構。 三、安置及教養機構。 四、心理輔導或家庭諮詢機構。 五、其他兒童及少年福利機構。 前項兒童及少年福利機構之規模、面積、設施、人員配置及業務範圍等事項之標準，由中央主管機關定之。 第一項兒童及少年福利機構，各級主管機關應鼓勵、委託民間或自行創辦；其所屬公立兒童及少年福利機構辦理之業務，必要時，並得委託民間辦理。	
第七十二條　兒童及少年福利機構之業務，應遴用專業人員辦理；其專業人員之類別、資格、訓練及課程等之辦法，由中央主管機關定之。	第五十一條　兒童及少年福利機構之業務，應遴用專業人員辦理；其專業人員之類別、資格、訓練及課程等之辦法，由中央主管機關定之。	條次變更，內容未修正。
第七十三條　有下列情事之一者，不得擔任兒童及少年福利機構工作人員： 一、犯性騷擾罪或妨害性自主罪，經有罪判決確定。 二、違反第四十七條規定，經有罪判決確定。 三、罹患精神疾病或身心狀況違常，經主管機關相關專科醫師認定不能執行業務。 兒童及少年福利機構現職工作人員，		一、本條新增。 二、為維護兒童及少年人身安全，參酌行政院「兒童教育及照顧法」（草案）第三十五條，對兒童及少年福利機構工作人員之消極資格進行規範。該條已通過行政院審查，顯見，行政院對於兒童及少年人身安全保障之重視。又該法所保障之對象與本法相同，甚至，本條所保障之對象較受機構照顧或安置之兒童及少年，相對於該法所保障之兒童更為弱勢，避免引發外界對不同法規中、兒童保障之差別待遇，爰參酌該法增列之。 三、本條主要目的在於提供主管機關或兒童及少年福利機構對不適任人員之強迫退場機制，而非賦予機構強制通報之責，爰此，尚未有相關罰則，包括修正條文第72條後段規定「兒童及

98.07.02

(續) 表6-4　兒童及少年福利法修正草案

兒童局修正條文	現行條文	各單位意見及本局說明
有前項各款情事之一者，應即停止其職務，並依相關規定辦理。		少年福利機構專業人員資格及訓練辦法」所指各類專業人員，專業人員以外之專（兼）職、招募志工服務人員以及依刑法第41條等相關規定規定易服社會勞動者等。 四、第一項第二款係按性犯罪性質特殊，其再犯率甚高，且兒童及少年遭受性侵害之比例高達百分之六十五，在德國、美國等先進國家基於社區監控理念，多有限制其在兒童之密集教育、受委社會工作者集中之場域供作之規定，為保護兒童在兒童免遭性騷擾、性侵害，將性騷擾及妨害性自由罪者，應判決確定者列入不得擔任兒童及少年機構工作人員之規範。 五、第一項第二款係對違反第四十七條規定之各款任何人不得對兒童及少年所列之各款之各款情事之一，情節嚴重且違反刑法之構成犯罪行為者，列入規範。 六、第一項第三款參酌教師法第十四條、公務人員任用法第二十八條，應立即停止列之。 七、兒童及少年福利機構現職工作人員有前條各款情事之一者，應立即停止職務，並依相關規定辦理： (一)其為公務人員，兒童及少年福利機構現職得報請上級機關予以調職、退休或資遣。 (二)現職人員如其係適用勞動基準法之勞工，雇主應預告勞工終止勞動契約。其預告期間及資遣、準用勞動基準法第十六條、第十七條及就業服務法第三十三條規定。 (三)擬任人員如有不實提供正確資訊，或以該人員於訂立勞動契約時為虛偽意思表示，使僱主有期徒刑以上刑之宣告者，而未誌知緩刑或未准易科罰金者，不經預告終止契約。
第七十四條　私人或團體辦理兒童及少年福利機構，應向當地主管機關申	第五十二條　私人或團體辦理兒童及少年福利機構，應向當地主管機關申	第一款主被該人員之過僱者，而未誌知緩刑或未准易科罰金者，告確定，而內容未修正。 條次變更，內容未修正。

（續）表6-4　兒童及少年福利法修正草案

兒童局修正條文	現行條文	各單位意見及本局說明
請設立許可；其有對外勸募行為目享受租稅減免者，應於設立許可之日起六個月內辦理財團法人登記。未於前項期間辦理財團法人登記，而有正當理由者，得申請核准延長一次，期間不得超過三個月；屆期不辦理者，原許可失其效力。第一項申請設立之許可要件、申請程序、審核期限、撤銷與廢止許可、督導管理及其他應遵行事項之辦法，由中央主管機關定之。	請設立許可；其有對外勸募行為目享受租稅減免者，應於設立許可之日起六個月內辦理財團法人登記。未於前項期間辦理財團法人登記，而有正當理由者，得申請核准延長一次，期間不得超過三個月；屆期不辦理者，原許可失其效力。第一項申請設立之許可要件、申請程序、審核期限、撤銷與廢止許可、督導管理及其他應遵行事項之辦法，由中央主管機關定之。	
第七十五條　兒童及少年福利機構不得利用其事業為任何不當之宣傳；其接受捐贈者，應公開徵信，並不得利用捐贈為設立目的以外之行為。主管機關應辦理輔導、監督、檢查、評鑑及獎勵兒童及少年福利機構，前項評鑑對象、項目、方式及獎勵方式等辦法，由主管機關定之。	第七十三條　兒童及少年福利機構不得利用其事業為任何不當之宣傳；其接受捐贈者，應公開徵信，並不得利用捐贈為設立目的以外之行為。主管機關應辦理輔導、監督、檢查、評鑑及獎勵兒童及少年福利機構，前項評鑑對象、項目、方式及獎勵方式等辦法，由主管機關定之。	條次調整，內容未修正。
第七章　罰則 第七十六條　接生人違反第十四條規定者，由衛生主管機關處新臺幣六千元以上三萬元以下罰鍰。	第六章　罰則 第五十四條　接生人違反第十三條規定者，由衛生主管機關處新臺幣六千元以上三萬元以下罰鍰。	條次變更，對應條文條次修正。
第七十七條之一條　有下列情形之一者，處新臺幣五萬元以上五十萬元以下罰鍰，並限期改善，屆期未改善者，並得按次處罰：		一、本條新增。二、增列違反第十九條第一、四項規定及第十九條之二規定之罰則。

（續）表6-4　兒童及少年福利法修正草案

98.07.02

兒童局修正條文	現行條文	各單位意見及本局說明
一、違反第十九條第一項規定、未經許可或經許可撤銷、廢止而從事收出養媒合服務。 二、違反第十九條第四項規定，以提供收出養媒合服務營利。 三、違反第十九條之二規定，未經許可從事收出養媒合服務而散布、播送或刊登收出養媒合廣告。		
第八十四條　違反第四十八條第二項規定者，處新臺幣一萬元以上五萬元以下罰鍰。	第五十九條　違反第三十一條第二項規定者，處新臺幣一萬元以上五萬元以下罰鍰。	條次變更，對應條文條次修正。
第七十七條　父母、監護人或其他實際照顧兒童及少年之人，違反第四十一條第二項規定情節嚴重者，處新臺幣一萬元以上五萬元以下罰鍰。 供應毒品、非法供應管制藥品或其他有害身心健康之物質予兒童及少年者，處新臺幣六萬元以上三十萬元以下罰鍰。 對兒童及少年供應、散布、播送或公然陳列有關兒童及少年身心健康之暴力、猥褻、色情、恐怖或血腥之出版品、圖畫、錄影節目帶、影片、光碟、電子訊號、網際網路內容或其他物品者，處新臺幣六萬元以上三十萬	第五十五條　父母、監護人或其他實際照顧兒童及少年之人，違反第二十六條第二項規定情節嚴重者，處新臺幣一萬元以上五萬元以下罰鍰。 供應菸、酒或檳榔予兒童及少年者，處新臺幣三千元以上一萬五千元以下罰鍰。 供應毒品、非法供應管制藥品或其他有害身心健康之物質予兒童及少年者，處新臺幣六萬元以上三十萬元以下罰鍰。 對兒童及少年供應有關暴力、猥褻或色情之出版品、圖畫、錄影帶、影片、光碟、電子訊號、電腦網路或其他物品者，處新臺幣六萬元以上三萬	一、條次變更，對應條文條次修正。 二、增列「電腦及遊戲軟體」，以期適用上之明確。 三、網際網路其本質應為媒介，與同款列舉項目屬「物品」者性質不同，建議將「網際網路」文字修正為「網際網路內容」。 四、依據九十六年七月十一日修正通過之菸害防制法第十三條第一項：「任何人不得供應菸品予未滿十八歲者」及第二十九條：「違反第十三條規定者，處新臺幣一萬元以上五萬元以下罰鍰」規定，已對供應菸品訂有罰則，故刪除原條文對於菸品之規定。 五、暴力、猥褻或色情等物品對兒童及少年身心健康影響甚鉅，爰將行罰鍰金額予以提高。

（續）表6-4 兒童及少年福利法修正草案

兒童局修正條文	現行條文	各單位意見及本局說明
及遊戲軟體或其他物品者，處新臺幣一萬元以上五萬元以下罰鍰。	元以下罰鍰。	
第八十一條 父母、監護人或其他實際照顧兒童及少年之人，違反第四十五條第二項規定者，處新臺幣一萬元以上五萬元以下罰鍰；違反第四十五條第三項規定者，處新臺幣二萬元以上十萬元以下罰鍰，並公告場所負責人姓名。	第五十六條 父母、監護人或其他實際照顧兒童及少年之人，違反第二十八條第二項規定者，處新臺幣一萬元以上五萬元以下罰鍰；違反第二十八條第三項規定者，處新臺幣二萬元以上十萬元以下罰鍰，並公告場所負責人姓名。	條次變更，對應條文條次修正。
第八十二條 父母、監護人或其他實際照顧兒童及少年之人，違反第四十六條第二項規定者，處新臺幣二萬元以上十萬元以下罰鍰，並公告其姓名。	第五十七條 父母、監護人或其他實際照顧兒童及少年之人，違反第二十九條第一項規定者，處新臺幣二萬元以上十萬元以下罰鍰，並公告其姓名。	條次變更，對應條文條次修正。
違反第四十六條第二項規定者，處新臺幣五萬元以上三十萬元以下罰鍰，並公告行為人及場所負責人之姓名，並命其限期改善；屆期仍不改善者，除情節嚴重，由主管機關請移目的事業主管機關命其歇業者外，命其停業一個月以上一年以下。	違反第二十九條第二項規定者，處新臺幣五萬元以上三十萬元以下罰鍰，並公告行為人及場所負責人之姓名，並命其限期改善；屆期仍不改善者，除情節嚴重，由主管機關請移目的事業主管機關命其歇業者外，命其停業一個月以上一年以下。	
第八十三條 十八歲以上之人違反第四十七條規定者，處新臺幣六萬元以上三十萬元以下罰鍰，並公告其姓名。但經依第九十條接受親職教育輔導完成改善者，不在此限。	第五十八條 違反第三十條規定者，處新臺幣六萬元以上三十萬元以下罰鍰，並公告其姓名。違反第三十條第十二款規定者，處新臺幣十萬元以上五十萬元以下罰鍰，並得勒令停業一個月以上一年以下。	一、條次變更，對應條文條次修正。 二、配合第四十七條第十二款刪除，將對違反第十二款辦法之處罰規定移列第七十八條。 三、本條主要在於對18歲以上之任何人對兒童及少年為違反第47條各款行為之處罰；至於18歲以下之兒童及少年違反第47條各款行為之一者，仍秉持本

（續）表6-4　兒童及少年福利法修正草案

98.07.02

兒童局修正條文	現行條文	各單位意見及本局說明
		法在促進兒童及少年身心健全發展，增進福祉為一貫精神，另以第83條之1由各級學校或教育主管機關依教育法規施以輔導或教育措施，排除本條之適用，俾確實落實兒童及少年最佳利益之保障。 三、增第二項後段文字，對於父母、監護人或其他實際照顧兒童及少年之人，以九十條之強制性親職教育為先。 四、現行第47條內容包括各類兒童及少年遭受不當對待情事，由於加害人多為兒少保護案父母家屬，如公告其姓名，恐暴露個案隱私。爰將「應公告」其姓名修正為「得公告」。
第七十八條　有分級管理義務之人違反第四十二條第二項規定者，處新臺幣一萬元以上十萬元以下罰鍰，並得按次處罰。 未依第四十二條第三項授權訂定之分級及管理辦法規定分級者，處新臺幣三萬元以上十五萬元以下罰鍰，並得按次處罰：違反同辦法標示、陳列方式或其他機關或禁止規定者，由直轄市、縣（市）主管機關予以警告，經警告仍違反者，處新臺幣一萬元以上五萬元以下罰鍰。		一、本條新增。 二、增訂違反第四十二條規定之法律效果。
第七十九條　違反第四十三條各款情事之一者，處新臺幣三萬元以上十五萬元以下罰鍰，並得按次處罰。		一、本條新增。 二、增訂新聞紙刊載有害兒童及少年身心健康之暴力、血腥、猥褻內容之文字或圖畫之行政處分。
第八十條 甲案（內政部所提）：網際網路（提供供給違反第四十四條第三項規定，臺灣供者違反第四十四條第三項規定，未為限制兒童及少年接取、瀏覽之措		一、本條新增。

293

（續）表6-4　兒童及少年福利法修正草案

兒童局修正條文	現行條文	各單位意見及本局說明
施或先行移除者，有害兒童及少年身心發展者，由通訊傳播主管機關處新臺幣六萬元以上三十萬元以下罰鍰。 乙案（國家通訊傳播委員會研提）： 網際網路服務提供者違反第四十四條第三項規定，未為限制兒童及少年接取、瀏覽之措施或先行移除者，有害兒童及少年身心發展者，由通訊傳播主管機關處新臺幣六萬元以上三十萬元以下罰鍰。		二、網際網路服務提供者如未採取可行之防護措施，遵守通知與移除（「notice and take down」）規定，有害兒童及少年身心發展，本條明定通訊傳播主管機關得採取之行政手段。 三、參照澳洲作法，由澳洲網路產業協會（Internet Industry Association, IIA）自訂網路產業準則，並洽澳洲通訊傳播媒體局（The Australian Communications and Media Authority,ACMA）核備；而網際網路內容服務提供者應對對網路內容採取適當措施，如未按所訂自律規範辦理時，ACMA將依法處以罰則。 四、本案甲、乙案併陳，其中甲案由通訊傳播主管機關罰之；乙案由主管機關罰之。
第八十五條　違反第四十九條規定者，處新臺幣三千元以上一萬五千元以下罰鍰。	第六十條　違反第三十二條規定者，處新臺幣三千元以上一萬五千元以下罰鍰。	條次變更，對應條文條次修正。
第八十六條　違反第五十二條第一項規定而無正當理由者，處新臺幣六千元以下罰鍰。	第六十一條　違反第三十四條第一項規定而無正當理由者，處新臺幣六千元以下罰鍰。	條次變更，對應條文條次修正。
第八十七條　違反第五十八條第二項、第六十二條第五項、第六十三條第二項、第六十四條第三項而無正當理由者，處新臺幣六千元以上三萬元以下罰鍰。	第六十二條　違反第三十七條第二項、第四十條第二項、第四十一條第三項、第四十四條第二項而無正當理由者，處新臺幣六千元以上三萬元以下罰鍰。	條次變更，對應條文條次修正。
第八十八條　違反第六十四條第一項規定者，各目的事業主管機關、新臺幣三萬元以上三十萬元以下罰鍰，並得沒入第六十四條第一項規定之物品。	第六十三條　違反第四十六條第一項規定者，各目的事業主管機關對其負責人及行為人，得各處新臺幣三萬元以上三十萬元以下罰鍰，並沒入第四十六條第一項規定之物品。	一、條次變更，對應條文條次修正。 二、實務執行，考量廣電三法所規範之主體均為事業機構；另查現行社政法規，有關媒體報導禁止事項之規範，均僅陳明由主管機關或目的事業主管機關進行核處，而非指涉負責人或行為人，如兒童及少年性交易防制條例第三十三條、身心障礙者保護法第八十……性侵害犯罪防治法第十三條。

（續）表6-4　兒童及少年福利法修正草案

兒童局修正條文	現行條文	各單位意見及本局說明
第九十條　父母、監護人或其他實際照顧兒童及少年之人有下列情事之一者，直轄市、縣（市）主管機關得命其接受八小時以上五十小時以下之親職教育輔導： 一、對於兒童及少年所為第四十一條第一項第二款行為，未依同條第二項規定予以禁止。 二、違反第四十五條第二項、第四十六條第一項或第四十九條規定，情節嚴重。 三、違反第四十七條各款情事之一者。 四、有第五十四條第一項各款情事之一者。 經直轄市、縣（市）主管機關命其接受前項親職教育輔導，有正當理由無法如期參加者，得申請延期。 不接受第一項親職教育輔導或拒不完成其時數者，處新臺幣三千元以上一萬五千元以下罰鍰，並按次處罰。	第六十五條　父母、監護人或其他實際照顧兒童及少年之人有下列情事之一者，直轄市、縣（市）主管機關得令其接受八小時以上五十小時以下之親職教育輔導，並收取必要之費用；其收費規定，由直轄市、縣（市）主管機關定之： 一、對於兒童及少年所為第二十六條第一項第二款行為，未依同條第二項規定予以禁止。 二、違反第二十八條第二項、第二十九條第一項或第三十條或第三十一條第二項規定，情節嚴重。 三、有第三十六條第一項各款情事之一者。 經直轄市、縣（市）主管機關命其接受前項親職教育輔導，有正當理由得申請延期。 拒不接受第一項親職教育輔導或拒不完成其時數者，處新臺幣三千元以上一萬五千元以下罰鍰；得按次連續處罰，至其參加為止。	十六條、人口販運防制法第三十八條等，為求各法運作一致，爰刪除「對其負責人及行為人」等字。 一、條次變更。對應現行法條次修正。 二、有關強制性親職教育係提供欠缺正確親職教育之父母或監護人之家庭，多屬經濟弱勢之家庭，繳費能力較低，強制繳費實務經驗，恐對弱勢民眾有火上加油或雪上加霜之嫌，確非立法之目的，又本條文主要目的在對違法者全面強制施以親職教育輔導，非行政處罰或要增加收入，為提高立法效益，爰刪除第一項後段文字。 三、第一項增列第三款，針對父母、監護人或其他實際照顧兒童及少年之人違反第三十條各款情事之一者，刪除情節嚴重，即需進行親職教育輔導，以強化對兒童及少年家庭之親職教育輔導優先之原則。
第八十九條　兒童及少年之父母、監護人、實際照顧兒童及少年之人、師	第六十四條　兒童及少年之父母、監護人、實際照顧兒童及少年之人、師	條次變更。對應現行法條文修正。

(續)表6-4　兒童及少年福利法修正草案

兒童局修正條文	現行條文	各單位意見及本局說明
長、雇主、醫事人員及其他有關之人違反第六十六條第二項規定而無正當理由者，處新臺幣六千元以上三萬元以下罰鍰，並得按次處罰，至其配合或提供相關資料為止。 第九十一條　違反第七十四條第一項規定者，由設立者或其主管機關處新臺幣六萬元以上三十萬元以下罰鍰並按次處罰。 於前項限期改善期間，不得收托安置兒童及少年。違反者另處其負責人新臺幣六萬元以上三十萬元以下罰鍰，並得按次處罰。 經依第一項規定限期命其改善、屆期未改善者，再處其負責人新臺幣十萬元以上五十萬元以下罰鍰，並命於一個月內對於其收托之兒童及少年予以轉介安置；其無法辦理時，由直轄市、縣（市）主管機關協助之，負責人應予配合。不予配合者，強制實施之，並處新臺幣二十萬元以上一百萬元以下罰鍰	長、雇主、醫事人員及其他有關之人違反第六十七條第二項規定而無正當理由者，處新臺幣四千元以上二萬元以下罰鍰，並得按次處罰，至其配合或提供相關資料為止。 第六十六條　違反第五十二條第一項規定者，由設立者或其主管機關處新臺幣三十萬元以下罰鍰並公告其姓名，並命其限期申辦設立許可；屆期仍不辦理者，得按次處罰。 經設立許可之主管機關依第五十二條第一項規定合其立即停止對外勸募之行為，而不遵令者，由設立許可之主管機關處新臺幣六萬元以上三十萬元以下罰鍰並限期改善；屆期仍不改善者，並命令其停辦其業務一日以上一個月以下。 兒童及少年福利機構有下列各款情形之一者，設立許可之主管機關應通知其限期改善；屆期仍不改善者，得令其停辦一個月以上一年以下： 一、虐待或妨害兒童及少年身心健康者。 二、違反法令或捐助章程者。 三、業務經營方針與設立目的不符者。 四、財務收支未取具合法之憑證，捐	一、條次變更，對應條文條次修正。 二、考量原條文規定甚多，予以拆解，以利適用。 三、按現行兒童及少年福利機構未辦理設立許可，主管機關得依次加以處罰，惟未立案之安置兒童及少年福利機構可能影響兒童及少年之安全，故禁止於未完成立案前可前收托安置兒童及少年，並限期其改善，並參酌老人福利法第四十五條規定對於期限完成設立許可者可予以罰鍰及後續處理，爰刪除第五項後段並增列第二項及第三項規定。

（續）表6-4　兒童及少年福利法修正草案　98.07.02

兒童局修正條文	現行條文	各單位意見及本局說明
	款未公開徵信或會計紀錄未完備者。 五、規避、妨礙或拒絕主管機關或目的事業主管機關輔導、檢查、監督者。 六、對各項工作業務報告申報不實者。 七、擴充、遷移、停業未依規定辦理者。 八、供給不衛生之餐飲，經衛生主管機關查明屬實者。 九、提供不安全之設施設備者。 十、發現兒童及少年受虐事實未向直轄市、縣（市）主管機關通報者。 十一、依第五十二條第一項須辦理財團法人登記而未登記者，其有對外募捐行為時。 十二、有其他重大情事，足以影響兒童及少年身心健康者。 依前二項規定令其停辦而拒不遵守者，處新臺幣六萬元以上三十萬元以下罰鍰。經處罰鍰仍拒不停辦者，設立許可主管機關應廢止其設立許可。 兒童及少年福利機構停辦、停業、解散、撤銷許可或經廢止許可時，設立許可主管機關對於該機構收容之兒童	

(續) 表6-4　兒童及少年福利法修正草案

兒童局修正條文	現行條文	各單位意見及本局說明
	及少年應即予適當之安置。兒童及少年不予配合者，福利機構應予配合；不予配合者，強制實施之，並處以新臺幣六萬元以上三十萬元以下罰鍰。	
第九十二條　經設立許可主管機關依第七十四條第一項規定命其立即停止對外勸募之行為，而不遵命者；由設立許可主管機關處新臺幣六萬元以上三十萬元以下罰鍰並限期改善；屆期仍不改善者，得按次處罰並公告其名稱，並得命其停辦一日以上一個月以下。		一、本條新增。 二、考量原條文規定甚多，爰將現行第六十六條第二項有關已立案之兒童及少年福利機構，違反第七十一條第一項規定，於辦理財團法人登記前對外勸募或享有租稅減免之不當情事之處罰單獨臚列之，並酌作文字修正。
第九十三條　兒童及少年福利機構有下列各款情形之一者，設立許可主管機關應命其限期改善；屆期仍不改善者，得處新臺幣六萬元以上三十萬元以下罰鍰，並命其屆期改善；屆期未改善者，得命其停辦一個月以上一年以下： 一、虐待或妨害兒童及少年身心健康。 二、違反法令或捐助章程。 三、業務經營方針與設立目的不符。 四、財務收支未取具合法之憑證、捐款未公開徵信或會計紀錄未完備。 五、規避、妨礙或拒絕主管機關或目		一、本條新增。 二、考量原條文規定甚多，爰將現行第六十六條第三項已立案之兒童及少年福利機構，並酌作文字本條，移列至本條。另將現行條文第六十六條第四項移列為本條第二項，規定機構拒不遵守，則直接加以廢止其設立許可，爰予以修正。

98.07.02

(續) 表6-4　兒童及少年福利法修正草案

兒童局修正條文	現行條文	各單位意見及本局說明
的事業主管機關輔導、檢查、監督。 六、對各項工作業務報告事申報不實。 七、擴充、遷移、停業未依規定辦理。 八、供給不衛生之餐飲，經衛生主管機關查明屬實。 九、提供不安全之設施設備。 十、發現兒童及少年受侵害事實未向直轄市、縣（市）主管機關通報。 十一、有其他重大情事，足以影響兒童及少年身心健康。 依前條規定命其停辦期限屆滿仍未改善或命其停辦而拒不遵守者，設立許可主管機關應廢止其設立許可；其屬法人者，得予解散。 兒童及少年福利機構停辦、停業、解散、經撤銷或廢止許可時，對於其收容之兒童及少年應即予適當之安置；其無法安置時，由主管機關協助安置，機構應予配合；不予配合者，強制實施之，並處以新臺幣六萬元以上三十萬元以下罰鍰。 第九十六條　十八歲以上未滿二十歲之人，於緊急安置等安置保護措施，準用本法之規定。	第六十九條　十八歲以上未滿二十歲之人，於緊急安置等安置保護措施，準用本法之規定。	條次變更，內容未修正。

299

（續）表6-4 兒童及少年福利法修正草案

兒童局修正條文	現行條文	各單位意見及本局說明
第八章 附則	第七章 附則	
第九十七條 直轄市、縣（市）主管機關依本法委託安置之兒童及少年，經評估無返家，或自年滿十八歲，得繼續安置至年滿二十立生活者，其有必要者，並得安置其至歲。大學（專）畢業。		一、本條新增。 二、我國民法滿二十歲者為成年人，但兒童及少年福利法以未滿十八歲之人為保障對象，實務上常發生少年於安置期間年滿18歲，而無法返家或自立生活，而又無法繼續接受安置及提供必要之服務，為協助並安置保障未成年人權益，爰增定本條。 三、按於機構安置之兒童及少年，於滿十八歲後，不再適用本法之規定而需離開安置機構，惟其於就讀大學或大專中延長安置至其大專或大學畢業，以保障其就學權益，爰增訂之。
第九十八條 成年人教唆、幫助或利用兒童及少年犯罪或與之共同實施犯罪或故意對其犯罪者，加重其刑至二分之一。但各該罪就被害人係兒童及少年已定有特別規定者，不在此限。對於兒童及少年犯罪者，主管機關得獨立告訴。	第七十條 成年人教唆、幫助或利用兒童及少年犯罪或與之共同實施犯罪或故意對其犯罪者，加重其刑至二分之一。但各該罪就被害人係兒童及少年已定有特別規定者，不在此限。對於兒童及少年犯罪者，主管機關得獨立告訴。	條次變更，內容未修正。
第九十九條 以詐欺或其他不正當方法領取本法相關補助或獎勵費用者，主管機關應撤銷原處分並以書面限期命其返還；屆期未返還者，依法移送強制執行；其涉及刑事責任者，移送司法機關辦理。	第七十一條 以詐欺或其他不正當方法領取本法相關補助或獎勵費用者，主管機關應撤銷原處分並以書面限期命其返還；屆期未返還者，依法移送強制執行；其涉及刑事責任者，移送司法機關辦理。	條次變更，內容未修正。
第一〇〇條 扶養義務人不依本法規定支付相關費用者，如為保護兒童及少年之必要，由主管機關先行支付。	第七十二條 扶養義務人不依本法規定支付相關費用者，如為保護兒童及少年之必要，由主管機關先行支付。	條次變更，內容未修正。
第一〇一條 本法修正施行前已許可	第七十三條 本法修正施行前已許可	

（續）表6-4　兒童及少年福利法修正草案

98.07.02

兒童局修正條文	現行條文	各單位意見及本局說明
立案之兒童福利機構及少年福利機構，於本法修正公布施行後，其設立要件與本法及所授權辦法規定不相符合者，應於中央主管機關公告指定之期限內改善；屆期未改善者，依本法規定處理。	立案之兒童福利機構及少年福利機構，於本法修正公布施行後，其設立要件與本法及所授權辦法規定不相符合者，應於中央主管機關公告指定之期限內改善；屆期未改善者，依本法規定處理。	
第一〇二條　本法施行細則，由中央主管機關定之。	第七十四條　本法施行細則，由中央主管機關定之。	條次變更，內容未修正。
第一〇三條　本法自公布日施行。	第七十五條　本法自公布日施行。	條次變更，內容未修正。

301

本章小結

　　綜合本章所述，兒童及少年福利法制定之宗旨在於推動及貫徹政策之內涵，從合併後之整體內容與規範來看，除了對各目的事業主管機關之權責和罰責詳細列舉外，亦對執行工作之細節作較爲完備之規定，以更有效的保護和處理兒童少年被侵害的權益。本章分爲三節分別爲：(1)兒童及少年福利法之立法過程；(2)兒童福利法修正後之特色；及(3)兒童及少年福利法合併修法之重點及未來推展之方向。

　　兒童少年福利法自二〇〇三年五月二十八日經總統公布後實行，雖然兒童少年福利法的修訂條文不少，但仍有未盡之處，任何政策皆有其不足之處，只要能在現有之基礎上不斷地努力，改善缺失，相信每一新的階段都是一個嶄新的開始。

　　隨著社會的變遷所衍生的種種問題，兩法的合併自能補強不足的部分，兒童福利法本質偏重於保育，而少年福利法之本質在於輔導，針對兒童及少年眞正之需求，提供專業的福利服務，也唯有透過法規體制的完備、落實相關法規、充實服務的內涵、提升專業的訓練、積極推動各項教育，以及善用社會資源的的力量，才能建構出完善的兒童少年福利制度，爲兒童及少年謀取最大的福利。

　　歷經合併修法後的第六個年頭，民間由陳節如立法委員帶領少年機構及團體大幅提出修法草案，兒童局也積極回應，並於五、六月間召開十餘次研商公議，訂定兒童及少年福利法修正草案，經立法委員修正及拍板通過。

參考書目

內政部（2004）。《中華民國九十二年社政年報》。台北：內政部。

立法院（2004）。兒童少年福利法，《法規資源引介》，66，1-13。立法院國會圖書館編印。

立法院（2002）。立法院第五屆第二會期衛生環境及社會福利委員會第十四次全體委員會議記錄。《立法院公報》，第92卷第六期委員會記錄。

民進黨（1993）。《民主進步黨社會政策白皮書》。民進黨政策研究中心。

江玉龍、王明仁、翁慧圓（1997）。《中華兒童福利基金會推動兒童及少年保護工作回顧、現況與展望》。兒童保護十六新聞五年回顧，中華兒童福利基金會。

周建卿（1986）。我國兒童福利政策及立法的演進和展望。《社區發展季刊》，33，26-35。

郭靜晃（2003）。建構青少年安全成長的福利體系。《社區發展季刊》，103，1-3。

馮燕、郭靜晃、秦文力（1992）。《兒童福利法執行成效之評估》。行政院研考會委託研究。

馮燕、李淑娟、劉秀娟、謝友文、彭淑華（2002）。《兒童福利》（第二版）。台北：國立空中大學。

陳武雄（2003）。兒童及少年福利法之剖析。《社區發展季刊》，102，139-141 。

曾華源、郭靜晃（2003）。對新版兒童及少年福利法的分析與批判——一部與少年現實需要有差距的法規。《社區發展季刊》，103，90-103。

劉曉秋（1997）。我國兒童福利的發展。輯於周震歐（主編）（修訂版），《兒童福利》。台北：巨流圖書公司。

蔡漢賢（2002）。法規訂修。輯於葉肅科、蔡漢賢（主編），《50年來的兒童福利》。台中：內政部兒童局。

鄭淑燕（1992）。關愛就是情，保護便是愛——兒童福利政策與措施的發展取向。《福利策略與措施的商榷》（頁15-26）。台北：中華民國社區發展研究訓練中心。

賴月蜜（2003）。兒童及少年福利法合併修法之歷程與爭議——民間團體推動修法之經驗。《社區發展季刊》，103，50-65。

賴淑惠（1983）。《我國兒童福利政策之研究》（頁93-94）。國立政治大學公共行政研究所碩士論文。

謝友文（1987）。《青少年兒童福利政策與法規彙編》。台北：桂冠圖書公司。

謝友文（2000）。〈兒童福利法規與行政體制〉。輯於馮燕等著，《兒童福利》。台北：
國立空中大學。

Chapter7

第七章

兒童少年福利體系的組織及運作

　　兒童少年福利透過政策與立法,建立行政體系,推動兒童少年福利業務。各國政府在各層次之政府機關皆設有專司單位(參考第四章),我國也不例外,由專司單位推動兒童少年福利業務。

　　本章將針對我國兒童少年福利體系的行政組織和運作以及民間資源參與兒童少年福利服務作一探討,茲分為三節——行政體系組織及運作、民間資源與兒童少年福利服務,以及兒童少年福利服務的相關措施與承諾,分別加以描述之。

第一節　兒童少年福利行政體系的組織及其運作

一、兒童少年福利行政體系組織

　　行政組織乃是針對推行公共事務所建立的行政機關,屬於行政組織或科層體制組織的一種(沈俊賢,1992)。而張潤書(1986)也引述了Weber的觀點,認為此類行政組織應具備下列五種條件:

1. 機關內的各個部分有固定的權力範圍,通常其備有法律的明文規定。
2. 上下單位間有層級統屬的關係,上級單位對下級單位有指揮、監督及命令之權,而下級對上級則有絕對服從之義務。
3. 辦公人員一般都須經過專門的知識訓練;惟有具備規定資格的人才可被錄用。
4. 辦公人員領取固定的薪水,可依照一定的步驟升遷,並可以把自己的工作當作終身的生涯。
5. 處理行政事務必須遵循一定的規則和程序。

　　兒童少年福利工作的推展,首藉福利立法的基礎。各個國家因其開發程度(工業化、經濟化及社會進步程度),對其立法內容會有所不同。然而各國立法就福利提供者的部門分工而言,大都採取福利多元觀點(welfare

pluralism perspective）。而提供兒童福利，可分成四個部門：家庭（私人部門）、民間團體（志願部門）、企業部門（商業部門），以及政府部門（法定部門）（馮燕等，1992）。就法定部門的福利服務，即是本節所探討的兒童少年福利行政機關。兒童少年福利行政機關可以依其職權分成：行政官署、輔助機關、諮詢機關，以及執行機關等四大類。各國的兒童福利立法，例如，德國、日本、以色列、韓國，以及我國等國家，在體例上大致偏重在專門行政機關以及諮詢機關的職掌，有特別的規定。我國的兒童福利法在二〇〇三年與少年福利法合併修訂成為兒童少年福利法後，共分為總則、身分權益、福利措施、保護措施、福利機構、罰則及附則七章，共七十五條。其中對於有關福利服務組織、控制及監督方面，在兒童少年福利法皆有明文規定。

　　我國現階段兒童福利行政體系的建構，係按一九七三年公布施行的兒童福利法第5條（二〇〇三年修訂後的第6條）規定：「兒童福利之主管機關：在中央為內政部兒童及少年局；在直轄市為直轄市政府之兒童及少年福利專責單位；在縣（市）為縣（市）政府之兒童及少年福利專責單位。」又主管機關的職掌則明列於兒童福利法的第6、7、8條（修訂後之7、8、9條）。新訂的兒童少年福利法更明文規定，兒童福利主管機關應設置承辦兒童福利業務之專責單位：在中央為兒童局；在直轄市為兒童及少年福利科；在縣（市）為兒童及少年福利課（股）。此外，司法、教育、衛生等相關單位涉及有關兒童福利業務時，應全力配合之。

　　此外，兒童福利法第52條也規定：「私人或團體辦理兒童及少年福利機構者，應向當地主管機關申請設立許可；其有對外勸募行為且享受租稅減免者，應於設立許可之日起六個月內辦理財團法人登記，於六個月內未辦理財團法人登記，而有正當理由者，得申請核准延長一次，期間不得超過三個月；屆期不辦理者，原許可失其效力」。第53條規定：「兒童及少年福利機構不得利用其事業為任何不當之宣傳；其接受捐贈者，應公開徵信，並不得利用捐贈為設立目的以外之行為。」主管機關應辦理輔導、監督、檢查、評鑑及獎勵兒童及少年福利機構。因此，無論公立或私立福利機構，還有依法辦理的兒童及少年福利財團法人，都不能忽略其應受主管行政機關監督與管理。

307

　　我國兒童福利各級主管機關可分為中央、直轄市、縣市及鄉鎮市區等三個層級，其兼辦兒童福利業務之情形，茲分別說明如下：

(一)中央兒童少年福利行政組織

　　目前中央主管兒童福利的行政機關為內政部兒童局。按一九九九年七月十四日公布之內政部兒童局組織條例規定，兒童局設綜合規劃組、福利服務組、保護重建組及托育服務組等四科經辦兒童社政業務。二○○三年九月一日，將原內政部中部辦公室社區及少年福利科業務及人員先行移撥兒童局設防治輔導組，同時將組織編制修正，送立法院及人事行政局審議。

　　目前內政部兒童局人員之編制，設有局長、主任秘書、視察、設計師，另設有會計室（負責依法辦理歲計、會計及統計事項）；人事室（負責依法辦理人事管理事項）；秘書室（掌理文書、印信、出納、庶務、議事、編印等事項）（參見**圖**7-1）。

　　依兒童少年福利法第10條規定：「各級主管機關為協調、研究、審議、諮詢及推動兒童及少年福利政策，應設諮詢性質之委員會。前項委員會以行政首長為主任委員，學者、專家及民間團體代表之比例不得低於委員人數之二分之一。委員會每年至少開會四次。」內政部於一九七四年一月成立「兒童福利促進委員會」，該會依其組織章程規定，設置主任委員一名，由內政部長兼任，委員二十一至二十九人，由主任委員就專家、學者及業務有關單位人員分別聘請或指派之。該委員會後來分設兒童福利、老人福利及殘障福利三組，依委員的意願參加之，其任務為兒童、老人、殘障福利事業之研究、諮詢、審議及協調事項；福利措施發展之規劃、調查及評鑑名次；人員培養、訓練之研議事項；各有關單位配合推行之聯繫事項；聽取有關之重要措施報告；其他有關工作事項（內政部，1981）。每半年開會一次，各組每三個月開會一次，必要時得召開臨時會議，其決議事項，由內政部參酌辦理或行文分送各有關單位辦理之。其目的在求學術與行政的密切配合。二○○三年之兒童少年福利法規會諮詢委員會每年至少開會四次，討論相關兒童及少年福利議題。

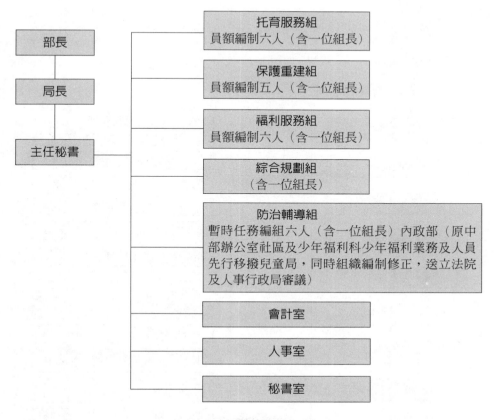

部長

局長

主任秘書

托育服務組
員額編制六人（含一位組長）

保護重建組
員額編制五人（含一位組長）

福利服務組
員額編制六人（含一位組長）

綜合規劃組
（含一位組長）

防治輔導組
暫時任務編組六人（含一位組長）內政部（原中部辦公室社區及少年福利科少年福利業務及人員先行移撥兒童局，同時組織編制修正，送立法院及人事行政局審議）

會計室

人事室

秘書室

圖7-1　內政部兒童局組織架構

資料來源：內政部兒童局（2009），內政部兒童局組織架構。

(二)直轄市兒童少年福利行政組織

台北市於一九六七年升格爲直轄市，設社會局；高雄市於一九七八年七月改制，亦設社會局。此爲省市兒童福利行政的主管機關，其行政職掌分述如下：

1.台北市社會局係以八科五室及附屬單位來推動社會工作（參見**圖7-2**）。其組織及職掌如下（台北市政府社會局，2009）：

◇人民團體科：社會團體、工商業及自由職業團體、合作社、社區

```
┌──────────┐
│   局長    │
└────┬─────┘
┌────┴─────┐
│  副局長   │
└────┬─────┘
┌────┴─────┐
│  主任秘書 │
└────┬─────┘
     ├─────┐
      ┌────┴────┐
      │  專門委員 │
      └─────────┘
```

人民團體科
社會救助科
身心障礙者福利科
老人福利科
婦女福利及兒童托育科
兒童及少年福利科
綜合企劃科
社會工作科
老人自費安養中心
秘書室
資訊室
會計室
人事室
政風室

所屬機關

家庭暴力暨性侵害防治中心（96年9月11日正式成立）
殯葬管理處
市立托兒所（12所）
浩然敬老院
廣慈博愛院（96年9月11日裁撤）
陽明教養院

服務機關

遊民收容所	1
平安居	1
社會福利服務中心	12
社區暨志願服務推廣中心	1
少年福利中心	4
少年安置機構	3
公設民營托兒所	16
兒童托育資源中心	1
兒童安置機構	12
兒童福利中心	2
婦女中途之家	3
婦女及單親家庭服務中心	11
老人日間照顧中心	2
老人安置機構	5
老人服務中心	12
早期療育通報轉介中心	1
身心障礙安置機構	21
身心障礙福利會館	1
平宅服務中心	4

圖7-2 台北市政府社會局組織架構圖

資料來源：台北市政府社會局（2009），台北市政府社會局業務簡介，取自http://www.bosa.tcg.gov.tw
註：老人日間照顧中心尚有3家附設於老人服務中心，1家附設老人安置機構。

　　發展協會及社會福利相關基金會等會務輔導事項。

◇社會救助科：弱勢市民生活扶助、醫療補助、急難救助、災害救助、社會保險補助、以工代賑、平價住宅管理及居民輔導等事項。

◇身心障礙者福利科：身心障礙者有關之權益維護、福利服務及相關機構之監督與輔導等事項。

◇老人福利科：老人有關之權益維護、福利服務及相關機構之監督與輔導等事項。

◇婦女福利及兒童托育科：婦女有關之權益維護、福利服務、性別平權倡導及相關機構之監督與輔導；兒童托育業務及相關機構之監督與輔導等事項。

◇兒童及少年福利科：兒童及少年有關之權益維護、福利服務及相關機構之監督與輔導等事項。

◇綜合企劃科：社會福利政策、制度、施政計畫之規劃整合與研究發展、社會福利有關基金之管理及殯葬業務督導等事項。

◇社會工作科：社會工作直接服務、遊民輔導庇護、社會工作專業發展、社會工作師管理及志願服務等事項。

◇老人自費安養中心：老人安養中心之服務提供、老人生活照顧文康活動、健康指導及相關專業服務等事項。

◇秘書室：辦理庶務、採購、出納、財產管理、文書管考、檔案管理及其他不屬各科、室、中心事項。

◇資訊室：社政資訊系統之規劃、設計、維護及管理等事項。

◇會計室：依法辦理歲計、會計事項，並兼辦統計事項。

◇人事室：依法辦理人事管理事項。

◇政風室：依法辦理政風事項。

◇局屬之各附屬機構單位：家庭暴力暨性侵害防治中心、殯葬管理處等單位。

◇社會局擔任幕僚之跨局處、跨專業專案委員會：台北市身心障礙者保護委員會、台北市早療推動委員會、台北市兒童、少年、老人福利促進委員會、台北市家庭暴力暨性侵害防治委員會、台北

311

市社區發展促進委員會、台北市婦女權益促進委員會及台北市社
會福利委員會。

台北市社會局的兒童福利業務之推動是以兒童與婦女福利科為重
心，而以社會救助科、身心障礙福利科及社會工作室為主要輔助推
動之單位。但自二〇〇三年五月兒童及少年福利法合併修法為兒童
少年福利法之後，台北市政府為因應兒童少年福利服務之推動，將
原有組織編制加以修正，將原來第五科兒童與婦女福利科改為兒童
托育及婦女福利科（共有65位工作人員，包括公立托兒所所長及2
位股長），而原來第六科少年福利科改為兒童及少年福利科（共有
18位工作人員，包括2位股長）。而針對少年福利的部分提供四項服
務包括：問題防治、生活扶助、保護服務、安置照顧（參見**圖**7-
3），以推展兒童及少年福利服務業務，新的組織編制送台北市議會
審訂。

2.高雄市社會局係以五科六室及附屬單位來推動社會工作。其組織及

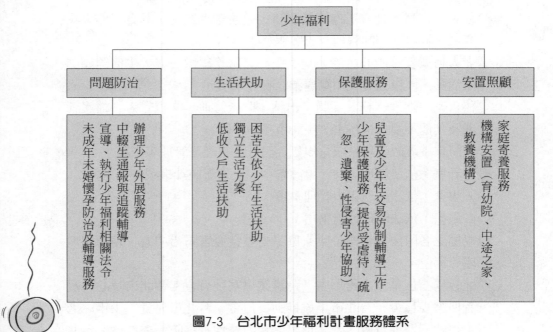

圖7-3 台北市少年福利計畫服務體系

資料來源：台北市社會局網站（2003），台北市少年福利計畫服務體系。

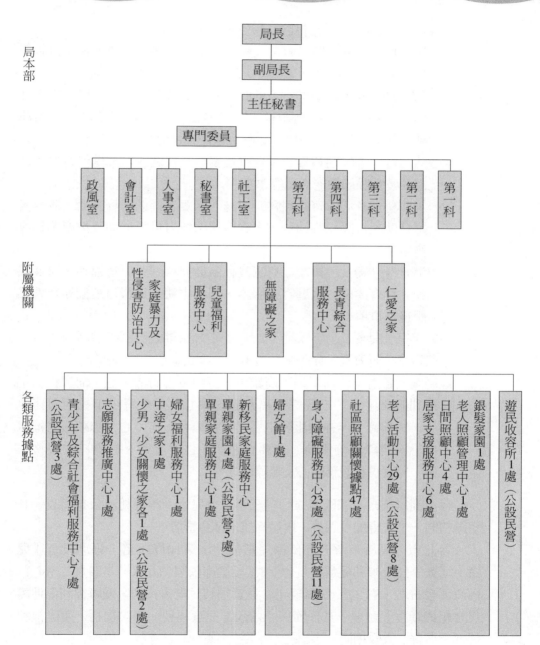

局本部

局長

副局長

主任秘書

專門委員

政風室　會計室　人事室　秘書室　社工室　第五科　第四科　第三科　第二科　第一科

附屬機關

性侵害防治中心及家庭暴力　兒童福利服務中心　無障礙之家　長青綜合服務中心　仁愛之家

各類服務據點

青少年及綜合社會福利服務中心7處（公設民營3處）

志願服務推廣中心1處

少男、少女關懷之家各1處中途之家1處（公設民營2處）

婦女福利服務中心1處單親家庭服務中心1處

新移民家庭服務中心單親家園4處（公設民營5處）

婦女館1處

身心障礙服務中心23處（公設民營11處）

社區照顧關懷據點47處

老人活動中心29處（公設民營8處）

銀髮家園1處老人照顧管理中心1處日間照顧中心4處居家支援服務中心6處

遊民收容所1處（公設民營）

圖7-4　高雄市政府社會局組織架構圖

資料來源：高雄市政府社會局（2009），高雄市政府社會局組織編制，取自
http://w5.kcg.gov.tw/socbu/02intro/intro03.asp

職掌如下（高雄市政府社會局，2009）（參見圖7-4）：

◇第一科（人民團體科）：人民團體組訓、各項慶典、合作行政等事項。

◇第二科（社會救助科）：低收入戶生活扶助、醫療補助、教育補助、公費安養、急難救助、災害救助、公費療養、老人生活津貼、住宅補助及現金給付之社會保險補助等事項。

◇第三科（老人福利科）：自費療養、全民健保老人健保費自付額補助及重陽節敬老活動等事項。

◇第四科（身心障礙福利科）：身心障礙者輔助器具補助、收容養護補助、日間托育補助、全民健保保費自付額補助及按摩業輔導等事項。

◇第五科（婦女、單親、兒童及社區發展科）：兒童福利、婦女福利、托育津貼、家庭寄養服務、國小中輟生通報追蹤輔導及就業服務等事項。

◇社工室：兒童及少年保護、少年福利、志願服務及社工專業事項。

◇秘書室、研考室、會計室、人事室、政風室。

◇局屬之各附屬機構單位：高雄市政府性侵害防治中心、前鎮青少年福利服務中心、三民綜合福利服務中心、左營青少年福利服務中心、楠梓青少年福利服務中心、婦女福利服務中心、志願服務推廣中心、殘障諮詢服務、殯葬管理所、仁愛之家、長青綜合服務中心、兒童福利服務中心及無障礙之家。

目前高雄市政府未隨著二○○三年五月兒童少年福利法公布而改變其組織編制，未來會加以調整，再送高雄市議會審訂。

台北市、高雄市政府亦依據兒童福利法第10條規定，分別設有「兒童、老人、殘障福利促進委員會」，其設置亦依照一九八一年四月二十七日內政部發布之「省（市）、縣（市）兒童福利、老人福利、殘障福利促進委員會組織章程」辦理。其任務與「內政部兒童福利、老人福利、殘障福利促進委員會」大致相同。

(三)縣市及鄉鎮市區兒童少年福利行政組織體系

　　目前台灣省各縣市中，兒童福利行政主管機關乃依「台灣省各縣市政府組織規程準則」規定，人口一百五十萬以上者，設社會局；人口五十萬以上為滿一百五十萬者，設社會科；人口未滿五十萬者設社會課。此即為我國地方政府的兒童福利行政主管機關。

　　目前我國兒童福利行政體系是依附於社政單位之中（參見圖7-5），依現行政府行政組織規定，內政部下設兒童局；直轄市社會局下設社會福利科；縣（市）社會科（局）下設社會福利股，負責兒童福利事務。鄉鎮市公所則由民政科主管。

　　綜合上述，目前有關兒童福利業務之推廣，由上到下的層級，以及由政府到民間的行政結構，可由圖7-6得知。

二、兒童少年福利行政組織的運作

　　我國行政組織的運作主要是靠法定的行政監督權來對下屬機關進行行政監督，以達到層層管制之目的。而行政監督乃是上級機關管制、考核下

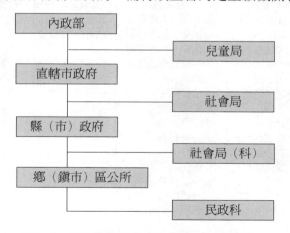

圖7-5　我國兒童福利行政體系組織架構

符號說明：－表隸屬關係，│表指導關係。

資料來源：郭靜晃、曾華源（2000）。建構社會福利資源網絡策略之探討——以兒少福利輸送服務為例。《社區發展季刊》，89，107-118。

内政部

兒童局

（設有綜合規劃組、福利服務組、保護重建組、托育服務組、防治輔導組★分別掌理下列事項）

一、兒童福利法規及政策之研擬事項。

二、擴大辦理托育津貼措施，優先照顧弱勢家庭幼童就托福祉。

三、推動托兒與學前教育整合工作，健全我國學前幼兒教保體系。

四、建立完整托育服務輸送網絡，提供社會大眾完善精緻之托育服務品質，達成專業托育之理想目標。

五、積極配合「加強學童視力保健五年計畫」，辦理托兒所、課後托育中心幼童視力保健，減低幼兒罹患近視比率。

六、推動「五五五」安親照顧方案，針對嬰幼兒的照顧，訂定「社區保母支持系統實施計畫」，藉以將保母人員培訓、保母與家長間之媒合轉介、保母之在職訓練與輔導建立制度，以提升社區保母服務的品質。

七、兒童福利專業人員之規劃訓練事項。

八、兒童福利機構設置標準之審核事項。

九、國際兒童福利業務之聯繫及合作事項。

十、兒童之母語及母語文化教育事項。

十一、有關兒童福利法令之宣導及推廣事項。

十二、其他全國性兒童福利之策劃、委辦、督導及與家庭有關之兒童福利事項。

台北市		縣（市）政府	高雄市		
社會局 兒童少年福利科 問題防治 生活扶助 保護服務 安置照顧 少年服務中心二所 少年安置機構二所	社會局 兒童托育及婦女福利科 托育服務 經濟補助 福利服務 市立托兒所十九所 婦女中心一所 兒童福利服務中心三所 公辦民營托兒所五所	社會局 低收入戶托育津貼 兒童少年保護 兒童少年生活扶助 發展遲緩兒童療育補助 幼兒教育券 兒童福利機構 保母職前訓練 兒童福利專業人員培訓 棄嬰救助 申請辦理托兒所、托嬰中心、安親班等服務項目	社會局二科 社會救助 社會福利基金管理 慈善事業財團法人管理 平價住宅興建維護	社會局五科 婦女、兒童、單親、社區發展等服務事項	社工室 兒童及少年保護 少年福利 志願服務 社工專業

圖7-6 兒童福利服務行政圖

資料來源：內政部兒童局（2003），內政部兒童組織架構。台北市政府社會局（2003），台北市政府社會局業務簡介。高雄市政府社會局（2003），高雄市政府社會局業務簡介。郭靜晃、曾華源（2000），建構社會福利資源網路策略之探討——以兒少福利輸送服務為例。《社區發展季刊》89，107-118。

註：★為暫時任務編組，新的組織條例正送交立法院及人事行政局審議。

級行政機關行政績效的手段。至於福利服務之提供除了法定之政府行政部門之外，在福利服務多元化之下，還有民間機構及團體的來源，所以，要確保福利服務輸送體系得以運作及產生其應有的績效，實有賴於政府與民間共同參與，並建立服務輸送的網絡，以確保兒童福利服務得以有效的運作。

　　福利服務輸送體系係指組織體系或組織群體從環境中獲取資源，再將此資源轉化為福利方案或服務提供給案主。其中涉及服務組織所形成的網絡結構以及輸入、投入、轉換、儲存、產出、輸出及回饋等過程。目前，我國兒童福利輸送體系的運作主要是依賴法定的兒童福利體系，兒童福利服務機構和學術研究及壓力團體，其中的福利服務輸送之網絡如圖7-7。

　　就圖7-7的兒童福利輸送體系來看，其執行也有限制，因為兒童福利在立法上的內容涉及衛生、教育、司法及社政，而且台灣地區社會福利資源手冊中對兒童福利服務機構的分類來看，其中包括：直接服務機構、特殊教育及兒童福利協（學）會、基金會等，但相關的福利行政單位與學術單位則分別自成一類，未區分出兒童福利及其他社會福利單位（台灣省政府社會處，1991；郭靜晃、曾華源，2000）。由此可知，一般對兒童福利的分類是採取較為廣泛的定義——涉及教育、衛生、司法及社政之單位。而且修訂後的兒童福利法在第6條也有明文規定，社政行政機關是承辦兒童福利之專責單位，而有關司法、教育、衛生等相關單位涉及有關兒童福利業務，應全力配合之。但是各部門承辦有關兒童福利業務時，常秉持著本位主義觀點將相關責任推諉，此外，主管之社政機關位階又低，常造成兒童福利政策及業務難以有效推行。因此，要落實健全兒童福利服務，應先建立兒童福利服務輸送體系之網絡。目前，我國兒童福利服務輸送體系的組織架構如圖7-8所示。

　　由圖7-8可知，我國兒童福利服務輸送體系的組織中有福利、教育、衛生及司法四個領域的公、私立機構、設施所組成。其中包括有各級行政機關所附屬之公立兒童福利設施，以及全國性及地方性的私立兒童福利設施及人民或社會團體，共同為兒童提供直接或間接的福利服務。

　　然而，我國現行的兒童福利輸送體系，由於各領域之間的本位主義，專責的兒童福利主管機關位階又低，此外，公私立兒童福利服務機構的類

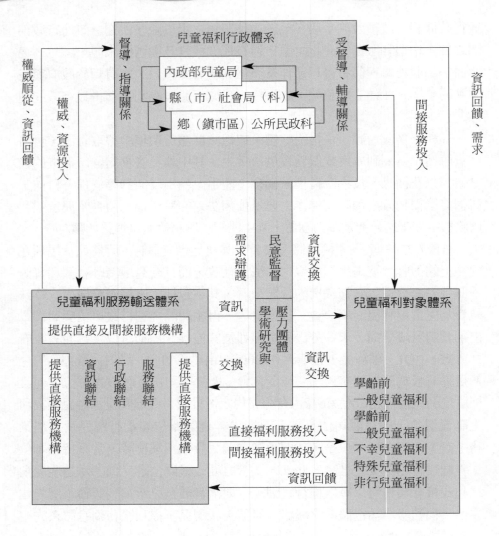

圖7-7 我國兒童福利體系組織架構及其運作分析

資料來源：郭靜晃、曾華源（2000）。建構社會福利資源網絡策略之探討——以兒少福利輸送
服務爲例。《社區發展季刊》，89，107-118。

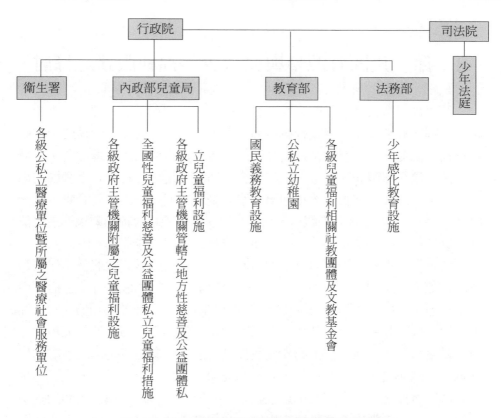

圖7-8　我國兒童福利服務輸送體系的組織架構

資料來源：郭靜晃、曾華源（2000）。建構社會福利資源網絡策略之探討──以兒少福利輸送
　　　　服務為例。《社區發展季刊》，89，107-118。

型又十分複雜，性質亦多有不同，諸此種種，皆造成推行全面性的兒童福利事務卻是窒礙難行，因此，我們需要有完善的政策來整合兒童福利服務輸送體系以有效推行兒童福利事務。若以機構本身的行政觀點，更需要內部組織的重組和外在任務環境上的調適，則不免有所謂「牽一髮而動全身」的問題和困難（施教裕，1996）。所以說來，任何相關福利服務之輸送機構為達有效之服務輸送，必須面對獲得董事會之決策支持、組織任務之調整、員額擴編、預算爭取、服務品質之確認與督導，以及外在環境之資源開發、個案轉介和相關機構間之分工及確保服務輸送網絡之建立。

第二節　民間資源參與兒童少年福利服務之探討

社會福利事業是一種服務性質的工作，其目的在滿足人類基本生活的需要、解決社會問題與促進社會發展。而要達成上述目標，除需健全政府社會福利制度外，尚需顧及民間資源的參與。社會學家鮑格達即言：「社會資源的運用於服務、公益、福利與合作等觀念是增進社會和諧發展的必要因素。」因此，興辦社會福利事業應該是政府與民間的共同職責，這種「社會福利，人人有責」的觀念，正是實踐民生主義社會福利政策的主要依據，也是對「社會連帶」（social bonds）責任的體認（許榮宗，1987：5）。

社會資源不外乎是人力、物力與財力，人力指的是志願服務工作人員或志願服務性社團人員，物力則是民間機構所能提供的設備（包括：屋舍、交通工具和物品等），至於財力則屬民間善心人士及熱心團體、志願性團體或社會福利慈善事業基金會、宗教寺廟、公益性團體、社區理事會等所捐獻之款項，其他是技術的支援與提供、意見的參與皆是用之不盡的民間資源。然而隨著社會的進步、經濟的繁榮、國民所得的提高，人民的生活水準顯著提升，社會資源可以說愈來愈充沛，尤其是蘊藏在民間的資源更是充裕，過去經由各種資源的提供、意見的溝通表達，都促使政府與民間的合作甚為密切，這種合作的基礎，促進了結合民力的積極推動，也獲得社會大眾的普遍迴響（吳老德，1988）。

一、民間參與兒童少年福利服務的重要性

一九四○年代以後，「福利國家」（The Welfare State）成為世界各民主先進國家普遍追求的目標，因為它具有理想的性格，所以一直吸引各國的注意力，尤其英美等國將其奉為進步與民主的象徵，而建立福利國家社會福利體系已達數十年之久，至今成為後資本主義社會的基本精神之一（吳老德，1988）。

讓人民生活不虞匱乏，免於恐懼，是政府責無旁貸的職責，亦是保障

人民福祉的基本條件，惟單憑政府有限的人力、物力與財力，仍是相當有限的。另外，由於我國國情特殊，國防預算比例較重，欲於短期內提升社會福利支出實有其困難，所以必須動員民間力量，結合社會熱心人士與團體，共同參與社會福利建設，亦唯有政府、企業界，以及全體民眾的共同支持與配合，福利國家的理想才能邁向最適社會的坦途，實現民生主義安和樂利的均富社會。

在社會福利發展過程中，一九四○年以後，因強調福利理念的國家責任，全民性社會福利體系的建立，民間團體已從社會福利服務的主要供應者之角色，退居於輔助性地位。直至一九九○年後，由於福利國家發展的轉折，民間團體的重要性又開始受到福利學者及政界人士之注意。兒童福利需求的範圍與項目，隨著社會、家庭結構的轉變而日益廣泛、複雜，然而除了兒童之外，政府還得兼顧到其他族群的需要，單靠體制內的有限資源，勢必不足以滿足兒童的各項需求。兒童階段發展健全與否將持續影響其將來的成人生活，因此，民間資源投入兒童福利服務的行列，對兒童福利整體而言，重要性有三：

1. 民間團體的福利服務，以地區性和特殊性見長，既能針對地區的個別需求提供服務，並可提供特殊性的服務，以滿足具有特殊需求的個人。兒童在不同的發展階段，有不同的發展需求，此外，一般正常健全的兒童與特殊兒童，兩者所需的福利服務需求殊異，民間資源的投入，可以矯正國家福利服務工作偏重「全民性」、由政府福利機構提供標準化和制度化的福利服務及忽略了個人福利需求的個別性及特殊性的缺失，使兒童得到更具彈性而且周全的服務內涵。

2. 民間團體辦理的福利服務，能激發個人積極參與福利服務活動，透過民間志願、互助的力量，充分動員制度之外一切可資運用的資源，更經由民間自發性的相互影響，使兒童福利服務網絡得以建立。

3. 國家在緊縮福利支出之際，更有待民間團體福利服務的積極介入，尤其兒童為一弱勢群體，在資源配置、利益分享的過程中，極易受到忽視，民間私人的投入，可以填補政府福利服機構退出所留下的一些福利服務。

有的學者指出，福利國家政府介入社會福利服務，是爲了保障人民生活不因生、老、病、死等不可抗拒的原因之威脅，用以維持一定的生活品質。而過度強調其福利的功能與期待時，已導致福利國家財政危機和科層制上的危機。目前大多數福利國家採取的修正路線大部分是探「與民間合作」的模式，或「鼓勵民間自行籌辦」的方式。此外，民間團體參與社會福利服務，可以彌補政府科層體制上的限制，在福利設計上比較有彈性和創新，更可從事實驗性的方法尋求有效的服務提供（萬育維，1992）。爲補充政府功能之不足，台灣地區民間兒童福利機構提供多元化之福利服務，包括：

1. 支持性兒童福利服務：兒童保護、未婚媽媽的服務、兒童及家庭諮詢服務、衛生保健諮詢服務、心理衛生工作、諮商與輔導。

2. 補充性兒童福利服務：托育服務、醫療補助、醫療服務、經濟扶助、家務員服務。

3. 替代性兒童福利服務：寄養服務、兒童收養、兒童安置與收容等服務。

4. 其他兒童福利服務工作：例如，保母訓練、保育人員訓練。

我國近年來正積極建構整體社會福利，爲防患各福利國社會福利制度既已發生的缺失，又要珍惜得之不易的政府福利預算，鼓勵民間團體參與社會福利服務便成爲當前重要的課題。現有之相關民間兒童福利機構與團體依兒童福利服務研究之主題，包括：托育與福利、保護與安置、經濟安全、健康與醫療及教育與休閒等，整理如**表**7-1。

二、民間團體參與提供社會（兒童少年）福利之優點

其實民間團體具有現代社會的功能，其參與社會（兒童）福利服務，與政府機構辦理社會福利服務，有其不同之處，其相異處，正是它的優點，茲分別列述如下（Seader, 1986；王國聯，1991）：

1. 政府福利機構的組織，其設立、組織、職掌有一定的法定程序，它

表7-1　我國相關兒童福利機構

機構名稱	地址	電話	服務項目
托育與福利			
台北市立建成托兒所	台北市南京西路64巷9弄8號	02-25595901	兒童教保、衛生保健、家庭訪視及個別輔導
台北市立龍山托兒所	台北市梧州街36號	02-23020936	同上
台北市立松山托兒所★★	台北市吳興街506巷21號	02-27227759	94年底裁撤
台北市立雙園托兒所★★	台北市興寧街6號	02-23028062	94年底裁撤
台北市立城中托兒所	台北市濟南路2段46號2樓	02-23933620	同上
台北市立南港托兒所	台北市南港路1段287巷2弄15號1	02-27825081	同上
台北市立木柵托兒所	台北市興隆路4段105巷1號	02-29395526	同上
台北市立中山托兒所	台北市通河街179巷2號	02-25923842	同上
台北市立大安托兒所★	台北市辛亥路3段11號	02-27322374	94年底轉型成公辦民營
台北市立古亭托兒所★★	台北市國興路46號	02-23038164	94年底裁撤，94年7月停招小班
台北市立士林托兒所★★	台北市大東路75號	02-28819655	94年底裁撤
台北市立民生托兒所	台北市敦化北路199巷5號2樓	02-27153544	同上
台北市立信義托兒所	台北市基隆路1段364巷20號	02-27297527	同上
台北市立成功托兒所★★	台北市四維路198巷31弄11號	02-27557143	同上
台北市立大同托兒所	台北市重慶北路3段347號3樓之1	02-25932362	94年底裁撤
台北市立內湖托兒所★	台北市康寧路三段189巷93弄18號	02-26319818 02-26319819	94年底轉型成公辦民營
台北市立北投托兒所	台北市忠誠路2段207巷1號	02-28747600	同上
台北市立大直托兒所	台北市大直街25號	02-25336738	同上
台北市立自強托兒所	台北市陽光街265巷9號	02-27993223	同上
台北市政府社會局委託中華婦幼發展協會辦理正義托兒所	台北市大安區忠孝東路3段216巷4弄41號	02-27726656～7	收托一般幼兒 延後收托服務 臨時收托服務
中華婦幼發展協會	台北市大安區忠孝東路3段216巷4弄41號	02-27726656～7	研擬婦幼有關法案，提請政府儘速立法保護
中華民國保母策進會	台北市大安區忠孝東路3段216巷4弄41號	02-23417447 02-23416726	保母育嬰諮詢專線服務、協助有托育需求之家長解決托育問題
財團法人心路文教基金會附設心愛兒童發展中心台北市智障者家長協會	台北市中山區長安東路1段87號	02-25362412 02-25714356	專業訓練、日間托育、親子幼幼班、諮詢、評量
	台北市大安區建國南路1段321號2樓	02-27062686	提供0～6歲學齡前期智障或發展遲緩幼兒，日間托育暨早期療育

· 2004年7月停招小小班共計有7所。

★轉型成公辦民營

★★裁撤

兒童福利

（續）表7-1　我國相關兒童福利機構

機構名稱	電話	服務項目
保護與安置		
台灣省私立中華兒童福利基金會大同育幼院	02-22472455 02-22452085	生活照顧
台北縣私立中華育幼院	02-29927018 02-22217329	收容扶養孤貧失依兒童
財團法人宜蘭縣私立慈懷社會福利慈善事業基金會慈懷園	039-331001～2	不幸兒童安置輔導 偏差行為兒童輔導 親子關係諮商輔導
宜蘭縣私立神愛兒童之家	039-514652	未婚媽媽之收容 棄嬰之收領養
台灣省立桃園育幼院 （現改為北部兒童之家）	03-3525634 03-3526964	貧困無依兒童收容教養、棄嬰收容
財團法人台灣省私立台灣國際兒童村	03-4902304	兒童的收容教養
財團法人桃園縣私立中壢育幼院	03-4932610	收容教養貧苦無依之兒童
私立中壢育幼院財團法人台灣省天主教會新竹教區附設德蘭兒童中心	035-202170	收容教養7～15歲孤兒及家庭變故兒童
財團法人雲林縣私立信義育幼院	05-5863194	貧苦無依兒童之收容
華川仁愛之家中華兒童村	07-6661812～3	棄嬰棄童住宿 智障兒童住宿
私立公托育幼院	07-3711458	服務父母因特殊原因無法照顧之兒童
聯勤國軍第二育幼院	07-7463326	0-18歲之國軍官兵遺孤
台灣省立高雄育幼院 （現改為南部兒童之家）	07-5824645 07-5824647	院內收容 介紹領養
財團法人佛教私立禪光育幼院	038-611698 038-612555～6	貧孤兒童收容教養
財團法人私立台東基督教阿尼色弗兒童之家	089-223194	單親、貧苦兒童住宿教養
台灣省立台中育幼院 （現改為中部兒童之家）	04-2271839 04-2207345	辦理被虐待兒童緊急庇護
財團法人台灣省私立向上兒童福利基金會附屬台中光音育幼院	04-2034455	辦理貧苦兒童收容
財團法人台中市私立明愛育幼院	04-2227764	養孤恤幼收容無依無靠之貧苦孤兒
台中市私立慈光育幼院	04-2874890	被虐待兒童之安置與諮商
財團法人台北市私立伯大尼育幼院	04-2879176 02-29396396	收容教養貧困兒童
台北市私立體惠育幼院	02-28715276 02-28740646	服務父母因特殊原因無法照顧之兒童
台北市私立忠義育幼院	02-29311659 02-29310213	兒童收容教養 個案諮商輔導

（續）表7-1　我國相關兒童福利機構

機構名稱	電話	服務項目
保護與安置		
天主教露德之家	02-28728452	心理輔導 生活教育 宗教培育
中華婦女反共聯合會附設惠幼托兒所	02-23118657	托兒、育兒
國軍第一育幼院	02-22308073	教養、個案處理、醫療服務
私立華興育幼院	02-28311393	保育工作、心理輔導
台北市私立好生育幼院	02-28954321	收容教養孤貧之兒童
財團法人佳音文教基金會附設台北市私立佳音兒童發展中心	02-25853748	日間托育、教養生活訓練
財團法人中華民國紅十字會高雄市分會附設高雄市私立紅十字育幼中心	07-5512101 07-7019476	育幼、育嬰 知能障礙而同學齡前教育
中華民國終止童妓協會	02-23658510	終止童妓、終止兒童色情、終止跨國性剝削
財團法人中華文化社會福利事業基金會台北兒童福利中心	02-27679264	托育工作、發展遲緩兒童早期療育、兒童教養、社會工作
台北市立廣慈博愛院育幼院	02-27282334轉253・254・255	收容棄嬰、孤兒給予生活照顧輔導、課業輔導、就業或升學輔導、醫療保健、文康活動
台北市私立聖道兒童之家	02-28714445轉114	收容撫養並教育貧苦孤兒
台北市私立義光育幼院	02-23045561 02-23045562	兒童教養、心智缺乏平衡或智能不足兒童的輔導與教育
財團法人基督教芥菜種會附屬愛心育幼院	02-29927503	收容教養孤貧及破碎家庭之兒童
台北縣私立榮光育幼兒	02-29213256 02-29276225 （24小時）	收容教養孤苦無依兒童，培育其為健全之國民
台灣台北地方法院少年法庭觀護人室	02-23816429 02-23714614 02-23119016	審理前調查、保護管束之執行、假日生活輔導之執行
台灣板橋地方法院觀護人室	02-22700303 （代表號）	執行假日生活輔導執行保護管束
財團法人基督教更生團契附設台北市私立北投中途之家	02-28956814	信仰與人生輔導、心理治療、適當管教、關心愛護
財團法人台北市天主教善牧社會福利事業基金會	02-23110223 02-23117642	幫助無力撫養之早產兒、棄嬰或有殘障之兒童尋找領養之家庭
財團法人台北市勵馨社會福利事業基金會	02-23759595 02-23888595 （輔導專線）	保護安置：提供安全 保護的環境及食宿等基本生活照顧

（續）表7-1　我國相關兒童福利機構

機構名稱	電話	服務項目
保護與安置		
仁愛殘障兒童收容所	04-2770036	收容扶養 醫療復健
財團法人中華民國兒童福利聯盟文教基金會	02-27486006 02-23516948	推動法規修訂、整合兒童福利服務網路；提供兒童福利服務
財團法人中華兒童福利基金會台北家庭扶助中心暨其他21個家扶中心	02-23516944 02-23966832	經濟補助 醫療服務 兒童輔導
財團法人賽珍珠基金會台灣分會	02-23698003 02-23699689	生活補助 資優生及成績優良獎
中華民國兒童慈善協會	02-2723-5707	提供其他兒童服務機構各項慈善援助；舉辦關懷兒童系列活動
健康與醫療		
財團法人中華民國心臟病兒童基金會	02-23319494 02-23311534	心臟病兒童醫療補助
台大醫院精神科兒童心理衛生中心	02-23970800轉 6597、6598	門診、日間住院治療、全日住院治療
財團法人中華兒童福利基金會台北縣家庭扶助中心	02-29592085 02-29597795 （兒童保護專線）	行為和心理輔導協談、健康檢查和醫療服務
財團法人中華民國早產兒基金會	02-25111608 080003595	經濟補助、推展早產兒治療、早產兒之預防教育
財團法人中華民國兒童癌症基金會	02-23319953 02-23896221	建立癌症兒童之有關資料、病童就學就業問題之輔導
財團法人中華民國兒童燙傷基金會	02-25224690	舉辦各種活動從身、心、靈方面關心燙傷兒童
財團法人台北市中華唇顎裂兒童基金會	02-28344198 02-28344164	辦理唇顎裂兒童家庭心理復健之相關服務
財團法人麥當勞叔叔之家兒童慈善基金會	02-27059841	兒童醫療照顧及醫藥研究、兒童社會福利及慈善服務
中華民國兒童保健協會	02-23890750	進及協助政府推行兒童保健之有關事項：健康、教育、福利、保護、立法
台北市喜願協會	02-25082538	為3～18歲重症兒童完成最想完成的心願
台北縣三重市立厚德兒童特殊教育發展中心	02-29872188	日間托育服務 醫療復健服務 殘障福利諮詢服務
台北榮民總醫院青少年心理衛生醫療諮詢電話——王大夫專線	02-28719494	精神醫療諮詢服務 （以電話及信件方式）
台北榮民總醫院兒童青少年心理衛生門診	02-28712121轉 7419或 預約掛號電話 02-28732151	兒童與青少年心理適應、情緒困擾的檢查與治療、心理輔導或治療、親職指導

（續）表7-1　我國相關兒童福利機構

機構名稱	電話	服務項目
健康與醫療		
財團法人光智社會事業基金會附設台北市士林地區青少年心理衛生中心	02-25852773 02-25864250	個案心理諮詢及家族會談門診診療
台北市立婦佑綜合醫院醫療諮詢專線	02-23960728	嬰幼兒常見疾病處理常識；產前、產後之保健知識
台北市立陽明教養院	02-28611380～2	生活自理訓練 啓智教育 復健治療 職業訓練
聖安娜之家	02-28714397	1歲至5足歲之重度智障或唐氏症兒童
財團法人心路文教基金會	02-25929778	心愛兒童發展中心：0～6歲發展障礙嬰幼兒早期療育 心路兒童發展中心：3～6歲腦性麻痺兒童早期療育
教育與休閒		
基隆市兒童發展協會	02-24629609 02-24628025	發掘兒童才藝潛能及身心發展
高雄市社會局附設兒童福利服務中心	07-3860846	親職教育 兒童諮詢
財團法人信誼基金會親子館	02-23965303轉1701	國內外教育性玩具收藏、借玩
財團法人台北市友緣社會福利事業基金會	02-27693319	兒童成長團體 兒童遊戲治療 兒童人際ok成長營
財團法人靖娟兒童文教基金會	02-23391305	推展兒童安全教育宣導活動
中華民國嬰幼兒教育發展協會	02-22198682	嬰幼兒教養諮詢服務、促進嬰幼兒教養知識之研究發展
台北市青少年兒童福利學會	02-28610511轉535、534	舉辦有益兒童身心發展之活動、關於兒童福利之建議計畫設計推動事項
中華民國特殊教育學會	02-23922784 02-23685938	設計研究及製作有關特殊教育之教學器材、協助特殊教育人員之進修國立台灣師範
國立師範大學特殊教育中心	02-23922784 02-23685938 02-23625101～5轉8359、8360	從事特殊兒童教育實驗、提供有關諮詢及資料、舉辦國內外特殊教育實況調查
中國輔導學會	02-23418171 02-23511263轉616	研究輔導理論、方法與發掘輔導工作實際問題、編印輔導書刊
台北市立師範學院特殊教育中心	02-23113040轉4132、4133	學術研究 諮詢服務 輔導教學

327

（續）表7-1 我國相關兒童福利機構

機構名稱	電話	服務項目
教育與休閒		
中國反共救國團總團部諮商輔導處──「張老師」	02-25025858轉453	心理衛生教育、家庭生活教育
財團法人人本教育文教基金會	02-23670151 新竹分會 03-5333062 台中分會 04-2072334 高雄分會 07-2166510	有關青少年之課業問題、人際問題、休閒安排、身心發展、親子關係、師生關係及教育問題諮詢
台北基督教女青年會	02-23812131 02-23313848	幼兒園、兒童多夏令營、兒童知識旅遊
台北市第一兒童發展中心	02-27224136	個別化教學、諮詢服務、培養師資、早期療育、輔具資源服務
台北市博愛兒童發展中心	02-27987319 02-27976606	同上
財團法人第一兒童發展文教基金會附設中和兒童發展中心	02-22498492 02-22490842	早療服務、日托式教養服務；提供身心障礙兒童家長及社會人士諮詢服務
財團法人天主教光仁文教基金會附設台北市立育仁啟智中心	02-23082863	教育中、重度智能不足兒童；設有清寒獎助學金
財團法人雙溪啟智文教基金會	02-25325002	啟智教育、諮詢輔導、啟智工作人員專業培訓
財團法人劉氏社會福利事業基金會	02-23932072 02-23938584	提升兒童學習能力（含說、寫、讀、算及運動）
中華民國唐氏症關愛者協會	02-27512031 02-27219033	早期療育相關教育課程、認識唐氏症之宣導
財團法人雅文兒童聽語文教基金會	02-28274500	免費提供學齡前聽障兒童一對一「聽覺口語法」課程
台北市立啟聰學校	02-25924446	聽障特殊教育、語言訓練、手語訓練
台北市立啟明學校	02-28740670	提供視障兒童及青少年就學，分幼稚園、國小、國中、高職與高中等部
財團法人佳音文教基金會附設台北市私立佳音兒童發展中心	02-25854116 02-25853748	音樂療育、物理治療、職能治療、認知教學、臨托服務
台北縣私立眞光教養院	02-29435961 02-29409488 02-29426201	專收容身心障礙兒童；教養身心障礙兒童
台北縣八里愛心教養院	02-26737834 02-26737840	養護；早期療育；醫療保健
財團法人伊甸社會福利基金會	02-25773868	發展遲緩兒服務： 1.個案管理 2.社區化家庭服務 3.機構式早期療育

（續）表7-1 我國相關兒童福利機構

機構名稱	電話	服務項目
教育與休閒		
財團法人台北市私立同舟發展中心	02-27818363	發展遲緩兒童早期療育；生活輔具及治療性輔具租借
高雄縣婦幼青少年館	07-7466900	健全托兒制度，推動兒童福利服務
內政部中區兒童之家	04-2222294（六線）	兒童收養服務；社區兒童服務；個案的收容與訪視
中華民國天使兒童村協會	02-25077289	發揚民俗童玩提升兒童文學戲劇等藝能事項
財團法人中華福利社	02-23147300 02-23147301	為家長解答有關兒童養育、管教、學習、心理等問題
財團法人台灣省苗栗縣公館教會聚會所附設學生中心	037-221378 037-221431	課業輔導 成長團體 親子活動
財團法人高雄市私立樂仁啟智中心	07-8217163 07-8217164	學齡前特殊兒童日間托育

資料來源：台灣省政府社會處（1995），《台灣地區社會資源手冊》。台北市志願服務協會（1991），《台北市社會福利資源手冊》。

　　無法隨著社會急速變遷的需要，適時修正政府機（構）關的組織法規，而民間團體在這方面彈性大，無此限制與缺點。

2. 政府機構用人政策受法規、預算等之限制。但民間團體之用人限制較少，且為提高服務品質，民間團體用人已逐漸朝向專才、專用之要求，如此一來，可減少市政費用的支出。

3. 政府機構較具全面性，須注意均衡發展，面面俱到。民間團體則可對特殊之對象及需要，在某一時段，對某些服務集中力量全力以赴，不必受普遍性之牽制。更可專注於其專長之服務，匯集所有可運用之力量予以支助，易獲效益。

4. 政府機構推展工作，需先有完整之計畫，故對突發事件之服務，常措手不及，不易應對，民間團體對於突發事件的應變能力因較具彈性，比政府機構更具應變力，藉由私人部門的效率，減輕納稅人的支付成本，並透過風險轉移或分擔的方式以降低政府所承擔的風險。

5. 政府機構常在某一時段性工作完成後，對應階段性需要增加之員額，不易解決裁員問題；但民間團體可採「借調」、「聘僱」、「委託」等

方式用人，於工作完成即行解除聘僱契約，沒有所謂裁員的問題。

6.政府機構的科層體制，易形成官僚，作風保守，與民眾之間較易有隔閡，服務態度較差。民間團體的投入，可在不增加稅賦及服務費用支出的情況下，維持或提高服務的水準。

三、民間團體參與兒童福利服務的方式

所謂「民間團體」，泛指依人民團體法籌組之職業團體、社會團體和政治團體，以及依法成立之各類財團法人。這些民間團體，都是由志趣相同的一群人，或捐集一定的基金，基於共同理想、目標，或共同利益，為達一定目標而籌組設立。團體雖各有其特殊性，但均具有中介性、社會性及地緣性功能。所謂中介性功能是指成員可透過團體向政府提出建言，增強服務內容的完整性；向下可配合政府的施政，奉獻力量，出錢出力，提升生活品質。所謂社會性功能，是因為團體都是公益性之社會組織或財團，對社會建設，促進社會福祉、和諧，都承擔了些責任。至於地緣性功能，重在職業團體之農漁會、教育會及社會團體之婦女會、獅子會、青商會、各種福利性協會，均設有基層組織，其上級團體和其他人民團體之組織區域，及財團之設立亦大都與行政區域相配合，足見其具有地緣性功能之意義（王國聯，1994）。

民間團體參與、介入兒童福利服務之方式，一般而言有三種（王國聯，1994）：(1)民間團體自辦福利機構提供福利服務；(2)由政府提供福利設備或經費委由民間團體提供福利服務；(3)由民間團體提供財源委由政府設立之福利機構辦理福利服務。也就是由民間團體提供人力、物力和財力，參與社會福利服務工作。而為了保障一定水準之福利服務品質，政府對民間團體辦理之社會福利服務，均訂有一定之標準，以保障服務使用者（即消費者）的權益。

民間團體參與兒童福利服務，並不代表政府完全放手不管，事實上政府仍舊必須負起監督及提供民眾所需服務的責任（Alan, 1986），只不過藉由市場化自由運作的原則：競爭及有效率的經營，試圖減低政府在社會福利方面的預算，同時又希望能不降低服務的品質；民間團體參與兒童福利

服務是政府在面對日趨減少的福利資源，卻又不希望減少福利服務提供的多樣性所衍生出來的策略，於是，在減小公共福利部門的範圍和效率的要求下，這是不可避免的趨勢（謝美娥，1991）。

因此，民間團體參與兒童福利服務提供的方式，可有下列幾項：（許榮宗，1987；吳老德，1988；孫健忠，1988）

1.推展志願服務。

2.重視基層參與，建立社會支持系統。

3.商業市場的提供。

4.民間慈善與公益團體。

四、民間提供兒童福利服務在我國的適用性

由於政府單位擁有的資源極為有限，因此，將來使用民間團體參與兒童福利服務的策略以提供福利服務的多樣性，應該是可以採行的辦法。在考慮民間團體參與兒童福利服務時，應準備下列的工作（謝美娥，1991）：

1.評估福利需求的優先順序。

2.對現有福利資源與措施的調查。

3.私立機構的財務管理與資訊系統是否完備。

4.私立機構是否要在組織功能上調整。

5.決定民間團體參與兒童福利服務的形式。

6.價格的決定。

7.設立限制（regulations）。

8.訓練政府行政部門的工作人員。

檢證歷年來內政部辦理獎助情形，發現內政部在嘗試拓廣政府與民間協調合作辦理兒童福利的方式上，包含下列幾種方式：

1.**委託方式**：兒童家庭寄養、辦理社會工作員研習（討）會等都是採行委託方式。

2.補助方式：補助成立兒童館、親子館及青少年福利服務中心、兒童
課後收托、親子活動等皆屬之；透過經費補助方式，提高社會資源
參與的興趣及服務品質。

3.獎助方式：給予全額經費或大部分經費，進行專案式的協助，並進
行創新業務的試驗，於年度執行完竣後，私託專人組成評鑑小組實
地考評及檢討。

4.公設民營方式：由政府全額補助房舍建築及內部所需設備器材，交
由民間負責管理經營。

5.決策分享（相對補助）方式：內政部當前推動全國性基金會聯合會
報工作方式屬之。全國性基金會聯合會執以基金孳息來推動福利工
作，內政部則提供與該孳息同額之相對補助，在充裕經費中並肩，
在決策分享中擴大服務層面。縣市政府為強化社會福利服務功能，
拓廣服務範圍而須增聘社會工作員員額，便可在此方式下使政府與
民眾兩相獲利。民眾能因社會工作員的增加得到質量兼顧的專業服
務，而地方政府則在增聘兩名社會工作員而由中央補助乙名人事費
的配額，減輕了地方財政上的負擔。

內政部為了策動各級地方政府辦理各項社會福利服務，於一九八九年
間訂頒「內政部加強推展社會福利獎勵作業要點」，透過獎助，結合民間團
體貫徹社會福利政策與措施，其獎助對象除各級地方政府及公立社福機構
外，還包括：(1)財團法人社會福利機構、財團法人宗教組織或社會福利慈
善基金會附設社會福利設施者；(2)社團（法人）或社區組織其會務健全，
著有成效者，社團若未辦理法人登記者，僅獎助其經常部門之工作項目。
這些民間團體，若專設有部門或訂有專項計畫，辦理兒童、少年、婦女、
老人、殘障福利服務，以及辦理社會救助、志願服務、社區發展等業務，
均可透過各級地方政府向內政部提出申請，其獎助額度，依其工作項目及
地區（離島及偏遠地區可提高獎助額度20％），按一般原則（獎助70％）或
特殊原則（最高可全額補助）決定，其最高者有獲二億元左右之獎助經費
者。此要點訂頒以來，引進很多民團體參與並擴大社會福利服務工作，該
要點每年針對地方實際需要，配合中央之福利政策予以修正實行。

第三節　現行政府興辦兒童少年福利服務之相關措施與承諾

一、當前兒童少年福利服務的相關措施

　　福利服務是以全民為對象，當前兒童福利服務的問題及需求，包括：托育、單親家庭兒童的照顧、兒童受虐，以及兒童休閒育樂活動的不足。為因應社會大眾對托育服務之需求，政府提供的相關服務措施包括：獎助設置公立托兒所、推動專業訓練與技能檢定、培訓專業保育人員及家庭托兒保母人員，以及實施托育津貼等。試將現今兒童福利服務措施，依其福利服務項目，分為：經濟安全、托育服務、早期療育、保護服務、福利服務、性交易防制、偏差行為輔導、權益倡導、兒少福利經費（參見**表**7-2）。

表7-2　內政部兒童、少年福利的工作項目及其福利支出一覽表

項目別	2004年	2005年	2006年
經濟安全	1.低收入戶生活補助 2.中低收入戶兒童及少年生活扶助 3.低收入戶兒童托育津貼補助 4.中低收入家庭幼童托教補助 5.發放幼兒教育券 6.低收入戶暨弱勢兒童及少年醫療補助 7.3歲以下兒童醫療補助 8.早期療育補助	1.低收入戶生活補助 2.中低收入戶兒童及少年生活扶助 3.低收入戶兒童托育津貼補助 4.中低收入家庭幼童托教補助 5.發放幼兒教育券 6.低收入戶暨弱勢兒童及少年醫療補助 7.3歲以下兒童醫療補助 8.早期療育補助	1.低收入戶生活補助 2.中低收入戶兒童及少年生活扶助 3.開辦「弱勢家庭兒童及少年緊急生活扶助計畫」 4.低收入戶兒童托育補助 5.發放幼兒教育券 6.中低收入家庭幼童托教補助 7.開辦原住民幼兒托教補助 8.低收入戶暨弱勢兒童及少年醫療補助 9.3歲以下兒童醫療補助 10.低收入家庭3歲以下兒童健保費補助

333

（續）表7-2　內政部兒童、少年福利的工作項目及其福利支出一覽表

項目別	2004年	2005年	2006年
			11.辦理發展遲緩兒童療育費及交通費補助
托育服務	1.建構社區化、普及化托育環境 2.辦理托育機構教保人員專業訓練 3.透過評鑑作業，提升托育機構服務品質 4.推動社區保母支持系統 5.研商幼托整合方案 6.研擬「外籍配偶及弱勢家庭兒童學前啟蒙服務計畫」	1.建構社區化、普及化托育環境 2.辦理托育機構教保人員專業訓練 3.透過評鑑作業，提升托育機構服務品質 4.推動社區保母支持系統 5.研商幼托整合方案	1.建構社區化、普及化托育環境 2.辦理托育機構教保人員專業訓練 3.透過評鑑作業，提升托育機構服務品質 4.推動社區保母支持系統 5.規劃保母管理及托育費用補助
早期療育	1.成立早期療育服務推動小組 2.修正「發展遲緩兒童早期療育服務實施方案」 3.辦理「發展遲緩兒童早期療育通報轉介」業務的評估工作 4.進行學術研究 5.推動早療宣導與訓練 6.提供其他相關服務	1.成立早期療育服務推動小組 2.修正「發展遲緩兒童早期療育服務實施方案」 3.辦理「發展遲緩兒童早期療育通報轉介」業務的評估工作 4.推動早療宣導與訓練 5.提供其他相關服務	1.成立早期療育服務推動小組 2.修正「發展遲緩兒童早期療育服務實施方案」 3.辦理「發展遲緩兒童早期療育通報轉介」業務的評估工作 4.推動早療宣導與訓練 5.提供其他相關服務
保護服務	1.設置「113」婦幼保護專線 2.設置失蹤兒童少年資料管理中心 3.協助兒童保護個案資訊管理系統之個案資料建檔 4.增設受虐兒童少年緊急庇護處所 5.辦理保護個案原生家庭處遇服務 6.辦理相關專業人員研習訓練 7.編製「強制性親職教育輔導課程教材」	1.設置「113」婦幼保護專線 2.設置失蹤兒童少年資料管理中心 3.辦理高風險家庭輔導處遇服務 4.補助聘兒童及少年保護社工人力 5.提供緊急保護安置服務 6.辦理相關專業人員研習訓練 7.函頒「辦理強制性親職教育工作流程及注意事項」 8.輔導辦理兒童少年家庭	1.設置「113」婦幼保護專線 2.設置失蹤兒童少年資料管理中心 3.辦理高風險家庭輔導處遇服務 4.補助聘兒童及少年保護社工人力 5.提供緊急保護安置服務 6.辦理相關專業人員研習訓練 7.函頒「辦理強制性親職教育工作流程及注意事項」 8.輔導辦理兒童少年家庭

（續）表7-2 內政部兒童、少年福利的工作項目及其福利支出一覽表

項目別	2004年	2005年	2006年
	8.輔導辦理兒童少年家庭寄養業務 9.訂定「落實兒童及少年保護家庭暴力與性侵害事件通報及防治工作實施方案」 10.印製對照版本的「新生兒童保護宣導手冊」	寄養業務 9.辦理「落實兒童及少年保護家庭暴力與性侵害事件通報及防治工作實施方案」相關措施 10.印製對照版本的「新生兒童保護宣導手冊」 11.編製「兒童及少年保護工作指南」	寄養業務 9.辦理「落實兒童及少年保護家庭暴力與性侵害事件通報及防治工作實施方案」相關措施 10.印製對照版本的「新生兒童保護宣導手冊」 11.編製「兒童及少年保護工作指南」
福利服務	1.辦理收出養業務 2.輔導辦理兒童少年家庭寄養業務 3.輔導設置兒童少年安置教養機構 4.推動兒童少年轉向制度 5.加強危機家庭兒童及少年生活照顧	1.辦理收出養業務 2.輔導辦理兒童少年家庭寄養業務 3.輔導設置兒童少年安置教養機構 4.推動兒童少年轉向制度 5.加強危機家庭兒童及少年生活照顧 6.辦理失業家庭兒童短期照顧服務 7.訂定「高風險家庭關懷輔導處遇實施計畫」 8.推動兒童少年社區照顧輔導支持系統	1.辦理收出養業務 2.輔導辦理兒童少年家庭寄養業務 3.輔導設置兒童少年安置教養機構 4.推動兒童少年轉向制度 5.加強危機家庭兒童及少年生活照顧
性交易防制	1.定期召開督導會報 2.設置救援專線 3.陪同應訊 4.設置關懷中心、緊急及短期收容中心 5.積極配合辦理中途學校 6.個案安置輔導 7.後續追蹤服務 8.原住民鄉認養計畫	1.定期召開督導會報 2.設置救援專線 3.陪同應訊 4.設置關懷中心、緊急及短期收容中心 5.積極配合辦理中途學校 6.個案安置輔導 7.後續追蹤服務 8.原住民鄉認養計畫	1.定期召開督導會報 2.設置救援專線 3.陪同應訊 4.設置關懷中心、緊急及短期收容中心 5.積極配合辦理中途學校 6.個案安置輔導 7.後續追蹤服務
偏差行為輔導	----	1.推動邊緣少年高關懷團體工作方案 2.推動中輟行為偏差少年輔導方案 3.設置兩性輔導專線及建構相關措施 4.規劃少年輔導委員會法	1.推動邊緣少年高關懷團體工作方案 2.推動中輟行為偏差少年輔導方案 3.設置兩性輔導專線及建構相關措施 4.規劃少年輔導委員會法

335

（續）表7-2　內政部兒童、少年福利的工作項目及其福利支出一覽表

項目別	2004年	2005年	2006年
		制化作業	制化作業
權益 倡導	1.加強兒少人權教育 2.加強兒童少年保護及重 　建工作	1.加強兒少人權教育 2.加強兒童少年保護及重 　建工作	1.加強兒少人權教育 2.加強兒童少年保護及重 　建工作
兒少福 利經費	4,138,449,000	3,013,169,000	3,355,682,000

資料來源：內政部社會司（2004、2005、2006），《社政年報》。

二、政府對兒童少年福利服務的承諾

　　兒童少年福利是國家整體發展重要的一環，在政治上是國家認同的要素，在經濟上是永續發展的基石，在社會上是需求滿足的途徑。我們所追求的是一個全面而完整的兒童福利體系，不僅是弱勢族群的兒童福利，更是全民的兒童福利，政府對此負有責無旁貸的義務。儘管政府已經有一些兒童福利服務的相關措施，且也有許多的兒童及其家庭正受惠於這些福利服務。然而，卻仍有許多的兒童或其家庭未能取得必要的服務。有鑒於此，政府在二○○四年為營造一個安全、健康和快樂的兒童成長環境，對全民提出了**表7-3**中的承諾。

三、政府對兒童少年福利服務未來之工作重點

　　進一步從福利行政層面檢視兒童及少年福利，政府用來提升人民生活水準抑或是保障兒童、少年相關的人身權益，是有與其相對應之政策、法令、制度與服務措施的整體性規劃，就此而言，整合並管理相關作為的「社會福利行政」，兒童局的設置便有它起承轉合的轉轍作用，藉此超脫抽象概念的福利行政。

　　現行主管社會福利行政之機關為內政部，不過，為了配合時代潮流及其變遷需求，而於一九九九年成立了兒童局，則是藉此讓從中央到地方之各級兒童福利行政體系得以建制完備，再則，為了因應二○○三年所制定公布的兒童及少年福利法，少年業務也同時移撥至兒童局辦理，藉以落實

表7-3　政府對兒童福利的承諾

類別	相關措施
托育與福利	積極鼓勵及補助地方政府設置公立托兒所，增進社區化暨精緻化的多元托育服務功能，建立托兒教保示範制度。 鼓勵公設民營托兒所，以廣結民間與社區資源，共同推展托育服務事業。 積極輔導並監督民間托兒機構的服務內涵與素質。 加強推動專業人員訓練方案，建立托兒教保專業制度。 擴大辦理托育津貼措施，優先照顧弱勢家庭幼童就托福祉。 落實保母人員技術士技能檢定，建立家庭保母督導制度，以加強嬰幼兒照顧服務。 推動托兒與學前教育整合工作，健全我國學前幼兒教保體系。 加強社政與教育單位聯合推動以學校或社區為基地之學童課後托育服務，以滿足雙薪（工作）家庭對學童課後托育的需求。 建立完整托育服務輸送網絡，提供社會大眾完善精緻之托育服務品質，達成專業托育之理想目標。
保護與安置	於中央及直轄市、縣市政府成立兒童少年保護聯絡會報，統籌規劃各地方之兒童保護工作及積極建立兒少保護網絡。 繼續全面推展兒童保護措施，加強24小時兒童保護通報專線功能，並提供及時之救援轉介服務。 加強育幼院服務功能協助轉型配合兒童保護個案之長期安置工作。 加強宣導兒童保護觀念，並結合教育單位加強制親職教育之專業人員培訓，及強化失虐者受輔導意願等措施，以預防虐待事件的發生。 積極規劃開拓家庭寄養資源，建立完整家庭寄養制度，協助不幸兒童接受家庭照顧。 積極推動九二一震災失依兒童少年之重建工作，透過各相關團體服務方案之提供，以協助其身心健全發展。 由積極的預防到消極的治療面向同時努力，以確保兒童有的生活權益。
健康與醫療	建立普及化、社區化的療育資源，並加強結合民間團體，以照顧管理的服務模式，為需要接受早期療育的兒童，在一個適宜且可近性高的療育環境下接受治療。 加強醫療、教育與社政等部門之整合，培育及吸引早期療育專業人才投入服務行列，讓發展遲緩的兒童及時接受高品質的療育服務。
教育與休閒	建構兒童福利事業之評鑑與獎勵制度，以建立事業之經營管理，提升專業知能，達到有效資源之充分運用，發揮機構功能；並透過獎勵措施激勵士氣，促進兒童權益的保障與服務品質的提升。 協同教育單位強調家庭對於兒童的照顧責任，提供家長親職教育與

（續）表7-3　政府對兒童福利的承諾

類別	相關措施
教育與休閒	家庭休閒教育之學習機會，並致力於整合民間、企業資源支持家庭，以促進家庭功能的發揮，維繫兒童與其家庭的關係，並能在祥和溫暖的家庭環境下成長。 倡導政府與民間妥善分工，採用社區化、民營化及建立網路化之原則，一方面結合民間及社區資源，建立社區資源網絡，並明確資源分配和權責分工；另一方面，增加誘因和獎勵條件，促進民間機構及團體參與兒童福利服務，以鼓勵民間積極參與。 依中央、地方政府的特性規劃符合兒童一般及特殊需求的福利服務方案，以因應日益多元化的兒童福利服務需求。

資料來源：整理自內政部兒童局（2000），《兒童福利工作之現況與展望》。

對於兒童及少年的關懷與照顧。

　　至於，就兒童局的行政觀點來看，未來的工作重點將朝向以下幾個方向發展：

(一)建構完整兒童及少年福利法規體系

　　1.落實兒童及少年福利法相關子法規定。
　　2.持續辦理兒童及少年性交易防制條例相關條文之修正。

(二)強化對弱勢家庭兒童少年之經濟扶助

　　爭取預算對中低收入弱勢家庭兒童少年加強生活照顧，如協調地方政府放寬對中低收入戶兒童少年生活扶助領取之限制、將現行僅補助3歲以下中低收入戶兒童全民健保保費之補助擴大至未滿18歲，另逐步擴增中低收入戶幼童托教補助經費下延至2歲，使其享有基本的教育、醫療及福利權益。

(三)推動幼托整合方案

　　會同教育部共同推展幼托整合工作，規劃後續配套措施，以統整幼兒教保發展業務。

(四)建構完整發展遲緩兒童早期療育體系

建置個案管理資訊系統及積極辦理托育機構兼收發展遲緩兒童、托育機構巡迴輔導、發展遲緩兒童到宅服務、發展遲緩兒童早期療育費用補助等措施，以建立完整早療服務體系。

(五)落實兒童少年保護工作

除了繼續輔導地方政府及民間團體辦理通報、緊急救援、安置輔導、強制性親職教育及家庭處遇服務外，並加強兒童少年保護教育宣導，落實責任通報制度，以強化兒童少年保護網絡；另編制各種工作手冊，以提升社工員專業知能及兒童少年保護服務效能；同時積極辦理「落實兒童及少年保護家庭暴力與性侵害事件通報及防治工作落實方案」相關的具體措施，已建置更縝密的兒童少年保護網絡，藉此確保兒童少年免於遭受虐待、疏忽等不法侵害。

(六)強化父母親職知能，協助教養子女正常發展

1. 印製系統性及完整性親職教育資源宣導手冊，提升現代父母親職教養知能，規劃「推動職場親職教育」，培育衛生、教育、社政等基層工作人員為種子教師施予相關訓練後推廣各職場親職教育，以落實親職教育理念；另加強推展親職教育知能講座，並充實網站提供民眾查詢，鼓勵各兒童少年福利服務中心加強辦理親職教育研習宣導。
2. 推動外籍配偶夫妻親職成長教育，辦理多樣化融合式親子活動，引導外籍配偶家庭與一般家庭共同參與，豐富外籍配偶及兒童人為與環境刺激，拓展人際網絡，強化家庭支持系統。

(七)落實行政院青少年事務促進專案小組各項重大決議事項

以青少年需求為導向，尊重青少年自主權，落實青少年政策推動方案，並且持續規劃辦理寒暑假戶外休閒育樂活動、辦理中輟生輔導、高關懷少年團體工作，及以現有青少年政策推動方案之基礎，來促進青少年潛能開發、提升競爭力，並協助青少年規劃生涯發展藍圖及適性發展。

(八)建立兒童少年對健康休閒活動的重視程度及推展正當休閒活動

　　將朝廣為結合政府相關部門、學校或民間公益團體,規劃舉辦有益其身心健康休閒活動,如籃球賽、攀岩或暑期營隊等,以提供從事正當育樂休閒活動,從而避免涉足不良娛樂場所而誤入歧途。

(九)定期辦理兒童少年生活狀況調查、舉辦各項研究及研討會

　　藉以尋求對兒童及少年的各項問題能有更深一層次的瞭解,俾能契合兒童及少年之人身需求,以及有助於兒童及少年福利政策之釐訂與落實(內政部兒童局,2009)。

本章小結

　　我國現階段兒童福利行政體系,係按一九七三年公布之規定所建構而成的,而新訂的兒童少年福利法更明文規定,兒童福利主管機關應設置承辦兒童福利業務之專責單位:在中央為兒童局;在直轄市為兒童及少年福利科;在縣(市)為兒童及少年福利課(股)。各主管機關應辦理輔導、監督、檢查、評鑑及獎勵兒童及少年福利機構並身兼監督與管理之責。

　　本章內容係針對我國兒童福利體系的行政組織和運作以及民間資源參與兒童福利服務作一探討。其實,兒童及少年福利工作的推展,首藉福利立法的基礎。我國的兒童福利法及少年福利法在二○○三年修訂合併成為兒童少年福利法之後共分為總則、身分權益、福利措施、保護措施、福利機構、罰則及附則七章,共七十五條。其中對於有關福利服務組織,控制以及監督方面,在兒童少年福利法皆有明文規定。

　　就現階段有關兒童及少年福利的規劃,應以長遠的目標為原則,對於兒童及少年之相關權益及各項議題都必須關心及重視,以奠定未來發展之基礎。因此,相關立法之單位,在政策制定之後,應將各主管機關之職責明確訂定,並加以落實,這著實得有一套完善的運作體系,才能加速政策

的推行。以國內目前兒童少年行政體系的發展狀況，從立法精神、服務內容、到執行的輸送體制上，可能還有未盡完善之處。因此，如何在現有的資源上做規劃及分配，都要以兒童及少年的福祉為目標，才能滿足其真正的需求，加以回應並得到解決。

參考書目

一、中文部分

內政部（1981）。《內政部兒童福利、老人福利、殘障福利促進委員會組織章程》。台北：內政部。

內政部社會司（2004）。《93年度社政年報》。台北：內政部社會司。

內政部社會司（2005）。《94年度社政年報》。台北：內政部社會司。

內政部社會司（2006）。《95年度社政年報》。台北：內政部社會司。

內政部兒童局（2000）。《兒童福利工作之現況與展望》。台中：內政部兒童局。

內政部兒童局（2009）。《內政部兒童局組織架構》。台中：內政兒童局部。

內政部兒童局（2009）。《兒童少年福利政策白皮書》。台中：內政部兒童局。

王國聯（1991）。《我國工商業團體制度之研究》。台北：東華書局。

王國聯（1994）。漫談——民間團體參與社會福利服務。《社會福利》，111，26-31。

台北市志願服務協會（1999）。《台北市社會福利資源手冊》。台北：台北市志願服務協會。

台灣省政府社會處（1991）。《台灣地區社會福利資源手冊》。台灣省政府社會處出版。

台灣省政府社會處（1995）。《台灣地區社會資源手冊》。台灣省政府社會處出版。

吳老德（1988）。社會福利與民間資源結合之探討。《社區發展季刊》，42，22-29。

沈俊賢（1992）。《兒童福利體系組織績效分析模型之研究——以我國為例探討》。中國文化大學兒童福利研究所碩士論文。

施教裕（1996）。國內兒童及少年福利機構角色與功能轉型之探索——兼談多元化、專精化和社區化之展望。《社區發展季刊》，75，57-67。

孫健忠（1988）。民間參與社會福利的理念與方式。《社區發展》，42，10-11。

張潤書（1986）。《行政學》。台北：三民書局。

許榮宗（1987）。結合民間力量興辦社會福利事業。《社會福利》，48，5-9。

郭靜晃、曾華源（2000）。建構社會福利資源網絡策略之探討——以兒少福利輸送服務為例。《社區發展季刊》，89，107-118。

馮燕、郭靜晃、秦文力（1992）。《兒童福利法執行成效之評估》。行政院研考會委託研究。

萬育維（1992）。《從老人福利需求來看政府、民間與家庭的分工模式》。1992年國家建設研究會社會福利研究分組研究報告。

謝美娥（1991）。美國社會福利私有化爭議。《國立政治大學學報》，62，137-153。

二、英文部分

Alan, K. (1986). Privatization and America's cities. *Public Management,* 68 (12), 3-5.

Seader, D. (1986). Privatization and America's cities. *Public Management,* 68(12), 6-9.

三、網站

台北市社會局（2003）。《台北市少年福利計畫服務體系》。取自http://163.29.37.151/Upload/TaipeiBosa_TaipeiWeb/1958/home.gif

台北市政府社會局（2009）。《台北市政府社會局業務簡介》。台北：台北市政府社會局。http://www.bosa.tcg.gov.tw

高雄市政府社會局（2009）。《高雄市政府社會局業務簡介》。高雄：高雄市政府社會局。http://w5.kcg.gov.tw

Chapter8

第 八 章

兒童福利專業制度

　　兒童福利專業制度始於一九九五年內政部社會司依兒童福利法訂頒兒童福利專業人員資格要點，並於一九九七年制頒兒童福利專業人員訓練實施方案，開始展開兒童福利專業規劃。兒童福利專業人員分為保育員、社工人員及主管。本章將兒童福利專業制度，以幼托合一整合方案為一區分，將分為三個部分介紹：第一，兒童福利專業訓練之歷史背景，內容包括兒童福利專業人員培訓之歷史背景、兒童福利專業人員的類別、訓練之課程及參訓資格、專業人員培訓之相關法規依據、目前我國兒童福利專業人員培訓現況分析；第二，幼托合一對兒童福利專業人員制度的衝擊，內容包括托育服務的沿革、需求、目前國內之現況，以及幼托分與合的可能考量等內容；第三，介紹幼托整合方案之相關內容。

第一節　兒童福利專業訓練之歷史背景

　　近年來，我國由於經濟和社會型態發展變遷快速，尤其在國際化及高科技化之政策推動下，導致家庭與社會不論在形貌、結構層面、功能內涵等均起了相當的變化，更凸顯兒童福利輸送服務之一的托兒照顧服務益顯重要。

　　隨著時代的發展與進步，現代社會愈來愈重視「專業」，「專業」是指具有特殊的專門知識與技術的職業，在工作上運用高級縝密的知識，以作為判斷及行事的準則。「專業」係用以說明一群具有同性質和結合力的工作者團體，他們擁有共同認知和特有一致的目標，並且在不同的機構中，獲有相同的職稱（沈時傑，1996），譬如社會工作人員就是一門進行專業的工作，而且也要恪遵專業的倫理與守則（有關兒童福利之專業可參考第二章）。

　　任何一項專業的從業人員，要能提供有效的專業服務，滿足大眾的需要，才能得到社會認可；而良好的專業服務品質，則有賴專業本身是否有優秀的人才提供服務，因此，培養人才的學校專業教育與專業之發展息息相關（曾華源，1993）。事實上，專業人才有賴專業教育養成，而專業訓練可補專業教育之不足（張煜輝，1992）。是以，「專業教育」與「專業訓練」

兩者相輔相成，對專業人才培育制度的建立缺一不可，兒童福利專業領域的情形亦是如此。林勝義（2002）引用格倫伍德（E. Greenwood）的研究，認為專業至少應具有五種特性：(1)專業的理論（a body of theory）；(2)專業的權威（a professional authority）；(3)社區的認可（sanction of community）；(4)共同的守則（a code ethics）；以及(5)專業的文化（a professional culture）。

一、兒童福利專業人員培訓歷史背景

我國早在一九七三年頒布兒童福利法時，其中第10條即規定政府應培養兒童福利專業人才，應定期舉行職前訓練及在職訓練。一九九三年兒童福利法修正，雖然在這二十年期間政府有規劃培育專業人才，並已進行各式訓練，但直到一九九三年兒童福利法修正後，才有兒童福利專業人員名稱的出現。

在一九九五年七月五日「兒童福利專業人員資格要點」頒布之前，我國保育人員一直由一九八一年頒布的「托兒所設置辦法」所規範，托兒所內設有所長、教師與保育員，只要高職幼保科畢業即可擔任保育員。

「兒童福利專業人員資格要點」頒布之後，將助理保育人員、保育人員、社工人員、保母人員及主管人員皆定為兒童福利專業人員，自此兒童福利專業人員遂有明確的闡釋。

內政部於一九九七年頒布「兒童福利專業人員訓練實施方案」，並於一九九七年二月十六日正式實施，其中將兒童福利專業人員訓練課程作完整的規劃，使得兒童福利專業制度建立的更為完善。

二、兒童福利專業人員的類別

何謂「兒童福利專業人員」？廣義來看，是指所有從事兒童福利工作，並接受相關專業教育訓練，而獲得專業資格認可之人；狹義而言，係指符合兒童福利專業人員資格相關法令規定者。無論從廣義或狹義來界定，兒童福利專業人員都應符合一定的資格標準，而不是任何人皆可以勝任。

345

　　由於從事不同職務、內容，在資歷、學歷、經歷上也不相同，故在訓練類別上區分甚詳，依據現行「兒童福利法」第11條第2項之規定：「兒童福利專業人員之資格，由中央主管機關定之。」經此授權內政部於一九九五年七月五日頒布「兒童福利專業人員資格要點」，將兒童福利專業人員分為下列四類：

(一)保育人員、助理保育人員。

　　助理保育人員、保育人員（又分乙、丙二類），可從事托嬰中心、托兒所、兒童托育中心（或稱課後托育中心、校外課後安親班）、育幼院、教養院等機構之工作人員。

(二)社工人員

　　社工人員則從事各類兒童福利機構之社工業務，如兒童福利服務中心、家庭扶助中心、育幼院、托兒機構、兒童保護中心、發展遲緩兒童早期療育通報及轉介中心等。

(三)保母人員

　　保母人員即為一般家庭托兒工作。

(四)主管人員

　　主管人員則依服務機構性質與個人專業背景之不同而擔任托兒機構、兒童教養保護中心或兒童福利機構之主管。主管人員包括：

　　1.托兒機構之所長、主任。
　　2.兒童教養保護機構之所（院）長、主任。
　　3.其他兒童福利機構之所（園、館）長、主任。

三、兒童福利專業人員訓練課程及時數

　　依據兒童福利法第7條第7款及兒童福利專業人員資格要點第12點，辦

理兒童福利專業人員訓練，並依照不同的訓練對象與訓練目的，區分為甲、乙、丙、丁、戊、己六類，分別是甲類：助理保育人員訓練，須修滿此訓練課程360小時；乙類：兒童福利專業人員資格要點第3點第3款、第4款及第5款保育人員訓練，須修滿此訓練課程360小時；丙類：兒童福利專業人員資格要點第3點第2款保育人員訓練，須修滿此訓練課程540小時；丁類：社工人員訓練，須修滿此訓練課程360小時；戊類：托兒機構所長、主任訓練，須修滿此訓練課程270小時；己類：兒童教養保護機構所（院）長、主任，暨其他兒童福利機構所（園、館）長、主任訓練，須修滿此訓練課程270小時。

　　而依據兒童福利專業人員訓練實施方案第6點辦理保母人員培訓，至少須訓練滿80小時托育相關訓練課程，方可參加保母人員技術士技能檢定。其訓練課程及訓練時數分別如下（內政部，1997）：

(一)甲類：助理保育人員——360小時

1.教保原理（126小時）

(1)兒童發展（54小時）：兒童身心發展的知識。如身體、動作、語言、智力、情緒、社會行為、人格、創造力等。

(2)嬰幼兒教育（36小時）：嬰幼兒教育之理論基礎、沿革發展、制度、師資、未來展望等。

(3)兒童行為輔導（18小時）：兒童行為之認識、診斷及輔導方式。

(4)兒童行為觀察與記錄（18小時）：兒童行為的觀察策略與記錄分析、應用等。

2.教保實務（234小時）

(1)教保課程與活動設計（36小時）：各階段兒童教保單元之規劃、內容與實施等。

(2)教材教法（36小時）：兒童教材的內容、實施方式及應用等。

(3)教具製作與應用（36小時）：各階段兒童教保單元所需之教具設計、製作與應用等。

(4)兒童安全（18小時）：兒童安全、保護的意涵、內容概要、實施應用等。

(5)專業倫理（18小時）：專業的意涵、品德修養、工作態度、倫理守則等。

(6)嬰幼兒醫療保健概論及實務（18小時）：各階段兒童常見疾病的認識、預防、保健及護理之應用等。

(7)兒童生活常規與禮儀（18小時）：兒童生活常規與禮儀的認識、實施方式及應用等。

(8)課室管理（18小時）：課堂上的溝通技巧、氣氛的營造、關係的建立等。

(9)學習環境設計與規劃（18小時）：整體教保環境的空間設計與規劃相關問題之探討。

(10)意外事故急救演練（18小時）：各種意外傷害急救的方法、技巧、應用及防治等。

(二)乙類：保育人員（兒童福利專業人員資格要點第3點第3款、第4款、第5款人員）──360小時

1.教保原理（108小時）

(1)兒童福利導論（36小時）：兒童福利之意涵、理念、法規、政策及福利服務、發展趨勢等。

(2)社會工作（36小時）：兒童個案工作、團體工作、社區發展、社會資源運用等。

(3)親職教育（36小時）：親職教育的基本概念與理論、角色運作、內容規劃與實施方式等。

2.教保實務（144小時）

(1)教保活動設計專題（18小時）：各階段兒童教保活動之專題研究。

(2)教保模式（18小時）：教保模式的意涵與理論、實施方式及應用等。

(3)教材教法專題（18小時）：兒童教材實施方式之專題研究。

(4)幼兒文學（18小時）：幼兒讀物的選擇、賞析、應用等。

(5)專業生涯與倫理（18小時）：生涯規劃的理論與應用、自我成

長、專業倫理等。

　　(6)兒童遊戲（36小時）：兒童遊戲的意義、理論、類別與輔導技巧、內容規劃及啟發應用等。

　　(7)兒童安全（18小時）：兒童安全、保護的意涵、內容概要、實施應用。

3.其他（108小時）

　　(1)特殊兒童教育與輔導（36小時）：各類特殊兒童之身心特徵（如智障、感覺統合失調、殘障、自閉兒、過動兒、資優兒等）、教保方式及親職教育等。

　　(2)嬰幼兒醫療保健概論及實務（18小時）：兒童身體與心理的衛生保健等相關問題。

　　(3)壓力調適（18小時）：壓力的認識、解析及調適方式等。

　　(4)人際關係（18小時）：人際關係的理論、溝通技巧及實際應用等。

　　(5)嬰幼兒營養衛生概論及實務（18小時）：各階段兒童成長所需之餐點設計及製作。

(三)丙類：保育人員（兒童福利專業人員資格要點第3點第2款人員）——540小時

1.教保原理（216小時）

　　(1)兒童發展與保育（54小時）：兒童身心發展的知識。如身體、動作、語言、智力、情緒、社會行為、人格、創造力等。

　　(2)幼兒教育（36小時）：幼兒教育之理論基礎、沿革發展、制度、師資、未來展望等。

　　(3)兒童行為觀察與記錄（18小時）：兒童行為的觀察策略與記錄分析、應用等。

　　(4)兒童福利導論（36小時）：兒童福利之意涵、理念、法規、政策及福利服務、發展趨勢等。

　　(5)社會工作（36小時）：兒童個案工作、團體工作、社區發展、社會資源運用等。

(6)親職教育（36小時）：親職教育的基本概念與理論、角色運作、內容規劃與實施方式等。

2.教保實務（270小時）

(1)教保課程與活動設計（72小時）：各階段兒童教保單元之規劃、內容與實施等。

(2)教材教法（72小時）：兒童教材的內容、實施方式及應用等。

(3)教具製作與應用（18小時）：各階段兒童教保單元所需之教具設計、製作與應用等。

(4)課室管理（18小時）：課堂上的溝通技巧、氣氛的營造、關係的建立等。

(5)學習環境設計與規劃（18小時）：整體教保環境的空間設計與規劃相關問題之探討。

(6)兒童遊戲（36小時）：兒童遊戲的意義、理論、類別與輔導技巧、內容規劃及啓發應用等。

(7)幼兒文學（36小時）：幼兒讀物的選擇、賞析、應用等。

3.其他（54小時）

(1)特殊兒童教育與輔導（36小時）：各類特殊兒童之身心特徵（如智障、感覺統合失調、殘障、自閉兒、過動兒、資優兒等）、教保方式及親職教育等。

(2)嬰幼兒醫療保健概論及實務（18小時）：兒童身體與心理的衛生保健等相關問題。

(四)丁類：社工人員——360小時

1.社會工作（108小時）

(1)個案工作（36小時）：個案工作之基本原理、倫理守則、實施應用及對兒童行爲之輔導。

(2)團體工作（18小時）：團體工作之基本原理、運用技巧、團體規劃及對兒童行爲之影響輔導等。

(3)社區工作（18小時）：社區的基本概念、發展、資源運用、社區組織、社區關係等。

(4)福利機構行政管理（18小時）：福利機構行政規劃、運作與管理等。

(5)方案規劃與評估（18小時）：機構方案設計之原則、目的、實施等的考量及效益評估之研討。

2.兒童教保（108小時）

(1)兒童發展（27小時）：兒童身心發展的知識。如身體、動作、語言、智力、情緒、社會行為、人格、創造力等。

(2)特殊兒童心理與保育（27小時）：各類特殊兒童之身心特徵（如智障、感覺統合失調、殘障、自閉兒、過動兒、資優兒等）、教保方式及親職教育等。

(3)兒童安全與保護（18小時）：兒童安全與保護的觀念、意義、內容概要（如安全措施、交通安全、水火安全、飲食安全、遊戲安全、自我保護及應變方法、安全能力培養等）與實施等。

(4)班級經營（18小時）：班級溝通技巧、良好師生關係的建立、教保技術、班級氣氛等。

(5)人際關係（18小時）：人際關係的理論、溝通技巧及其在同事、夫妻、機構與家長、親子及師生間的應用。

3.兒童福利（72小時）

(1)兒童福利政策與法規（18小時）：兒童福利之意涵、政策取向、法規內容等。

(2)兒童福利服務（36小時）：兒童福利之服務領域、措施要項、發展趨勢等。

(3)親職教育（18小時）：親職教育的基本概念與理論、角色運作、內容規劃與實施方式等。

4.諮商與輔導（36小時）

(1)婚姻與家庭（18小時）：變遷社會中的婚姻與家庭關係、家庭生命週期與婚姻調適、家庭溝通、婚姻與法律等。

(2)兒童諮商與輔導（18小時）：諮商與輔導之基本概念、專業倫理、溝通技巧與實施應用等。

5.專題討論（36小時）

(1)兒童問題專題討論（18小時）：兒童問題行為之認識、診斷及其輔導方式。

(2)社會工作實務專題討論（18小時）：兒童福利機構中有關社會工作的運用、實施，以及實務運作中的專業倫理。

(五)戊類：托兒機構所長、主任——270小時

1.兒童福利專論（36小時）

(1)兒童保護（9小時）：兒童保護的意義、內容概要、實施應用等。

(2)兒童權利（9小時）：兒童權利的意義、內涵及實施應用等。

(3)兒童福利政策與法規（9小時）：兒童福利之意涵、政策取向、法規內容等。

(4)各國兒童福利比較（9小時）：各國兒童福利政策、法規制度、服務措施及分析比較等。

2.托育服務專論（54小時）

(1)托兒機構評鑑（18小時）：托兒所之評鑑內容、方式及實施等。

(2)托育服務問題（18小時）：托育服務推展現況之相關問題探討。

(3)各國托育服務比較（18小時）：各國托育服務政策、法規、制度、服務措施及分析比較等。

3.托兒機構經營與管理（90小時）

(1)公共關係（18小時）：公共關係之基本理念、原則、技巧、人脈網絡之運用、資源之結合等對機構經營之影響。

(2)財務管理（18小時）：財務管理之基本原理、實施應用等。

(3)教保實務管理（18小時）：教保實務的行政運作、機構管理等常見問題作專題實務探討。

(4)人力資源管理（18小時）：機構中人員之獎懲、晉升、福利等制度之規劃，以及差勤、異動之有效管理等。

(5)領導與溝通（18小時）：領導的理論、基本要領、領導者應有的風範、智能、擔當、應變及與屬下關係等之探討。

4.托兒機構教保專題（54小時）

(1)社會調查與研究（18小時）：社會調查與研究之基本概念、理論應用及實施等。

(2)教保方案設計與評估（18小時）：教保方案之設計原則、目的、實施等的考量，以及效益評估之研討。

(3)教保哲學與發展史（9小時）：教保哲學思想的起源、發展及對兒童之影響等。

(4)教保專業倫理（9小時）：專業的意義、教保人員的專業智能、專業的品德修養與態度、道德教育及專業組織等的探討。

5.托兒機構社會工作（36小時）

(1)兒童個案管理（9小時）：個案工作之基本原理、倫理守則、實施應用及對兒童行為之輔導等。

(2)社區工作（9小時）：社區的基本概念、發展、資源運用、社區組織、社區關係等。

(3)特殊兒童工作（9小時）：各類特殊兒童之身心特徵（如智障、感覺統合失調、殘障、自閉兒、過動兒、資優兒等）、教保內涵之實施應用等。

(4)親職教育（9小時）：親職教育實施運作方式及問題評估。

(六)己類：兒童教養保護機構所（院）長、主任暨其他兒童福利機構所（園、館）長、主任——270小時

1.兒童福利專論（108小時）

(1)兒童保護（36小時）：兒童保護的意義、內容概要、實施應用等。

(2)兒童權利（18小時）：兒童權利的意義、內涵及實施應用等。

(3)兒童福利政策與法規（36小時）：兒童福利之意涵、政策取向、法規內容等。

(4)各國兒童福利比較（18小時）：各國兒童福利政策、法規制度、服務措施及分析比較等。

2.福利機構經營與管理（72小時）

(1)公共關係（18小時）：公共關係之基本理念、原則、技巧、人脈網絡之運用、資源之結合等對機構經營之影響。

(2)財務管理（18小時）：財務管理之基本原理、實施應用等。

(3)人力資源管理（18小時）：機構中人員之獎懲、晉升、福利等制度之規劃，以及差勤、異動之有效管理等。

(4)領導與溝通（18小時）：領導的理論、基本要領、領導者應有的風範、智能、擔當、應變及與屬下關係等之探討。

3.專題討論（90小時）

(1)社會調查與研究（18小時）：社會調查與研究之基本概念、理論應用及實施等。

(2)福利服務發展（18小時）：福利服務的意涵、措施要項、發展沿革。

(3)方案規劃與評估（18小時）：方案之設計原則、目的、實施等考量，以及效益評估之研討。

(4)輔導與諮商（18小時）：諮商與輔導之基本概念、專業倫理、溝通技巧與實施應用等。

(5)專題研究（18小時）：就專題倫理、危機管理、壓力管理、家庭暴力等議題作專題討論。

(七)保母人員——80至100小時

1.職業倫理

(1)明瞭法規。

(2)個人進修。

(3)工作倫理。

2.嬰幼兒托育導論

(1)意義與沿革。

(2)政策與法令。

(3)服務措施。

3.嬰幼兒發展

　　(1)嬰幼兒生理與動作發展。

　　(2)嬰幼兒的人格發展。

　　(3)嬰幼兒認知能力。

　　(4)嬰幼兒語言發展。

　　(5)嬰幼兒社會行為。

　　(6)嬰幼兒發展評估。

4.嬰幼兒保育

　　(1)嬰幼兒基本生活。

　　(2)嬰幼兒營養與食物調配。

5.嬰幼兒衛生保健

　　(1)衛生保健常識。

　　(2)嬰幼兒疾病預防與照顧。

　　(3)意外傷害的預防與急救處理。

6.嬰幼兒生活與環境

　　(1)托育環境的規劃與布置。

　　(2)生活的安排與常規的建立。

　　(3)遊戲與活動設計。

7.親職教育

　　(1)親子關係。

　　(2)教養方式。

　　(3)溝通技巧。

　　(4)家庭管理。

　　根據上述說明，顯示政府辦理兒童福利專業人員訓練已有具體可行方案；為建立此一專業訓練制度，自內政部頒訂此項方案，亦即從一九九七年以來，各直轄市及各縣（市）政府委託各地相關大專院校，辦理兒童福利專業人員職前訓練、在職訓練的情形相當普遍，例如實踐大學生活應用科學系、輔仁大學推廣部暨城區推廣部、中國文化大學推廣教育部、台北師範學院進修暨推廣部、台北護理學院推廣教育中心、長庚護專、德育醫護管理專校、靜宜大學、弘光技術學院等多校都參與此項訓練方案，對於兒童福利專業人員素質的提升，產生一定程度的績效。

四、兒童福利專業人員訓練課程的參訓資格

　　根據「兒童福利專業人員資格要點」之相關規定，針對「甲類：助理保育人員」、「乙類：保育人員」、「丙類：保育人員」、「丁類：社工人員」、「戊類：托兒機構主管人員」、「己類：兒童教養保護機構主管人員，以及「其他兒童福利機構主管人員」、「保母人員」課程的參訓資格，分別說明如下（內政部，1997）：

(一)甲類：助理保育人員課程參訓資格

　　高中（職）學校非幼兒、家政、護理等相關科系畢業者。

(二)乙類：保育人員課程參訓資格

1.高中（職）學校幼兒、家政、護理等相關科系畢業者。
2.普通考試、丙等特種考試或委任職升等考試社會行政職系考試及格者。
3.高中（職）學校非幼兒、家政、護理等相關科系畢業，取得助理保育人員資格並具有二年以上托兒機構或兒童教養保護機構教保經驗者。

(三)丙類：保育人員課程參訓資格

　　專科以上學校非兒童福利科系或相關科系畢業者。

(四)丁類：社工人員課程參訓資格

1.專科以上非社會工作或相關學系、所（組）畢業者。
2.高等考試、乙等特種考試、薦任職升等考試社會行政職系考試、普通考試、丙等特種考試或委任職升等考試社會行政職系考試及格者。

(五)戊類：托兒機關主管人員課程參訓資格

1.大學以上兒童福利學系、所（組）或相關科系、所（組）畢業或取

得幼兒保育輔系證者，具有二年以上托兒機構或兒童教養護機構教保經驗者。

2.大學以上畢業，取得兒童福利保育人員資格，具有三年以上托兒機構或兒童教養保護機構教保經驗者。

3.專科學校畢業，取得兒童福利保育人員資格，具有四年以上托兒機構或兒童教養保護機構教保經驗者。

4.高中（職）學校畢業，取得兒童福利保育人員資格，具有五年以上托兒機構或兒童教養保護機構教保經驗者。

5.高等考試、乙等特種考試或薦任職升等考試社會行政職系考試及格，具有二年以上托兒機構或兒童教養保護機構教保經驗者。

(六)己類：兒童教養保護機構主管人員課程參訓資格

1.大學以上兒童福利、社會、心理、輔導學系、所（組）畢業，具有二年以上社會福利或相關機構工作經驗者。

2.專科以上學校畢業，取得兒童福利專案人員資格要點第3點至第5點所定兒童福利專業人員資格之一，具有四年以上社會福利或相關機構工作經驗者。

3.高中（職）學校畢業，取得兒童福利專案人員資格要點第3點至第5點所定兒童福利專業人員資格之一，具有五年以上社會福利或相關機構工作經驗者。

4.高等考試、乙等特種考試或薦任職升等考試社會行政職系考試及格，具有兩年以上社會福利或相關機構工作經驗者。

(七)其他兒童福利機構主管人員課程參訓資格

1.大學以上兒童福利、社會、心理、輔導學系、所（組）畢業，具有二年以上社會福利或相關機構工作經驗者。

2.專科以上學校畢業，取得兒童福利專案人員資格要點第3點至第5點所定兒童福利專業人員資格之一，具有三年以上社會福利或相關機構工作經驗者。

3.高中（職）學校畢業，取得兒童福利專案人員資格要點第3點至第5

點所定兒童福利專業人員資格之一，具有四年以上社會福利或相關
機構工作經驗者。

4.高等考試、乙等特種考試或薦任職升等考試社會行政職系考試及
格，具有兩年以上社會福利或相關機構工作經驗者。

(八)保母人員課程參訓資格

年滿20歲，並完成國民義務教育者。

對於取得保育人員、助理保育人員、社工人員、保母人員及主管人員
的資格要點已於上述作詳細的說明。為建立更完善的兒童福利專業制度，
各縣（市）政府分別將此訓練課程委託內政部擇定登記有案之訓練單位或
設有相關科系之大專院校辦理兒童福利專業「在職訓練」暨「職前訓練」。
欲取得合格的兒童福利專業人員資格可透過政府所委辦之訓練課程。唯欲
成為兒童福利保母人員者，除了接受各級社政主管機關或其認可之單位所
辦理保母人員訓練相關課程至少80小時外，尚須通過行政院勞工委員會職
業訓練局所辦理之保母丙級技術士技能檢定及格取得技術士證外，才可取
得兒童福利保母人員資格。

五、兒童福利專業人員培訓之法規依據

(一)兒童福利法（2000年6月14日總統令第三次修正公布）

現行兒童福利專業人員之培訓到主要法令依據為兒童福利法、兒童福
利法施行細則、兒童福利專業人員資格要點，以及兒童福利專業人員訓練
實施方案，茲分述如下：

1.第7條第7款規定，中央主管機關掌理事項之一，即為「兒童福利專
業人員之規劃訓練事項」。

2.第9條第5款規定，直轄市、縣（市）主管機關掌理事項之一，即為
「兒童福利專業人員之訓練事項」。

3.第11條規定，政府應培養兒童福利專業人員，並應定期舉行職前訓練

及在職訓練。兒童福利專業人員資格要點，由中央主管機關定之。

由上可知，中央的職掌主要是負責專業人員訓練的規劃；地方職掌則是負責專業人員訓練的執行。更明確揭示政府有培養兒童福利專業人員的責任。

(二)兒童福利法施行細則（1994年5月11日內政部第三次修法發布）

兒童福利法施行細則中第6條規定：兒童福利法第11條第1項所稱「政府應培養兒童福利專業人員」，得由中央主管機關商請大專院校相關科系培植，並得規劃委託有關機關選訓。兒童福利法第11條第1項所稱「定期舉行職前訓練及在職訓練」係指每年一次，由省（市）主管機關舉辦托兒機構保育人員在職訓練。

上列之規定，對兒童福利專業人員培訓及訓練的辦理方式、訓練期間，作了進一步的規範。不過，就實施情形而言，中央主管機關對「商請大專院校相關科系培植兒童福利專業人員」這個部分，並未從長期培育的觀點考量。

(三)兒童福利專業人員資格要點（1995年7月5日內政部頒布：2000年7月19日修訂公布）

兒童福利專業人員資格要點訂定之目的，主要在規範各類兒童福利專業人的資格標準，其中並揭示各類專業訓練的名稱，但並未對實際訓練內容加以規範（詳見**專欄**8-1）。

8-1　兒童福利專業人員資格要點

二〇〇〇年七月十九日台（八九）內童字第八九九00三七號函

一、本要點依兒童福利法（以下簡稱本法）第11條第2項規定訂定之。

二、本要點所稱兒童福利專業人員如下：

　(一)保育人員、助理保育人員。

　(二)社工人員。

(三)保母人員。

(四)主管人員。

    1.托兒機構之所長、主任。

    2.兒童教養保護機構之所（院）長、主任。

    3.其他兒童福利機構之所（園、館）長、主任。

  前項托兒機構係指本法第22條第1款所列托兒所；兒童教養保護機構係指本法第22條第6款及第23條所列各款兒童福利機構；其他兒童福利服務機構係指本法第22條第2款至第5款、第7款及第8款所列兒童福利機構。

三、兒童福利保育人員應具下列資格之一：

(一)專科以上學校兒童福利科系或相關科系畢業者。

(二)專科以上學校畢業，並經主管機關主（委）辦之兒童福利保育人員專業訓練及格者。

(三)高中（職）學校幼兒保育、家政、護理等相關科系畢業，並經主管機關主（委）辦之兒童 福利保育人員專業訓練及格者。

(四)普通考試、丙等特種考試或委任職升等考試社會行政職系考試及格，並經主管機關主（委）辦之兒童福利保育人員專業訓練及格者。

(五)助理保育人員具有二年以上托兒機構或兒童教養保護機構教保經驗，並經主管機關主（委）辦之兒童福利保育人員專業訓練及格者。

四、兒童福利助理保育人員應具下列資格之一：

(一)高中（職）學校幼兒保育、家政、護理等相關科系畢業者。

(二)高中（職）學校畢業，並經主管機關主（委）辦之兒童福利助理保育人員專業訓練及格者。

五、兒童福利社工人員應具下列資格之一：

(一)社會工作師考試及格者。

(二)大學以上社會工作或相關學系、所（組）畢業者。

(三)大專以上畢業，並經主管機關主（委）辦之兒童福利社工人員專業訓練及格者。

(四)高等考試、乙等特種考試、薦任職升等考試社會行政職系考試、普通考試、丙等特種考試或委任職升等考試社會行政職系考試及格，並經主管機關主（委）辦之兒童福利社工人員專業訓練及格者。

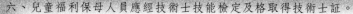

六、兒童福利保母人員應經技術士技能檢定及格取得技術士証。

七、托兒機構主管人員應具下列資格之一：

(一)研究所以上兒童福利學系、所（組）或相關學系所（組）畢業，具有二年以上托兒機構或兒童教養保護機構教保經驗者。

(二)大學以上兒童福利學系、所（組）或相關學系、所（組）畢業或取得幼兒保育輔系證書，具有二年以上托兒機構或兒童教養保護機構教保經驗，並經主管機關主（委）辦之主管專業訓練及格者。

(三)大學以上畢業，具兒童福利保育人員資格，具有三年以上托兒機構或兒童教養保護機構教保經驗，並經主管機關主（委）辦之主管專業訓練及格者。

(四)專科學校畢業，具兒童福利保育人員資格，具有四年以上托兒機構或兒童教養保護機構教保經驗，並經主管機關主（委）辦之主管專業訓練及格者。

(五)高中（職）學校畢業，具兒童福利保育人員資格，具有五年以上托兒機構教或兒童教養保護機構保經驗，並經主管機關主（委）辦之主管專業訓練及格者。

(六)高等考試、乙等特種考試或薦任職升等考試社會行政職系考試及格，具有二年以上托兒機構或兒童教養保護機構教保經驗，並經主管機關主（委）辦之主管專業訓練及格者。

八、兒童教養保護機構主管人員應具下列資格之一：

(一)研究所以上兒童福利、社會、心理、輔導學系、所（組）等畢業，具有二年以上社會福利或相關機構工作經驗者。

(二)大學以上兒童福利、社會、心理及輔導學系、所（組）或相關學系、所（組）畢業，具有二年以上社會福利或相關機構工作經驗，並經主管機關主（委）辦之主管專業訓練及格者。

(三)專科以上學校畢業，具第三點至第五點所定兒童福利專業人員資格之一，具有四年以上社會福利或相關機構工作經驗，並經主管機關主（委）辦之主管專業訓練及格者。

(四)高中（職）學校畢業，具第三點至第五點所定兒童福利專業人員資格之一，具有五年以上社會福利或相關機構工作經驗，並經主管機關主（委）辦之主管專業訓練及格者。

(五)高等考試、乙等特種考試或薦任職升等考試社會行政職系考試及格，具

有二年以上社會福利或相關機構工作經驗，並經主管機關主（委）辦之主管專業訓練及格者。

(六)合於相關目的事業主管機關所定資格者。

九、其他兒童福利機構主管人員應具下列資格之一：

(一)研究所以上兒童福利、社會、心理、輔導學系、所（組）等畢業，具有二年以上社會福利或相關機構工作經驗者。

(二)大學以上兒童福利、社會、心理及輔導學系、所（組）或相關學系、所（組）畢業，具有二年以上社會福利或相關機構工作經驗，並經主管機關主（委）辦之主管專業訓練及格者。

(三)專科以上學校畢業，具第三點至第五點所定兒童福利專業人員資格之一，具有三年以上社會福利或相關機構工作經驗，並經主管機關主（委）辦之主管專業訓練及格者。

(四)高中（職）學校畢業，具第三點至第五點所定兒童福利專業人員資格之一，具有四年以上社會福利或相關機構工作經驗，並經主管機關主（委）辦之主管專業訓練及格者。

(五)高等考試、乙等特種考試或薦任職升等考試社會行政職系考試及格，具有二年以上社會福利或相關機構工作經驗，並經主管機關主（委）辦之主管專業訓練及格者。

(六)合於相關目的事業主管機關所定資格者。

十、公立機構兒童福利專業人員，除符合公務人員相關法規外，並應就本要點所定資格者，遴任之。

十一、本要點修正前，兒童福利機構已置之人員未符本要點所定資格者，主管機關應輔導其改善。

十二、本要點各類兒童福利專業人員之訓練事項另定之。

資料來源：內政部兒童局（2000）。兒童福利專業人員資格要點說明，取自http://www.cbi. gov.tw/my/img/da023/20/07101138.doc

四、兒童福利專業人員訓練實施方案（含訓練課程）（1997年1月25日
　　內政部頒布，1997年2月16日實施；2000年7月19日修訂公布）

　　兒童福利專業人員訓練實施方案對於兒童福利專業人員訓練的依據、
目的、主辦單位、訓練類別與對象、訓練課程、訓練時數、訓練方式、訓
練經費、證書頒領、評估考核、方案實施等項目都有整體明確的規定，特
別是針對各類兒童福利專業人員的訓練課程，分別作了詳盡的規範（詳見
專欄8-2）。

 8-2　兒童福利專業人員訓練實施方案

- -

　　二○○○年七月十九日台（八九）內童字第八九九00三七號函
一、依據：
　　(一)兒童福利法第7條第7款。
　　(二)兒童福利專業人員資格要點（以下簡稱本要點）第十二點
二、目的：
　　為配合兒童福利專業人員資格要點，建立兒童福利專業體制，並引導我國兒
童福利朝向專業化發展領域，達成以培訓增進知能、藉專業提升素質之理想。
三、主辦單位：
　　(一)台北市政府。
　　(二)高雄市政府。
　　(三)台灣省各縣（市）政府、福建省金門縣政府、連江縣政府。
四、訓練單位：
　　(一)直轄市及縣（市）政府。
　　(二)主辦單位委託內政部擇定登記有案之訓練單位或設有相關科系之大專院
　　　校。
五、訓練類別及對象：
　　(一)職前訓練：
　　　　1.高中（職）以上學校畢業，有志從事兒童福利工作者。
　　　　2.保母人員專業資格依本要點規定辦理。
　　(二)在職訓練：未經本要點所定專業訓練及格之現職助理保育人員、保育人

員、社工人員及主管人員。

六、訓練課程：

　　課程內容採理論與實務並重為原則。

七、訓練時數（以時數為計）：

　　(一)助理保育人員——修滿本訓練課程360小時。

　　(二)保育人員：

　　　　1.本要點第3點第2款人員——修滿本訓練課程540小時。

　　　　2.本要點第3點第3款及第4款人員——修滿本訓練課程360小時。

　　(三)社工人員——修滿本訓練課程360小時。

　　(四)主管人員——修滿本訓練課程270小時。

八、訓練方式：

　　(一)由直轄市及縣（市）政府擬具實施計畫辦理。

　　(二)參加訓練人員於修滿本訓練課程後，應接受測驗。

九、訓練經費：

　　(一)由主辦單位編列預算或申請內政部社會福利補助經費支應。

　　(二)職前訓練參加者應自行繳納訓練費用。

十、證書發給：

　　訓練期滿，成績及格者，由主辦單位發給結業證書；證書格式，由內政部定之。

十一、評估考核：

　　(一)主辦單位應於每期結訓後，造具執行成果報告書送內政部備查。

　　(二)本方案原則上每三年至五年進行通盤檢討，以應實際現況調整相關課程。

資料來源：內政部兒童局（2000）。兒童福利專業人員訓練實施方案，取自http://www.cbi.
　　　　　gov.tw/my/img/da023/20/07101135.doc

六、兒童福利專業人員培訓現況分析

　　有關兒童福利專業人員培訓現況之調查分析是針對目前正受訓於台北市、台北縣及高雄縣政府委託中國文化大學推廣教育部，所辦理各類專業人員訓練的受訓人員所作的問卷調查彙總的現況問題（參見**表8-1**），茲分述如下：

表8-1　兒童福利專業人員培訓計畫——調查問卷

訓練類別：□甲類助理保育人員班　　□乙類保育人員360小時班	
□丙類保育人員540小時班　□丁類社工人員班	
□戊類主管人員270小時班	

主辦單位：□台北市政府 □台北縣政府 □高雄縣政府	

社會局	正向	
	負向	
承辦學校	正向	
	負向	
師資	優點	
	缺點	
課程	優點	
	缺點	
上課時間	優點	
	缺點	
上課動機	優點	
	缺點	

(一)修法放寬培訓管道

對於高中（職）非幼兒、家政、護理，相關科系畢業的人員，因專業訓練的實施，使得有志從事幼保工作者尋得培訓的管道；自二〇〇〇年七月兒童福利專業人員資格要點修正後，使其有晉升管道可取得保育人員資格。

(二)無法抵免學分

因體制的不同，受訓人員雖修畢專業課程，如360小時（相當於20學

分）、540小時（相當於30學分）課程，但卻無法折算學分，亦無成績證明。對於受訓人員在獲取更高學位時，無法因修得此課程而予以抵免，以致於重複修習此課程，造成學習資源的浪費

(三)資訊取得不易

各縣（市）政府每年皆不定期委由各地相關大專院校辦理兒童福利專業人員培訓課程，對於有心從事幼教工作而參訓的人而言，在資訊取得的方向上會致電各縣（市）政府詢問，卻常因未能得知確切受訓訊息而延誤參訓機會，導致欲參與受訓人員在獲取資訊已為時過晚。

(四)應採分段式訓練

1.兒童福利專業人員培練課程均達數百小時以上，且課程大多安排在晚上，對於多數已婚且在職保育人員而言，影響其與孩子、家人的相處時間，易造成園所、家庭與訓練方面的衝突。
2.訓練實施方案中規定，缺課達總時數之六分之一（含病假、事假、公假）即無法領取證書，對於若臨時發生重大意外，而無法繼續上課者，未來必須重新再上課，之前所修過的課程皆未能給予承認。

(五)未能重新修定訓練課內容

1.針對欲取得保育人員而符合資格要點第3點第5款的助理保育人員而言，之前所上的甲類助理保育人員訓練課程與乙類保育人員360小時訓練課程，其中兒童安全、嬰幼兒醫療保健概論及實務課程重複學習，並未能給予抵免，造成受訓人員精神、時間和金錢上的浪費。
2.未能區分托兒所與兒童托育中心之保育人員所需課程之不同：兒童托育中心之保育人員所需具備的專業知能應異於托兒所之保育人員，但未能設計符合兒童托育中心的保育人員實際的訓練課程。

(六)授課教師良莠不齊

委訓之課程實屬職前訓練或在職訓練，而非升學輔導，授課之重點應著重於應用性，有些授課教師無法兼顧理論與實務；或是學校無法確切控

管教師遲到、早退的情形，將影響受訓學員學習的效果。

(七)收費金額不一

各縣（市）政府委託各大專院校辦理的訓練課程開課人數、收費金額不一，有些班級人數太多，易造成資源分配不足，且學費是否包含教材費並未予明訂，有些學校教材費未含括在內，使得受訓人員需額外再支出一筆費用，易造成抱怨及負擔。

(八)幼托合一問題，法令未予明朗化

為了因應幼托整合的問題，內政部兒童局目前只有草案而且又區分教育及社政單位之主管，雖然課後照顧訓練辦法已由教育部制定，而幼托整合後之兒童福利專業人員訓練課程（目前由兒童局委託規劃中），對於要停止舊制的訓練課程，目前暫時尚未有相關之配套措施，加上法令未予明朗化。此種現況對於現行兒童福利專業人員而言，造成人心惶惶，已受訓人員擔心未來將因修法又造成資格不適任問題。

「兒童福利專業人員資格要點暨訓練實施方案」實施至今，對於實施後所產生的問題，將其歸列如上。期望有關單位能研擬出更符合兒童福利專業人員的培訓方案。畢竟，兒童福利工作的推展，需要充足的人力投入，而惟有所有工作人員接受足夠的兒童福利專業教育與專業訓練，方能具備相當的專業知能與專業精神，有效的運用兒童福利的社會工作方法，推動各項工作，解決問題，服務社會，造福兒童。

第二節　幼托合一對兒童福利專業人員制度之衝擊

一、托育服務及托育需求

托育服務為一種替代父母親自照顧子女的群體兒童照顧方式（主要方式有托兒所、幼稚園、安親班、課後托育及保母等），也是一種國家的婦女

及兒童相關社會政策，更是反映國家對婦女在社會的角色地位及對兒童提供一個補充親職角色功能不足的成長及發展的環境，所以說來，托育服務是屬於家庭政策的主體政策之一。

世界各國皆因國情不同其所提供家庭政策和服務也有所不同。以美國為例經濟安全是方案設計的主要目標，除了社會救助之外，也包括就業機會的創造與提供、就業訓練和人力投資方案；以瑞典為例（Kamerman, 1996）是以性別平等意識家庭政策觀，提供各種彈性上班措施，包括育嬰假、家事假、親職假。在社會政策和平等中規劃有帶職帶薪親職假，包括兒童病假、陪產假、兒童事假、育嬰（兒）假，有些國家如加拿大、紐西蘭、西班牙、德國、法國等十二個國家，則採無薪的親職假（Hass, 1922，引自王麗容，1999）。此外，各國為增加婦女勞動參與或不幸家庭（如單親、受虐等）的兒童照顧需求，而提供替代性或補充性的機構式（如托兒所或幼稚園）兒童照顧。

從女性勞動參與模式分析，近年來統計資料顯示，有6歲以下兒童的婦女，約有50%就業中，也顯現我國兒童照顧需求有日益增加的現象（王麗容，1995）。此外，社會變遷，如人口結構改變、家庭人口數減少、家庭結構以核心家庭為主；教育水準提升，個人主義的抬頭導致婦女為追求個人成就、自我實現及經濟成就導致婦女前往就業市場（job market）；兩性平等造成家庭夫妻關係及權利義務分配日趨均權；社會經濟結構的改變，使得需要大量勞力工作機會降低，取而代之是服務業及不需太多勞力工作機會提增，也刺激婦女就業意願，以及經濟所得的提增和通貨膨脹上升，婦女為求家庭經濟生活的充裕，也必須外出工作，以提升家庭的物質生活品質，也造救了婦女成為就業市場的主力，甚至衍生雙生涯的家庭（一九九二年約占48.6%的婦女勞動參與率）（郭靜晃，1999a），另外一項有關各育齡階段　性女性勞動參與率的調查，家中育有6歲以下子女之婦女勞動率由一九八三年的28%提高到一九九九年的49%，而其中有46%的婦女其子女年齡為3歲以下。從社會的變遷及生活形態的改變，現代的已婚婦女比起傳統農業社會的已婚婦女中，確實擁有較多的生活自主權，較能走出家庭並尋找自己的天空（郭國良，1996）。這些生活形態的改變，也影響婦女的休閒機會與空間。婦女從實際參與休閒活動過程中，可能吸取到勝任感、罪惡

感、獨立感、安全感或愉悅感等經驗，這些經驗也對婦女自我評價（自我概念）有所影響，甚至影響婦女之幸福感（well-being）。

王麗容（1999）針對0～12歲兒童照顧需求分為：替代照顧需求、經濟協助／資訊／品質需求、親自照顧需求和彈性工作場所設計需求（共有26種需求題項），以台北市4,376份問卷中（有效問卷為2,642份，回收率62.3%），調查結果發現（參考**表**8-2）：台北都會區父母以幼稚園替代照顧需求、對媽媽的產假需求、對假期間福利需求、對課後照顧需求、對照顧免稅需求，為前五項的表達需求。至於其他兒童照顧需求，如保母需求為第22位，托兒所需求第14位，托嬰中心需求第16位，寒暑假活動需求第6位，對課後托育班需求則為第17位。而如果只就替代照顧需求，其排名順序依次為幼稚園、課後照顧、寒暑假活動、托兒中心（所）、托嬰中心、課後托育及家庭保母。

二、我國托育服務現況及沿革

我國托育服務的發展過程是先有幼稚園（一九二二年的新學制），再有托兒所（一九五五年的托兒所設置辦法），早在一九三四年「家庭總部」模擬家庭方式，對需要幫助的貧苦家庭兒童施以生活教育成為正式托育機構以來，托育服務與幼稚員的釐分早就不夠明顯（馮燕，1995）。至今，托兒所與幼稚園依「托兒所設施規範」與「幼稚教育法」皆以「促進兒童身心健全發展」為宗旨，兩者在其設立的原意都強調「教育」與「保育」功能的兼俱。雖然托兒所與幼稚園隸屬於內政部與教育部，接受不同法規之規範與管理，但實際兩者皆有兒童教育及補充家庭親職角色功能的不足。事實上，幼兒對於自己上托兒所或幼稚園也分不清楚，他們的認知是去上學，一般社會大眾，甚至業者則普遍認為上托兒所是讓兒童去玩，而上幼稚園是為日後上小學的教育準備，但家長普遍偏好將孩子送往幼稚園就讀（俞筱鈞等，1996；王麗容，1999），此種趨勢顯現托兒所對家長的吸引力較不利於幼稚園。

就托育之培育而言，托兒所之保育人員遠不及幼稚園師資。對幼稚園師資的培育，自一九八一年頒布「幼稚教育法」，隨後一九八三年又接踵相

表8-2　受訪者對兒童照顧需求服務之比較分析

項　目	Mean Score	總排序	組內排序
替代照顧需求			
對幼稚園需求（N＝2381）	4.435	1	1
家庭保母需求（N＝2284）	3.816	22	7
對托兒中心需求（N＝2300）	4.037	14	4
對托嬰中心需求（N＝2267）	4.024	16	5
對課後照顧需求（N＝2291）	4.391	4	2
對寒暑假活動需求（N＝2322）	4.359	6	3
對課後托育班需求（N＝2283）	4.022	17	6
經濟協助／資訊／品質需求			
對照顧津貼需求（N＝2291）	3.827	21	6
對照顧免稅需求（N＝2287）	4.364	5	2
對托兒資訊需求（N＝2273）	4.150	10	4
對親職教育需求（N＝2262）	4.072	13	5
對保母培訓需求（N＝2322）	4.253	8	3
＊對假期間福利需求（N＝2273）	4.415	3	1
親自照顧需求			
對媽媽的產假需求（N＝2327）	4.422	2	1
對爸爸的陪產假需求（N＝2294）	3.986	18	4
對媽媽育嬰假需求（N＝2321）	4.029	15	3
對病童假需求（N＝2336）	4.258	7	2
對育兒假需求（N＝2268）	3.705	25	5
對父親育兒假需求（N＝2248）	3.635	26	6
彈性工作場所設計需求			
對部分工時制需求（N＝2251）	3.869	19	4
對彈性工時制需求（N＝2313）	4.122	12	3
對部分時工作需求（N＝2237）	3.852	20	5（育嬰假）
對居家工作制需求（N＝2266）	3.814	23	6
對工作分擔制需求（N＝2242）	3.706	24	7
＊＊對WP托兒所需求（N＝2277）	4.225	9	1
對WP育嬰所需求（N＝2248）	4.136	11	2

＊假期指產假／育嬰假／育兒假。

＊＊WP指工作場所（workplace）。

資料來源：王麗容（1999）。《展望二十一世紀家庭政策——給女性一個選擇》。中華民國社會
　　　　　福利學會：家庭、社會政策及其財務策略。國際學術研討會。

繼公布施行細則、獎懲辦法與教師登記檢定及遴用辦法。為了配合法令之實施與推廣，在一九八三年有師專二年制幼師科專生及一九八九年起師院幼教系的成立。皆此種種又確立師範體系的教育管道，不但彰顯了幼師培育政策之推行績效，同時也提供了優勢的培育環境，更增加師資的提升與素質的齊一化。另一方面，托兒所教保人員的培育仍是局限於高職、專校的幼保科、大學的幼保系、青少年兒童福利學系，以及生活應用學系等提供師資養成的途徑。因此，保育人員的素質自然參差不齊（穆仁和，1999）。

縱然托兒所與幼稚員的師資來源雖有不同，但其培訓課程或師資遴用資格並沒有太大差異。幼稚園師資依「教師登記檢定及遴用辦法第7條」規定之資格任用，其最低條件為高級中學以上學校畢業，曾修習幼稚教育專業科目20學分以上成績及格者。一九九五年在師資培育法及教師法未修改通過時，許多大專院校幼保相關科系可以用曾修習過20學分以上之專業課程申請教師登記檢任，並合格任用幼稚園教師及領有教師證；而托兒所保育人員之任用以「托兒所設置辦法第11條」所規定之最低資格也是高級中學及高職畢業者，曾修習幼兒教育20學分或參加保育人員專業訓練360小時合格者，如是，托兒所之保育人員品質與幼稚園相較，應是相去不遠（穆仁和，1999）。但是有幼稚園資格的幼師可以有保育員之資格，並可以在托兒所工作，只是以往在托兒所工作之年資不予計算，反之，托兒所工作之保育人員並不能在幼稚園工作。然而在一九九四年教師法、一九九五年師資培育法及教育學程師資設立標準相繼頒布之時，將幼稚園教師提升至大專及以上的學歷，培訓管道以各師院幼教系及大專院校的幼教學程（得修習26個學分，並實習一年）；反觀托兒所保育人員之資格在一九九三年兒童福利法修改之後，在一九九五年內政部頒布兒童福利專業人員資格要點及一九九七年兒童福利專業人員之訓練課程規定：兒童福利保育人員包括：

1. 專科以上兒童福利科系及相關科系畢業者。
2. 專科以上學校畢業，並經主管機關主（委）辦之兒童福利保育人員專業訓練合格者（540小時）。

3.高中（職）學校幼兒保育、家政、護理等相關科系畢業，並經主管機關主（委）辦之兒童福利保育人員專業訓練及格者（360小時）。

4.普通考試，丙等特種考試或委任職升等考試、社會行政職系考試及格，並經主管機關主（委）辦之兒童福利保育人員專業訓練及格者（360小時）。

5.高中（職）學校幼兒保育、家政、護理等相關科系畢業未經訓練者，或非相關科系經兒童福利保育訓練及格者（360小時），得聘為助理保育人員。

就上列的規定來看，尤其在一九九四年以後教師法及師資培育法公布之後，幼稚園教師之資格較齊一化，而托兒所保育人員之資格較為參差不齊，誠如穆仁和（1999）所言：保育員比起幼師之素質不如在於：第一，先天培育環境不良（如法規及培育的師資養成管道）；第二，後天培育體系管道不暢（教師資格的認定及進修管道）。

有鑑於此，內政部在一九九七年十月頒布兒童福利專業人員之訓練要點規定凡在職與即將就職之保育人員或社工員應接受360小時（所長270小時）之在職／職前訓練以取得專業人員之資格，以提升保育人員之教保品質。而受訓單位則委託大專院校訓練保育人員之經驗者辦理，其中有些學校（如輔大、文化、靜宜、實踐、屏技）皆有同時興辦幼稚學程，而所訓練課程360小時（相當於20學分），只是因為體制不同，不能折算學分。其中保育員之來源又分為高中（職）及大專相關或非相關科系畢業之成員。就保育員及幼師在此比較之下，在接受兒童福利之專業人員資格之保育員時可以相當教師法及師資培育法公布以前的幼師（有些是從幼進班或幼二專管道）之專業訓練，或可以相當於幼教學程（26個學分加上一年實習）的專業能力。但是由於有些保育人員只是高職之相關幼保科畢業，加上培訓管道不同或不能符合教師法所規定必須為大專以上的資格，所以保育員不被認定具有幼師的資格。

三、幼托的分與合之可能考量

　　幼兒教育應採取單軌制或雙軌制，一直是眾所紛云。從廣義的角度來看，幼兒教育是一種非正式的教育，應包括托兒所與幼稚園（邱志鵬、陳正乾，1999）。大多數的工業化國家還是採行雙軌制較多，除了丹麥因規定7歲以前不能教學，所以保持其單軌制。然而雖執行雙軌制（教育及福利）之功能，實應包括教育兒童及補充親職教育功能不足的兒童照顧功能。我國因隸屬不同行政單位——教育部與內政部，接受不同法規管道，但是實際執行之課程及功能卻是重疊的，因此造成現有托育服務體制之紛亂。因此，在一九九八年七月二十一日全國社會福利會議開幕典禮，行政院蕭前院長指示：「廣設托兒設施，並整合托兒所與學前教育。」

　　基於國家對於幼兒教育（照顧）沒有明確的政策時，加上現有兒童托育體制劃分（因年齡或功能）不清楚而導致功能重疊，幼托是該分或合，作者提出下列的看法：

1. 基於國家整體兒童照顧體系的建立，得以考慮國家教育往下延伸一年，而劃分0～5歲屬於兒童照顧體系，6～8歲屬於幼稚教育體系，但前提應將小學一、二年級教學幼兒化，而不是將5～6歲幼兒教育小學化。幼稚教育應屬於半天班之教學，其他則由兒童照顧體系來補充親職角色照顧不足的托育。

2. 維持原有幼教兩軌體系，各執其應有的功能，嚴格執行現有之法規規範，並做明確的功能認定。縱然我國立法已有清楚的雙軌制之規範，但自一九五五年頒布托兒所設置辦法以來，造成法律、制度與現況的差距，更造成政府主管單位所規範及現有業者所做之間的差距，政府官員說業者不遵守法規，違反作業，而業者說法規不符合需求，眾說紛云，困擾迄今未能獲得妥善解決。

3. 為其符合幼兒之最佳利益，不衝擊現有業者生存空間，並就資源公平分配及教保兼俱之原則下，可考慮依據兒童年齡為整合之分界點。依據法規，幼稚園與托兒所對4～6歲的兒童所提供的服務是相同的，甚至有不少幼稚園之業者也實際擴充至對3歲及以下兒童的托育。既然是相同的服務，則不必受兩種法規及不同行政單位所管理

及規範，因此，作者建議以3歲爲年齡之分界點，並將兒童照顧體系之業務事權明確統一，以俾利行政管理。3歲以前隸屬社政單位主管，並分別設置0～2歲之「托嬰兒」及2～3歲的「幼嬰兒托育中心」，並配合家庭保母及其他托育之政策，將3歲以前之幼兒定位於保育之托育服務，而3～6歲之幼童教保工作整合原有「托兒所」及「幼稚園」統稱爲「幼兒園」，隸屬教育單位主管。在此方案之原則應考量：整合後之「嬰幼兒托育中心」及「幼兒園」，其設施規範應要就托兒所設置辦法或重新通盤檢視，在不影響公共安全及教保品質之前提下，立案從寬，以鼓勵民間參與學前幼教托育事業及原有業者，而教保內涵及師資標準從嚴，以提升專業素質，並考量師資合流之可行性（郭靜晃，1999b）。

幼托人員之合流的最大困難是在於法規。在現行的法規之下，幼稚園老師和托兒所之保育人員是不可以流通，而且托兒所並沒有教師這個資格。根據現行的「托兒所設置辦法」第10條之規定，托兒所認定老師的資格不同於「師資培育法」所認定的資格，而且「師資培育法」之老師的養成訓練皆比托兒所保育人員之層級及投資來得高。據此，顧及考慮托教合一之可行，個人認爲實有必要將教保人員（合併成幼兒園之統一名稱）實有分級之必要性。

四、幼托人員合流之分級

在師資資格從嚴（在師資培育法公布之後）之層面，使得原有在托兒所有教師資格（高中職畢業、曾修習20個學分以上或曾參加保育人員專業訓練三個月以上、並具有二年教保經驗者）之人，失去原有教師之資格，而成爲保育員。現有之制度規定幼稚園教師來自：(一)各師院幼教系畢業者；(二)各大學附設幼教學程畢業及實習一年者。保育員則分：(一)高中職非相關科系，修習360小時兒童福利專業人員之助理保育員訓練及格者及高職幼保科畢業者；(二)高中職幼保科畢業並修習兒童福利專業人員保育員360小時訓練及格者，大學非相關科系修習540小時兒童福利專業人員訓練及格者及大學四年（兒福系、生應系、幼保系）或二年（幼保科）相關科

系畢業者；(三)持有保育員之兒童福利專業人員資格者，高中職相關人員年資五年，大學非相關科系年資四年，大學（專）相關科系年資二年，並接受270小時兒童福利專業人員所長訓練及格者，得可聘任所長。

　　在師資培育管道及投資年限不同，專業培訓卻相似，合流之後，實有分級之必要性，並要加以制定分級之最低薪資以資公平。分級之可行方案可參考**表**8-3。**表**8-3將幼托（教保）人員分為五級：助理、一級、二級、三級、四級及主管人員，並以學歷、年資、訓練及績效作為升級及評級之指標，茲分述如下：

1. 助理教保人員：以高職幼保科畢業者及高中職非相關科系畢業者＋受360小時兒童福利專業人員助理保育員訓練及格者。

2. 一級教保人員：高職幼保科畢業者＋受360小時兒童福利專業人員保育人員訓練及格者、大專非相關科系＋受540小時兒童福利專業人員訓練及格者、二年制及四年制大學相關科系畢業者及助理教保人員＋服務年資2～3年以上或＋訓練360小時者擔任。

3. 二級教保人員：各師院幼教系畢業者、各大學修幼教學程及格者並實習一年，領有幼稚園教師證者、大專院校四年制幼保相關科系畢業者經考試檢定或具2～3年工作年資或加上專業訓練100小時及格者；高職幼保科畢業者取得兒童福利專業人員資格者、大專非相關科系畢業並取得兒童福利專業人員資格者，大專二年制幼保科畢業者＋2～3年工作年資，並且考績在甲以上或＋專業訓練100小時及格者。

4. 三級教保人員：由上列二級教保人員＋五年工作年資並考績在三優或五甲以上資格者；透過升等考試及格者或＋受訓240小時專業訓練合格者；相關科系碩士資格者＋2年工作年資或受訓240小時；或相關科系博士資格者。

5. 四級教保人員：由上列三級教保人員＋5年工作年資，績效在三優及五甲以上；相關科系博士資格者＋一年工作年資，績效甲以上；或者提研究著作升等通過者。

6. 主管：由二級及以上教保人員：高職幼保科相關科系畢業者＋五年工作年資，大專非相關科系畢業者＋四年工作年資，大專相關科系

表8-3　托教合一之教保人員分級制度一覽表

	助理	一級		二級		三級		四級	主管	
		保育員	幼教師	保育員	幼教師	保育員	幼教師		保育員	幼教師
學歷	a.非相關 b.幼保科	a.幼保科 b.大專非相關 c.二年制相關			大學學程教師證				a.幼保科 b.大學非相關 c.大學相關	a.幼教師
		A.相關四年 Z.助理		A.相關四年+考試檢定		升等考試 X.碩士 Y.博士		Y.博士 三級	二級以上 三級 四級	
年資					b.一年實習		二級+5年		a.5年 b.4年 c.2年	2年
		Z.2-3年		一級+2-3年		X.碩士+2年		三級+5年 Y.博士+一年	二級+2年	
訓練	a.360小時	a.360小時 b.540小時 c.360小時		一級+100小時					a.270小時 b.270小時 c.270小時	
				A.相關四年+100小時		240小時（48*5）			主管訓	
績效		Z.甲以上		一級+2-3年績效甲以上				Y:甲以上 三級：三優或五甲		
						二級：3優或5甲 X.甲以上		三級+研究著作 Y+研究著作		

＊表格說明：

1.斜體字代表「幼托人員」，a.b.c.A.X.Y.Z.各代表某學歷資格的人，a.b.c.以縱向對照。

2.各級又各分爲保育員與幼教師兩欄，則以同級交流、體系分立完整爲原則而設。

3.「相關」「非相關」指「相關科系畢」「非相關科系畢」。

4.本表爲座談會討論結果，尚有進一步討論空間。

資料來源：參考馮燕、廖鳳瑞（1999），幼托人員證照制度座談會。

者＋二年工作年資並通過兒童福利專業人員270小時所長訓練合格者，或幼師＋二年工作年資等，具有實務工作經驗者擔任之。

以上之分級，就其公平原則，具相同資歷者應有同等薪資，即資格一致，待遇就一致，因此至少要制訂分級之最低待遇，而中間之差距可因學歷、地區需求、績效、年資或其受專業訓練來調整，以形成不同投資，不同工也應有不同酬。

第三節　幼托合一之內容

目前幼托合一政策係由教育局專責工作小組負責推動，其主要之工作重點在於修訂立案之標準，將立案之標準與主管權責劃分清楚，對於托育機構之設施、教學或托育人員及方案內容的制定等，皆應秉持著對於教育及托育品質及功能的提升為目標，以目前國內現行的法規來看，托育與幼教是否合一的可行性，相關立法單位實得努力。有關幼托整合方案規劃之沿革及草案之相關內容請參閱**專欄**8-3及8-4。

 8-3　「幼托整合方案規劃」之沿革

- -

一、方案源起

「幼托整合方案規劃」歷經前後七年，開了無數會議，並整合教育部、內政部、專家學者、幼稚園與托兒所學者，也開了無數次公聽會，終於於二○○四年二月二十六日頒布草案。期間，最先由行政院蕭前院長於一九九七年十二月四日在第二二五六次院會中提示，幼稚園與托兒所都是以促進幼兒身心健康發展、增進其生活適應能力為依歸，卻分屬教育及社政兩個體系，其對象（幼兒）的年齡層且有部分重疊，就國家總體資源的應用而言似非經濟有效，請內政部與教育部兩部審慎研究該統合問題；蕭前院長復於一九九八年七月二十一日全國社會福利會議結論時指示，將托兒所與學前教育整合事宜列為應優先推動之重點工作，於

是展開幼兒教育與托育整合方案之研擬規劃。並以如何保障同年齡之幼兒享有同等品質之教保環境內涵，有效運用並合理分配政府資源為整合理念。內政部與教育部並經多次協商及邀集幼教學者、團體、業者等召開公聽會，研擬「幼兒托育與教育整合方案」（草案），報行政院核定，經行政院函復以「請依下列意見修正後再報院：1.所採以現行幼稚教育法規定之4歲作為區隔乙節，與大多數學者專家及地方政府代表認為應以3歲年齡層區隔幼稚園與托兒所之意不符，需再斟酌；2.整合後之幼稚園與托兒所名稱，似可改稱為『幼兒園』；3.請教育與內政兩部再詳細擬具『托兒與學前教育整合方案』（包括相關法令之修正、實施步驟、方法與分工及資源需求等）。」教育部復再行研議。惟經教育部楊前部長認兩機構應有更積極明確之規劃，而未能報院並暫緩實施。

二、現況檢視

目前幼稚園與托兒所之招收年齡在4～6歲部分產生重疊現象，惟兩者因主管機關及法規適用不同所衍生之相關問題，茲分析如下（參考**表8-4**）：

1.**師資標準方面**：同樣培育4～6歲幼兒，其師資水準卻不相同。幼稚園依「幼稚教育法」及「師資培育法」相關規定聘任教師。托兒所則依「兒童福利專業人員資格要點」聘任保育人員或助理保育人員；惟查兩者在養成教育之培育課程（幼教系、幼保系）卻有頗多相近之處，然幼保系畢業者，除非修畢師資教育職前課程並完成實習、複檢，否則不具教師資格。此等現象，造成幼兒教保師資培育資源之浪費。

2.**課程與教學方面**：現行幼稚園依教育部訂定之幼稚園課程標準實施統整課程；而托兒所於一九九三年兒童福利法修正前，大致依內政部訂定之托兒所教保手冊辦理，作為幼兒教保及衛生保健工作之參據。惟因托兒所受限於現況壓力，大多沿用幼稚園相關課程及內容，兩者事實上已漸難區分。

3.**設立要件方面**：幼稚園依教育部訂定之幼稚園設備標準辦理，托兒所之設立係依省（市）政府訂定之托兒機構或托兒所設置標準與設立辦法，因兩者立案標準著眼不同（如使用樓層、室內外面積等），以致在公共安全、消防安全及建築結構及設施上，是否均符應幼兒的安全及學習，學者專家及各界常有不同的見解與分歧。

4.**輔導管理方面**：因幼稚園及托兒所適用法規不同，導致行政輔導與管理方式有異，迭有就評鑑、獎勵、輔導等，希訂立一致方案與措施之建言。

表8-4 幼稚園與托兒所之功能、行政與法令差異之比較

功能重疊及差異點	幼稚園	托兒所	備註
功能屬性	屬教育體系	屬社會福利體系	
主管機關	中央為教育部 地方為直轄市教育局及各縣（市）政府（教育局）	中央為內政部（兒童局） 地方為直轄市社會局及各縣（市）政府（社會局）	
法令依據	依幼稚教育法暨施行細則及幼稚園設備標準辦理	兒童福利法及托兒所設置辦法辦理於精省後業依地方制度法授權地方政府自訂相關規範	
幼兒年齡層	招收4足歲至入國小前的幼兒	收托出生滿1足月至未滿6歲的幼兒	重疊部分為4歲至入國小前之幼兒
師資資格及進用	須具備依師資培育法取得之教師資格，其進用依幼稚教育法及師資培育法等相關規定聘任教師，每班應置教師二人	依兒童福利專業人員資格要點取得保育人員資格，並依該要點規定辦理進用人員。公立托兒所人員並應具備公務人員資格。滿4歲至未滿6歲之幼兒每十六至二十名置保育人員乙名	
立案及相關條件	1.必須從地面一樓設起 2.平均每一幼兒室內外活動面積同時須具備，室外面積雖得以室內面積抵充，但不得少於標準之二分之一	1.必要時得自二樓設起 2.平均每一幼兒之活動空間，室外面積得全數由室內面積抵充	其設備因收托幼兒年齡層而有不同規範
人員待遇福利退撫制度	公立：比照小學教師 私立：由經營者自訂	公立：依公務人員各項法令 私立：由經營者自訂	幼稚園與托兒所人員資格要件不同，不得相互流動任職
課程及教學	幼稚園課程標準	托兒所教保手冊	托兒所部分幾與幼稚園一致

三、幼托整合推動委員會執行情形

1. 有關幼托整合議題經曾前部長及范政務次長就政策面裁示,應成立「幼教政策小組」,故教育部於二○○○年年底成立小組,並於二○○一年二月十九日召開第一次小組會議,依會議決議由教育部推出之小組代表,邀集內政部協商,並於二○○一年二月二十二日召開會前會,就幼托整合定位與方向研議共識,包括:

    (1) 整合定位:

        a. 因0～6歲幼兒對教育及保育之需求是無法切割的,因此,為整合學前階段幼兒教保機構所發揮之功能,宜統一事權,至統一事權機關為何,可再詳議。

        b. 在上述前提下進行整合,應配合就專業人員認證及設施條件等訂定基本規範。

    (2) 整合目標:

        a. 整合運用國家資源,健全學前幼兒教保機構。

        b. 符應現代社會與家庭之教保需求。

        c. 提供幼兒享有同等教保品質。

        d. 確保立案幼稚園、托兒所暨合格教保人員之基本合法權益。

    (3) 視與內政部協商結果,續與各相關部會溝通,尋求共識。經二○○一年二月二十六日由內政部李前政務次長逸洋、兒童局局長與代表,以及教育部幼教政策小組代表劉毓秀教授等與國教司司長、中教司司長等洽商,原則上同意上開目標,並由兩部各推代表若干組成幼托整合推動委員會後,召開後續會議。

2. 「幼托整合推動委員會第一次會議」於二○○一年五月十八日召開,由教育部范政務次長及內政部李前政務次長共同擔任主席,會議決議分就功能成立師資整合組、立案及設備基準組、長程發展規劃組等小組分別進行研議,並即刻開始作業,人員與經費由兩個部會共同支援。委員會原則上一個月舉行一次,並視實際狀況召開。

3. 據上開幼托整合委員會第一次委員會議決議,由教育部負責幕僚單位之師資整合組,業由召集人於七月二日召開小組第一次會議,決議自幼托師資職前課程規劃、在職人員相關權益及法令等小組委員進行專案規劃,並配合幼托整合推動委員會之進度,不定期聯繫。

4.另內政部據上開幼托整合委員會第一次委員會議決議，負責幕僚單位之立案及設備基準整合組，內政部業由召集人於六月二十二日召開小組第一次會議，決議就立案條件、土地規範、建物使用、樓層面積、設施設備等由內政部兒童局以問卷調查地方政府意見，並彙整初步之意見再召開第二次小組會議。

5.而後負責之小組即依時程進行研議，分別於二○○二年三月底左右提出初步結論與建議，於二○○二年四月四日召開幼托整合推動委員會第三次委員會議，由各組召集人做口頭報告，並研議各組之初步結論與建議內容。

四、幼托整合可能問題探討

1.**功能屬性方面**：幼稚園依幼稚教育法第2條規定：「本法所稱幼稚教育，係指4歲至入國民小學前之兒童，在幼稚園所受之教育。」是為教育體系；托兒所依兒童福利法第22條之規定，是為福利機構，得因應收托兒童之年齡分為0～2歲之托嬰、2～6歲之托兒，以及6～12歲之課後托育，乃為社會福利導向而設立之輔助機構。兩者間之整合，涉及功能及各國趨勢的不同經驗。

2.**主管機關方面**：幼稚園與托兒所，分屬教育及社政體系，在中央主管機關分別為教育部及內政部，在地方為直轄市、縣（市）政府教育局與社會局。長久以來，兩部就其主管範圍進行管理，兩者權責各自分立，行政輔導管理機制不同。且一九九八年精省後，托兒所之設置標準及設立辦法業已授權各地方政府權責辦理，與幼稚園主要法令仍由中央主管教育行政機關主管不同。

3.**法令依據方面**：幼稚園之相關立案及規範係依幼稚教育法暨施行細則及幼稚園設備標準、幼稚園課程標準辦理，至於幼稚園教師資格則依教師法、師資培育法及高級中等以下學校及幼稚園教師資格檢定及教育實習辦法之規定辦理。托兒所則依據兒童福利法授權訂定之托兒所設置辦法辦理，該辦法於台灣省政府業務功能調整後業依地方制度法授權地方政府自訂相關規範，至於保育員資格則依兒童福利專業人員資格要點，及依該要點實施之兒童福利專業人員訓練實施方案辦理。

4.**年齡層重疊方面**：幼稚園與托兒所收托幼兒年齡層在於4歲至未滿6足歲重疊，然愈近小學入學階段幼兒，其入園（所）率愈高，以5歲幼兒為例，入園（所）率高達90%以上，從幼兒發展概念及家長之期待，對幼稚園而言，傾向能放寬收托對象之年齡層至3歲，以避免往返奔波接送幼兒的問

題，托兒所的收托年齡範圍界於0～12歲，形成在職場幼稚園與托兒所基於家長及各自之需求，無形間競爭之心理與手段可以想見。

5.師資資格及人員權益方面：幼稚園教師依教師法、師資培育法等相關規定聘任教師；托兒所則依兒童福利專業人員資格要點聘任保育人員，兩者之任用資格與進修管道互異。有關幼稚園教師資格之取得，教育部業規劃多元培育管道，如師範校院幼教系及一般大學設有幼教學程班、專科以上學歷在職人員得參加二年制在職進修專班、在職人員教育學分班，至高中職幼保科畢業具工作經驗者，得以回流教育方式先取得學士學歷，再報考幼教學分班，均得以取得合格幼稚園教師資格。托兒所其專業人員（保育員）資格則依兒童福利專業人員資格要點，及依該要點實施之兒童福利專業人員訓練實施方案辦理，分別依學歷及訓練時數取得托兒所所長、保育員、助理保育員之資格。至於幼托整合後托兒所保育員欲取得幼稚園教師資格乙節，據教育部二○○一年全國幼教普查發現，幼稚園職場上約有41.63%（私立約54.25%）不合格教師，是否須有後續的輔導配套措施，宜須優先面對因應，至於保育員在職前養成階段的幼保課程，亦須全面檢討。

6.立案及相關設施條件方面：幼稚園與托兒所之立案條件因依據法令不同，而有實際差異，在保障幼兒合理受教品質前提下，應全面檢討兩者之立案條件，適時予以修正。惟業已立案之托兒所其條件，特別是幼兒的空間活動等，於立案條件重整後，是否仍能合於規定，及過渡期間如何因應，亦有待研議。

7.課程與教學方面：幼稚園之教學內容依幼稚教育法授權訂定之幼稚園課程標準辦理，其教學方式亦由經過幼教師資培育之幼稚園教師從事；托兒所本身雖訂有托兒所教保手冊以為保育人員參用，惟就實際現場經驗，其幾乎多以幼稚園之教學設施、教材及課程設計，從事幼兒教學活動，因此，外界漸難對幼稚園與托兒所在教學內涵上有所釐清。

五、未來整合預期方向

1.依現行幼稚教育法及兒童福利法，就幼托機構收托年齡層之現況，配合二○○一年教育改革檢討會議結論，國民教育向下延伸一年之政策目標，政府對0歲至入國民小學前之嬰幼兒提供教育或保育之措施與機構之管理，初步以朝向2歲以下托嬰部分，原隸屬內政部門主管部分，其相關法令及措施，仍由內政部及社政單位持續籌劃督導管理；5歲以上至入國民小學前之

年齡層，配合國民教育向下延伸一年之政策目標，其配套措施及相關環境之整備工作，統由教育部及教育單位為單一主管機關；至於2歲至滿5足歲前之幼托機構，則由兩部再持續就其人員資格及權益、設備、主管機關等交換意見，尋求共識。

2.二○○一年教育改革檢討會議結論，將幼兒教育納入國民教育體制，其意涵係從保障師資資格及基本權益，以及課程等方面著手，逐步建立起幼兒教育制度，讓幼兒能享有同樣品質的幼教環境，其具體措施包含修正幼教相關法令，透過法制化，無論幼稚園公、私立屬性，均建立其教職員工待遇等制度；研訂幼稚園課程綱要，融入健康、生活、倫理與群性價值，以供各公私立幼稚園於選擇教材時均有所依據；推展幼教師資回流、進修與進階制度，降低不合格幼教教師比率等。是以，教育部特訂定「發展與改進幼兒教育中程計畫」，預計從強化法令、加強行政效能、提升師資素質水準、豐富課程及教學資源、健全輔導機制等五方向，期全面改善並健全幼稚園教學環境。相關規劃方案及配套措施，預計於二○○四年在金馬地區先行試辦，二○○五年將全面實施。

資料來源：教育部（2002）。「幼托整合方案規劃」專案，取自http://140.111.1.192/minister/case/0422.htm

 ## 8-4　「幼托整合方案規劃」草案

教育部與內政部為積極推動幼稚園與托兒所之整合措施，於二○○一年二月二十六日兩部初步洽商，就整合定位與方向研議共識，包括：

一、整合定位

1.因0～6歲幼兒對教育及保育之需求是無法切割的，因此，為整合學前幼托機構所發揮之功能，宜統一事權，至統一事權機關為何，可再詳議。

2.在上述前提下進行整合，應配合就專業人員認證及設施條件等訂定基本規範。

二、整合目標

1.提供幼兒享有同等幼托品質。

2.滿足現代社會與家庭之幼托需求。

3.確保立案幼稚園、托兒所暨合格幼托人員之基本合法權益。

4.整合運用國家資源,健全學前幼兒幼托機構。

　　並決定由兩部各推代表若干組成跨部會「幼托整合推動委員會」進行研議,委員會成員由兩部分別推舉托育及幼教之專家學者、地方政府及民間代表成立,並由兩部政務次長擔任召集人;另就功能面分別成立「師資整合組」、「立案及設備基準組」、「長程發展規劃組」等小組分別進行專案研議,並於二〇〇三年一月第六次委員會議完成「幼托整合政策」規劃建議。針對時代與社會的需求,以及我國幼托現況,提出以下理念及主張,作為長程規劃幼托政策原則:

1.幼托整合現階段應配合現行國民小學學制,以提供6歲以下兒童之綜合性(整合性)照顧與教育方案為制度設計之優先目標;同時將6歲以上之課後照顧服務與刻正規劃中之5歲幼兒納入國民教育正規體制(免學費教育)制度一併考量。設計如下:

　(1)依現行國小學制,6歲以下兒童應以綜合性(整合性)照顧與教育方案為制度設計之原則,現行幼稚園與托兒所,整合稱為「幼兒園」;6歲以上兒童之課後照顧服務應一併設計之。

　(2)5歲幼兒納入國民教育正規體制(免學費教育)之規劃,應符合學制的整體性考量;於此制度實施後,幼托制度適用範圍改為5歲以下兒童之綜合性照顧與教育,以及5歲以上兒童之課後照顧。

2.為因應社會變遷所引起之普遍性托育需求,相關制度設計應以平等、普及、吻合兒童身心發展為基礎,充分提供幼兒整合性幼托服務方案。

3.幼托制度之設計應注重提升整體社會之成本效益,減輕家庭負擔,同時避免政府財政負擔過重。為達此目標,除了多元化的私立幼托機構外,需要逐步建立一個互利、共決、共享的公共幼托體系。

4.幼托品質的良窳決定於工作人員之培訓、資格認定、工作品質與權益保障,因此,應考量下列事項:

　(1)設計妥善的培育、資格認定、分級、編制等制度。

　(2)協助幼托專業者能充分施展其專業理念與技能,提升其工作品質,並促進其自我實現。

　(3)對於薪資、工時、職訓、退撫等權益,應力求給予合理的保障,以促進合格專業人員持續就業,穩定幼托品質。

幼托整合制度設計架構如下(參考圖8-1):

教育部門管理

家庭托育、托嬰中心	幼兒園	K教育	國民小學
			課後照顧

社福部門主管　　　社福部門主管　　　　　　　國小自辦或委辦者由教育部門管理
　　　　　　　　　教育部門協辦　　　　　　　　獨立設置者暫訂由教育部門管理
　　　　　　　　　　　　　　　　　　　　　　　幼兒園附設者由社福部門管理

圖8-1　托教合一之整合制度架構

1.幼兒托育與教育措施、機構類型、收托幼兒年齡、主管機關：我國現行制度架構現狀為：家庭托育、托兒所、國小學童課後照顧、幼稚園、才藝班、補習班等。未來擬將學前幼托制度調整為：

(1)家庭托育與托嬰中心（0～2足歲幼兒）由社會福利部門主管。

(2)幼稚園與托兒所整合稱為「幼兒園」，辦理2足歲至學齡前幼兒之幼托工作，5歲幼兒納入國民教育正規體制實施後，將收托2足歲至5足歲幼兒，由社會福利部門主管，教育部門協辦。幼兒園可提供托嬰、課後照顧等複合式之服務內涵；並得依規定辦理5～6歲之教育。

(3)國小學童之課後照顧服務，國小自辦或委辦者由教育部門主管、校外獨立設置者暫訂由教育部主管，但幼兒園附設者由社福部門負責管理。

2.依據規劃設計理念，未來提供幼托服務之類型，大致如下：

(1)政府設立：以照顧弱勢兒童為優先。對所收托之非弱勢兒童應採分級（sliding scale）方式收費，以維公共資源公平運用原則。

(2)民間力量與政府共同設立：

a.公私合營：由政府與民間共同提供資源共同管理經營。

b.公辦民營：由政府提供場地、設備，委託給民間經營者。

(3)民間設立：

a.由企業、團體、社區等組織附設，以成本價提供給其員工、成員及居民使用。

b.宗教團體或非營利組織設立，以慈善為目的。

c.私人設立，開放自由市場運作，以滿足家長需求。

3.政府預算之分配，投注於幼托服務之政府經費應以充足、分配均衡，且顧及弱勢優先為原則。其要點如下：

(1)政府經費應優先用於為弱勢幼兒提供良好的幼托服務。

(2)應善用政府經費，建立互助共享之公共幼托體系，並應以社會需要及地域／階層之均衡享用為優先考量。

(3)應善用政府經費，積極投入幼托實驗計畫，以促進良好幼托模式之發展，並提升幼托品質。

4.管理輔導機制，未來幼托機構之管理與輔導機制之建立，規劃如下：

(1)主管、協辦及跨部門協調合作：幼托整合之後，家庭托育、托嬰中心、幼兒園及幼兒園附設課後照顧服務歸社福部門主管，教育部門協辦；5歲幼兒納入國民教育正規體制之延伸教育、國小自辦或委辦之國小學童課後照顧服務由教育部門主管；獨立設置之課後照顧暫訂由教育部門主管；補習班、才藝班，歸教育部門主管、社福部門協辦。

(2)決策及運作機制：各級主管機關應邀請相關政府部門、學者專家、專業工作人員（組織）、家長（組織）、在地相關公益社團等代表參與幼托政策之制定及執行。

(3)輔導及評鑑：幼托機構之輔導及評鑑，應由地方主管機關聘請專業人士負責執行，或以「委外」方式，委託相關專業機構或組織執行。

(4)收費及財務管理：公共幼托體系之幼托措施，應以一般使用者可負擔為原則，弱勢兒童應由政府予以補助。至於私立幼托機構之收費，則採市場自由運作法則，政府原則上不作額外的干預，弱勢兒童應由政府酌予補助其差額。

5.人員之培訓與任用制度：

(1)專業人員之分級、培訓及任用：

a.未來相關人員將分為幼教教師、教保員、助理教保員、保母及課後照顧人員等五類，其相關資格如下：

(a)幼教教師：指大學以上幼教相關科系畢業，或大學以上非幼教相關科系畢業已修畢幼教認可學程，並取得幼兒教師資格者，擔任5歲幼兒納入國民教育正規體制延伸教育之教師，適用「師資培育法」。

(b)教保員：指大專以上幼教、幼保相關科系畢業者，以及大專以上非幼教或幼保相關科系畢業已修畢幼教或幼保資格認可學程者，負責5歲以下之學前幼托工作。〔註：為提升幼托人員之專業能力及專業形象，將規劃於我國社會條件成熟時，推動專業人員國家考試制度，通過專門技術人員高等考試者，可取得「教保師」之資格。〕

(c)助理教保員：指高中職幼保相關科別畢業者，以及高中職非幼保相關科別畢業已修畢幼保資格認可學程者，協助教保員進行5歲以下之學前幼托工作。

(d)保母：指通過保母證照檢定者，從事家庭托育或受聘於托嬰中心，負責0～2歲之托嬰工作。

(e)課後照顧人員：依教育部會同內政部訂定之「國民小學辦理兒童課後照顧服務及人員資格標準」辦理。〔註：依新修訂之兒童及少年福利法第19條規定，兒童課後照顧服務，得由直轄市、縣（市）政府指定所屬國民小學辦理，其辦理方式、人員資格等相關事項標準，由教育部會同內政部定之。〕

b.前述專業人員之培訓以「資格認可學程」或「職業訓練課程」方式規範之。其中有關「職業訓練課程」係針對保母及課後照顧人員而設，其內容及實施辦法另訂之；至於「資格認可學程」與各相關、非相關學系之關係，可分為三種：

(a)學程科目完全內含於幼教學系、幼保學系、或設有幼教、幼保組群之相關學系之學位授予課程中，基本上這些學系（組）認定該系（組）學生之培訓目標涵蓋此專業資格。

(b)學程科目部分內含，部分外加於相關學系中（如社工、福利、心理、家政等），基本上這些學系同意學生可以選擇幼教或幼保專業，亦允許學生可以在學位授予學分中有若干學分屬幼教或幼保課程，其餘未受內含之學分則採外加方式。

(c)類似現行之教育學程制度，完全外加，為提供非相關學系者選擇幼教或幼保專業所需修習之用。

(2)現職人員之轉換：

a.目前幼托職場上之助理保育人員，於整合後改稱為助理教保員；保育人員改稱教保員（幼兒園教師同時兼具教保員資格）；幼稚園園長、托兒所所長可繼續採認為（幼兒園）園長，惟僅具高中職學歷者，須於一定期限內取得大學或以上學歷。

b.目前具幼稚園教師資格者，整合後仍稱為教師。另依師資培育法第24條規定：「本法修正施行前，已從事幼稚園或托兒所工作並繼續任職之人員，由中央主管機關就其擔任教師應具備之資格、應修課程及招生等相關事項之辦法另定之。」符合資格之在職人員，須於一定期限內修畢幼稚園師資職前課程之教育專業課程及全時教育實習；惟具專

科學校或高中職畢業學歷者，須另於一定期限內取得大學畢業學歷。

6.幼兒園立案及設置基準，未來幼兒園設置基準訂定原則為：

(1)有關非都市土地放寬使用，應配合國家土地管理規劃，欲立案者可依據內政部訂定之「非都市土地容許使用執行要點」暨「非都市土地變更編定執行要點」，依規定程序申請使用。

(2)有關放寬建物使用執照，內政部營建署為配合行政程序法規定，業已修正建築法第73條，授權由直轄市、縣（市）主管建築機關研議於一定規模面積以下辦理托兒設施或幼稚園得免辦使用執照變更（尚待立法院審議通過），未來幼托機構申設可循此規定簡化相關作業事宜。

(3)有關規範訂定由中央訂定最低基準（項目如下列）後，再授權地方政府依地區特性另訂設置標準，以收因地制宜之效：

a.使用樓層：以三樓以下（含三樓）為限。

b.地下室使用：依「幼稚園設備標準」規定（即地下室可作為防空室、儲藏室、工人用室等，如果在園舍建築時能將地下室高出地面一公尺以上，則可作較多用途，唯室內應有防水設備，且通風良好。地下室出口必須有兩個門，一個直通室外，另一個連接走廊通道；但地下室如通風、光線良好，並至少有一面門戶直通室外者，得作為一般室內空間使用。）

c.室內面積：每名兒童至少$1.5m^2$。

d.室外面積：每名兒童至少$1.5m^2$，並得以室內相同面積取代。

e.應獨立設置之設施設備包括：多功能活動室、廚房暨盥洗設施等三項。

(4)幼兒園設備基準之訂定，應聘請相關專家依照前述原則議定之。至於托嬰中心，包括幼兒園所附設者，其設置基準訂定須顧及托嬰之需求。

三、預期效益

幼托整合政策預期能夠達成「幼托整合推動委員會」組成之初所設定之政策目標：提供幼兒享有同等幼托品質；滿足現代社會與家庭之幼托需求；確保立案幼稚園、托兒所暨合格幼托人員之基本合法權益等；整合運用國家資源，健全學前幼托機構。

資料來源：教育部、內政部（2001）。幼托整合規劃結論報告書（草案）簡明版，取自http://140.122.120.230/ejedata/kying/20041121444/930112-2.htm

第四節　兒童少年福利法修訂後之專業制度與訓練

　　兒童少年福利法業經第二次修訂於二○○三年五月二十八日經總統公布施行。兒童少年福利法第51條規定：「兒童及少年福利機構之業務，應遴用專業人員辦理，其專業人員之類別、資格、訓練及課程之辦法，由中央主管機關訂之。」又第50條規定：「兒童及少年福利機構分類如下：1.托育機構；2.早期療育機構；3.安置及教養機構；4.心理輔導或家庭諮詢機構；5.其他兒童及少年福利機構。」又兒童福利專業人員資格要點第2條規定兒童福利專業人員包括：托兒所保育員、安置及教養機構保育員、社會工作人員、心理輔導人員、生活輔導人員、早期療育人員及主管人員。其中課後照顧人員因應托教合一制度將行政及管理權交由教育部，而0～5歲之托育人員及其他有關兒童福利機構之保育員、心理輔導員、生活輔導員、早期療育人員及主管人員則依兒童福利專業人員資格要點規定辦理。有關兒童少年福利法修訂後之專業制度與訓練也要隨之改變，**專欄**8-5中將介紹有關辦理國小兒童課後照顧服務及人員資格標準之草案。

8-5　國民小學辦理兒童課後照顧服務及人員資格標準（草案）

　　「兒童及少年福利法」奉　總統於二○○三年五月二十八日華總一義字第09200096700號令公布施行。兒少福利法第19條規定第1項規定：「直轄市、縣（市）政府應鼓勵、輔導、委託民間或自行辦理下列兒童及少年福利措施」，其第12款規定：「辦理兒童課後照顧服務」。同條第3項並規定：「第1項第12款之兒童課後照顧服務，得由直轄市、縣（市）政府指定所屬國民小學辦理，其辦理方式、人員資格等相關事項標準，由教育部會同內政部定之」。爰訂定「國民小學辦理兒童課後照顧服務及人員資格標準（草案）」乙種，草案條文共計十七條，條文內容說明如下（參考**表**8-5）：

表8-5　國民小學辦理兒童課後照顧服務及人員資格標準（草案）

條文	說明
第1條 本標準依兒童及少年福利法第19條第3項規定訂定之。	明訂本標準訂定之法源依據。
第2條 為因應當前社會及家庭需要，本標準以達成支持兒童健康成長、支持婦女婚育、支持父母就業之目標為宗旨。	明訂本標準訂定之宗旨。
第3條 兒童課後照顧服務（以下簡稱本服務）由各直轄市、縣（市）政府以鼓勵、輔導及委託民間參與方式或指定所屬國民小學辦理；並得由國民小學主動提出申請，經直轄市、縣（市）政府核定後辦理。 山地、偏遠、離島、原住民或特殊地區，應優先辦理。 第1項國民小學包含師資培育機構依規定所設附屬或實驗國民小學。	一、明訂本標準之提供服務單位。 二、明訂山地、偏遠、離島、原住民或特殊地區優先辦理。 三、本服務之辦理由各直轄市、縣（市）政府指定所屬國民小學辦理，並得由國民小學主動提出申請，經直轄市、縣（市）政府核定後辦理。師資培育機構依規定所設附屬或實驗國民小學得比照辦理並依第一項規定報由直轄市、縣（市）政府核定。
第4條 本服務之對象為就讀國民小學之在籍學生及其附設幼稚園之幼兒。 各校規劃辦理本服務時，應充分告知家長資訊，並由家長決定自由參加，不得強迫。	明訂本標準之服務對象並請各校規劃辦理時應充分告知家長資訊。
第5條 本服務除以學校自行辦理外，並得採下列方式辦理： 一、由學校主辦，合法之公、私立機構、法人或團體提供協助。 二、委由合法之公、私立機構、法人或團體辦理。 依前項規定辦理時，學校應依政府採購法及其相關規定辦理。 直轄市、縣（市）政府應定期或不定期辦理本服務之各項評鑑。	一、明訂本標準之辦理方式。 二、規範直轄市及縣（市）政府應辦理評鑑工作。

（續）表8-5　國民小學辦理兒童課後照顧服務及人員資格標準（草案）

條文	說明
第6條 依前條委託合法之公、私立機構、法人或團體協助或辦理本服務者，其收費數額、活動內容、人員資格、編班方式、辦理時間、辦理場所及相關必要事項，應載明於招標文件中。	明訂公私立機構、法人或團體辦理之採購要件。
第7條 提供本服務不得占用學校正式上課時間。	明訂本標準之辦理時間。
第8條 辦理本服務以運用學校內各項設施及設備為主；必須使用其他場所、設施或設備時，應報經直轄市、縣（市）政府核准，並以師生安全及服務活動需要為優先考量。	明訂本標準之辦理場所。
第9條 辦理本服務之編班，每班學生以二十人為原則，最多不得超過三十五人，直轄市、縣（市）政府並應視活動型態品質及安全考量，適度規範生師比。	明訂本服務之編班規定。
第10條 提供照顧服務之人員得就下列各款之一遴聘： 一、高級中等以下各級學校及幼稚園合格教師。 二、曾任國民小學代理教師、代課教師、兼任教師或教學支援人員且表現良好者。 三、公私立大專校院以上畢業並修畢師資培育規定之教育專業課程者。 四、符合兒童福利專業人員資格者，但保母人員除外。 五、具有本服務活動內容所需要專長之社會人士或義工。 針對需要個案輔導之學生，應視需要聘請全職或兼職社工或輔導專業人員為之。	一、明訂提供照顧服務人員之資格條件。 二、第一至三款為具合格教師資格或修畢師資培育規定專業課程之人員，第四款為具有托育人員之資格。另亦提供具有活動內容專長之社會人士或義工參與機會。 三、各辦理單位選聘人員應具備活動內容需要照顧服務資格及專長之人員。 四、山地、偏遠、離島或原住民地區如有遴聘人員困難，得報經核准後酌予放寬資格條件。

（續）表8-5　國民小學辦理兒童課後照顧服務及人員資格標準（草案）

條文	說明
各辦理單位應配合活動內容需要，審慎選聘具備活動內容照顧服務資格及專長之人員，每校應至少有一名以上提供照顧服務人員具備第一項第一款至第四款資格條件之一。 山地、偏遠、離島、原住民或特殊地區照顧服務人員遴聘有困難者，得報經直轄市、縣（市）政府核准酌予放寬人員資格條件。	
第11條 本服務活動內容之規劃應本多元活潑之原則，兼顧課業指導、單元活動及生活照顧。	明訂本服務之活動內容。
第12條 本服務收費基準由直轄市、縣（市）政府自行訂定或參考下列方式計算之： 表格如下： 收費可採每月收費或一次收費。若參加學生未滿十五人，得酌予提高收費。但不得超過原收費之20%，並須報各直轄市、縣（市）政府備查。 因故服務節數未滿原訂節數時，應依比例減收費用。	一、明訂本服務之收費標準。 二、學生依其課程安排可能只上半天課，但下午課後教師仍於上班之時間提供服務時，仍依上班時之授課鐘點費計算服務費用。 三、二六〇元及四五〇元分別為現行國小教師上班及下班時間之授課鐘點費。 四、除以〇‧七係因收費結構中70%為鐘點費，30%為行政費，故以鐘點費為計算基準時應除以〇‧七以還原為一，再除以學生數則為每生應支付費用。

（第12條表格內容）

上班時間，每生收費計算方式	二六〇元×服務總節數÷〇‧七÷學生數
下班時間及寒暑假，每生收費計算方式	四五〇元×服務總節數÷〇‧七÷學生數
一併於上班時間及下班時間實施，每生收費計算方式	（二六〇元×上班時間服務總節數÷〇‧七÷學生數）＋（四五〇元×下班時間服務總節數÷〇‧七÷學生數）

（續）表8-5　國民小學辦理兒童課後照顧服務及人員資格標準（草案）

條文	說明
第13條 本服務節數每節四十分鐘，費用支付基準分爲鐘點費及行政費（含水電費）二類。鐘點費以占總收費70%爲原則，行政費以占總收費30%爲原則。收費不敷支應時，以支付鐘點費爲優先。 依第5條所定辦理方式，除委託者外，有關收支得由學校採代收代付方式辦理。會計帳冊並應妥爲管理，以備相關單位查帳。	一、明訂經費支出及會計帳冊之處理規定。 二、本服務係由參加學生負擔所需之鐘點費及行政費，原則上爲自給自足之方式，收費之計算亦考量弱勢需要，採平價收費，原則收支應可平衡。惟如有特殊情況發生，如免費或減免參加之弱勢學生比例偏高時，經費可能不敷支應，此時行政費則需調整優先支應於鐘點費。
第14條 低收入戶、身心障礙及原住民學生優先並免費參加本服務。情況特殊學生由學校報經直轄市、縣（市）政府專案核准者，得減免收費。 生師比高於二十五比一之班級，辦理單位應自行吸納前項減免之費用。 低收入戶、身心障礙及原住民學生參加本服務之人數比例，列爲各校辦理本服務評鑑指標之一。 第1項免費或減免學生應繳之費用各級政府得依需要籌措經費補貼之。	一、明訂免費及優惠對象。 二、弱勢學生參加本服務人數比例列爲評鑑指標，以保障其權益並鼓勵學校優先照顧該等學生。 三、規範生師比較高之班級由辦理單位自行吸納優惠學生減免費用，以減輕政府負擔並使辦理單位因之控制師生比以提高服務品質。 四、如因優惠學生人數偏高造成開辦困難，中央及地方政府得依需要籌措經費酌予補貼。
第15條 直轄市、縣（市）政府爲辦理本服務，應成立國民小學辦理兒童課後照顧服務推動及督導委員會，其組織及作業規定由直轄市、縣（市）政府定之。	明訂直轄市、縣（市）政府得依本標準訂定相關補充規定。
第16條 直轄市、縣（市）政府得依本標準訂定相關補充規定。	明訂直轄市、縣（市）政府應成立推動及督導委員會。
第17條 本標準自發布日施行。	明訂本標準之施行日期。

1. 明訂本標準訂定之法源依據（草案第1條）。

2. 明訂本標準訂定之宗旨（草案第2條）。

3. 明訂本標準之提供服務單位（草案第3條）。

4. 明訂本標準之服務對象（草案第4條）。

5. 明訂本標準之辦理方式（草案第5條）。

6. 明訂公私立機構、法人或團體辦理之採購要件（草案第6條）。

7. 明訂本標準之辦理時間（草案第7條）。

8. 明訂本標準之辦理場所（草案第8條）。

9. 明訂本標準之編班規定（草案第9條）。

10. 明訂提供照顧服務人員之資格條件（草案第10條）。

11. 明訂本服務之活動內容（草案第11條）。

12. 明訂本服務之收費標準（草案第12條）。

13. 明訂經費支出及會計帳冊之處理規定（草案第13條）。

14. 明訂免費及優惠對象及政府經費補貼（草案第14條）。

15. 明訂直轄市、縣（市）政府應成立推動及督導委員會（草案第15條）。

16. 明訂直轄市、縣（市）政府得依本標準訂定相關補充規定（草案第16條）。

17. 明訂本標準之施行日期（草案第17條）。

一、法據

本辦法係依據「國民小學辦理兒童課後照顧服務及人員資格標準」第9條第1項第5款：「高級中等以上學校畢業，並經直轄市、縣（市）主管機關自行或委託辦理之360小時專業課程訓練結訓者。」辦理。

二、執行單位暨講師資格

1. 課程規劃：直轄市、縣（市）主管機關負責。

2. 辦理訓練課程：

   (1) 各直轄市、縣（市）政府自行辦理。

   (2) 各直轄市、縣（市）政府委託立案之公私立機構、法人或團體辦理含：

      a. 具有兒童福利、兒童教育、社會工作、保育、家庭等相關科系的大專院校。

　　　b.由立案之財團法人、社團法人、社會福利機構或社會教育機構提出申請計畫，經當地主管機關核准通過，並於課程結束後，提供收支概算表以及結算表供縣市政府查核，並定期進行考核。

3.講師資格：

(1)曾任兒童福利、兒童教育、社會工作、保育、家庭等相關科系的大專院校講師職級一年以上。

(2)曾任職於合法立案兒童福利、兒童教育相關機構三年以上實務工作經驗之正式主管人員或五年以上實務工作經驗的工作人員。

(3)專技師資，具有特殊專業造詣或成就，有具體績效或證明，足以勝任教學工作者。

三、課程內容

　　本訓練課程分為核心課程180小時與彈性課程180小時兩個部分，總計需受訓時數共360小時，核心課程部分，希冀各執行單位統一辦理；彈性課程部分，規劃240小時課程內容選擇，供各執行單位依需求選擇，或可自行規劃其彈性課程。

四、結訓條件

1.參訓人員完成專業課程訓練要求，且測驗及格者，由各縣市政府發給結訓證書。

2.參訓人員不得遲到、早退，無故缺席以曠課論，缺席時數超過30小時，則不授與結訓證書。

五、課程抵免方式

　　參加訓練人員若有修習過國小相關學分，或經地方主管機關核准之課後照顧相關課程，可抵免最多40小時彈性課程。

六、證書發放形式

　　由中央統一訂定證書規格，由直轄市縣市及政府頒發給結訓者。

(1)核心課程

課程名稱	課程內容
兒童發展 （12）	1.兒童發展的影響因素及理論（3小時） 2.學齡兒童期的生心理特徵（9小時）
兒童行為輔導 （9）	1.兒童行為輔導理論（3小時） 2.偏差行為探討與處遇（3小時） 3.行為改變技術（3小時）
兒童福利 （12）	1.兒童福利導論（3小時）：兒童福利與兒童人權的意義、發展 因素與發展趨勢。 2.兒童福利服務（3小時）：瞭解兒童福利服務的類別領域， 及相關的社會福利資源（例如：早療、身心障礙、收出 養、低收入、原住民、就學補助等相關社會救助）。 3.兒童保護（3小時）：瞭解兒童保護的意義、兒童虐待之界 定、成因、類型、通報、處遇流程等。 4.涉及兒童相關法規及政策之介紹（3小時）：兒童及少年福 利法、兒童及少年性交易防制條例、家庭暴力防治法、少 年事件處理法及相關民、刑法、托育政策與相關法規等。
親職教育 （9）	1.家庭與親職教育（3小時） 2.父母效能訓練（3小時） 3.親師合作（3小時）
課後照顧服務概論 （6）	1.課後照顧理念與政策（3小時） 2.工作倫理（3小時）
兒童心理衛生 （6）	1.兒童與壓力（3小時） 2.壓力管理（3小時）
兒童安全 （6）	1.兒童特性與事故傷害（3小時） 2.危險訊息的判斷與處理（3小時）
兒童醫療保健及意 外事故急救訓練 （9）	1.兒童生長發育與營養（3小時） 2.兒童常見疾病的認識（3小時） 3.急救的技巧與演練（3小時）
特殊教育概論 （6）	1.特殊教育的概念與發展趨勢（3小時） 2.學習障礙、智能不足、自閉症、過動症的認識與處理（3小時）
初等教育 （21）	1.九年一貫課程（6小時）：課程領域、課程精神、統整課程、彈性時間。 2.課程發展與設計（6小時）：國小教科書、教師手冊與習作概覽、導讀〔以兩個領域為原則，建議（1）社會領域；（2）數學領域；（3）自然與生活科技領域〕。

課程名稱	課程內容
初等教育 （21）	3.學校行政（3小時）：介紹國小各處室、愛心媽媽（慈暉輔導團等）、家長會的組織和權責、緊急聯絡網機制等。 4.參觀見習（6小時）：參觀國小社團時間、分組活動、教學現場。
學習指導 （含作業指導） （36）	1.數學（12小時）：真實數學、生活數學，包含作業指導常見問題與處理技巧。 2.語文（12小時）：語文教學、語文輔導、寫字，包含作業指導常見問題與處理技巧。 3.評量（12小時）：多元評量、實作評量、檔案評量，包含作業指導常見問題與處理技巧。
兒童體育及團康 （9）	1.兒童體育與團康活動設計（6小時） 2.運動傷害預防與急救（3小時）
兒童遊戲與休閒 （15）	1.遊戲與休閒的定義及特徵（3小時） 2.遊戲與兒童發展之關係（3小時） 3.各式各樣遊戲的介紹（3小時） 4.遊戲與休閒的活動設計及延伸（3小時） 5.兒童遊戲與休閒在教育上的運用（3小時）
兒童故事 （12）	1.探討說故事的基本概念與原則（3小時） 2.說故事的技巧（3小時） 3.說故事道具製作（3小時） 4.說故事演練（3小時）
班級經營 （12）	1.瞭解預防、干預及糾正治療的行為管理方法（3小時） 2.紀律訓練對兒童行為之影響（3小時） 3.班級常規建立（3小時） 4.教室規劃與管理（3小時）

．核心課程共計180小時。

(2)彈性課程

課程名稱	課程內容
兒童發展 （9）	1.瞭解兒童發展的定義、原則（3小時） 2.人生發展週期的發展特徵（3小時） 3.學齡兒童期的動作、語言、認知、情緒、社會發展特徵（3小時） 4.兒童之性發展與性教育（3小時）
兒童行為輔導 （21）	1.兒童輔導基本理念（3小時） 2.偏差行為的定義（3小時） 3.環境策略及認知策略（3小時） 4.偏差行為的探討：過動、情緒困擾（3小時） 5.偏差行為的探討：睡眠、飲食問題（3小時） 6.偏差行為的探討：反抗、攻擊、偷竊、逃學、說謊（3小時） 7.偏差行為的探討：學習、課業問題（3小時）
兒童福利 （18）	1.兒童人權（6小時） 2.兒童福利專題（12小時）
親職教育 （21）	1.特殊家庭型態與親職教育（含單親家庭、重組家庭、隔代教養……等）（9小時） 2.家長參與親職教育的規劃與實施（6小時） 3.親師溝通技巧（3小時） 4.學齡兒童的親職教育重點（3小時）
課後照顧服務概論 （9）	1.課後照顧之行政作業（3小時） 2.課後照顧人員的心理衛生（3小時） 3.女性課後照顧人員的生涯規劃（3小時）
兒童心理衛生 （27）	1.認識兒童發展階段壓力（3小時） 2.兒童對壓力反應（3小時） 3.兒童情緒行為與環境關係（3小時） 4.常見兒童情緒行為問題（3小時） 5.兒童心理健康與憂鬱（3小時） 6.兒童人際關係的形成（3小時） 7.促進人際關係的方法（3小時） 8.以活動增進人際關係（3小時） 9.你好我也好（3小時）
兒童安全 （18）	1.事故傷害的種類（3小時） 2.事故傷害之預防、處理與應變（3小時） 3.建立安全措施（3小時） 4.教室內的安全（設備、活動、用品、災害）（3小時） 5.教室外的安全（環境、遊戲、人身）（3小時） 6.安全教育的實施與演練（3小時）

課程名稱	課程內容
兒童醫療保健及意外事故急救訓練 (6)	1.傳染病之預防與處理（3小時） 2.社區醫療聯絡網介紹（3小時）
特殊教育概論 (12)	1.特殊兒童發生原因（3小時） 2.生態方式的的介入處理（3小時） 3.特殊兒童行為情緒處理（3小時） 4.特殊教育相關法規與體系運作（3小時）
學習指導 (含作業指導) (51)	1.自然（12小時） 2.社會（12小時） 3.生活倫理（12小時） 4.資訊素養（6小時）：PPT、上網Surfing 5.其他語文教育（9小時）
兒童體育及團康 (12)	1.兒童體育與團康實習（3小時） 2.唱遊（3小時） 3.民俗體育教學（3小時） 4.球類運動與遊戲（3小時）
兒童遊戲與休閒 (18)	1.遊戲行為之發展說（3小時） 2.瞭解兒童遊戲與休閒的方法（3小時） 3.影響兒童遊戲與休閒的個人因素（3小時） 4.影響兒童遊戲與休閒的環境因素（3小時） 5.兒童遊戲與休閒的阻礙（3小時） 6.電子媒體與兒童遊戲與休閒（3小時）
兒童故事 (9)	1.故事的延伸活動設計（3小時） 2.兒童圖書的選擇、賞析、討論（6小時）
班級經營 (9)	1.班級經營實習（3小時） 2.教師的效能訓練（3小時） 3.探討學習輔導之班級特性（3小時）

＊總計彈性課程240小時。

資料來源：教育部國教司（2003）。國民小學辦理兒童課後照顧服務及人員資格標準（草案）總說明，取自http://www.eje.edu.tw/ejedata/kying/2003723115/920723.htm

　　另外，兒童福利專業人員資格要點所規定之兒童福利專業人員除了幼托機構修習在職人員幼教師資職前教育課程（參考幼托機構在職人員修習幼教師資職前教育課程辦法（草案），於二〇〇三年八月一日公布施行）可以成為幼教師外，其餘皆依兒童福利專業人員資格要點所規定應具有的專業學歷或接受訓練課程。

　　「兒童及少年福利機構專業人員資格及訓練辦法」所稱兒童及少年福利機構專業人員類別及其定義如下：

1.保母人員：指於兒童及少年福利機構照顧0～2歲幼兒之人員。
2.助理教保人員及教保人員：指於托育機構、早期療育機構提供幼兒教保服務之人員。
3.助理保育人員及保育人員：指於兒童及少年福利機構，提供12歲以下兒童生活照顧之人員。
4.生活輔導人員：指於安置教養機構，提供12～18歲少年生活照顧之人員。
5.心理輔導人員：指於兒童及少年福利機構，提供兒童及少年心理諮商、輔導等服務之人員。
6.社會工作人員：指於兒童及少年福利機構提供兒童及少年入出院、訪視調查、資源整合等社會工作服務之人員。
7.主管人員：
　　(1)托育機構之所長、主任。
　　(2)早期療育機構之主任。
　　(3)兒童及少年安置及教養機構之院長、主任。
　　(4)心理輔導或家庭諮詢機構之主任。
　　(5)其他兒童及少年福利機構之所（院）長、主任。

　　另外，內政部兒童局於二〇〇四年四月十四日公布「兒童及少年福利機構設置標準草案」及「兒童及少年福利機構設立許可及管理辦法草案」說明中，對於機構應配置專業人員之類別及資格皆有詳細之說明（相關資料可參閱附錄中所列之網址）。

　　為配合新修訂「兒童及少年福利機構專業人員資格及訓練辦法」，內政

部兒童局已將兒童及少年福利機構專業人員的訓練課程委託翁麗芳教授、彭淑華教授、郭靜晃教授及柯平順教授進行規劃，內容分為托兒類、保育類、輔導類、療育類四部分。托兒類部分，包含於托育機構執行生活照顧之保母人員、教保人員、助理教保人員及單位主管；保育類部分，包含於兒童及少年福利機構執行生活照顧之保育人員、助理保育人員及安置教養機構及福利機構主管；輔導類部分，包含於兒童及少年福利機構或安置教養機構之生活輔導人員、心理輔導人員、社會工作人員及心理輔導或家庭諮詢機構單位主管；療育類部分，包含早期療育機構執行生活照顧之教保人員、助理教保人員及單位主管。有關課程內容將隨規劃研究完成後於二〇〇四年底公布，但二〇〇九年四月，「兒童及少年福利機構專業人員訓練實施計畫」業經二次研商並完成修正，於五月六日公布實施（參見表8-6）。

表8-6　兒童及少年福利機構專業人員訓練實施計畫

中華民國98年5月6日
台內童字第0980840014號令

一、為因應兒童及少年福利機構專業人員專業訓練（以下簡稱訓練）需求，規劃專業訓練課程相關事宜，提升機構服務品質，特訂定本計畫。

二、本計畫主管機關在中央為內政部，在地方為直轄市、縣（市）政府。

三、本計畫訓練單位如下：
(一)主管機關。
(二)設有相關學院、系、所、學位學程、科，並接受主管機關委託辦理之大專校院。
(三)辦理兒童及少年福利業務之團體，並經專案報中央主管機關核准辦理者。

四、訓練課程收退費基準，由辦理訓練之主管機關定之。

五、訓練師資應符合下列條件之一：
(一)與授課主題相關學院、系、所、學位學程、科之大專校院相關科系所講師以上資格者。
(二)與授課主題相關學院、系、所、學位學程、科之大學以上畢業，且具實務工作經驗三年以上者。
(三)與授課主題相關之實務經驗五年以上者。
符合前項第三款師資條件者，授課課程以實習及照顧技巧課程為限。

六、訓練課程名稱、學分數、課程內容，如附件一。

七、訓練課程成績考核方式如下：

(續)表8-6　兒童及少年福利機構專業人員訓練實施計畫

(一)參加訓練之人員參加本計畫訓練課程，一學分以十八小時計。
(二)參加訓練之人員出席該課程名稱之出席率達百分之八十以上者，始得參加成績考核。經考核及格者，授予該課程名稱之學分。

八、訓練結業（學分）證書發給方式如下：
(一)訓練期滿（學分取得）後，訓練單位應將結訓（參訓）人員名冊、出席情形及考核成績等相關資料，送主管機關備查，並據以發給結業（學分）證書。
(二)同一人參加不同年度、不同主管機關、不同訓練單位辦理之訓練課程，並已取得主管機關發給之學分證明者，得依其符合之專業人員類別，備齊證明文件向最後參加訓練之主管機關申請發給該類人員專業訓練結業證書。
(三)本計畫生效後，附件二所列各類專業人員專業訓練課程之課程名稱相關者，自參訓人員取得該課程名稱之學分日起，三年內得互相採認抵免。
(四)本計畫生效前，參訓人員已依規定參加訓練，課程名稱與本計畫相同者，自取得該學分之日起，三年內得互相採認抵免；課程名稱不同，符合附件三所列課程名稱者，亦得互相採認抵免。
(五)結業（學分）證書格式範例，如附件四。

九、專業人員依兒童及少年福利機構專業人員資格及訓練辦法第3條第4款、第6條第5款、第8條第4款、第9條第3款、第10條第4款、第13條第4款、第14條第1項第6款、第15條第5款、第16條第6款及第17條第6款進用者，應於下列期限內取得各該類人員專業訓練結業證書：
(一)本計畫生效前已進用者，應自生效日起三年內取得。
(二)本計畫生效後進用者，應自報到日起三年內取得。

附件一　各類專業人員資格之訓練課程內容

一、保母人員專業訓練課程（7學分：126小時）

課程名稱	學分數	課程內容
兒童及少年福利服務及法規導論	1	「兒童及少年福利服務」意涵、社區保母系統等相關政策、兒童人權與保護、兒童教育及照顧相關福利服務法規、福利措施與資源運用的介紹、兒童福利趨勢與未來展望。
嬰幼兒發展	1	嬰幼兒發展的分期與各期特徵，嬰幼兒身體、語言、情緒、性與性別發展概念與影響因素，嬰幼兒「氣質」之介紹與相對應的照顧與保育、嬰幼兒發展評估與量表之使用、發展遲緩兒童認識。
親職教育與社會資源運用	1	父母的角色、教養態度與方法，認識父母參與社會資源、支持網絡。保母與嬰幼兒父母及與嬰幼兒溝通之技巧、保母與嬰幼兒父母關係之建立與維持、書寫保育日誌的意義與技巧、合作備忘錄事宜、家庭支援與社會資源服務的內容與運用。
托育服務概論及專業倫理	1	托育服務之起源與主要內容、工作的重點、原則。各類教保工作的意義與內容、保母工作之意義、內容。優良保母的特質、保母工作相關法規的認識、保母工作倫理、倫理兩難情境探討。
嬰幼兒照護技術	1	嬰幼兒的生活照顧（餵食、清潔、沐浴等）之實習或模擬練習，保母術科考試講習。
嬰幼兒環境規劃及活動設計	1	嬰幼兒生活規劃：嬰幼兒的生活規律與環境規劃（餵食、清潔、休息、遊戲等之規劃）、環境安全與檢核、家庭與社區資源的介紹與運用、家庭與托嬰中心的環境對嬰幼兒的身心的影響。托育環境的規劃與布置：動線考慮、工作便利、安全性。嬰幼兒年/月齡各階段發展的遊戲與活動設計、適性玩具的選擇與應用。
嬰幼兒健康照護	1	嬰幼兒的營養與膳食設計、嬰幼兒的常見疾病、用藥常識、預防接種、照顧病童的技巧、事故傷害的預防與急救處理。

＊修畢保母人員專業訓練課程須通過保母人員技術士技能檢定方可取得技術士證。

二、教保人員專業訓練課程（20學分：360小時）

課程名稱	學分數	課程內容
兒童及少年福利相關法規	2	兒童及少年福利服務的意涵、政策、行政體制與專業制度，兒童及少年人權與保護、兒童托育、收出養服務、寄養服務、機構安置教養服務相關福利服務法規、福利措施與資源運用的介紹、兒童及少年福利的趨勢與未來展望。
兒童發展	2	「發展」的意涵、有關兒童發展的重要理論、兒童發展的分期與各期特徵，兒童身體、認知、語言、情緒、性與性別、社會行為、人格（含道德）的發展與影響因素，兒童發展的評估。幼兒期、兒童期、青春期在人類發展過程中的特徵與意義、發展的重要理論、遺傳與環境、親子關係、認知發展、社會性發展、道德性發展。
親職教育	1	親職教育的意義（歷史與展望）、父母角色與教養方法、兒童發展與親子互動，父母效能訓練（PET）、稱職父母系統訓練（STEP）、溝通分析親職教育（TA），親師溝通技巧、非傳統家庭的親職教育（單親家庭、重組家庭等）、高危險群的辨識與親職教育（特殊兒童家庭、受虐兒童家庭）、親職教育方案及設計、親職教育之推廣與發展、父母參與、父母支援系統及父母資源。
家庭支持與社會資源	1	家庭的概念及相關議題、個案管理的概念及相關議題。家庭支援服務（資訊提供、福利補助、人力支援、專業諮詢、親職教育、家庭訪視、轉介服務等）的意義、內容、服務的方式，與家庭合作的溝通技巧、家庭支援服務的工作表格、計畫的擬定、實施、績效評量，實做與討論。家長會組織運作、相關權益申訴（法規、組織、流程和處理策略等）、服務流程的標準化、督導機制、考核、家務管理與指導。
教保服務及專業倫理	2	「教保」的意涵、家庭與社會的兒童教保角色與功能、托兒所（幼兒園）的角色與功能；各年齡層幼兒的發展與托兒所（幼兒園）教保工作的內容；各種教保模式、托兒所（幼兒園）課室經營、托兒所（幼兒園）課程綱要、當前幼教問題與未來展望、教保專業倫理。
社會工作	1	「社會工作」的意涵及起源發展、理論、倫理、直接服務（個案、團體、社區工作）與間接服務（行政、督導、及管理）。社會工作基本態度及養成專業的意涵、品德修養、工作態度、倫理兩難情境探討。弱勢族群的議題、人權的尊重、兒童及少年自立性發展的支援。
特殊教育	1	認識特殊兒童及少年、特殊教育的法規、歷史、發展、服務型態。智能不足、行為異常與情緒障礙、溝通障礙、聽

課程名稱	學分數	課程內容
		覺障礙、視覺障礙、肢體障礙與身體病弱兒童介紹；學前特殊兒童之教育、資賦優異和特殊才能、早期療育的概念、融合教育的概念。
兒童行為觀察	2	各類兒童行為問題的定義、出現率、特徵及成因；各類兒童行為問題的預防方法，輔導策略及教學設計；觀察的意義、類型與技巧；觀察紀錄的意義、類型與技巧。
教保課程及活動設計	2	課程的定義、幼教（教保）課程理論之基礎、架構、型態，課程之目標、內容與組織、教保活動設計及教學方法、課程模式（幼教模式與課程）、反偏見幼兒教育課程、幼教鄉土教學活動設計。
教保環境的規劃及設計	1	幼兒園室內、外的環境規劃原則、半戶外空間的規劃與利用、幼兒課室的規劃與設計、遊戲空間的規劃與設計、學習區／角落的佈置。
教具設計及運用	2	針對嬰兒、幼兒、學齡兒童等對象，對應各年齡層幼兒發展的適切課程的教具介紹；教具設計的原理與實作。
兒童健康照護	1	兒童的營養與膳食設計、常見疾病與預防、用藥常識、預防接種、照顧病童的技巧、急救方法及技巧。
安全及事故處理	1	安全與保護的意涵、內容概要及實施應用等及食、衣、住、行、育、樂上各種事故傷害急救的方法、技巧、應用、防治及通報（如中暑、食物中毒、骨折、燒燙傷之處置，CPR技術等）。
實習	1	兒童行為的觀察、紀錄、分析與輔導；各階段兒童教保教材之規劃與實施、教保方法與實際應用、良好師生關係之建立與班級經營；教保單元所需之教具蒐集、設計、製作與應用；教保環境的空間設計與規劃、親師溝通技巧學習、兒童表現評量技巧。

＊實習課程乃透過見習與實作活動，使修習人員達到熟習兒童及少年福利機構實務的目標。本課程之實施，教師之授課人數宜有限制（建議一位教師以25人為上限；26人至50人配置二位教師，51人至75人配置三位教師），見習與實作之機構亦當有場地及人數之考慮（以不過度干擾機構為原則）；並建議授課教師將實習生依是否具備現場實務經驗製作不同的課程實施計畫。

三、早期療育教保人員專業訓練教保課程（20學分：360小時）

課程名稱	學分數	課程內容
兒童及少年福利相關法規	2	同「教保課程」之「兒童及少年福利相關法規」內容。
兒童發展	2	同「教保課程」之「兒童發展」內容。
親職教育	1	同「教保課程」之「親職教育」內容。
家庭支持與社會資源	1	同「教保課程」之「家庭支持及社會資源」內容。
早期療育及專業倫理	2	早期療育的意義、內涵、發展與趨勢。國內早期療育的法令、服務架構、流程、服務模式、融合教育、專業團隊合作、社區資源整合、轉銜服務、專業倫理與道德。專業團隊組成的法源及依據、定義、團隊成員（語言治療師、職能治療師、物理治療師、心理師、社工、特教教師、幼教教師等），專業團隊的功能、合作模式、促進專業團隊合作的方法、團隊合作的注意事項、專業建議融入教學和生活作息，專業的意涵、工作倫理、各類教保工作的意義與內容、倫理兩難情境探討實做與討論。
社會工作	1	同「教保人員專業訓練課程」之「社會工作」內容。
特殊教育	1	同「教保人員專業訓練課程」之「特殊教育」內容。
發展遲緩嬰幼兒的身心特質及需求	1	嬰幼兒在各年齡層的發展序階與品質、發展遲緩的定義、成因、身心特徵、個體與生態的影響、對身心發展與學習所造成的限制、幼兒健康體適能（評估及活動設計）、發展遲緩嬰幼兒等特殊需求。
發展遲緩嬰幼兒的保健及照護	1	重症嬰幼兒生活照護的處理（含拍痰、餵食、擺位等）、委託用藥的處理、CPR及急救（哈母雷克急救法、人工呼吸等）、在專業團隊提供意見及協助下做重症嬰幼兒的生活照護，癲癇的處理。
發展遲緩嬰幼兒的行為管理	2	行為管理的發展與趨勢、理論、專業倫理問題，行為問題的定義、類別、功能，行為管理的意義、內涵、原理與原則、流程、策略、注意事項、績效評量，實做與討論。
個別化服務方案的擬定及實施	1	個別化服務的意義、內容、流程、原則、工作表格、服務計畫的擬定、實施、績效評量，實做與討論。
早期療育的課程及教學	2	課程的意義、理論、架構，早期療育課程的原理、模式，國內現有的早期療育課程、課程的特性、課程設計的原則，常用的教學法和教學策略、有效班級經營的策略、教保環境的設計與調整、課程和教學設計工作表格的設計、依個別化服務方案來擬定學習活動計畫、設計與執行學習活動、定期評量幼兒在每個/每單元/每學期的學習活動表現、根據評量紀錄去檢討影響教學績效的因素，實做與討論。

課程名稱	學分數	課程內容
早期療育的課程及教學	2	輔具的意義與必要性、輔具服務與內涵、影響家庭決定輔具服務的因素，輔具服務的流程、輔具的類別、輔具的功能、使用原則、注意事項、績效評量，實做與討論。
發展遲緩嬰幼兒的評估	2	專有名詞的界定（篩檢、診斷、鑑定、評估或評量等）、發展遲緩嬰幼兒評估的目的、流程、內容，各種蒐集嬰幼兒身心特性與需求、生態環境資料的工具與方法、評析教育評估的原始資料、撰寫教育評估報告（個案能力與需求之分析）、說明教育評估的結果、提供服務建議，配合個別化服務方案進行總結性評量，評估的專業倫理準則，實做與討論。
機構實（見）習	1	實習或參觀機構見習及交流

＊實習課程乃透過見習與實作活動，使修習人員達到熟習兒童及少年福利機構實務的目標。本課程之實施，教師之授課人數宜有限制（建議一位教師以25人為上限；26人至50人配置二位教師，51人至75人配置三位教師），見習與實作之機構亦當有場地及人數之考慮（以不過度干擾機構為原則）；並建議授課教師將實習生依是否具備現場實務經驗製作不同的課程實施計畫。

四、保育人員專業訓練課程（20學分：360小時）

課程名稱	學分數	課程內容
兒童及少年福利相關法規	2	同「教保人員專業訓練課程」之「兒童及少年福利相關法規」內容。
兒童及少年發展	2	兒童及少年發展之意涵、重要理論、各類發展與影響因素與各期特徵。身體、認知、語言、情緒、性與性別、社會行為、人格（含道德）的發展與影響因素。發展與家庭的關係、社會環境及發展的評估。
親職教育	1	同「教保人員專業訓練課程」之「親職教育」內容。
家庭支持及社會資源	1	同「教保人員專業訓練課程」之「家庭支持及社會資源」內容。
生活與情緒管理及專業倫理	2	針對安置兒童及少年適宜之生活規劃與管理，包括上學期間與週末之時間配置、寒暑假期間之生活規劃與管理。行為的觀察策略與紀錄分析、評估。壓力及情緒的認識、解析及調適方式等、專業工作倫理
社會工作	1	同「教保人員專業訓練課程」之「社會工作」內容。
個案工作	1	個案工作的基本理論與技術、助人歷程、個別晤談之倫理議題、實務演練：傾聽、重述、真誠性、情感反映、自我表露、探尋問題、聚焦、直接引導等技巧；實務技巧統整與評估、個別會談技巧與實施應用等。
團體輔導	1	團體輔導意涵、團體動力與團體歷程、團體領導、團體中的倫理與專業、團體方案設計、團體輔導評量、實務與問題情境處理。
特殊教育	1	同「教保人員專業訓練課程」之「特殊教育」內容。
兒童行為輔導及問題處置	2	行為觀察的意義、用途、目的、方法，輔導的策略與方法的運用。偏差/保護管束兒童、受虐兒童、受性侵害兒童、身心障礙兒童、家庭變故兒童（如受刑人家庭、單親家庭、失業家庭）之認識及身心適應問題（說謊、偷竊、恐嚇、暴力行為、逃家逃學、學習適應、藥物濫用、不良娛樂、人際關係不佳等）特徵與需求、實務案例研討與問題處置。
環境設計與規劃及室內設計	1	居住環境的空間設計與規劃等相關問題之探討。室內空間之佈置與環境綠化、美化。
食品營養衛生及醫療保健	1	營養素的來源、營養常識、食物的分類、均衡飲食與健康的關係、各類食品衛生與安全常識。常見疾病的認識、預防、保健及護理之應用等。
安全及事故處理	1	同教保人員專業訓練課程之「安全及事故處理」
兒童創造性學習	1	瞭解創造力、創造性思考與經驗、創造性遊戲與戲劇、創造性律動、創造性藝術（美學、繪畫等）；創造性語言經驗、創意科學與數學、創造性社會學習等。

課程名稱	學分數	課程內容
兒童繪本讀物賞析	1	繪本讀物的種類與選擇，插畫與主題導覽；閱讀、賞析與討論故事；多元智能發展的圖畫書活動設計；織網架構（角色網、修辭網、時空網、主題結構網）與比較網（比較同主題書籍的角色與時空背景、內容）等。認識兒童文學；起源與發展；形式（圖畫、韻文、散文、戲劇）；圖畫、韻文、散文、戲劇等形式的兒童文學欣賞與習作，故事表達、兒童閱讀環境的設計與指導、兒童讀物的選擇等。
兩性關係及性別教育	1	傳統到現代的兩性關係、兩性生理發展、心理發展、性別平權、生涯發展、人際交往與溝通、友情（同儕）關係、愛情關係（戀愛美學、分手美學）、性行為、性自主與性教育（性遊戲、性越界、性騷擾、性霸凌、性侵害）、性別認同、同性戀、兩性尊重及平等觀。

五、生活輔導人員專業訓練課程（20學分：360小時）

課程名稱	學分數	課程內容
兒童及少年福利相關法規	2	同「教保人員專業訓練課程」之「兒童及少年福利相關法規」內容。
兒童及少年發展	2	同「保育人員專業訓練課程」之「兒童及少年發展」內容。
親職教育	1	同「教保人員專業訓練課程」之「親職教育」內容。
家庭支持及社會資源	1	同「教保人員專業訓練課程」之「家庭支持及社會資源」內容。
生活與情緒管理及專業倫理	2	同「保育人員專業訓練課程」之「生活與情緒管理及專業倫理」內容。
社會工作	1	同「教保人員專業訓練課程」之「社會工作」內容。
個案工作	1	同「保育人員專業訓練課程」之「個案工作」內容。
團體輔導	1	同「保育人員專業訓練課程」之「團體輔導」內容。
少年行為輔導及問題處置	2	偏差（暴力、加入幫派組織等）/保護管束（犯罪）少年、受虐少年、被性侵害、疏忽，以及有說謊、偷竊、恐嚇、暴力行為、逃家逃學、學習適應、藥物濫用、不良娛樂等偏差行為，未婚媽媽、自傷、自殘、援交、中輟、網路成癮、情緒障礙、精神障礙等少年之身心適應問題特徵、需求、實務案例研討、問題處置。
環境設計及規劃及室內設計	1	同「保育人員專業訓練課程」之「環境設計及規劃及室內設計」內容。
食品營養衛生及醫療保健	1	同「保育人員專業訓練課程」之「食品營養衛生及醫療保健」內容。
安全及事故處理	1	同「保育人員專業訓練課程」之「安全及事故處理」內容。
少年獨立生活技巧之規劃及輔導	1	協助無法返家或家庭照顧功能不足之少年獨立生活，包括財務管理、職業性向探索與求職、租屋安排、家務處理、熟悉相關法規知能等。
少年次文化	1	包括慣用語言、身體意象（如刺青、自殘、穿耳洞…等）、網路成癮（如線上遊戲、線上聊天、BBS站等）、偶像崇拜、流行文化（如大頭貼、手機、星座、塔羅占卜…）、網咖次文化等相關議題之討論。
兩性關係及性別教育	1	同「保育人員專業訓練課程」之「兩性關係及性別教育」內容。
生命教育	1	生命的意義及價值、生命教育之價值觀、人生哲學與生命觀、人權與人性尊嚴、宗教關懷與生命尊重、人生歷程與生命改變、生死議題與臨終關懷、實務研討（如教導少年如何關懷與尊重生命）。

六、心理輔導人員專業訓練課程（20學分：360小時）

課程名稱	學分數	課程內容
兒童及少年福利相關法規	2	同「教保人員專業訓練課程」之「兒童及少年福利相關法規」內容。
兒童及少年發展	2	同「保育人員專業訓練課程」之「兒童及少年發展」內容。
社會工作及專業倫理	2	同「教保人員專業訓練課程」之「親職教育」內容。
親職教育與社會資源運用	1	同「保母人員專業訓練課程」之「親職教育與社會資源運用」內容。
諮商理論及技巧	4	諮商目標與功能、各種諮商學派理論、過程、溝通技巧、諮商、技術等介紹與實務演練。
心理測驗及評量	1	各種測驗分析（人格、性向、智力、成就），評量工具的瞭解與應用、測驗倫理之基本認識。
兒童及少年犯罪心理及矯治	1	兒童及少年犯罪心理學派、理論，兒童及少年犯罪矯治學派、理論及矯治方法。
人格心理學導論	1	人格發展之理論基礎、變態人格之介紹。
團體輔導	1	同「保育人員專業訓練課程」之「團體輔導」內容。
特殊兒童及少年行為觀察及輔導	2	行為觀察的意義、用途、目的、方法，輔導的策略與方法的運用。各類特殊兒童及少年簡介及其身心發展、問題診斷。
婚姻及家族治療理論及實務	1	婚姻與家族治療之理論與歷史沿革、輔導及實施技巧。
情緒管理	1	情緒的形成因素、因應策略與方法、情緒管理方法。
機構實（見）習	1	參觀機構及交流，使學生得以瞭解機構實務之運作情形與問題：瞭解機構實務之行政運作、實務工作之執行內容、協助案主時所運用的理論、觀念及工作技巧等實務運作之問題。

＊實習課程乃透過見習與實作活動，使修習人員達到熟習兒童及少年福利機構實務的目標。本課程之實施，教師之授課人數宜有限制（建議一位教師以25人為上限；26人至50人配置二位教師，51人至75人配置三位教師），見習與實作之機構亦當有場地及人數之考慮（以不過度干擾機構為原則）；並建議授課教師將實習生依是否具備現場實務經驗製作不同的課程實施計畫。

七、社會工作人員專業訓練課程（20學分：360小時）

課程名稱	學分數	課程內容
兒童及少年福利相關法規	2	同「教保人員專業訓練課程」之「兒童及少年福利相關法規」內容。
兒童及少年發展	2	同「保育人員專業訓練課程」之「兒童及少年發展」內容。
社會工作及專業倫理	2	同「心理輔導人員專業訓練課程」之「社會工作及專業倫理」內容。
親職教育	1	同「教保人員專業訓練課程」之「親職教育」內容。
社會資源開發與運用	1	志工管理、個案管理、公共關係、資源整合；人力、物力、財力、資源募集；組織建構、行銷基礎概論。
個案工作	1	同「保育人員專業訓練課程」之「個案工作」內容。
團體輔導	1	同「保育人員專業訓練課程」之「團體輔導」內容。
社區工作	1	社區工作的意涵、起源、方法與原則、技巧、紀錄、過程、評估、社區權力結構分析。
諮商理論及技巧	2	諮商目標與功能、各種諮商學派理論、過程、溝通技巧、諮商、技術等介紹與基本認識。
家庭社會工作	1	家庭社會工作基本概念、家庭的問題及產生的原因、家庭社會工作的服務內容、服務流程；親職教育導論與家庭相關議題之法令介紹、家庭支持及社會資源運用。
方案規劃及評估	2	問題陳述與需求之分析、方案假設、目標設計與評估、品質控制。
會談技巧	1	溝通原理與技巧，會談過程與方法、基本原理與運用。
社會工作研究方法	1	瞭解研究之基本原理與執行、正確解析研究資料、調查及訪問方法、統計分析的方法與運用。
督導技術	1	督導的功能、原則、方法與技術
機構實（見）習	1	參觀機構及交流，使瞭解機構實務之運作情形與問題：瞭解機構實務之行政運作、工作人員實務工作之執行內容、協助案主時所運用的理論、觀念及工作技巧；瞭解機構實務運作之問題。

＊實習課程乃透過見習與實作活動，使修習人員達到熟習兒童及少年福利機構實務的目標。本課程之實施，教師之授課人數宜有限制（建議一位教師以25人為上限；26人至50人配置二位教師，51人至75人配置三位教師），見習與實作之機構亦當有場地及人數之考慮（以不過度干擾機構為原則）；並建議授課教師將實習生依是否具備現場實務經驗製作不同的課程實施計畫。

八、主管人員專業訓練課程（15學分：270小時）

課程名稱	學分數	課程內容
兒童及少年福利政策及法規	1	整體兒童及少年福利之發展趨勢、政策、精神與立法要旨；檢視現行的兒童及少年福利政策意涵、現況以及相關法規（如：政府採購法、土地、都市計畫等），主管人員有必要理解的相關政策與法規的內涵與應用。
兒童及少年發展	1	發展的意涵、有關兒童少年發展的重要理論、發展的分期與各期特徵、發展與家庭關係、發展與社會環境、發展的評估。
親職教育方案及家庭支援的規劃及管理	1	家庭的概念及相關議題、個案管理的概念及相關議題。家庭支援服務（資訊提供、福利補助、人力支援、專業諮詢、親職教育、家庭訪視、轉介服務等）的意義、內容、服務的方式，與家庭合作的溝通技巧、家庭支援服務的工作表格、計畫的擬定、實施、督導機制、績效評量，實做與討論。家長會組織運作、兒童及少年相關權益申訴及案例討論。親職教育方案設計的基本概念、類型與分析、方案的推廣、可能問題及因應、不同家庭型態（如單親家庭、重組家庭、收養家庭、隔代教養家庭或跨國婚姻家庭等）與親職教育方案的設計及推廣。
督導及專業倫理	1	督導的功能、原則、方法與技術與專業倫理
安全管理	1	安全教育的規劃與實施（安全教育的意義內涵實施原則、行政組織、規劃要點、具體措施）環境規劃與安全、機構外的活動安全（戶外活動、車輛管理）、機構內的安全管理（危險物品的管理、設施設備的管理、門禁管理、接送制度、保險制度、天然災害的防治機制）、事故傷害的處理。無障礙環境的規劃、運用和維護的原理、方法與注意事項。
健康照護	1	醫療轉介機制（定期健康檢查、傳染/非傳染疾病防禦及處理、藥品管理）、衛生教育（員工及個案自我保護）、環境衛生（廢棄物處理、環境維護、儲藏空間管理）、膳食管理（工作人員的健康檢查和專業證照、膳食的規劃與實施、餐具及廚具清潔、進食方式、依個案需求提供服務）。個人、特殊群體、組織和社區的健康行為特質及其影響因素；流行病、當前的公共衛生問題、公共衛生政策、環境保護新知有害物質的防護措施。
人力資源管理	1	機構人事管理、策略規劃角色、人事規劃、召募、工作分析、領導與溝通、績效評估、勞資關係、機構人員生涯規劃、安全與健康。

課程名稱	學分數	課程內容
行政／組織管理	1	行政決策、規劃、組織設計、組織的理論、組織行為、激勵、領導、溝通、控制、組織衝突。危機的形成、危機的因應策略與方法、性別與權力。
財務管理	1	機構財務管理的重要性、基本原理、實施方式，預算、會計、財物調整、捐募等等實務問題探討等。
公共關係及危機處理	2	公共關係的重要性、基本理念、規劃原則、計劃執行與技巧、評估、社區關係與資源應用、關係的維持與擴展；公共關係與機構經營的關係；機構危機處理（相關情報蒐集與研判、領導人的決策、決策者的互動、與機構的執行；衝突理論、談判與溝通理論、決策分析理論、嚇阻與博奕理論）。社區資源的介紹與運用；網路資源的介紹與運用；機構在社區的角色與任務、機構與社區發展的關係
行銷及經營	1	競爭者分析、市場分析、環境分析、機構內部分析、成長策略、多角化策略、營利企業與非營利事業的行銷概念、行銷的各領域及應用：消費者行為、行銷研究、區隔、定位、產品開發、決策理論等。
方案規劃及評估	1	方案之設計原則、目的、實施等的考量以及效益評估之探討。
兒童及少年問題及處置	1	瞭解安置機構兒童及少年常見之問題及處置策略，包括偏差/保護管束、受虐及受疏忽、受性侵害、身心障礙、家庭變故等兒童少年問題之特徵及處置，及安置機構兒童及少年發生偷竊、鬥毆、霸凌、性越界、性侵害、逃院等事件之通報與處遇。
特殊兒童教保服務	1	特殊教育的鑑定安置與輔導、個案管理及個別化教育計畫（IEP）、特殊兒童的轉銜計畫、學前融合教育與早期療育、特殊兒童與親職教育。

附件二　各類兒童及少年福利機構專業人員訓練課程抵免對照表

訓練課程	課程名稱／學分數					
教保人員專業訓練早期療育	兒童及少年福利相關法規／2		親職教育／1	家庭支持及社會資源／1		社會工作／1
教保人員專業訓練保育人員	兒童及少年福利相關法規／2		親職教育／1	家庭支持及社會資源／1		社會工作／1
專業訓練生活輔導人員	兒童及少年福利相關法規／2	兒童及少年發展／2	親職教育／1	家庭支持及社會資源／1		社會工作／1
專業訓練心理輔導人員	兒童及少年福利相關法規／2	兒童及少年發展／2	親職教育／1	家庭支持及社會資源／1		社會工作／1
專業訓練社工人員專業訓練	兒童及少年福利相關法規／2	兒童及少年發展／2	親職教育與社會資源運用／1	親職教育與社會資源運用／1	諮商理論與技巧／4	社會工作／1
主管人員專業訓練	兒童及少年福利相關法規／2	兒童及少年發展／2	親職教育／1		諮商理論與技巧／2	社會工作及專業倫理／2
	兒童及少年福利政策及法規／1	兒童及少年發展／1				

＊本表所列課程名稱同欄得互抵。但學分數少者不得抵學分數多者。

附件三　兒童及少年福利機構專業人員訓練實施計畫生效前後

課程名稱對照表

訓練類別	課程名稱 本計畫生效前	本計畫生效後
保母人員 專業訓練	親職教育導論	親職教育與社會資源運用
	托育服務概論	托育服務概論及專業倫理
教保人員 專業訓練	兒童及少年福利服務及法規	兒童及少年福利相關法規
	教保理論及實務	教保服務及專業倫理
早期療育教保 人員專業訓練	兒童及少年福利服務及法規	兒童及少年福利相關法規
	早期療育概論	早期療育及專業倫理
保育人員 專業訓練	兒童及少年福利服務及法規	兒童及少年福利相關法規
	生活管理、紀錄及評估、壓力調適及情緒管理	生活與情緒管理及專業倫理
	個別諮商輔導實務	個案工作
	團體諮商輔導實務	團體輔導
	安全事故處理	安全及事故處理
生活輔導人員 專業訓練	兒童及少年福利服務及法規	兒童及少年福利相關法規
	生活管理、紀錄及評估、壓力調適及情緒管理	生活與情緒管理及專業倫理
	個別諮商輔導實務	個案工作
	團體諮商輔導實務	團體輔導
心理輔導人員 專業訓練	兒童及少年福利服務及法規	兒童及少年福利相關法規
	社會工作理論及實務	社會工作及專業倫理
	親職教育	親職教育與社會資源運用
社工人員 專業訓練	兒童及少年福利服務及法規	兒童及少年福利相關法規
	社會工作理論及實務	社會工作及專業倫理
主管人員 專業訓練	兒童少年發展概論	兒童及少年發展
	督導技術	督導及專業倫理

附件四

兒童及少年福利機構專業人員訓練
結業（學分）證書

○○○證字第○○○號

○○○君　國民身分證統一編號：S000000000民國○年○月○日出生
參加○○○○人員專業訓練課程　○○學分　課程自○○年○○月○
○日至○○年○○月○○日　經評核成績及格　准予結業（取得學分）

此　證

主管機關　首長

中華民國○○年○○月○○日

｛正面｝

兒童及少年福利機構○○○○人員專業訓練課程
學分表

主管機關	辦理單位	課程名稱	學分	課程期間	備註
○○縣（市）政府				○○年○○月○○日 至 ○○年○○月○○日	
○○市政府 社會局				○○年○○月○○日 至 ○○年○○月○○日	
內政部 兒童局				○○年○○月○○日 至 ○○年○○月○○日	

本章小結

　　幼托合一應朝向制度法令合一的走向來進行並進而涉及托教機構合一，主管單位定位清楚並全面規劃統一教保人員之職務級，以使托教人員職務齊一化。托育服務是反映國家對兒童照顧的社會及家庭的政策之一，我國托育服務的發展過程中，由於法規設立未能制訂完備，致使托育服務機構之功能性規劃混淆不清，其間在設立時有因應不同之學齡前兒童年齡、收托時間、提供服務設施或單位而有其不同之名稱與功能。

　　綜觀世界各發展國家，有教育及保育之兩軌制（教育與社會福利），也有單軌制，並且在年齡也有所區分，以美國、英國為例，幼稚教育係指5～8歲之兒童，而0～5歲之兒童則隸屬社會福利之兒童照顧體系。據此則是國民教育向下延伸一年而成為十年國教，並將普遍設立公立幼稚園，並將小學一、二年級教學符合幼兒化之原則，諸此問題則要全面考量教育政策是否可以配合。

　　托育服務也有從功能來區分，例如我國的托教政策，據此觀點要從法律與制度來認識及區分「托兒」與「教育」之區別，但由於法律之規範，行政之公權力及業者不能配合，而造成現今托育現況與法律之規範的差距，更造成現有托育執行之困難。托教區分的第二個方式則以年齡為劃分依據，例如，日本是以4～6歲為分野，為顧及符合兒童之最佳利益，不損害現有業者生存空間及行政執行之劃分，這也不失為一種解決問題的策略。據此，為符合現有托育之現況，作者建議以3歲為劃分點，分為0～3歲的兒童托育及3～6歲的幼兒教育的兩種兒童照顧方式，合而成為我國兒童照顧體系，各司其職，各顯其功能。從此一角度為出發點，托教之工作人員的齊一化及合流則勢在必行，但因教育投資、專業訓練背景之不同，合流而不劃分其等級有失其公平性。因此，合流後之分級制也不失是一可行解決不公平的策略之一。

　　長久以來，托兒所及幼稚園之執行皆身兼教與保之功能，工作內容一致，而資格（歷）不同，就應有不同的待遇，但如資格（歷）相同，工作

內容又一致，那待遇就得一致，因此合流之後的分級如果可行，應更清楚明列各等級之最低待遇，以確保托育人員之生活照顧，如此一來，健全托育服務品質之齊一化則指日可待。

「幼托合一」政策自一九九七年十二月四日蕭前院長本著國家總體資源應用及民間未能依教育與社會福利之原有功能而造成幼稚園與托兒所的辦理紛擾，以及多頭馬車的托育體制，復於一九九八年七月二十一日全國福利會議結論指示：將托兒所及學前教育整合事宜列為應優先推動之重點工作，於是展開幼兒幼教與托育整合方案之研擬規劃。歷經七年並由教育部與內政部經多次協商及邀請幼教學者、團體、業者召開無數次會議，也委託相關小組執行研究規劃，研擬「幼兒托育與教育整合方案」，並召開公聽會。但是整合與協調之困難，尚未獲得共識，未來還有一大段路要走，例如修法、訂定相關規定與辦法。教育部已訂定「發展與改進幼兒教育中程計畫」，預計從強化法令、加強行政效能、提升師資素質水準、豐富課程及教學資源、健全輔導等五大方向，以期全面改善幼稚教育，規劃相關方案及配套措施，預計在二○○四年離島地區先行試辦「國民教育幼兒班」，二○○五偏遠地區及原住民地區辦理，二○○六年將全面實施。不過在二○○四年六月二十日經多次舉辦公聽會，原訂二○○六年全面實施的「國民教育幼兒班」因幼教學者及家長的抗議，以及師資和經費不足之情形，政策緊急煞車，改為針對原住民、身心障礙學生、中低收入戶、外籍配偶子女、特殊境遇婦女等弱勢家庭給予補助（聯合報，2004年6月21日）。

相對地，為了因應托教合一的國教中程計畫，兒童局也於二○○○年七月十九日修訂公布「兒童及少年福利機構專業人員資格及訓練辦法」，目前相關課程及訓練已委託專案小組規劃，預定二○○四年十月完成，而自二○○五年起，幼兒園之資格及未來專業人員之訓練將依新辦法實施，以期能達成托教整合之目標：

1. 整合運用國家資源，健全學前幼兒教保機構。
2. 符合現代社會與家庭之教保需求。
3. 提供幼兒享有同等教保品質。
4. 確保立案幼稚園、托兒所暨合格教保人員之基本合法權益。

參考書目

一、中文部分

內政部（1997）。《兒童福利專業人員資格要點暨訓練實施方案》。內政部社會司委託研究。

王麗容（1995）。《台北市家庭結構變遷與福利需求之研究》。台北市政府研考會。

王麗容（1999）。《展望二十一世紀家庭政策——給女性一個選擇》。中華民國社會福利學會：家庭、社會政策及其財務策略。國際學術研討會。

沈時傑（1996）。《社會工作Q&A》。台北：風雲論壇出版社。

林勝義（2002）。《兒童福利》。台北：五南圖書公司。

邱世鵬、陳正乾（1999）。《幼稚園與托兒所的整合方案》。第七次全國教育會議幼教建言專輯（頁27-36）。台北：信誼基金會。

俞筱鈞、郭靜晃、彭淑華、張惠芬（1996）。《學齡前托育問題之研究》。台北行政院發展考核委員會。

張煜輝（1992）。民眾福祉為先專業福祉為要——建立社會工作專業制度的策略與取向。《福利策略措施的商榷》。台北：中華民國社區發展研究訓練中心。

郭國良（1996）。《婦女休閒活動參與、人口變項及自我概念之研究——以高雄市已婚婦女為例》。國立高雄師範大學成人教育研究所碩士論文。

郭靜晃（1999a）。《婦女參與休閒之限制與因應對策》。中華民國戶外遊憩學會：婦女與休閒研討會。

郭靜晃（1999b）。《幼托人員合流之分級制度可行之探討》。高雄縣政府幼托合一研討會。

曾華源（1993）。美國社會工作專業教育的發展趨勢。《社區發展季刊》，61，82-89。

馮燕（1995）。《托育服務：生態觀點的分析》。台北：巨流圖書公司。

馮燕、廖鳳瑞（1999）。幼托人員證照制度座談會。

穆仁和（1999）。兒童托育服務的省思：台灣托兒所保育人員品質提升之需要性。

「國幼班」煞車只給弱勢者（2004年6月21日）。聯合報。

謝友文（1999）。《保母專業倫理、權利與義務》。台北市政府勞工局。

二、英文部分

Hass, L. (1992). *Equal parenthood and social policy.* New York: State University of New York Press.

Kamerman, S. B. (1996). The new politics of child and family policies. *Social Work,* 4, 454-464.

三、網站

內政部兒童局（2000）。兒童福利專業人員資格要點說明，取自http://www.cbi.gov.tw/my/img/da023/20/07101138.doc

內政部兒童局（2000）。兒童福利專業人員訓練實施方案，取自http://www.cbi.gov.tw/my/img/da023/20/07101135.doc

教育部（2000）。「幼托整合方案規劃」專案，取自http://140.111.1.192/minister/case/0422.htm

教育部、內政部（2001）。幼托整合規劃結論報告書（草案）簡明版，取自http://140.122.120.230/ejedata/kying/20041121444/930112-2.htm

教育部國教司（2003）。國民小學辦理兒童課後照顧服務及人員資格標準（草案）總說明，取自http://www.eje.edu.tw/ejedata/kying/2003723115/920723.htm

四、政府公文

1999年10月22日北市社五字第8826986800號函。

1999年7月19日內政部台（89）內童字第號8990037函。

2000年7月27日北市社五字第8925164400號函。

第三篇
服務篇

Chapter9

第九章

支持性的兒童福利服務

　　兒童福利是社會福利的一環，社會福利涵蓋社會保險、社會救助及福利服務三方面。Kadushin及Martin（1988）以服務輸送提供與家庭功能間的關係，也就是說利用兒童服務輸送以其和家庭系統互動的目的及所產生的家庭功能，將兒童福利服務分為三類：支持性、補充性及替代性的兒童福利服務（可參考第一章圖1-2）。支持性兒童福利服務目的在支持、增進及強化家庭功能、滿足兒童需求之能力，使原生家庭成為兒童最佳的成長場所；補充性的兒童福利服務目的在彌補家庭對其子女照顧之不足或不適當的情況所給予家庭系統之外的福利服務；替代性的兒童福利服務目的在針對兒童之個人需求，提供一部分或全部替代家庭照顧功能的福利服務。之後從第九章至第十二章將介紹有關支持性、補充性及替代性兒童福利服務的措施與作法，第十三章將介紹一些概念性的兒童福利服務的新思維與作法。

　　支持性的兒童福利服務即是運用家庭外之資源給予原生家庭的支持，也是兒童福利服務的第一道防線，即當家庭結構仍然完整，但家庭關係及親子關係產生緊張，使家庭成員承受壓力，若其壓力持續進行而未能減緩，將導致家庭結構之破壞，如遺棄、分居離居或其他危機時，也可能產生兒虐事件，則可經由以家庭為本位的計畫（可參考第十三章）及兒少保護機構所提供之支持性服務，並借助家庭本身的力量，增強父母親的努力；致力處理父母的婚姻衝突，設法減低親子關係的緊張，使得家庭功能得以修補、維持、改善，以免兒童少年產生不良之影響（陳武雄，2003），其具體的措施包括有兒童少年與家庭諮詢輔導服務、兒童少年休閒娛樂、發展遲緩兒童療育服務、未婚媽媽及其子女服務等。

第一節　兒童少年與家庭諮詢輔導服務

　　我國兒童少年福利法第19條規定：直轄市、縣（市）政府，應鼓勵、輔導、委託民間或自行辦理兒童及少年福利措施，包括對兒童其家庭提供諮詢輔導服務（第3款）以及辦理親職教育（第4款）。

　　馮燕（1994）受內政部委託所做的「兒童福利需求初步評估之研究」

發現：由於家庭照顧與保護功能受損、衰退或喪失之後，導致兒童福利需求日趨殷切需求，故維護家庭功能是最能預防兒童遭遇不幸之基本計策，又投資預防防線之1元經費可比事後矯治、安置的3～7元治療費用。王麗容（1992）受台北內政部社會局所委託之「台北市婦女就業與兒童福利需求之研究」發現：台北市兒童之家長對於支持性兒童福利之需求順位相當高，包括：親職教育、諮詢服務、兒童問題諮詢服務、婚姻問題諮詢服務、家人關係諮詢服務等家庭諮詢服務等，占了五成以上。

此外，內政部統計處（1997）在一九九五年所做的「兒童生活狀況調查」資料中也發現：台灣地區家長之育兒知識來源絕大多數是來自「傳統育兒經驗（長輩親友傳授）」、「同輩親友討論」為居多，絕少是來自「參與婦女、親子、育女有關座談、演講活動」或「參與保育方面的訓練課程」。而《天下雜誌》在一九九九年十一月特以0～6歲學齡前教育為主題做了一系列的專刊報導，其中更以一九九九年十月間針對台灣學齡前兒童之家長進行「兒童養育與親子關係調查」，其發現：現代父母都希望當個好父母，有69.0%之父母認為孩子是3歲看大、6歲看老，0～6歲是一生最重要的發展關鍵期。有31.6%認為培養孩子健全人格發展是首要責任，但是他們卻也表示不知如何教養兒童，可以顯現現今家長在養育子女之認知與行為是存有一段落差。

環顧今日台灣社會的家庭，面臨各種變遷，衍生各種問題，如壓力日增、離婚率不斷提升，而使得破碎家庭數目漸增，單親家庭、再婚家庭問題也隨之而來，此種情形造成兒童及少年產生問題行為甚至造成犯罪事件。

兒童家庭福利服務在實行方面大至可分為兩類：一為家庭服務機構，其功能在解決個人與家庭的問題，舉凡父母管教子女的問題、家中手足關係緊張、夫妻婚姻關係失調、失業、住屋、工作壓力使得父母扮演親職角色的困難，都可以藉由家庭諮商服務獲得改善；另一為兒童輔導中心，亦為兒童諮詢輔導，主要在於解決兒童適應及行為問題，舉凡兒童發展的問題、人格問題、反社會行為、精神病變問題、心身症、兒童在家庭或學校中與同儕團體關係不佳、學業表現低落、學習困難、情緒困擾等，都可藉由對兒童本身進行輔導諮商來改善兒童的適應問題。兒童家庭福利服務，

即為針對兒童本身及其所處的家庭環境兩方面，提供適當諮詢，雙管齊下，直接及間接促進兒童福祉。

家庭服務，源起於慈善組織（charity organization），以美國為例，係在一八八○年逐漸形成，一九三○年代，因「經濟大恐慌」（the Great Depression），除對受助者提供經濟上的支持以外，更因服務方式的演進，與受助者為友，透過個人的影響力及社工員的興趣，協助案主運用具體資源以自助，服務功能也從賑濟定位至解決人際關係的困擾、情緒問題、家人關係問題、親子問題、婚姻適應問題。直至一九五○年代，此服務之重點的轉變為社會大眾所接受，美國家庭服務協會（The Family Service Association, 1953）宣示，機構主要宗旨為「增進家人和諧關係、強化家庭生活的正面價值、促進健康的人格發展及各家庭成員滿足的社會功能」（鄭瑞隆，1997）。

而兒童諮詢服務則最早源於對青少年犯罪問題的研究。從四個方面來瞭解兒童及青少年，包括：以醫學檢查兒童生理特質與能力；以心理測驗評量兒童智慧能力；以精神科面談來評估兒童的態度與心理狀況；探討兒童生命發展史及社會環境。從生理、心理及社會來探討兒童問題行為之原因，為今日兒童諮商輔導的主要診斷方法（鄭瑞隆，1997）。

我國目前的兒童家庭福利服務在家庭諮詢服務部分多由社政單位配合教育單位以及部分民間團體，如「救國團張老師」、社會福利機構實施。依據行政院一九八六年三月核定「加強家庭教育促進社會和諧五年計畫實施方案暨修正計畫」所成立之「家庭教育服務中心」，在全省共有23個縣市提供家庭諮詢服務工作服務，加強家庭倫理觀念，強化親職教育功能，協助父母扮演正確角色，引導青少年身心之健全發展，協助全省民眾建立幸福家庭，促進社會整體和諧。家庭教育服務中心是我國專責推廣家庭教育機構，兒童及家庭諮詢為其工作項目之一。此外，省政府社會處指示台北、台中及高雄等三所省立育幼院（二○○○年後配合廢省已改為北、中、南部兒童之家），設置兒童諮詢中心，截至一九九○年七月止，3所累計接案次數達4,216件，且彙編個案資料編印成書，拓展兒童福利宣導。台北市政府社會局亦於一九七五年十月即成立兒童福利諮詢中心，提供有關兒童福利措施之解答。民間一般社會機構（如信誼基金會、家扶中心、友緣基金

會）及諮商輔導機構（如救國團張老師）亦常附設「家庭諮詢專線」提供民眾有關子女教育、管教問題、親子關係失調的電話諮詢，或是定期舉行開放式的親職教育座談、演講，或是透過與廣電基金合作製播探討及解決家庭問題（如愛的進行式）之戲劇節目以推廣家庭服務。

　　兒童問題輔導方面，則以台大兒童心理衛生中心、北區心理衛生中心以及各醫院提供的兒童心理健康門診，提供有關兒童精神疾病、問題行為、身心障礙等復建及治療服務。一般兒童福利機構亦提供家長及兒童有關學業輔導、人際問題、問題行為以及發展特質等諮詢服務。

　　前面所述，我國目前部分機構所提供兒童與家庭諮詢服務，但就王麗容（1992）的研究推估顯示，僅台北市一處便有十萬名以上的家長需要支持性兒童福利服務。〈一九九二年及一九九五年台灣地區兒童生活狀況調查〉亦顯示，家長認為在面對養育子女時所面臨的困難有兒童休閒場地及規劃化活動不夠、父母時間不夠、不知如何培養孩子的才能或如何帶孩子、課後托育及送托的問題等等，且在管教子女的過程中亦曾遭遇子女愛吵鬧、脾氣壞、說謊、對子女學業表現不滿意、情緒不穩、打架、父母間或父母與祖父母間意見不一致，甚至不知如何管教子女等難題，而處理這些難題的方式，通常是家長採取自己的方法解決，或者是向學校老師、親朋好友求教，而向專業的政府機構或是民間機構求教者未達3%（內政部統計處，1997）。

　　除此之外，家長對於政府所辦理的兒童福利機構或措施的利用及瞭解情形，除了公立托兒所、兒童教育及休閒設施等福利機構較為知道且利用外，其餘的兒童福利服務措施包括有：兒童生活補助、親職教育活動、個案輔導、寄養家庭、醫療補助、低收入兒童在宅服務、保護專線、兒童養護機構均顯示不知道而未利用。在王麗容（1992）的調查研究中亦有結果顯示，家長認為目前政府應加強辦理的兒童福利措施包括有：兒童健康保險、增設公立托兒所托嬰所及課後托育中心、增設兒童專科醫療所、醫療補助、籌設兒童福利服務中心、推廣親職教育、增加兒童心理衛生服務等項目，每一項目均有超過9%以上（最高的有50%以上）的兒童家長人口表示應加強該項福利服務措施。若以一九九二年及一九九五年台灣地區兒童生活狀況調查結果來推算，因應上述需求的綜合性家庭福利服務機構在我

429

國實爲數不多,甚至缺乏,相對地,我國從事兒童及家庭諮詢的專業人員目前亦缺乏整合(內政部統計處,1997)。

　　反觀國外,以日本與美國爲例。在日本,兒童相談所(即兒童諮商所)爲一根據日本兒童福利法所設置主要專門的行政機關兼俱兒童福利服務機關以及行政機關的雙重角色。而且兒童諮商所的設置,乃斟酌該區域兒童人口及其他社會環境以決定管轄區域之範圍,切實提供日本家長與兒童諮商服務。另外,在美國亦有社區心理衛生中心及兒童諮詢機構深入社區以服務民衆,對於僅需協談與諮詢即可加強其功能的家庭而言,成效頗佳。

　　兒童福利服務的提供有三道防線,家庭與兒童諮商服務乃屬第一道防線,若能在兒童與家庭出現問題時,立即提供輔導與支持,防微杜漸,或許可預防因爲發現問題而使兒童遭受不可磨滅的傷害。

　　因此,我國未來制訂兒童與家庭諮詢福利服務之家庭照顧政策時,或許可參考的因素有:

1.人口因素:不同發展年齡之兒童人口數量。
2.行政機構:規定設立一定比例之兒童與家庭福利服務之行政專責機關,並提供綜合服務。
3.研發工作:鼓勵相關研究,包括:兒童發展、社會個案工作、家族治療、調查兒童生活狀況等研究工作。
4.專業社工:專業人員的養成教育及訓練工作。
5.行政配合落實社區:社政單位應與教育部門配合,以社區爲中心,以家庭爲單位實施,如於各級學校內增設家長與學生輔導室或於衛生所區公所設立家庭諮詢中心以及社區內設立兒童心理衛生中心。
6.立法明令:界定兒童心理衛生中心以及兒童與家庭諮詢服務中心的設立範圍與標準。

第二節　兒童少年休閒娛樂

　　根據我國勞動基準法，規定勞工每週工作總時數不得超過48小時。過去人民的工作態度是寧可增加勞動時間，以賺取更多收入，而近來的趨勢是：與其增加收入，毋寧減少工作時間（李玉瑾，1991）。工作時間的縮短意味著生活中可供支配的時間相對增多，使之得於今日社會經濟生活較寬裕之際，行有餘力從事多元化的休閒活動，休閒的重要性便逐漸凸顯出來。

　　家庭是影響兒童最深的初級團體，也是其社會化過程中的重要據點，現代父母對子女的重視與期望，不難由四處林立的兒童才藝班、安親班窺知一二。因此，兒童休閒的需求必然隨著父母工作時數的縮短而呈現日益增多的負向關係。

　　而遊戲活動需有某些設施，兒童在學校生活之外亦需有遊戲場、遊戲中心、社區公園、運動場，如此看來，休閒的多樣性亦是兒童休閒育樂的需求之一。此外，社會變遷衍生了工業化、都市化，造成都市人口擁擠，在寸土寸金的都市計畫中，安全的遊戲空間遂成兒童休閒娛樂之另一需求。此次兒童少年福利法之修訂，特以兒童休閒安全列為考量重點之一。

一、「休閒」的意涵

　　休閒活動──Recreation一詞源自希臘字Recreatio而來，其原意為Re-creation，意即「再創造」之義，藉由參與活動，使自己情緒及健康回復到最佳狀態，而能精神煥發地在自己的工作崗位上迎接任務、努力工作（殷正言，1985）。

　　休閒的定義，至今由於各派學者立論不同，各執一說：Meyer 與 Brightbill 主張休閒的定義為：「自由、不被占據的時間，一個人可以隨其所好，任意地休息、娛樂、遊戲或從事其他有益身心的活動」（張春興，1983）；Gist與Fava對休閒活動提出更為詳盡的定義，認為休閒是除了工作

與其他必要的責任外，可自由運用以達到鬆弛（release）、社會成就（social achievement）及個人發展（personal development）等目的的活動（轉引自黃定國，1991）；無怪乎古典學派認爲，休閒活動是個人心靈高等價值的培養（曾晨，1989）。

黃定國（1992）依據各派學者不同的角度，將「休閒」一詞的定義歸納爲下列四類：

1. 從「剩餘」的觀點而言：狹義的休閒時間是指不受拘束的時間，但以整個生活層面看，廣義的休閒生活，則涵蓋約束時間（工作、家事或就學所需的時間）、必須時間（睡眠、飲食及處理身邊事物所需的時間）與自由時間。

2. 從休閒的功能及內容而言：休閒是指最不令人有壓迫感的時間，這段時間可依個人的自由意志加以選擇，由此在心態上是志願而非強迫性的，休閒活動的從事不是爲生計，而在於獲得眞正的娛樂。

3. 從「規範」的觀點而言：這類的定義強調休閒活動的品質（quality），除了促進個人認知領域外，休閒活動更應具有促進社會和諧的積極意義。

4. 從工作的認知而言：工作主義中心的人，將休閒定義爲：藉由休息，儲存精力以便明天再繼續工作，職是，貯存工作精力所使用的時間、空間及所進行的活動，就是休閒。在「生產第一」的前提下，餘暇絕非只是單純的遊樂，而是兩個工作日之間的一個暫歇。

由是觀之，可以歸納出休閒具有兩個層面的意義：從時間上來看，休閒是工作和其他社會任務以外的時間；從活動性質來看，必須是放鬆、紓解和按照個人之所好而爲之的一種活動。換言之，休閒係指個體自由運用其勞動之餘的時間，進行其自由選擇的活動，而且此活動沒有特定的工具性的目的，反之帶給個體紓解身心、增進社交、擴展認知與見識，並促進個人之社會與情感的功用。除此之外，也兼對家屬與社會起積極之作用，如增加生活素質及改善社會風氣。對兒童而言，休閒是遊戲的延續，兒童得以利用遊戲擺脫社會規範和限制，尋求自由發揮的性質。唯有透過「玩」的過程，兒童可以消耗精力、發洩情緒、紓解壓力、獲得自由與自主，並

從中得到成長（王小瀅，1993：3）。

二、休閒娛樂與兒童發展的關係

「遊戲學習化」、「學習遊戲化」一直是推廣學前教育的一種口號，也反映遊戲與兒童發展的關係。此外，根據心理學的研究，遊戲是兒童發展智慧的一種方法，換言之，遊戲是兒童的學習方法之一（李明宗，1993）。遊戲與休閒活動所受重視的程度深受教育及社會的關心所影響，然而，遊戲與休閒對兒童發展之影響是受人肯定且深信不疑的。一般而言，遊戲、休閒與兒童發展之關係可從情緒、認知、語言、社會與身體動作來加以探討：

(一)遊戲、休閒與情緒發展

在人的社會化過程，兒童追求自主性的發展與成長，與其迎合社會規範所約束及要求是相互衝突的，因此，在成長的過程，兒童承受相當大的壓力。而兒童的因應之道便是遊戲。如果兒童被剝奪這種遊戲經驗，那他就難以適應於社會。而如果兒童所成長的家庭與社會不允許，也不能提供足夠空間、時間、玩物以及良好遊戲、休閒的媒介，那孩子很難發展自我及對他人產生健康的態度。就兒童生命週期（life cycle）來看，嬰兒要從人與玩物的刺激來引發反應以獲得安全的依戀（secured attachment）。到了幼兒時期，遊戲成為表達性情感的媒介，並從遊戲學習有建設性控制情緒。到了兒童期的發展，最重要是學習語文，如讀寫能力。當兒童參與休閒活動或遊戲（games）可增加自我尊重及情緒的穩定性。遊戲因此可提供兒童發展領導、與人合作、競爭、團隊合作、持續力、行為彈性、堅毅力、利他品質，而這些品質皆有助於兒童正性的自我概念。

(二)遊戲休閒與認知發展

一九六〇年代，Piaget和Vygotsky的認知理論興起並刺激日後認知學派的蓬勃發展，探究其原因，主要是由認知發展理論中發現：遊戲除了幫助兒童情緒的調節，並且激發兒童各項智能技巧，如智力、保留概念、問題

433

解決能力、創造力等的發展。就兒童發展的階段來看，在嬰兒期，嬰兒天生即具有能接近環境中的新物體，且對於某些物體有特別的喜好，如鮮明刺激、三度空間、能發出音響的物體，尤其是動態的物體。在幼兒期，幼兒由於語言及邏輯分類能力大增，更有助於幼兒類化（generalization）的發展，而這些能力的發展更有助幼兒形成高層次的抽象能力，如假設推理、問題解決或創造力。

在兒童期，尤其小學之後，兒童的遊戲活動漸減，取而代之是邏輯及數學概念的演繹能力活動。這個時期是Piaget所認為的具體操作期。兒童透過具體操作而得到形式思考。這種思考是較不受正式的物體操作而獲得的，而是由最少的暗示而獲得較多的訊息。

(三)遊戲休閒與語言發展

語言發展如同認知發展一樣，與遊戲是相輔相成的。遊戲本身就是一種語言的方式，因此，兒童透過遊戲能有助於語言的發展，如兒童玩假裝或扮演的遊戲。

在嬰兒期，發音、發聲（babbling）是嬰兒最早的語言遊戲。嬰兒的發聲是一種重複、無目的及自發性的滿足。成人在此時對嬰兒有所反應，或透過躲貓貓，不但可以增強嬰兒發聲，而且也可影響其日常生活使用聲音的選擇以及表徵聲音。

一歲以後，孩子開始喜歡語言、音調，特別是他們所熟悉的物體或事件的本質。孩子在此時喜歡說一些字詞順序或語言遊戲，可增加孩子語形結構的能力。

在幼兒期，孩子為了能在社會遊戲溝通，他們必須使用大量的語言。當兒童的語言能力不足時，他們常會用一些聲音或音調來與人溝通。尤其孩子上了幼兒園，與同儕和老師的互動下，其語言發展有快速的成長。而兒童乃是藉由遊戲，得以瞭解字形，獲得表達的語意關係以及聲韻的操練，來瞭解其周遭的物理與社會環境。

在兒童期，孩子雖對語形發展已漸成熟，但是他們仍藉著不同的語言遊戲，如相聲、繞口令、脫口秀來瞭解各語文及文字的意義，並且也愈來愈有幽默感。

(四)遊戲休閒與社會發展

兒童最早的社會場所是家庭與學校，其次才是與同儕等非結構式的接觸，社會發展是延續一生而持續發展的，但在兒童期，遊戲的角色才愈明顯。

在嬰兒期，最早的社會互動是微笑（smile）。父母一般對嬰兒高興的回應（微笑）更是喚起兒童微笑互動的有效行為。在幼兒期，各人玩各人的遊戲，或兩人或兩人以上可以玩各樣的活動，也就是說他們可以平行地玩遊戲，之後，他們可以一起玩一些扮演的社會戲劇活動或遊戲。幼兒的社會遊戲，很少由立即環境的特性所引發的，大都是由同儕們共同計畫及勾勒出來的情節，而且分派角色並要有分享、溝通的能力。在學齡兒童期，戲劇遊戲減少，而是由幻想遊戲來取代，相對的，團隊比賽或運動也提供了一些社會關係的學習。

(五)遊戲休閒與動作發展

遊戲與兒童的動作發展有其絕對的關係，嬰兒在遊戲中有身體的活動，如手腳的蹬、移動。在幼兒時，幼兒大量的大肌肉活動，如爬、跑、跳及快速移動、騎三輪車，而且也有精細的小肌肉活動，如剪東西。到了學齡兒童期，他們的運動競賽需要大量的肌肉及運動系統的練習。因此，遊戲幫助兒童精細了身體動作能力。以上之論述，可以**表**9-1示之。

遊戲是兒童全部的生活，也是兒童的工作，因此，兒童的休閒育樂活動更是離不開「遊戲」。教育學家杜威說：「教育即生活」，克伯屈則認為：「教育即遊戲」，此外，蒙特梭利、皮亞傑等亦主張以自由開放的態度讓幼兒發展天性並重視遊戲的教育功能，由上列的論點就可以說：「教育即遊戲」。基於兒童天性對遊戲的需求，休閒活動也是國民教育中重要的一環（鍾騰，1989）。而兒童遊戲的教育功能，也可從兒童發展的歷程看出。

一歲以上的幼兒，就會在有人陪伴之下獨自地玩或與別人一起玩，在簡單的遊戲與娛樂中，利用器官的探索逐漸瞭解這個世界，因此，在這段時期的兒童，不論是社會性或單獨的遊戲，都是他學習的主要方式。

表9-1　遊戲與兒童發展的關係

	情緒發展	認知發展	社會發展	語言發展	動作發展
嬰兒期 （0～2歲）	玩物的刺激；關心、照顧	物體的刺激（例如，照明刺激、三度空間）	親子互動；手足互動	發聲練習；親子共讀	大肌肉活動，如跳、跑及快速移動
幼兒期 （3～6歲）	玩物、情境等透過遊戲表達情感；學習控制情緒	分類能力之提增；假裝戲劇遊戲	同儕互動	兒童圖畫書賞析	感覺統合
學齡 兒童期 （7～12歲）	利用休閒活動滿足情緒；透過休閒或遊戲增加自我尊重之情緒穩定	加重邏輯及數學之演繹性活動	團隊比賽及運動	語言遊戲活動，如相聲、脫口秀、繞口令；瞭解各種不同族群及文化的語言	運動技巧；體能；知覺——動作發展

　　進入兒童早期，由於幼兒動作技巧的精熟及經驗的擴增，遊戲漸趨複雜，這個時期兒童最主要的認知遊戲為功能性（functional）及建構性（constructive）兩種；前者又稱操作性遊戲，利用固定玩物；後者意指有組織之目標導引遊戲（郭靜晃譯，1992）。

　　到了兒童晚期，同儕團體在生活領域中地位逐漸加重，兒童在團體中受歡迎的程度決定了他參加遊戲的形式，這段時間最常做的遊戲有建構性遊戲、蒐集東西、競賽等，在兒童遊戲中，兒童慢慢建立起自我概念、性別認識，並發展出社會化行為（黃秀瑄，1981）。從此之後，當兒童步入青少年期，除了上課休息及習作功課之外，休閒活動遂變成其生活的重心。

　　檢視近年來相關青少年的研究，吾人可歸納出休閒在青少年發展歷程中具有重要且正向的功能（Berryman, 1997；Driver, Brown & Peterson, 1991；Iso-Ahola & Weissinger, 1990；Kleiber, Larson & Csikzentmihalyi, 1986；林東泰等，1997；張玉鈴，1998；1999；張火木，1999；郭靜晃，1999a）：

1. 提升體適能：透過休閒活動的參與提升生理上的健康，增加抵抗力與減少疾病的發生率。

2.情緒的放鬆與調適：透過休閒有助於心理適應能力，達到壓力釋放、鬆弛緊張、情緒宣洩之目的及增加正向的情緒經驗，對於青少年身心健康具有調適的功能。

3.人際關係的維持與發展社會技巧：透過休閒參與達到社會互動的目的，由於青少年同儕團體在休閒參與中扮演重要的角色，藉由同儕團體的互動，青少年在休閒中建構更佳的人際關係網絡，更重要是透過休閒參與，青少年可以學習人際關係之處理經驗，進而學習社會參與的溝通技巧。

4.達到自我認同與自我實現的機會：透過休閒、青少年得以自我摸索、認清自我、拓展自我，達到自我實現的目的。

5.社會化經驗的學習：此階段的青少年正面臨由依賴至獨立，自我認同與自我肯定的壓力下，透過休閒參與，也同時進行著自我認識與自我拓展的歷程，進而從參與、投入、體驗的過程中達到最佳的社會化經驗，以及自我概念、自我統合之功能。

6.尋求團體的認同：青少年為了要求自我及同儕間的歸屬感，常透過休閒參與來滿足與尋求同儕團體間的認同，並形成青少年的一種次文化。青少年可藉由同儕間共同的休閒，發展共同的興趣來成就其歸屬感（郭靜晃等，2000b），且也是快速達到團體認同及接納的管道之一（蔡詩萍，2000）。

7.凝聚家庭成員與氣氛：休閒可以增加親子間相處的時間及情感的凝聚力，皆有助於家庭的穩固（the family that plays together stays together）（Shaw, 1992）。但根據家庭生命週期不同的階段，也會面臨到家庭休閒的限制與阻礙，處於青春期的青少年，為了追求獨立自主，轉而尋求同儕的慰藉，常面臨到家庭休閒需求與個人休閒需求之間的衝突，而增加親子間的衝突緊張。

由上可知，經由休閒功能層面來看待休閒，是肯定休閒對青少年積極正向的功能。但是「水能載舟，亦能覆舟」，青少年的偏差行為與休閒常有密切的關係，如王淑女（1995）的研究中指出，不正當的休閒參與是導致犯罪行為的主要原因，但是我們知道休閒本身並無好壞之分，完全在於休閒環境的不適當或是社會的不支持，導致青少年因參與休閒活動而引發偏

差行為，例如：青少年因喜愛打電動玩具，家中又無法提供設備，而讓他流連忘返於電動遊樂場中，在這樣一個環境中，又因結交到不良朋友，而導致易有偏差或犯罪行為的產生（郭靜晃等，2000b）。

三、我國兒童休閒娛樂需求分析

一直以來，我國對於兒童休閒娛樂的需求情況未能有官方正式或學術界大規模的徹底調查，正因為長久以來受到大眾的忽視，因此，近年來在各期刊文獻或研究報告中所發表與「兒童休閒娛樂」相關的調查研究，屈指可數，許多學者仍舊將「關愛」的眼光放在青少年身上，不過由於青少年和兒童因生理、心理發展上的殊異性，適用之休閒活動必然不盡相同，因之，對於後進學者在兒童休閒娛樂供需研究上，勢必造成一定程度上的偏頗，然而，既有之調查結果仍可提供一具體之訊息，作為導引吾人進一步檢證之依憑。

近年來，我國有關兒童休閒娛樂的調查報告，有「台北市國民小學兒童休閒活動之調查研究——讀物及玩具」（趙文藝等，1984）、「一項問卷調查告訴你：國小學生喜歡作何休閒？」（侯世昌，1989）、「兒童休閒活動面面觀」（鍾騰，1989）、「國小高年級一般學童與聽障學童休閒活動探討——台北市立文林國小與啟聰學校之研究」（王麗美，1989）、「國小學童休閒閱讀現況之研究」（高蓮雲，1992），以及財團法人金車文教基金會於一九八八年所作有關「台北市國小學生休閒活動調查報告」等。

一九八八年六月中，財團法人金車教育基金會花了三個月的時間，做成一份台北市國小學生休閒活動調查報告統計，結果顯示：國小學生以觀賞電視、錄影帶及閱讀課外書籍為主，其次分別為幫忙做家事、玩耍遊戲、玩電動玩具；而在寒暑假裡，小朋友的休閒活動則呈現了較高的變化，其中最常做的項目依序是：做功課、看電視、閱讀課外讀物、幫爸媽做事、打球、游泳；此外參加夏令營和才藝營的小朋友也大為增加。而如果讓小朋友選擇他們喜愛的活動，超過半數的小朋友覺得烤肉、抓魚蝦、游泳、露營、參觀旅遊、騎越野車、撿貝殼、烤番薯、玩躲避球、玩遙控模型、摘水果等11項「很喜歡」，從這個統計結果發現，小朋友喜歡從事和

大自然有關的活動。

　　侯世昌（1989）對台北市志清國小67名高年級學生放學後主要的休閒活動進行問卷調查，結果發現其主要活動集中於看電視、錄影帶、閱讀課外讀物及運動四項，其中看電視之比率更達58.24%，顯示電視對兒童影響甚大。

　　同年，鍾騰針對台南縣關廟鄉文和國小作調查，根據鍾騰的調查結果，家庭中有錄放影機者約占總家庭數的五分之三（城市應當會更高），而週日必看錄影帶的學生占總學生人數的五分之二；此外，有30%的學生家庭或同儕團體，常利用假日作郊遊活動；家庭訂閱報紙書刊而學生能利用者，約占60%；假日時，常邀三五好友打球或作遊戲者，占90%以上；固定在假日幫忙家事，如燒飯、洗衣者，占30%；利用假日做手工藝，幫助家庭生計或賺取零用錢者，占15%（本地以藤工居多）；此外，常利用假日去打電動玩具者，約占15%；而假日安排有才藝補習的學生，占20%；在個人嗜好方面：喜歡集郵者占15%，喜歡剪貼蒐集者占15%，喜歡下棋者占30%（鍾騰，1989）。王麗美（1989）以台北市立文林國小為對象進行研究，結果發現國小休閒活動內容與前幾位學者的研究結果雷同。

　　趙文藝等人（1984）則以全體台北市立國民小學的小學生為研究群體，提出「有70%～90%以上的各年級兒童認為課外讀物對功課有幫助及很有幫助」的看法。此研究同時也指出，兒童們最常使用玩具及課外讀物的地點是家裡，這種情況在各年級皆然，顯示出公共閱讀場所（圖書館）及公共遊戲場所（公園、空地）使用不高，也許是這類場所缺乏所致（趙文藝等，1984）。

　　檢視上述在八〇及九〇年代調查研究可以歸納出，我國國小兒童最常從事的五項休閒活動分別為：

　　1.看電視、錄影帶。

　　2.打球或運動。

　　3.閱讀課外讀物。

　　4.打電動玩具。

　　5.從事戶外活動。

　　幾乎各項調查報告指向一共同的趨勢，那就是：所有小朋友在放學後的休閒生活似乎都離不開電視，鍾騰（1989）的調查結果更顯示兒童於星期假日看電視的時間，在3至4小時之間；而國小學童於課暇所租之錄影帶竟以「豬哥亮餐廳秀」之類為最多，其次是卡通片及武俠劇。這些型態與內容的節目對兒童的人格發展似乎正向導引的功能有限。這種趨勢也可在以青少年為樣本的報告中得知：大眾傳播媒體成為青少年的重要他人（羅子濬，1995）。然而近幾年來受到日劇及韓劇節目的影響，也吸引一些青少年閱聽者的青睞，加上漫畫及卡通的吸引，也吸引少數青少年成為同人誌之群族。此外，電腦科技的發達促成網路的便利，上網與人聊天（如聊天室）及線上遊戲也占據不少兒童與少年休閒的時間。

　　在閱讀課外讀物方面，兒童在休閒閱讀中，可體會充滿驚險的旅程，進入其所不曾瞭解的境地，有探索其他地方與時代的機會，使他們發揮想像、創意，同時也建立並堅定其對普通及熟悉事物的肯定（Barbara，1983），學童在休閒閱讀的同時，可以獲得廣泛學習的機會，對其建立信心、肯定自我有積極而正面的助益（Dianne，1989）。

　　根據內政部統計處（1999）針對12～18歲少年所做之「台閩地區少年身心狀況調查」中發現：少年最期待政府單位提供的福利服務項目，依序為休閒活動的辦理（62.9%）及戶外活動（42.5%）。而許義雄等於一九九二年的相關研究中亦發現：青少年在從事休閒活動時常會遭遇到許多的阻礙及限制，其主要原因在於：(1)工作或課業繁重；(2)時間缺乏或餘暇不一致；(3)缺乏充分的經費；(4)缺乏足夠的休閒場地設施；及(5)輔導、指導師資的缺乏等。由福利服務輸送的角度看待青少年休閒的現況，在在顯示出青少年在休閒活動方面有著高度的需求，但是因為個人、週遭環境或本身缺發技能等的影響，而導致其渴望從事休閒活動的心意難以獲得實現，故學校、政府及社會福利單位實有協助及輔導青少年從事及學習正確休閒活動之必要。

　　在青少年最常從事的休閒活動項目中，根據林東泰等（1995）在「都會地區成人與青少年休閒認知和態度」的研究中發現：台北都會地區的青少年在寒暑假時最常從事的室內休閒活動依序為：看電視（45.4%）、閱讀書報雜誌（30.6%）、看錄影帶（30.1%）、聽廣播或音樂（30.0%）、打電動

玩具（27.9%）、看電影（23.1%）、從事室內球類運動（16.4%），及與朋友聊天（13.7%）等。而在寒暑假最主要的室外休閒活動則依序為：戶外球類運動（44.6%）、逛街購物（40.8%）、郊遊野餐（37.3%）、游泳（26.7%）、露營（20.1%）、登山健行（17.6%），及駕車兜風（16.4%）等。其他的一些相關研究（如，陸光等，1987；許義雄等，1992；林東泰等，1997：郭靜晃，2000a）中也指出：青少年最常從事的休閒活動，主要還是以看電視、看錄影帶、聽音樂、閱讀書報雜誌、訪友聊天及上網等為主，還是傾向於靜態性、娛樂性及鬆弛性的活動為主。

在青少年媒體使用方面：在電視節目觀看情形方面，蠻高比例（69.4%）的少年表示他們每天都收看電視，而從來不看電視的只有1.5%；平均看電視的時間是30分至2小時，占53.6%，花2至4小時看電視的占25.4%；所收看的電視節目內容以劇集（連續劇、單元劇等）（42.0%）、卡通（41.5%）和歌唱綜藝節目（40.2%）為主，其次為體育節目（33.3%）、MTV頻道（31.6%），和時事評論與新聞氣象（24.7%），其他類型節目皆在一成以下。受訪少年看電視之主要目的為娛樂（77.8%），其他為獲取新資訊（56.1%）、打發時間（46.9%），和增加與同儕談話之題材（41.1%）。在網際網路使用方面，半數以上的受訪少年表示他們從不上網，占57.2%，每週上網一、二次的有28.7%；每次平均上網的時間在2小時之內（30分至1小時占18.7%，1至2小時占10.8%），而使用的網站類型以搜尋引擎為主，占76.2%，其次為電玩網站（32.0%）和媒體網站（29.9%），再其次為電腦資訊介紹網站（17.5%）和圖書資料查詢網站（11.1%），而不適合未成年者觀看的成人網站，有7.8%的受訪少年會進入。少年上網的主要目的為獲取新資訊（58.0%）、娛樂（48.3%），再者為增加與同儕談話的題材（28.8%）和打發時間（28.5%）。在廣播節目的收聽部分，有24.4%的受訪少年表示他們從不聽廣播，每天聽的有21.2%，而每週聽1至2次的有32.5%；平均每次廣播的時間約1至3小時，占33.3%；所收聽的節目以綜藝歌唱節目為主，占70.4%，其次是談話性／call in節目（29.6%）與輕音樂節目（29.0%）（郭靜晃，2000a）。

在青少年參與家庭休閒與同儕休閒部分：受訪少年和家人共處時最常做的事是看電視，占82.3%，聊天或吃東西各占52.0%、45.6%，而會一起

去郊遊的占14.5%，其餘看電影、看MTV、唱KTV、運動、閱讀、跳舞、欣賞展覽等活動的比例皆在10%以下；相對地，與知心朋友相處則以聊天（80.3%）占大多數，其次為逛街（47.9%）、通電話（43.7%）、運動（38.7%）等（郭靜晃，2000a）。可看出青少年在與父母及朋友從事休閒活動時，其內容是十分不同的。

四、我國兒童休閒娛樂服務提供之現況

(一)在運動休閒方面

我國推展休閒運動的全國性計畫，當屬教育部所負責推展的「國家體育建設中程計畫」。在此計畫中，除制定國家體育的發展外，對休閒運動的提倡也有許多規劃，其中與推展休閒運動有關的計畫有：補助籌設縣、市區鄉鎮運動公園、簡易運動場及青少年休閒運動場所；輔導社區充實運動場所增添照明設備，以利推展社區全民運動。這些硬體設施的設立，將成為休閒運動發展的重要基礎（陳玉婕，1990）。

過去在二〇〇〇年之前台灣省政府教育廳配合此計畫所預計實行的措施計有（尚華，1990）：

1. 在全省各縣市開闢「運動公園」，此為配合教育部推行的「發展國家體育建設中程計畫」而設，將利用公共設施保留地興建，預定開闢為多用途的場所，如供民眾晨跑、打太極拳、作體操等休閒用途。
2. 推展興建社區體育場，由社區自行管理、任用。
3. 省教育廳規劃由學校在假日辦理「體育活動營」，利用學校現有設備、師資辦理體育活動，提供學生在暑假的休閒生活。

此外，依照都市計畫，都市兒童、青少年的主要遊戲場所與休閒場為社區公園及體育場，然而以台北市為例，計畫中的公園保留地只占全市總面積的4%（周美惠，1993）；而台北市人享有綠地面積3.1平方公尺，高雄市2.1平方公尺，遠比世界先進國家都市享有綠地面積來得少（鄧爾敏，1993）。儘管都市計畫通盤檢討辦法中規定，兒童遊戲場的用地規劃標準每

千人設0.08公頃，每處最小面積0.2公頃，然而設計者往往只是本能地鋪上草皮，放鞦韆、蹺蹺板、鐵架，甚或只是成為公園設計中的小角落（鄭文瑞，1993）。

　　中華民國消費者文教基金會，一九八八年、一九八九年及一九九二年三次對台北市公園及學校之兒童遊戲設施調查，結果有74%的受訪者認為設施不夠、綠地少（謝園，1993）。婦兒會亦曾針對學校、公園的遊戲設施進行調查，結果與消基會一致：即一般鄰里公園設施數量不足、綠地少，少有幼兒可玩的項目（謝園，1993）。

(二)在藝文休閒方面

1. 教育部所頒布之「生活教育實施方案」，其實施要點中，關於國民小學的部分有：國民小學實施休閒的生活教育，應組織歌詠隊、田徑隊及各種球隊，並與「音樂」、「體育」、「國語」等課程相配合（徐永能，1989）。
2. 國民小學課程標準總綱中規定：國民小學教育需輔導兒童達成「養成善用休閒時間的觀念及習性」、「養成欣賞能力、陶冶生活情趣」。

　　提供兒童休閒娛樂的單位很多，例如青輔會、文建會、體委會、教育部、內政部兒童局、農委會等，但有直屬的機構卻不多，以內政部兒童局及教育部設有的直屬機構，例如：

1. 高雄市立兒童福利服務中心（隸屬社政單位）：
   (1) 使用資格：凡設籍高雄市未滿12歲之兒童均可使用中心設備，惟欲使用電腦遊戲室、康樂室、桌球室時，必須辦理使用證。
   (2) 福利內容：內部規劃兒童圖書室、視聽室、電腦遊戲室、自然教室、幼兒圖書室、學前教育資料室、諮商室、天文氣象室、教保人員研習室、美術室、體能室、康樂室、工藝室、桌球室，提供綜合性服務。
2. 科學博物館教育活動（隸屬教育單位）：國內科學博物館教育活動的舉辦單位，包括：台灣省立博物館、國立台灣科學博物館及台灣

省立台中圖書館科教中心，其辦理的主要方式有以下十類（張鑑騰，1987）：

(1)參觀導覽。

(2)科學演講。

(3)視聽教育。

(4)巡迴展覽。

(5)野外活動。

(6)科學研習。

(7)電腦課程。

(8)科學演示。

(9)諮詢服務。

(10)科學櫥窗。

此外，國內根據十二項國家建設中的文化建設，教育部積極進行「社會教育中程發展計畫」（一九八七年至一九九一年），籌辦三座科學性質的博物館，即國立科學工藝博物館（位於高雄市）、國立科學自然博物館（位於台中市）、國立海洋博物館（位基隆市）。此外，二〇〇〇年也在屏東設立國立海洋生物館。其中籌備最早的是國立自然科學博物館，第一期教育活動業已於一九八六年元旦開館，第二期教育活動在一九八九年開館，第三、第四期教育活動於一九九一年開館。其第一期的教育活動之辦理方式，列舉如下（張鑑騰，1987）：

(1)科學演講（在地下演講廳辦理通俗科學演講）。

(2)視聽教育（科學錄影帶欣賞及影片放映）。

(3)科學研習。

(4)安排團體參觀與導覽。

(5)諮詢服務（包括圖書借閱）。

(6)科學演示（包括三、四樓展示廳展示台及五樓戶外活動區之演示活動）。

(7)兒童室。

(8)野外活動。

(9)電腦教育（電腦益智展示系統劇本徵求活動）。

　　第二期教育活動除延續第一期的項目外，增辦學術性科學演講及巡迴展服務，利用展示車到偏遠地區之學校、社區舉辦科學展示及科學演示。第三期教育活動又增加兩種新的服務項目：獨立研究及教材教具租借服務。

3.美術館教育活動：台北市美術館在推廣服務方面所辦理的教育活動有（邱兆偉，1991）：

(1)舉辦學術演講，有些是配合展覽而辦理者。

(2)配合展覽舉辦大型座談會、假日廣場、專業導覽等活動。

(3)設置美術圖書館，並出版美術期刊、美術論叢，以傳播推廣美術與美育知識。

(4)舉辦推廣美術教育研習班。

(5)視聽教育活動辦理放映藝術錄音帶欣賞。

(6)辦理藝術之旅活動，在旅遊中實際接觸美術如陶藝之旅、建築之旅、奇石採集之旅等。

　　除此之外，尚有中華兒童少年服務社、宜蘭縣私立蘭陽少年兒童育樂活動中心、中華兒童育樂福利促進會等為兒童提供服務之機構。

　　綜合上述，一般說來，國家（公共部門資本）影響休閒機會分配的方式有下列幾種（林本炫，1989）：

1.由國家直接提供，如各種公立的圖書館、社區公園、風景特定區，乃至國家公園的設置。

2.對休閒產業的補助與獎勵，如我國「獎勵投資條例」中對旅館業之興建採取獎勵，以刺激私人資本之投入休閒產業。但同時也透過法律規定來保護休閒產業的消費。

3.對某些休閒活動的管制，如我國以往因戒嚴而實施山防海禁，造成對休閒活動的限制等。

　　如果以此架構來考察我國之休閒政政策，可以發現政府部門所提供的休閒機會一向占了絕大的比重。而行政院內政部於一九八三年十月二十七日修正頒布「除配合國家及地方重大建設外，原則上應暫緩辦理擴大及新

訂都市計畫」執行要點，乃使得民間投資旅遊事業開始轉向一般風景區或遊憩用地發展，致使私人投資的休閒產業逐漸占了一定的比重。不過，在我國長久以來「菁英文化」爲主導的休閒政策下，一般民眾的「大眾文化」（popular culture）方面之需求與設施不足的情況受到相當程度的忽略（林本炫，1989），提供兒童青少年符合其年齡的休閒設施與機會的不足更是不在話下。

　　除了「量」方面的不足，今日兒童的休閒娛樂活動在品質及特性上的發展，有以下的偏差傾向（李明宗，1993；謝政諭，1994）：

1. 學校「休閒活動教育」未受學校主政人員及家長的正確認知與貫徹。校園中，一般仍以「智育」爲教育的第一位，因而使得五育並重的教學理想未能落實，當然各種休閒活的藝能、設備的缺乏，也是原因之一。在學校教育中應落實「五育」，並重申「休閒教育」，唯有以往教育中「我們都是這樣長大」的缺陷得到彌補與充實，才是發展「正當」休閒活動的要道之一。
2. 休閒活動的日趨商品化：受泛物質化的影響，經濟活動與社會文化活動發展不平衡時，社會上高價位的休閒活動，在商人哄抬價格之下，大眾趨之若鶩；兒童、青少年以電動玩具、看MTV爲其休閒的熱門活動，不需花費的休閒活動，反而乏人問津。
3. 休閒文化趨向低俗化：我國兒童最常從事的休閒活動是「看電視」，然而根據行政院主計處多次的調查顯示，30歲以下的年輕人，對連續劇或綜藝節目感到滿意的，占不到30%，在大眾傳播文化日漸低俗的傾向下，休閒生活品質受到波及，因而有「大家樂」、「六合彩」、「賭馬文化」、「柏青哥」等不當的低品味休閒充斥整個社會，嚴重影響到兒童的生活環境。
4. 遊戲活動單一化：對於遊戲場的遊戲器具常以好維修的滑梯、蹺蹺板、攀爬架、鞦韆爲主，並以肌肉型活動爲主，缺乏與認知型和社會型活動加以整合。
5. 遊戲、休閒環境的靜態化及固定化：遊戲空間常因缺乏全盤環境考量的設計，造成設施的不安全，又缺乏遊戲空間的整合，俾使遊戲與遊憩功能無法彰顯。

　　國內青少年之休閒時間每週平均花費十一至十二小時，最常從事之休閒活動為看電視、電影、MTV或唱KTV，其次為從事球類、游泳、韻律或健身房等活動。近六成之青少年每週運動次數超過三次，且時間也不短，但品質卻不高。此外，青少年參與休閒運動之動機為促進健康為主（逾六成），其餘依次為：讓心情愉快、紓解壓力、學習運動技能，也有近二成青少年參與休閒運動純為消磨時間，但青少年也表示其參與運動休閒之主要阻礙是時間不濟（約五成），課業繁重及缺乏友伴（約三成），另外場地不足、費用不足、缺乏運動技能及家人不支持也是重要影響因素（青輔會，2004）。

　　郭靜晃（2001）的研究，研究顯示：我國社會對當前青少年休閒需求及其休閒服務之提供，還是停留在升學主義之結構框架中。甚至社會所提供的服務措施，青少年雖然知道但是普遍接受及使用頻率不高。此研究也提出以下幾點建議：

1.要隨時掌握青少年需求與時俱變的特性，提供一些幫助以及支持青少年身心健全的社會環境，以幫助他們紓解身心發展及因應社會變遷的壓力，而且青少年休閒福利政策之制定更要迎合青少年對福利服務的需求。

2.青少年休閒活動的提供應更具創意且擴大青少年積極參與多元化的社會活動，一方面增加青少年生活經驗，另一方面重視青少年之生活適應能力，解決問題能力及價值判斷教育的培養，以強化青少年除了升學主義之智能培養外的自我功效發展。

3.擴大提供積極性多元化的社會活動機會，以增加少年的正面社會生活經驗，並協助少年認知與道德判斷能力之成長。

4.加強整合行政部門之橫向聯繫，整體規劃青少年休閒活動，並配合相關福利政策法令，保障青少年之人身安全，建構身心健全的社會環境。

5.妥善輔導及協助民間團體強化其經營組織能力及青少年休閒人才的培育，以增進青少年更多元化且高品質的休閒活動的規劃及落實執行。

　　隨著週休二日政策的施行，青少年的自由時間勢必相對增加的情況

下，對青少年休閒活動的動向，確實要詳細計畫，符合時代潮流及滿足青少年的需求，建議學校及相關單位在規劃青少年休閒活動時，應掌握下列重點：

1. **多樣化**：為滿足不同動機偏好的利用者，休閒活動種類應增加並呈現多樣化的發展。亦即，依身心發展、年齡、就業、就學、性別等的不同，再依據各地區的特性、不同時段而計畫各項適合人們的多樣休閒活動。台灣各地區因地理環境、文化水準、經濟條件、人口特性等不同，休閒活動應依各地區的主觀客觀特性而做不同的適當規劃。

2. **主動性**：活動類型應以利用者主動參與的活動為發展趨勢，如露營、球賽等積極性活動，一方面配合青少年的興趣，另一方面也具有消耗青少年體力及注意力的功能。

3. **戶外性**：都市的過度發展使得市民住在擁擠且閉塞的狹小空間中，為了脫離這種壓抑的環境，返回大自然原野，戶外活動就成了未來都市居民所追求的方向。在休閒時我們投身於自然的懷抱，在群山綠水中，行走於扶疏的花木草叢裡，可使人重新體會人與自然之間的感受，進而可尋回自己內在自發的本性。作者建議青少年休閒活動應從室內靜態和過分依賴傳播媒體的休閒方式，轉變到戶外、動態和更具創造力的休閒活動。此外，青少年之休閒也應與個人健康品質及生活方式的建立與培養有著積極的作用。

4. **精緻化**：由於個人所得提高，支配費用增加，使得從休閒活動的消費提高，休閒品質亦相對的提高。易言之，我們所從事的休閒活動，應使自己的休閒層次提升，也就是所謂高品質的休閒，是不可從事迷亂式或疏離式的休閒，或有害身心健康的活動，也不可破壞環境及浪費資源等。簡單說應對人們具有建設性的活動意義及提升自我的功能，使我們不再只是強調休閒活動的次數或頻率，休閒品質滿意度才是我們真正追求的目的。同時也希望倡導小型化及地區化，針對不同需求的青少年能分階段、分區域、分性質的舉辦適合即時發展及紓發情緒、放鬆心情的活動。

5. **教育性及整體化**：由於都市的發展、交通的便利、休閒時間的增

多、遊憩時間的增長，遊憩設施的型態也就趨於大型化。由於由
點、線，而擴大為全面有系統的連結發展。計畫性就是透過各項有
正當性、建設性、計畫性，並可達到教育意義與目標之休閒活動，
不僅要達到教育的意義，也需符合教育的精神。這種計畫性的休閒
活動，必須要滿足人們的各項需求，在活動中使青年發洩、疏導與
調和情緒等，進而引導人們培養正確的休閒觀念與行為及培訓運動
及休閒之專業人才。

6.**冒險性與刺激性**：冒險性活動不僅要有冒險性或充滿刺激性、壓力
等特性的活動，還必須要具有教育意義的功能。所謂冒險性活動就
是利用自然環境從事各種對人的「精神面、身體面與體能面」等所
產生刺激、緊張、壓力等等的各項活動，而以這種活動經驗為基礎
來達到教育意義的活動。冒險性活動不但可習得如何在危難中解除
自身生命危險的技能，而且可使人們在生活中獲得新的觀念與態
度，並在緊急情況時能冷靜沉著發揮本身的潛能。現在歐美日等先
進國家的許多教育機構均採用此一教育理念，其目的在提高野外活
動的各項技術與增進各種知識，亦可提升自我概念。

7.**服務性與文化性**：從休閒活動的需求得知，除了心理、生理、感官
等需求外，還有一種奉獻需求，就是服務性公益奉獻活動。如許多
學校機關、民間公益團體組織等到各需要接受服務場所，如孤兒
院、醫院等當義工。為社會做服務與奉獻，這種熱心服務奉獻的人
生觀，最能充實心靈及提升靈性。而培養國民健全而合理的生活方
式與生活態度，就要講究生活品質及提升國民的文化素養，文化係
蘊涵於國民的日常生活中，文化水準有從生活實踐中表現，文化因
素正是提升生活品質重要的一環，所以文化建設應該著重於國民生
活方式的提升。休閒活動是人類生活的一環，提升生活品質也是人
類追求幸福快樂的基本要件。

8.**建立休閒產業**：除了優先運用現有學校及公營之遊憩區、公共空
間，增設合乎青少年需求之戶外休閒設施及活動機會，另一方面，
鼓勵民間參與運動及休閒產業化，開創具有創意、特色及趣味之青
少年運動與休閒，以滿足青少年多元之需求。此外，引導社區開拓

449

青少年參與休閒活動機會與空間、規劃社區型青少年活動，以增進青少年對社區之認同。

9.國際性：現階段台灣地區的設施、場所已經不能滿足國人的需求，且台灣許多休憩場所一到假日時期，皆已達飽和狀況。如果有機會能透過國際間的交流及遊覽，除了可以滿足青少年的感官需求外，同時也可以滿足青少年對新奇事物的喜好，更能夠直接提升青少年的視野。同時，由於青少年正值道德價值觀重整及偶像崇拜的團體性同儕認同期，再加上傳播媒體對青少年有著不可磨滅的影響力，所以如果在活動中多加入積極性及正向的偶像宣傳，除了能增強青少年的國際觀外，還能樹立起青少年學習積極向上的精神。

第三節　發展遲緩兒童療育服務

就兒童發展的觀點來看，嬰幼兒的生長環境對其日後的學習發展有著重大的影響。這個觀點在一九五○、一九六○年代的研究調查即被證實，人類在嬰幼兒時期確實是具有學習能力的（可參考第三章）。現今，大多數的發展理論也強調，兒童早期的成長與日後的發展與學習之間的關係與重要性，早期療育便嘗試以提供兒童刺激以及其他方面的環境刺激方式，以避免未來發展遲緩和智能不足的現象產生，而且也印驗「預防勝於治療」（prevention is better than cure）之觀點。

早期療育的基本前提是人類的能力是可改變的，物質環境、營養、教育、家庭、親子關係等都會影響兒童的發展。早期療育的實施對發展遲緩兒童來說，不但可以提供心理、身體等各方面發展的機會與經驗。同時，父母的參與也可以獲得教導發展遲緩兒童的特別技能。所以，早期療育對於兒童與家庭的重要性，不僅是將障礙兒童的潛能做最大發揮，也是協助家庭減輕因為障礙兒童所產生的壓力，更能減少國家未來對於障礙者所投注的各項成本。早期療育便是希望透過專業性的整合服務提供障礙兒童與家庭所需的服務，協助家庭對於資源的認識與使用的能力，讓家庭擁有較佳的能力，提供障礙兒童在家庭也能獲得最佳的成長機會，這也是兒童福

利領域之社會作者所努力提供資源強化及支持兒童及其家庭，並引領家庭能朝向獨立照顧之目標。

依據聯合國世界衛生組織的統計，今日每投資1元於療育工作，日後將可節省3元的特殊教育成本；3歲以前所做的療育功效是往後的10倍。同時，兒童愈早接受早期療育服務，其日後之教育投資也遠比晚一些接受早期療育服務之兒童來得少，這對日後社會投資及社會層面之影響也不小。

內政部兒童局為加強發展遲緩兒童之照顧與服務，於二〇〇一年四月十二日函頒「發展遲緩兒童早期療育服務實施計畫」，針對0～6歲發展遲緩兒童之發現與初篩、通報與轉介、聯合評估、療育與相關服務、宣導訓練等，結合教育、衛生、社政相關單位資源，具體推動發展遲緩兒童早期發現、早期介入，並促進早期療育各服務流程功能之發揮，以提供發展遲緩兒童及其家庭完善之服務；目前全國各地方政府均已成立通報轉介中心，設立通報窗口辦理個案之接案、通報、轉介、轉銜、諮詢輔導及語言或感覺統合訓練等簡單復健、追蹤輔導、結案等的個案管理服務，並辦理工作人員研習、訓練及早期療育宣導工作，二〇〇三年各通報轉介中心辦理個案通報人數13,231人，個案管理人數12,442人，療育與安置人數29,642人（見**表9-2**）。幼托機構兼收所數3,180所，收托兒童數4,831人（見**表9-3**）。

近年來，台灣地區兒童死亡率在各年齡層皆急速下降，根據衛生署統計資料顯示，二〇〇一年新生兒的死亡率為3.32‰，嬰兒死亡率則由一九八一年的8.86‰降至二〇〇一年的5.99‰（參見**表9-4**）。育齡婦女的一般生育率則從一九六二年的174‰下降到二〇〇〇年的48‰，內政部戶政司

表9-2　台閩地區通報轉介中心辦理個案通報表

歷年台閩地區發展遲緩兒童早期療育概況表			單位：人
年別	通報轉介	個案管理	個案療育
2000年	9,421	6,569	7,705
2001年	11,981	7,698	9,350
2002年	13,264	11,609	16,286
2003年	13,231	12,442	29,642

資料來源：內政部兒童局（2003）。台閩地區通報轉介中心辦理個案通報表，取自 http://www.cbi.gov.tw/all-demo-php.

表9-3　台閩地區托兒所辦理早期療育服務概況

台閩地區發展遲緩兒童早期療育概況表		單位：所／人
年別	幼托機構兼收所數	收托兒童數
2000年	1,470	3,157
2001年	1,436	3,216
2002年	1,869	3,566
2003年	3,180	4,831

資料來源：內政部兒童局（2003）。台閩地區托兒所辦理早期療育服務概況，取自 http://www.cbi.gov.tw/all-demo-php.

表9-4　台灣地區歷年新生兒與嬰兒死亡人數與死亡率

年別	新生兒死亡		嬰兒死亡	
	人數	死亡率（%）	人數	死亡率（%）
1981年	1,295	3.14	3,659	8.86
1982年	1,190	2.95	3,263	8.08
1983年	1,029	2.69	2,919	7.64
1984年	933	2.52	2,536	6.86
1985年	801	2.32	2,339	6.78
1986年	642	2.08	1,938	6.29
1987年	545	1.74	1,590	5.08
1988年	611	1.79	1,820	5.34
1989年	611	1.94	1,797	5.71
1990年	605	1.81	1,765	5.27
1991年	520	1.62	1,621	5.05
1992年	589	1.84	1,664	5.18
1993年	551	1.70	1,560	4.80
1994年	693	2.15	1,636	50.7
1995年	1,086	3.30	2,120	6.43
1996年	1,129	3.47	2,169	6.66
1997年	1,064	3.26	2,071	6.35
1998年	918	3.38	1,784	6.57
1999年	980	3.45	1,721	6.07
2000年	1,038	3.40	1,789	5.86
2001年	865	3.32	1,559	5.99

資料來源：行政院衛生署（2002）。

的統計顯示二〇〇一年的嬰兒出生數較去年縮減了14.73%。0～4歲兒童死因之變遷，亦有極大之變化，生產傷害及感染所造成的死亡率逐年降低，

而事故傷害、早產兒、惡性腫瘤及先天性畸形相對增加，且齲齒、視力不良問題有日趨嚴重之現象。呂鴻基（1999）指出：我國兒童的死亡率雖有顯著下降，但自一九八五年後即停滯不前，且兩倍高於日本、法國、瑞典、新加坡等先進國家，兒童的主要死因由過去的肺炎、腦膜炎、腸炎等傳染病，轉變爲周產期疾病、先天性畸形、事故與傷害、惡性腫瘤等慢性疾病。根據衛生署調查，二○○一年台灣地區嬰兒主要死亡原因則以「源於周產期之病態」（48.49%）、「先天性畸形」（28.35%）、「事故傷害」（6.54%）最多。此外，我國0～6歲兒童的生長曲線，不論在身高或體重方面，均已趨近於美國一九七九年的生長曲線，並高於香港一九九三年及日本一九九○年的生長曲線，顯示我國嬰幼兒的生長發育狀況，已達到已開發國家的水準。也由於環境及生活習慣的改變，造成少動、多吃的環境，使部分兒童肥胖的盛行率由零躍升達15%（行政院衛生署，2000）。此外，一些的醫療疏失，例如二○○三年的北縣土城北城醫院打錯針事件及某牙醫一次拔掉兒童十四顆牙的案例，也都凸顯兒童的醫療權益受到忽視，進而影響兒童的健康（參考**表**9-5）。

表9-5　有關兒童醫療之剪報

北城打錯針事件

日期	報別	標題
2002.11.30	民生報	打錯針 7新生兒 死亡1人
2002.11.30	聯合報	打錯針 新生兒1死6救回
2002.11.30	中央日報	醫療烏龍大疏失 北縣北城醫院 護士打錯針 急救嬰兒總動員
2002.11.30	自由時報	打錯針 新生兒1死6脫險
2002.11.30	聯合報	打針切記：三讀五對
2002.11.30	民生報	疫苗有專用冰箱 施打前需仔細核對
2002.11.30	聯合報	交叉驗證？防錯機制太「鬆弛」
2002.11.30	民生報	哈佛研究：醫療傷害 不遜於高速公路意外
2002.11.30	中國時報	肇禍護士黃靖惠交保 護士吊銷執照 院方重罰15萬
2002.11.30	中國時報	離譜打錯針 嬰兒1死6危
2002.12.01	聯合報	闖禍的天使
2002.12.02	聯合報	醫療疏失 下次輪到誰？
2002.12.01	聯合報	護理教育 混！醫療品質 混！
2002.12.03	聯合報	兒童疫苗的管理與保存

（續）表9-5　有關兒童醫療之剪報

男童拔牙事件

日期	報別	標題
2003.02.12	中國時報	一次拔牙14顆 男童變植物人
2003.02.12	聯合報	男童拔掉14顆牙 昏迷近月
2003.02.12	民生報	拔14顆牙 心臟病童陷昏迷
2003.02.12	中央日報	連拔14顆牙 9歲男童昏迷
2003.02.12	民生報	全身麻醉拔牙 顆數非關鍵
2003.02.12	中央日報	榮總最高紀錄 一次拔20顆
2003.02.12	中央日報	三總：麻醉科 曾建議取消手術
2003.02.12	中國時報	手術成功 三總自認沒疏失
2003.02.12	中央日報	醫師：一次全拔掉 減少恐慌 醫病間多一分體貼 少一分悲傷
2003.02.12	聯合報	我不能呼吸 媽媽救我

特殊兒童—發展遲緩

日期	報別	標題
2002.07.30	聯合報	早期篩檢 拒絕遲緩兒
2003.01.19	民生報	5～6歲早產兒三成肺病
2003.03.02	自由時報	遲緩兒早期療育 一年抵十年

特殊兒童—其他類

日期	報別	標題
2002.07.05	聯合報	低收入唇顎兒 醫療補助
2002.09.30	民生報	唇顎裂 不再是可恥的烙印
2002.11.04	民生報	想作聽語治療 得等3～6月
2002.11.22	民生報	過動兒不治療 日後恐合併嚴重精神病
2003.01.09	民生報	慢性病童 不必怕上學

一般兒童

日期	報別	標題
2002.07.05	聯合報	新生兒二代篩檢
2002.07.05	聯合報	1998～2000年台灣共誕生7,000名試管兒
2002.11.10	民生報	彭錦桓變身恐龍叔叔看診
2002.12.05	自由時報	認識疫苗 避免憾事重演
2002.12.14	自由時報	馬英九市政白皮書檢視下之醫療保健
2002.12.18	自由時報	花錢打混合疫苗 值得嗎？
2003.01.23	自由時報	預防畸胎 懷孕十六週前應避免服藥
2003.02.20	自由時報	垂直感染腸病毒 新生兒夭折

　　雖然兒童的人口比例有逐漸減少的趨勢，但2～6歲及2歲以下兒童醫療所需的人力與時間，比成人醫療者多且長（呂鴻基等，1994）。且這些醫療成本尚未包括家長因照顧長期重症與特殊障礙子女而付出的人力資本，許瓊玲（1994）指出，台灣地區每年出生的三十多萬嬰兒中，就有一萬多個嬰兒患有先天性異常疾病，帶給個人、家庭與社會沉重的負擔。內政部兒童局（2001）所作有關兒童生活狀況的調查報告中即指出：二○○一年中12歲以內共有14.28%的兒童曾接受發展評量，且有7.64%的受評兒童有發展遲緩的問題；6歲以內則有18.59%曾接受評量，有7.41%有發展遲緩的問題。此項調查的數據與聯合國公布的發展遲緩6～8%的盛行率極為相近。根據內政部兒童局資料顯示，二○○○年台閩地區設置的通報轉介中心共有22處，個案轉介人數有9,421人，進行個案評估有3,479人，進入個案管理者有6,552人，進行個案療育者有7,436人；二○○一年通報轉介中心則增為25處，該年度的通報轉介人數達11,981人，進行個案評估有4,017人，進入個案管理者有7,698人，接受療育者有9,350人。但就總體兒童人口數而言，接受發展評量的人口群仍為少數，潛藏的發展遲緩兒童仍有待發掘。

　　發展遲緩或障礙兒童，由於先天智能與生理方面的缺陷，影響後天能力之發展，此種情形造成家庭產生很大的焦慮及壓力，因此，此種有異常發展兒童的家庭更需要協助，以期「早期發現，早期療育」。基於兒童權利宣言，每個兒童都享有其基本權利，例如，平等權、受教權、生存發展權、特別權、醫療權、受關愛及照顧權等。據聯合國WHO估計，發展遲緩兒童的發生率約7%，而台北人每年估計約有2,000人左右（占出生人口30,000人之7%估計）。這些兒童及其家庭將會承受相當多的負擔（參見**表9-6**）。我國在一九九三年第一次兒童福利法修正，一九九七年身心障礙者保護法及二○○一年特殊教育法的修正案通過，皆已經公開明示特殊兒童（包括發展遲緩兒童）的早期療育服務已成為既定的福利政策，並結合衛生、福利與教育三大領域的專業及行政資源，共同解決特殊發展需求兒童之健康照顧政策。

　　此外，二○○三年兒童及少年福利法合併修法。兒童及少年福利法（第19、21、22、23、50條）與之前二○○一年特殊教育法（第8條）皆規定各級政府應規劃辦理發展遲緩兒童的早期療育服務工作及特殊教育，並

表9-6 有關發展遲緩兒童及家庭之剪報

日期	報別	標題
2001.10.05	民生報	捐款幫助「紅孩兒」，爲魚鱗癬患者打造庇護家園。
2002.06.01	自由時報	家有寶貝，笨手笨腳。師長齊用心，幫助「發展性動作協調疾患兒」提升協調力。
2002.12.03	聯合報	早療e化，服務網開站。通報轉介、療育安置，並推廣到宅服務。市府今續有身心障礙者才藝展。
2002.12.12	民生報	遲緩兒通報，南投等三縣市開倒車。這些縣市是通報遲緩兒，若加上城鄉差距，權益更加不保。
2003.01.06	民生報	孩子雞胸、長不大。可能心破洞。症狀不明顯，拖久很危險。
2003.02.24	聯合報	弱肌寶寶，用腳畫出心中世界。
2003.02.29	聯合報	折翼天使的母親們。腦性麻痺兒的心路歷程。
2003.03.09	民生報	養育早療兒，沒有放棄的權利。救他、愛他多少堅強媽媽強忍辛酸。
2003.03.29	聯合報	罹患重力不安全感兒童早療方式。
2003.04.04	中國時報	爲呼籲社會大眾重視兒童發展關懷早療兒童，社會局自即日起在市府舉辦兒童早療展。
2003.04.05	中國時報	幫助外籍新娘子女解決成長遲緩或語言障礙，求助有管道。
2003.04.06	民生報	罕見疑似粒腺體發育不全男童阿智現在全身僵硬的症狀逐漸改善，也可自行散步。但仍無法脫離呼吸器生活。
2003.04.12	中國時報	愛跳芭蕾小天使—腦性麻痺兒的足部復健。
2003.05.13	聯合報	接連生了兩個遲緩兒，人生一度跌入谷底，信仰讓他們站起來。林照程夫婦讓遲緩兒家有藍天。
2003.05.29	聯合報	家有自閉兒的會話訓練方式。

成立早期療育中心及通報轉介中心。時至二〇〇〇年十一月底全台共有21縣市成立通報轉介中心，然而21個縣市中在名稱上相當分歧，有稱爲早期療育綜合服務中心、早期療育通報及轉介中心、早期療育通報系統及轉介中心、早期療育轉介中心、早期療育通報暨轉介中心、早期療育發展中心、殘障福利服務中心附設早療通報轉介中心、早期療育通報轉介中心、早期療育服務、個案管理中心……等。在結合（委託）辦理單位性質方面

也有所不同，政府除自行創辦某些業務之外，更委託機構、協會、基金會或醫院辦理，往往一個早療中心委託出去包含許多可能的組合，以目前而言計有5個協會、10個機構（係指提供住宿、日托的機構或中心）、11個基金會及其分事務所（指提供個案服務、諮詢轉介為主，例如家扶中心、伊甸社會福利基金會高雄市事務所）以及一個醫院接受委託，而服務項目的提供也有相當的差異。再者，個管中心也逐步成立。又另者，在衛生署的補助之下，全台目前已有11家醫院辦理早期療育評估鑑定或是治療的工作。至於教育部也相繼補助成立學前特教班（萬育維、王文娟，2002）。

依據法源，早期療育中心是機構，由兒童福利主管機關所管，原本設立的目的和宗旨應不僅止通報轉介中心、聯合評估中心、個管中心、學前特教班，應是一綜合性的中心，包括了發展遲緩兒童療育服務應涵蓋的所有項目。但是若以目前執行早期療育的相關服務機構屬性卻是十分分歧，是醫療？教育？抑或社會福利服務？

一、特殊發展需求兒童健康照顧的供需課題

(一)潛藏的特殊發展需求兒童仍待發掘

除了一般性的兒童健康照顧議題之外，特殊發展需求兒童的健康照顧也呈現多面向的需求。根據內政部戶政司截至一九九八年底的身心障礙人口統計資料指出，0～14歲年齡組之身心障礙人口數為33,426人，在身心障礙人口總數524,978人中，約占6.37%，尚不包括潛在未發掘的身心障礙人口。如果以聯合國衛生組織統計所指，發展遲緩兒童的發生率約為6～8%，即為以現今台灣兒童總數約385萬人來計算，發展遲緩兒童可能就有23～30萬人之多（見**表9-7**）。根據一九九六年進行的特殊兒童調查結果顯示，經篩檢後發現約有70,000名特殊兒童，其中智能不足與學習障礙兒童即占其總數的三分之二（劉邦富，1999）。而截至二○○○年根據內政部戶政司的統計，0～14歲年齡組之身心障礙人口為38,260人，與一九九八年相較增加了4,834人。

圖9-1三項統計資料皆呈現出在發展上具特殊健康照顧需求的兒童人數

表9-7 零至十四歲身心障礙人口統計表（截至1998年底）

年齡別	殘障等級	男	女	總計
0～4歲（未滿5歲）	極重度	456	327	783
	重度	1,215	918	2,133
	中度	921	701	162
	輕度	609	431	1,040
	計	3,201	2,377	5,578
5～9歲（未滿10歲）	極重度	921	648	1,569
	重度	2,478	1,769	4,247
	中度	2,377	1,516	3,893
	輕度	1,653	1,065	2,718
	計	7,429	4,998	12,427
10～14歲（未滿14歲）	極重度	1,482	999	2,481
	重度	2,563	1,802	4,365
	中度	2,858	1,917	4,775
	輕度	2,307	1,493	3,800
	計	9,210	6,211	15,421
0～14歲總計		19,840	13,586	33,426
各年齡別總計		319,988	204,990	524,978

資料來源：內政部。

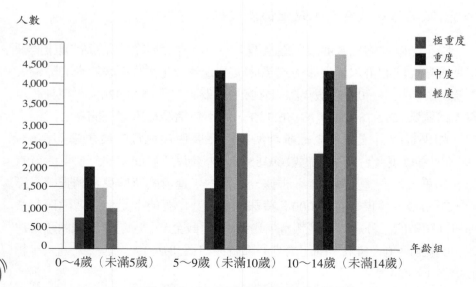

圖9-1 零至十四歲身心障礙人數統計圖

眾多，並且根據其不同的發展特質而具多樣的健康照顧需求，然而除了已浮現特殊需求的兒童之外，其實大多數發展遲緩兒童仍未被發掘，對於兒童個人身心健康及社會整體發展有極大影響，如何發掘這群潛在的人口群，以適切提供健康照顧服務，是目前亟待克服的困境。

(二)特殊發展需求兒童健康照顧相關法令

1. 身心障礙兒童與發展遲緩兒童的法令區隔：在發展上有特殊需求的兒童可分為二類，一為身心障礙兒童，另一為發展遲緩兒童。身心障礙兒童依身心障礙鑑定標準評估鑑定之後，在健康照顧上歸由身心障礙者保護法來規範保障其健康及照顧其權益，進行各種健康檢查、醫療復健，以及福利補助，這種身心障礙鑑定和分類系統，由各障礙別及等級架構而成，大多以生物體損傷的程度來分類並區分等級，這使得有些特殊病理損傷、障礙或功能受到阻礙者無法得到該法的保障，而徘徊在政府的社會安全保障範圍之外。

   在這套分類系統之下，發展遲緩兒童也就因為發展狀況的不明，而排除在身心障礙者保護法的福利保障之外，但是其特殊的發展需求又非兒童福利法對一般兒童的保障即可滿足，對於此類特殊發展需求兒童的健康照顧規範，也只能模糊而零星地散見於兒童福利法、身心障礙者保護法、特殊教育法之中。

2. 法令對特殊發展需求兒童健康照顧的規範：「兒童少年福利法」雖然已明文訂定兒童健康維護相關規範，然而，本法對於兒童健康照顧層面的權益，仍多半只具有宣示性的意義而缺乏實際的執行力，如第50條規定縣市政府應自行創辦或獎勵民間辦理兒童醫院、發展遲緩兒童早期療育中心、兒童心理衛生中心等，但執行面人力物力資源的明顯不足或缺乏，以發展遲緩兒童的早期療育為例，邱怡玟、黃秀梨（1998）對台北市發展遲緩兒童早期療育醫療資源進行調查指出，台北市目前尚無嚴謹而完整的通報及轉介服務系統，85.3%的醫療院所願意在發現發展遲緩兒童時進行通報，41.2%的醫院提供身心障礙的鑑定工作，只有11.8%的醫療院所提供整體性專業診斷與評估，而近九成的醫院無專門負責發展遲緩兒童治療及復健

的部門及人員（邱怡玟、黃秀梨，1998），以醫療資源最為集中的台北市為分析基礎，仍呈顯了現階段資源供給面的困境，更遑論其他地區的實施窘境。王國羽（1996）也針對政策規範內涵提出評析，指出兒童福利法施行細則第11條雖然對於發展遲緩兒童的定義加以界定，不過，法令中並未清楚的指出主責的專業鑑定人員以及鑑定工具；而第12第規定早期療育服務的團隊提供原則，但也未進一步說明負責主導服務提供與輸送的單位（王國羽，1996）。這種供給面嚴重缺乏的情況，使得政策的規範停留在宣示性的階段，也使兒童健康照顧服務始終無法落實。

其他幾個法令規範內容，如兒童少年福利法、身心障礙者保護法、及特殊教育法對早期療育服務的提供也有明確的規範，「兒童少年福利法」第23條「政府對發展遲緩及身心不健全之特殊兒童，應按其需要給予早期療育、醫療就業方面之特殊照顧」，明訂了政府的責任及針對發展遲緩及身心不健全兒童必須提供適當服務；施行細則第12條指明早期療育的服務內涵，並且以專業團隊的合作原則提供服務。「身心障礙者保護法」也明定中央衛生主管機關應建立6歲以下疑似身心障礙兒童通報系統；「身心障礙者保護法」第17條規定中央衛生主管機關應整合全國醫療資源，辦理幼兒健康檢查，提供身心障礙者適當之醫療復健及早期醫療等相關服務，「特殊教育法」則規範了特殊發展需求學生的教育協助及安置。從這些法規內容的確可以看出政策對於兒童身心健康的關注，並且在其中彰顯了政府責任，以及各專業必須整合提供服務的執行方向。

綜上所述，由此看來，不難發現兒童的健康照顧的推行困境，並不是單指法令規範的缺乏，事實上，法令規範並非不存在，而是實際上涉及了衛生醫療、教育、社政、戶政等多專業的介入，只是專業之間缺乏對話和連結，使得服務的提供零碎或重疊，呈現片段且缺乏整體規劃的狀況，我們必須在執行面更進一步地檢視現行體制的執行現況及困境，以瞭解政策與執行面的落差。

3.特殊發展需求兒童之健康照顧服務實施現況

(1)缺乏評估指標、工具與人力：兒童少年福利法第22條中明定「對

發展遲緩之特殊兒童建立早期通報系統並提供早期療育服務」，同時，在施行細則中，對於發展遲緩兒童的定義、主管機關及相關專業人員的認定都有詳細的規範，雖有清晰的界定概念，但卻未指明執行鑑定的人員，也缺乏評估的鑑定工具，甚至缺乏比較的一般兒童發展常模。蘇淑貞（2000）指出目前評估與醫療方面的困境包括：醫療單位的評估流程與服務品質不一；後續療育資源缺乏及不均，包括有：專業人才缺乏——不只醫師參與意願不高，職能、語言治療、聽力檢查師、視力檢查師等均無專業科系可培訓專業人力；現行醫療法規限制；鑑定時間過長；健保給付過低；醫療機構缺乏服務誘因；個案重複利用醫療資源。這些執行層面的困境，使得早期療育的整體服務在「評估」及「轉介」階段面臨了根本性的問題。

(2)法令規範缺乏執行力：目前，台灣的早期療育服務流程大致可劃分為四個階段：通報、轉介、評估鑑定、安置，北、中、南、東四區的規劃亦呈現極大的差異，在兒童福利法施行細則第12、13條中雖然明定「社會福利、衛生、教育等專業人員應以團隊合作方式提供必要之服務」、「從事與兒童業務有關之醫師、護士、社會工作員、臨床心理工作者、教育人員、保育人員、警察、司法人員及其他執行兒童福利業務人員，發現有疑似發展遲緩之特殊兒童，應通報當地主管機關；而主管機關接獲通報之後，結合機關單位共同辦理」。然而，據中華民國智障者家長總會一九九八年度提供發展遲緩兒童個案管理服務的執行經驗發現，經過通報中心派案的個案鮮少來自醫院的通報，呈現了早療通報系統與發現發展遲緩兒童的醫院合作關係仍然不足，往往因此錯失了早期發現的關鍵時期。王國羽（1996）也認為兒童福利法施行細則雖然對於專業人員的通報義務有所規範，但是仍賴執行面的專業工作者對早期通報的概念，以及通報後資料的保管、建檔與使用。

整體而言，在政策規範中展現了政府積極介入保障兒童權益的態度，也隱含了由地方政府主責統籌通報轉介角色的意義，在通報義務的規範上，也有明確的人員界定。除此之外，在早期療育的實施規劃方面也考量

了特殊需求兒童的複雜性，而規範了社會福利、衛生、教育三個領域跨專業整合提供服務。然而，由於法令中並沒有進一步說明主責服務輸送的單位，專業人員對於早期療育的提供內涵、流程、專業角色，以及團隊合作等尚未建立良好的共識，因而使得目前的早期療育服務在專業整合及服務輸送流程上造成困擾，很容易流於形式上的服務，而無法達到早期療育的成效。因此，缺乏整體的發展遲緩鑑定、通報、轉介、療育與復健的體系，各縣（市）之做法有差異存在，而衛生、教育與社政等各部門的合作，亦視各縣市承辦人之意願而有不同。

二、障礙兒童家庭需求與服務現況

(一)身心障礙者及其家庭之需求

　　從身心障礙者及其家庭照顧的需求中，可以歸納出就學、就醫、就業、就養為主要四大需求（周月清，2000），其中學前障礙兒童以就醫、就學需求部分為重。關於家庭因提供照顧工作所產生壓力與需求，可分為身心情緒、社交生活、經濟、家庭關係及其他五個層面，分敘如下：

1. **身心情緒方面**：絕大多數的障礙兒童家長將重心放於照顧兒童的身上，因為長期照顧壓力，時有不堪負荷之現象。
2. **社交生活方面**：多數障礙兒童的主要照顧者因對照顧工作的投入，因而減少個人與外界互動與機會，亦造成主要照顧者個人的社會支持的不足或缺乏的情形。
3. **經濟方面**：部分兒童因為需要特殊醫療設備或特殊食物的提供，造成了家庭的經濟負擔，同時家中成員也可能因為承擔照顧工作而放棄原有的職業，相對造成家庭因收入減少的經濟壓力。
4. **家庭關係方面**：因為障礙兒童的誕生對於家庭產生的壓力及負擔，所面對的還有家庭整體的運作及家中成員的關係，也都可能因為障礙兒童的出生而產生變化，如夫妻關係調整、手足之間的問題、親屬間的互動，都可能因而改變。
5. **其他方面**：如專業指導與相關訊息的提供、特殊兒童的教養技能、

相關資訊服務的需求、障礙子女的就學問題，都是家庭所可能面對的問題。

(二)我國現行早療服務措施

1.**歷史發展與沿革**：台灣開始推動早期療育服務可源自於一九九二年，在一群關心發展遲緩兒童的家長積極推動下，一九九三年兒童福利法修法正式將發展遲緩兒童的早期療育服務納入法令中，台灣的早期療育服務正式展開序幕。而台灣的早期療育工作正式在實務界推動執行，始於一九九五年內政部辦理「發展遲緩兒童早期療育服務轉介中心實驗計畫」(張秀玉，2003)。

2.**相關法規**：台灣的早期療育服務是由社政、衛生、教育三個單位共同統籌，提供完整的早期療育服務。其中社政單位的主管機關為兒童局、衛生單位則是衛生署、教育單位則是教育部。透過主管機關的合作，提供發展遲緩兒童及其家庭所需的跨專業服務(張秀玉，2003)。

目前台灣對早期療育的服務對象，依據兒童及少年福利法第19、21、22、23條及修法前的兒童福利法施行細則第12、13條的界定，是指發展遲緩之特殊兒童與父母、養父母與監護人等。而所謂的發展遲緩之特殊兒童，依據兒童福利法施行細則第11條之界定：「係指在認知發展、生理發展、語言及溝通發展、心理社會發展或生活自理技能等方面有異常或可預期會有發展異常之情形，而需要早期療育服務之未滿6歲之特殊兒童」。因此根據法律的規定，可以瞭解台灣早期療育的服務對象為「0～6歲發展遲緩或身心障礙的兒童與其家庭」。

台灣早期療育相關法規如下：

(1)兒童及少年福利法：

　　第4條　政府及公私立機構、團體應協助兒童及少年之父母或監護人，維護兒童及少年健康，促進其身心健全發展，對於需要保護、救助、輔導、治療、早期療育、身心障礙重建及其他特殊協助之兒童及少年，應提供所需服務及措施。

463

第9條　第2項衛生主管機關：主管婦幼衛生、優生保健、發展遲緩兒童早期醫療、兒童及少年心理保健、醫療、復健及健康保險等相關事宜。

第19條　第1項建立發展遲緩兒童早期通報系統，並提供早期療育服務。

第7項早產兒、重病兒童及少年與發展遲緩兒童之扶養人無力支付醫藥費用之補助。

第21條　疑似發展遲緩兒童或身心障礙兒童及少年之父母或監護人，得申請警政主管機關建立疑似發展遲緩兒童或身心障礙兒童及少年之指紋資料。

第22條　各類兒童及少年福利、教育及醫療機構，發現有疑似發展遲緩兒童或身心障礙兒童及少年，應通報直轄市、縣（市）主管機關。直轄市、縣（市）主管機關應將接獲資料，建立檔案管理，並視其需要提供、轉介適當之服務。

第23條　政府對發展遲緩兒童，應按其需要，給予早期療育、醫療、就學方面之特殊照顧。

(2)身心障礙者保護法：

第14條　第1款為適時提供療育與服務，中央衛生主管機關應建立疑似身心障礙6歲以下嬰幼兒早期發現通報系統。

第17條　中央衛生主管機關應整合全國醫療資源，辦理嬰幼兒健康檢查，提供身心障礙者適當之醫療復健及早期醫療等相關服務。各級衛生主管機關對於安置於學前療育機構、相關服務機構及學校之身心障礙者，應配合提供其所需要之醫療復健服務。

第24條　各級政府應設立即獎勵民間設立學前療育機構，並獎勵幼稚園、托兒所及其他學前療育機構，辦理身心障礙幼兒學前教育、托育服務及特殊訓練。

(3)特殊教育法：

第3條　第2項第11款本法所稱身心障礙，係指因生理、心理之顯

著障礙，致需特殊教育和相關特殊教育服務措施之協助者。本法所稱身心障礙，指具有下列情形之一者：智能障礙、視覺障礙、聽覺障礙、語言障礙、肢體障礙、身體病弱、嚴重情緒障礙、學習障礙、多重障礙、自閉症、發展遲緩、其他顯著障礙。

第5條　特殊教育之課程、材料及教法，應保持彈性，適合學生身心特性及需要；其辦法，由中央主管教育行政機關定之。對身心障礙學生，應配合其需要，進行有關復健、訓練治療。

第7條　第1款特殊教育之實施，分下列三個階段：學前教育階段，在醫院、家庭、幼稚園、托兒所、特殊幼稚園（班）、特殊教育學校幼稚部或其他適當場所實施。

第8條　第1款學前教育及國民教育階段之特殊教育由直轄市或縣（市）主管教育行政機關辦理為原則。

第9條　第1款各階段特殊教育之學生入學年齡及修業年限，對身心障礙國民，除依義務教育之年限規定辦理外，並應向下延伸至3歲，於本法公布六年內逐步完成。

第12條　直轄市及縣（市）主管教育行政機關應設特殊教育學生鑑定及就學輔導委員會，處理有關鑑定、安置及輔導事宜。有關之學生家長並得列席。

第14條　為使就讀普通班之身心障礙兒童得到適當之安置與輔導，應訂定就讀普通班身心障礙學生之安置原則與輔導辦法，其辦法由各級主管教育行政機關訂定之。

第17條　第1項為普及身心障礙兒童及少年之學前教育、早期療育及職業教育，各級主管機關應妥當規劃加強推動師資培育及在職訓練。

第25條　為提供身心障礙兒童及早接受療育之機會，各級政府應由醫療主管機關召集，結合醫療、教育、社政主管機關，共同規劃及辦理早期療育工作。對於就讀幼兒教育機構者，得發給教育補助費。

465

第27條　各級學校應對每位身心障礙學生擬定個別化教育計畫，並邀請身心障礙學生家長參與其擬定及教育安置。

第31條　各級主管教育行政機關為促進特殊教育發展及處理各項權益申訴事宜，應聘請專家、學者、相關團體、機構及家長代表為諮商委員，並定期召開會議。

　　　　　為保障特殊教育學生教育權利，應提供申訴服務，其服務設施辦法，由中央主管教育行政機關定之。

(4)特殊教育法施行細則：

第3條　本法第7條第7項第1款所稱特殊幼稚園，指為身心障礙或資賦優異者專設之幼稚園；所稱特殊幼稚班旨在幼稚園為身心障礙或資賦優異者專設之班。

第7條　學前教育階段身心障礙兒童應以與普通兒童一起就學為原則。

第9條　本法第12條所稱特殊教育學生鑑定及就學輔導委員會（以下簡稱鑑輔會），應以綜合服務及團隊方式，辦理下列事項：

1.議決鑑定、安置及輔導之實施方法與程序。

2.建議專業團隊及特殊教育資源中心應遴聘之專業人員。

3.評估特殊教育工作績效。

4.執行鑑定、安置及輔導工作。

5.其他有關特殊教育鑑定、安置及輔導事項。

直轄市、縣（市）主管教育行政機關應從寬編列鑑輔會年度預算，必要時由中央主管教育行政機關補助之。

鑑輔會應置主任委員一人，由直轄市、縣（市）主管教育行政機關首長兼任之；並指定專任人員辦理鑑輔會事務。

鑑輔會之組織及運作方式由直轄市、縣（市）主管教育行政機關定之。

第11條　鑑輔會依本法第12條安置身心障礙學生，應於身心障礙學生教育安置會議七日前，將鑑定資料送交學生家長；家長得邀請教師、學者專家或相關專業人員陪同列席該

會議。

鑑輔會應就前項會議所為安置決議，於身心障礙學生入學前，對安置機構以書面提出下列建議：

1.安置場所環境及設備之改良。

2.復健服務之提供。

3.教育輔助器材之準備。

4.生活協助之計畫。

前項安置決議，鑑輔會應依本法第13條每年評估其適當性；必要時，得視實際狀況調整安置方式。

第12條　國民教育階段特殊教育學生之就學以就近入學為原則。但其學區無合適特殊教育場所可安置者，得經其主管鑑輔會鑑定後，安置於適當學區之特殊教育場所。

前項特殊教育學生屬身心障礙者，直轄市、縣（市）主管教育行政機關應依本法第19條第3項規定，提供交通工具或補助其交通費。

第13條　依本法第13條輔導特殊教育學生就讀普通學校相當班級時，該班級教師應參與特殊教育專業知能研習，且應接受特殊教育教師或相關專業人員所提供之諮詢服務。

本法第13條所稱輔導就讀特殊教育學校（班），指下列就讀情形：

1.學生同時在普通班及資源班上課者。

2.學生同時在特殊教育班及普通班上課，且其在特殊教育班上課之時間超過其在校時間之二分之一者。

3.學生在校時間全部在特殊教育班上課者。

4.學生在特殊教育學校上課，且每日通學者。

5.學生在特殊教育學校上課，且在校住宿者。

申請在家教育之身心障礙學生，除依強迫入學條例第13條規定程序辦理外，其接受安置之學校應邀請其家長參與該學生之個別化教育計畫之擬定；其計畫內應載明特殊教育教師或相關專業人員巡迴服務之項目及時間，並

經其主管鑑輔會核准後實施。

第18條　本法第27條所稱個別化教育計畫，指運用專業團隊合作方式，針對身心障礙學生個別特性所擬定之特殊教育及相關服務計畫，其內容應包括下列事項：

1.學生認知能力、溝通能力、行動能力、情緒、人際關係、感官功能、健康狀況、生活自理能力、國文、數學等學業能力之現況。

2.學生家庭狀況。

3.學生身心障礙狀況對其在普通班上課及生活之影響。

4.適合學生之評量方式。

5.學生因行為問題影響學習者，其行政支援及處理方式。

6.學年教育目標及學期教育目標。

7.學生所需要之特殊教育及相關專業服務。

8.學生能參與普通學校（班）之時間及項目。

9.學期教育目標是否達成之評量日期及標準。

10.學前教育大班、國小六年級、國中三年級及高中（職）三年級學生之轉銜服務內容。

前項第10款所稱轉銜服務，應依據各教育階段之需要，包括升學輔導、生活、就業、心理輔導、福利服務及其他相關專業服務等項目。

參與擬定個別化教育計畫之人員，應包括學校行政人員、教師、學生家長、相關專業人員等，並得邀請學生參與；必要時，學生家長得邀請相關人員陪同。

第19條　前條個別化教育計畫，學校應於身心障礙學生開學後一個月內訂定，每學期至少檢討一次。

3.目前實施之福利服務概況

(1)實務部分：截至二○○三年底，台灣25個直轄市、縣（市）政府都依法成立「發展遲緩兒童早期療育通報轉介中心」，藉由中心的設立，提供發展遲緩兒童較適切且完整的服務與協助。

台灣的早期療育服務的內容依據內政部的「發展遲緩兒童早期療育

服務實施方案」，早期療育服務的實施包含下列幾個階段：通報→
轉介中心→聯合評估→轉介中心→療育服務（內政部社會司，1997）
（其流程如圖9-2所示）。

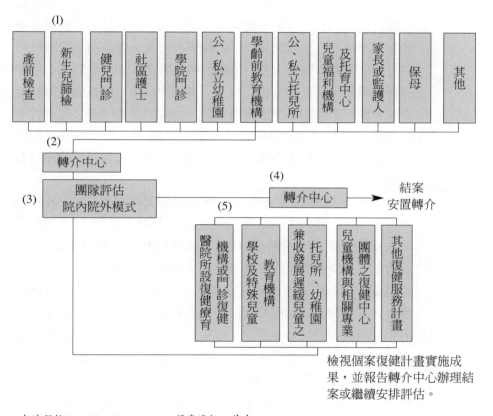

1.本流程按(1)、(2)、(3)、(4)、(5)順序進行，其中
  (1)為通報者。
  (2)為轉介中心，主要安排評估鑑定之轉介工作。
  (3)為團隊評估，由醫療單位進行評估鑑定擬定個案療育計畫及建議。
  (4)為轉介中心，主要安排療育安置之轉介工作，如無進一步安置需要則辦理結案。
  (5)代表相關療育復健安置機構。
2.第(5)轉接點之各療育安置項目間互通。

圖9-2　發展遲緩兒童早期療育服務實施流程

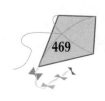

根據服務流程，發現發展遲緩兒童早期療育服務的輸送，基本上包括：通報、轉介、聯合評估、療育服務等四個流程。茲就四個流程所要執行的工作內容與實施現況敘述如下：

A.通報：早期療育服務的核心精神在於「早期發現與早期治療」，因此發展遲緩兒童是否能及早接受早期療育服務，便成為決定該項服務是否具有成效的重要關鍵！經由通報的實施，社政體系便能掌握早期療育服務的人口群的特質與需求，並藉由通報階段所建立的個案基本資料，進行後續的轉介服務，如此便能協助發展遲緩兒童及其家庭接受較完整、一貫的服務，也能讓發展遲緩兒童及其家庭不至因為無法獲得資源，而耽誤了發展遲緩兒童的療育契機。因此通報這個階段，可以說是整個早期療育服務的樞紐，若通報功能無法發揮，則將會嚴重影響到後續服務的輸送與提供。

一九九三年修訂的兒童福利法第13條第2款中提到：「各直轄市、縣（市）政府應辦理對發展遲緩之特殊兒童建立早期通報系統並提供早期療育服務」。目前全國也有25個直轄市、縣（市）政府依法成立發展遲緩兒童早期療育服務通報轉介中心（內政部兒童局，2000），通報轉介的業務，主要是由社政單位負責辦理。在「通報」這個服務階段中，由社會工作者提供下列服務內容：受理發展遲緩個案通報、蒐集並登錄個案資料、早期療育服務觀念的宣導、安排個案管理系統服務等工作（內政部社會司，1997；內政部兒童局，2000）。

B.轉介：在發現兒童有發展遲緩現象之後，除儘速通報之外，更重要的便是經由各地通報轉介中心的社會工作者，針對發展遲緩兒童與家庭的需要，運用個案管理（case management）的處置技巧，協助轉介至相關單位接受後續的療育服務，透過轉介服務能夠讓發展遲緩兒童暨其家庭得以運用適切的社會資源。

若是個案在通報之前並未接受任何醫療體系的評估，則由社會工作者轉介醫療體系進行評估鑑定，以瞭解個案的發展問題：若個案通報之前已接受醫療體系針對其發展狀態的評估，則社會工作

者便需視個案遲緩的程度，選擇適合個案與其家庭的療育單位。因此轉介階段中，社會工作者的工作內容包括：案主的需求調查、需求評估、療育資源的評估、聯繫與協調、陪同案主至醫院接受評估鑑定、參與相關療育會議、定期追蹤服務等（內政部社會司，1997）。

C.聯合評估：發展遲緩兒童在初步篩檢若發現有疑似發展遲緩的現象，便要轉介至醫院進行醫療診斷的工作。目前國內發展遲緩兒童聯合評估的方式，包括聯合門診與一般門診，聯合門診的診斷方式，是經由醫療專業團隊聯合會診的方式進行，評估鑑定的科別包含小兒心智科（小兒精神科）、小兒神經科、耳鼻喉科與復健科，及後線的物理治療師、職能治療師、語言治療師、社會工作師、心理治療師、特教老師等，依每位發展遲緩兒童的狀況決定由哪些科別或治療師進行評估。

行政院衛生署自一九九七年起，截至二○○二年底，已補助十八家醫院成立「發展遲緩兒童聯合評估中心」，已建立發展兒童遲緩兒童聯合評估的完整醫療模式（內政部兒童局，2003）。但仍有些許區域並沒有成立「發展遲緩兒童聯合評估中心」，只有提供門診醫療服務。因此，發展遲緩兒童在進行評估工作時，除到聯合評估中心可以接受完整的診斷服務之外，若是經由一般門診進行評估診斷，則其他相關科別的評估診斷工作，便需要家長自行再依各醫院的服務流程，重複進行掛號、看診的步驟，如此一來便增加發展遲緩兒童家長在就醫時的奔波之苦，也間接影響了家長帶孩子接受評估的意願。

在聯合評估階段需進行的工作內容包括：進行發展遲緩兒童的診斷、完整之症狀功能評估、處理計畫等工作，以便評估發展遲緩兒童各方面的發展狀況；並將評估報告提供各通報轉介中心，進行後續的療育安置計畫的參考；社會工作者則需要進行發展遲緩兒童家庭在家庭功能、資源需求上的評估；針對心理層面進行個人與家族的治療，將醫療團隊的聯合評估或療育會議之結果，與家長協調溝通等。

D.療育服務：在發展遲緩兒童接受醫院單位評估鑑定，確定發展遲緩的事實之後，便由各直轄市、縣（市）政府通報及轉介中心的社工員依個案情況轉介適當的提供療育服務單位，提供療育服務的單位包括：醫療、特殊教育、幼兒教育單位、兒童福利機構等（內政部社會司，1997）。療育服務的實施內容除視個案程度的不同之外，也必須評估各個療育單位所能提供的服務內容，才能協助發展遲緩兒童與其家庭得到最適切的療育服務。療育服務包含以下類型：

a.機構式（中心式）：介入或學習的地點在學校、醫院或社會福利療育機構。

b.家庭式：由特教老師或專業團隊到家中提供訓練。

c.中心、家庭混合方式：一部分時間在家接受訓練，一部分時間在中心接受訓練。不論是接受哪一種類型的療育服務，發展遲緩兒童家長本身都必須配合療育服務的進行，協助兒童進行療育，才能達成療育服務的成效。

(2)現金補助：各地方也視其資源之不同，提供早療家庭補助，以減輕其經濟負擔。以台北市為例，針對一般早療家庭的補助有發展遲緩兒童療育補助及弱勢家庭兒童臨時托育補助（台北市早期治療服務，2004）。

A.展遲緩兒童療育補助

a.申請資格：設籍並實際居住本市滿六個月未滿7歲且未入小學就讀之發展遲緩兒童及其父母，且符合以下條件者：

(a)兒童未領有政府發給之其他生活補助或津貼（低收入戶除外）、未經政府補助托育養護費用。（若同時符合領取發展遲緩兒童療育補助及上述費用者，僅能擇一領取）。

(b)兒童在立案之身心障礙福利機構或本府衛生局特約醫療單位實際接受療育服務。

(c)兒童緩讀者以一年為限。

b.補助內容：以下兩者擇一補助：

(a)療育訓練費：於立案之身心障礙福利機構或本府衛生局特

約醫療單位進行之療育項目，其費用健保不給付或全額自費者；每人每月最高補助6,000元，以實報實銷方式申請（療育項目以一對一治療者，單價以不超過600元爲準，超過者以600元計，以一對二以上治療者，單價不超過400元爲準，超過者以400元計）。

(b)交通補助費：於本府衛生局特約醫療單位進行之療育項目，費用已由健保全額給付部分，每次赴診補助200元，每月最高補助3,000元，以實報實銷方式申請。

c.應備文件：

(a)申請書（正、影本）及領據各一份。

(b)身心障礙福利機構收據正本、療育訓練紀錄單或醫療單位就醫紀錄單影本各一份。

(c)本年度首次申請者請另附：

・申請人之戶口名簿影本一份。

・低收入戶卡正反面影本一份（無則免付）。

・身心障礙手冊或評估報告書或發展遲緩診斷證明書影本（由衛生局 核定早期療育評估鑑定醫療單位開立，六個月內有效）。

・緩讀證明（未滿7歲且未入小學就讀者應檢附）。

・台北銀行或郵局存摺封面影本。

d.備註：每三個月爲一申請單位（申請有效期限以最近三個月內有效），並檢附相關療育訓練證明文件，申請文件一經受理，概不退還；另已獲補助者不得對同一月份再提出申請，逾期申請者不予補助。

e.洽辦單位：社會局第三科。

B.弱勢家庭兒童臨時托育補助

a.申請資格：設籍本市，家中有12歲以下兒童之市民。

b.補助內容：家長有臨時委託照顧兒童需求時，得申請下列服務：

(a)托育機構臨托：由家長將兒童送至托育機構受托。

(b)保母定點臨托：由家長將兒童送至合格保母或保育員家中
　　　受托。

(c)保母到宅臨托：由合格保母或保育員至兒童家中提供臨托
　　　服務。

C.備註：

　a.弱勢家庭申請臨托自付額如下：

　　(a)托育機構臨托：每小時自付30元。

　　(b)保母定點臨托：每小時自付40元。

　　(c)保母到宅臨托：每小時自付50元。

　b.弱勢家庭係指有下列情形之一者:

　　(a)本市列冊低收入戶。

　　(b)父母一方為原住民。

　　(c)父母一方為中度以上身心障礙者。

　　(d)兒童同住手足之一持有本市身心障礙手冊或一年內發展遲
　　　緩證明。

　　(e)單親家庭。

　　(f)本局所屬或公設民營各福利服務中心評估有臨托需求之家
　　　庭。

D.應備文件：

　a.戶口名簿正、影本一份。

　b.低收入戶卡正、影本一份（弱勢家庭第1款）。

　c.戶籍謄本一份（弱勢家庭第2、5款）。

　d.身心障礙手冊或一年內發展遲緩證明正、影本一份（弱勢家庭
　　　第3、4款）。

　e.福利服務中心轉介表一份（弱勢家庭第6款）。

E.洽辦單位：

　a.托育機構臨托：申辦臨托之托兒所、兒童托育中心。

　b.保母定點及到宅臨托：申辦臨托之保母委訓單位。

（註：相關名冊可洽民生兒童福利服務中心或社會局第五科詢問。）

三、兒童健康照顧方案規劃要項

　　曾華源（2002）針對現況實施之不足提出落實政策執行力之意見和規劃建議。為滿足兒童發展階段的各種健康照顧需求面向，方案目標為「保障兒童基本健康權益，照顧特殊兒童身心發展需要，並促使一般兒童獲得身心健全發展」。在此總目標之下，所嘗試建構兒童健康照顧體系與相關措施如下：

(一)落實優生與成長照護保健工作

1.落實優生保健各項措施：健全優生保健服務網，建立婚前健康檢查、產前遺傳診斷、及特殊人口群臨床遺傳服務等作業系統；加強訓練——臨床遺傳醫師、遺傳諮詢員、細胞生化及分子遺傳學檢驗技術人員等優生保健專業人力資源；積極發展本土化人口遺傳疾病類別與發生率調查，並積極發展特殊遺傳疾病診斷方法之研究。

2.普設醫療復健專科與醫療服務人力：獎勵及補助各醫學中心、區域醫院成立專屬兒童身心健康照護科別，補充醫療服務供給面的不足。或輔導分區設置兒童醫院或專屬科別，提供一般兒童疾病醫療、兒童身心障礙醫療復健，以照護保健兒童成長，並培養醫護等專業團隊工作人才。

3.建立並落實兒童健康護照：落實出生通報制度，並延長現有0～6歲的健康手冊為0～12歲的健康護照。透過建構各醫院診所兒童就診資料電腦登錄系統，以及各學校健康檢查結果，建立完整的兒童身心醫療史，並能有效追蹤兒童個別的疾病醫療狀況。此外也有助於整體性的兒童流行病學研究及建立兒童生長基礎。

4.加強優生與照顧保健之宣導：辦理重點宣傳月活動，利用各種傳播媒體及電腦網路，以多元化管道，提高民眾的關注與認知，並以津貼補助醫療檢查費用支出等方式，鼓勵進行婚前健康檢查，以預防不當先天性疾病。

加強母乳哺育之教育推廣工作：

(1)除了加強限制奶粉過多廣告次數和內容，以避免誤導民眾之外，

另應加強母乳對養育健康嬰兒之重要性。

(2)研擬擴大設置哺育室、育嬰假，以落實職業婦女母乳哺育之可能。

5.落實新生兒照顧者親職教育與衛生保健教育：結合社區民間團體與衛生所公共衛生護士，加強新生兒照顧者之親職教育與衛生保健教育。除了提供兒童健康教養環境之外，並落實兒童發展鑑定之工作。

6.加強兒童預防保健服務：

(1)針對兒童預防保健服務加強宣導，以喚起社會重視及共識，並促進預防保健服務品質。

(2)強化國小環境衛生、營養、保健（近視、體重、體能）等工作，對特殊需求兒童提供巡迴醫療諮詢服務或設置醫療專責人員提供支持服務，如物理治療、職能治療……等。

7.建立兒童保健服務相關網站：結合媒體與電腦相關網站，建立兒童保健服務相關網站，提供兒童父母或主要照顧者隨時參閱使用。

8.定期實施兒童身心健康發展流行病學之研究：針對兒童健康和流行病學議題進行相關研究，以建立整體性的兒童人口及健康需求統計資料，有利於建構出國內兒童身心發展常模，作為進一步兒童健康政策規劃的基礎，使兒童健康保健與醫療復健工作具實質的可行性。

(二)兒童健康醫療照顧

1.發展遲緩兒童早期介入醫療照護政策

(1)推動發現發展遲緩兒童之工作

A.針對保母訓練與認證、托兒及幼教單位師資培育訓練課程，規劃兒童發展特殊需求之相關課程。

B.結合地方衛生所公共衛生人力與社會福利基層人力，於各醫院內和社區中共同推動新生兒照顧者親職教育、衛生保健教育；尤其針對發展遲緩發現的教育工作，以落實及早發現及早治療之政策。

　　　　C.加強發展遲緩鑑定以及復健相關專業人員團隊之人力培訓。

　　　　D.加強對早產兒的身心發展之評鑑與復健工作。

　　(2)全面實施嬰幼兒健康檢查健保給付，評估發展遲緩之高危險群兒童，篩檢出發展遲緩或異常之兒童，加以治療、轉介、或追蹤。

　　(3)積極發展本土化的兒童發展常模及發展遲緩評估標準與醫療復健服務方案結合相關專業人員團隊，建構醫療復健網絡，發展出評估兒童發展遲緩之標準與復健服務方案。

　　(4)研擬發展遲緩兒童評估費用納入健保給付。

　　(5)鼓勵各醫院成立兒童心智發展專科，以利鑑定資賦優異與發展遲緩之兒童。

2.推動特殊需求兒童醫療照顧政策：針對身心障礙兒童、發展遲緩兒童、偏遠地區或不利社經地位兒童提供下列照顧：

　　(1)專案辦理偏遠地區兒童醫療照顧：成立正式制度化的巡迴醫療團隊，以提供偏遠或醫療資源缺乏地區之兒童定期免費健康檢查和醫療照護。

　　(2)開辦特殊疾病兒童健保與家庭生活照顧津貼：增加兒童特殊疾病之健保給付，以強化先天病理性缺損兒童、早產兒、重病兒童、以及其他罕見疾病兒童之家庭照顧功能。

　　(3)提供特殊需求兒童支持性服務（包括：醫療照顧及社會福利資源）：結合民間團體及醫療單位志願服務人力資源，提供特殊需求兒童支持性的照顧服務；包括：主要照顧者的喘息臨托服務、兒童的居家療育服務，或是提供專車接送療育服務，以降低機構安置之比例。

　　(4)針對與身心障礙者結婚的外籍新娘，進行優先保健教育與篩檢嬰兒之預防工作。

　　(5)結合教育單位落實身心發展特殊兒童之就學工作。

3.訂定「托兒所幼稚園兒童健康管理辦法計畫」：協調衛生、教育及社政等單位，針對托兒所及幼稚園兒童實施兒童健康環境管理，並規定設置有證照護理人員，以及提供健康餐食與設備。

4.整合衛生單位、社會福利單位及學前托兒、教育單位：針對托兒、

幼教環境設置提供諮詢與督導，並建立兒童健康醫療巡迴輔導支持團隊。

(三)落實兒童心理衛生工作

1.強化國小輔導室功能，並推展學校社會工作：結合學校輔導室及社會工作師，對學齡兒童的心理健康進行初級預防，強化現有的國小輔導室功能，並推展學校社會工作，以增強學校和家庭的聯繫，並建構學校社區健康環境。

2.擬定全面推動兒童心理衛生計畫

(1)為達成各區域心理衛生工作的初級預防功能，宜分區規劃設置地區心理衛生中心，以獎勵或購買式服務進行兒童心理健康之照顧服務，並確實將社會工作師或臨床心理師納入正式編制人員之內。

(2)研訂臨床心理師法與輔導師法，以確認專業地位，並鼓勵臨床心理師在當地醫院所屬社區內執業，並結合學校輔導人力與社工人力，建構促進心理健康網絡，以輔導兒童心理及行為問題，預防日後發生嚴重偏差行為。

(3)委託專業心理輔導機構或各師範院校特殊教育中心，辦理一般兒童與特殊兒童心理測驗與心理輔導等工作。

(4)鼓勵各大專院校設置兒童諮商與心理衛生照護之科系，以培育兒童心理專業人才。

(5)明定科目，並編列足夠經費，以利工作推動。

(6)加強父母認識兒童的身心發展及心理健康，以增進父母培養兒童健康生活習慣。

(7)利用暑寒假舉辦各項研習，增強學校相關之教育人員認識一般兒童與特殊兒童之身心發展及行為表現，以利兒童在支持性的健康環境下成長。

3.發展編制各類兒童發展之本土化測驗工具：獎勵專家學者發展編制各類兒童發展之本土化評估工具，以利國內兒童身心發展評估。

基於上述之論述，將其整理出下列之採行方案以供參考（見**表**9-8）。

表9-8 兒童健康與醫療制度的議題

採行措施	主辦機關	協辦機關	時程
一、落實優生與成長照護保健工作			
1.輔導分區設置兒童醫院或專屬科別,實施身心障礙兒童、兒童疾病健康照護,並培養醫護專業人才	衛生署 直轄市及縣(市)政府	內政部兒童局	短程
2.建立與落實兒童健康護照,並連接各醫院診所電腦登錄資料,以利落實出生通報制度和建立0～12歲完整的身心醫療史	衛生署 戶政司	內政部兒童局	短/中程
3.結合社區民間團體與公共衛生護士,落實新生兒照顧者親職與衛生保健教育,以達成福利社區化,提升醫療照護品質	衛生署 直轄市及縣(市)政府	內政部兒童局	短程
4.加強兒童保健之宣導與行銷工作		內政部兒童局	短程
(1)製作宣傳海報與單張,辦理重點宣傳月活動,利用各種傳播媒體及電腦網路,以多元化管道,提高民眾的認知與重視優生保健與成長照護之重要性	衛生署 新聞局		
(2)針對兒童預防保健服務,加強宣導兒童預防保健服務,以提升品質			
(3)集合媒體與電腦相關網站,建立兒童保健服務相關網站,提供父母或監護人隨時參與使用			
5.落實優生保健工作	衛生署	內政部兒童局	短程
(1)鼓勵婚前健康檢查,開辦健保給付,以增強婚前健康檢查與醫療之意願,預防先天性疾病			
(2)加強產前檢查與母體於懷孕期之生理及心理教育工作,以減低孕產期對胎兒可能造成的不利影響因素,避免胎兒病變的可能性			
(3)加強宣導母乳哺育對嬰幼兒的重要性,並提供補助經費於公共場所普設哺育室,以利母親親自授乳政策之推行			
6.定期實施全國性有關兒童身心健康發展概況與流行病學之研究,以利建構本土性常模,落實評估與預防工作	衛生署 國科會	內政部兒童局	短程
7.定期評鑑各地醫院與社區合作推廣兒童預防保健服務工作	衛生署	內政部兒童局	短程

（續）表9-8 兒童健康與醫療制度的議題

採行措施	主辦機關	協辦機關	時程
8.確實編列經費，以利學校落實改善學校飲水、座椅和教室光線之工作	教育部	內政部兒童局	短程
二、兒童健康醫療照顧			
1.實踐及早發現及早治療之發展遲緩兒童醫療照護政策			
(1)推動多面向兒童發展遲緩發現與醫療復健之網絡 ◇針對保母訓練與考照加入發展遲緩課題，托兒單位教師培訓課程安排發展遲緩評估鑑定與醫療復健之相關課題 ◇各地醫療院所公共衛生與社會工作師共同舉辦新生兒照顧者親職與衛生保健教育工作	衛生署 直轄市及縣（市）政府 勞委會	內政部兒童局	短程
(2)全面實施嬰幼兒健康檢查健保給付，以利評估兒童發展遲緩高危險群，篩檢出異常個案者	衛生署	內政部兒童局	短程
(3)結合相關領域專業人員團隊，發展發展遲緩評估標準與復健服務方案	衛生署	內政部兒童局	短程
(4)加強宣導與列舉評估兒童身心發展要項，並定期察驗各地區發展遲緩兒童鑑定人數與發現之比例，以落實發展遲緩兒童評估鑑定工作和通報工作	衛生署	內政部兒童局	短程
2.推動特殊身分兒童醫療照護政策			
(1)專案辦理偏遠地區兒童醫療照顧工作，提供免費健康檢查，以及流行病學調查	直轄市及縣（市）政府	內政部兒童局	短程
(2)開辦特殊疾病兒童健保，提供家庭生活照顧津貼，強化家庭照顧先天性缺陷兒童、早產兒童及重病兒童之功能，以避免父母輕易放棄兒童的早期篩檢及照顧	衛生署 直轄市及縣（市）政府	內政部兒童局	短程
(3)結合民間團體及醫療志工人力資源，提供支持特殊兒童家庭醫療照護功能	衛生署	內政部兒童局	短程
3.訂定「托兒所幼稚園兒童健康辦法管理計畫」，設置健康工作專業人力與提供免費一般兒童健康檢查服務	衛生署	內政部兒童局	短程
4.重新評估並訂定國小校護之定位與工作內容，以利校園兒童健康政策之落實	教育部 衛生署	內政部兒童局	短程

（續）表9-8　兒童健康與醫療制度的議題

採行措施	主辦機關	協辦機關	時程
三、落實兒童心理衛生工作			
1.協助及獎勵或以公辦民營方式，由臨床社工師在社區內執業，以強化社區心理衛生功能	內政部兒童局		短程
2.強化國小輔導室功能與加強學校社工之輔導功能，落實輔導學生心理健康發展工作	教育部	內政部兒童局	短程
3.獎勵及補助各醫學中心、區域醫院成立專屬兒童身心健康照護科（或心理衛生中心）	衛生署	內政部兒童局	短程
4.獎勵專家學者編製各類種適合國情之兒童心理測驗工具，以利身心發展評估	教育部國科會	內政部兒童局	短程
5.研訂臨床心理師法並鼓勵、協助臨床心理師在當地醫院所屬社區內執業，輔導兒童心理及行為問題	衛生署	內政部兒童局	短／中程
6.研訂輔導師法，以確認學校輔導人力之專業地位，有助於兒童心理及行為問題輔導工作	教育部	內政部兒童局	短／中程
7.委託專業心理輔導機構，各師範院校特殊教育中心辦理兒童心理測驗、心理輔導工作	內政部兒童局教育部		短程
(1)擬定及推動兒童心理衛生計畫	內政部兒童局		短／中程
(2)鼓勵各大專院校設置兒童諮商與心理衛生照護科系，以培育專業人才	教育部衛生署		
(3)明定科目，確實編列足夠之經費			
(4)加強父母認識兒童身心發展及心理健康之親職教育工作，培養兒童健康生活習慣，以落實兒童心理健康從家庭做起之政策			
(5)利用暑寒假舉辦研習活動，以加強學校相關教育人員認識一般兒童與特殊兒童之身心發展及行為表現，以利兒童在支持性的健康環境下成長			

第四節　未婚媽媽及其子女服務

　　台灣究竟有多少未婚媽媽及非婚生子女？據估計台灣約有12.95‰之青少女未婚懷孕。歷年來，從台灣地區人口統計資料中顯示，未婚生子有逐漸增加之趨勢（林萬億、吳季芳，1995；藍采風，1995；林勝義，2002），以及台灣單親中屬於未婚生子類型所占比例也有逐年上升之情況（王麗容，1995；彭懷眞，1999；郭靜晃、吳幸玲，2003）。根據內政部戶政司最新統計的數據，二○○三年國內出生之嬰兒數218,900餘人（此爲婚生子女數），而非婚生之嬰幼兒數爲8,030人，其中有1,800人是透過私下收養或生父出面認領，而有6,184人爲「父不詳」。未婚媽媽成爲單親家庭，處於「女性貧窮化」及「年輕貧窮化」之雙重的不利因素，如果未能得到正式及非正式資源的協助，都會直接與間接影響其個人及其子女的影響。目前國內之出生率逐年遞減，而非婚生子女數卻逐年上升，其中潛藏了許多令人擔憂的問題。

　　我國兒童少年福利法第13條對於胎兒出生後七日內，接生人應將其出生之相關資料通報戶政及衛生主管機關備查，就是預防初生兒流入黑市販賣市場；第19條第5款：對於無力撫育其未滿12歲之子女或被監護人者，予以家庭生活扶助或醫療補助，及第10款：對於未婚懷孕或分娩而遭遇困境之婦嬰，要予以適當之安置及協助。這也顯示未婚媽媽及其子女之服務已成爲我社會之問題情境，不僅政府重視，也經立法給予提供扶助或補助之規定。

　　未婚媽媽（unmarried mother）係指未有法定婚姻關係而生育子女之女性。從傳統以來，無論中外對於未婚生子的態度皆受到風俗習慣、社會制度、宗教信仰及法律的影響，而呈現污名化（stigmatization），尤其在一夫一妻制的婚姻體系中。時至今日，哈日風盛行，加上媒體的傳播，時下的年輕女性受日本援助交際及社會上包二奶次文化的影響，也造成未婚媽媽的個案數目有逐年上升的趨勢。

　　就歷史的演進趨勢來看，社會對未婚媽媽傾向具有負面的態度。不過

隨著社會演變形成去污名化之後，卻相對地形成社會的問題。例如英國十六世紀後半期之前，私生子並未被認為可恥；到了十六世紀至十九世紀，英國的清教徒對私生子持有較負面的態度，甚至在清貧法就明文規定救助這些沒人要的小孩（son of no one）；到了二十世紀，從一九六九年開放墮胎以及性教育的保守方式，造成英國成為世界上第二多青少年未婚懷孕的國家，僅次於美國。

美國在一九六〇年代之前，社會上對未婚媽媽的態度頗受英國清教徒之禁慾主義主張的影響，即使是社會安全法案通過，許多地方政府仍拒絕對未婚媽媽提供經濟援助；自六〇年代之後，受到性革命（sexual revolution）及性放任（sexual permissiveness），尤其受到佛洛伊德之心理分析理論及金賽博士的性調查研究，促使美國對性的開放，但也造成青少年未婚媽媽比率上升，同時也增加非法墮胎人數及青少年感染性病，因此社會上開始覺悟要對未婚媽媽提供適當的照顧、教育與訓練，才有所謂「母親之家」之設置。一九七三年美國通過墮胎合法化法案，一九七八年通過青少年健康服務，預防與照顧懷孕法案，到了一九八〇年，才有專業之社工人員開始著手預防青少年未婚懷孕，以及萬一懷孕生子時，專業社工要協助青少年成為較有教能的父母（林淑芬，1987；Kadushin & Martin, 1988；陳淑琦，1997）。

我國在古代認為未婚懷孕生子是家族蒙羞，甚至是不光彩的事，有時會強迫逼死未婚媽媽，促使女子墮胎或將私生子送給他人撫養；遇有家貧者，則將出生嬰兒棄於路旁或留置到育嬰堂。自宋代之後，我國設有留嬰堂、育嬰堂、仁濟堂、普濟堂，嬰兒可以內養與外領。自民國以來，各省則設有孤兒院、兒童教養所，均收養棄嬰，這也是我國最早的兒童福利機構（丁碧雲，1987）。

國內最早較有系統研究未婚媽媽首推林淑芬（1987），其從報章雜誌中所得的統計數字，在八〇年代除了影視明星公開表示自己是未婚生子，加上家庭結構解組，社會上對貞操或性觀念開放，也造成台灣未婚生子的比例有逐年上升之趨勢。林淑芬（1987）及Kadushin 與 Martin（1988）皆指出，形成未婚媽媽的原因很多，包括個人因素（如道德或心理缺陷、生理衝動、性愛詮釋錯誤等）、文化因素（如援助交際、包二奶之次文化）、環

境因素（如家庭失功能、色情傳媒、性教育不足、社會風氣開放）、意外事件（如約會強暴、性侵害），及其他（如藥物濫用、不願被婚姻約束）。

　　儘管形成未婚媽媽的成因很多，但青少年成爲未婚媽媽將面臨失學、失業以及失去自信的窘境，接下來的流產、墮胎、自殺等事件也時有所聞，而如果選擇將孩子生下來，日後孩子的照顧、父親的責任確認，也都要面臨考驗。

　　兒童福利服務不僅要服務孩子也要顧及其家庭，所以未婚媽媽的服務，是從發現媽媽未婚懷孕開始，一直到孩子受到妥善的安置爲止，對孩子的安置，基本上有三種選擇方式：

1.由未婚媽媽生下來，自己或依賴未婚媽媽之家撫養。
2.由未婚媽媽同意，送適當家庭或機構收養。
3.由未婚媽媽同意，由父親或其家庭領養。

　　「未婚媽媽之家」（maternity home）是美國以及我國對未婚媽媽及其子女的服務，主要方式是收容未婚媽媽，待其生產後，並提供專業性的服務，以減少未婚媽媽的壓力及罪惡感，並對其子女提供適當的安置及收養或領養的安排。

　　國內的「未婚媽媽之家」均由教會或私人機構辦理（見**表9-9**），提供未婚媽媽產前及產後的照顧、嬰兒保健及心理輔導，這些機構所需要的經費皆靠私人捐贈及地方政府補助，人力及財力都相當有限。

表9-9　台灣未婚媽媽之家

機構名稱	電話
台北市天主教福利會未婚媽媽之家	（02）23110223；（02）23117642
安薇未婚媽媽之家	（02）26102013；（02）26162415
基督教救世服務總會所屬瑪利亞之家	（02）27078736
仁愛傳教修女會	（02）26433327
台中育嬰院附屬未婚媽媽之家	（04）22228504
嘉義愛心基金會慈暉之家	（05）2272710
台南美滿家庭服務中心所屬露晞之家	（06）2344009
台南施恩苦兒殘障育幼院	（06）2321956
宜蘭基督教神愛兒童之家	（039）544652

謝秀芬（1987）提出「未婚媽媽之家」設立之原意有五，分列如下：

1.供給未婚媽媽在懷孕期間的醫藥、精神、情緒、教育及娛樂上的需要。

2.使未婚媽媽有較成熟的情緒，及擁有一般社會人的生活方式。

3.使同類問題的女子生活在一起，交換生活經驗、緩和罪惡心理、減輕對人的敵意、增加自我估計與瞭解、獲得同伴，並參與自我表現的團體活動機會。

4.透過和工作人員的相處，學習一般健全者的作為，建立良好的生活情況，以改進人格。

5.供給安適的住所、合適的食物、保守私人隱私、免受壓力，使其覺得安全，並養成自治、自決及自己負責的精神。

所以說來，國內對未婚媽媽的服務措施，可分為兩個層面：（陳淑琦，1997）

1.社會治療：係指收入維持、住宅、醫療照顧、就業輔導、法律輔導和教育輔導等。

2.心理治療：係指協助處理因懷孕而產生的心理困擾、衝突和緊張的問題。包括輔導和情緒支持有關懷孕媽媽與自己家庭關係的變化、推定父親的關係、與同儕團體的關係、對懷孕的反應與生產的憂慮、對孩子未來的計畫和對自我概念的轉變等等。

就上列之服務內容，在本質上是支持性的兒童福利服務，然而對象是對孩子本身，尤其對未婚媽媽及其子女重獲新生有所幫助，至於對事前的預防及防範措施就少有涉及，這有待相關單位對青少年懷孕之預防。藍采風（1995）就提出未婚媽媽及其子女之福利服務除了提供必需的服務外，對於青少年的性教育、生活技能訓練（含營養、購物、照顧嬰幼兒之技能）、親職教育的輔導（含婚姻與家庭的價值觀），及家庭教育等，也必須同時進行，才能減少日後問題家庭的產生和再次產生未婚媽媽。

本章小結

　　本章主要內容為探討有關支持性兒童福利服務的措施與作法，支持性兒童福利服務之目的在於支持、增進及強化家庭功能、滿足兒童需求之能力，並運用家庭以外的資源提供給原生家庭，使原生家庭成為兒童最佳的成長環境。而有關支持性之具體措施總結如下：

　　第一，兒童少年與家庭諮詢輔導服務：目前國內所提供相關的兒童少年與家庭諮詢輔導服務，求助的父母親在比率上並不多，大部分的父母在兒童及少年發生問題時，大多採自行解決問題的方式。再加上為維持家中經濟來源的不短缺，父母親必須將大部分的時間投注於工作中，相對地較疏於關心孩子，而衍生了許多的問題。對於政府或民間所提供相關的諮商輔導服務，應多加利用，使兒童及少年所受到的傷害及影響降至最低。

　　第二，兒童少年休閒娛樂：休閒娛樂對於兒童及少年皆具有正向的作用，透過休閒娛樂兒童可以消耗精力、發洩情緒、紓解壓力、獲得自由與自主，並從中得到成長；青少年透過休閒娛樂，可增加其生活之經驗、對於生活適應及解決問題能力之培養等，對於不同需求的青少年能分階段、分區域、分性質的舉辦適合即時發展及紓發情緒、放鬆心情的活動，以提供兒童及少年一個健康快樂的環境。

　　第三，發展遲緩兒童療育服務：應針對身心障礙、發展遲緩、偏遠地區及不利社經地位之兒童積極推動其醫療照顧政策，以達到「早期治療，早期療育」，使有特殊需求之兒童及其家庭能獲得專業的服務及照顧；但由於目前的早期療育服務的在專業整合及服務輸送流程上缺乏較完整的體系，以致造成一些困擾，較易流於形式上的服務，而無法真正達到早期療育的成效，建議相關單位未來應朝改善、落實為努力的目標。

　　第四，未婚媽媽及其子女服務：國內目前對於未婚媽媽的服務措施包括了社會及心理治療兩個層面，提供其產前產後的照顧、嬰兒的保健及心理輔導等等服務。但就根本解決之道應加強青少年的性知識教育、家庭教育、生活技能訓練等輔導，以減少問題的產生。

　　本章係以支持性兒童福利服務之具體措施爲主要內容，除了提供相關之諮詢輔導之管道，對於實際執行的具體措施及作法也提出一些建議，其最終之目的，無不希望兒童及少年之權利能受到最大保護，以期在正常、健康的環境下獲得發展。

參考書目

一、中文部分

丁碧雲（1987）。《如何推展未婚母親中途之家》。台北市社會局：爲何及如何推展中途之家研討會。

內政部兒童局（2000）。《發展遲緩兒童早期療育法規彙編》。台中：內政部兒童局。

內政部兒童局（2001）。《兒童生活狀況調查報告》。台中：內政部兒童局。

內政部社會司（1997）。《發展遲緩兒童早期療育實施方案》。台北：內政部。

內政部統計處（1997）。《中華民國八十五年台灣地區兒童生活狀況調查報告》。台北：內政部。

內政部統計處（1999）。《中華民國八十八年台閩地區少年身心狀況調查報告》。台北：內政部統計處。

天下雜誌（1999）。《二十一世紀從0開始》（作者：周慧青）。

王小瀅（1993）。《兒童遊戲的活動場所及空間之研究》。兒童遊戲空間規劃與安全研討會。

王國羽（1996）。身心障礙兒童早期療育政策的相關理論模式與台灣法令之解析。《東吳社會工作學報》，2，333-350。

王淑女（1995）。《農村青少年的休閒觀與偏差犯罪行爲》。行政院國家科學委員會專題研究計畫與成果報告。

王麗美（1989）。國小高年級一般學童與聽障學童休閒活動探討。《社會建設》，69，44-53。

王麗容（1992）。《台北市婦女就業與兒童福利需求之研究》。台北內政部社會局委託研究計畫。

王麗容（1995）。單親家庭與社會變遷。《單親家庭研討會論文集》（頁24-41）。台中：中華兒童福利基金會。

行政院衛生署（2000，9月）。行政院衛生署業務報告（頁14-15）。八十九年全國兒童
　　福利會議，台中。

呂鴻基（1999）。三十五年來台灣兒童的健康水平。《台灣醫學》，3（5），505-510。

呂鴻基、謝貴雄、林哲男、莊逸洲、黃富源、張北景（1994）。兒童醫療人力與時間之
　　研究。《醫院雜誌》，27（6），46-56。

李玉瑾（1991）。談大眾休閒文化。《社教資料雜誌》，159，14-20。

李明宗（1993）。《兒童遊戲》。兒童遊戲空間規劃與安全研討會（第二冊），頁1-5。

周美惠（1993）。《社區兒童遊戲場所之規劃與設計》。兒童遊戲空間規劃與安全研討
　　會（第二冊）。

青輔會（2004）。《青少年政策白皮書》。台北：行政院。

尚華（1990）。省教育廳全力推動「休閒運動」。《師友月刊》，276，38。

林本炫（1989）。探索新興休閒現象與休閒政策。《國家政策季刊》，4，117-122。

林東泰等（1995）。都會地區成人與青少年休閒認知和態度之研究。《民意季刊》，
　　188，70-73。

林東泰等（1997）。《青少年休閒價值觀之研究》。行政院青年輔導委員會委託專案。

林淑芬（1987）。《未婚媽媽問題之研究》。私立東海大學社工研究所碩士論文。

林萬億、吳季芳（1995）。單親家庭的兒童福利政策。王明仁等編，《二十一世紀兒童
　　福利政策》（頁165-192）。台中：中華兒童福利基金會。

林勝義（2002）。《兒童福利》。台北：五南圖書公司。

邱兆偉（1991）。休閒教育在1990年代。《台灣教育月刊》，482；28-35。

邱怡玟，黃秀梨（1998）。台北市發展遲緩兒童早期療育醫療資源調查。《中華公共衛
　　生雜誌》，17（5），432-437。

周月清（2000）。《殘障福利與社會工作》。台北：五南圖書公司。

侯世昌（1989）。一項問卷調查告訴你：國小學生喜歡作何休閒？《師友月刊》，266，
　　10。

鄧爾敏（1993）。《高雄市公園、綠地、兒童遊戲場所開闢及兒童遊具維護概要》。兒
　　童遊戲空間規劃與安全研討會（第一冊）。

徐永能（1989）。休閒教育的科際整合。《師友月刊》，266，8-9。

殷正言（1985）。休閒活動淺釋。《健康教育》，55，1-3。

高蓮雲（1992）。國小學童休閒閱讀現況之研究。《初等教育學刊創刊號》，43-96。

張火木（1999）。《青少年休閒觀與休閒功能之探討》。實踐大學：1999家庭教育與社
　　區青少年休閒文化學術研討會論文。

張玉鈴（1998）。《大學生休閒內在動機、休閒阻礙與其休閒無聊感及自我統合之關係

研究》。高雄師範大學輔導研究所碩士論文。

張玉鈴（1999）。無聊呀！談休閒無聊感對青少年自我統合發展之影響。《學生輔導通訊》，60，68-79。

張秀玉（2003）。《早期療育社會工作》。台北：揚智文化。

張春興（1983）。《成長中自我的探索》。台北：東華書局。

張鑒騰（1987）。《一九八七年科學博物館教育活動之理論與實際》。台北：文史哲出版社。

許義雄等（1992）。《青年休閒活動現況及其休閒阻礙原因之研究》。行政院青年輔導委員會。

許瓊玲（1994）。台灣地區醫療保健概況。《社區發展季刊》，67，295-300。

郭靜晃（1999a）。婦女參與家庭休閒之限制及因應策略。《華岡社科學報》，142，4-17。

郭靜晃（1999b）。邁向二十一世紀兒童福利的願景——以家庭為本位，落實整體兒童照顧政策。《社區發展季刊》，88，118-131。

郭靜晃（2000a）。《少年身心與生活狀況——台灣地區調查分析》。台北：洪葉文化。

郭靜晃等（2000b）。休閒與家庭。輯於郭靜晃等著，《社會問題與適應（上）——個人與家庭》〈第九章〉（頁159-188）。台北：揚智文化。

郭靜晃（2001）。《週休二日休閒狀況與態度調查》。——行政院青年輔導委員會委託研究。

郭靜晃、吳幸玲（2003）。台灣社會變遷下之單親家庭困境。《社區發展季刊》，102，144-161。

郭靜晃譯（1992）。《兒童遊戲》（James E. Johnson et al., *Play and Early Childhood Development*）。台北：揚智文化。

陳玉婕（1990）。休閒、運動——突破水泥森林的樊籬。《師友月刊》，276，36-37。

陳武雄（2003）。兒童及少年福利法之剖析。《社區發展季刊》，102，131-143。

陳淑琦（1997）。未婚媽媽及其子女的服務。輯於周震歐（主編），《兒童福利》。台北：巨流圖書公司。

陸光等（1987）。《我國青少年休閒活動與其輔導之研究》。行政院青年輔導委員會委託專案。

彭懷真（1999）。《婚姻與家庭》。台北：巨流圖書公司。

曾晨（1989）。休閒生活教育的理想。《師友月刊》，266，6-7。

曾華源（2002）。兒童健康照顧政策藍圖。輯於中國文化大學社會福利學系（主編），《當代台灣地區青少年兒童福利展望》。台北：揚智文化。

489

馮燕（1994）。《兒童福利需求初步評估之研究》。內政部社會司委託研究。

黃秀瑄（1981）。從輔導觀點談休閒活動。《輔導月刊》，17，11-12。

黃定國（1991）。休閒的歷史回顧與展望。《台灣教育月刊》，482，1-6。

黃定國（1992）。從休閒理論探討台北市市區開放空間設計指標及準則之研究。《台北工專學報》，25（2），195-261。

萬育維、王文娟（2002）。早期療育中心角色與定位。《兒童福利期刊》，3，201-236。

趙文藝、張欣戊、盧金山、黃志成、謝友文、黃信仁（1984）。台北市國民小學兒童休閒活動之調查研究——玩物及玩具。《青少年兒童福利學刊》，7，1-27。

劉邦富（1999）。迎接千禧年兒童福利之展望。《社區發展季刊》，88，97-103。

蔡詩萍（2000）。《青少年與動感文化》。社會變遷與新世紀文化研討會。

鄭文瑞（1993）。《豐富開放空間的規劃內涵——從重視兒童遊戲空間開始》。兒童遊戲空間規劃與安全研討會（第二冊）。

鄭瑞隆（1997）。兒童家庭福利服務。輯於周震歐（主編），《兒童福利》。台北：巨流圖書公司。

謝秀芬（1987）。《未婚媽媽中途之家所當扮演的角色與功能》。台北市社會局：為何及如何推展中途之家研討會。

謝政諭（1994）。當前社會休閒活動的省思。《自由青年》，6，62-69。

謝園（1993）。《給一個安全的遊戲空間》。兒童遊戲空間規劃與安全研討會（第二冊）。

鍾騰（1989）。兒童休閒活動面面觀。《師友月刊》，266，11。

藍采風（1995）。從經濟需求面談單親家庭兒童福利服務的實務與政策：美國經驗的借鏡。輯於王明仁等編，《二十世紀兒童福利政策》（頁193-222）。台中：中華兒童福利基金會。

羅子濬（1995）。建構正確的青少年休閒教育——從國中生的校外生活談起。《師友月刊》，332，21-25。

蘇淑貞（2000）。《醫療衛生行政體系對於早期療育業務的規劃內容與執行現況》。中華民國醫務社會工作協會舉辦「發展遲緩兒童早期療育」課程訓練基礎班講義。

二、英文部分

Berryman, D. L. (1997). Leisure conunseling and guidance for college student. 86學年度南區大專院校休閒輔導研習會。教育部訓育委員會。

Dianne, M. H. (1989). Elementary school library media programs and the promotion of positive self-concepts: A report of an exploratory study. *Library Quarterly,* 59 (2), 131-147.

Driver, B. L., Brown, P. J. & Peterson, G. L. (1991). *Benefits of leisure.* State College, PA.: Venture.

Iso-Ahola, S. E., & Weissinger, E. (1990). Perception of boredom in leisure: Conceptualization, reliability and validity of the leisure boredom scale. *Journal of Leisure Research,* 22, 1-17.

Kadushin, A., & Martin, J. A. (1988). *Child Welfare Service.* (4th ed.). New York: McMillan Publishing Campany.

Kleiber, D., Larson, R. W., & Csikzentmihalyi, M. (1986). The experience of leisure in adolescence. *Journal of Leisure Research,* 18, 169-176.

Shaw, S. M. (1992). Reunifying family leisure: An exmination of women's and men's everyday experiences and perceptions of family time. *Journal of Leisure Research,* 24, 271-286.

三、網站

內政部兒童局（2003），台閩地區通報轉介中心辦理個案報表；台閩地區托兒所辦理早期療育服務概況，取自http://www.cbi.gov.tw/all-demo.php

台北市早期療育綜合服務（2004），取自http://www.tpscfddc.gov.tw/medicine/index .htm

... ...

Chapter10

第十章

補充性的兒童福利
服務

補充性的兒童福利服務是兒童福利的第二道防線，也就是利用一些補充性方案，目的在彌補家庭對其子女照顧功能不足或不適當的情況，換言之，當父母親角色扮演不當，導致親子關係的嚴重損傷，透過家庭外之系統給予補充與輔助，使其子女繼續生活在原生家庭中，而不致受到傷害，例如喘息服務、托育服務等。其具體的措施及內容包括：托育服務、居家照顧服務、家庭經濟補助等。

第一節　托育服務

托育服務在西方國家，尤其是北歐、法國等一直是國家經濟政策及社會政策的重點。過去二十年來，在職母親的增加導致兒童受非母親照顧經驗的提增。托育服務是一項很重要的補充性兒童福利服務，且其需求量持續地增加。根據Hayes、Palmer、Zaslow及 National Research Council Panel（1990）的估計美國有近1,600萬3歲以下兒童及1,800萬6～12歲的兒童，其父母有一方或雙方皆在工作。而近二十一世紀初期，美國約有80%的學齡兒童及70%的學齡前兒童其父母雙方或一方在工作，在一九九六年，美國3歲以下子女之有偶婦女勞動率大約是55%，而育有學齡子女之有偶婦女勞動率大約為74%。這些兒童只有不到10%在Head Start或受家庭保母照顧，其餘約有20～30萬兒童需要進私立托育機構。由此可知，托育服務已深深影響美國家庭的生活，且每個家庭皆需支付龐大的托育費用（平均每家兩個小孩，一星期約需支付100至1,000美元），尤其是單親家庭及雙生涯家庭更需要此類服務。

一、台灣托育服務執行現況

托育服務是一種「補充」而非「替代」父母親對孩子照顧的兒童照顧方案；而Kadushin及Martin（1988）則認為托育服務是一種補充性的兒童福利服務，主要是幫助暫時欠缺母親角色的家庭，並增強與支持正向的親職角色的功能。由此看來，托育服務是具有補充父母角色暫時缺位的功能，

「照顧」和「保護」爲托育服務之首要工作，「教育」則爲托育服務的附帶功能。

　　基本上，無論是主觀的個人感受抑或是客觀的事實反映，在在都說明了「托育服務」已經是台灣一項重要的社會事實（social facts）（內政部，1997）。事實上，從一九九一年及一九九五年內政部統計處所統計的有關學齡前兒童托育之調查報告中顯示：由母親在家帶育幼兒是理想且實際的最大優先順序，但這種相對地位的重要性卻也日漸減緩；相對地，將幼兒送往幼稚園以及托兒所的比例反而有逐漸上升的趨勢。行政院主計處一九九〇年報告指出：台灣地區各育齡階段女性勞動參與率調查顯示，有6歲以下子女之婦女勞動率從一九八三年的28%提升到一九九九年的49%，其中46%的職業婦女的子女是3歲以下（引自邱貴玲，2003）。

　　俞筱鈞、郭靜晃（1996）針對我國學齡前兒童進行實徵調查，結果發現：我國幼兒家長對托育機構的普及率與多元性有殷切的需求，其餘如托育費用偏高、需要政府給予補助費用或減免稅金等，政府應提升托育人員之專業倫理、教保技能，訂定明確的法規與政策〔如托嬰（兒）假、托兒費用減免、托育補助、提升保育人員之待遇福利、幼托整合等〕，以建構托育品質。

　　馮燕（1993）針對台北市未立案托兒所及課育中心曾展開全面性的清查，結果發現：家長送幼兒至托兒所的動機相當多元化，有些較偏重價格及方便性而不重視托育品質，即使是未立案的托育設施，其環境設施及教保人員素質參差不齊，都仍有家長願意把子女送托兒所，顯現家長對托育品質認識不清。因此，政府再增加托兒機構之數量的同時，更不能推卸責任，對於托育品質應嚴格把關。換言之，政府必須和家長共同分擔監督托育品質的責任。

　　相對地，在托育服務之提供方面，王麗容（1994）研究中指出：台灣地區幼稚園有2,505家，收托兒童數爲237,285人；而托兒所共有1,887家，收托幼兒爲230,726人，加上公、民營事業單位附設托兒服務有64家，收托幼兒約爲4,006人，總收托人數爲468,011人，占台灣地區0～6歲兒童196萬人約24%左右，加上家庭保母保守估計收托率約5%，在內政部兒童局（2001）估計約有6.92%的家長使用保母系統，充其量我國學齡前兒童收托

率約為30%；而在二○○三年底在政府建構社區化、普及化托育環境結合民間興辦托兒所提供托育服務共有3,897所托兒所，收托321,000餘名幼兒，加上至二○○三年底已有26,050人須有保母證照（內政部，2004）。與先進國家相比，台灣地區兒童的受托率有明顯的不足。這也表示我國幼兒有很多是由親友照顧或由無照的保母、教保人員來承擔照顧的責任，此現象對女性人力資源的開發與運用以及對兒童的發展與成長產生影響。然而在最近的調查研究顯示我國5～6歲的幼兒有96%受托於托育機構，3～5歲也約有60%左右。近年來在政府的鼓勵之下，托育機構也有大幅增加的趨勢，加上自一九九五年「兒童福利專業人員資格要點」制頒以來，以及一九九七年實施「兒童福利人員專業人員訓練實施方案」，也培育不少保母及保育人員。

　　俞筱鈞、郭靜晃（1996）亦發現我國托育服務提供之品質及內容均亟待改善，包括：法令、制度不合時宜、未立案機構充斥，卻又無法可管。另外，托兒人才大量流失、培訓不足、托教不能流通及相互承認年資，整體兒童照顧政策，如育嬰（兒）假、雙親假、兒童津貼制度、教育券、城鄉差距大且也沒有明顯制定，使得托育問題無法徹底解決。

　　幼教品質一直以來良莠不齊，加上幼兒教育在國家政策上定位不明，如缺乏幼稚教育之專責單位，幼教相關法令未能明確幼教經費之來源及比例，公私立幼稚園因分配失衡，私立幼稚園學費昂貴，造成家長負擔沉重（heavy affordability）。托育機構之主要機構為幼稚園與托兒所，分別隸屬於不同主管機關，因管理法規、師資培育管道不同，造成不能在幼稚園立案及取得資格之幼稚園及教師紛紛轉向到社政單位立案為托兒所，並取得保育員資格。長期以來，由於幼托工作人員薪資偏低、福利差又無工作保障等因素，使得工作人員流動率高，也造成幼教師資供需之間嚴重失衡，也衝擊整個幼教生態及輸送品質，加上公立托育機構因數量有限，城鄉及地區分布不均，而且托育又有可近性（accessibility）之需求，所以造成幼兒入園所比例低，並且轉移到私資源之親自照顧或委託親人照顧。這些未能解決的問題皆是攸關托育服務品質提升的首要條件，以及未能紓解國家育兒及兒童照顧之壓力。有鑑於此，教育部與內政部積極整合托兒所與幼稚園，訂定幼托整合方案，並於二○○四年度從離島及偏遠地區先行實施，

二○○五年度再普及全省（請參考第八章）。

　　然而，從公資源的角度來看，政府辦理兒童托育服務之目的在於補充家庭照顧之不足，然隨著社會結構轉型及價值觀念變遷，導致親職任務的重新界定與分工，爲協助轉型中的家庭及婦女多元角色的擴展，使其在家庭與職場間能取得平衡，自一九五五年起即積極推展托兒服務，一九九一年度起更擴大補助各縣（市）政府興設「示範托兒所」，在一九九一年度至一九九五年度間，計補助20個縣市設立56所示範托兒所，一九九六年度起補助項目修正爲一般性「公立托兒所」，以擴大範圍，並續編相關經費補助辦理至今，至一九九九年度計補助興建113所公立托兒所（劉邦富，1999）。此項措施除了讓托兒所在「量」的擴增之餘，更帶動「質」的同步提升。除此之外，政府也積極參照兒童福利法之規範，給予私立托兒所獎勵及補助，目前公、私立托兒所共計有2,515所，收托兒童約有263,000餘幼兒，而至二○○三年底，公私立托兒所共計有3,897所，收托兒童約有321,000餘名幼兒（內政部，2004）。

　　爲提升收托品質，並導引托育福利朝向專業領域發展，訂頒「兒童福利專業人員資格要點訓練實施方案」，並委託大專院校積極辦理專業訓練，對提升托兒所體系之專業素質有莫大的助益。另除督導各地方政府辦理家庭保母培訓工作外，並於一九九八年三月正式實施保母人員技術士技能檢定，其目的爲培訓更多專業保母人員，至一九九九年已有13,041人，迄二○○三年底已有26,050人取得保母證照，提升托育品質的質與量（內政部，2004）。

　　爲保障課後托育安親班之托育品質及有效監督，兒童局於二○○○年十月二十日頒布「安親班定型化契約範本」，藉以提供幼童家長及托兒機構之溝通參考，減少爭議事件。爲嘉惠照顧更多幼童就托福祉，政府自一九九五年度開辦托育津貼，凡政府列冊有案之低收入戶及家庭寄養幼童就托於各級政府辦理之公立托兒所、政府核准之社區托兒所、立案許可之私立托兒所者，均補助每名幼童每月新台幣1,500元整。內政部兒童局爲減輕家境清寒者之育兒負擔，責成各地方政府加強督導所轄各托兒所，落實對列冊有案之低收入戶幼兒優先並免費收托之照顧，清寒家庭子女亦可享有減半收費之福祉（劉邦富，1999）。自二○○四年起針對年滿5足歲實際就托

之兒童發給中低收入戶幼童托教補助（內政部，2004）。此外，兒童局為配合教育部執行陳水扁總統之五五五方案，於二○○○學年度起發放幼兒教育券，補助就托於私立托兒所之5歲幼童每年10,000元（一學期5,000元補助），以減輕家長負擔，一年約有90,000名幼童受惠。

　　整體看來，我國對於兒童照顧的方式除了健保給付低收入戶的生活扶助之外，另外就是提供托兒照顧。國內托兒照顧不但機構數量不夠，至於品質的部分也有待提升。兒童的照顧不只反映兒童是否受到良好照顧的福利需求，也反映了婦女就業問題的福利需求。由於家庭結構的改變，婦女就業人口的增加，尤其是家庭育有學齡前兒童的婦女，使得托兒服務成為國家擬定家庭政策中必須考慮的要項。依先進國家的做法，兒童照顧的提供應朝向多元化的發展模式，所提供的內容應足以讓不同類型家庭有彈性的選擇，同時尚須和政府其他體系，如教育、衛生、戶政等行政系統充分的配合，將兒童照顧建立為支持家庭的兒童福利服務。支持家庭本位的兒童照顧係指建構一個支持性的體系或環境（supportive environment），來協助家庭達成各種家庭的功能，如社會性、教育性、保護性和經濟性等功能。而有關此種支持兒童照顧的家庭政策包括：兒童照顧、家庭諮商、親職教育、收入維持、就業服務及兒童保護等相關福利服務措施。

二、我國托育服務走向之建議

　　台灣地區家庭結構趨向「家庭核心化」、「雙薪家庭增多」、「單親家庭增加」等三種趨勢，加上家庭平均人口逐漸減少，兩性工作不平等，兒童托育照顧方案與品質不足以支持現有家庭的需求。我國目前的家庭與兒童托育照顧的政策還是以隱含性及殘補性為原則，比較欠缺明顯的家庭政策與統一立法明訂政府的角色與定位，在立法上也缺乏各種體系的平行協調。整體來看，立法之精神以宣示性大於實質上的意義，此種家庭政策與美國的福利制度較為雷同。相對於其他歐洲工業國家自一九九○年代起，對於兒童照顧政策能加以整合，從制定的政策，一方面提供支持家庭的產假、親職假以保障父母的工作權以及親自照顧子女；另一方面也廣增托育設施以提增替代性照顧的量；另外也鼓勵企業參與，提供優惠抵稅的誘因，並

且提撥預算來充實幼兒照顧人員的專業品質，以提升兒童照顧的品質。

　　爲了建構完整的兒童照顧的策略，政府未來除了給予3歲以下兒童醫療免費，2歲以下育兒津貼，5歲以上的幼兒教育券以分擔育兒之重擔的「三三三」安家福利政策之一的育兒政策與方向之外，仍可扮演更積極性角色來發展以家庭爲本位的福利策略，以提供各種支持性的政策與策略來增強家庭環境功能，以協助家庭在照顧子女上強化權能（empowerment）。爲使兒童照顧的政策更能落實家庭的支持功能，以提供家長更多彈性的選擇，政府在選擇兒童照顧的策略及行動方案可分爲（參見**表**10-1）：

(一)家庭給付制度

　　工業國家爲鼓勵婦女生育，避免養兒育女造成家庭負擔而給予現金給付（child allowance），除此之外，也可再針對低收入家庭兒童給予生活扶助，解決其家庭開支。這種現金給付方式的缺點，則可能因家庭開支受排擠效應，使低收入家庭受惠有限（Kahn & Kamerman, 1987）。我國除了低收入戶的家庭給付之外，在部分少數縣市有提供教育券或托育津貼。雖然教育部已在二○○一年度對5歲以上6歲以下之幼兒實施10,000元的幼兒教育津貼，但是未能普及到托兒所幼兒以及5歲以下幼兒照顧的津貼。

(二)優惠家庭之財稅福利制度

　　家庭政策與財稅政策所協調之福利制度，可減輕家庭因養兒育女之經濟負擔，如扶養親屬寬減額即是，或增加育兒免稅額（tax exemption）或育兒退稅額（refundable child care tax credit）。然而，這種制度可能的缺點是在美國賦稅寬減額的津貼方式被認爲對於高收入家庭具有優惠的成分存在，使低收入家庭受排擠的效應（Kagan, 1989）。

(三)規劃托育津貼及教育券的教育代金或補助專案

　　由於公立托育機構數量有限，而私立托育機構學費昂貴，使得家長負擔過重，甚至導致幼兒入園比例偏低。爲求公、私立幼教機構之家長能公平享用幼教資源，提升幼兒入園所之比例，對就讀私立立案之幼托機構之幼兒家長，發放幼兒教育券或托育津貼，並視預算之編列逐年提供幼兒教

表10-1　兒童托育與福利制度的提案

採行措施	主辦機關	協辦機關	時程
1.調整及規劃未來公立托育機構，顧及城鄉普遍性原則，以優先照顧弱勢人口及特殊兒童需求的托育服務，縣（市）政府或補貼私立機構提供此方面的需求	直轄市及縣（市）政府	內政部兒童局	立即辦理
2.針對家長的需求，提供多樣化的托育服務方式（如夜間托兒、臨托、保母、機構式托兒及安親等課後托育中心），以供家庭作彈性的選擇並掌握可近性、方便性及托育費用之合理性	直轄市及縣（市）政府	內政部兒童局教育部	立即辦理
3.整合托兒與學前教育，建立完整兒童托育服務體系，澄清托兒所與托教合一之幼兒學校之功能，以提升教保人員之專業素質，建立幼教同流發展，福利待遇公平制度化及避免造成行政上的多頭馬車、資源重疊	內政部兒童局教育部	勞委會	協調研議
4.積極開闢及鼓勵企業參與兒童托育，訂定獎勵辦法，鼓勵公民營機構設置育嬰室、托兒所等各類兒童福利設施、孕婦措施之辦法	直轄市及縣（市）政府	勞委會內政部兒童局	立即辦理
5.加強對托育機構的督導與聯繫，結合衛生、消防、社政、營建署、地政司對於土地使用、分區使用辦法、建築物管理、消防設備、衛生保健設備做一通盤檢討修正。一方面輔導未立案托育機構加以合法立案，另一方面淘汰不適宜及不合格之托育機構，以提升托教機構之安全及托育品質	直轄市及縣（市）政府	內政部兒童局教育部內政部營建署地政司行政院衛生署內政部消防署	立即辦理
6.建立托育人員證照制度，充實托育人員之專業倫理與能力，檢討及修訂兒童福利專業人員資格要點及兒童福利專業人員之訓練要點。提供托育人員進修管道及提升托育人員之合理薪資與福利待遇	內政部兒童局勞委會		立即辦理
7.鼓勵增設3歲以下之嬰幼兒托育機構、修訂托育機構設置辦法，以家庭式、小型收托單位為發展方向，並區分家庭托育機構與家庭保母之功能與定位	直轄市及縣（市）政府內政部兒童局勞委會		立即辦理
8.建立各種托育資訊網絡，並公布評鑑結果以供家庭參考	直轄市及縣（市）政府	內政部兒童局	立即辦理

育券及托育津貼之全額及放寬年齡5歲以下，以建構完整之托育代金或補助方案。

(四)兼顧家庭與工作福利制度

婦女參與工作對家庭生活品質、個人幸福感、企業生產力及社會的安定繁榮皆有影響。所以政府或企業可加以考量以家庭為取向的人事政策來支持員工對兒童照顧需求的滿足。有關人事政策之考量可參考如下：

1. **彈性工時**：除了朝九晚五的上班工時，可以配合彈性工時及非全職工作來幫助員工（尤其是女性），協助工作／家庭的角色。

2. **親職假**：我國對於勞工除了六至八週（公務員六週、勞工八週）的產假之外，少數企業提供三個月無薪給付的親職假，並保證回來給予與原來請假前相同職位的工作。近來，美商公司如IBM也提供家中有3歲以下的幼兒，可以請育嬰（兒）假。此種支持讓家長有多一種選擇育兒的模式，以減輕工作與家庭衝突的策略，並增加員工工作效率及對公司的向心力。

3. **興辦兒童托育工作**：根據內政部（1993）的兒童生活狀況調查統計顯示：台灣地區有將近七成之學齡前兒童是由未立案之托兒所、家庭保母、親戚或父母自己照顧，僅有30%是在已立案的托兒所、幼稚園或保母所提供的托育服務中。而內政部（1997）的兒童生活狀況調查有七成學齡兒童放學後，可以直接回家，或當鑰匙兒，或有大人照顧。換句話說，有三成左右國小學童是要到安親班或其他地方等待父母下班來接才能回家。上班父母生活壓力的來源之一是兒童的照顧問題，包括學齡前及學齡兒童的托育問題。因此，政府除了擴大增加托育機構以增加收托率及量的增加，還要確保托育品質，另外還要有鼓勵企業加入興辦托育的行列（至二○○○年只有55家企業有興辦企業托兒）。除了鼓勵企業興辦托育機構，其餘可以鼓勵提出優惠員工托兒方案、照顧生病子女、提供托育資訊、補貼托育費用。

4. **彈性福利方案**：員工福利是個人所得的一部分，而員工福利對於雇主及員工皆有很大的影響，尤其雙生涯家庭常享用傳統的員工福

利，如工／勞保、健保、退休金、病假及有給假期。然而彈性福利
方案乃是讓員工依自己需求選擇福利方案，以迎合不同家庭型態之
員工及幫助企業節省成本。

5.諮商及教育方案：企業可以提供一些教育方案幫助女性員工應付工
作、家庭之問題，如減少因工作不確定之因素所影響、增加自己的
專業能力、幫助親職功能、協調工作和家庭責任、工作壓力和財務
管理技巧，以經濟方式來協調員工之雙重角色。

(五)補償家務勞動制度

重新評價家務勞動的價值，使家務勞動成為一實質的經濟貢獻（如家
務有給制）。鼓勵兩性平等工作權、同工同酬及減少兩性的職業區隔，以鼓
勵兩性公平分擔家務。有必要時，利用以工代酬的補助來提供照顧者津貼
及必要之家庭福利服務。

(六)提升質優量足托育服務

普及式托育就是普設托育機構，尤其是偏遠地區或分布不均的地區，
或普遍補貼托育機構，讓每一個兒童都能在政府補貼的托育設施內受照
顧，它的好處是公平，沒有福利烙印，可促進婦女的勞動參與率（馮燕、
薛承泰，1998）。提升幼兒機構的安全及品質是政府責無旁貸的責任，在擴
大托育機構的數量時，品質標準訂定，並且要確實執行品質監督時，甚至
可以補助各種不同型態的托育設施及方式來增加選擇性。

(七)優先照顧弱勢人口及特殊需求的兒童

優先利用公立托育機構補貼及收托低收入戶、原住民等弱勢團體。此
外，開辦收托身心障礙及特殊需求兒童的服務，並藉由補貼方式（如補貼
機構）來增加托育服務量，以促進托育服務公平性。

(八)推動幼托合一整合方案

幼兒教育是指出生到6足歲入小學的教育，包括：「幼稚園」與「托兒
所」的教育與保育。我國對於教育與保育一直未能區分其功能，故造成隸

屬不同主管機關、年齡重疊、資源也重疊的情形發生。故政府應積極釐清幼兒學齡（指5～8歲），並創設幼兒學校及整合0～5歲的托教合一政策，修訂幼稚教育法、兒童福利法及相關法令，以幼兒為中心，整合幼保機構之設施、措施，力求師資齊一水準，福利、待遇、環境設施、課程教學、行政運作能有統合標準，以提升幼兒教保品質。目前已規劃出「幼托合一整合方案」草案，二○○四年已先行在離島及偏遠地區實施，並預定二○○五年全面普及全省。

三、他山之石，可以攻錯——各國托兒服務之比較

兒童的福祉（最佳利益）與兒童照顧是世界性的關懷焦點。政府自當考慮相關育兒政策，務必非常慎重，因為兒童照顧政策攸關於家庭、婦女及兒童的福利（馮燕，1995）。一些發展先進國家及福利先進國家，都曾在某一時段中遭遇到像我們所面對的社會、家庭、婦女角色、福利需求等各種變遷，但是各個國家應對問題的方向頗不相同（參考**表**10-2至10-8）。其中美國和英國是屬於缺乏明確家庭政策（implicit and reluctant family policy）的國家，瑞典是有一套完整而明確家庭政策（explicit and comprehensive family policy）的國家（Kamerma & Kahn, 1991），而日本則是為因應社會變遷，朝向建立托育政策的例子（馮燕，1995）。

由於家庭結構的改變，婦女就業人口的增加，尤其是家有學齡前兒童的婦女，使得托兒服務成為國家擬定家庭政策中必須考慮的要項。依先進國家的作法，兒童照顧之提供應朝向多元化的發展模式，其提供的內容應足以提供家庭彈性的選擇。同時，尚需和教育行政系統充分的配合，將兒童照顧視為教育工作的一環。此外，親職假（parental leave）的提供，對嬰幼兒父母或祖父母而言，既可滿足兒童照顧的需求，更有助於親子關係的建立（王麗容，1994）。以下就各工業國家，如法國、美國、英國、瑞典、西德，以及日本等各國，針對父母育嬰假／產假、托兒法規、托兒服務現況、行政體系、托兒服務功能、影響托兒服務選擇的因素、照顧孩子責任歸屬，以及托兒機構人員資格訓練及薪資福利等各項，來與我國托兒現況進行比較分析（參見**表**10-2至10-8）。

503

兒童福利

表10-2　法國現行托育服務之概況

托育服務狀況	實施內容
父母育嬰假／產假	・前兩個小孩：產前6週，產後10週 ・第三個小孩：產前8週，產後18週 ・母親享有此產假福利並獲得其工作之90%的工資 ・父親有3天產假 ・父母在享有產假福利之後，可要求在孩子3歲前停止工作或要求兼職工作（part-time job） ・當孩子滿3歲時，可要求恢復全職工作，如果公司或企業不能恢復工作，應給父母補償金。（父親鮮少使用此福利） ・父母有超過兩個小孩，至少有一孩子在3歲以下，並且又在企業服務兩年以上，可享有每月2,488法朗（FF）（比較最少工資4,100法朗，平均每月工資7,200法朗的育兒年金給付；如果父母工作是兼職可享有一半的年金給付
法　　　規	・1981的托育抵免稅額條例 ・1983的托育法案簽署 ・1984年金給付 allocation parental education ・1987年金給付的修正
托育服務現況	・提供者及需求者皆有補助；需求者有托育費用的抵減稅措施 ・3歲以下，每個孩子可以抵免5,000法朗，3～7歲每年有10,000法朗可以抵免 ・政府提供多種托育服務，3～6歲幼兒（有94%）上幼稚園；此外，有三分之一2歲幼兒也進入幼稚園（平均入學年齡是2歲半） ・幼稚園在晚上六點之後，由學校提供課後輔導 ・政府亦提供資金由家長來經營（半官方的幼稚園） ・幼稚園有全托及半托之分 ・政府提供家庭托兒（大多數由地方政府提供，極少數由醫院提供）立案的家庭托育（約占全部托育服務的9%）未立案的家庭托育（約占全部托育服務的6%） ・只有鼓勵父母接受立案的托育服務才能抵免稅額，可以鼓勵托育機構去申請立案，以便監督與管理 ・但是受聘於孩子父母在孩子家中照顧幼兒（平均一小時28法朗）不用立案 ・在城鄉地區，很多孩子是由親戚，特別是祖父母照顧 ・提供托育服務的機構，可以獲得金錢補助（資金是由營利事業單位所贊助） ・1983年，國家家庭津貼所簽署托育法案以增加3歲以下的托兒所及家庭托育中心的數量以因應父母之需求

（續）表10-2　法國現行托育服務之概況

托育服務狀況	實施內容
托育服務現況	・國家家庭津貼所建議兒童托育費用應占家庭收入的12%左右 ・國家家庭津貼所在1988年簽署兒童法案，希望新增加的托育機構服務兒童至滿6歲爲止，地方的托育機構提供服務至兒童滿5～7歲，同時並增加補助托育費用，以照顧全體家庭，並不是只爲雙生涯家庭 ・3～6歲兒童免費上幼稚園 ・1988年，0～3歲兒童收托率24%， 3～5歲兒童收托率95%
行政體系	・隸屬教育部 ・公共健康及福利部 ・社會事務部的國家及地方家庭津貼所（CAF & NAF）
托育服務功能	・提供給一般家庭作爲照顧幼兒，少部分是給一些特殊需求的小孩 ・幫助父母出外工作，以增加勞動力 ・讓父母可以自由選擇自己的生活方式 ・增加生育率 ・提供衛生保健減少或避免造成殘障兒童
何種因素影響托育服務的選擇	・文化傳統 ・人口結構 ・經濟狀況 ・政治控制
服務孩子是誰的責任	・政府主要是由教育部及社會事務部來負責提供及監督照顧幼兒的場所 ・中央政府分權給地方政府，並贊助民間興辦托兒服務 ・教育部與社會事務部缺乏協調
托育機構人員資格訓練及薪資福利	・所長：在此事業工作五年以上的醫師或護士 ・機構人數超過40人，應聘用教育人員 ・有資格限定

資料來源：1.Leprince, F. (1991). Day care for young children in France. In E. C. Melhuish & P. Moss (Eds.). *Day care for young children: International perspectives*. pp. 10-26.

2.Balleyguier, G. (1991). French research on day care. In E. C. Melhuish & P. Moss (Eds.). *Day care for young children: International perspectives*. pp. 27-45.

3.王麗容（1994）。邁向二十一世紀社會福利之規劃與整合——婦女福利需求評估報告（頁63）。台北：內政部委託研究。

表10-3 美國現行托育服務之概況

托育服務狀況	實施內容
父母育嬰假／產假	・沒有產假及育嬰假規定 ・只有五州認為產婦是無能力者（disability）並提供婦女有兩個月無薪水給付的假期 ・給予低收入家庭（所得在8,000～13,000美元之間）不予扣稅，並且政府還要給予4歲以下的孩子的家庭補助11,050美元以幫助照顧孩子的福利
法　　規	・1960年代的貧窮法案 ・失依兒童家庭補助（AFDC） ・1971廣泛的兒童發展法案（Comprehensive Child Development Act） ・聯邦托育服務之品質與安全標準（Act for better child care service）
行政體系	・5歲之前由人群服務部 ・5歲之後才納入學前教育
托育服務功能	・照顧孩子 ・教育及社會化 ・兒童福利 ・幼兒教育 ・社會福利 ・增加成人的就業率
托育服務現況	・四種主要照顧3歲幼兒之方式比例（1985）： 　1.親戚照顧（35%） 　2.家庭托育（34%） 　3.在家照顧（奶媽）（9%） 　4.托兒所（22%） ・家庭式托兒是較非結構式，及非教育目標的。其工作人員與孩子的比例小 ・地方政府關心孩子的安全與托育品質。中央政府並不扮演參與的角色 ・對貧窮家庭提供前峰計畫的托兒服務、社會福利補助以及食物補助

（續）表10-3　美國現行托育服務之概況

托育服務狀況	實施內容
	・除了Idaho外，各州對家庭托育或托兒所至少一年兩次的評鑑與監督 ・許多是由非營利組織（如教會）或營利組織或私立來興辦 ・地方政府提供證照制度 ・政府有對托兒服務提供經費補助及減稅條例 ・美國有一些企業提供企業托兒（2,500家左右，有近5,00靠近工作地點）其員工托育費用可以由薪水給付，並且是免稅 ・1990年0～3歲兒童收托率20%，而3～6歲收托率為70%
何種因素影響托育服務的選擇	・意識形態 ・經濟因素 ・政治因素 ・社會文化傳統
服務孩子是誰的責任	・大多是家長自己負擔，政府少參與 ・政府只為低收入的家庭及兒童提供托育服務，及利用稅額抵免來照顧幼兒
托育機構人員資格訓練及薪資福利	・資格範圍大：從沒有專業到完全專業皆有 ・有35州沒有對工作人員有所規定 ・大都是女性工作人員，工資是全部行業倒數第二名。平均年收入為10,000美元（貧窮底線11,200）沒有福利，甚至沒有醫療保險。有最高的離職率

資料來源：1.Phillips, D. (1991). Day care for young children in the United States. In E. C. Melhuish & P. Moss(Eds.). *Day care for young children: International perspectives*. pp. 161-184.

2.Howes, C. (1991). Caregiving environments and their consequences for children: the experience in the United States. In E. C. Melhuish & P. Moss (Eds.). *Day care for young children: International perspectives*. pp. 185-199.

3.王麗容（1994）。邁向二十一世紀社會福利之規劃與整合——婦女福利需求評估報告（頁63）。台北：內政部委託研究。

表10-4　英國現行托育服務之概況

托育服務狀況	實施內容
父母育嬰假／產假	・母親產前11週，產後29週的產假 ・產假中幾乎有一半可享有育兒的年金給付（不超過20個月） ・為了迎合產假條件，母親至少工作每週超過16小時，並持續工作兩年以上；兼職（每週8～16小時）至少持續工作五年以上
法　　規	・有很久歷史的法令規定母親享有產假 ・1949年家庭補助法案 ・1971年家庭所得補助
托育服務現況	・私立托育機構最普遍的是家庭托兒。由父母付費，政府並沒有規定，但給予補助 ・有的由父母一齊興辦家庭托兒，再聘請學前教育老師，政府有補助 ・有些是企業托兒，政府沒有補助 ・其餘幼兒是由親戚、奶媽照顧，地點包括在幼兒家中或送往親戚家中 ・政府提供有限的托育服務。沒有規劃供應，提供補救或減稅的福利 ・由地方政府提供托兒所的補助 ・2歲以下有20% 　2～3歲有31% 　3～4歲有49% 　接受托兒所的照顧 ・托兒所每日工作10小時，大多數幼兒接受半日的收托 ・少數地方政府提供幼兒照顧（家庭托育），大多是由私人機構興辦，並由家長付費。政府對於特殊需要兒童提供托育服務。現延伸至單親家庭或危險因子家庭 ・3歲以下幼兒大多在私人托育機構，5歲開始義務教育 ・1988年 0～3歲兒童托率20%，3～5歲兒童收托率43% ・照顧幼兒以親戚（尤其是祖父母照顧）最為普遍，其次是家庭托育（家庭照顧者）及私立托兒所，再其次為奶媽照顧 ・家庭托育及托兒所皆要立案 ・私立托兒所大約是占 5%，其餘幼兒大多為半日托或在學校的課後托育機構中或在遊戲團體（平均每天去2又1/2小時） ・由於2歲以下，需要專業高的機構人員，於是影響有人願意興辦 ・城鄉差距大，大部分集中在都會地區 ・5歲之前不提供幼兒教育 ・地方政府由於經費及人力缺少對家庭托育或托兒所監督（規定至少每三個月要對家庭照顧機構訪視一次）

（續）表10-4　英國現行托育服務之概況

托育服務狀況	實施內容
	·規定家庭托育需要有立案，及對機構設施也有清楚的設立原則，但執行監督不夠 ·對私立托育機構缺乏監督及支持 ·由於經濟變遷及意識形態改變，日後托育服務會由家庭式走向機構式
行政體系	·3歲以前：健康部、福利部 ·3歲以後：教育部
何種因素影響托育服務的選擇	·意識形態 ·婦女就業 ·經濟與社會變遷 ·政策
服務孩子是誰的責任	·地方政府對家庭托兒及奶媽實施： 1.調查、評估及選擇家庭托育人員 2.安置孩子 3.提供家庭托育人員的支持與建議 4.為家庭托育人員及幼兒組織，協調並發展適宜的活動 ·政府只提供部分，大多數是家長自己擔付照顧幼兒的責任。父母或自己付費或利用自己的社會支持網絡來尋求照顧幼兒 ·優先接受政府所設立的托育服務： 1.單親家庭 2.母親生病 3.避免母親因照顧孩子而發瘋或使家庭破碎
托育機構人員資格訓練及薪資福利	·大多數照顧幼兒的人是祖父母、奶媽、家庭托育人員（大約30歲以上），私立托兒所（20多歲），以女性為主。其薪資微薄，甚至有的親戚沒有獲得托育費用（比藍領的工作人員之薪資還低）家庭照顧者的薪資還比不上白領階級收入的一半。但其工作時間又長（平均每週超過40小時以上） ·沒有訓練管道 ·只要透過托兒所護士資格考試即可擔任托育人員，有部分擔任奶媽一職也需通過此考試

資料來源：1.Moss, P. (1991). Day care for young children in the United Kingdom. In E. C. Melhuish & P. Moss (Eds.). *Day care for young children: International perspectives*. pp. 121-141.

2.Melhuish, E. C. (1991). Research on day care for young children in the United States. In E. C. Melhuish & P. Moss (Eds.). *Day care for young children: International perspectives*. pp. 142-160.

3.王麗容（1994）。邁向二十一世紀社會福利之規劃與整合——婦女福利需求評估報告（頁63）。台北：內政部委託研究。

509

表10-5　西德現行托育服務之概況

托育服務狀況	實施內容
父母育嬰假/產假	・母親產假有26週，並享有全薪給付 ・父母或祖父母可享有7個月的育嬰假並獲得其工作的90%的工資
法　　　規	・1986年頒布育嬰假 ・1988年托兒所及家庭托兒教育與健康預防法案 ・母親與幼兒保護及女性的權利法案（1949）
托育服務現況	・托兒所是主要提供照顧3歲以下幼兒的場所，尤其是孩子的母親上班或上學 ・89%是社區托兒區，其餘是由企業負責托兒（國家及企業負責硬體，所長負責軟體） ・有的托兒所現在已與幼稚園合併了。以往幼稚園只收3～6歲，現在往下收托 ・托兒所的照顧及教育是免費，父母只負擔食物（平均一天不超過2馬克，而平均每天收入是1,233馬克 ・現有托兒所有7,555所，可供81%的幼兒來使用。未來可以充分的提供托兒所給每一幼兒 ・其餘幼兒大多由母親照顧；家庭托兒只占2～3%；家庭托兒並沒有向官方立案，由父母付費，費用頗高 ・政府通過立法，鼓勵學校建立幼稚園的設施，以容納75%的3～6歲兒童。 ・1986年 0～3歲兒童收托率 2%，3～5歲收托率 36%
行政體系	・3歲以前：健康部、財政及管理部 ・3歲以後：教育部
托育服務功能	・托兒所提供幼兒教育與社會化功能。托兒機構是隸屬教育機構，以補充家庭教育 ・提高女性就學／就業率
何種因素影響托育服務的選擇	・經濟與社會變遷
服務孩子是誰的責任	・國家負責教育及養護幼兒的責任，提供教育、醫藥、社會、衛生及營養的照顧，以及避免兒童發生意外
托育機構人員資格訓練及薪資福利	・托兒機構是教育單位，照顧者要有老師的資格。利用遊戲活動來提供孩子身體、認知、情緒的發展，以及培養孩子獨立、衛生及生活的自立 ・托兒機構也受衛生保健部門的監督，例如疫苗接種、設施的通風、衛生狀況及營養午餐和午睡

（續）表10-5　西德現行托育服務之概況

托育服務狀況	實施內容
托育機構人員資格訓練及薪資福利	·托兒機構的評鑑有兩大類：一是硬體設施，包括教室、寢室、流理台、廚房要符合衛生，以及以兒童為本位，二是日常活動的組織與結構。例如午睡至少要有2～3次，以及戶外活動至少要有2小時。此外，營養餐點至少每天要提供4次 ·幼兒機構人員之要件是高中畢業後之學生須再接受三年的托育教育，由醫學院負責訓練。注重理論與實務 ·托育工作人員平均月收入825馬克（DM）。比幼稚園老師及小學老師及工廠工作人員來得低 ·工作人員與幼兒的比例為1:5

資料來源：1. Weigl, I. & Weber, C. (1991). Day care for young children in the German Democratic Republic. In E. C. Melhuish & P. Moss (Eds.). *Day care for young children: International perspectives*. pp. 46-55.
2. Weigl, I. & Weber, C. (1991). Research in the nurseries in the German Democratic Republic. In E. C. Melhuish & P. Moss (Eds.). *Day care for young children: International perspectives*. pp. 56-74.
3. 王麗容（1994）。邁向二十一世紀社會福利之規劃與整合——婦女福利需求評估報告（頁63）。台北：內政部委託研究。

表10-6　瑞典現行托育服務之概況

托育服務狀況	實施內容
父母育嬰假／產假	·父親有2週的產假並付90%的工資 ·母親在醫院生產完後，全家可在醫院在一起一星期，以適應新的家庭成員 ·父母一方可允許在母親生完產後有9個月（全職）或18個月（兼職）的育嬰假，並享有90%的工資 ·父或母在育嬰假中可享有給付年金（3個月全職，6個月半職，12個月1/4日職的補償年金） ·育嬰假可以由父母視他們需要來分配使用 ·如果照顧孩子的成人生病，父母可有90天的育嬰病假，且享有90%的工資 ·父母一年有2天的親職假，以方便父母訪視照顧孩子的機構或親職教育。享有90%的工資 ·父母可享有非薪金給付的假期或減少工作時間，一直到孩子滿18個月；換言之，即在給付薪金的育嬰假之後，又多有6個月 ·父母在孩子7歲之前，可享有每天減少二個工作小時的福利

（續）表10-6　瑞典現行托育服務之概況

托育服務狀況	實施內容
法　　　規	有薪育嬰假法案 Paid Parental Leave Act 1948年的兒童津貼 育有幼小子女的父母，每天有工作6小時的權利（1979） 社會服務法案：政府有責任照顧特殊兒童
托育服務現況	・由地方政府提供公立托育機構 ・托育機構又稱爲學前機構，包括托兒所、母親俱樂部和幼稚園 ・托兒所按年齡來分組，一般托兒所大概有3～4個年齡組，約有 　50～60個幼兒，最大約有100位幼兒，這類托兒所是全托 ・有些托兒所附屬在小學做延伸服務 ・母親俱樂部是由地方政府提供幼稚教育教師來幫助在旁照顧幼 　兒的母親、社區中的父母與孩子可以聚集在一起，分享孩子社 　會化或母親交換育兒經驗 ・幼稚園是屬於半日制，每天3小時，提供孩子入學前準備，以 　及社會化經驗 ・家庭托兒服務是由公家設立，由父母付費。現在是一社會趨 　勢，由全職的工作人員照顧幼兒。此外由於托兒所是全日托， 　因此有些父母選擇半日托的家庭托兒。（平均家庭托兒的人數 　是6.4人，每週平均幼兒待在機構30小時） ・1988年 1～6歲兒童收托率73%
行政體系	・3歲以前：健康及福利部 ・7歲以後：教育部
托育服務功能	・教育及社會化的功能 ・照顧孩子 ・增加婦女就業率
何種因素影響托育服務的選擇	・婦女就業 ・政府提供 ・經濟及社會變遷
服務孩子是誰的責任	・大部分是國家、政府及國家付擔90%的托育費用。家長平均分 　擔10～15%的托育費用，而且孩子數愈多或收入愈低，其比例 　也愈低 ・政府對民間非營利組織或父母興辦托育服務機構皆有補助 ・托育服務較重視健康、輕教育 ・政府負責審核及評鑑幼兒機構。評鑑標準分爲兩種： 　1.結構式及正式標準 　　(1)環境與課程設計 　　(2)人員訓練 　　(3)人員離職及比率 　　(4)孩子班級之大小 　　(5)教育目標有否達成

（續）表11-6　瑞典現行托育服務之概況

托育服務狀況	實施內容
	2.非正式、動態標準 　(1)老師與幼兒在一起做什麼 　(2)教育目標如何達成 　(3)老師如何針對幼兒福利差異特徵做
托育機構人員資格訓練及薪資福利	・機構至少要有80平方公尺 ・老師資格必須是由護士或幼兒教育教師擔任 ・至少服完九年國教及兩年半的專業理論與實務的經驗 ・護士資格每月平均有8,381瑞幣（SEK），幼稚教育教師有9,225（SEK），小學教師則有11,025（SEK） ・每班不能超過15個幼兒，要有3個工作人員（比例爲1：5）

資料來源：1.Broberg, A. & Hwang, C. P. (1991). Day care for young children in Sweden. In E. C. Melhuish & P. Moss（Eds.）. *Day care for young children: International perspectives*. pp. 75-101.
　　　　　2.Hwang, C. P. & Broberg, A. & Lamb, M. E. (1991). Swedish childcare research. In E. C. Melhuish & P. Moss (Eds.). *Day care for young children: International perspectives*. pp. 102-120.
　　　　　3.王麗容（1994）。邁向二十一世紀社會福利之規劃與整合——婦女福利需求評估報告（頁63）。台北：內政部委託研究。

表10-7　台灣現行托育服務之概況

托育服務狀況	實施內容
父母育嬰假／產假	・女性公務人員育嬰期間可申請留職停薪，採取自願申請方式辦理，每次生育得申請一次，擔任公職期間申請次數以不超過二次爲原則。於女性公務人員申請育嬰留職停薪期間，每次最長以分娩假後至嬰兒2足歲爲止，申請留職停薪期間一次至少三個月。至於非公務人員之女性育嬰假則未有明文規定 ・中、小學及幼稚園之女性教師可申請育嬰期間之留職停薪。依女性教師之意願，每次生產可申請一次，任教期間申請次數最多以二次爲限。女性教師育嬰期間申請留職停薪，應於分娩假期滿後二個月內以學期爲單位提出申請，期限以不逾四個學期學限 ・公務人員產假四十二日，勞工產假八星期
法　　　規	・行政院暨所屬各機關女性公務人員育嬰期間申請留職停薪處理原則 ・公立高級中等以下學校女性教師育嬰期間申請留職停薪處理原則 ・公務人員請假規則 ・工廠法

（續）表10-7　台灣現行托育服務之概況

托育服務狀況	實施內容
托育服務現況	・托兒所及家庭托育近十年來有急遽增加 ・托兒所：屬於福利事業，由社政單位負責。其所依據之法令包括兒童福利法、托兒所設置辦法、托兒所工作人員訓練實施要點，以及托兒所工作人員訓練課程等 目前台灣地區托兒所依其性質可分兩種： 　1.一般托兒所：指由政府設立、私人興辦，或由機關、團體、公司、工廠附設之托育服務 　2.村里（或稱社區）托兒所：即往昔之農村托兒所，由政府輔導各鄉鎮公所、農會、婦女會等單位籌劃辦理的托育服務。其設置場地、設備等由省縣（市）政府另訂標準 ・幼稚園：我國的幼稚園係由教育行政單位負責。其所依據之法令，包括幼稚教育法、幼稚教育法施行細則、私立幼稚園獎勵辦理及幼稚園園長、教師登記檢定及遴選辦法等 ・1993年兒童6歲以下收托率約24～30%；2001年保母收托率占3歲幼兒之6.93%；2003年5～6歲有96%收托率，2～5歲約60% ・家庭保母：根據一些研究發現，3歲以下的子女，親戚或保母照顧爲最優先的考慮。1987年起，台北市政府委託台北市家扶中心代訓保母，截至1993年11月止，共訓練保母1,355位，至1999年12月止已有13,041位，至2003年止已有26,050位，然而對於家庭保母目前尚無任何法令予以規範 ・2004年實施「幼托整合方案」，0～5歲歸內政部兒童局負責，整合機構爲幼兒園，另訂幼兒園管理條例；5～6歲歸教育部負責K教育；而有關5～12歲之課後托育中心，在2004年之前立案隸屬社政單位管理，在2004年後立案隸屬教育單位管理 ・其他：爲因應雙生涯家庭的工作需求，近年來亦有托嬰中心、坐月子中心、安親班、或才藝班等各類托育型態，提供學前兒童照顧、保育等服務。各類型托育服務亦接受臨時托兒以因應家長的需求
行政體系	・托兒所隸屬社政單位（2004年稱爲幼兒園，2004年前立案的課後托育中心隸屬社政單位） ・幼稚園隸屬教育單位（2004年稱爲K教育，2004年後立案的課後托育中心隸屬教育單位）
托育服務功能	・增進兒童身心之健康 ・培養兒童優良的習慣 ・啓發兒童基本的生活知識 ・增進兒童之快樂與幸福
何種因素影響托育服務的選擇	・婦女就業 ・社會變遷及家庭結構改組

514

（續）表10-7　台灣現行托育服務之概況

托育服務狀況	實施內容
服務孩子是誰的責任	・政府只提供部分，大部分由家長擔負照顧幼兒的責任 ・政府負責審核及評鑑立案機構，托兒所部分由社政單位辦理、幼稚園部分由教育單位辦理 ・實際上人力不足
托育機構人員資格訓練及薪資福利	・托兒所部分：依據「托兒所設置辦法」規定，托兒機構人員資格及訓練應包括： 1.托兒所所長應以具有下列資格之一者任之： 　(1)專科以上學校兒童福利科系或相關科系畢業並具有一年以上幼兒教保工作經驗者 　(2)師範或家事職業學校幼教科或相關科系畢業並具有二年以上幼兒教保工作經驗者 　(3)高中或高職以上學歷，曾受保育人員專業訓練六個月以上，並具三年以上幼兒教保工作經驗者 2.托兒所教師應以具有下列資格之一任之： 　(1)專科以上學校兒童福利科系或相關科系修畢兒童福利及幼兒教育有關課程等二十學分以上者 　(2)師範或高級家事職業學校幼教科或相關科系畢業並具有一年以上教保經驗者 　(3)高級中學或高級職業學校畢業，曾修習幼兒教育二十學分以上或曾參加保育人員專業訓練六個月以上，並具有二年以上教保經驗者 　(4)幼稚園教師登記或檢定合格者 　(5)國民小學級任教師登記或檢定合格者 　(6)1997年後依「兒童福利專業人員資格要點」及「兒童福利專業人員訓練實施方案」規定辦理 3.托兒所社會工作員應以具有下列資格之一者任之： 　(1)專科以上學校社會工作科系或相關科系畢業者 　(2)大專或高級中學或高級職業學校畢業，曾修習社會工作二十個學分或曾參加社會工作專業訓練者 　(3)高級中學或高級職業學校畢業，曾從事社會福利及社會服務工作三年以上者 4.托兒所保育員應以具有下列資格之一者任之： 　(1)護理、助產學校畢業 　(2)高職幼兒保育相關科系畢業者 　(3)高中以上學校畢業並曾接受三個月以上保育工作訓練者

（續）表10-7　台灣現行托育服務之概況

托育服務狀況	實施內容
訓練及薪資福利 托育機構人員資格	・幼稚園部分：依據「幼稚園長、教師登記檢定及遴用辦法」規定，托育機構人員資格及訓練應包括： 1.具有下列資格之一者，得申請為幼稚園教師之登記： 　(1)師範專科學校幼稚教育師資科畢業 　(2)專科以上學校有關幼稚教育系科畢業者 　(3)高級中等以上學校畢業並曾在主管教育行政機關指定之學校修習幼稚教育專業科目二十學分以上成績及格者 　(4)幼稚教育法施行前，已依規定取得幼稚園教師資格者 2.幼稚園園長應辦理教師登記，並就具有下列資格之一者優先遴用之： 　(1)師範專科學校幼稚教育師資科畢業，從事幼稚教育工作二年以上成績優良者 　(2)各級師範院校各系科或大學教育院系畢業，從事幼稚教育工作三年以上成績優良者 　(3)高級中學以上學校畢業，曾在主管教育行政機關指定學校修習幼稚教育專業科目二十學分以上成績合格，且從事幼稚教育工作四年以上成績優良者 ・薪資福利：公立幼稚園人員平均薪資 35,000 元 　　　　　　私立托兒所　23,000～25,000 左右 　　　　　　好一點大約在 25,000 左右

資料來源：1.行政院暨所屬各機關女性公務人員育嬰期間申請留職停薪處理原則。

　　　　　2.公立高級中等以下學校女性教師育嬰期間申請留職停薪處理原則。

　　　　　3.公務人員請假規則。

　　　　　4.工廠法。

　　　　　5.托兒所設置辦法。

　　　　　6.幼稚園長、教師登記檢定及遴用辦法。

註：1.現有幼稚園教師是以師院幼教系畢業及大專幼教學程學分修滿後＋實習一年者。（1994年後適用）

　　2.兒童福利專業人員訓練合格者始可擔任保育員或助理保育員。（1997年後適用）

表10-8　日本現行托育服務之概況

托育服務狀況	實施內容
父母育嬰假／產假	・男女勞動者為能達到教養幼兒，雇主要訂定縮短勤務時間等養育措施 ・雇主要事前公布休假期間的薪水，休假結束後的配置和其他勞動條件 ・女性勞工產前有6週（多胎妊娠有10週），產後有8週產假 ・禁止女性勞工在休業期間及休業後30天被解僱 ・女性勞工在生產後可以要求轉換較輕易的業務。僱主不能要求他們上班時間外的勞動、假日勞動及出勤深夜工作 ・雇主不能讓孕婦從事有害於生產及哺育的工作 ・養育未滿1歲嬰兒的女性勞動者，除了休息時間外，還可以要求一天二次至少各30分鐘的育兒時間 ・長子及次子在3歲以前，每人享有每月5,000日幣的兒童津貼；三子或以下享有每月10,000日幣的兒童津貼
法　　　規	育兒休業法規 勞動基準法
托育服務現況	・6歲以下托兒以保育所、幼稚園及企業托兒為主，2004年正考量托教合一之政策。 ・保育所在1993年4月1日服務對象1,604,824人，有2,585所，原則上一天托育8小時，必要時由保育所所長決定保育時間。托育內容針對父母皆就業有下列之政策：嬰兒保育、延長時間保育、夜間保育、長時間保育、企業托兒、生病幼兒保育、兒童課後輔導（兒童俱樂部）等 ・幼稚園在1993年5月1日現可服務人數1,949,000人（占全體兒童的收托率為64.1%） ・企業雇主為了保育勞動者的孩子，設置保育設備，由政府負擔一部分費用
行政體系	厚生省 文部省 勞動省
托育服務功能	・藉由養護與教育使兒童獲得良好的身心發展 ・教育與社會化的功能 ・鼓勵女性參與社會勞動，增加就業率
何種因素影響托育服務的選擇	・經濟力 ・婦女就業 ・政府政策 ・經濟及社會變遷

（續）表10-8　日本現行托育服務之概況

托育服務狀況	實施內容
照顧孩子是雖的責任	・一般兒童及殘障兒童由國家、地方公共團體及父母個人共同負擔 ・一般兒童，父母負擔比例較大；而殘障兒童則由國家負擔比例較大
托育機構人員資格訓練及薪資福利	・保育人員的資格是由厚生省有所承認的保母培訓學校，保母養成所畢業或地方都道府縣知事實施的保母考試合格 ・保母平均年收入約每月13萬日幣，相當台幣3萬多 ・而幼稚園教師約有每月18萬日幣，相當台幣4萬多 ・幼稚園老師屬於文部省所管轄，需要有幼稚教育教師資格

資料來源：1.厚生省兒童家庭局編集（1993）。兒童福祉六法平成6年版。

　　　　　2.福祉士要請講座編集委員會編集（1992）。改訂 社會福祉士要請講座4。

　　　　　3.勞働省婦人局編集（1993）働 女性 實情。

　　　　　4.總理府編集（1991）。婦女施策 指針。

　　　　　5.總理府編集（1994）。女性 現狀 施策。

　　　　　6.日本婦人團體連合會編集（1993）。婦女白書。

　　　　　7.一番 瀨康子 編集（1992）。別冊。

　　　　　8.厚生統計會編集（1992）。國民 福祉 動向。

(一)父母育嬰假／產假

　　先進國家對於3歲以前兒童的照顧政策，自九〇年代之後，逐漸發展為產假、親職假或育嬰（兒）假政策和兒童照顧服務相互整合的措施。換句話說，對於兒童照顧的需求經由兩個途徑來解決，一為親自照顧或委託親戚照顧，另一為替代照顧，前者必須由國家所訂定的產假或育嬰（兒）假制度來落實，後者則需擴增兒童照顧措施及落實照顧之品質來達成（王麗容，1994）。

　　目前在工業國家，除美國外，英國、法國、瑞典、西德及日本皆有產假及育嬰（兒）假的規定。除了給予產假及育嬰（兒）假，以鼓勵父母親自照顧，並確保其日後恢復工作的工作權（如瑞典）。有些國家（如法國、英國、日本）也提供父母親親自照顧小孩而仍能免於經濟壓力的措施，也就是提供兒童照顧年金，來幫助父母因居家照顧兒童，所面臨的經濟壓

力。美國則以賦稅優惠來提供協助（年收入在8,000～13,000美元之間不予扣稅），並且每一位小孩有1,000美元的扣除額。

(二)托育服務現況

由於雙生涯（dual-career）的家庭已成為工業化社會的主流，所以能同時顧及在家照顧幼兒的比例不高，因此，因應對策之一則是加強托兒服務的提供，包括量的增加及質的提升，提供機構式的托兒中心（如托兒所、幼稚園）與家庭式的托育服務。

工業化國家（如法國、美國部分州），將3歲及以上的兒童納入義務教育系統，猶如義務教育的往下延伸。這些機構的經費是由政府提供，而且主要也是由政府在運作。英國的義務教育則設限在5歲。這些國家對兒童照顧所提供的服務，是以全民的學前教育為主，再以社會福利來加以補充親職角色功能之不足。

在社會福利模式中，各工業國家，除美國以外，主要皆由中央政府規劃需求量的服務，再透過地方政府的運作及提供機構以照顧兒童。托兒服務方式則以社區式托兒、家庭式托兒或企業托兒方式為主（例如德國、法國、瑞典、日本等）。這種社會福利模式對兒童照顧的主要責任落諸於政府，由政府確實掌握托兒照顧服務量的需求，並確實負責督導機構的托兒品質，以確保這些兒童照顧方案對兒童發展有所助益。美國政府對兒童照顧扮演較消極的角色，主要由地方政府關心兒童的托育品質，大部分托育服務機構是由私人，包括營利及非營利組織來興辦。此外，也有企業組織加入兒童照顧服務，並提供企業托兒服務。

然而，工業國家皆對於低收入家庭，或兒童有被疏忽、剝奪、虐待等情形發生時，提供機構式的照顧，例如英、美、日本等國家。

綜合上述，各國的托育服務將托兒所與幼稚園是以5歲年齡來劃分，如美國、英國，而日本則是以4歲年齡來區分。

(三)托育服務功能

大多數的工業國家皆以增加婦女就業率或就學率（如德國），為托兒服務之主要功能，此功能不僅可以增加國家經濟發展，也可以增加其家庭的

品質，更可幫助職業婦女增加自我效能（sense of efficacy）、自信及自我實現。

此外，教育兒童及協助孩子社會化，給予孩子良好照顧，也是工業國家推廣兒童托育服務的功能之一。其目的乃是藉由托兒方案之服務以增進兒童各方面的發展。

(四)照顧孩子的責任歸屬

工業國家（例如法國、西德、瑞典、英國等）都積極於托兒方案之提供、規劃及督導，以確實托育服務量的增加及品質的提升。因此，大多數工業國家認為政府應有責任負責照顧孩子，國家提供孩子教育、醫療、社會福利、衛生及營養等之照顧，以達成其健全的發展。然而，在美國及日本則認為照顧孩子應由家長自己負擔，政府只對低收入家庭或殘障兒童提供托育服務。

(五)托育機構人員資格訓練及薪資福利

各工業國家對於兒童照顧除了積極擴增量的提供，同時也致力於品質的提升。關於品質的提升則有賴於法令規章來規範托兒設施標準和托兒人員之培養和訓練計畫（王麗容，1994）。

各工業國家（如法國、西德、日本、瑞典等）對於兒童照顧之專業人員皆有明文規定，對於托兒人員要經過專業的教育機構訓練後，始可擔任此任務，大多是由護士或幼兒教育相關科系畢業的教師來擔任此項職務。

一般說來，兒童托育人員的薪資福利皆偏低，而且比幼稚教育教師薪資低，工作時間長，且沒有福利，甚至在美國的職業排行中是倒數第二名，也是全部行業中離職率最高的職業。

第二節　居家照顧服務

一、居家照顧服務之意義及目的

　　居家照顧服務（homemaker service）在過去並不是很普遍，此種方案計畫是由兒童福利機構所提供兒童福利計畫中的一部分，其目的在補充父母不能充當家庭責任或執行親職時或兒童有特別需要（如生病），而父母無法滿足兒童照顧需求時或家庭在危機之時（例如住院、入監服刑等），為了維繫家庭結構的完整及保護兒童，居家照顧服務得以產生（Brown, Whitehead & Braswell, 1981）。使用居家照顧服務的原因有四，包括：(1)父（母）生病；(2)父母一方死亡所形成的單親家庭；(3)家有特殊兒童，給予父母喘息服務；以及(4)父母不善於親職，而且需要接受訓練（例如，智能障礙、兒童虐待、酗酒、吸毒等）。

　　近年來，居家照顧服務也向第三部門資源靠攏，大量使用志願服務人員進入有危機之家庭，幫助及教導此類家庭之父母如何處理家務及養育兒童。除了有危機之家庭之外，此類服務也延伸至父母生病或有心理疾病之父母的家庭。此種服務並不是幫助父母增加其管教效能或如何控制家庭預算，而是提供暫時補充的服務以幫助家庭能自立，此種角色也可應用到兒童保護個案的家庭，這會比專業的家庭社會工作人員更有較正向的角色（Pecora, Whittaker, Maluccio, Barth & Plotnick, 1992）。

　　在家服務（in-home services）或居家照顧（home care）亦是居家照顧服務的方式之一，也是老人與兒童福利服務共有的項目（林勝義，2002）。最早普遍使用於老人在宅服務，尤其是獨居老人或輕、中度機能失調的老人，自九○年代才逐漸應用到兒童的居家照顧服務。現在每年勞委會也有辦理居家照顧服務員之訓練，這也是二○○二年行政院擴大就業服務的工作重點之一。

　　居家照顧服務最早在一九○三年，紐約市首先為窮人設立「家庭服務

局」，僱用一些人員提供看護服務，以期減輕生病的母親在家務上的負擔，至一九一八年後，才發展成爲提供幼兒照顧。而正式組織家務員計畫是在一九二三年，由費城猶太家庭福利協會所籌辦。居家照顧服務在美國聯邦社會安全法案中Title XX定義爲一種服務，其和零工服務、家庭健康助理服務、佣人服務是有所不同，其主要目的是配合母親角色無法發揮功能的家庭而特別設計的，以代替母親的身分，爲在家的兒童提供照顧與服務（周震歐，1997）。

二、台灣執行居家照顧服務之沿革

在台灣執行居家照顧服務之民間團體，例如中華兒童福利基金會（CCF）使用的名稱不是「居家照顧服務」也不是「家務員服務」而是「家務員在宅服務」。一九七九年，CCF率先試辦「溫媽媽愛家服務隊」，由受過專業訓練的家務員前往遭遇短期急難的家庭，協助家務及照顧兒童、老人、病人、殘障者及產婦，也就是「居家照顧服務」（homemaker service）。後來CCF接受彰化、台中縣、台中市、苗栗、桃園、嘉義、高雄等七個縣（市）政府委託，由當地的家庭扶助中心承辦，並融入家庭扶助個案之中，扮演一個臨時媽媽的角色（王明仁，2000）。一九九八年，內政部社會司於台南市安平區等五個地區推動社會福利社區化實驗方案，台南市專則辦理弱勢家庭兒童的居家服務，使這類家庭的兒童照顧者得以獲得「喘息」的機會，這也成爲一種「喘息服務」（respite service）或在宅服務（王麗容、翁毓秀，2000）。即使這類服務，家務員也必須接受專業訓練，現在勞委會職訓局也委託專業機構開辦此種訓練，並配合社會工作者，運用專業技巧與方法，使兒童及其家庭獲得適時、適當的照顧，並增強及充權增能兒童及其家庭適應能力，解決問題及因應危機之能力，以達到獨立的家庭照顧爲目的（王明仁，2000），此種服務與外籍女傭的家事照顧不同，也是屬於居家照顧的服務。

三、居家照顧服務的適用對象與內容

　　兒童的居家照顧服務是一種補充性的兒童福利服務，尤其是對兒童是否將其安置在家以外的機構的考量時，居家照顧服務有緩衝作用；瑞典的職業婦女因孩子生病時，可以委託社區中的父母行使居家照顧服務。居家照顧者也需要有專業的判斷，例如協助診斷並設計一套適合發展遲緩兒童或身心障礙兒童的最佳方案，檢視兒童是否有遭受虐待之可疑，評估家長是否有能力獨立照顧小孩，並以修正服務型態及工作內容，以幫助父母得以建立良好的親子關係，並支持家庭朝向獨立自由的照顧目標。

　　周震歐（1997）提出有下列七種情況，可以申請居家照顧服務，分述如下：

1. 尚在爭議是否將孩子安置在少年觀護所時，可利用居家照顧服務避免家庭外之安置（out-of-home placements）。
2. 當職業婦女無法在家照顧病兒，職業婦女的子女托育服務不當或未被接受時，居家照顧服務員可照顧兒童。
3. 農忙季節，針對由四處移來農場臨時僱工的家庭，協助料理家務。
4. 協助養父母或初為人父母者渡過艱難的親子關係轉變期。
5. 當母親定期檢查或到醫院門診時，可提供服務。
6. 當母親因其親人生病死亡需要離家，或教育程度的問題，而無法履行職務時，可適用此服務。
7. 對發生兒童虐待或疏忽事件的服務，居家照顧服務員可使母親暫時避開孩子，有休息的復原時間。

　　除此之外，低收入戶家庭的兒童、單親家庭的兒童、身心障礙的兒童、父母因故不在家（如犯罪服刑、逃亡、住院），以及父母不善於照顧的兒童也需要居家照顧的服務，以避免兒童被安置在家外的機構（馮燕，1999；Brown, Whitehead & Braswell, 1981）。

　　上述之居家照顧服務之服務內容，包括兒童照顧與家務處理兩方面，前者包括有暫時性的兒童照顧、協助兒童接受醫療照顧、轉銜服務及個案工作之社工處遇，而後者則是一般家務管理的服務，力求精、樸、實、簡

之原則。

　　台灣目前的居家照顧服務係由政府結合民間的力量共同辦理，與美國大同小異，此類工作人員皆要接受專業訓練，差異之處為我國是給薪雇有居家照顧服務員，而美國是引用志願服務工作者。最近美國出現越來越多兒童遭受虐待、青少年父母藥物濫用及酗酒的家庭，以及有精神疾病的家庭，他們非常需要社區的居家照顧服務。居家照顧服務委託民營是勢在必行，因此，在社區中尋求專業機構、訓練居家照顧服務員或志願工作員進行此類服務，並能建立社區資源網絡，以預防兒童問題的產生是居家照顧服務未來的發展趨勢。

第三節　兒童經濟補助

一、兒童的經濟風險

　　兒童不僅是民族生命的延續，也是國家發展的基礎。由於兒童在身心上不夠健全、在經濟上無法自立、在法律上不具行為能力，如果不善加保護，身心發展就容易被侵犯，社會權益就容易被剝奪。早在一九二三年，世界兒童福利聯盟就提出了兒童權利宣言，而聯合國卻遲至一九五九年才正式通過兒童權利宣言，並遲至一九八一年才制定兒童權利條約，兒童權利才獲得具體的保障。兒童權利條約對兒童的尊嚴權、生存權、保護權和發展權都應有具體的保障措施。基於此一條約的精神，兒童已非國家主義者所主張的公共財，也不是自由主義者所堅持的私有財，而是介於兩者之間的準公共財（quasi-public goods）。換言之，父母雖有扶養權、教育權和懲戒權，但是，因貧窮而無力扶養時，或兒童達到義務教育年齡時，或兒童權益遭受到侵犯時，國家就有權進行干預，提供必要的援助。因此，對兒童的扶助與保護不僅是兒童的權利，也是國家的責任。

　　人生而不平等，有些人一出生即能享受榮華富貴；有些人則遭逢飢寒交迫。為了縮小這種自然的不平等，必須以人為的方法加以調整，也就是

應以所得重分配（income redistribution）的手段，對弱勢兒童提供必要的援助。這不僅是國家的責任，也是社會的正義。至於一般家庭的兒童，雖然可以溫飽卻不能享有良好的生長環境，國家在財政能力許可下，亦應對其提供必要的援助。對現代家庭而言，養育兒童日趨困難，有依賴兒童的家庭（family with dependent children）的經濟風險（economic risks）日益升高，這就是少子化現象的主要原因。造成兒童家庭經濟風險的因素，至少可從下列六個方面加以探討（蔡宏昭，2002）：

(一)市場化的普及

現代家庭的消費功能（consumption function）已完全取代生產功能（production function）。家庭生活幾乎全部仰賴市場，連最基本的家事勞動亦逐漸由市場提供，而養育兒童的工作也逐漸由市場所取代。仰賴市場的結果，必會造成家庭經濟的負擔，構成家庭的經濟風險。

(二)工作母親的增加

男主外，女主內的傳統家庭已日趨沒落，有工作的母親日漸增加，大多數的工作母親（working mothers）已經無法在家照顧自己的子女，甚至已經喪失了照顧兒童的能力，不得不仰賴專業人員加以照顧。由於專業人員報酬的遞增，兒童的照顧費用也相對遞增，所以兒童家庭的經濟負擔也是遞增的，經濟風險也隨之提高。

(三)兒童教育投資的增加

在科技主義和能力主義掛帥的現代社會裡，兒童的教育投資已成為兒童家庭的最主要支出。父母均不希望自己的子女輸在起跑點上，人人都想讓自己的子女接受最好的教育，以便將來高人一等。兒童教育投資增加的結果，促進了教育市場的價格水準，而兒童教育費用的增加則加重了兒童家庭的經濟負擔，提高了兒童家庭的經濟風險。

(四)兒童教育期間（年數）的延長

國家的義務教育由小學延長至國中，再由國中延長至高中；大學的錄

取率也由20～30%遽升至60～70%，在二〇〇三年甚至已超過100%；研究所的招收名額也大幅增加，而出國留學的人數也直線上升。因此，子女的教育期間已由初等教育延長至中等教育，再延長至高等教育。兒童教育期間的延長不僅減少了家庭的所得，更增加了家庭的支出，提高了家庭經濟的風險。

(五)物價膨脹

現代經濟正由高成長、高物價的成長型經濟進入低成長、高物價的不穩定型經濟。物價膨脹仍是現代經濟難以克服的問題，也是威脅家庭經濟的主要因素，在家庭的養育工作市場化之後，家庭經濟受物價膨脹的影響更為顯著。如果政府沒有有效的物價政策，兒童家庭的經濟風險就會不穩定。

(六)相對貧窮意識形態的高漲

由於所得水準、消費水準和儲蓄水準（三者合稱為家庭生活水準）的提高，凸顯了相對貧窮（relative poverty）的意識形態。如果別人的年所得是100萬元，自己卻只有80萬元，自己就會覺得比別人貧窮；如果別人開賓士車，自己卻開福特車，自己就覺得不如人；如果別人的孩子學才藝，自己的孩子卻不學才藝，自己就臉上無光。這種相對貧窮的意識形態，造成了經濟的不安全感（feeling of economic insecurity），而要求國家給予協助改善。

根據兒童生活狀況調查報告（內政部統計處，1997）指出一九九五年台灣地區有未滿12歲兒童的家戶中，有一位兒童的家戶占36.33%；有二位兒童的家戶占44.79%（兩者合計占81.12%）；有三位兒童的家戶占16.55%；有四位兒童的家戶占2.13%；有五位以上兒童的家戶占0.20%。相較於上一次一九九一年的調查（內政部統計處，1992），有一位兒童的家戶比率增加了，而有二位以上兒童的家戶比率則降低了（前者由34.52%增至36.33%；後者由65.48%降至63.67%）。這個資料顯示，台灣地區家戶內的平均兒童人數已降至二位數以下，而且有逐年下降的趨勢。如果不考慮人口移入的因素，台灣地區的人口數將會呈現負成長。因此，少子化現象已

日趨顯著，頗值政府有關單位的重視。

　　內政部統計處（1997）的調查報告亦指出：台灣地區兒童家庭平均每戶每月平均消費支出在20,000元以下者占6.67%；2～30,000元者占20.06%；3～40,000元者占30.37%；4～50,000元者占19.00%；5～60,000元者占12.05%；6～70,000元者占5.57%；7～80,000元者占2.21%；80,000元以上者占4.07%。兒童家庭的每月收支情形，收入大於支出者占23.10%；收支平衡者占59.08%；支出大於收入者占17.81%。至於每月用在兒童支出負擔的感受情形，有20.54%感覺負擔沉重；有37.36%感覺稍微沉重（兩者合計為57.90%），只有42.10%感覺不會沉重。相較於一九九○年度的相同資料，感覺沉重或稍微沉重者的比率增加（由52.77%增至57.90%），而感覺不沉重者的比率則降低（由47.23%降至42.10%）。一九九五年度，有69.88%的單親家庭感覺兒童支出負擔沉重或稍微沉重（前者占39.76%；後者占30.12%）。這些資料顯示，兒童的經濟風險是一個存在的事實，至少是一個普遍的意識形態（蔡宏昭，2002）。

　　在一九九五年，兒童家庭認為政府應加強辦理的兒童福利措施中，內政部統計處（1997）指出台灣人民認為政府應加強辦理：公立托育服務占31.46%；親職教育占26.36%；兒福中心占18.79%；兒童健康保險占15.32%；不幸兒童保護占13.76%；設施管理占12.78%；課後輔導占12.57%；兒童醫療占11.74%；兒童心理衛生服務占11.11%；兒童津貼占8.46%；殘障兒童教養機構占6.85%；重病兒童醫療補助占6.65%；低收入戶兒童補助占5.32%；單親家庭兒童服務占4.42%；保母訓練占2.28%；兒童居家服務占2.07%；兒童寄養服務占0.87%；其他占1.58%。關於兒童津貼的需求程度，在台灣地區，第一分位所得階層（最低所得階層）有21.11%認有必要；第二分位所得階層為10.67%；第三分位所得階層為10%；第四分位所得階層為9.74%；第五分位所得階層為6.14%，而台北市的平均需求比例則為9.46%，高於高雄市平均的7.19%。這個資料反映兩個現象：第一，台灣的一般民眾對兒童津貼制度仍缺乏正確的認識；第二，所得越低者越需要兒童津貼。但是，所得水準較高的台北市對兒童津貼的需求卻高於高雄市，這可能是台北市民對兒童津貼較有認識所致。

　　關於養育兒童必須增加的消費支出，由於我國欠缺這方面的統計資

料，而以瑞典與日本的文獻作爲分析的依據。瑞典政府消費廳的調查報告顯示，一九八三年平均每一個6歲以下兒童必須增加的消費支出爲每月3,600元；兩個兒童爲每月7,200元；三個兒童爲每月10,800元（社會保障研究所，1995）。這個資料顯示，在瑞典養育兩個兒童所需增加的消費支出爲養育一個兒童的2倍，而養育三個兒童所需增加的消費支出則爲養育兩個兒童的1.5倍。此外，根據日本政府總務廳的調查報告，一九九三年平均每一個6歲以下兒童必須增加的消費支出爲每月5,137元；兩個兒童爲每月6,796元；三個兒童爲每月11,274元（日本家政學會家庭經濟學部會，1997）。這個資料顯示，在日本養育兩個兒童所需增加的消費支出爲養育一個兒童的約1.3倍，而養育三個兒童所需增加的消費支出則爲養育兩個兒童的約1.7倍。根據上述資料，兒童津貼金額占一個兒童消費支出的比率，瑞典爲25%（1983年）；日本約爲24%（1993年）（蔡宏昭，2002）。

二、兒童的經濟安全制度

兒童津貼或家庭津貼（children's allowance or family allowance）是給予有兒童的家庭現金給付，以幫助其養育兒童。這是一種不經資產調查（means test），針對某些特定人口群，平等給予一定數額的現金補助（先進國家對年齡的限制，通常定於15～19歲）。相對地，另一類的經濟補充方案是家庭補助（financial aid to family），又稱爲所得維持方案（income mainte-nance program），是要經資產調查，更要符合低收入的門檻，而我國兒童少年福利法第19條第5款就規定：對於無力撫育其未滿12歲之子女或被監護人者，予以家庭生活扶助或醫療補助。Pampel及Adams（1992）針對十八個先進工業民主國所做的比較研究中發現：影響兒童津貼方案發展最重要之因素是：大量的老年人口、統合主義結構（corporatism structures），天主教教義及左派執政的政治結構。而兒童津貼即扮演強化傳統家庭制度之功能角色（王方，2002）。

針對兒童的經濟風險，工業先進國家大都有兒童的兒童經濟安全制度（economic security system for children）。目前，兒童經濟安全制度有兩個基本體系：社會保險（social insurance）與社會扶助（social assistance），前者

有兒童健康保險、國民年金保險中的遺囑年金、孤兒年金和兒童加給等給付、育兒休業給付制度等；後者則有各種兒童津貼（children's allowance）、優惠稅制、教育補助、營養補助等。在社會保險方面，一般均以成人爲對象加以設計，而將依其生活的兒童納入保障對象，因爲只有行爲能力和經濟能力者始有繳納保險費的義務，兒童當然不成爲社會保險的適用對象，但是，可以成爲社會保險的給付對象。在社會扶助方面，大都針對兒童加以設計，也就是以兒童爲適用對象，但是，兒童不具行爲能力，也不具支配經濟的能力，所以一般均以保護者的家長作爲支給對象。兒童經濟安全制度逐漸由社會保險轉向社會扶助（尤其是兒童津貼）的背景至少有七個因素（蔡宏昭，2002）：

1.經濟安全逐漸由勞動關係的重視（社會保險）轉向家庭關係的重視（社會津貼）。
2.經濟安全的保障範圍逐漸擴大，除了納費式（contribution）的社會保險之外，仍需非納費式（non-contribution）的社會扶助。
3.社會保險的公平性漸受質疑，國民逐漸重視社會價值的適當性。
4.社會保險給付受限於收支平衡原理，難以因應實際需求作大幅改善，而有賴於社會扶助加以補充。
5.低所得階層難以在社會保險中獲得充分的保障（低保費低給付）。
6.社會保險的保費與給付間的累退性減弱了一般國民的信心（繳得越多不一定領得越多）。
7.資方的保費負擔如同僱用稅（僱用員工就必須負擔保費），阻礙了僱用的誘因。

一般說來，社會扶助體系有社會救助（social relief）、社會津貼（social allowance）、間接給付（indirect benefit），以及社會基金（social fund）等基本制度。社會救助是針對貧民（paupers）所提供的經濟安全措施；社會津貼是針對特定人口群（target population）所提供的經濟安全措施；間接給付是針對具備某種資格條件（eligibility）者所提供的經濟安全措施；社會基金則是針對特別的或緊急的目的而提供的安全措施。貧民兒童的社會救助，除了生活扶助之外，教育補助、醫療補助、生育補助、營養補助等均

屬之；兒童的社會津貼有生育津貼、托育津貼、教育津貼、兒童贍養代墊津貼等；兒童的間接給付有所得的扣除、養育費的扣除、所得稅的扣除等；兒童的社會基金則有兒童特殊照護、災民兒童扶助、難民兒童扶助、流浪兒童扶助等。當貧民兒童的社會救助受到充分保障之後，兒童的社會扶助體系就會轉向兒童津貼制度。這種勿須納費、勿須資力調查（means-test）、沒有烙印（stigma）的兒童津貼制度已逐漸成為工業先進國家最重要的兒童經濟安全措施。

兒童津貼制度起源於由企業提供的家庭津貼制度（family allowance）。在一九二○年代以前，基於雇主與受僱者間的權利義務關係，雇主在受僱者的工資中列入了扶養家庭成員的家庭津貼。直到一九二六年，紐西蘭首創國家家庭津貼制度，也就是由政府對貧窮家庭的兒童所提供的經濟扶助制度。當時的家庭津貼必須經過嚴格的資力調查之後始得領取。紐西蘭的家庭津貼法實施之後，不久就引起了其他國家的效法。比利時於一九三○年制定了家庭津貼法；而法國、義大利、奧地利、荷蘭、加拿大、英國也分別於一九三二年、一九三四年、一九四一年、一九四四年、一九四五年和一九七五年制定了家庭津貼法。紐西蘭曾於一九三八年制定的社會安全法中，放寬資力調查的條件，擴大適用對象，並於一九四六年採用勿須資力調查的家庭津貼制度。其後，工業先進國家也逐漸採用勿須資力調查的家庭津貼制度。鄰近的日本則遲至一九六一年才制定針對特殊家庭（單親家庭、危機家庭等）所支給的兒童扶養津貼法，並於一九七一年制定針對一般家庭的兒童及身心障礙者兒童所支給的兒童津貼法。直到一九九○年，全世界約有八十個國家有家庭津貼或兒童津貼制度。

目前，法國的兒童津貼制度堪稱全世界最完善的制度。第一類的保育津貼有幼兒津貼（APJE）、父母教育津貼（APE）、家庭保育津貼（AGED），以及家庭外保育津貼（AFEMA）；第二類的養育津貼有家庭津貼（AF）、家庭補充津貼（CF），以及新學期津貼（APS）；第三類的身心障礙兒童津貼有身心障礙兒童津貼（AHH）與特殊教育津貼（AES）；第四類的單親家庭津貼則有單親家庭津貼（API）與單親家庭支援津貼（ASE）。瑞典的兒童津貼則有兒童津貼（16歲以下兒童）、延長津貼（16歲以上兒童）、兒童贍養代墊津貼（對於未獲贍養費的單親家庭由政府代墊兒

童養育費用，再向應支付贍養費的一方索取）。英國在一九七五年改採兒童津貼法之後，實施了兒童養育費補助、兒童津貼、單親津貼及補充津貼等制度。日本的兒童津貼制度則有一般兒童津貼、特殊兒童津貼（身心障礙兒童）、療育津貼（需長期療育的兒童）、兒童扶養津貼（單親家庭）、寄養津貼（寄養家庭），以及教育津貼等六種制度。至於美國的兒童津貼制度是以兒童家庭扶助（AFDC）最具代表性。此外，德國、荷蘭、加拿大等國家也都有兒童津貼制度（有關各國的福利措施請參考第四章）。

　　以一般兒童的生活津貼爲例，法國對於育有16歲以下兒童二人以上的家庭提供家庭津貼；對於育有3歲以上16歲以下兒童三人以上的家庭提供家庭補充津貼。一九九七年家庭津貼的支給金額，第一子爲每月3,130元，每增加一人增加4,017元，而家庭補充津貼則每人每月4,080元。瑞典的兒童津貼是對16歲以下兒童普及性提供，若因求學關係則可領取延長津貼，而第三子以上的家庭則有兒童加給津貼。一九九一年兒童津貼的支給金額，第一子和第二子爲每人每月2,445元；第三子加給50％；第四子加給100％；第五子以上加給150％。英國的兒童津貼是對16歲以下普及性提供，若因求學關係可延至19歲。一九九七年兒童津貼的支給金額，第一子爲每周543元；第二子以上每人每周443元。日本的兒童津貼是對未滿3歲兒童，且家庭所得在規定水準以下的兒童家庭提供。一九九七年兒童津貼的支給金額，第一子和第二子爲每人每月1,250元；第三子以上爲每人每月2,500元。至於家庭所得的限制，扶養一子家庭的年所得在449,000元以下；扶養二子家庭爲524,000元以下；扶養三子家庭爲599,000元以下；扶養四子家庭爲674,000元以下；扶養五子家庭爲749,000元以下。美國的AFDC是對因家計負擔者、離異或喪失工作能力而陷入貧窮的16歲以下兒童家庭所提供的兒童扶助制度。各州的支給水準不同，一九九三年的全國平均水準爲每個家庭每月12,852元（最少爲3,332元，最高爲24,446元）。至於德國的兒童津貼是對16歲以下兒童普及性提供，但是，領有年金保險兒童給付或兒童加給者則不能領取，而未能適用所得稅法中兒童養育費扣除的低所得家庭則可領取兒童加給津貼。一九九七年兒童津貼的支給金額，第一子和第二子爲每人每月3,427元；第三子爲4,674元；第四子爲5,453元。

　　間接給付中的優惠稅制是兒童經濟安全十分重要且頗值爭議的制度。

　　瑞典曾於一九二○年創設兒童扶養扣除制度，但是，因公平性的問題引發了爭議，而於一九四八年開始實施兒童津貼制度的同時遭受廢除。英國在一九七七年以前也有兒童扶養扣除制度，但是，現在也已廢除。目前，除了美國和德國等少數國家仍有兒童扶養扣除制度之外，大多數的工業先進國家都以兒童津貼取代兒童扶養扣除制度。問題是在兒童津貼制度未能普及化之前，中高所得者的兒童扶養費用是否可從所得中扣除仍是值得探討的問題。其次，兒童津貼的所得是否可以免稅也是值得研議的問題。在兒童津貼未普及化之前（只限中、低所得者），津貼所得免稅應是可以接受的，但是，如果兒童津貼普及化之後，津貼所得免稅的措施就有待商榷了。最後，對於多子家庭的所得稅是否可以減少亦是值得規劃的問題。理論上，為了保障多子家庭的經濟安全，其應納的所得稅似可酌予減少，但是，是否會造成稅制的不公平是值得考量的。總之，兒童經濟安全的優惠稅制可從所得的扣除（income deduction）、費用的扣除（cost deduction）與稅的扣除（tax deduction）三方面加以思考。對目前的我國而言，托育費用的補助宜採現金給付方式或是優惠稅制方式是決策者必須慎思的議題。

　　目前，我國的兒童經濟安全制度是以社會扶助體系為主，且為地方政府的職責。由於地方政府的財政狀況與主政者的福利觀念差異性很大，所以實施的措施就十分紛歧，給付內容也參差不齊。台北市的兒童經濟安全制度，在措施類型和給付水準上，均可作為各縣（市）的表率。目前，台北市的兒童經濟安全制度可以分為五個類型：第一，低收入戶兒童的經濟扶助；第二，一般兒童的經濟扶助；第三，身心障礙兒童的經濟扶助；第四，安置兒童的經濟扶助；第五，保護兒童的經濟扶助。

　　在低收入戶兒童的經濟扶助方面，有生活扶助、育兒補助、托育補助、子女就學交通費補助、營養品代金、健保費及部分負擔補助等；在一般兒童的經濟扶助方面，有中低收入戶育兒補助、危機家庭兒童生活補助、危機家庭及原住民兒童托育補助等；在身心障礙兒童的經濟扶助方面，有身心障礙者津貼、身心障礙者短期照顧補助、身心障礙者托育養護費用補助、發展遲緩兒童療育補助等；在安置兒童的經濟扶助方面，有寄養補助、收養補助、機構照顧費用補助等；在保護兒童的經濟扶助方面，則有兒童保護個案法律訴訟費用負擔、兒童保護個案醫療費用負擔、兒童

保護個案緊急安置者的餐點、日用品、衣物、上學用品等的負擔。茲將台北市政府社會局實施的兒童經濟扶助之主要措施項目、申請資格、補助金額以及承辦科室列表（見**表**10-9）（蔡宏昭，2002）。

表10-9　**台北市政府社會局實施兒童經濟扶助制度**

措施項目	申請資格	補助金額	承辦科室
低收入戶生活補助	第0類：全戶無收入也無工作能力 第1類：全戶每人每月所得占全市平均消費支出0～10% 第2類：全戶每人每月所得占全市平均消費支出10～40% 第3類：全戶每人每月所得占全市平均消費支出40～55% 第4類：全戶每人每月所得占全市平均消費支出55～60%	每人每月11,625元 每人每月8,950元 每人每月5,813元 每人每月5,258元 每人每月1,000元	第2科
低收入戶托育費	第0類～第4類之兒童	每人每月7,000元	第2科
低收入戶營養品代金	出生體重低2,500公克幼兒或5歲以下營養不良兒童	每人每次1,000元	第2科
中低收入戶育兒補助	1.設籍本市滿一年以上者 2.全戶每人每月所得占平均消費支出60～80% 3.12歲以下之兒童	每人每月2,500元	第5科
危機家庭或特殊境遇婦女緊急兒童生活補助	1.經本局評估為危機家庭或經濟困難之婦女 2.12歲以下之兒童	每人每月5,813元	第5科
身心障礙者津貼	1.設籍滿一年 2.領有身心障礙者手冊 3.未經政府安置或未領有政府發給之其他生活補助或津貼者	依等級補助1,000～7,000元	第3科
身心障礙者生活津貼	1.設籍本市 2.領有身心障礙者手冊 3.全戶每人每月所得占全市平均消費支出1.5倍 4.有存款及不動產上限規定	依等級補助3,000～6,000元	第2科

（續）表10-9　台北市政府社會局實施兒童經濟扶助制度

措施項目	申請資格	補助金額	承辦科室
有身心障礙者臨時及短期照顧補助	1.設籍本市 2.領有身心障礙者手冊 3.12歲以下 4.發展遲緩兒童	1.全額補助 2.70%補助 3.部分補助	第3科
發展遲緩兒童療育補助	1.設籍六個月以上 2.未滿7歲在小學就讀之發展遲緩兒童 3.未領有身心障礙者津貼托育養護補助等相關補助	1.低收入戶、原住民及保護個案全額補助 2.一般補助3,000～6,000元	第3科
身心障礙者托育養護費用補助	1.設籍本市 2.領有身心障礙者手冊 3.安置於身心障礙福利機構者	依等級補助8,719～23,250元	第3科
寄養補助	依兒童福利法第17條、第38條規定，因家庭發生重大變故或經評估有安置照顧必要者	每月16,275元	第6科
收養補助	委託民間機構辦理收養訪視調查及相關媒介、輔導、宣傳等服務	每案3,000元	第6科
機構式照顧補助	依兒童福利法第15條規定，對於兒童提供緊急保護、安置及其他必要之處分	1.一般委託12,206元 2.緊急安置費20,344元	第5科
緊急安置兒童保護個案餐點費、日用品、衣物、上學用品等之提供	經本局社工員評估有需求者	視個案補助	社工室
兒童保護個案法律訟訴費用	經本局社工員評估有需求者	50,000元	社工室
棄嬰、留養個案及不幸兒童法律訴訟費用	經本局社工員評估有需求者	50,000元	第5科
不幸兒童醫療費補助	棄嬰	視個案補助	第5科
兒童保護個案醫療費補助	經本局社工員評估有需求者	視個案補助	社工室

三、我國家庭經濟補助現況

根據中華民國行政院主計處最新（二〇〇〇年度）的統計，台灣人最高所得族群（前十分之一），其所得金額是最低族群（後十分之一）的61倍之多，這個倍數創下歷史新高。一年前，這個倍數近39倍，而十年前更僅為19倍。而台灣的家庭所得差距，最高所得組（前五分之一）的平均所得，高達178萬元，而最低組（後五分之一）的家庭年所得，僅有279,000元，兩者差距達6.39倍。這個倍數在十年前為4.97倍。差距拉大的原因在於，所得最低組的家庭金額不增反減，但所得最高組的家庭卻是一路上揚。單以二〇〇〇年來說，最低組的家庭年所得金額從315,000之減少至279,000元，一年之間衰退11.35%（王正，2003）。在所得縮小情況之下，相對地物價、兒童教育投資、兒童教育年數卻提高了，普遍之下，愈貧窮的家庭卻有較傳統的家庭觀念，例如養兒防老，而無形之中也生育較多孩子，也使得這類家庭的風險較高且集中。

兒童經濟安全制度是基於兒童的生存權而設計的保障措施，其基本內涵有二：第一，兒童生活風險的預防（prevention of living risks）；第二，兒童生活風險的克服（elimination of living risks），前者一般是以社會保險的方式因應，而後者則以社會扶助的方式解決。目前，我國已有健康保險制度，而國民年金保險也即將實施，所以兒童的社會保險制度已趨健全。在兒童的社會扶助體系方面，則不僅制度零亂、名稱不一、標準不同，而且有諸多重複浪費的現象。作為掌管兒童福利的最高行政單位，兒童局實有責任整合亂象，規劃新制。台灣自一九六一年起即實施兒童家庭補助制度，但要符合列冊低收入戶者，兒童每個月才能領到兒童津貼，只是低收入戶的貧窮線不能隨著社會變遷的經濟成長而有合理的調降社會救助門檻，目前我國對貧窮線的門檻計算還是屬於偏高的現象。除此之外，考量較為廣泛且低門檻的社會救助制度，給予需要的家庭經濟補助以構成社會安全網也是值得思考的制度。

我國家庭經濟補助之方案依兒童青少年福利法第19條第5款即有規範，而且是屬於地方政府職責，在台灣，以「津貼」為名的兒童福利，例如育兒津貼、托育津貼、身心障礙兒童津貼，此外還有兒童安置補助、兒童醫

療補助、兒童保護輔助、特殊境遇婦女家庭扶助等，然而大部分的兒童津貼（除了托育津貼）是普及式，其餘都要與家庭所得情況有關。

　　有關各種家庭經濟補助是以特定的服務對象，且也有相關的法令規定，而兒童津貼的概念是拜著當時在野黨（民主進步黨）的競選訴求（尤其是老人年金），例如，一九九二年民進黨蘇煥智在台南參選立委、一九九三年高植澎參選澎湖縣縣長補選，以及一九九三年底的縣市長選舉及一九九四年底的省長選舉。在一九九四年的台北市長選舉中，民進黨首先提及兒童津貼的構想並將此構想列入民主黨政策的白皮書。之後，一九九六年四月二十六日，台北市議會通過了由賈毅然議員（新黨）提出的兒童津貼提案，要求台北市政府針對中、低收入家庭的學齡前兒童，發給每人每月三千元的津貼。此提案並經三黨議員連署，提案中設有排富條款（設籍台北市滿兩年與子女未進入公立托兒所，每戶每人所得必須低於一定標準）。

　　一九九七年八月十二日上午，台北市長陳水扁於市政會議中表示，為了進一步提升台北市的兒童福利品質，並有效減輕家長養育子女之負擔，台北市政府推行實施兒童津貼政案，當時陳水扁市長未說明細節，卻引起各界譁然，事後社會局表示，依據初步的規劃，每位兒童每月將發放3,000～5,000元，然就讀於公立幼稚園或托兒所的兒童，因其已得到政府補助，故不在兒童津貼發放之列，此種兒童津貼沒有排富條款，不以資產調查為發放依據，是謂兒童津貼，與一九九六年市議會所通過的版本不同（較屬於家庭補助）。之後，二〇〇〇年陳水扁先生競選總統，提出五五五方案，即將5～6歲就讀托兒所或幼稚園每半年發放5,000元，一年發放10,000元之托育津貼，每年約有九萬名幼童頒取此津貼。

四、我國經濟補助方案介紹

　　經濟補助方案，可分為家庭補助及兒童（家庭）津貼兩種，兩者最大的不同是前者須資產調查，發放對象有所限定，而津貼則是毋須資產調查，發放對象是普及性。我國有關家庭補助之項目，因服務對象之不同，也有不同之相關法令規定，茲說明如下：

(一)身心障礙兒童之家庭補助

　　我國身心障礙者保護法第38條規定：直轄市及縣（市）主管機關對於設籍於轄區內之身心障礙者，應依其障礙類別、等級及家庭經濟狀況，提供生活、托育、養護及其他生活必要之福利等經費補助。此外，第44條規定：身心障礙者參加保險、政府應視其家庭經濟狀況及障礙等級，補助其自付部分之保險費，極重度及重度身心障礙者之保險費由政府全額負擔。目前，台北市為所有縣（市）中的補助最高，包括有身心障礙者津貼、低收入戶身心障礙者生活補助，以及發展遲緩兒童療育補助，補助方式以現金補助，只是補助金額有所得限制，而非普及性的補助。

(二)低收入戶兒童之家庭補助

　　我國社會救助法第16條規定：各級政府得視實際需要及財力，對低收入戶提供特殊項目救助及服務，包括產婦及嬰兒營養補助、托兒補助、教育補助、生育補助及其他必要之救助及服務。我國現行低收入戶的生活補助只針對家庭成員的生活費用所提供之扶助，而不是針對兒童的消費支出而設計的措施，有別於工業先進國家的兒童津貼制度。

(三)家庭產生危機之家庭補助

　　我國兒童少年福利法第19條規定：直轄市、縣（市）政府，應辦理兒童福利措施，包括有第5款：對於無力撫育其未滿12歲之子女或被監護人者，予以家庭生活扶助或醫療補助；第6款：對於無謀生能力或在學之少年，無扶養義務人或扶養義務人無力維持其生活者，予以生活扶助或醫療補助；第7款：早產生、重病兒童及少年與發展遲緩兒童之扶養義務人無力支付醫療費用之補助；第10款：對於未婚懷孕或分娩而遭遇困境之婦嬰，予以適當的安置及協助。台北市目前有針對收容安置兒童、危機家庭兒童在接受托育服務時會發放托育補助。

(四)特殊境遇婦女之家庭補助

　　我國二○○○年五月二十四日頒布的特殊境遇婦女家庭扶助第2條規

定：特殊境遇婦女家庭扶助，包括子女生活津貼、子女教育補助、兒童托育津貼。此種補助有所得限制，規定全家人口平均分配所得不得超過最低生活費用的2.5倍，且未超過台灣地區平均每人每月消費支出的1.5倍。自二○○一年七月至二○○三年九月約有223,000餘人以申請補助經費約620,337,000元（內政部，2004）。

(五)特定人口群之家庭補助

目前全台灣5～6歲的兒童新讀立案之私立托兒所、兒童托育中心、公立幼稚園皆有每年10,000元（半年5,000元）的托育補助；3歲以下兒童提供醫療補助。台北市對收容安置兒童、危機家庭兒童及原住民兒童接受托育服務發給托育補助。此外，兒童少年福利法第35條也規定保案個案也有醫療費用補助及法律訴訟費用補助。

上述之補助仍以現金補助為主，不過有些縣市也提供類似美國WIC方案般，對於低收入戶的孕、產婦及嬰幼兒提供奶粉、綜合維生素等營養品。台灣在家庭經濟補助方案應朝下列方向努力：(1)區分有關兒童補助與津貼，將具備低收入及中低收入條件者一律稱為補助，其餘稱為津貼，以免混淆不清；(2)將一部分縣（市）已實施的普及性兒童津貼，由政府寬籌經費全面推廣，以免造成居所不同而有不同待遇，也讓全國兒童享有平等機會；(3)由政府及早規劃結合社會保險、社會救助及兒童津貼，建立兒童經濟安全制度（economic security system for children）（蔡宏昭，2002）。

本章小結

本章探討的內容為補充性的兒童福利服務，其主要之目的在彌補家庭對其子女照顧之不足或不適當的情況下，給予家庭系統之外的福利服務。綜觀現今的社會，由於面臨整體社會環境的變遷，包括：人口及家庭結構的轉變（如雙薪家庭及單親家庭數量的增加、家庭核心化）、鄰里力量削減、婦女因經濟因素的刺激外出工作的比率增加等等變化，加上兒童照顧之政策也尚未全面普及。整體而言，台灣現階段兒童照顧政策仍是殘補的

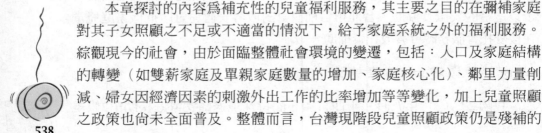

提供弱勢兒童，趨向社會救助的補助方式，使得家庭照顧兒童的負擔愈來愈沉重，而受到最直接影響的即是家庭中的兒童及父母。

　　本章亦針對補充性兒童福利的具體措施內容作說明，包括：托育服務、居家照顧服務、家庭經濟補助等內容。在托育服務的部分除了將台灣托育服務的執行現況作說明，並且將發展先進國家及福利先進國家之托育服務之狀況及實施內容供作參考。另外，在居家照顧服務的部分對於其沿革、適用之對象及內容一一說明，台灣目前的居家照顧服務是由政府結合民間的力量共同來辦理，工作人員皆需接受專業之訓練。為了彌補家庭對子女照顧功能之不足及降低問題發生的可能性，居家照顧服務是未來勢必發展的趨勢。至於家庭經濟補助的部分分別就兒童之經濟風險、我國現今之經濟安全制度及家庭經濟補助之現況作了詳細的說明。

　　檢視台灣目前對於兒童及少年福利政策的實施是否真正落實，兒童及少年的權益是否受到正視及保護，相關福利政策之制定應以此為重點，才能使兒童及少年的需求能獲得真正的滿足。

參考書目

一、中文部分

內政部（1993）。《中華民國八十一年台灣地區兒童生活狀況調查報告》。台北：內政部。

內政部（1997）。《中華民國台灣地區兒童生活狀況調查報告》。台北：內政部。

內政部統計處（1992）。《民國八十年兒童生活狀況調查報告》。台北：內政部。

內政部（2004）。《中華民國九十二年社政年報》台北：內政部。

內政部兒童局（2001）。《中華民國九十年台閩地區兒童生活狀況調查報告》。台中：內政部兒童局

王方（2002）。福利津貼的社會背景：對兒童津貼發展的省思。輯於中國文化大學社會福利學系（主編），《當代台灣地區青少年兒童福利展望》。台北：揚智文化。

王正（2003）。經濟發展與社會福利——新力量與舊價值的困境。《社區發展季刊》，

102，21-32。

王明仁（2000）。《中華兒童暨家庭扶助基金會五十年推展兒童福利服務回顧與展望》（頁2-9）。新世紀國際兒童福利政策與實務研討會論文集。台中：內政部兒童局。

王麗容（1994）。邁向二十一世紀社會福利之規劃與整合——婦女福利需求評估報告（頁63）。台北內政部委託研究。

王麗容、翁毓秀（2000）。《推動社會福利社區化實務工作手冊——兒童、少年及婦女福利服務社區化篇》。南投：中華民國社會政策學會。

林勝義（2002）。《兒童福利》。台北五南圖書公司。

周震歐（1997）。家務員服務。輯於周震歐（主編），《兒童福利》。台北：巨流圖書公司。

邱貴玲（2003）。托育服務的國際觀：從丹麥經驗談起。《社區發展季刊》，101，266-275。

俞筱鈞、郭靜晃（1996）。《學齡前兒童托育服務之研究》。行政院研考會委託專案。

馮燕（1993）。《台北市未立案托兒所課後托育中心全面清查計畫報告書》。台北市政府社會局委託研究。

馮燕（1995）。《托育服務：生態觀點的分析》。台北：巨流圖書公司。

馮燕（1999）。新世紀兒童福利的願景與新作法。《社區發展季刊》，88，104-117。

馮燕、薛承泰（1998）。《建立完整托育福利服務網絡之研究》。內政部社會司委託研究。

劉邦富（1999）。迎接千禧年兒童福利之展望。《社區發展季刊》，88，97-103。

蔡宏昭（2002）。兒童經濟照顧政策。輯於中國文化大學社會福利學系（主編），《當代台灣地區青少年兒童福利展望》。台北：揚智文化。

二、英文部分

Balleyguier, G. (1991). French research on day care. In E. C. Melhuish, & P. Moss (Eds.). *Day care for young children: International perspectives*. pp. 27-45.

Broberg, A. & Hwang, C. P. (1991). Day care for young children in Sweden. In E. C. Melhuish, & P. Moss (Eds.). *Day care for young children: International perspectives*. pp.75-101.

Brown, S. E., Whitehead, K. R., Braswell, M. C. (1981). Child maltreatment: An empirical examination of selected conventional hypotheses. *Youth and Society,* 13, 77-90.

Hayes, C. D., Palmer, J. L., Zaslow, M., & National Research Council Panel on Child Care Policy (1990). *Who care for American children? Child Care Policy for the 1990's.*

Washington DC: National Academy of Science Press.

Hwang, C. P. & Broberg, A. & Lamb, M. E. (1991). Swedish childcare research. In E. C. Melhuish, & P. Moss (Eds.). *Day care for young children: International perspectives*. pp. 102-120.

Howes, C. (1991). Caregiving environments and their consequences for children: The experience in the United States. In E. C. Melhuish, & P. Moss (Eds.). *Day care for young children: International perspectives*. pp.185-199.

Kadushin, A., & Martin, J. A. (1988). *Child welfare services*. New York: McMillan Publishing Co., Inc.

Kagan, S. L. (1989). The care and education of America's young children: At the brink of a paradigm shift? In F. J., Macchiarola & A. Gartner (eds.). *Caring for America's children*. New York: The Academy of Political Science.

Kahn, A. J., & Kamerman S. B. (1987). *Child care: Facing the hard choices*. Dover: Auburn House Publishing.

Kamerman, S. B. & Kahn, A. J. (Eds.). (1991). *Child care, parental leave, and the under 3S: Policy innovation on Europe*. New York: Auburn House.

Leprince, F. (1991). Day care for young children in France. In E. C. Melhuish, & P. Moss (Eds.). *Day care for young children: International perspectives*. pp. 10-26.

Melhuish, E. C. (1991). Research on day care for young children in the United States. In E. C. Melhuish, & P. Moss (Eds.). *Day care for young children: International perspectives*. pp. 142-160.

Moss, P. (1991). Day care for young children in the United Kingdom. In E. C. Melhuish, & P. Moss (Eds.). *Day care for young children: International perspectives*. pp.121-141.

Pampel, F. C. & Adams, P. (1992). *The effects of demographic change and political structure on family allowance expenditures*.

Pecora, P., Whittaker, J., Maluccio, A., Barth, R., & Plotnick, R. (1992). *The child welfare challenge: Policy, practice, and research*. New York: Walter de Gruyter.

Phillips, D.(1991). Day care for young children in the United States. In E. C. Melhuish, & P. Moss (Eds.). *Day care for young children: International perspectives*. pp. 161-184.

Weigl, I. & Weber, C. (1991). Day care for young children in the German Democratic Republic. In E. C. Melhuish, & P. Moss (Eds.). *Day care for young children: International perspectives*. pp. 46-55.

Weigl, I. & Weber, C. (1991). Research in the nurseries in the German Democratic Republic.

In E. C. Melhuish, & P. Moss (Eds.). *Day care for young children: International perspectives*. pp. 56-74.

三、日文部分

日本家政學會家庭經濟學部會編（1997）。《21世紀の社會經濟と生活保障》（頁148）。建帛社。

社會保障研究所編（1995）。《瑞典的社會保障》（頁190）。東大出版社。

厚生省兒童家庭局編集（1993）。兒童福祉六法平成6年版。

福祉士要請講座編集委員會編集（1992）。改訂 社會福祉士要請講座4。

勞働省婦人局編集（1993）働 女性 實情。

總理府編集（1991）。婦女施策 指針。

總理府編集（1994）。女性 現狀 施策。

日本婦人團體連合會編集（1993）。婦女白書。

一番 瀨康子 編集（1992）。別冊。

厚生統計會編集（1992）。國民 福祉 動向。

Chapter11

第十一章

替代性的兒童福利服務

　　替代性的兒童福利服務是兒童福利的第三道，也是最後一道防線，更是公共兒童福利服務花費最多的時間與金錢資源，目的在針對兒童個人之實際需求，提供一部分或全部替代家庭照顧的功能。換言之，當子女陷於非常危險的境地，需要短暫或永久的解除親子關係，而提供家外安置（out-of-home placements），始能維護兒童少年之權益，安置時間的長短要以「兒童及少年最佳利益」為考量。本章將介紹替代性兒童福利服務之主要措施與內容，包括：寄養服務、收養服務、機構安置與教養服務，以及兒童保護服務（可參考第十二章）。

第一節　寄養服務

一、寄養服務之意義與目的

　　寄養服務（foster care），簡稱寄養或托養，一直是在哲學思考上被用於幫助兒童的主要方式之一。早期在美國或歐洲，有一些孤兒及棄兒被放置在城市的火車上或被送到農村當作童工或被農家所收養，因此，寄養服務遂成為最早的公共兒童服務。雖然家外安置在一九○○年代時較偏向機構安置，尤其英國於一九四八年所通過的「兒童法」（Children Act of 1948），除了直接廢除了以往的「濟貧法」之外，該項法案也是對於弱勢兒童所提供福利服務模式的分水嶺，亦即，不再提倡公共照顧性質的替代性服務，而是藉由各項的福利措施來幫助這些弱勢家庭，藉此預防兒童不幸遭遇的發生（Colton, Drury & Williams., 1995）；連帶地，一九五九年聯合國所通過的「兒童權利宣言」（Children Right's Declaration），提出了有關兒童福利的十大原則，這其中與育幼服務相關的宣示指出除了特殊情形外，不應讓幼童與其母親分離，而社會及政府當局對無於家庭或未獲適當贍養之兒童，亦負有特別照料的責任（周建卿編著，1992）。而美國自一九六○年代以來，因離婚率增加而迫使兒童待在單親家庭的情境中，兒童時期才被當時社會大眾所重視，也導致兒童福利及兒童發展專業強調將孩子安置在家

庭環境中，寄養服務應運而生。Terpsta（1992）估計自六○年代之後，寄養家庭的需求與日俱增，近年來雖有減少之趨勢；不過，美國每年約有500,000萬名兒童被安置在寄養家庭。自一九八○年代之後，美國福利改革由於不滿兒童被安置到寄養家庭並非有其必要性，而且大多數來自少數種族、貧窮與單親家庭，以及兒童常被安置於不穩定或非必要的限制環境中，也導致八○年代之後，兒童福利服務採用家庭維存（繫）服務及以家庭爲中心之增強服務（請參閱**專欄**11-1）。

11-1 兒童寄養服務之另類思考——
家庭維繫服務及家庭重聚服務模式之探究

一、前言

　　家庭是兒童最初社會化場所，也是孕育兒童成長的天地，每一個人皆希望在其原生家庭中接受父母保護照顧與教育，以獲致最佳的身心成長與發展。美國在一九○九年第一次白宮會議中亦明白指出：「家庭是兒童成長最佳場所，非不得已，不得剝奪兒童在家庭環境下成長的權利。」（引自翁慧圓，1988）。

　　近年來，報章雜誌聳動的標題，電視公益廣告中所刊登有關兒童綁架、虐待、強暴、猥褻、兒童或青少年自殺、兒童適應不良、食物中毒、乞丐兒、深夜賣花兒、色情傳播等侵害兒童身心的事件，甚至於有通報孩童遭受凌虐致死，實在令人觸目驚心。雖然我國經濟成長，兒童在物質上的生活條件並不匱乏，但隨之而來的是，社會忽視了兒童的權利，傷害兒童身心安全的危機，以及不利兒童健全成長的誘因潛伏於生活環境中，在號稱「兒童是家庭珍寶」的現代社會中，實在是一大諷刺（郭靜晃，1996）。

　　由於社會的快速變遷，家庭型態產生很大的變化，單親、核心及雙生家庭的產生日益增加，對於傳統家庭在教育功能上造成很大的衝擊及影響。除此之外，有些家庭對兒童的教養方式抱持著「父母權威」、「不打不成器」、「棒下出孝子」、「管教子女是自家事」的觀念，更增加兒童保護的困難。因此，無論是傳統貧窮失依兒童的長期安置、受虐兒童、家庭遭逢危機（例如，九二一地震的失依兒童、經濟不景氣父母遺棄孩子）等事件產生新的緊急短期安置問題紛沓而來，這些皆凸顯了兒童安置問題需求的急迫性。

在兒童的安置方面（placement）方面，家庭被認為是孩子最佳的成長環境，為了使兒童不因家庭問題而喪失享有家庭溫暖的權利，各國推展家庭寄養服務方案（foster family care），其需求也一直逐年上升，以便需要安置的兒童能繼續提供完整的家庭生活經驗，並促進兒童身心之正常發展。我國兒童安置在寄養服務中，其原因也因社會變遷而有明顯的改變，早期以兒童貧苦失依為主要之寄養原因，到目前已發展為50%的寄養兒童因虐待或嚴重疏忽而被安置。

為落實「兒童福利法」和「兒童及少年性交易防治條例」的立法目的，政府與民間團體在提供諸如：初級預防性質的諮詢服務、親職教育、社會宣導和家庭支持；以及次級預防性質的責任通報、醫療處遇、臨床治療、緊急安置、學校社工、輔導轉介、寄養家庭服務、收領養服務和就業輔導……等各項有關兒童保護、安置的福利措施，對於兒童及少年個人的人身安全權益是有其一定程度的保障效果。目前，台灣地區在兒童保護措施的提供，基本上有通報調查、機構收容安置、寄養家庭服務及領養服務。有關寄養家庭服務，主要是依據一九九三年所公布兒童福利法第15～17條：

第15條　兒童有下列各款情形之一，非立即給予緊急保護、安置或為其他處分，其生命、身體或自由有明顯而立即之危險者，應予緊急保護、安置或為其他必要之處分：

一、兒童未受適當之養育或照顧。
二、兒童有立即接受診治之必要，但未就醫者。
三、兒童遭遺棄、虐待、押賣，或被強迫或引誘從事不正當之行為或工作者。
四、兒童遭受其他迫害，非立即安置難以有效保護者。

主管機關緊急安置兒童遭遇困難時，得請求檢察官或警方協助之。

安置期間，主管機關或受主管機關委任安置之機構在保護安置兒童之範圍內，代行原親權人或監護人之親權或監護權。主管機關或受主管委任之安置機構，經法院裁定繼續安置者，應選任其成員一人執行監護事務，並向法院陳報。

前項負責執行監護事務之人，應負與親權人相同之注意義務，並應按個案進展做成報告備查。

安置期間，非為貫徹保護兒童之目的：不得使兒童接受訪談、偵訊或身體檢查。

安置期間，兒童之原監護人、親友、師長經主管機關許可，得依其指示時

間、地點、方式探視兒童。不遵守者，主管機關得撤銷其許可。

　　安置之原因消滅時，主管機關或原監護人，得向法院聲請裁定停止安置，使兒童返其家庭。

　第16條　依前條規定保護安置時，應即通知當地地方法院。保護安置不得超過七十二小時，非七十二小時以上之安置不足以保護兒童者，得聲請法院裁定繼續安置。繼續安置以三個月為限，必要時，法院得裁定延長一次。

　　　　　對於前項裁定有不服者，得於裁定送達後五日內提起抗告。對於抗告法院之裁定不得再抗告。抗告期間，原安置機關得繼續安置。

　第17條　兒童因家庭發生重大變故，致無法正常生活於其家庭者，其父母、養父母、監護人、利害關係人或兒童福利機構，得申請當地主管機關安置或輔助。

　　　　　第15條及前項兒童之安置，當地主管機關得辦理家庭寄養或交付適當之兒童福利機構收容教養之。受寄養之家庭及收容機構，應提供必要之服務，並得向撫養義務人酌收安置兒童所需之生活費、衛生保健費及其他與寄養或收容有關之費用；其收費規定，由直轄市、縣（市）主管機關定之。

　　　　　第1項之家庭情況改善或主管機關認定第15條第1項各款情事已不存在或法院裁定停止安置者，被安置之兒童仍得返回其家庭。

　　此外，有關寄養服務之辦理，我國兒童福利法及少年福利法，均明定兒童少年因家庭發生重大變數或需適當保護安置時，當地主管機關得辦理家庭寄養或設置機構收容教養之（內政部，1983；內政部，1989）。兒童福利法及少年福利法施行細則也均明定安置兒童應循下列順序為之：(一)寄養於合適之親屬家庭；(二)寄養於已登記合格之寄養家庭；(三)收容於經政府核准立案寄養之兒童教養機構（內政部，1994）。少年福利法施行細則第4條對少年安置之順序亦有相同之規定（內政部，1990）。從上述的法規可見於兒童或少年在不幸遭遇需要安置的考量，以家庭寄養為優先考量。

　　寄養服務，依美國兒童福利聯盟（Child Welfare League of America）（1959）定義為：「寄養服務是一種兒童福利服務，為兒童親生家庭暫時或長期無法提供兒童所需的服務，同時親生父母不希望兒童被領養時，所提供兒童一個有計畫、有時間限制的替代性家庭的照顧。」Downs、Costin 與 McFadden（1996）提出寄養服務具有以下幾項特質：(一)寄養服務是由公立或志願性的社會福利機構所提

供；(二)當父母不適任或無力撫育兒童時，由社區代替照顧兒童日常生活的責任；(三)寄養服務是二十四小時全天照顧，兒童必須離開自己的家庭；(四)寄養服務又稱家庭外照顧（out-of-home care），可安置於寄養家庭、治療性寄養家庭、小型團體之家或大型的照顧機構；(五)寄養服務是暫時性的安置，最終的目的是兒童能夠回到自己的家庭，或被領養，或達到法定年齡後終止安置（楊葆茨，1998）。

家庭寄養服務僅是寄養服務中的一部分，專指「家庭式」的寄養服務。社會工作辭典指出：「一些不能與自己親生父母住在一起的兒童，或無親屬可以依靠的孤兒，或不知父母為何人的棄童，或因父母患病、入獄而無人照顧兒童，甚至或因留在父母身旁直接受到不良影響而不得不離開家長的兒童，可以將之安置在適當的家庭中，此種方式的寄養，稱為家庭寄養。」（蔡漢賢，1992）。

丁碧雲（1985）在其所撰《兒童福利通論》一書中，提及寄養家庭主要的哲學意義，是在安置某些兒童為其生活保障上求取安全，在社會情緒上求取適應，為一些不可能與其親生父母暫時生活在一起的兒童予以安置，更重要的，當兒童安置在寄養期間，他自己的家庭可以準備改變、復原或改善，以便兒童回家時可更妥善的與他的家庭建立較好的親子關係。

何素秋（1999）更綜合專家學者的定義，及少年家庭寄養辦法，提出家庭寄養服務應具備六個特質：(一)家庭寄養服務是一種專業性及社會性的兒童福利工作；(二)家庭寄養服務是有計畫的；(三)家庭寄養服務是暫時性的服務工作；(四)家庭寄養服務必須在兒童無法在家庭中獲得充分照顧時才提供服務；(五)家庭寄養服務不是僅提供物質上的照顧；及(六)寄養兒童並不是服務中的唯一對象。

綜合上述，由於社會變遷造成家庭功能瓦解和家庭破碎，便需要保護安置的兒童日益增加。而從兒童的最佳利益來著想，兒童最好能待在原生家庭，萬一不能達成上述理想時，家庭寄養遂可以成為一種暫時性替代兒童親生家庭功能的服務。寄養家庭服務是在兒童福利服務在支持與補充父母角色功能不能滿足之後，以及不能將兒童留在家中照顧時，才考慮使用的替代父母親角色功能的福利服務（Kadushin & Martin, 1988）。

我國寄養家庭服務更是由中華兒童福利基金會早在一九八一年主動提出，目前除了台北市委託台灣世界展望會外，其他縣市均為透過購買服務合約（POSC）的方式委託中華兒童福利基金會。而寄養家庭服務計畫自一九八〇年七月至一九八三年六月止試辦三年，試辦期間績效良好，於同年（一九八三年）七月開始正式辦理，至一九八九年度止，經安置之兒童有1,135人，其中已終止寄養者927人

（台灣省社會處，1991），之後北高兩市亦陸續開辦。截至一九九三年底為止，我國寄養家庭數為251家，其中台灣省195家，台北市27家，高雄市29家，被寄養兒童的人數為451人，其中台灣省355人，台北市47人，高雄市49人（內政部統計處，1994）。而到了一九九八年保護個案共安置了4,841位的兒童及青少年，較一九九七年度增加35.07%，而暫時性的寄養安置也增加26.92%；相對於在一九九九年度之上半年度，家庭寄養的人數就比一九九八年整年度增加109人（15.9%），可見，這幾年來，寄養家庭之兒童人數節節上升（參考**表**11-1）。

　　由於國人觀念不如西方常考慮兒童需要替代性服務，會優先考慮給予家庭寄養安置，加上宣導之工作不足，目前仍無法普遍實施此種暫時性的處遇安置。暫

表11-1　兒童安置服務概況

年（月）底別	兒童安置服務種類										
	托兒所			育幼院		兒童福利服務中心（處）	家庭寄養		受理兒童保護服務案件開案件數			
	所數	收托人數（人）	保育人員數（人）	所數	收容人數（人）		家庭數	被寄養兒童人數	計	遺棄	身心虐待	其他
1992年	3,742	231,858		41	2,618	2						
1993年	3,664	229,781		39	2,656	19	251	451				
1994年	3,650	233,780		41	2,547	14	671	1,101	2,528	193	1,044	1,291
1995年	3,288	223,353		39	2,441	17	311	474	3,045	200	1,235	1,610
1996年	2,222	234,967	14,038	41	2,462	15	389	598	4,274	255	1,749	2,270
1997年	2,304	246,418	14,860	43	2,481	10	446	675	4,273	254	1,649	2,370
1998年	2,449	248,517	16,582	41	2,454	17	466	687	4,871	283	1,858	2,730
1999年6月	2,515	261,106	13,478	41	2,575	18	571	796	1,793	116	685	992

資料來源：內政部社會司、直轄市及縣（市）政府。

說明：1.本表福利服務1995年以前資料不含福建省。

　　　 2.本表受理兒童保護服務案件開案件數為全年度，1999年為1～6月合計數。

時性的安置，將受虐兒童安置於寄養家庭、收容之家或團體之家，皆不是一前瞻性且符合兒童應在親生家庭成長的最佳利益的方案。由於兒童不斷進出寄養照顧的「流盪現象」（drift），以及孩子需要與父母能維持一個合適的聯結或情緒聯結（parental bond or emotional bond），此類的處遇幾乎針對施虐父母，而不是以受虐兒為焦點（focus），而兒童在此類的安置不見得獲其利，反蒙其害。兒童保護服務之目標宜建立在對兒童及其家庭的照顧。而涉案的家庭所需要的服務範圍很廣且具多元性，例如，臨床治療到實質具體的日托、醫療、就業輔導，甚至到反貧窮、反色情等社區方案，也就是社會福利社區化的具體精神；換言之，這也是預防性及主導性的兒童福利服務，此種服務包括強化親子關係的家庭取向的育兒、提供親職教育、消除貧窮及其他環境壓力、降低暴力及體罰文化之增強等（余漢儀，1995）。

從上述台灣近年來兒童保護現況中，吾人可發現政府對於民間團體及社會對兒保要求之回應也相當多且態度也由保守轉向積極。就我國青少年兒童保護服務現況來看，若案情不嚴重，只提供支持性服務，其次為暫時性寄養（但寄養時間及持續性與否不得而知），至於較嚴重之案例才有採取機構式長期安置。據此觀之，青少年兒童保護可以包含家內性質和家外性質之安置模式是同時並存，但到底哪一種安置模式是符合兒童之最佳利益──家庭內或家庭外之安置模式，以兒童福利觀點之家庭寄養服務，家庭寄養是暫時性的兒童福利的替代性服務，而且不是僅以兒童為唯一對象，而且也要要求寄養父母有解決兒童生活適應上之困難，提升養父母之能力（Kadushin & Martin, 1988）。同時，從家庭社工處遇觀點更要積極性提升兒童親生家庭解決危機的能力，提升教養功能，才能發展對兒童長期計畫策略，以達成家庭重建（home builder）的功能，完成寄養兒童返回親生家庭的目標（Whittaker, Kinney, Tracy & Booth, 1990）。從預防、主導性及符合兒童最佳利益之觀點，在原生家庭內安置以及支持性輔助完整家庭之價值思維下，家庭重聚服務（family reunification services）及家庭維繫服務（family preservation services）之長期規劃的保護方案在我國安置服務是罕見，但在國外卻已普遍使用，自然是未來執行兒少保服務之安置中優先考量。

二、家庭維繫服務與家庭重聚服務

在兒童福利領域中，需要寄養安置服務的家庭，長久以來一直是受關切的。傳統上，這些需要被安置的家庭，長久以來一直是受到關切的，而寄養服務並不完全是解決其家庭問題的萬靈丹；寄養安置服務被視為是問題家庭的替代方案。

從兒童最佳利益為考量，考慮父母的危機處理也是一個安置服務另一種決策考量，可以成為優先於家庭外安置服務或是兒童家庭外安置期間的處遇過程（Whittaker, 1979）。然而，重新強調「永久性」的結果，卻使得兒童福利服務歷經了從強調兒童家庭外安置移轉至強調對家庭的支持（Stechno, 1986）。這些轉變已經對整個兒童福利服務的連續性產生了影響，也證實寄養安置服務和居家服務不再是彼此相互排斥（Small & Whittaker, 1979）。

為消除一九七〇年代孩童不斷進出寄養照護的「流盪現象」，美國政府於一九八〇年通過「領養協助暨兒童福利法案」（the Adoption Assistance and Child Welfare Act, PL 96-272），透過聯邦政府提供州政府領養津貼補助及各類預防方案預算等誘因來協助寄養安置的孩童與原生家庭重聚（reunification）。早期的「家庭重聚」即指將在寄養照顧的孩童接回與其原生父母住，但因體認到並非每個父母都能就近照顧其孩童，因此「家庭重聚」應定義為：使已家外安置（out-of-home placement）的孩童重新與其原生家庭聯絡，協助他們能達到或維持一個最適合的聯結程度（Maluccio, Warsh & Pine, 1993）。

永久性的安置計畫係指那些被用來執行以確保對兒童持續照顧的工作，無論是家庭凝聚、重整或是為兒童尋找永久的家（Maluccio, Fein & Olmstead, 1986），故強化父母教養孩童的知識、技能以及資源就變成是極重要的焦點。在八〇年代之後，美國一些社福機構及各州社政部門設計用來強化家庭和避免兒童在家庭外之寄養安置服務的服務也就應運而生。所以說來，支持性家庭服務也就成為在寄養家庭之後的一種兒童福利輸送服務計畫之要素之一（Whittaker & Maluccio, 1988）。Whittaker, Kinney, Tracy 與 Booth（1990）在《社會人群服務之積極性家庭維繫服務》一書（*Reaching high-risk families-Intensive family preservation in human services*）將積極性家庭維繫服務（intensive family preservation services, IFPS）定義為：「一個特定時間內進行密集性的服務，主要在案家進行服務輸送。」家庭維繫服務是以家庭為中心的社會服務（family-based human services）（Hutchinson, 1983; Bryce & Lloyd, 1981; Lloyd & Bryce, 1984），但通常也是在較短時間內提供家庭較為密集性的服務。IFPS之主要目標為：(1)保護兒童；(2)維繫和增強家庭連帶（family bond）關係；(3)穩定危機情況；(4)增加家庭成員的技巧和能力；(5)促進家庭使用各種正式與非正式的輔助資源。IFPS所強調的目的不在「治療」家庭，而是在有限制的時間下，提供家庭密集性支持服務，幫助提升家庭解決危機的能力，並增加從家庭社會工作及服務中獲得利益，強化家庭功能，以減少家庭的孤立。

在美國，另由Kinney等人提出家庭重建模式（home builder model），其主要目的是採取密集性居家的家庭危機處遇與教育的方案，用來避免各州所設置家庭外之寄養照顧、團體照顧、精神醫療或是矯治機構，以減少非必要的家庭外的寄養安置。有關許多家庭必須處於接受寄養家庭的迫切危機中，有關被處遇接受寄養家庭安置之問題，包括有兒童虐待、疏忽、其他家庭暴力、涉及兒童少年犯罪、身心發展遲緩，以及兒童或父母之心理疾病。

儘管家庭維繫方案及家庭重建服務這兩種方案之間有所差異，但仍有共同的特質。有些反映了服務輸送的特色，有些則反映了在這服務類型下其獨特工作人員的態度與價值。家庭重建者和其他家庭維繫服務（FPS）方案共同的要素包括：

1. 僅接受處於緊急安置危機中的家庭。
2. 服務是危機導向的，接受方案執行之後，家庭功能得以再發揮。
3. 社工人員可以隨時給予幫助，並維持一週七日的彈性時間。如家庭重建服務之社工人員將他們的居家電話提供給需要協助的家庭。
4. 接案與評估的過程需確保沒有兒童是處於危險中的。
5. 縱使個人的問題會出現，但家庭維繫服務所關注的是以家庭為單位，而非視父母或是兒童為問題的個體。
6. 社工人員進行家訪時，要在方便該家庭生活作息下進行經常性的訪視。許多的服務也可以在學校或是鄰近的社區設立。
7. 服務取向包含教導家庭成員的技巧，幫助家庭獲得必要的資源與服務，以及建立提升家庭功能的諮商。
8. 服務的基礎通常是在於辨別家庭的需求，而非解決家庭成員的問題。
9. 每一個社工人員在任何的時間是擔負著較小的工作量。在家庭重建者模式中雖為有團隊支持下的個人運作，但在同一時間內仍以兩個家庭的工作量為限。
10. 方案所限制介入家庭的時間為一短暫時間，典型是一至五個月。家庭重建者模式通常介入家庭是超過四至六個星期的時間。

簡言之，積極性維繫方案的服務輸送特色預設了家庭服務，在有限的時間內保持密集性的服務，並增加家庭從服務中獲益的可能性。IFPS提供整體性的服務來處理家庭危機，強化家庭功能，並符合具體和臨床的服務需求，以及減少家庭的孤立。多數IFPS的運作來自於家庭的支持以及包括使用擴大家庭、社區以及鄰居等資源（Lloyd & Bryce, 1984）。

三、家庭維繫服務之概念內涵

家庭維繫服務以提供支持給父母，其想法不全然是新的，但是這是一九八〇以來美國兒童福利服務的趨勢，並且也持續擴大成為一種福利服務體系與脈絡，其內涵有四：

(一)理論的觀點

兒童對於連續性與穩定性的需求，以及保護免從不必要的國家干預親子連帶關係需求已經重新浮現（Goldstein, Freud & Solnit, 1973）。在美國社會中，家庭的完整性以及親子依附的優先性為最主要的價值觀。家庭維繫方案與此觀點相當一致，因為這些服務的主要目的正在於避免不必要的寄養安置以及增加兒童留在家庭中的安全性。

(二)兒童福利改革

在一九六〇及一九七〇年代，在兒童福利服務的安置過程中最常見的批評有：(1)由於缺乏替代方案，兒童經常自家庭中移出並非有其必要性，而且常常是因為怠忽所致；(2)來自少數民族、貧窮與單親的孩童在寄養照顧中被過度突顯；(3)兒童常被安置在不穩定或非必要的限制環境中；(4)無盡力維持原生雙親或是促進親子的重聚（Knitzer, Allen & McGrown, 1978; Mass & Engler, 1959; Shyne & Schroeder, 1978）。在許多案例中也發現，即使兒童已回到原生家庭，其家庭對之前所提供的服務仍有持續性的需求。建基於此，家庭維繫服務所強調的即是：「如果可以及早提供，且提供更多的積極的密集性服務時，就能幫助更多的兒童留在原生家庭中。」在一九八〇年的寄養協助和兒童福利行動所通過的PL96-272法案即增加了家庭維繫能力的新動力。該法案強調「合理性的努力」（reasonable efforts）以防止家庭的崩解，並重組家庭以及增加兒童處於原生家庭的永久環境。

(三)經濟因素

以家庭本位為服務的國家資源中心（The National Resource Center on Family-Based Service, 1983）曾估計，介入家庭方案的總成本並不會超過一個寄養安置機構的花費。然而在IFPS的成本似乎是高於傳統個案工作的方法，但是每一個兒童所節省的花費卻是可觀的，甚至在未來有更多的兒童可以避免需要家庭外的照顧，例

如，華盛頓州的家庭重建者和奧勒岡州的密集性家庭服務等獨立方案的報告中指出，每一個兒童離開安置機構三個月可以節省下大約2,500美元，甚至更多。

四、服務效益

早期計畫的初期結果，如St. Paul家庭中心的方案，是增加對以家庭為基礎的防治處遇的熱忱。早期永久性的計畫也增加我們為兒童創造與維持永久家庭的信心，如Oregon和Alameda的計畫。它估計全國中有70％至90％的兒童接受了以家庭為基礎的照顧方案者能增加留在家中（National Resource Center on Family-Based Services, 1983）。個別的家庭維繫方案，如家庭重建者方案、Oregon強化家庭服務、Utah的家庭保護方案，以及Florida的危機諮商方案，則有更高的比例。

簡言之，家庭維繫方案與時下兒童福利服務的趨勢是相吻合的，例如，兒童對於永久性家庭的渴望、最小限制機構的使用、生態學的觀點、養育照顧的改革，以及經費的限制。此外，也因為法律上的命令，使得這些再預防性服務的興起以及以家庭為基礎服務的發展得以實現。

四、結論

健全的兒童是明日社會的動力，兒童福利的健全發展可以增進人類的幸福，減少社會變遷所產生的困擾，為兒童營造一個健全安定的成長環境是政府與社會大眾無可推諉的責任。從社會工作專業服務的角度來看時，係指經社區認可，針對兒童的問題及需求提供服務，以利於兒童的成長，而家庭是兒童最關鍵的環境，他們是透過家庭而獲得滿足。準此，寄養服務之政策內涵應反映現今社會價值及對家庭的定位，而在探討寄養家庭的同時，當然也必須關注兒童成長所在的家庭，此外，寄養服務之界定也回應政府與家庭對兒童照顧之權利義務之消長。兒童照顧已不再是單純的人道主義問題，至少目前世界潮流對兒童福利努力的目標，已不只是消極性地針對需要特別救濟和特別保護的不幸兒童，而是更進一步地積極針對每個兒童權益的保護，包括兒童的教育、衛生、社會各方面的福利事業。

然而，台灣的兒童福利環境正迅速地變成一項持續性的危機，許多地區已持續地發生有關兒童虐待、忽視，以及家庭內衝突案件，這些皆已超過公共部門保護兒童免於受到侵犯和傷害的能力。同樣令人擔心的是部分安置機構的不良品質、過於擁擠的團體照顧設備及訓練不足的寄養家庭，這些都是當前危機的特

徵。同時，由於近年來的經濟不景氣，有愈來愈多家庭受到貧窮、歧視、家庭結構改變與其他因素的影響，更增加了父母在角色扮演上的不適任危機。另一方面，青少年的提前生育、單親家庭的增加及雙生涯家庭的產生等，間接減少了年輕父母來自非正式或擴大家庭的可能支持，這種種皆造成了更多的危機家庭缺乏堅毅面對問題及處理壓力的能力。為了對抗這個危機，本文建議應透過如家庭維繫的方案干預介入之系統性擴張來改善問題與困境。基本上，家庭維繫意味了對家庭處於危機中給予密集專業協助的構想，以為了恢復適當家庭功能為目的，以及因而轉移兒童被帶離原生家庭的需求，包括：主動地協助促成家庭壓力的實務問題的解決；引導父母管教子女的技巧與家庭內衝突的解決；監督處於危機中的家庭成員，以及發展對參與家庭之正式與非正式支持系統的連結。

　　家庭維繫與家庭重建服務模式可以預防目前將兒童放置在寄養安置情境的事實，亦即使它變成現有系統改變的工具，期望透過特定性的方案干預以作為有效控制花費及避免不必要的寄養安置措施。簡言之，積極性家庭維繫服務是值得嘗試的服務策略，它能有效預防兒童和家庭的疏離，藉由「家庭重建者」將家庭視為整體，尋找並提出原生家庭的需求和問題，以強化高風險家庭的調解方式，組織父母管理家庭技巧的方式，藉以減少家庭衝突，增強身陷多重困難的父母處理家中極度失序的能力，以預防孩童脫離原生家庭，進而減少社會福利成本。

參考書目

丁碧雲（1985）。《兒童福利》。台北：新潮出版社。

內政部社會司（1989）。《少年福利法》。台北：內政部。

內政部社會司（1990）。《少年福利法施行細則》。台北：內政部。

內政部社會司（1983）。《兒童福利法》。台北：內政部。

內政部統計處（1994）。《兒童福利法施行細則》。台北：內政部。

王順民（1990）。兒童保護與安置照顧方案之初探——以兒童發展為例。輯於郭靜晃等著（2000），《兒童福利——兒童照顧方案規劃》。台北：揚智文化。

何素秋（1999）。《寄養父母工作滿足與持續服務意願服務》。靜宜大學青少年兒童福利研究所碩士論文。

余漢儀（1995）。《兒童虐待——現象檢視與問題反思》。台北：巨流圖書公司。

翁慧圓（1988）寄養服務的理論基礎。輯於中華兒童福利基金會，《兒童寄養服務專輯》。台北：中華兒童福利基金會。

郭靜晃（1996）。兒童保護輸送李體系之檢討與省司。《社區發展季刊》，75。

144-155。

楊葆茨（1998）。《寄養兒童社會行為，社工處遇與安置穩定性、內外控制信念之研究》。中國文化大學兒童福利研究所碩士論文。

台灣省政府社會處（1991）。《社政年報》（頁151）台灣省政府社會處出版。

蔡漢賢（1992）。《社會工作辭典》。台北：中華民國社區發展研究訓練中心。

Bryce, M., & Lloyd, J. C. (1981). *Treating families in the home: An alternative to placement*. Springfield IL: Charles C. Thomas.

Child Welfare League of America (1959). *Standard for foster family care service*. New York: Child Welfare League of America.

Downs,S.W., Costin, L. B., & McFadden, E. T. (1996). *Child welfare and family services*. US: Longman Publishers.

Goldstein, J., Freud, A., & Solnit, A. (1973). *Beyond the best interests of the child*. New York: Free Press.

Hutchinson, J. (1983). *Family-centered social services: A model for child welfare agencies*. Iowa City: University of Iowa, National Resource Center for Family Based Services.

Kadushin, A. & Martin, J. A. (1988). *Child welfare service*. New York: Mcmillan Publishing Co.

Knitzer, J., Allen, M. L., & McGowan, B. G. (1978). *Children without homes*. Washington, DC: Children's Defence Fund.

Lloyd, J. C., & Bryce, M. E. (1984). *Placement prevention and family reunification: A handbook for the family-centered service practitioner*. Iowa City: University of Iowa, National Resource Center for Family Based Services.

Maluccio, A. N., Fein, E., & Olmstead, K. A. (1986). *Permanency planning for children: Concepts and methods*. New York: Tavistock.

Maluccio, A. N., Warsh, R., & Pine, B. A. (1993). Family reunification: An overview. In B. A. Pine, R. Warsh, & A. N. Maluccio (eds.). *Together again: Family reunification in foster care*, 3-19. Washington, DC: Child Welfare League of America.

Mass, H. S., & Engler, R. E., Jr. (1959). *Children in need of parents*. New York: Columbia University Press.

National Resource Center on Family-Based Services. (1983). *Family-centered social services: A model for child welfare agencies*. Iowa City: University of Iowa.

Shyne, A. W.,& Schroeder, A. G. (1978). *National study of social services to children and their families*. Washington, DC: U. S. Department of Health, Education and Welfare (Publication No. OHDS 78-30150).

Small, R., & Whittaker, J. K. (1979). Residential group care and home-based care: Towards a continuity of family service. In S. Maybank and M. Bryce, *Home based services for children and families*, 77-91. Springfield IL: Charles C. Thomas.

Whittaker, J. K. (1979). *Caring for troubled children: Residential treatment in a community context*. San Francisco: Jossey-Bass.

Whittaker, J. K., Kinney, J., Tracy, E. M., & Booth, C. (1990). *Reaching high-risk families-Intensive family preservation in human service*. New York: Walter de Grayter, Inc.

Whittaker, J. K. & Maluccio, A. N. (1988). Understanding the families of children in foster and residential care. In E. W. Nunnally, C. S. Chilman, & F. M. Cox (eds.), *Troubled Relationships: Families in trouble series Volume 3* (pp.192-205). Beverley Hills, CA: Sage.

資料來源：郭靜晃（2001）。兒童寄養服務之另類思考——家庭維繫服務及家庭重聚服務模式之探究。《兒童福利期刊》，1，209-220。

　　寄養服務可分爲家庭寄養（foster family care）與機構寄養（institute care）兩種，但大都均以家庭寄養爲考量，所以寄養服務也可直接稱爲家庭寄養。家庭寄養服務是當提供第一道防線（支持性兒童福利服務）及第二道防線（補充性兒童福利服務）之後，仍無法將兒童留在家中照顧時，才考慮使用的方法。家庭寄養與機構教養（第三節將會提到）所牽涉的是兒童法律保護權（legal custody）的移轉，兒童親生父母仍保有其監護權（guardianship）。這不同於收養（包括法律權和監護權兩者同時移轉）。

　　依據一九五九年美國兒童福利聯盟（The Child Welfare League of America's, CWLA）將家庭寄養服務定義爲：「一項兒童福利服務，當兒童的親生家庭暫時或有一段長時間內無法照顧兒童，且兒童不願意或不可能被收（領）養時，所提供給兒童一個計畫時間內的替代家庭照顧」。根據CWLA的定義，家庭寄養具有下列三項特點：(一)是在家庭內提供照顧；(二)是非機構的替代照顧；(三)是在計畫時間內，不論是短期或長期的寄

養。（Kadushin & Martin, 1988）。

Downs、Costin 及 McFadden（1996）提出寄養服務具有以下幾項特質：(一)寄養服務是由公立或志願性的社會福利機構所提供；(二)當父母不適任或無力撫育兒童時，由社區代替照顧兒童日常生活的責任；(三)寄養服務是二十四小時全天照顧，兒童必須離開自己的家庭；(四)寄養服務又稱家庭外照顧（out-of-home care），可安置於寄養家庭、治療性寄養家庭、小型團體之家或大型的照顧機構；(五)寄養服務是暫時性的安置，最終的目的是兒童能夠回到自己的家庭，或被領養，或達到法定年齡後終止安置（楊葆茨，1998）。

家庭寄養服務僅是寄養服務中的一部分，專指「家庭式」的寄養服務。社會工作辭典指出：「一些不能與自己親生父母住在一起的兒童，或無親屬可以依靠的孤兒，或不知父母爲何人的棄兒，或因父母患病、入獄而無人照顧兒童，甚至或因留在父母身旁直接受到不良影響而不得不離開家長的兒童，可以將之安置在適當的家庭中，此種方式的寄養，稱爲家庭寄養。」（蔡漢賢，1992）。

丁碧雲（1985）在其所撰《兒童福利通論》一書中，提及寄養家庭主要的哲學意義，是在安置某些兒童爲其生活保障上求取安全，在社會情緒上求取適應，爲一些不可能與其親生父母暫時生活在一起的兒童予以安置，更重要的，當兒童安置在寄養期間，他自己的家庭可以準備改變、復原或改善，以便兒童回家時更妥善的與他的家庭建立較好的親子關係。

陳阿梅（1985）將寄養服務定義爲：「當兒童的親生家庭因發生變故（因病住院、離婚、服刑、死亡，或受虐待、遺棄等）而致家庭解組，使兒童無法生活；非親生子女因父母管教不當或疏忽，導致發展受阻之兒童需暫時安置於寄養家庭中，待寄養兒童之親生家庭復原後，再重返原生父母之家庭，享受天倫之道，它是一種替代性的兒童福利服務。」蘇麗華、王明鳳（1999）更定義爲：「當兒童的親生家庭暫時或有一段長時間無法照顧兒童（如父母重病或入獄、家庭經濟困難、家庭功能嚴重失調、父母無力或不適教養），且兒童不願意或不可能被收（領）養時，所提供給兒童一個計畫時間內的替代性家庭照顧。」

何素秋（1999）綜合專家學者的定義，及少年家庭寄養辦法，提出家

庭寄養服務應具備六個特質：(一)家庭寄養服務是一種專業性及社會性的兒童福利工作；(二)家庭寄養服務是有計畫的；(三)家庭寄養服務是暫時性的服務工作；(四)家庭寄養服務必須在兒童無法在家庭中獲得充分照顧時才提供服務；(五)家庭寄養服務不是僅提供物質上的照顧；及(六)寄養兒童並不是服務中的唯一對象。

寄養家庭服務之目的主要在維持兒童正常發展，一方面使需要安置的兒童待在寄養家庭中，在短時期中獲得基本生活的照顧，不致因為兒童本身家庭發生重大變故而影響其身心發展。此外，原生家庭也要接受兒童福利之專業協助，在短時期中讓原生家庭能解除危機，恢復應有之家庭功能，使兒童能適時回到原生家庭，以符合兒童最佳利益之成長環境。

二、寄養服務之適用時機

在台灣，依兒童少年福利法第四章：保護措施之36條～42條規定有關兒童少年接受寄養服務之情況、安置期間、抗告、安置之權利義務、安置期間之保護、安置補助，以及安置費用（可參考附錄一）。

此外，依兒童寄養辦法第2條規定：兒童有下列情形之一者，得經由其家庭或利害關係人之申請，由當地兒童福利主管機關調查許可權，辦理家庭寄養：

1.家庭經濟困窘或生活無依者。
2.非婚生或被遺棄者。
3.家庭嚴重失調，無法與親生父母共同生活者。
4.父或母嚴重疾病必須長期療養者。
5.父或母在監服刑無法管教子女者。
6.父母無力或不適宜教養子女者。

第3條規定：兒童寄養之期間，以一年為限，但情形特殊者，當地兒童福利主管機關得酌予延長。

由家庭寄養服務的發展史來看，寄養家庭可分成下列幾種類型：（周震歐，1997）

559

兒童福利

1. **收容家庭（receiving home）**：最初是針對嬰兒或幼兒設計，當他們在緊急情況必須由家中移出，但即使極短的期間也不適合安置於機構時，即將嬰、幼兒暫時送往收容之家安置。

2. **免費寄養家庭（free home）**：當兒童被期待將來由該寄養家庭領養時，機構通常也不需要付給寄養費。

3. **工作式寄養家庭（work or wage home）**：通常適合年齡較大的兒童，兒童必須為寄養家庭工作，以補償他們所獲得的照顧。

4. **受津貼寄養家庭（boarding home）**：此類型寄養家庭為台灣目前一般寄養家庭的型態，由機構或兒童的親生父母按時給付寄養家庭一筆寄養費。付費的優點是可以使得機構在選擇寄養家庭時有較多的選擇權，對寄養家庭也可以給予較嚴密的督導（寄養家庭之兒童人數，未滿12歲之子女不得超過四人）。

5. **團體之家（group home）**：可視為一個大的寄養家庭單位，也可視為一小型機構，它是在正常社區中，提供一個由一群無血緣關係兒童所組成的家庭。團體之家是家庭寄養服務領域中逐漸被重視的一種類型。美國兒童福利聯盟說明團體之家的標準為：「團體之家最好不要少於五人，也不要多於二十人，而六人至八人是最好的情況，因為小得足以重視個人的個別化需求，而且又大得如果當中某位成員缺席時，仍可以維持一個團體」。

此外，Mather及Lager（2000）也提出另一種整體性家庭寄養服務及社區寄養服務模式（可參考第十三章）。

團體之家日益獲得重視，是因具有下列幾項優點：

1. 提供有如家庭般的私人性（personalization）空間，但兒童也有如生活在機構中，能和寄養父母保持距離。

2. 雖然類似機構，但是卻能提供正常的社區環境。

3. 讓家庭內的兒童形成同儕關係，這種關係不像家庭內的手足關係，也不像寄養兒童與寄養家庭中親生子女的關係，可能會給寄養兒童帶來傷害。

4. 對寄養兒童而言，和寄養父母建立關係時，比較不害怕，較不會有

罪惡感；對寄養兒童的親生父母而言，較不會感覺受威脅。

5.特別是青少年，可藉由同儕團體的互動來約束行爲，團體之間具有較大的治療潛能。

寄養家庭服務並不是解決兒童家外安置之唯一的萬靈丹，雖然家庭服務日益受到重視，且爲優先考量之替代性服務，可是仍有一些情況的兒童不適合安置於其他家庭作寄養安置服務，茲臚列如下：

1.兒童有社區所不能容忍的問題行爲時；或是兒童的問題行爲會嚴重干擾其家庭生活者。

2.殘障兒童需要某些特別照顧，而寄養家庭與社區卻無法提供照顧者。

3.親生父母堅決反對將自己孩子安置於寄養家庭者。

4.有眾多手足需安置於同一居住場所者，不易尋找到願意接受所有手足的寄養家庭。

5.只是在短期緊急情況下，暫時需要替代性服務者（周震歐，1997）。

三、我國寄養服務歷史之沿革

在我國，寄養家庭在古代便施行，可從史學上發現（陸曾禹，乾隆四年），唐朝、宋朝、明朝時均分別記載。我國古代政府對失依兒童的照顧，禁止殘害嬰兒，鼓勵百姓於災難發生時照顧失依兒童，政府不但提供養育費用及棄嬰孤兒的安置服務，同時監督，此舉可說是現代家庭服務的起源。

雖然近來台灣地區由於家庭計畫的成功推展，棄嬰及孤苦無依的兒童人數逐漸減少，但是由於工商業繁榮、社會逐漸變遷、離婚率及不幸婚姻、家庭破碎的數量不知不覺快速增加。核心家庭的生活方式，家庭功能的轉變，使得家庭一旦發生重大變故時，夫妻無法適應，父母無法照顧子女生活；或因青少年早熟、性開放，產生許多非婚生子女乏人照顧；或因

父母管教不善，需要安置的兒童數量逐漸上升。

　　兒童寄養服務在歐美已實行了近百年，是兒童福利發展的趨勢。由於它具有不可磨滅的價值，又與我國傳統美德中的「老吾老以及人之老，幼吾幼以及人之幼」相互輝映。而在我國兒童寄養服務的發展，可分為幾個時期如下：

(一)宗教慈善人士照顧期

　　在寄養服務尚未實施之前，發現中華兒童福利基金會所（CCF）屬家扶中心部分案童因家庭變故而寄養於親友家中，獲得良好照顧，更有完全無血緣關係的社會人士提供免費的實例。例如台東家扶中心扶幼委員會的陳姓主委，讓一位兒童在其家中住宿及接受教育多年；桃園新屋鄉一位國小老師照顧一對父母雙亡的姐弟由國小到高中畢業；台中光陰育幼院的院童也曾於聖誕節、農曆春節期間寄養到部分教會人士家中，雖短短一至三個月，卻使兒童享受到家庭的溫馨，並有正常家庭生活的經驗。

(二)籌備期

　　一九七六年及一九七七年夏天，CCF邀請美國印第安那中央大學教授藍采風博士回國講授家庭寄養服務理論，並作模擬練習，於一九七七年出版《寄養服務與社會工作》一書，是國內第一本寄養服務的中文專著。而為了喚起社會大眾及學術界人士的注意，一九七七年二月，CCF在內政部社會司支持下召開「寄養家庭及家庭服務座談會」，會中政府人員及國內專家均認為兒童寄養服務值得推展。

(三)試辦期

　　獲得上述之共識後，台北家扶中心郭耀東主任赴美專攻兒童寄養服務。返國後，即於台北著手試辦，曾按專業標準將一兒童寄養於美國人家庭，為期兩個學期。同時，其他家扶中心也嘗試將家庭遭遇變故的兒童，說服其家人，寄養於兒童的叔伯或姑母家中，由CCF給予家庭補助。結果證實，兒童在寄養家庭中身心都得到良好的發展。累積了這些經驗後，CCF乃和台灣省政府洽商，台灣省政府決定由社會處來負責籌劃推展，考

核評估兒童寄養業務並委託CCF辦理。自一九八一年七月起，台灣省政府社會處正式委託CCF，試辦兩年兒童家庭寄養業務。

(四)法令頒布擴展期

　　雖然兒童福利法及其施行細則均對兒童寄養有若干規定，但在兩年的試辦期間發現，上述法規並無對寄養兒童和寄養家庭權責之規定，實施時缺乏適當依據，難以保障雙方之權益；也使執行機構僅能憑道義之力量，或雙方之默契，來實施各項寄養安置業務。

　　一九八三年元月內政部頒布了「兒童寄養辦法」，不僅使寄養服務之推展有了法律之依據，也使我國兒童福利邁入新的里程碑。此外，省政府社會處也依兒童福利法施行細則第6條之規定，訂定了「台灣省兒童寄養業務輔導及收費辦法」，明確規定主管機構的權責、寄養費、醫療費的收費辦法。此二法令之規定，使兒童寄養業務之實施，進入立法與行政體系內。充分顯示政府開拓兒童福利服務新領域的決心與魄力，進而使此業務更順暢的拓展開來。

　　從**表**11-2可看出兒童、少年家庭寄養服務在國內推行幾十年來，由於社會的變遷，法令因應時代潮流而有所變革，寄養服務的性質及相關措施亦隨之改變。綜合上述之資料，我國兒童、少年家庭寄養服務有幾項重要的改變：

1. **寄養安置的條件趨向多元化**：從早期單純的家道變故條件，到一九八六年、一九九三年的少年福利法、兒童福利法及二〇〇三年的兒童少年福利法除了規範家道變故外，被保護、感化的兒童或少年均得家庭寄養安置。

2. **由「聲請」發展到「強制」寄養安置**：早期的寄養服務為自願聲請，並以簽訂合約方式由家庭委託機構代為照顧，若為低收入戶家庭則由政府全額補助或依親生家庭的經濟狀況酌以補助。但現階段明定政府公權力的介入，必要時應予兒童緊急保護安置，為一項重大變革。

563

表11-2　國內兒童、少年寄養服務之歷史發展簡表

年代	重要之發展
1973年2月8日	兒童福利法第4條規定家道變故的兒童得聲請家庭寄養安置。
1973年7月7日	兒童福利法施行細則第6、7、8、9、10等條文更詳細規範家庭寄養的選擇順序、寄養家庭的條件、寄養費來源及收費辦法、寄養安置人數等。
1977年2月	內政部社會司與中華兒童福利基金會召開「寄養家庭與家庭服務座談會」。
1981年7月	台灣省政府社會處正式委託中華兒童福利基金會試辦兩年兒童家庭寄養業務。
1983年元月5日	內政部頒布「兒童寄養辦法」。使寄養服務推展有法律的依據。
1984年7月	台灣自政府社會處正式委託中華兒童福利基金會推展兒童寄養業務。
1985年5月10日	台灣省政府發布「台灣省兒童寄養業務輔導及收費辦法」。
1988年7月	台灣省全面實施兒童家庭寄養業務。
1989年1月23日	少年福利法頒訂,明定主管機關得對被虐待、惡意遺棄、押責、強迫、引誘從事不正當職業或行為、或父母濫用侵權行為等之年少,以公權力辦理少年家庭寄養安置。
1989年8月1日	少年福利法施行細則第4、5、6、7、8條等規定有關少年安置的選擇順序以家庭寄養為第一項排序,及對寄養家庭的標準、輔導、收費辦法等之有關規定。
1990年1月15日	台灣省政府頒布「台灣省少年安置辦法」。明定家庭寄養安置為少年安置的方法之一。
1991年10月	台北市政府委託「台灣世界展望會」辦理台北市寄養服務業務。
1993年2月5日	兒童福利法完成修訂並正式頒布,第8條第8款規定省(市)主管機關掌理有關家庭寄養標準之訂定、審查及其有關之監督、輔導等事項。第17條規定少年法庭處理兒童事件,若認其不宜責付於法定代理人者,或少年法庭裁定兒童應交付成化教育者,得將其寄養於寄養家庭。
1994年5月11日	兒童福利法施行細則修正,第20、21、32條等規定有關寄養收養、補助辦法及兒童若安置於寄養家庭進行感化教育,得指定觀護人為適當之輔導等相關規定。
1997年12月18日	台灣省政府頒布「台灣省兒童少年家庭寄養辦法」,將二法合併修訂。

四、寄養服務之流程

就我國兒童少年保護服務現況來看，如案情不嚴重，只提供支持性服務，其次為暫時性寄養服務，至於較嚴重之案例才有採取機構式長期安置。以兒童福利之家庭寄養服務是一種暫時的替代性服務，不僅服務兒童，也要同時要求寄養父母有解決兒童生活適應之困難，提升養父母之能力（Kadushin & Martin, 1988）。而到底寄養時間及持續性應為何？寄養服務之內容及層次應為何？這更需要社工專業的判斷，至於之後要採取家庭維存服務抑或是要積極重整兒童與原生父母之適應能力的永久性安置規劃，以達到獨立自主的家庭目標。

我國在寄養服務的安置過程中，社會工作人員應協助寄養兒童、親生父母、寄養家庭解決寄養兒童在寄養期間內順利成長，並及早返回親生家庭。當兒童被評估暫時需要離開原生家庭，且寄養是必要時，負責寄養服務之機構有責任協助寄養兒獲致穩定的安置與良好的適應，故在寄養安置的過程中寄養兒童、寄養家庭、原生家庭所做的各項社會工作處理。例如，接案、安置、安排探視、再安置、結案及追蹤，茲將有關程序分述如下：

(一)接案

1. 選擇寄養家庭、配對：即為每一個寄養兒童選擇一個合適的寄養家庭，不僅選擇具有最佳調節能力的寄養家庭，並且考慮寄養家庭與寄養兒童的需求是否能滿足彼此的需要（周慧香，1992；郭美滿，1997）。

2. 安置前的準備工作：
   (1)安置前的拜訪：指安置前寄養兒童與寄養家庭會面，提供寄養兒童有關寄養家庭生活規範，討論對寄養父母稱謂的問題，可減少寄養兒童對新環境的陌生及恐懼感。
   (2)提供寄養兒童其安置的訊息：寄養兒童從昔日熟悉的生活環境脫離，轉換到陌生的寄養家庭，其間可能因莫大的壓力而造成心理或情緒的反應，因此在安置之前必須與寄養兒童討論寄養安置的

原因，減少其心理上的負擔。此外，也應鼓勵兒童說出並分享他的感受，開放自己對親生家庭與寄養家庭的反應。

(3)與寄養父母討論寄養計畫及其職責及權利：提供寄養父母有關寄養兒童的背景資料、生活作息、個性、興趣等提供詳細的資料，有助安置的穩定性。並讓寄養父母瞭解其擔任寄養家庭的職責，如對寄養兒童的職責，必須注意其隱私保密，提供並滿足兒童身心發展上的需求等；配合機構的職責及除非特殊情形，否則應鼓勵兒童與原生家庭聯繫，並須瞭解寄養服務只是暫時性，勿造成兒童與原生家庭間的阻力。而寄養權利則包含寄養費、有哪些社會資源可利用等。

(二)安置

1.定期訪視：瞭解寄養兒童適應的情況，及寄養父母是否遇到什麼困難，並提供解決的方法。

2.協助寄養兒童與原生家庭的聯繫：鼓勵寄養兒童與原生家庭以電話、信件、探訪的方式聯繫，增加寄養兒童在寄養家庭中的適應。社會工作人員應告知原生家庭探視的重要性。

3.再安置：當寄養兒童嚴重適應困難、或因寄養家庭臨時變故、或寄養家庭因兒童或原生家庭的行為，使得寄養家庭不願意繼續接受寄養兒童等因素，使得兒童必須由寄養家庭中移出，導致必須面臨再一次的安置。

4.協助原生家庭的重建與輔導：寄養服務只是短暫性的，因此協助原生家庭的重建是相當重要的。國內對於親生家庭重建方法可分為以下幾種：

(1)定期訪視。

(2)書函、電話會談或面訪，瞭解原生家庭的問題，協助其解決。

(3)座談會：以團體輔導的方式，彼此研習教養方式、夫妻溝通之道等，增加解決問題的方法。

(4)聯誼活動：參加對象為寄養兒童、寄養家庭、原生家庭，增進彼此的感情及溝通，以輕鬆的心情面對嚴肅的問題。

(5)提供寄養家庭社會資源網路，社會工作員在輔導原生家庭恢復功能時，需要各種資源來配合，才能使一個家庭快速、有效的恢復。原生家庭重建與輔導是相當棘手的，國內常因社會工作人員負荷過重。原生家庭對寄養服務瞭解不夠或混淆，如其將寄養服務與民間托兒混淆；原生家庭的角色認知不足等，導致重建輔導困難重重。

（三）結案

1.擬定計畫：原生家庭恢復，則結案兒童返回原生家庭。
2.寄養家庭的情況沒有可能改善，則結案接受收（領）養或轉機構寄養。
3.評估：社工人員透過評估來檢討、反省自己，並可作為日後提供服務的依據。

五、我國寄養兒童再安置的原因

導致寄養兒童須再被安置的原因可歸為：來自兒童親生家庭之因素、寄養兒童本身之因素、寄養家庭家人之因素，以及社會工作人員處理不當等因素。茲說明如下：

(一)來自兒童親生家庭的因素

許多實證研究，均指出寄養兒童與原生家庭的聯繫、探訪，對寄養安置之穩定性有顯著的影響。如果寄養兒童缺乏與原生家庭的聯繫，則容易造成寄養兒童無法認同原生家庭，且在寄養安置中因與父母分離而感受到「心理上被迫棄」的外來傷害。此外，有部分的強制安置的原生家庭，會干擾寄養家庭，因此導致安置的失敗。

(二)來自寄養兒童的因素

寄養兒童年齡方面，王毓棻（1986）有些寄養家庭在寄養兒童年齡小時很合適，但年齡稍長，由於彼此的需求衝突，而變得不合適（楊保茨，

1998）。在手足安置方面，周慧香（1992）針對113位6～12歲之學齡期寄養兒童的研究也發現，有手足同時安置（不一定在同一個寄養家庭）比手足未安置的寄養兒童有較佳的情緒適應。除此之外，性別也是因素之一。余漢儀（1997）對169個接受兒保個案的寄養家庭調查顯示31.4%（53家）的寄養家庭曾有過提早結束寄養，「寄養家庭臨時有事故」占22%，「寄養親生家庭的干擾」占11.3%。楊保茨（1998）指出在安置的原因，「寄養兒童行為問題嚴重，寄養父母帶不來」占35%，「寄養父母不適任，出現管教問題」占30%，「寄養兒童適應不良，不能接受」占20%。事實上，寄養兒童確實有較多不適應的社會行為，如攻擊、反抗、拒絕、不合作、退縮、焦慮等，而此行為問題有可能影響到兒童與寄養父母間的關係，造成寄養安置的失敗。

(三)來自寄養家庭家人的因素

如寄養父母的寄養動機、寄養經驗、寄養家庭家人對寄養安置的態度、寄養家庭與機構間配合意願低，皆會影響寄養的成功與否。此外，研究指出寄養家庭的兒童數、寄養家庭子女年齡與性別與寄養兒童相近皆會影響安置是否成功，查據一九九七年「台灣兒童少年家庭寄養辦法」第10條規定：「寄養家庭寄養兒童、少年之人數，包括該家庭之子女，不得超過四人，其中未滿2歲兒童不得超過二人；否則會影響安置的穩定性，導致兒童必需被再安置。」

(四)來自社會工作人員的處理不當

社工員未提供寄養安置的訊息，社工員在安置的過程中，占有舉足輕重的角色。因此安置過程中，社工員敏感度不夠，常會導致寄養安置的不穩定。常見的情況有，忽略了寄養兒童心理上的感受、未提供充足的資訊給兒童，導致兒童對寄養原因瞭解不夠。在實證研究方面，陳阿梅（1985）指出鼓勵寄養兒童分享他的感覺，開放自己對親生家庭與寄養家庭的反應，談論其安置中所感受的滿足、失望與敬意。所以在對於兒童的人格及行為發展也有很大的影響，故寄養過程中，如何維持寄養安置的穩定性，是十分重要的議題（楊保茨，1998）。

　　寄養服務在國外實施多年，英國從一六○一年的濟貧法案已有此種服務措施，美國自二十世紀初也展開此種服務，而我國自一九七○年代開始實施，一九八三年制頒「兒童寄養辦法」，一九九七年台灣省社會處制頒「台灣省兒童青少年寄養辦法」及一九九八年台北市制頒「台北市寄養家庭標準及輔導辦法」以來，已將寄養服務明確法令化。台灣的寄養服務大多由政府委託民間團體，如中華兒童暨家庭扶助基金會、台灣世界展望會等辦理，有一定的服務績效。未來有待努力應加強專業間（如醫療衛生、教育、社會福利、警政單位等）的資源整合，擴充寄養家庭的類型、舉辦講習會強化寄養家庭之服務功能，建立寄養服務工作之人事制度，培訓寄養服務之專業人力，加強原生家庭重建與輔導的工作，以朝向永久性規劃（訓練寄養父母→順利進入寄養服務→幫助原生家庭重建→獨立自主的家庭照顧）之目標，以為兒童謀求最佳利益之生長環境。

第二節　收養服務

　　收養又稱為領養，兩者之區分為「收養」不具有血緣或姻親之收養關係，而「領養」較具有血緣及姻親之收養關係。收養是寄養關係終止或不適合寄養服務的一種永久性規劃的替代性兒童福利服務。通常收養適用於兒童失親、被遺棄或遭受虐待而使得原生父母權利被剝奪（國家親權主義），我國有關棄嬰之處理有其一定之流程（參考圖11-1），每年在美國約有5～100,000萬名被收養兒童來自公部門、私部門或第三部門（非營利組織）及國外機構（例如中國湖南長沙的中國收養協會）（Cohen, 1992；CWLA, 1998；Pecora, Whittaker, Maluccio, Barth, & Plotnick, 1992）。儘管如此，美國還是有許多父母等不到孩子收養，尤其是白色種族又健康的小孩。在美國，大部分等待被收養的孩子大多為年紀較大、黑人、印地安人或其他少數民族，以及有特殊需求的兒童，這些孩子當然不比白人又健康的嬰兒來得搶手。每年通過這些領養方式的兒童之中有一半以上超過2歲，有10%是屬於跨國領養。除此之外，還有一些孩子到了兒童福利機構等待被收養但不能完成手續，原因是其父母監護權尚未被轉移。

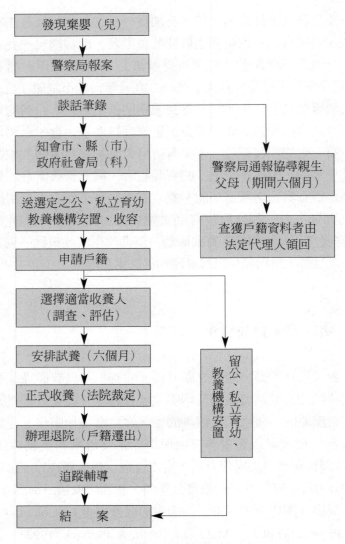

發現棄嬰（兒）

警察局報案

談話筆錄

知會市、縣（市）政府社會局（科）

送選定之公、私立育幼教養機構安置、收容

申請戶籍

選擇適當收養人（調查、評估）

安排試養（六個月）

正式收養（法院裁定）

辦理退院（戶籍遷出）

追蹤輔導

結案

警察局通報協尋親生父母（期間六個月）

查獲戶籍資料者由法定代理人領回

留公、私立育幼、教養機構安置

圖11-1　棄嬰（兒）處理流程

美國一九八○年兒童福利及收養協助法（The Adoption Assistance and Child Welfare Act of 1980）就規定一些未能合法取得監護權的家庭或其家庭狀況（例如兒童虐待）未能改善，就得考量將孩子以家外安置的方式收養。也就是說當孩子待在寄養家庭一段時間內，若其原生家庭之情境不能

改善，就改採用永久性之家庭安置——收養服務。值得一提的是永久性家庭安置有其正面意義及效果，而且被收養的需求大於收養家庭的供給，尤其是年紀較大、少數民族及有特殊需求的兒童急需要此類的服務。除此之外，美國自一九七五年，法律開始允許生父母同意之情況之下，被領養的成人得以取得生父母之資料，這種態度造成日後公開領養（open adoption）的制度。

我國收養制度思想的由來，是從西周之宗法制度開始，其最初之目的在於養家、傳宗接代及祭祀祖先。而在家族制度衰微後，收養的目的已轉而爲親收養，以增加養家勞力、慰娛晚年以子待老爲主要目的。而我國的收養制度，自清末民初，已有爲子收養的趨勢，一九三一年的收養法已廢除宗桃繼承，一九八五年更廢除指定繼承人的制度並引入公權力干涉制度，逐漸重視養子女的利益。

一九八五年間修正收養法時，雖然引起學者高度重視，紛紛爲文指出我國收養法之簡陋、內容缺乏彈性及對養子女之利益保護不周等缺失，並引用外國立法的例子作爲修法之參考，但學者所指出之缺失及外國收養法之優點，多數仍未被立法者所採用。本節將介紹我國收養法的立法沿革及趨勢、現行收養制度的規範與效力，以及美國之收養服務，茲敘述如下：

一、我國收養制度之思想演進與立法趨勢

(一)收養的定義

收養是指非（直系）血親的雙方，經過法律認可的過程而建立的親子關係，使其不幸的兒童可以得到一個永久的家，同時也爲收養父母覓得子女，視同親生。

根據民法對於收養的規定如下：

1.書面契約：收養子女，應以書面爲之。因此，須訂立收養書面契約。

2.夫妻共同收養：夫妻收養子女應共同辦理，不得單獨一人收養子

571

女。但是夫妻之一方收養他方的子女時，則可由一人收養。

3.年齡限制：收養人應比被收養人年長20歲以上，夫妻有一人年齡不比養子女年長20歲以上，收養就不合法。

4.資格限制：直系血親、直系姻親、旁系血親及旁系姻親的輩分不相當時，不得收養。但旁系血親在八親等之外。旁系姻親在五親等之外，則是可以收養。

5.不得重複收養：一個人不得同時為二人之養子女。

6.養子女與養父母之關係，除法律另有規定外；與婚生子女同。

因此，收養是具有正式的法律效力，一旦經過法院聲請收養認可的程序，養子女跟親生子女的權利義務是相同的，所以收養人在決定收養之前，必當做好萬全的準備，以迎接子女的到來。

(二)收養前的準備

在兒童少年福利法第二章：身分權益中第14～18條之內容即針對收養作明確的規範，尤其第14條規定：「法院認可兒童收養事件，應考慮兒童之最佳利益。決定兒童之最佳利益時，應斟酌收養人之人格、經濟能力、家庭狀況，以及以往照顧或監護其他兒童及少年之紀錄決定之。」因此，為了讓孩子能進入一個溫暖健全的家，透過法律的規定，在以兒童的最佳利益為前提之下，必須確定收養人是否能以正向的心態面對收養，以及收養人是否有足夠的能力撫育孩子，並透過主管機關或兒童福利機構進行訪視，提出調查報告，以確保被收養子女的福利。

收養人在進行收養之前，必須做好下列準備：

1.正向的心態：收養者勿持著孩子是為了傳承香火，或為化解某種命運的觀念，而去收養孩子；要能把孩子視如己出，給予照顧與關懷。

2.硬體環境：收養者需檢視家中的空間、設備是否可以提供孩子生活上的需求。

3.健康狀況：照顧一個孩子是一輩子的事，收養者需考量到自身體力及健康情形，因此，在收養前須衡量自己身體狀況是否能夠勝任。

4.經濟能力：提供孩子的食、衣、住、行、育、樂是收養者必備的條件，經濟考量實為其中重要的一環。

5.照顧能力：照顧孩子的生活是很瑣碎及繁雜的，因此收養者需付出極大的心力及體力。

6.溝通能力：一個稱職的父母不僅得提供孩子生活所需，也需學習如何與孩子溝通，瞭解孩子心靈的需求。

(三)收養的方式

收養可分為兩種方式，一為私下收養，二為機構收養。「私下收養」是出養者與收養者私下決定，也就是透過黑市（black market）來收養；而「機構收養」則是透過兒童福利機構安排收養的對象，但兩種方式皆需要經過法院認可的過程才算合法。我國二〇〇三年國內出生嬰兒218,900餘人為婚生子女，另有8,030人為非婚生，其中1,800人透過私下收養或生父出面認養，其餘6,184人為「父不詳」之未婚生子女，占總出生數的3.5%（聯合報，2004）有關我國無戶籍兒童之處理流程可參考圖11-2。

(四)我國收養制度的思想演進

親子關係，原以生理上的血統關係為主。而法律上所規定的親子關係的存在並不以生理上是否為親子作為判斷。生理上本為親子，但法律上不履行的人也有，例如婚生子女未經認領者即是。而生理上本非親子，但法律上以擬制而認定親子者亦有，如收養即是。

收養制度，仍是依人為所創造的親子關係，此種純粹法律上的親子關係，在近代的親子法發展過程中，思想的變化，所占地位是不容否認的。

1.我國收養制度史的概觀：我國法律制度深受儒家倫理及禮治思想所支配，對血緣及社會階層兩種社會關係特別著重，當然我國的收養制度亦是如此，但自清末變法以降、民國肇造，法律制度深受歐美法治的影響，所以收養制度在法治思想與儒家思想的衝突下，自應與各國潮流相契合，而儒家思想則需融入於法律，中立於輔助的地位。

2.我國收養法的立法沿革：

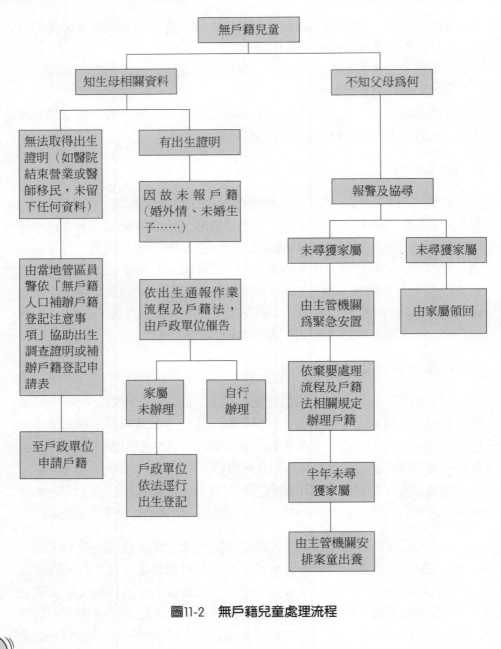

圖11-2　無戶籍兒童處理流程

(1)我國舊律的規定：我國舊律因受宗法制度及儒家思想的影響，就
現存的典籍來看，可發現其中關於收養的規定是以「為家」、「為
親」的目的為主。以唐律為例，其雖無「嗣子」之稱，亦可知其
收養的規定主要係以傳宗接代為主，只有在例外的情形允許收養3
歲以下異姓棄兒，但其地位不同於同姓的養子。

舊律中有關立嗣的規定，大概可歸納出以下幾個基本原則：

a.非男子不得立嗣，非男子不得為嗣子。

b.非無子不得立嗣。

c.嗣子限由同宗或親族中擇立。

d.立嗣須昭穆相當。

e.非有兄弟者不得為嗣子。

綜上所論，我國舊律中關於收養的制度，是站在立嗣繼絕，與近
代法制的扶助遺孤，相距不可以道里計。

(2)清末民初的法制演變：清朝末年，清帝國在長久安逸下日漸腐化
衰微，西方國家挾著工業革命的優勢東來，迫使清朝面臨亡國的
危機，在鄰國日本明治維新的激勵下，開啟了所謂「師夷之長以
制夷」的變法之路，其間完成了我國第一法草案「大清民律草
案」，雖未及實施，惟對我國法制的現代化，樹立了重要的里程
碑。

現行民法制訂於一九三〇年十二月二十六日，於翌年五月五日開
始實施。

(五)我國收養法的立法趨勢

1.立法準則：如何規定收養制度的內容，才能符合理想的養親子關
係，各時期都有不同的準則。今日社會，資訊傳播迅速、開放，各
國間不難求一共同立準的準則。收養目的演進至今，各國莫不以養
子女利益為首要目標；其次以生出區分成年子女與未成年子女的收
養，而有不同的規定；另以國家公權力的監督，以發揮最後的看護
功能。此三原則不因國別或社會體制的不同而有差異，不同者僅在
如何實踐，而其各國立法的實踐方法，應極具參考的價值。

(1)養子女利益為收養的指導原則：國家為確保其民族的生存發展，莫不扮演最終父母的角色，肩負兒童的保護責任，因此，實現兒童福利政策為現代福利國家的一大課題。

養子女利益為現代收養法的指導原理，諸多立法先進國家，為保護子女的利益，大多於收養法中明文指出此項為最高指導原理，諸如德國、日本及英國等，當然這足以證明現代收養法的立法，無不以保護子女利益為出發點，兒童福利的保護遂成為收養法的中心理念。

兒童福利的保障在我國也是非常重視的，一九九三年二月五日修正公布的兒童福利法與一九八九年一月二十三日公布施行的少年福利法即為具體化的表現之一。

(2)區分未成年子女與成年子女的收養：收養的目的若係基於「為家」、「為親」而收養，則區分未成年子女與成年子女的收養，並無太大的實益。而今收養法的指導理念以養子女的保護與福祉為出發點，因被收養人在未成年時，期望在溫暖家庭得到妥適的照顧與教養，而成年時，除非謀生能力或特殊原因，實無出養的必要，故有必要區分未成年與成年子女的收養而異的要件，尤其在成年子女趁父母古稀時或無謀生能力，為逃避奉養的責任，出養為他人子女，豈為收養制度本質目的。因此，現代收養的立法趨勢，以收養未成年子女為原則，成年子女為例外。

(3)公權力介入的監督主義：收養係為社會福利政策的一環，為配合未成年養子女的利益為收養的最高指導原理，現代各國立法無不採用公權力介入監督主義，期能監督每一收養事件進行。

我國舊律民法收養關係以書面的契約即可成立，係採放任主義，現行法則考量了養子女的利益，所以已納入國家監督主義。

2.近代收養制度的特性：現代各國收養法的內容，依其各國的社會經驗，均呈現出樣多化，如要將其概括統一，絕非易事，所以重要在於確立近代收養法的性格，俾使立法與政策相互配合，以達到收養的真正目的。

我國於一九八五年修正民法親屬編時，對收養制度的改革，大致朝向

社會救濟的方向，惟修時未顧及全盤，以致出現諸多缺失，且各相關法規未及時作檢核，而形成空有美意、未見誠意的情形。至一九九三年因受虐待兒、雛妓、棄兒事件相繼發生，喚起國人對兒童福利的覺醒，收養制度的相關政策措施亦在兒童福利法中作檢討修正，於二月五日公布施行。兒童福利法第1條即明白宣示立法的目的，並特設四種保護方法。然而我民法對於收養關係成立的過程，地方政府根本無插手餘地，又年齡的限制亦爲不當，所以目前應加強各項措施的實踐，立法的美意，才得以實現。

二、我國現行收養制度之規範與效力

(一)收養之要件

1.實質要件

(1)須有收養關係人之合意：收養，是以發生親子關係爲目的的身分法契約，因此，收養關係須有收養人及被收養人雙方之合意，才能成立。由於收養爲身分法上的契約，因此，原則上須當事人自行爲之，不得委由他人代理。惟未滿7歲之未成年人，須由法定代理人代爲意思表示及代受意思表示，則爲身分行爲不得代理之例外。

其次，身分行爲以有意思能力爲已足，因此收養當事人須具有意思能力。至於被收養人之意思能力，民法以年齡爲判斷標準，未滿7歲之未成年人，無意思能力，被收養時，由法定代理人代爲意思表示並代受意思表示，但無法定代理人，不在此限。滿7歲之未成年人，已有意思能力，是否被收養，由其自行決定（兒童少年福利法第14條），惟未成年人思慮欠週，且爲顧及本生父母之權益，應得法定代理人之同意，但無法定代理人時，不在此限。

(2)收養人須長於收養人20歲：收養爲擬制之親子關係，爲求與自然之親子關係相近，收養人須長於被收養人20歲，被收養人須年滿2歲。有配偶者收養子女時應與其配偶共同爲之，因此，夫妻一方

577

未滿20歲，或未長於被收養者20歲以上者，不得爲收養。

(3)輩分相當及近親收養的限制：輩分相當及近親收養之限制，適用於收養人與被收養人間有親屬關係之情形。下列親屬不得收爲養子女：

a.直系血親：父母不得收養婚生子女爲養子女，祖父母不得收養孫子女爲養子女。

b.直系姻親：父母不得收養媳婦，岳父母不得收養女婿。但夫妻之一方收養他方之子女者，不致紊亂輩分，且有助於家庭圓滿，因此不在此限。

c.旁系血親及旁系姻親之輩分不相當者。

所謂輩分相當，是指其輩分的差距相當於父母子女，因此，輩分高者得收養輩分低一階者爲養子女；但旁系血親在八親等之外，旁系姻親在五親等之外者，因親屬較遠，調查不易，不在此限。

(4)有配偶者收養子女應與配偶共同爲之：有配偶者如各自單獨收養子女，恐無法維持家室之和平，因此有配偶者收養子女，應與配偶共同爲之，以求家庭生活之和平，是爲「夫妻共同收養之原則」，但夫妻之一方收養他方之子女者，不在此限，蓋夫妻之一方與其子女本有親子關係，無須再爲收養，僅由一方收養即可。

(5)有配偶者被收養時應得配偶之同意：有配偶者被收養時，對其配偶將產生影響，因爲被收養後可能與養家共同生活，或與養家經常往來，如配偶一方被收養，未得他方之同意者，恐難維持家室之和平。因此，民法規定有配偶者被收養應得其配偶之同意以維家室之和平，如未得同意者，其配偶得請求法院撤銷之。

(6)一人不得同時爲二人之養子女：除夫妻共同收養子女外，一人不得同時爲二人之養子女。即一人只許一對夫妻或一人之養子女。因爲在收養關係未終止時，又成立另一收養關係，則會使親子關係更複雜，易生糾紛。惟夫妻收養子女後離婚者，收養關係對夫及妻仍然存續，養子女則成爲二人之養子女，視爲例外。

2.形式要件：收養之形式要件是採放任主義，收養子女應以書面爲之，但自幼撫養爲子女者，不在此限。一九八五年之親屬法修正，

採公權力介入主義，收養除應訂立書面外，並應聲請法院認可。

(1)書面：收養子女應以書面爲之，爲了愼重起見，收養子女應以書面爲之，惟被收養者未滿7歲且無法定代理人時，無從以書面爲意思表示，此時僅收養人一方爲意思表示，並聲請法院認可即可。

(2)法院的認可：收養子女應請法院認可，現行民法一改過去收養所採之放任主義，而改採國家公權力干涉主義。所以收養關係的成立應由收養人與被收養爲聲請人向法院聲請收養認可，但被收養人未滿7歲而無法定代理人者僅以收養爲聲請人。

法院對於收養認可之聲請案件雖非訴訟事件，但法院不惟須就形式，且須就實質加以審查，認有調查之必要時得訊問收養當事人及其他關係人。收養有下列情形者法院不予認可：

a.收養有無效或得撤銷之原因者。

b.重大事實足認收養對於養子女不利者。

c.成年人被收養時，依其情形足認收養對於其本生父母不利者。

此外，法院認爲兒童收養之事應考慮兒童之最佳利益。決定兒童之最佳利益時，應斟酌收養人之人格、經濟能力、家庭狀況及以往照顧或監護其他兒童之紀錄。例如滿7歲之兒童於法院認可前，得准許收養人與兒童先行共同生活一段時間，供法院決定認可之參考；法院認可前應命主管機關或其他兒童福利主管機關進行訪視，提出調查報告及建議；收養之利害關係人亦得出相關資料或證據供法院斟酌；法院對被遺棄兒童爲認可前，應命主管機關調查其身分資料；父母對於兒童出養之意見不一致，或一方所在不明時，父母之一方仍可向法院聲請認可；經法院調查認爲收養乃符合兒童之利益時，應予認可；法院認可兒童收養者，應通知主管機關進行訪視，並作成報告備查；聲請認可收養後，法院裁定前兒童死亡者，聲請程序終結；收養人死亡者，法院應命主管機關或其委託機構代爲調查並提出報告及建議，法院認其於兒童有利益時，仍得爲認可收養之裁定。

(二)收養之流程

　　透過專業社會福利機構的收養服務，收養人不但可以得到完善的諮詢服務，同時，透過合法程序的收養，可避免買賣兒童的困擾，至於收養的流程，從圖11-3可得知。

(三)收養之效力

　　我國民法採完全收養制，養子女與養父母發生擬制之親子關係，而與本生父母間之權利義務，於收養存續期間，停止其效力。至於收養之效力，自法院認可收養之日起發生效力，以下分別就養子女與養親方及本生方，就收養所生之效力分別說明如下：

1.養子女與養父母及其親屬間的關係

　　(1)親子關係的發生：收養之目的，原使無血親關係之人，透過收養取得擬制之親子關係，因此，收養之主要效力，乃在於爲養子女取得與婚生子女同一之身分。至於因收養產生稱姓、扶養義務、繼承權及親權行使等效力，有下列幾點：

　　　a.養子女應從收養者之姓。

　　　b.養子女與養父母互負扶養義務。

　　　c.養子女與養父母互有繼承權，應解爲該子女與雙親間互有繼承權。

　　　d.養子女爲未成年者，由養父母行使負擔對於養子女之權利義

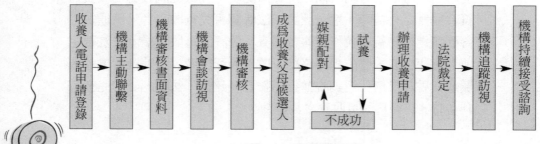

圖11-3　收養流程圖

務，養父母爲盡其對於未成年養子女保護教養之權利義務，對於養子女並有居住所指定權，因此，未結婚者之未成年養子女，應從父母居住所之指定。

此外，兒童的收養案件，養父母均不能行使、負擔對於兒童之權利義務或養父母均死亡時，法院得依兒童、檢察官、主管機關或其他利害關係人之聲請選定監護人及指定監護之方法，不受民法之限制。

(2)親屬關係的發生：收養關係成立後，養父母與養子女之關係與婚生子女同，惟養子女與養父母之親屬間、養子女之直系血親卑親屬與養父母及其親屬間，有無親屬關係？我國現行民法並未規定，惟基於完全收養制之精神，養子女與養父母之親屬間，應亦發生親屬關係。

2.**養子女與本生父母及親屬間的關係**：在收養關係存續中，養子女與本生父母及其親屬間之權利義務，除夫妻之一方收養他方子女外，處於停止狀態，於收養關係終止時起，始回復其與本生父母之關係，惟所停止者，僅止於權利義務關係，至於養子女與本生父母之自然血親關係，於收養存續期間，仍屬存在。

(四)收養之種類及優缺點

收養可分爲機構收養及私人收養，其優缺點如下：

1.**機構收養**：係由生父母向社會福利機構求助，或由醫療院所及其他單位轉介，希望透過社會福利機構爲小孩代覓合適的收養父母，經過法律的程序，正式辦理手續。辦理機構會提供收養人與收養相關的服務，如試養期的安排、提供親職諮詢、提供收養相關法律諮詢，生父母可透過機構知道孩子的狀況，小孩也能獲得充分的照顧和關懷。

2.**私人收養**：係指小孩被收養時，不經由社會福利機構之介入，而親生父母經人介紹，直接與有意收養小孩者接觸，或透過親戚朋友或其他有關人士的介紹，辦理收養，而收養父母可能負擔的風險，如

生父母的反悔、收養家庭的生活受影響。仲介者或生父母食髓知味不斷提高仲介費用，是為一種變相敲詐，對孩子的背景、來源或健康狀況所知有限，並且無法求證。

(五)收養之無效與撤銷

1.**收養之無效**：收養行為除當事人無收養之合意、未訂立書面及未經法院認可，宜解為無效外，收養人未長於被收養人20歲以上、收養違反輩分相當及禁近親限制之規定及收養違反一人不得同時為二人之養子女等規定，依民法第1079條之1，亦為無效。法律上有利害關係之人，得隨時以訴或抗辯之方法主張無效。惟現行收養法之無效宜解為裁判無效為妥，蓋收養須經法院之認可，為維法院認可之公信力，收養於法院裁判無效後，始溯及收養行為時無效為妥。

2.**收養之撤銷**：收養契約之瑕疵，當事人如有詐欺、脅迫或錯誤，得依一般法律行為之規定，行使撤銷權。此外，民法於第1079條之2規定有三種撤銷收養之原因：

(1)有配偶者收養未與其配偶共同收養，其撤銷權人為收養人之配偶。

(2)有配偶之人被收養，收養時未得配偶之同意，其撤銷權人為被收養人之配偶。

(3)滿7歲之未成年人被收養，未得法定代理人之同意，撤銷權人為法定代理人。

撤銷權之行使期間自知悉被收養之日起六個月內，或自法院認可之日起一年內。

收養撤銷的效力僅向將來發生，不溯及既往，養子女自收養撤銷之日起，回復其本姓，並回復其與本生父母的關係，但第三人已取得的權利，不受影響。

(六)收養之終止

收養關係的終止，係指對於完全有效之收養關係，因嗣後之事由，由收養人與被收養人合意終止或請求法院裁判終止收養關係，其終止之效力

向將來發生。收養之終止可分爲兩願終止及裁判終止，分別說明如下：

1. 兩願終止：兩願終止須由養父母與養子女雙方合意終止之，並以書面爲之。而兩願終止收養之要件爲：

(1)終止收養之合意

　　a.終止收養之合意爲身分上之行爲，應由當事人自行爲之，惟養子女爲未滿7歲之未成年人無意思能力，其終止收養關係之意思表示，由終止收養後爲其法定代理人代爲之，無法定代理人則爲例外。

　　b.終止收養之合意，以有意思能力爲己足，民法以年齡加以區分，7歲以上之即有意思能力，可自行決定終止收養關係，惟基於保護未成年人，養子女爲滿7歲以上之未成人者，其終止收養關係應得收養終止後爲其法定代理人同意。禁治產人於回復常態，得終止收養關係。

　　c.養親於收養時有配偶者，須共同爲收養，其終止收養關係亦應共同爲之，惟一方已死亡或離婚者得單獨爲之。至於養親於收養時尙無配偶，但終止收養時已有配偶，有配偶者於收養時未與其配偶共同爲之，但未經撤銷，有配偶者於被收養時得其配偶同意或未得配偶之同意？應採否定說，蓋於此等情形，無破壞家庭和平之虞。

(2)須做成終止收養之書面：兩願終止收養，應以書面爲之，且以此爲己足，無須如離婚須有證人或登記爲必要，雖依戶籍法，終止收養登記，應經戶籍登記，惟此不屬終止收養之要件，僅爲終止收養之證明方法。兩願終止收養，以書面爲必要，否則雖事實上已有終止收養之事實狀態，卻無書面之作成，仍不構成收養之終止。

2. 裁判終止：民法對於裁判終止收養之原因，採列舉終止收養之原因，並於第6款採概括規定，有其他重大事由時，養子女或養父母之一方得請求法院宣告終止收養關係。其中第3款至第5款爲片面、差別的終止收養之原因，僅養父母得向法院請求終止收養，其原因爲：養子女被處二年以上之徒刑時、養子女有浪費財產之情事時及

養子女生死亡不明已逾三年時。至於第1款對於他方虐待或重大侮
辱時、第2款惡意遺棄他方時及第6款有其他重大事由時，養子女與
養父母雙方均得請求法院宣告終止收養關係。

養父母死亡後，養子女不能維持生活而無謀生能力者，得請法院許
可終止收養關係。兒童收養案件，養父母對養子女如有遺棄、身心
虐待、利用殘障或畸形兒童供人參觀、利用兒童行乞、剝奪或妨礙
兒童接受國民義務教育之機會或非法移送兒童至國外就學、強迫兒
童婚嫁、拐騙、綁架、買賣、質押兒童，或以兒童為擔保等行為，
利害關係人或主管機關得向法院聲請宣告終止其收養關係。

3.終止收養之效力：終止收養因收養所生之一切效果，向將來失其效
力。養子女自收養終止時起回復其本姓，並回復其與本生父母之關
係，但第三人已取得之權利，不因此而受影響。至於與養方之關
係，收養終止時因收養所擬制之親屬關係視同消滅。養子女在收養
存續期間所生之子女，除有特約外，其與養方之親屬關係，隨同消
滅。收養關係終止後，養子女及其子女與養方直系血親及直系姻
親，仍不得結婚。如收養係因判決終止者，無過失之一方，因而陷
於生活困難者，得請求他方給予相當金額。

三、美國收養服務

美國為一英美法系的國家，原先並無收養制度，但為因應社會變遷的
需求，也自歐陸法系（如德國、法國、瑞士等）引入收養制度。收養制度
會隨著文化及民族性的差異而有不同的考量，但其內容與發展的方向及潮
流卻是一致的，接下來將介紹美國在收養服務及收養過程的一些考量與作
法。

在美國，兒童收養是很敏感的議題，收養之過程極需小心處理，是以
孩子的權益重要？還是親生父母、養父母、族群或部落權益重要？社會工
作人員在收養過程的角色是提供最佳的家庭選擇以滿足兒童之需求。因
此，收養過程中需要仔細評估收養家庭的優勢及兒童的需求。雖然許多被
收養的兒童如果在收養家庭獲得妥善的照顧，他們會給收養父母一些正向

的反應，但是也會有一些兒童，因為其早年被照顧的經驗或創傷，即使給予他們正向的照顧，他們也難以再相信別人。社會工作人員在為這些孩子做收養服務之評估時，必須要告知收養父母有此種概念及訊息，如此一來才不會造成不成功的收養程序及損害收養家庭及兒童。

社會工作者可以運用一些處遇方法幫助被收養兒童在收養家庭能平穩的捱過這個過渡時期，使被收養兒童能儘早適應新家庭的生活，例如利用生活剪貼簿幫助被收養兒童瞭解他的新家庭生活，而生活剪貼簿不只限於收養家庭的生活而已，也可包括與原生家庭或寄養家庭生活點滴的記錄。生活剪貼簿包括有相片、信件、收養文件或其他個人的訊息。

在許多收養過程中，最終所選擇的收養家庭並非為最初（第一個）的選擇，必須仔細評估，確認其有收養之能力。許多社會服務機構已開始修正理想收養父母的定義為：年輕、有安全財務、處於傳統的家庭情況（雙親），但現在已轉變為有愛人之心及有愛心的家庭環境才是最重要，是否為傳統的雙親的家庭環境就不是那麼重要。現在有越來越多的單親家庭、年邁父母的家庭、低收入戶家庭等非傳統式之家庭型態也可被接受成為一收養家庭。

(一)收養現況

在美國，被等待收養的孩子常是年紀較大、少數民族或者是有特殊需求（例如障礙兒）的兒童，而年輕、白色人種的小孩較少，而且也供給不及需求，以下將介紹跨種族收養、特殊需求收養，以及黑市收養三種美國收養市場現況，茲分述如下：

1.跨種族收養：跨種族收養（interracial adoption）在美國引起很多爭議及衝突。在美國收養服務市場中，少數民族的兒童比高加索的白人正在等待被收養家庭收養，事實上，單以黑人的兒童就占收養市場的39%（National Committee for Adoption, 1986）。雖然美國兒童福利聯盟一向支持收養服務是不對任何種族（包括父母及小孩）歧視，但也不得不承認，文化及族種支持的重要性。美國兒童福利聯盟也強調收養服務要基於兒童的最佳利益，而不是針對收養父母的考

量。然而許多研究亦指出：跨種族的收養，對兒童不會有壞處，且適應良好（Feigelman & Silverman, 1983；Simon & Alstein, 1987）。但是也有許多研究者與實務者亦堅持同種族收養，對孩子益處更多的信念，尤其是美國黑人社會工作者協會（National Association of Black Social Worker, NABSW）一直對支持反對立場，他們認爲在白人收養家庭長大的黑人兒童，日後會與自己族種的文化失去聯繫，並成爲無法融入任何文化的人。美國一九七八年制頒的印第安兒童福利法就是非常強調同種族收養的法案，而且也禁止印第安兒童被其他種族家庭所收養。在此法案未頒布之前，美國印第安兒童常被白人家庭所收養，也造成印第安社區的人口減少（在台灣，亦要考量原住民的兒童般），尤其是五、六○年代，約有25%至35%的原住民兒童因貧窮而被迫從原生家庭中被移開，安置在收養家庭中。同時該法案規定美國原住民兒童被安置的第一考量是其延伸家庭，第二是部落社區，第三是其他印第安部落家庭，以保留文化傳承的理念。此種強調也影響一九九四年美國頒布多種族領養法案（Multiethnic Placement Act），禁止領養者將接受領養者的族群、膚色，或因國籍作爲領養與否的因素，其用意在於縮短有色人種等待領養的時間。

倡導同種族收養的專家們希望原住民的兒童能被自己種族家庭來收養，以冤造成部落人口外移，以及形成印第安社區老人多而年輕族群少。這種方案的提倡者是在伊利洛州芝加哥市的長老教會「一個教堂／一個孩子」（One Church/One Child）的方案，此法爲在芝加哥地區每一個教堂收養一個黑人兒童，在短短數年中，這個外展方案已找到三十七個收養家庭，此方案現在也已擴展到美國各地區（Veronico, 1983）。

2.特殊需求收養：有特殊需求的兒童在收養市場等待被收養的需求量很大，而且也以年紀較大的兒童居多。美國在一九八○年頒布收養補助及兒童福利法（Adoption Assistance and Child Welfare Act of 1980）即以提供津貼的誘因（例如醫療補助）鼓勵收養家庭收養特殊需求的兒童。雖然津貼的用意是補助家庭獲得一些經濟資源以幫助特殊

需求的兒童，也希望不會因此帶給收養家庭是為了津貼而收養特殊需求兒童的烙印，但事實上，收養家庭收養特殊需求的兒童並不顧忌這種烙印（Cole, 1987）。

3.**黑市收養**：黑市收養意指兒童為了一些利益而被賣到收養市場。通常有第三者先在市場找尋等待被收養的嬰兒及兒童（通常找尋年輕媽媽的家庭），然後再找尋收養家庭待價而沽，以賺取中介費用。這種獨立性的黑市收養，媽媽獲得的支持很少，例如有限的醫療照顧及親職支持。

(二)收養過程

在收養過程中，需要專業兒童福利社會工作者對收養家庭仔細評估。一旦兒童被轉介到兒童福利機構，原生家庭的父母權利就合法的中止，或父母自願中止／放棄父母權利，社會工作者就從申請寄養家庭的檔案中尋找寄養父母，然後做媒親配對。在此媒親配對過程，等待被收養的孩子大多是年紀較大而且是少數或黑人民族，但是大多數的收養家庭想要的是白人兒童或年紀較輕的兒童（McKenzie, 1993）。

McKenzie（1993）發現在收養過程系統有一些阻礙存在，例如試養、收養規劃準備（包括父母權利的中止），以及收養規劃。在收養前的規劃階段常會造成收養過程的延誤，而這些延誤對被收養的兒童及收養家庭卻造成一些困難。這些收養流程是必然的，但也注意到收養父母及被收養兒童的需求。同時，收養流程還要包括社會工作者對收養家庭作訪視，以瞭解未來被收養兒童被安置的環境，以及尋找資源幫助收養家庭接納此被收養兒童的準備。但是，此種訪視諮詢也會傷害到被收養的兒童（例如提出兒童被虐待或惡待的記錄等），在過去，收養訪視過程還要做到對收養家庭的道德評估，現在則是強調收養父母的親職角色。

雖然嬰兒可以立即被收養，但對大一點的兒童還需做試養動作，因大一點的兒童，試養不成功的例子較多（Rosenthal, 1993）。收養家庭常常是由試養家庭已經照顧被收養的兒童一段時間後，再考慮由寄養轉到收養。雖然此方面的研究結果正反兩面皆有，但根據一些兒童福利專家的經驗，由寄養轉到收養服務，親子較不會產生試養不成功的情形（Downs, Costin

& McFadden, 1996）。因此，此情形也導致美國越來越多的機構以寄養家庭考量被收養兒童成爲一收養家庭爲第一優先。

此外，美國自一九七二年最高法院裁決未婚父親也有監護權，除非他們不適於爲人父。有些州甚至明確規定孩子出生六個月內生父有權是否同意，有些州則規定收養機構必須取得生父母的同意，問題是有些生母不願意說出生父的名字。美國一九八三年最高法裁定：生父如果未與嬰兒建立關係，不得擁有撫養權。紐約州就針對未婚父親建立登記檔案，只要有未婚出生小孩被領養，這些登記的未婚父親就會被通知，他們可以察看被領養的小孩之中，是否有自己的子女。

第三節　機構安置與教養服務

機構安置與教養服務在過去（六○年代之前）一直是兒童福利的主要業務，尤其對於一些貧童、兒童虐待個案、非婚生之子女或原生家庭不適擔任教養角色等。安置服務一般可分爲家庭式與機構式之服務；家庭式之安置又以親戚及寄養家庭之家外安置爲主（已於第一節中介紹），而機構式又以相關教養機構或育幼院爲主，是屬於兒童安置照顧體系裡的最後一道防線。安置照顧的目的在於提供上述兒童臨時式的替代性照顧，待原生家庭功能恢復，再讓兒童返家，如家庭功能已喪失，再尋找永久性的規劃，如收養家庭（已於第二節中介紹）。七○年代之後，隨著國內兒童發展問題與日劇增，安置服務也日漸明顯，雖然早期的兒童福利業務，以安置爲唯一且很重要的處遇，但自兒童照顧觀念轉變及兒童發展研究的影響，兒童安置觀念也隨之改變，以兒童寄養爲第一優生，其次爲兒童收養，最後不得已仍要考量機構安置服務。雖然如此，還是有部分兒童或少年因本身伴隨著一些行爲問題或性格異常，使得一般寄養家庭接受意願不高，而使得他們成爲一些「難置兒」（杜慈容，1999；Collins, 2001），而教養機構可以在有控制及資源的環境下，配合兒童之特殊需求，協助其能身心健全發展，待其適應社會環境，故機構安置還是有存在之必要性。

余漢儀（1995）提出機構安置服務雖然讓兒童、少年免於家人的傷

害，但分離的經驗卻也造成孩子心理情緒與生活適應上之困難；而且機構內複雜的人際關係、較不彈性的管理規則，也會造成兒童及少年日後人格及行為之影響。

本節將介紹政府遷台以來台灣地區育幼院機構照顧服務的發展、台灣目前兒童及少年的安置機構種類及其目的、服務內容、安置機構業務的發展與轉變及未來發展方向，茲分述如下：

一、遷台以來台灣地區育幼院機構照顧服務的發展

(一) 一九四○、五○年代

台灣光復初期兒童福利事務發展是以救濟院、教養院，以及殘障機構等替代性質之福利服務機構來推展，其主要發展之重點為教養保護及技能訓練。至於，在核心國家與邊陲地區之經費、知識與資源的強制擴散過程中，非營利組織的CCF在主客觀的相對優勢之下，率先在台灣地區採取家庭型態的機構教養方式（葉肅科、蔡漢賢主編，2002；Kuan, 1994）。

遷台之後政府所實施有關社會救助的服務措施與一九四九年所制定有關育幼服務機構教養相關的單行法規（包括：台灣省立救濟院組織規程、台灣省育幼院組織規程、台灣省育幼院兒童入院出院辦法、台灣省救濟院育幼院所家庭補助辦法）等法源相關（孫健忠，1995）。另外，民國一九四三年所公布的「社會救濟法」對於政府遷台後的育幼服務工作也具有指標性的作用，例如，育幼所收留養年齡的分界為2歲至未滿12歲之兒童，在留養期間，必須規劃安排院童之教育及技能之訓練，此為救濟方法的部分；另外社會救濟法將育幼院規範為救濟設施的一部分。此外，亦將育幼院收養的運作訂定了明確的規範（丁碧雲，1975）

(二) 一九六○年代

政府於一九六五年頒布有關社會救助之政策──「民生主義現階段社會政策」，此項政策的頒布也使得育幼院在十年內（一九六○年至一九七○年），由七家劇增至二十七家，院童數由1,468名增加到4,012名（蕭肅科、

蔡漢賢主編,2002)。由於育幼院之家數及院童數的增加,以及一九六八年九年國民義務教育的實施,育幼院院童收容年齡由原本未滿12歲延長至未滿15歲,其功能已不單單僅限於安置的功能,對於院童的教育及技能訓練也必須提升(台灣省文獻委員會,1992)。

另外,此階段也制定了許多相關的法規辦法,包括:「台灣省立育幼院扶助兒童辦法」(一九六三年)、「獎助私立救濟院福利設施辦法」(一九六三年)、「私立救助設施管理規則」(一九六四年)、「公私立救濟、育幼院學童升學請領公費辦法」(一九六九年)、「設置兒童福利業務人員研習中心以強化從業人員的專業知能」(一九六三年)(蕭肅科、蔡漢賢主編,2002),以及一九七〇年所通過的「中華民國兒童少年發展方案綱要」。

(三) 一九七〇年代

與一九六〇年代相較之下,安置機構已非貧困家庭兒童的唯一去處。因政府提供貧困家庭兒童生活上的補助,加上從一九六〇年代中期政府積極推動人口調節政策的因素(內政部人口政策委員會,1981;丁碧雲,1975),因此,一九七〇年代育幼院收容人數明顯下降,由一九七〇年4,000多名下降至一九八一年的2,000多名(蕭肅科、蔡漢賢主編,2002)。

至於,一九七三年「兒童福利法」的通過,此法之內容主要是以不幸兒童為目標人口群(target population),而對於兒童保護之政策及措施,以及兒童福利機構的經營管理的部分,在法源的基礎上,仍有許多不足的部分。

(四) 一九八〇年代至今

此階段為因應政府兒童保護政策,育幼院在經營型態及運作上有明顯的變化,朝向收容多樣化發展,例如,一九九〇年省政府社會處在三家省立育幼院設立受虐兒童緊急庇護所,此外鼓勵並積極輔導民間傳統育幼機構的轉型等(施教裕,1998)。這樣的變遷,加上外在性結構的限制(如:機構之轉型、合法立案的他律規範、國外資源撤離的生存壓力,以及兒童福利需求的轉變等),使得育幼院在此階段包括院所數及收容人數等都出現明顯落差的現象。

　　另外，此階段並完成修訂許多相關法規辦法，包括「兒童寄養辦法」（一九八三年）、「兒童寄養業務及收費辦法」（一九八五年）、「兒童福利法」（一九九三年修正實施）、「兒童福利專業人員資格要點」（一九九五年）、「兒童福利專業人員訓練實施方案」（一九九七年）、「兒童少年福利法」（二○○三年），以及兒童局專責單位的設立（一九九九年）等法規辦法，對於育幼院的功能及定位等產生了衝擊及影響（蕭肅科、蔡漢賢主編，2002）。

　　綜上所述，政府自遷台以來已將近五十五年，台灣地區育幼院機構雖在不同的年代環境中，隨著社會的變遷及相關立法的規範下演變、發展，育幼院在功能上已不再只是一安置、照顧的機構，面對不同的因素所產生的問題，使得其必須轉型朝向收容多樣化的方向發展，從**表**11-3育幼機構照顧服務一覽表中就其收容人數比例的部分來觀察，從一九四五年至二○○二年平均收容人數比例大約占兒童人口數的萬分之六。

表11-3　**育幼院機構照顧服務一覽表**

年代別（年）	總人口數：千人	兒童人口數：千人	兒童人口比：%	育幼院數：所	收容人數：人	兒童收容比：萬分	院所收容比：人
1946	6,091	2,619	43.0	1	156	6.0	156.0
1960	10,792	4,904	45.4	7	1,468	3.0	209.7
1966	12,993	5,712	44.0	17	2,617	4.6	153.9
1970	14,679	5,821	40.0	27	4,012	6.9	148.6
1975	16,233	5,705	35.1	34	2,882	5.1	84.8
1980	17,866	5,714	32.0	35	3,088	5.4	88.2
1990	20,401	5,510	27.0	25	1,719	3.1	68.8
1998	21,929	3,811	17.4	41	2,454	6.4	60.0
1999	22,092	3,786	17.1	40	2,306	6.1	57.7
2000	22,277	3,751	16.8	42	2,433	6.5	57.9
2001	22,406	3,700	16.5	42	2,362	6.4	56.2
2002	22,528	3,612	16.0	42	2,166	6.0	51.8

資料來源：蕭肅科、蔡漢賢主編（2002）。《五十年來的兒童福利》。中華社會行政學會。
　　　　　行政院經濟建設委員會人力規劃處（2002）。《中華民國台灣地區民國91年至140年人口推估》。行院經濟建設委員會人力規劃處。

二、機構安置種類及目的

機構安置的教養（institute care）是政府與民間團體共同對失依兒童所提供一種團體照顧方式，尤其在對提供兒童安全堡壘的家庭，失去了功能，加上社會資源及支持系統日益薄弱，更衍生社會對機構安置的需求。早期對失依兒童，提供類似家庭給予兒童一些生活照料及學習機會的機構收容，稱為孤兒院或育幼院，一般是以非營利組織或慈善人士所興建。漸漸地，這些機構收容一些破碎家庭、變故家庭或低收入的家庭（馮燕等，2000），日後隨著社會兒虐事件頻增，此種安置機構遂成為兒童保護的最後一道的護身符，提供家外安置。自二○○○年隨著凍省，原有省立桃園、台北、高雄育幼院，分別改稱為北區、中區及南區兒童中心，並成為一種兼失依、兒虐、性侵害及流浪兒童的綜合性的教養機構。

我國兒童少年福利法第五章：福利機構中第50條規定：兒童及少年福利機構分類如下：(1)托育機構；(2)早期療育機構；(3)安置及教養機構；(4)心理輔導或家庭諮詢機構；(5)其他兒童及少年福利機構。前項兒童及少年福利機構之規模、面積、人員配置及業務範圍等事項之標準，由中央主管機構定之。新合併的兒童少年福利法未對安置及教養機構作一補充定義，未來會在兒童福利施行細則明定之，但一九九三年的兒童福利法第23條規定：中央及直轄市、縣（市）政府為收容不適於家庭養護或寄養之無依兒童，以及身心有重大缺陷不適宜於家庭撫養之兒童，應自行創辦或獎勵民間辦理下列兒童福利機構：(1)育幼院；(2)兒童緊急庇護所；(3)智能障礙兒童教養院；(4)傷殘兒童重建院；(5)發展遲緩兒童早期療育中心；(6)兒童心理衛生中心；(7)其他兒童教養處所。對於未婚懷孕或分娩而遭遇困境之婦、嬰，應專設收容教養機構。

總之，機構安置係指兒童因家中遭遇變故或遭受不當教養或虐待，故使兒童不適宜待在原生家庭，因此，兒童必須要採取家外安置，而家外安置優先之考量為寄養服務（暫時性），其次為收養服務（永久性的規劃），最後才為機構安置（可為暫時性及永久性）。所以說來，機構安置及教養之目的是透過安置，給予兒童暫時性或永久性的養育及教育，以協助兒童身心健全成長，以及幫助兒童返回原生家庭或能適應社會環境。

三、機構安置之服務內容

　　機構安置之對象是因家庭遭受某些原因（如變故、兒童虐待等），而使兒童「不適宜」或「不能」再待在原生家庭，而家外安置之寄養服務又不適合時所採取之服務方式，當然兒童又有其特殊性，例如，行為、人格或特殊需求（如肢體或心理障礙等），故機構教養服務遂成為一綜合及多元性的服務，以下就以兒童及少年安置機構經常使用服務內容做介紹，茲說明如下：

(一)兒童安置機構

1.院童教養

　(1)生活照顧：因院童的年齡都很小（12歲以下）且大都來自家庭結構不健全或功能失調的家庭，故其生理及心智之發展，常有遲緩之現象，顯現於外之行為亦多偏失，需給予更多的愛心包容及更專業之照顧與輔導。機構採家庭型態方式教養，依院童年齡及性別之考量分為幾個不同的家，各家有家名，每家配置二名保育人員，輪流值勤全天候給予院童最妥適之生活照料；對於院童的身心發展，除了保育人員時時關注外，還不定期前往院童就讀的學校訪視，並於每晚就寢前安排貼心的會談，輔導員和社工員亦定期值勤，以協助保育人員輔導行為偏差院童，處理突發狀況及個案諮商。另有膳食委會組織負責院童三餐膳食事宜。

　(2)課業輔導：多數院童因先天條件不足以致學業、成就、學習動機低落，正值國小、國中的義務教育階段，係基礎學力建立最重要之時期，為協助院童快樂學習，並奠定良好學識基礎，院家輔導的措施如下：

　a.針對學習困難的院童：建議學校設置學習障礙資源班，以進行補救教學。

　b.召募各大專院校學生組成志願服務隊，實施一對一之課業輔導，針對學習進度嚴重落後，或智能不足需特殊教育之院童，

或是召募在職或已退休的老師來擔任輔導課業的志工。

　　c.運用電腦教學軟體輔助院童的學習，使電腦能生活化、教育化。

(3)才藝訓練：為促進院童智能發展，提供多元學習機會，透過外聘學有專精之師資及部分志工老師之熱心服務，辦理各項才藝班，如電腦、珠算、兒童聖經、繪畫、編織、桌球、吉他等課程，以期增長見聞，啟發智能及提升院童自我概念，頗多助益，深受院童歡迎。

(4)休閒活動：定期辦理各種休閒活動或比賽，如戶外旅遊、郊遊登山、烤肉、知性參訪等活動，藉以調適身心，並豐富生活經驗。

2.衛生保健

(1)定期的辦理全身健康檢查，以期孩子能在整潔舒適的環境中成長。

(2)因院童均來自弱勢或功能不健全家庭或受遺棄之兒童，他們在身心發展的關鍵期，缺乏適當教養或身心受虐，所以在認知發展、生理發展、語言發展、心理發展，以及生活自理能力等方面均有遲緩現象；所以院家需積極推動早期療育：

　　a.將發展遲緩的院童送至醫院評估及安排適當治療。

　　b.對於情緒困擾、心理障礙之院童，安排至醫院做心理治療。

　　c.積極接洽特教系學生來做志工，幫助每一位身心障礙的院童。

3.個案輔導：為協助行為偏差或適應不良的院童，或是情緒困擾之院童，提供個別輔導，以增加其適應能力，使其人格得以正常發展。

4.追蹤輔導：經人收養或是終止收容關係的院童，為確保其離院後能繼續接受良好的教養及生活，院家會與其保持密切聯繫，追蹤輔導，以適時、適地的給予協助與支援。

(二)青少年安置機構

　　除了實務上的需求，國內這幾年因「少年福利法」、「少年事件處理法」，以及「兒童及少年性交易防治條例」等與少年有關的法令均提到安置服務的概念，使得少年安置服務的定位更為明確與迫切。

　　我國自一九八九年通過少年福利法後，短短不到十年間陸續通過或修訂三個與青少年福祉相關的福利法案，這些法案包括兒童福利法的修訂、兒童及少年性交易防治條例及少年事件處理法的修訂。隨著這些相關法令政策的修訂或通過，保護青少年的福利觀念迅速且普遍受到社會重視。綜觀這些法案中，對於應受保護的少年類型、保護的流程、服務的機制，以及相關罰則都有明確的規範。因此，針對這些特定青少年的特殊需求所需要服務內容及項目也隨之發展，其中最凸顯需要性的就是安置服務（張紉，2000）。

　　少年安置服務的興起，主要是奠基於一群需要受到的保護的青少年，無法從他們原生家庭中得到應有的身心照顧，因此，由國家提供替代性家庭服務，以協助青少年順利成長。雖然這種替代性家庭的福利措施，有其福利政策思考上的殘補性缺失及爭議之處（余漢儀，1995），然而對於遭逢不幸或受到傷害的青少年，仍然有其實際上的需要。

　　若對於需接受安置服務的對象及安置類型加以分析整合後可以發現，目前國內認定需要接受安置服務的少年類型大致分為五類：

1.家庭遭變故、家人不適合或無力教養之少年。
2.因家人蓄意傷害（如虐待、惡意遺棄、押賣，或強迫少年從事不良行為）而需要保護之少年。
3.因任何原因而從事性交易或之虞行為之少年。
4.行為偏差或適應不良之少年。
5.經由司法機關裁定，需安置於相關福利機構以接受保護管束者。

　　由以上的分類可以清楚看到：相較於提供給兒童的安置服務，我國法令在規範以少年為主體的安置服務類型中，仍以有行為問題的少年為主，也因此具有「機構化」、「集體化」的特色，容易讓接受服務的少年感受到「拘禁性」與「強制性」。雖然少年可以體認安置服務是「善意」的，是為了保護他們免於受到更多的傷害，但不論其被安置的理由為何，但在嚴格的與外界區隔的制度下，他們對此作法最深刻的感受是「沒有自由」。所有的善意是因不自由的住宿環境而大打折扣。該如何使這些原本具有福利意涵的安置服務能夠將福利的理念傳達給少年，並讓少年感受到安置機構所

提供的服務對他們的裨益，乃是目前國內少年安置服務亟需突破的工作。

目前對於少年採取機構安置服務（參考**表**11-4），其主要法源為下列五項：

1. 少年福利法。
2. 少年事件處理法。
3. 兒童及少年性交易防治條例。
4. 家庭暴力防治法。
5. 性侵害防治法。

四、兒童少年安置機構業務轉變與發展

(一)兒童安置機構

1. 收容對象多樣化：過去數十年來，機構收容兒童大多來自父母雙亡，或單親年滿60歲以上、有精神方面疾病，兒童身心有問題的或低收入戶之家庭；之後隨著社會環境變遷、家庭功能轉變，機構收容的對象亦隨之有了重大的變革。以目前機構所發現收容對象因「兒童保護案件」入家者（被虐待、受疏忽、遭遺棄及家庭遭遇重大變故）占有人數三分之一強，另因父母（一方或雙方）「判刑確定在執行中」入家者（販毒、吸毒、其他各類案件）亦占六分之一強；此外，因家庭結構改組、家庭功能喪失（父母離婚、一方失蹤、未婚生子）之單親家庭兒童及經法院協商裁定轉介之兒童、少年，亦有越來越多之趨勢。對於前述各類兒童，機構皆全力配合政府政策，以兒童福利之最佳考量，予以收容教養。
2. 照顧內容全面化：機構除以往的單純式照顧，如免於孩童挨餓受凍、來自功能不健全之家庭外，須給予更多的愛心、包容及更專業的輔導照顧，其內容需更專業化、全面化。
3. 保健醫療專業資源整合及社區服務化：
   (1)早期療育：早期介入早期療育是發展遲緩幼兒進步的關鍵所在。

表11-4　少年安置機構名單

機構名稱	電話	e-mail	聯絡人	職稱	安置少年類型	備註
台北市立廣慈博愛院婦女職業輔導所	02-27282334 *250		高燕秋所長 余輔導員			不幸少女
台北市展望家園	23611363		朱玉欣	社工督導	1. 18歲以下依兒童及少年性交易防制條例需介送緊收容中心及經法院裁定安置緊短期收容之個案。 2. 經社會局評估有緊急庇護必要之12～18歲個案。	公設民營庇護 機構地址保密
台北市向晴家園	29372130	Cathwel.girl@ msa.hinet.net	尤敏芳	社工督導	12～18歲有下列情事之少女： 1. 依少年福利法、兒童及少年性交易防制條例及少年事件處理法收容安置個案。 2. 經社會局評估應予保護安置之個案。	公設民營庇護 機構地址保密
台北市希望家園	27420995	hopehouse@ pchome.com.tw	江元凱	主任	12～18歲有下列情事之少男： 1. 依少年福利法、兒童及少年性交易防制條例及少年事件處理法收容安置個案。 2. 經社會局評估應予保護安置之個案。	公設民營庇護 機構地址保密
財團法人台北市勵馨社會福利事業基金會附設生命學舍	23673002	goh@ms1. hinet.net	莊文芳	社工督導	12歲以上18歲以下女性、12歲以下者男案評估，服務類型包括：被迫從娼、非被迫從娼（亂倫之虞、離家、翹家）、被強暴、身體虐待、遭棄、疏忽、流浪、偏差行為、精神虐待	私立庇護機構 地址保密

(續) 表11-4　少年安置機構名單

機構名稱	電話	e-mail	聯絡人	職稱	安置少年類型	備註
財團法人天主教善牧社會福利事業基金會附設德蓮之家	2894 1684	martha.tilen@msa.hinet.net	陳貴詩	主任	被拐賣、亂倫、性侵害、虐待、惡意遺棄等少女	私立庇護機構 地址保密
財團法人天主教善牧社會福利事業基金會附設德莉之家	28925561	deli.girls@游msa.hinet.net	稚婷	社工員	被拐賣、亂倫、性侵害、虐待、惡意遺棄等少女	私立庇護機構 地址保密
財團法人基督教更生團契附設台北市私立北投中途之家	28956814	alex0507@pchome.com.tw	許振業	主任	13～18歲有下列情事之少男：1. 法院裁定安置輔導之個案。2. 甫出獄、受保護管束、乏人照顧、受虐待或流浪街頭之個案。	私立庇護機構 地址保密
財團法人基督教更生團契附設少年之家	03-3673074		張進益 楊淑慧	生活輔導員	保護個案	
迦南教會	03-3358707		李佩芳		性交易	
內政部少年之家	035-222238		林瑜珍	主任	違反兒童及少年性交易防制條例之少女	
財團法人台灣省天主教新竹教區附設藍天家園	03-5761115			主任	非行少年（中途之家）	
財團法人天主教善牧社會福利基金會附設德心之家	03-5550955		劉玉鈴	主任	少女收容	保密
台中市向陽兒少關懷中心（公設民營）	04-23759913	傑瑞基金會		社工員	不幸兒童少年 家暴性侵害個案	
財團法人台灣兒童暨家庭扶助基金會附設台中市私立中途之家	04-23131234		曾玉芬 鄧淑文	園長 社工員	違反兒童及少年性交易防制條例之少女	
善牧基金會附設台中市私立童親彰化兒童學園	04-22029405		徐慧莊	代主任	家暴婦女及其未成年子女 12歲以上性侵害個案	
基督教救世軍彰化兒童學苑	04-8752640		劉美娜	苑長	竊盜犯（原則上收容12歲以下，但得延長至18歲）	

（續）表11-4　少年安置機構名單

機構名稱	電話	e-mail	聯絡人	職稱	安置少年類型	備註
內政部雲林教養院	05-5954359轉132		林美珠	社工課課長	違反兒童及少年性交易防制條例之少女	
嘉義市家扶中心	05-2812085		黃淑員	社工員	失依、少保	
台南家庭扶助中心	06-2506782		邱春雄	主任	違反兒少性交易防制條例少女	
台南縣露晞少年教養中心	06-2344009		童荔芬	主任	未婚媽媽	文字修正
台南縣私立噶瑪噶居蔣揚社福慈善事業基金會附設鹿野金苑關懷之家	06-5732722		莊瓊瑛		性交易	文字修正
加利利希望之家	06-57425010	wellspring97@hotmail.com.tw	陳玉潔			
財團法人天主教聖母無原罪方濟傳教修女會附設高雄市私立康達家園	07-5826457			社工員	不幸少女	高市立案（社科）
財團法人恩典文教基金會附設高雄市私立曙光教養中心	07-3652987		張雄盛	社工員	不幸少年	高市立案（社工室）
屏東縣私立基督教沐恩之家	07-7234358		張妸婷	社工員	中輟男安置	文字修正
蘭園中途之家	07-7498173		蕭如婷	社工員	兒少性交易	
少女中途之家（路得學舍）	07-6997940 07-6997941		余瑞美	主任		委託蘭馨基金會 保密性
大寮國中慈暉班	07-7837091轉46		周明進	組長	不幸少年、失依、貧困、緊急安置（但此部份較務）	
內政部南區老人之家	08-7223434		江修女	社工員	12～18歲低收入戶少年	
天主教少女城	08-7991105		江修女	教養機構		
宜蘭縣家扶園	039-322591				教養機構	
財團法人宜蘭縣私立慈懷社	039-358304				失依、經濟、法院責付、其他重大	

（續）表11-4　少年安置機構名單

機構名稱	電話	e-mail	聯絡人	職稱	安置少年類型	備註
會福利基金會慈懷園					變故	
財團法人基督教芥菜種會附設花蓮縣私立少年之家	03-8562343	ms1954@ms67.hinet.net	胡蘇珊	社工員	少年（各縣市政府及法院責付之個案），限男性	
財團法人台灣基督教主愛之家輔導中心	03-8260360 03-8260000	agape@vsg.org.tw	蔡明珠	社工員	12歲以上、60歲以下自願戒毒戀癮者少年（各縣市政府及法院責付之個案），限男性	
財團法人中華兒童暨家庭扶助基金會花蓮家庭扶助中心	03-8236005	ccfhu@ms21.hinet.net	王麗雲	督導	兒童少年保護安置及轉介不幸少女安置及追蹤輔導心理輔導、行為矯治	
財團法人台灣基督教更生團契附設花蓮私立少年學園	03-8700046 03-8703085	fh187000@ms64.hinet.net	黃明鎮	總幹事	少年（偏差行為及中輟生個案），限男性	
財團法人台灣基督教門諾會附設花蓮縣私立善牧中心	003-8224614	s328000@ms2.hinet.net	陳信惠	執行長	性侵害之不幸少女、行為偏差少女少年、婦女、偏遠地區之弱勢族群	
財團法人天主教會花蓮教區附設花蓮私立小樹之家	03-8239936 0958228995	fsh97@ms21.hinet.net	陳海雯	主任	法院、縣市政府轉介少年限男性	
財團法人台灣基督教門諾會附設花蓮縣私立黎明教養院	03-8346995	Kib24@tpts5.seed.net.tw	黃順妹	社工員	貧孤、疏忽、受虐、性侵害	
財團法人台灣兒童暨家庭扶助基金會台東家庭扶助中心	089-323804		林翠捐	組長	貧孤、疏忽、受虐、性侵害	
內政部澎湖老人之家	069-273693		蔡煌朗	組長	6～12歲失依兒童、少年	
金門縣大同之家	082-311236		顏恩威	主任		
高雄縣瑞平中學						
台東縣阿尼色弗兒童之家	089-223194					
宜蘭縣私立佛教孤兒夫社會福利慈善事業基金會附設幸夫愛兒園	03-9515532					

越早期介入越能省下教育成本，專家學者也認為早期療育一年的功效是3歲以後的十倍功效。所以機構對於早期發現、早期接受治療是有必要多加注意及發展。

(2)心理治療：對於頗多的情緒困擾、心理障礙或長期創傷症候群之院童，需專聘專業心理治療師為其作心理治療。對於行為偏差或負向行為的院童，需辦關懷成長團體來引導正相向行為及增進社交技巧。

4.志工服務社區化制度化：期待召募更多的大專志工來機構服務，也希望結合社區資源和機構附近的社區作分享資源。

(二)少年安置機構

在相關的法令規範下，政府及民間團體這幾年共同致力於安置機構的設置及服務的規劃。至九○年度，全國計有少年教養機構17所，共423床；少年輔導機構共14所，共有564床。全國可供約1,000床的服務容量。而安置服務需求方面，卻有2,241件。目前機構是收容女性較多，而且大都在中南部，相對以北部，男性收容機構較少，如此可顯現目前台灣少年之安置需求殷切，尤其是男性安置之機構。這也是兒童局在少年福利業務中，一方面結合民間資源，設置或改善少年教養、輔導機構，另一方面積極擴充少年安置床位以因應地方政府對少年安置之需求（內政部，2004）。

除此之外，少年安置服務的內容也呈現多元化面貌，首先因法源不同，形成主責安置業務的機關包括社會局、少年法院、教育局，因此也形成多重服務對象類型，包括失依、受虐、從事性交易及行為偏差者（有關處遇流程可參考圖11-4及11-5）。而安置服務提供方式，也隨主管機關的人力及地方資源的不同，分別包括政府興建新機構、公立機構轉型（內政部少年之家）或擴展原有服務（公立育幼院、廣慈），委託民間機構公辦民營（松德之家）或是專案委託民間團體提供服務（善牧、勵馨）等。此外安置服務的名稱或內容，又分緊急庇護、短期收容、關懷中心、中途學校、矯治學校等。這種多元的服務主責機關、案主類型、服務輸送方式及服務內容交叉互動影響，造成安置服務機構實際運作上的許多挑戰。附帶地，目前兒童少年安置機構負責人及管理者絕大多數均非社工專業相關科系背

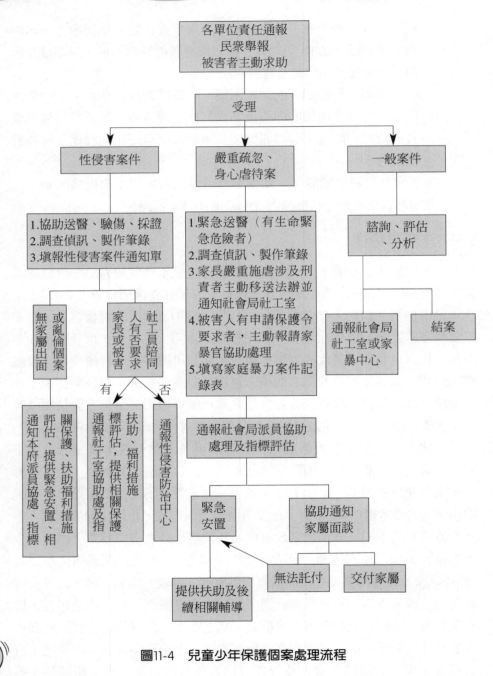

圖11-4　兒童少年保護個案處理流程

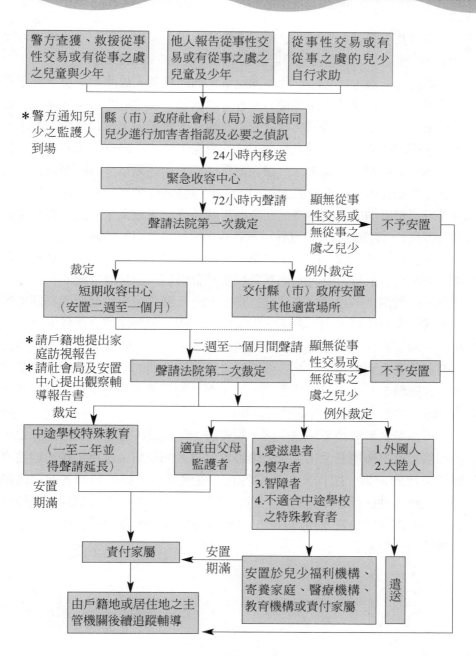

圖11-5　兒童及少年性交易防制工作流程

景，而且甚少有社會工作師之證照者擔任，也凸顯出少年安置機構之方案規劃及服務制度之品質未能符合專業要求，難收安置輔導之成效。

　　即使在美國，於七○年代美國兒童福利的專業人員開始重視家庭處遇的重要性，並從傳統以「兒童」或者以「救援」爲中心的工作策略，改變以「家庭」或以「支持」爲取向的服務模式，爾後加上聯邦法令的要求，伴隨經費的提撥，使得以家庭爲中心的處遇策略成爲服務方案的主流，例如IFPS。而台灣目前尚未採行讓家庭爲中心的處遇策略成爲服務方案，家庭維存服務在台灣仍處於概念階段，未能付諸之行動實行。這也是兒童局現階段正輔導地方政府結合民間團體辦理「受虐兒童及少年原生家庭維繫重整服務」，俾期恢復其家庭保護及教養功能（內政部，2004）。

　　原生家庭在一個人的一生中扮演了相當重要的工具性與情緒性支持功能，國家是以公權力介入家庭私領域來代行親權，而接受安置的少年除了歷經家庭的傷害，也往往無法建立穩定的社區關係，有些甚至因長期流轉於不同的安置機構，因而對人、對環境產生懷疑，無法建立信任關係。其實，不論安置少年最終是返家或是要獨立生活，福利服務體系都應該將服務的對象擴大到少年之外的各個系統，特別是他們的家庭，讓少年在準備離開安置體系時，可以有些選擇，而非無奈的、措手不及地進入另一個生活階段，然後又很快地重新回到社會福利體系中。

　　不論是返家或是要獨立生活，對安置少年而言，都是新生活的開始，他們除了需消極地避免複製過去傷害他們之人的作爲，也應更積極地建立屬於自己的未來。所以，期待國內的安置機構除了提供殘補式的保護策略，也應主動採行以家庭爲中心的處遇策略，若在進行家庭處遇一段時日後，仍評估家庭功能未獲改善時，則應協助少年準備進入獨立生活，以建立屬於自己的人生與未來。

五、未來的展望及省思

(一)落實兒童福利，確保兒童權益

站在落實兒童福利，確保兒童權益角度，積極主動輔導案家，使其家庭功能早日恢復，一方面幫助案主能重返家庭，共享天倫，以減輕政府財政負擔。

(二)擴大社會聯繫，加強服務社區

擴大社會福利機構間的聯繫，相互支援配合，彼此溝通感情，大家交換經驗，以期為求助者提供最有效之服務。

(三)少年安置輔導之迷思，建構全面輔導策略

兒童安置的年齡依法是初生至未滿12歲者為限，但現因家庭暴力或家庭失能、解組而身心受創，12～15歲以內之少年為數漸多，而安置機構之資源及床位將更顯窘困。所以機構會期待全面輔導案家，使他們恢復功能才能減輕國家社會的負擔。

(四)不適返回原生家庭之兒童，機構長期安置乎？出養乎？

在兒童保護安置事件，主管機關得依法向法院訴請停止不適任父母之親權並另行裁定主管機關為監護人。主管機關斟酌兒童最佳利益考量，為其尋找適當家庭予以出養並聲請法院認可，較之長期安置應是兒童最佳處理方式。惟因民法及兒童福利法有關收養規定未明確，法官見解不一，還未有案例可循。機構只好長期安置收容，長期安置收容對兒童身心發展亦有不利影響。所以期盼民法及兒童福利法能修訂有關收養規定，可以斟酌兒童最佳利益考量，認可受虐、遭棄養、疏忽教養之孩童收養案件。

本章小結

　　本章探討兒童福利的最後一道防線──替代性兒童福利服務，前二章也將支持性及補充性之兒童福利服務作深入的說明。替代性的兒童福利服務目的在針對兒童之實際需求，提供一部分或全部替代家庭照顧的功能。本章分別就其主要的措施與內容說明，包括：寄養服務、收養服務、機構安置與教養服務，以及兒童保護服務。

　　就我國兒童福利服務的現況來看，若情況不甚嚴重者，大部分只提供支持性福利服務，其次為暫時性寄養服務，至於較嚴重之案例才會採取機構式的安置。國內兒童、少年家庭寄養服務大多由政府委託民間團體辦理，推行幾十年來，為因應社會的變遷，寄養服務的內容及相關措施也隨之改變。未來應朝向專業資源整合、擴充寄養家庭的類型、舉辦講習會強化寄養家庭之服務功能、培訓寄養服務之專業人力，加強原生家庭重建與輔導的工作，以朝向永久性規劃之目標。

　　第二節介紹我國收養法的立法沿革及趨勢、現行收養制度的規範與效力、美國收養服務作介紹，我國對於收養制度的改革，大致朝向社會救濟的方向，但國內學者曾指出相關之缺失及提供外國收養法之優點，但大多數仍未被立法者所採用，現代各國收養法的內容及制度，會隨著文化之差異及依據其本身的社會經驗來考量，但最終目的皆為一致的──以謀求兒童最佳利益之生長環境為目標。

　　第三節之內容為政府遷台以來台灣地區育幼院機構照顧之發展、台灣目前兒童及少年的安置機構之種類及其目的、服務內容、安置機構業務的發展與轉變及未來的發展方向。兒童若因家中遭受變故、不當教養或虐待，使得兒童不適宜待在原生家庭，因此，兒童必須要採取家外安置，而家外安置應優先考量的是寄養服務（暫時性），其次為收養服務（永久性的規劃），最後才為機構安置（可為暫時性及永久性）。雖然如此，還是有一部分兒童及少年因本身伴隨著一些行為問題，或性格異常，使得一般寄養家庭接受意願不高，所以教養機構可以在有控制及資源的環境下，配合兒

童之特殊需求，協助其能身心健全發展，以適應社會環境，故機構安置還是有存在之必要性。透過機構安置，給予兒童暫時性或永久性的養育及教育，協助兒童身心健全成長，以及幫助兒童返回原生家庭或能適應社會環境。

參考書目

一、中文部分

丁碧雲（1985）。《兒童福利》。台北：新潮出版社。

丁碧雲編著（1975）。《兒童福利通論》。台北：正中書局。

內政部人口政策委員會（1981）。《人口政策資料彙集》。內政部人口政策委員會。

內政部（2004）。《中華民國九十二年社政年報》。台北：內政部。

王毓棻（1986）。《台北市寄養父母困擾問題研究》。東海大學社會工作研究所碩士論文。

台灣省文獻委員會（1992）。《重修台灣省通志卷七政治社會篇》。台灣省文獻委員會。

台灣之子，每年被丟棄上千人《聯合報》（2004，5月7日）。

行政院經濟建設委員會人力規劃處（2002）。《中華民國台灣地區民國91年至140年人口推估》。行政院經濟建設委員會人力規劃處。

何素秋（1999）。《寄養父母工作滿足與持續服務意願服務》。靜宜大學青少年兒童福利研究所碩士論文。

余漢儀（1995）。《兒童虐待——現象檢視與問題反省》。台北：巨流圖書出版公司。

余漢儀（1997）。家庭寄養照顧——受虐孩童的幸抑不幸？《台大社會學刊》，25，107-140。

杜慈容（1999）。《童年受虐少年「獨立生活」經驗探討——以台北市少年獨立生活方案為例》。台北：國立台灣大學社會學研究所碩士論文。

周建卿編著（1992）。《中華社會福利法制史》。台北：黎明文化事業股份有限公司。

周慧香（1992）。《社會工作過程對寄養兒童生活適應之研究》。中國文化大學兒童福利研究所碩士論文。

周震歐（1997）。《兒童福利》。台北：巨流圖書公司。

官有垣（1996）。台灣民間社會福利機構與政府的競爭關係——以台灣基督教兒童福利基金會為例。《空大行政學報》，5，125-175。

施教裕（1998）。〈兒童福利機關的行政重組和服務整合〉，輯於二十一世紀基金會主編，《美國兒童福利的借鏡》（頁153-204）。台北：中華徵信所企業股份有限公司。

孫健忠（1995）。《台灣地區社會救助政策發展之研究》。台北：時英出版社。

郭美滿（1997）。寄養服務。輯於周震歐（主編），《兒童福利》。台北：巨流圖書公司。

陳阿梅（1985）。《都市社區推行兒童家庭寄養之研究》。中國文化大學兒童福利研究所碩士論文。

張紉（2000）。青少年安置服務福利屬性之探討。《台大社會工作學刊》，2，191-215。

馮燕、李淑娟、劉秀娟、謝友文、彭淑華（2000）。《兒童福利》（頁184）。台北：國立空中大學。

楊保茨（1998）。《寄養兒童社會行為、社工處遇與安置穩定性內外控信念之研究》。中國文化大學兒童福利研究所碩士論文。

蔡漢賢（1992）。《社會工作辭典》。台北：中華民國社區發展研究訓練中心。

葉肅科、蔡漢賢主編（2002）。《五十年來的兒童福利》。中華社會行政學會。

蘇麗華、王明鳳（1999）。《台北市寄養服務工作現況與展望。寄養父母寫真集》（頁11-19）。台北：台灣世界展望會。

二、英文部分

Child Welfare League of America (CWLA) (1988). *Standards for health care services for children in out-of-home care*. Washington D.C.

Cohen, A. E. (Ed.). (1992). *Child welfare: A multicultural focus*. Boston, MA: Allyn and Bacon.

Cole, E. S. (1987). Adoption. In A. Minahan (Ed.), *Encyclopedia of social work: Vol. 1* (18th ed.). Silver Spring MD: National Association of Social Workers.

Collins, M. E. (2001). Transition to adulthood for vulnerable youths: A review of research and implications for policy. *Social Service Review*, 75, 271-291

Downs, S., Costin, L. B., & McFadden, E. J. (1996). *Child welfare and family services: Policies and practice*(5th ed.). New York: Longman.

Downs, S. W., Costin, L. B., & McFadden, E. T. (1996). *Child welfare and family services*. US: Longman Publishers.

Feigelman, W. & Silverman, A. R. (1983). *Chosen children: New patterns of adoptive relationships*. New York: Praeger.

Kadushin, A. & Martin, J. A. (1998). *Child welfare service* (4th ed.). New York: McMillan.

Kuan, Yu-yuan (1994). From harmony to rivalry: the changing relationships between Taiwan Christian Children's Fund and the goverment of the Republic of China on Taiwan, 1964-1992. a dissertation of the University of Missouri St. Louis.

Mather, J. H. & Lager, P. B. (2000). *Child welfare: A unifying model of practice*. New York: Brooks/Cole, Thomson Learning.

McKenzie, J. K. (1993). Adoption of children with special needs. *The Future of Children*, 3 (1), 62-76. (A Publication of the Center for the Future of Children, the David and Lucile Packard Foundation).

Pecora, P., Whittaker, J., Maluccio, A., Barth, R., & Plotnick, R. (1992). *The child welfare challenge: Policy, practice, and research*. New York: Walter de Gruyter.

Rosenthal, J. A. (1993). Outcomes of adoption of children with special needs. *The Future of Children*, 3(1), 77-78.

Simon, R. J. & Alstein, H. (1987). *Transracial adoptees and their families: A study of identity and commitment*. New York: Praeger.

Terpsta, J. (1992). Foreward in K. H. Briar, V. H. Hanse, & N. Harris (Eds). *New partnerships: Proceeding from the National Public Child Welfare Training Symposiam*.1991. Miami Florida (in costen).

Veronico, A. (1983). One church one child: Placing children with special needs. *Children Today*, 12, 6-10.

Colton, M., Drury, C., & Williams, M. (1995). *Children in need: Family support under the children Act 1989*. London: Avebury.

Chapter12

第十二章

兒童保護服務

　　兒童保護服務（Child Protection on Service, CPS）可分為廣義與狹義的定義，廣義的定義係指對兒童身心安全的倡導與保護；而狹義的定義係指對兒童虐待（child abuse）或惡待（child maltreatment）的預防與處遇。依Kadushin及Martin（1988）對兒童福利服務之定義，兒童保護服務是為第一道防線，也是第三道防線，我國兒童及少年福利法亦有設專章討論，可見兒童保護服務在兒童福利服務的重要性。當然，兒童保護服務與兒童虐待又可稱為同義詞，一般而言，兒童保護服務又可分為身體虐待（physical abuse）、性虐待（sexual abuse）、心理或情緒虐待（psychological or emotional abuse），以及疏忽（neglect）等四類服務。

　　基本上，對於兒童福祉的看重與照顧是作為文明社會與福利國家一項重要的發展指標，就此而言，如受虐通報、司法保護、重病醫治、危機處遇、緊急安置、經濟扶助以及孤兒照顧等以問題取向（problem-oriented）為主的弱勢兒童福利工作固然有其迫切執行的優先考量，但是，以大多數正常兒童為主體所提供的以發展取向（development-oriented）為主的一般兒童福利工作，則也是同樣地不可偏廢，如兒童的人身安全、醫療保健、休閒康樂、親職教育與托育服務等。終極來看，如何形塑出一個免於恐懼、免於人身安全危險以及免於經濟困頓的整體兒童照顧服務（holistic child care services）的生活環境，這既是政府當局所要努力的目標，更是整體社會大眾共同追求的願景！

　　然而，這項兒童福利服務攸關到戶政、社政、勞工、警政、醫療、諮商、心理治療、衛生、司法、教育、傳播等不同單位組織是一種支持性服務，也可以是替代性服務。前者是以預防的觀點提供當兒童及其家庭發生危機之時，給予一些諮詢及提供資源，讓兒童及其原生家庭得以增強其個人因應危機之能力，解決其家庭的危機（可參考第九章）；後者係指危機發生後，社工人員基於兒童最佳利益考量兒童在家庭外之安置。此種兒童福利業務隱含著從制度層次的組織變革擴及到社會與文化層次的全面性改造，目前我國政府的兒童保護服務主要在落實兒童及少年福利法處理兒童保護案件之規定，結合公、私部門力量提供諮詢、通報、緊急安置、輔導、轉介等服務措施，並對施虐者實施強制性親職教育工作（內政部，2004）。在美國有關兒童虐待之處置流程（參見圖12-1）就與警政、司法、

衛生、心理、治療及社政相關單位有關。

第一節　兒童保護與安置工作之基本議題論述

近年來，隨著台灣社會快速變遷所浮現出來的各種適應難題，加諸在危及到兒童個人的人身權益像是兒童綁架、虐待、強暴、猥褻、自殺、被迫服毒、適應不良，以及色情傳播等等社會現象，在在都衝擊到我們所一貫標舉「兒童是國家社會未來的主人翁」，以及「兒童是家庭的珍寶」的價

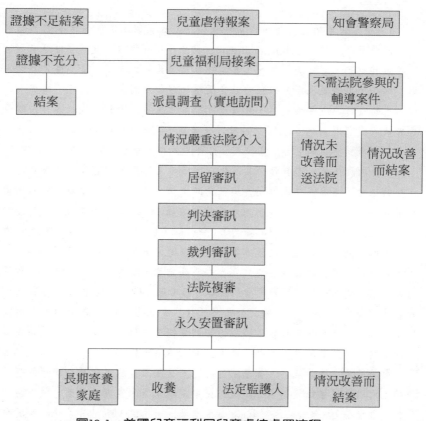

圖12-1　美國兒童福利局兒童虐待處置流程

值理念（郭靜晃，1996），**專欄12-1**即針對兒童保護體系的檢討與回顧並提出未來可行的方向。就此而言，兒童的保護、安置與收容自然有其強制實行的優先性與迫切性。然而，兒童受虐的成因並非僅是單一因素，而兒童保護與安置工作涉及的層面甚多，其業務內涵也頗為複雜，連帶地，從理論思維和工具實務這兩項雙重進路切入，那麼，檢視兒童的保護與安置工作，將有幾項基本的問題意識是我們必須要面對的（王順民，2002）。

 12-1　兒童保護輸送體系之檢討與省思

一、前言

「兒童是國家的主人翁，未來的棟樑。」如果國家不能保護他們，使兒童或少年遭遇不幸或惡待（child maltreat），抑或是未提供機會使其發揮應有的潛能，而導致其犯罪，家庭流離失散，甚至社會充滿暴力的迷失，這不僅是其個人、家庭的損失，更造成沉痛又複雜的社會問題。誠如我們所知，兒童不像成人，在生理、思想及行為上業臻成熟，可以獨立自主的生活，因此，他們被合法賦予免於負擔成人責任的一個「依賴」階段（余漢儀，1995），也唯有兒童受到良好的保護，兒童權利受到尊重，兒童福利服務發揮效能，才能避免他們受到傷害。

兒童的發展需求即有賴於其所依存的環境來提供，到底該由誰來負責？而大部分的社會，家庭往往成為兒童與社會的中介，社會不視兒童為獨立的個體，而是附屬於父母之名下，其所擁有之權力更立基於其父母之社會地位（i. e.，取決於父母購買、聯結社會資源之能力）（余漢儀，1995）。兒童出生於家庭，成長於社會，而家庭係構成社會之基本單位，所以，兒童受其所處環境所影響。就此看來，兒童保護服務之目標宜建立在盡力照顧兒童和家庭。就此看來，兒童保護服務之目標宜建立在盡力照顧兒童和家庭。鄭瑞隆（1991）提出：兒童保護之觀念宜由「懲罰式」（只有處罰條文）走向「合作、支持式」（親職教育）；換言之，兒童保護服務之目標應包括了提供適切的支持性服務和專業諮商的混合式服務來協助家庭，為兒童提供適當的照顧（Gelles & Cornell, 1990）。

由於兒童虐待的發生大都是家庭問題，可能來自施虐者身心病態或親子關係失調，而以往兒童保護處理方法是將兒童帶離家庭，當處遇是唯一選擇時（通常是替代性服務），吾人必須留意：虐待原因是多元性，所以社工員的態度應從解

決問題取向為主，而且要提供多元化服務及多元化的專業訓練，一方面爭取案主父母的合作，另一方面考量兒童的最佳利益（best interest），使社工專業發揮使能（empowerment），共同為案家重建功能，畢竟兒童終究適合成長於功能健全的親生家庭（鄭瑞隆，1991；余漢儀，1995）

就上述處遇方式最大的難題是經費，有了經費才有專業的訓練，更才能有多元化專業服務；除此之外，我們更需要有完善的制度、政策及法規。目前我們兒童保護工作，來自一九七七年Wu（1981）在台灣地區進行田野調查台北醫療機構有關兒童虐待之統計資料，到一九八八年中華兒童福利基金會與東海大學的回應至一九九三兒童福利法修法和一九八九年少年福利法藉法律來規範兒童與少年保護之業務（余漢儀，1995）。就歷史之演進，雖然我國從事保護工作之單位與法規也日漸增多，但大多數仍屬於單一種單位獨自提供服務，缺乏全面性的協調聯繫，成效自然不彰。

縱然，近年來我們的經費、法規、制度漸進改善也趨於完善，因而建立完善的兒童保護服務系統便刻不容緩。但即使是最好的兒童保護的處遇，也只是反應兒童虐待案件的一種反應式的福利服務。適切的處理兒童虐待問題，可以預防家庭發生更進一步的虐待行為。但卻永遠無法預防已發生的虐待事件。馮燕在〈兒童保護服務網絡的社區防治工作〉論文中引述國外研究，如美國兒童保衛基金（Children's Defense Fund）發現產前保健服務的一美元投資，可節省日後3～11美元的醫療與住院費用；婦幼營養方案（WIC Program）中每1美元的成本，可節省日後3元的嬰兒住院費用；CDF花1美元的早期療育費用，即可免去將來3美元的特殊教育費用；及Berreuta-Clement, Schweinhart, Barenett, Epsten & Weikart（1984）研究發現1美元的學前托育費用可抵免未來7美元學業成就、升學率、就業率及犯罪率等之公共支出的回收（馮燕，1995）。以上種種在相關兒童與家庭服務領域之研究，皆已證實初級預防性服務方案之高本益比。

綜合上述之論點，我們可得知：

(一)理想的兒童福利是主導性（proactive）的。主導性兒童福利指的是，政府要主動提供幫助兒童潛能得以發揮的環境及一些預防策略及措施來避免兒童受到傷害。由於資源有限，政府部門的兒童福利常以處遇（treatment）來解決父母無法滿足孩子成長必要需求時的問題為主（i. e.，殘補式的兒童福利服務）。例如，因死亡、離婚、分居、監禁導致父母無法發揮親職功能；或因疾病、藥物濫用等而成為不適任父母；有時則因孩童的生理、心理特質使親子互動不良而導致虐待；又有時是家庭所在的體系出了問題，如失業，而使父

母無法充分扮演其角色（余漢儀，1994）。然而政府部門在處遇時，對服務對象之選定常又考慮到公平（equity）、效率（efficiency）及政治上可行性（political feasibility）三個原則之間的平衡（Schalock & Thornton, 1988；引自余漢儀，1994）。所以，政府在選擇的處遇方案常是以暫時性而且可以短暫預收成效的服務為主。

(二)必然地，對於遭受迫害或傷害的兒童，以及潛在的兒童受害者之生命與福利而言，處遇是絕對必要的方法。然而，即使有效的處遇方案和實行，也無法打破與暴力有關的文化規範與價值觀的循環面，這些循環也助長了兒童及家庭虐待或暴力的本質。只有進行此類的處遇方案，是不足以改變社會和家庭有暴力性和虐待性的特質。

　　由於兒童保護預防方案與兒童福利政策之中心目標是防範惡虐情形的發生。本文主要是以兒童保護輸送體系為主軸，以應然面為架構，以實然面為印驗，冀望建立兒童保護的網路體系，並藉由實務的分享以說明我們兒童保護輸送體系的不足之處。在瞭解缺失與不足之處，期望藉由理想體系的功能發揮，降低兒童虐待的層次及頻率，以期達到落實兒童福祉的保障。

二、台灣地區兒童保護現況

　　近年來，報章雜誌聳動的標題、電視公益廣告中所刊登有關兒童綁架、虐待、強暴、猥褻、兒童或青少年自殺、兒童適應不良、食物中毒、乞丐兒、深夜賣花兒、色情傳播等侵害兒童身心的事件，甚至於有通報孩童遭受凌虐致死，實令人觸目驚心。雖然我國經濟成長，兒童在物質上的生活條件並不匱乏，但隨之而來的是，社會忽視了兒童的權利，傷害兒童身心安全的危機，以及不利兒童健全成長的誘因潛伏於生活環境中，在號稱「兒童是家庭珍寶」的現代社會中，實是一大諷刺。

　　社會的變遷，如人口結構改變，造成家庭人口數減少，並以核心家庭為主而使得家庭之功能逐漸式微；個人主義抬頭造成婦女為追求個人、自我及經濟的成就而吸引婦女前往就業市場；社會經濟結構的改變，使得社會需要勞動工作的機會降低，取而代之的是服務及不需太多勞力的工作機會增加，也刺激婦女就業的意願；經濟所得的提增及通貨膨脹的上升，使得男人一份薪水不足以家庭生活的開銷，為求家庭經濟生活的充裕，以提升家庭經濟生活品質。以上種種皆促使以往在家看顧孩子的婦女走出家庭而投入了工作市場（job market），而家庭的社會

資源（親戚、鄰里、朋友）也愈來愈少。眼看這些兒童無處可去，只有早點上學或下課後到才藝課後輔導班或獨自在家成為鑰匙兒；此外，有些家庭對兒童的教養方式抱持著「父母權威」、「不打不成器」、「棒下出孝子」、「管教子女是自家事」的觀念，更增加了兒童保護工作的困難度。

　　兒童教養方式是否適當，不但關係到兒童身心健康，且影響到家庭之圓滿、社會之和諧、國家之發展，因此先進國家莫不透過法令對兒童人權予以適當的維護，甚至於必要時取得監護權，避免因教育方式不當，戕害兒童身心健康，並危及社會國家整體利益，此種基於人道立場及社會國家之利益，於適當時機由國家公權來保護兒童，此乃國家公權之精義（如我國兒福法及少福法）。而美國一九八○的兒童福利及領養法案（Adoption Assistance and Child Welfare Act）則強調家庭重聚，規定社工員在一年半要評估兒童是否繼續寄養或回家團圓或安排領養，故而社工員在擔心如進行訪視後還有受虐事件發生，社工員將受處罰；故而社工員會捨棄「長遠規劃」（permanency planning）的原則，將兒童留置在原生家庭（較符合兒童本位、最佳利益）而選擇將兒童移離家庭安排寄養（余漢儀，1995）

　　台灣地區自一九八八年民間機構「中華兒童福利基金會」先期倡導兒童保護議題後，縣市政府單位的回應可分為三級：(1)台北市政府社會局於一九八九年一月自設兒童保護專線接受通報；(2)高雄市政府則於一九八九年底與民間機構籌組「高雄地區兒童保護聯合會」，一起協調受理兒童案件；(3)大部分縣市則全權委託民間機構處理，或各設專線接受通報，或分區協調（余漢儀，1996）。

　　可惜在當時的環境，由於缺乏相關立法依據，也使早期兒保工作窒礙難行，之後，由於一九八九年初公布的「少年福利法」中，明文規定針對受虐案例的保護受虐者監護權之停止可直接由檢查官、主管機構或少年福利機構向法院聲請，而法院選定監護人時又可不再受限於民法1094條，可直接指定主管機構之負責人或其他適當者為監護人，這使得公權力介入家庭內不當的親子互動有法律基礎。又直到一九九三年二月修訂公布的「兒童福利法」中，則對保護通報制度、安置保護、監護權異動及主管機構之權責有較明確之規定。甚至於，此兩法對於兒童及少年行為之規範，以及兒童／少年應受到哪些保護，以保護之相關責任人如有違法事由則加重罰則，並新增「親職教育」輔導。

　　目前，台灣地區在兒童保護之提供，基本上有通報調查、機構收容安置、寄養家庭服務及領養服務。而其中，又以民間機構扮演極重大的角色，例如，通報調查工作除了台北縣（市）外，幾乎都會委託中華兒童福利基金會或台灣世界展

望會辦理。機構收容安置則是透過轉介案主人數,來補助收容之育幼院。寄養家庭服務更是由中華兒童福利基金會早在一九八一年主動提出,目前除了台北市委託台灣世界展望會外,其他縣市均為透過購買服務合約的方式(POSC)委託中華兒童福利基金會。領養服務主要是透過非機構式領養,亦即黑市或灰式;台北市則委託兒童福利聯盟進行領養專案,蘇靖媛(1989)針對台北市聲請領養認可之養父母之研究歸納發現,養父母是由收養親友或配偶子女直接安置有56.9%,灰市安置的有21.9%,黑市的有18.3%,而合法機構安置的只有2.9%。由於領養人之偏好及大環境服務設施不足、永久停止親權之裁定困難等問題,受虐兒的出養困難仍困難重重(余漢儀,1995)。

我國寄養家庭服務計畫自一九八一年七月至一九八三年六月止試辦兩年,試辦成效優良,於同年(一九八三年)七月開始正式辦理,至一九八九年止,經安置之兒童有1,135人,其中已終止寄養者927人(台灣省社會處,1991);台北市、高雄市亦陸續開辦。截至一九九三年底為止,我國寄養家庭數為251家,其中台灣省195家,台北市27家,高雄市29家;被寄養兒童人數為451人,其中台灣省355人,台北市47人,高雄市49人(內政部統計處,1994)。由於國人觀念不如西方當考慮兒童需要替代性服務,會優先考慮給予家庭寄養安置,加上宣導工作不足,目前仍無法普遍實施此種暫時性的處遇安置。

暫時性的安置,將受虐兒童安置於寄養家庭、收容之家或團體之家,皆不是一前瞻性且符合兒童應在親生家庭成長的最佳利益的方案。由於兒童不斷進出寄養照顧(foster care)的「流盪現象」(drift),以及孩子需要與父母能維持一個合適的聯結或情緒聯結(parental bond or emotional bond),此類的處遇幾乎針對施虐父母,而不是以受虐兒為焦點(focus),而兒童在此類的安置不見得獲其利,反蒙其害。兒童保護服務之目標宜建立在對兒童及其家庭的照顧。而涉案的家庭所需要的服務範圍很廣而且具多元性,例如,臨床治療到實質具體的日托、醫療、就業輔導,甚至到反貧窮、反色情等社區方案,也就是社會福利社區化的具體精神;換言之,這也是預防性及主導性的兒童福利服務,此種服務包括強化親子關係的家庭取向的育兒、提供親職教育、消除貧窮及其他環境壓力、降低暴力及體罰之文化增強等(余漢儀,1995)。

從上述對台灣近年來兒童保護現況的論述中,吾人可發現政府在最近十年來對於民間團體及社會對兒保要求之回應也相當多,但為何總在相關場合聽到兒保人員滿腹苦水,如對一九九五年十二月十八日全省統一兒少保熱線開辦後,社工員不是表示不願意值夜班,或此辦法無法落實或出於安全顧慮、加班費、補休等

問題表示不贊成；對於目前工作量深覺負荷重而且又要兼辦其他業務；由於工作情境不可控制因素而產生無力感等壓力造成流動率（turnover rate）高；施虐家庭不肯合作、採證困難、自身安全受威脅、警政單位配合度低等也造成兒保訪視之困擾；甚至於兒保人員認為兒保工作最主要之困難為：原生家庭服務缺乏（缺乏長久之規劃）、兒童安置處所缺乏、工作負荷量大、工作人員經驗不足及醫療、警政單位配合差等（余漢儀，1996）。此外，報章新聞也常有兒童又遭凌虐甚至致死，甚至於社工員由於精神枯竭，工作壓力重，有另外的出路而造成流動性高（聯合報，1996年6月14日），這些原因除了人力不足外，還有哪些原因呢？表12-1是台灣地區約180位政府兒保社工員，雖然大多數為相關科系畢業，但由於兼辦其他煩雜之業務及年資不高，也影響其累積兒保的實務經驗。此外，在台灣地區二十三縣市中首先回應中華兒童福利基金會有台北市、高雄市、台北縣、嘉義縣及雲林縣，其餘則在一九九三年兒童福利法修訂後才開辦兒保業務。而相關兒虐業務則有分自辦、協辦、補助及全託四種層次。

各地政府由於幅員大小不一，社經資源多寡不同，而且又各自發展兒保策略。依余漢儀（1995）指出，雖然台灣省各縣（市）及台北、高雄二市每半年填具的「兒保執行概況統計分析表」雖稍嫌粗略，但可算是最完整的兒保數值。

根據一九九三年資料，兒少保專線所接1,931案例中，有58%後來留置家中，有可能是案情不嚴重，只須提供支持服務即可（但是否有提供服務，由書面資料不得而知）。其次為暫時寄養（29.15%），但寄養時間的長短和持續與否也不得而知。至於長期安置的則有6.53%，在其中應屬於較嚴重之案例。從上述之處遇，大多數為提供支持，再其次為暫時安置，而長期安置比例最少，至於社政單位介入兒虐案家後，除了提供服務外，至於其他評估之效果，或加強其他兒童保護之預防服務及次級的預防兒童保護方案，如家庭重聚服務（family reunificantion services）及家庭維繫服務（family preservation services）等符合兒童利益之長期規劃的保護方案等更是罕見或幾乎未提供此類服務。

三、兒童保護輸送體系之建構

兒童保護服務係兒童福利輸送服務的主要範圍之一，由於涉及層面涵蓋司法、衛生、社政、教育、警察等不同部門，例如，兒童的教育及就學行為係由教育體系關心照顧；若涉及虐待或家庭扶助或家庭就業需求時，則有社會福利體系提供協助；若有身心健康之問題，亦有衛生保健體系提供服務；若不幸其行為涉及刑罰法令之觸犯，則有警察及司法機構予以適當之處遇及輔導。所以兒童保護

表12-1 各縣（市）兒保執行及社工配置

	縣市	兒保接案數	兒保接案率（萬分之）	社工人數	兒保社工		兒虐通報業務
					政府	CCF	
北區	台北縣	176	2.26	41	9	14	補助
	宜蘭縣	39	4.44	12	2	2	補助
	桃園縣	28	0.90	22	7	2	協調
	新竹縣	4	0.49	15	3	1	協調
	基隆市	13	1.98	6	6	2	協調
	新竹市	25	3.78	5	2	-	全託
	苗栗縣	11	1.01	12	2	2	補助
中區	台中縣	81	2.82	24	7	2	協調
	彰化縣	172	6.63	31	5	1	協調
	南投縣	8	0.76	6	5	3	協調
	雲林縣	33	2.51	20	2	1	協調
	台中市	52	3.01	7	7	3	協調
	嘉義縣	18	1.84	19	19	1	協調
	台南縣	5	0.26	32	20	1	協調
南區	高雄縣	79	3.67	22	1	4	全託
	屏東縣	71	4.36	14	1	3	全託
	澎湖縣	12	7.85	1	1	1	協辦
	嘉義市	22	4.56	4	4	-	自辦
	台南市	55	4.04	11	3	2	補助
東區	台東縣	24	5.53	6	1	7	全託
	花蓮縣	96	14.98	8	2	2	協調
	台北市	206	4.45	132	65	-	自辦
	高雄市	144	5.49	42	4	4	協調
	合 計	1,374		492	178	58	

資料來源：各縣市兒童保護執行概況統計分析表，1993年。
中華民國台閩地區人口統計，內政部，1994年12月，頁36-63。

之服務需要現有體系多發揮其應有的功能及加以聯繫，則兒童在產生有被傷害之事實而需要被保護之時，均能在任一體系中得到應有之服務。

張紉（1988）從實際各體系之功能分析中指出有兩個缺失（曾華源、郭靜晃、曾騰光，1996）。

1. 兒童如未就學就業時，其生活狀況及行為問題，缺少一個專責機構提供適切的輔導服務。
2. 各體系在執行其功能時，亦有若干限制。例如，兒童保護涉及有一些特殊需要的服務對象濫用親權，或父母因疾病、藥物濫用而成為不適任父母，諸如此類的親子角色失能而使家庭成為不適孩子成長之所在，但家庭之挽救及重聚，則需衛生保健體系幫助父母戒除藥物，家庭需要扶助、兒童需要安置等，而使得家庭因社會福利服務之介入程度深淺不同（如居家服務以加強父母例行的親職功能、親職教育、諮商輔導協助等提高其親職能力等之支持性服務；如課後托育協助父母之一部分親職功能之補充性服務；如寄養、領養服務可暫時或永久取代父母之親職功能之替代性服務），而對兒童及家庭的生活及福利有所改善。

針對以上的缺失，乃因缺乏各體系（部門）之各機構結合起來，構成一個區域性的兒童保護輸送服務之網絡。兒童福利服務網絡之功能性，在居中協調各單位，使上百個兒童在教育、司法／警察、健康及福利各層面均能得到充分的保障及服務，以健全兒童及其家庭之身心。

從組織學的觀點來看，單靠其內部之資源和力量，很難獲取足夠達成組織設立目標的資源。尤其是非營利組織，如社會福利機構、宗教慈善團體、學校、醫院等，大多需要從其所在的地區中，爭取地區的支持，以獲得足夠地區的資源，以支持其業務的發展（蕭新煌等，1983）。由於福利服務體系中的資源是有限的，民眾的需求是無限的，再加上各項昂貴設備及高使用率的服務浪費，使得原本有限的福利服務資源更加捉襟見肘，在無法滿足民眾的需求之下，許多的社會問題也因此產生，福利服務在缺乏充裕的福利服務資源情況下，也必須透過不同資源的交流，以滿足其需求，因而造成福利服務組織對外建立互動的必然性（吳嘉壯，1988）。

台灣由於人口結構變化、婦女就學機會增加及家庭型態變化等社會變遷，造成家庭照顧功能式微及急速都市化，台灣地區的非正式部門（informal sector），如家庭、鄰里、社區，參與提供福利服務的能力極為有限。志願組織雖增加許

多,但由於專業人力僱用有限,且其專業執行能力之機構也很有限,倒是近年許多企業財團因為報稅或洗錢緣故紛紛成立基金會,營利組織是否也會在缺乏法令規範基金會的空檔,與志願部門一齊競爭法定部門的資源?如此的發展定會影響甚至會限制到志願部門的發展(Stoesz, 1988;引自余漢儀,1995),余漢儀(1995)甚至摘要近年來台灣地區福利需求及提供部門的變化(見圖12-2),圖12-2除了提供瞭解福利需求及提供部門之變化之外,也可以為我們的兒童保護輸送體系(網絡)建構垂直及平行的體系。

張笠雲(1982)在對醫療服務網的形成與組織間關係的建立的實證研究中指出福利服務網絡的建立,應同時包含水平和垂直的整合和分工。換言之,平行的概念係指各機構平行的協調和分工合作;而垂直係指一個層級節制及控制(hierarchy & control)的體系。由上述的闡述,兒童保護體系(網絡)之建構是指縱橫兩種型態的結合,以構成網絡對兒童提供必要之預防與處遇的服務。從福利服務機構組織角度來界定,所謂的兒童保護服務體系(網絡)(child protection network/system)係由社會、教育、衛生、警政、司法等體系(部門)為垂直架構,再以各體系之服務機構組織之營利組織及志願服務組織為平行架構,在交織其中水平(橫的)和垂直(縱的)的關係(見圖12-3)。以台中縣政府為例,其中以公資源與私資源之合作整合政府、行政、衛生及司法體系建構成——服務資源網絡圖(見圖12-4)。

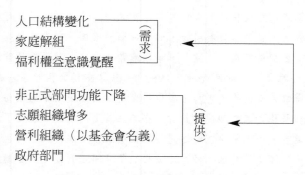

圖12-2　近年福利需求及提供部門之變化

資料來源:余漢儀,《兒童虐待——現象檢視與問題反思》(台北:巨流圖書公司,1995),頁258。

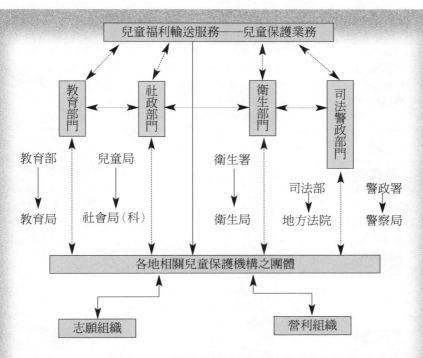

圖12-3　兒童保護服務輸送體系之網絡建構圖

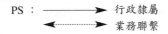

PS：　————————→　行政隸屬
　　　　←- - - - - - - →　業務聯繫

四、兒童保護輸送體系之應然面

　　余漢儀（1995）指出：「無可諱言的，台灣地區目前對兒童虐待之瞭解，及因應之兒童保護策略，幾乎是取法美國六○年代的模式：透過通報體系將嚴重案例移置家外安置（out-of-homeplacement）」。瞭解美國兒童保護運動之歷史脈絡，實有助於吾人對美國模式的檢視。然而六○年代之後的婦女運動及七○年代美國鑒於孩童不斷進出寄養照顧的「流盪現象」，也造成美國發展新的長遠規劃，並尋求符合兒童最佳利益之處遇方案。雖然這些顯然有些精神可以在一九九三年兒童福利法修法中有被納入，但是在執行上由於政府在兒童保護之提供不夠明確，

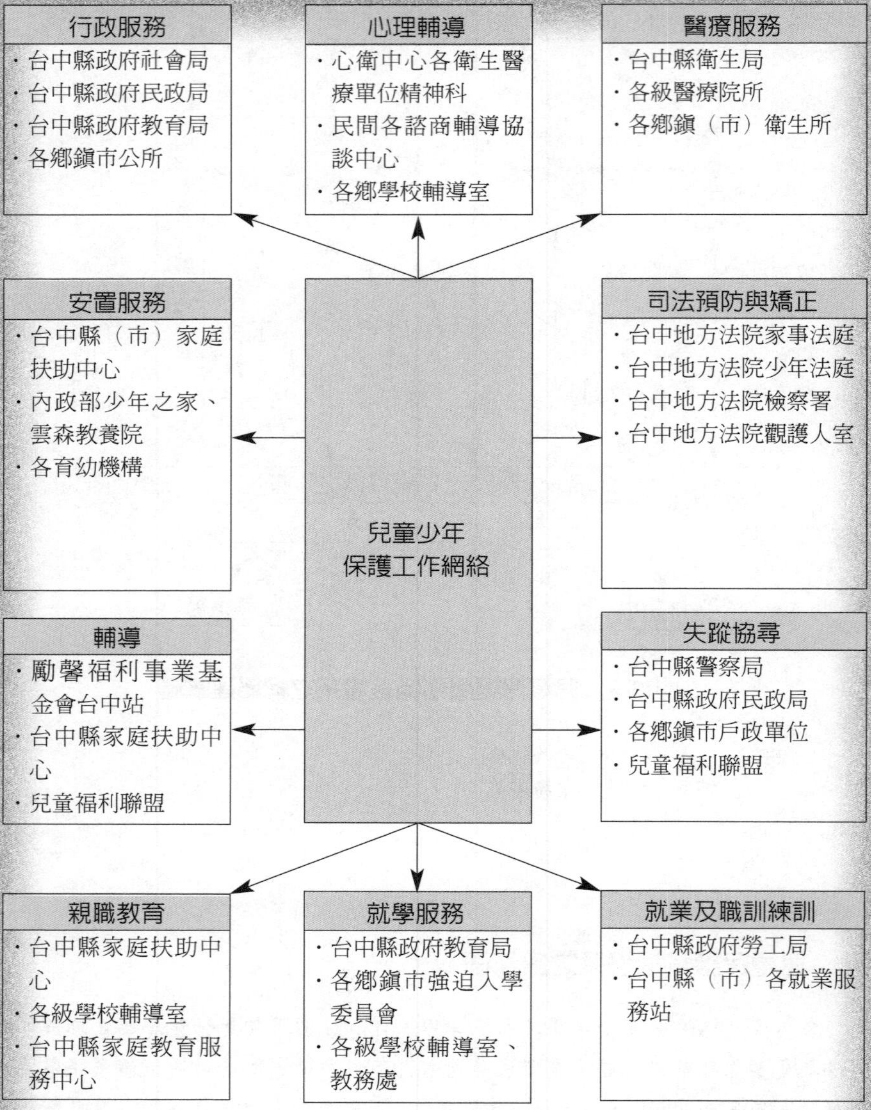

行政服務	心理輔導	醫療服務
・台中縣政府社會局 ・台中縣政府民政局 ・台中縣政府教育局 ・各鄉鎮市公所	・心衛中心各衛生醫療單位精神科 ・民間各諮商輔導協談中心 ・各鄉學校輔導室	・台中縣衛生局 ・各級醫療院所 ・各鄉鎮（市）衛生所

安置服務
・台中縣（市）家庭扶助中心
・內政部少年之家、雲森教養院
・各育幼機構

司法預防與矯正
・台中地方法院家事法庭
・台中地方法院少年法庭
・台中地方法院檢察署
・台中地方法院觀護人室

兒童少年
保護工作網絡

輔導
・勵馨福利事業基金會台中站
・台中縣家庭扶助中心
・兒童福利聯盟

失蹤協尋
・台中縣警察局
・台中縣政府民政局
・各鄉鎮市戶政單位
・兒童福利聯盟

親職教育
・台中縣家庭扶助中心
・各級學校輔導室
・台中縣家庭教育服務中心

就學服務
・台中縣政府教育局
・各鄉鎮市強迫入學委員會
・各級學校輔導室、教務處

就業及職訓練訓
・台中縣政府勞工局
・台中縣（市）各就業服務站

圖12-4　台中縣政府兒童少年保護服務資源

相關兒童虐待的各種可能情境及兒童保護責任通報，調查都是新增條文，對於相關懲處對象及罰則是明顯將責任歸於個人，即使是四小時親職教育之提供也是對認知問題之輔導，種種措施也都反應吾人缺乏較具體實質的服務——如日托、藥物濫用、居家照顧、就業輔導等預防性的福利服務。

　　兒童不僅是國家未來的主人翁，更是擁有自由權益的市民及國民。當兒童受到身心傷害時，家庭、社會甚至國家須要保障其身心權益，促進其正常教育，這也是兒童福利法立法之最主要精神。然而兒童保護必須是多元的（pluralism），因為兒童虐待／傷害的原因也是多元的，例如，父母的社經地位、社會對暴力之價值規範、個人社會化經驗、父母之精神狀態、家庭情境的壓力或子女所致的壓力等，因此，針對種種成因必須提供好的處遇甚至預防的策略來防止暴力行為之影響減至最少，更要防止暴力事件不再發生。

　　防止暴力事件不再發生，確實是吾人社會最需要的兒童保護策略，然而此種策略不僅是當兒童發生傷害事件時，給予處遇，而是更需要積極的預防措施。個人認為要確保兒保輸送體系的建構與發展，首先政府要建立完善的政策及法規，必要時提供或興辦民間人力所不能及大型服務機構，同時積極立法建立社福專業的證照制度，委託一些專業的機構，藉著過程之督導協助以確保權責量（accountability）之發揮。對於一些安置等處遇計畫儘量往公設民營的委託方式，善用社會專業資源，對於服務人員之專業考核、監控規範機構執行人力，避免專業人員工作衰竭，甚至提供在職訓練以加強其管理技巧或迎合其生涯規劃。然而，服務輸送雖委託民間，但政府公信力卻不可能轉移，故政府有責任保證民間團體也能維持基本的服務品質，直接的消費者回饋（feedback）也是政府作為服務輸送之績效指標（余漢儀，1995）。

　　除此之外，個人認為兒童保護輸送體系更要確保：(1)通報制度的確實執行而且要普及性，但需要集中通報體系之運作，如以各種誘因及罰則摒除「知情不報」之障礙，集中通報以利檔案建立，及時調查並後續轉介服務；(2)結合各種體系，如社政、衛生、教育、司法及警政機關成為平行之網絡做專業的調查並給予必需的協助；(3)完善的保護服務的處遇並確使工作人員之使能原則（empowerment principle）；(4)兒童最佳利益之選擇，規劃家庭重聚服務及家庭維繫服務等之長遠規劃的方案；(5)執法人員之再教育，因為兒童虐待是屬於法律也是兒童福利的議題（legal issue）；(6)消除社會與家庭之暴力規範與迷思；(7)減少社會造成激起暴力的壓力；以及(8)結合家庭與社區之間非正式的支持並加以整合成為完整的社區網絡。

五、結語

　　兒童福利已不再是單純的人道主義問題,至少目前世界潮流對兒童福利努力的目標,已不只是消極的針對需要救濟和特別照顧的不幸兒童,而是更進一步積極對每個兒童權益的保護,包括各種福利需求,如教育、衛生、社會各方面的福利事業。而兒童保護服務是兒童福利主要工作內容之一,所以兒童保護之福利政策可以說是要運用一切有效之社會資源(專業服務及相關體系的資源),滿足兒童時期生理、心理及社會環境的需求,促使兒童得以充分發揮其潛能,達成均衡且健全發展之目的的計畫與方案。

　　兒童傷害及虐待原因是多元性的,所以服務之提供也是要多元性,兒童保護之輸送除了處遇之外,更要朝解決問題取向,兒童最佳利益考量,社工專業發揮使能,除了為案主提供照顧與保護,更要為案家重建功能,因為兒童虐待的產生大都是家庭問題,而且兒童畢竟最適合生長於功能健全的親生家庭,而處遇的方式不只是提供殘補性,更要積極提供支持性及補充性的服務方案,甚至要更有前瞻性的預防性的服務。

　　保護兒童、少年的工作絕不是僅靠政府機構便可以做好。想做好兒童、少年保護工作,除了要社會大眾關愛兒童及青少年,重視他們權利的觀念外,在國家社會福利政策及法規上亦要有確保其權利及保障其權利之具體措施之明文規定,尤其重要的是結合司法、醫療、警察、衛生、教育及社政等機構及民間團體、組織完備的兒童保護網絡,從不同的角度和立場來分析、探索有關兒童、少年的問題及需求,進而在瞭解問題之後,對兒童、少年提供多元化的福利服務,共同創造一個安定、祥和,充滿愛與溫暖的社會環境,利用專業化的服務網絡,使兒童、少年能健全的成長。

　　兒童目睹家庭暴力,甚至遭受家庭暴力,長大以後會成為施暴者嗎?會成為受虐者嗎?終其一生會成長在暴力的陰霾下嗎?這些問題或許是一種迷思,讓兒童免受傷害、虐待、剝削,這不也是我們從事兒童福利工作者最大心願嗎?而落實兒童保護之輸送,除了對兒童虐待家庭的介入,並給予處遇,針對問題的成因後果做廣泛的分析及探討,並給予合適的危機處遇及治療等輸送服務,除此之外,高成本效益的預防方案也是值得考慮及推廣。而初級預防方案之實施,應以社區特質為中心,發展設計符合各社區特質的親職教育課程及宣導,使父母皆有再教育之機會,使其能成功地扮演好親職角色,發揮家庭應有之功能,而使兒童能成長在親生家庭之中,符合兒童最佳利益,以杜絕兒虐的再發生(馮燕,1995)。這也是福利社區化,社區福利化的本質。

參考書目

中文部分

內政部統計處（1994）。中華民國八十三年內政統計提要（頁333）。台北：內政部。

台灣省政府社會處（1991）。《社政年報》（頁151）。台灣省政府社會處出版。

余漢儀（1994）。兒童福利之績效評估——以台北市社會局為例。《國立台灣大學社會學刊》，23，97-142。

余漢儀（1995）。《兒童虐待——現象檢視與問題反思》。台北：巨流圖書書局。

余漢儀（1996）。《兒童保護服務體系之研究》。內政部委託研究。

張笠雲（1982）。醫療服務網的形成與組織間關係的建立一個實證的研究。《國立台灣大學社會學刊》，15，196-211。

曾華源、郭靜晃、曾騰光（1996）。《強化少年教養輔導方案之研究》。內政部委託研究。

馮燕（1995）。《兒童保護服務網絡的社區防治工作——生態區位觀與流行病學理論模型的應用》。八十四年國家建設研究會社會福利分組報告。

鄭瑞隆（1991）。兒童虐待及保護服務。輯於周震歐主編，《兒童福利》。台北：巨流圖書公司。

英文部分

Berrueta-Clement, j., Schweinhart, L., Barenett, W., Epsten, A., & Weikart, D. (1984). *Changed lives: The effects of the perry preschool program on younths through age 19.* Ypsilant; MI: The High/Scope Press.

Gelles, R. J., & Cornell, C. P. (1990). *Intimate violence in families.* CA: Sage Publication, Inc.

Schalock, R. L., & Thornton, C. V. D. (1988). *Program evaluation-Field guide for administrators.* NY: Plenum Press.

Stoesz, D. (1988). Human service corporations and the welfare state. *Society,* 25 (6), 53-58.

Wu, D. Y. H. (1981). Child abuse in Taiwan. In J. E. Korbin (Ed.), *Child abuse and neglect: Cross-cultural perspectives.* LA: Univ. of Californiation Press. pp.139-165.

資料來源：郭靜晃（1996）。兒童保護輸送體系之檢討與省思《社區發展季刊》，75，144-155。

誠然，對於全體兒童人身權益的保障應該是所有兒童福利作為（child welfare practices）積極努力的目標，然而，考量到資源的有限性以及兒童人身安危的急迫性，那麼，在學理與實務工作上自然都有必要清楚且翔實地區辦出兒童福利工作的「一般群體」（general population）、「高危險群群體」（high-risk population）、「標定群體」（target population）以及「真正服務到的群體」（serviced population）彼此之間的定義劃分標準。

以兒童及少年所遭致到的不幸或惡待（child maltreat）為例，理論上所有0～18歲的兒童及少年都是隸屬於法定保護的最外圍對象群體；然而，擬似受虐或者有明顯立即危險的兒童及少年往往特別要給予緊急保護、安置處遇而成為高危險群體；至於，某些特定的高危險群體幼兒，如家庭婚姻暴力的受虐兒或失蹤兒童及少年的協尋及預防則成為某方案計畫的標定群體；最後，方案計畫實施的對象才是真正接受到服務的群體，可是這些對象又未必是與原先鎖定的標定群體一致的。也就是說，案主的需求與服務群體的鎖定以及最後真正服務的對象，彼此之間有其一定程度的落差。連帶地，對象本身的多樣化、變異性，以及複雜性更增加了問題處遇上的困難度。當然，終極來看，不論是那一種類的服務群體，到底有多少位應該或者急需要被保護安置的兒童，但卻沒有受到實質性的保障，其間的落差與貫通會是整體兒童照顧方案所要面對的一項基本課題。

第二節　兒童虐待的層面界分

兒童虐待之界定向來分歧。台北市政府社會局的定義如下：父母或法定監護人，或任何有責任照顧兒童福利者，有意加諸或無意疏忽的行為，導致兒童生理、心理受到傷害或有受到傷害之虞者。換言之，兒童虐待指成人有意（蓄意或可避免而未避免）對兒童造成傷害，並非偶發事件，而是重複、持續性的傷害行為。

以往的兒童虐待事件常被視為是父母管教子女的正當行為，無關乎適當或不適當、對或錯。現今的社會較重視個人權利，所以對於兒童遭到不當的照顧或管教時，已將之視為社會性事件而非個人事件。

　　基於兒童保護的目的與宗旨，當一般兒童或特殊兒童遭受到不當的對待時，應由福利機構整合適當的資源與支持體系，藉由專業服務以確保兒童的人身權益。然而，落實在實務層次上，有關兒童虐待的定義至少可以從家庭、機構與社會不同的角度切入（馮燕等，2000；江季璇，1999）：

1. **家庭虐待**：係指家庭中的父母、手足、親友、保母或主要照顧者對兒童有不當對待的行為。

2. **機構虐待**：係指如學校、安置收容機構、托育中心、幼兒園或醫療單位等不當對待孩子的作為。

3. **社會虐待**：係指兒童所身處的社會之行動、信念與價值一旦妨礙到幼兒的身心發展時，便構成了社會性的虐待，如媒體的暴力等。

　　依照《社會工作辭典》（內政部，2000）的解釋，所謂兒童虐待是指出於故意或疏忽的行為而造成孩童之身心傷害，通常可分為身體虐待、心理／情緒／精神虐待、性虐待及疏忽四種類型：

1. **身體虐待**（physical abuse）：指任何非意外、非偶發、持續地對兒童施行不當或過度的體罰，所造成的身體傷害或死亡。例如，毆打、瘀傷、咬傷、灼燙傷、鞭傷、推摔、捆綁、骨折等。這些肢體虐待來自過度及不適齡、不適合情境的管教或懲罰方式，或讓兒童處於可能導致死亡、外型毀損及身體功能損害或喪失，或讓兒童處於可能發生上述傷害之險境。

2. **心理／情緒／精神虐待**（psychological/emotional/mental abuse）：指照顧者不能給予兒童溫暖、關注、督導及正常的生活經驗，以拒絕、冷落、恐嚇、遺棄和不合理之責罰使兒童受到重大心理傷害，例如，經常對孩子的吼叫、怒罵、輕視、嘲笑、批評、藐視、威脅、挑剔、過分要求、不合理的期待或持續性地對兒女有不合情境之差別待遇，以及不合人道、不合理的待遇等，導致兒童在智能、情緒、感情、社會各方面的發展受到阻礙。

3. **性虐待**（sexual abuse）：指以兒童為性刺激的對象，發生與兒童有任何性接觸的行為。包括：性侵犯（即指強暴、脅迫或誘騙的手段，以達到性接觸的目的）及性剝奪（利用兒童從事與色情有關情

事以謀利者）。性接觸包括兩項，第一項是沒有實際碰觸的行為，包括成人暴露其性器官、要求兒童看猥褻書刊；第二項是有實際接觸的行為，包括對兒童的性器官或隱私部分有不恰當的愛撫、猥褻及性交。

4.疏忽（neglect）：指父母或主要照顧者對兒童的基本需求不加注意，而未能提供身心發展之最低限度必要的保障。如故意或疏忽提供兒童食物、營養、衣物、住所、醫療、教育、安全等照顧，或把兒童單獨留在家中，強迫兒童做過量的工作或拒絕給予情感上的需要等，使兒童身心受到傷害、精神傷害，甚至死亡。

綜合上述，兒童虐待（child abuse）指的是違背社會對兒童照顧和安全所訂之規範，雖然美國各州所訂的標準不一，但都不出下列幾項標準：身體虐待、性虐待、身體照顧方面的疏忽、教育上的疏忽和心理虐待（Pecora, Whittaker, Maluccio, Barth & Plotnick, 1992）。

身體虐待是指對兒童施加的傷害，例如造成骨折、嚴重和輕微燒燙傷、瘀傷等，另身體的碰觸即使沒有明顯可見的傷痕也算數，例如打耳光、毆打、使用皮帶或以戒尺體罰；性虐待是指各種形式之接觸、插入或剝削；性騷擾是指對兒童不當的觸摸，即使沒有接觸到性器官也算數；性剝削是指以兒童為性活動的對象，例如雛妓、黃色書刊或照片；插入指的是以身體任何部位或物體侵入肛門、性器和口中；兒童疏忽是一種比較不明顯的虐待，其中身體照護上的疏忽可包括：遺棄、延誤就醫或剝奪健康護照的機會、監督不周，以及基本生活需求（食、衣、住、衛生）供給不足，疏忽常常是因為資源的嚴重缺乏所致。

教育疏忽包括不讓兒童入學、常令其曠課、對教育上特別需求無回應，有些教育疏忽的個案辨認不易，因為父母可能對正式教育缺乏信心，或者兒童身心障礙的問題造成就學困難，不是父母故意疏忽；心理虐待是指身體自由的限制、不斷的威脅、拒絕、剝削和貶抑。雖然定義不夠具體明確，許多口頭上的訊息若帶有負面標籤和貶抑都算是心理虐待，因為這些口頭訊息對兒童的心理影響重大；許多人常以為虐待只會出自父母，其實親戚、保母和其他托育者、神職人員或其他成人等等都可能是加害者。

　　根據內政部兒童局「兒童保護執行概況」的統計顯示，二○○二年上半年各縣市社會局受理之兒童保護案件，受虐兒童有2,001人，較上年同期減少10.51%；對兒童施虐者有1,914人，較上年同期減少11.72%：（內政部兒童局，2002）

1. 按性別分：受虐男童有1,017人（占50.82%），女童984人（占49.18%）；施虐者男性1,181人（占61.70%），女性733人（占38.30%）。

2. 按年齡別分：受虐兒童以9～11歲715人（占35.73%），6～8歲537人（占26.84%），3～5歲451人（占22.54%），0～2歲298人（占14.89%）；施虐者以30～39歲770人（占40.23%），40～49歲492人（占25.71%），20～29歲326人（占17.03%）。

3. 按施虐者身分：以父母身分1,514人（占79.10%），照顧者110人（占5.75%），親戚93人（占4.86%）。

　　二○○二年上半年各縣市社會局受理兒童保護案件，開案件數2,051件，較上年同期減少10.59%；開案之兒童保護個案類型以身心虐待1,473件〔其中屬身體虐待655件（占44.47%）；疏忽524件（占35.57%）；精神虐待167件（占11.34%）；性虐待127件（占8.62%）〕（占71.82%）；遺棄168件（占8.19%）。

　　此外，就兒童虐待及疏忽型態的部分，作者蒐集了一些台灣社會平面媒體經常報導有關兒童虐待及疏忽的個案資料（參考**表**12-2、12-3）供作參考：

表12-2　兒童虐待事件之類型及其分析

日期	標題	類型	大意	分析
2002/7/24 聯合報	一大一小摔下地，氣墊才趕到	疏忽	3歲女童被挾持跳樓身亡，女童母親指稱警方救援不力	1.一般大眾會同情受害家庭，認為是因警消延遲救援以致悲劇發生 2.照顧者因疏於照顧兒童才致悲劇產生，照顧者也需負極大責任
2002/8 聯合報	摺疊桌腳架夾死男童	疏忽	父母親上班，9歲男童獨自在家中，傍晚母親下班回家，發現他被摺疊桌腳架夾住，臉部發黑，送醫不治。檢察官研判，小孩鑽進桌腳被夾住無法自行脫困，窒息而死亡	1.產品設計不良 2.父母讓孩童獨自在家 3.父母未告知孩童行為的危險 4.孩童已9歲而獨自留在家中，父母未違反兒福法
2002/8/15 聯合報	流浪夫妻濫用親權 三子女強制帶離	疏忽	謝眞仁、趙裕眞夫妻罹患妄想症，不讓三名國小學齡子女上學，且住在遭土石流侵蝕的危屋中，或以運貨卡車為家四處流浪，北市社會局聲請假處分獲准	1.父母妨礙子女接受國家教育 2.無法提供適當的生活環境 3.置子女生命於危險中 4.父母皆有罹患精神病 5.父母濫用親權，違反兒童福利法
2002/9/2 聯合報	誤播錄影帶 赫見老爸性濫交	性侵害	女兒不小心看到父親偷腥性愛錄影帶，告知母親和學校輔導老師。其妻並因此發現遭丈夫傳染性病，憤而提起離婚、慰問及監護權訴訟	雖然這位父親不是直接對女兒性侵害，但也造成了女兒心理上的陰影。應及早輔導讓其早日走出，能夠擁有健全的生活
2002/9/4 聯合報	偷竊遭通緝 拎菜籃跑路 疑精神有異 5歲兒子扮女兒身 一同亡命	心理虐待	48歲徐姓婦人竊盜遭通緝，把全副家當裝在菜籃裡，攜5歲幼子逃亡，並將小男童穿上女孩洋裝	母親有精神疾病對於小孩子而言是一種心理上的負荷，對其成長已經構成了嚴重的傷害，應及早幫助、輔導

（續）表12-2　兒童虐待事件之類型及其分析

日期	標題	類型	大意	分析
2002/10/15 聯合報	好賊的爸媽唆使7歲女兒當賊	疏忽	此父母不但帶他們的女兒一起偷竊，還教她偷竊的技巧	屬於教育上的疏忽，給予錯誤的價值觀和偏差的行為
2002/10/19 聯合報	蹂躪國小三姊妹 狼人老爸判16年	性侵害	此父親因跟妻子感情不睦，且多年未行房，為發洩性慾就對此三姊妹性侵害	對心理及身體造成雙重的傷害，而尤其當施虐者是自己的親人時，對小孩的傷害更大
2002/10/19 聯合報	小沙彌遭性侵害案 釋智浩判12年	性侵害	沙彌學園的住持釋智浩對其園內的小沙彌性侵害	對心理及身體造成雙重的傷害，而尤其當施虐者是自己最信任的人時，對小孩的傷害更大
2002/10/29 聯合報	兩個媽媽心情差 分帶幼兒赴黃泉	身體虐待	1.越南新娘因與家庭不和，帶一歲半的兒子跳樓 2.警眷因產後憂鬱悶死一歲的女兒後，自己割腕自殺	他們認為帶孩子一起死，是對孩子們最好的安排，因為這樣小孩才不會沒有人照顧，但這是錯誤的觀念，因為他們忘了考慮孩子的意願和想法，也忘了他們是無辜的
2002/12/7 聯合報	保護過度三兄妹學習有問題	疏忽－替代性蒙森氏症候群	母親過度保護三兄妹以致這三名孩童大字不識幾個，且與同儕相處困難，社會局收案管理卻無相關法條處理	過度保護易使小孩的抗壓性低，易受挫，導致容易有憂鬱症
2002/12 聯合報	父親酒後亂性變成狼	性虐待－亂倫	父親喝醉，性侵害自己13歲女兒，女童大哥得知，痛毆父親，並報警處理，而女童父親宣稱無此事	亂倫對兒童心理方面會產生極大的傷害，而這傷害居然是來自自己所信賴的雙親，情何以堪
2002/12/29 聯合報	兒童酗酒延緩心智	疏忽－不適合的照管	台東縣特殊案例，部分國中小學生因酒精中毒導致心智發展遲緩而有學習障礙，經證實學生非因生理病	不適當的行為危及到孩童應該要避免，且言教重於身教，小孩的言行舉止來自學習父母，這對孩童長大

（續）表12-2　兒童虐待事件之類型及其分析

日期	標題	類型	大意	分析
			變引發弱智，經過治療有希望治癒，但其家長排斥輔導	會造成不良之行爲影響
2002/12/31 聯合報	保母疏忽女童受傷，被判賠294萬	疏忽	由於保母看電視，而疏忽導致女童外出讓保母之兒子在倒車時被輾壓，經手術後挽回生命，但其影響女童日後生活和人際關係發展	疏忽照顧易使孩童形成日後身心受創，難以恢復，且心理傷害在家庭的延續之下會有惡性循環結果
2002/1/18 聯合報	性侵害多名少年幼童　易爺爺三度被捉	性侵害	71歲的易連生涉嫌以供應吃住及零用錢換取性服務等方式，對十五名少年幼童性侵害	老人對小孩的性侵害主要的原因是因爲其曾經遭受過性侵害，且其行爲也會造成小孩心理上的陰影，而且已經有一少年出現模仿的傾向，應需早日輔導，幫助其走出陰霾
2002/1/25 聯合報	香港蘋果日報、壹週刊「不雅物品」	性虐待	香港一家補習社負責人本月初遭人揭發狎玩女童，香港蘋果日報及壹週刊刊登其照片，引起社會人士批評	這種做法會對女童及其家庭造成二度傷害，相關單位應該有更積極的做法，才不會讓這種事一再發生
2002/1/27 聯合報	孩子丟給政府養這款人變多	身心虐待、性虐待、疏忽	被安置的孩子多半是遭虐待、嚴重疏忽等，父母親不想負起養育的責任	暫時安置孩子後，還是希望他能返回原生家庭，重要的是如何加強父母親職教育的觀念
2002/1/29 聯合報	性侵害三少女林進友二審加重刑度	性虐待	被控利用輔導教會內安置未滿14歲少女機會，在教會內伺機猥褻或強制性交得逞	輔導人員逾越了本分，不配擔任神職人員。二審加重罪刑，是因其反覆辯解，且毫無說服力
2002/1/30 聯合報	失業漢摑死5歲兒	身體虐待	失業漢情緒不穩，常會毆打妻兒。連續三天晚上，他以教訓兒	其實在妻子申請保護令時，他就應當曉得自己因情緒不穩而毆

（續）表12-2　兒童虐待事件之類型及其分析

日期	標題	類型	大意	分析
			子不可說謊等理由，拿皮帶抽打，並徒手毆打孩子	打妻兒是不恰當的。他必須趕緊接受輔導，才不會再次發生遺憾
2003/2/6 聯合報	菸蒂燙傷手腳，3歲女童體無完膚	身體虐待	小女孩遭母親虐打，鄰居報案發現女童父親去世，母親沒有工作，而且母親已不只一次虐打她	1.典型的法不入家門的觀念，把孩子當成私有財 2.應該要注重恢復原生家庭的功能，才不至於孩子一再遭受虐待
2003/2/6 聯合報	假釋犯性侵害女童	性虐待	嫌犯因性侵害假釋中，和被害女童祖父熟識，找女童祖父喝酒聊天，趁機拐人犯案	1.發現性虐待的加害者經常是認識的人 2.孩子的自主權不夠，擔任照顧的成人更該擔起責任，不應該讓孩子獨處
2003/2/7 聯合報	老爸、老媽偷情，兒子、女兒當護身符	疏忽	其一丈夫藉口帶兒子外出，和情人幽會另一妻子和人通姦帶女兒進賓館	1.父母婚姻關係發生問題時，孩子往往是直接受到衝擊的受害者 2.疏忽常常難以界定，事件發生時也往往被模糊焦點，忽略疏忽的事實
2003/2/17 聯合報	性侵害女童，大三生挨揍	性侵害	靜宜大學學生上網認識小六女童，進而約女童見面，帶女童遊玩後過夜，涉嫌與女童發生性關係，被家長打得滿身是傷	1.造成兒童遭受性侵害的媒介越來越多，新興的網路資訊就是一項 2.加害者的類型和傳統既定的印象不同，不再是所謂低知識份子，省思是否是社會提供了什麼樣的負面訊息
2003/7/30 聯合報	自殺沒死？載幼女屍體回老家	傷害－自殺未遂	父親因自我因素攜自殺，結果女兒死了其卻沒死	父親因為一時想不開所以帶女兒一起自殺，但卻沒有想過

（續）表12-2　兒童虐待事件之類型及其分析

日期	標題	類型	大意	分析
				女兒的真正想法，之前還用自殺來威脅妻子
2002/7/31 聯合報	悶死同居人兒子通緝犯自首	傷害殺人	殺害同居人兒子，只因其母親之疏忽及私慾使得稚子慘遭毒手	1.母親因疏忽及信任同居人而使兒子遭到毒手 2.通緝犯因良心過不去及夜裡做惡夢而自首
2002/11/04 聯合報	人車被偷失而復得娃兒滿頭包	疏忽	一位母親因一時大意而將小孩留在未熄火的車中，使小孩連車一起被偷還被蟲叮咬	1.因母親的一時大意而造成小孩的驚嚇和受傷 2.母親不應該將小孩獨自留在車中 3.母親違反兒童福利法
2002/11/06 聯合報	國小教師性侵害男學生兩代受害	性侵害	一個國小老師涉嫌性侵害國小男童，並且男童的父親小時候也遭裡這個老師侵害	1.林姓教師涉性侵害應立即解聘 2.受害男童應接受心理輔導
2002/11/12 聯合報	母親饑懲4歲男童才12公斤	虐待	母親因自己的私心而故意不給孩子吃東西導致小男童體重過輕	母親嚴重偏心而造成男童的體重過輕
2002/11/25 聯合報	餵子女安眠藥失業漢險釀禍	傷害—自殺未遂	父親因自我因素企圖自殺而拖兩個幼兒一起自殺幸未成禍	1.父母因和妻子離婚而悶悶不樂以致心生自殺念頭 2.應由社會局安置兩名幼兒並進行心理輔導
2002/12/15 聯合報	攜子自殺父清醒	傷害殺人	父親攜子自殺導致兩子死亡	父親不應因個人因素而把兩子的生命奪走
2003/2/25 聯合報	兩稚子死亡目睹家暴會殺逃家自殺傾向	家暴	兒童自小受到的傷害會影響未來的行為	家暴不只限於身體上的暴力行為，心理上的傷害有時會造成更大傷害

資料來源：作者整理。

表12-3　疏忽之類別及新聞事件

類別	剪報標題
養育上疏忽	無
安全上疏忽	1.少年殺童未見屍（蘋果日報，2003/5/24；自由時報，2003/5/25） 2.童年訟事（中國時報，2002/10/4） 3.男童發燒，泡澡溺斃（中國時報，2002/11/5） 4.黑蟻咬全身，女嬰喪命（蘋果日報，2003/5/22） 5.男童看ㄅㄨㄅㄨ墜樓亡（蘋果日報，2003/5/17） 6.果凍噎死女童，盛香珍敗訴（中國時報，2003/5/14） 7.人車被開走，男嬰找回來了（自由時報，2002/11/24） 8.母七樓跳下，拼命救子（蘋果日報，2003/5/14） 9.獨自在家，女童中八刀死亡（聯合報、自由時報，2003/1/4；2003/1/26～28） 10.2歲男童，溺死洗衣機（聯合報，2003/1/26）
保健上疏忽	1.媽有病把兒養到140公斤（蘋果日報，2003/5/16） 2.媽咪迷網，小姐弟獨活兩週（聯合報，2003/1/11）
教育上疏忽	1.9歲女童在家上吊身亡（聯合報，2003/1/3） 2.野狗成群圍咬，3歲女童命危（自由時報，2002/10/22） 3.兩破碎家庭，3小童溺斃（蘋果日報，2003/5/24） 4.失業潮引發兒童受虐潮（中國時報，2003/5/19） 5.有樣學樣，兒童酗酒延緩心智發展（聯合報，2003/12/29）
發育上疏忽	無
其他	受虐兒激增，成為寄養家庭主要來源（中國時報，2002/9/15）

資料來源：作者整理。

第三節　兒童虐待之原因

　　兒童虐待大多來自功能失調的家庭，而受虐的子女正是名副其實的代罪羔羊，兒童虐待和疏忽的事件由於媒體大肆報導，社會大眾的意識覺醒，使得近二十年來，事件的報告率大幅提升，然通報率升高和新個案數的增加，兩者之間並不容易區辨，但是上報的比率卻是增加的。虐待兒童的行為，是一連串複雜的社會心理歷程，這種複雜的社會心理歷程的背後可能導因於以下幾個因素：

1.個人人格特質：施虐者個人的壓力和人格特質。施虐者常將生活壓力或婚姻失調累積的壓力發洩在兒童身上。

2.交互作用模式：施虐的原因是由於系統失去功能所致。低階層家庭的父母相信身體處罰是正當的管教方式，比較容易虐待兒童。父母的精神疾病及藥物、毒品濫用也是兒童虐待的原因之一。

3.社會環境論：環境、社會文化變遷帶來的立即性壓力導致兒童虐待（張寶珠，1997）。

　　總之，對於有關兒童受虐或疏忽的看顧並不僅止於受虐兒個案層面上的干預，還進一步地擴及到包括兒童及其家庭和所身處社會的整體改造，連帶地，因應的兒童保護與安置工作亦應掌握微視面與鉅視面的雙重進路（參考**表**12-4）。就美國的兒童保護工作，其處遇的方式已由過去只注重個案工作轉移到使用多系統的複雜處遇模式，也強調兒童保護社會工作者的訓練，工作人員也體認此項工作跨領域合作的必要性；但問題是現存的跨領域之專業整體性的合作、協調、預防治療的方案並不多，政府財務上的壓力也造成兒童保護預算上的萎縮，但是兒童和家庭的需求又有增無減，加上問題的複雜性也日增，所以兒童保護之兒童福利的社會工作之重要性與日俱增，如何克服這些障礙是整體社會和兒保工作者現在和未來的一大挑戰。

第四節　兒童保護與安置工作微視與鉅視面之分析

一、微視面分析

　　為落實「兒童福利法」和「兒童及少年性交易防制條例」的立法目的，政府與民間團體在提供如初級預防性質的諮詢服務、親職教育、社會宣導和家庭支持，以及次級預防性質的責任通報、醫療處遇、臨床治療、緊急安置、學校社工、輔導轉介、寄養家庭服務、收（領）養服務和就業

表12-4　兒童虐待的層面分析表

主要受虐情境	施虐來源	主要虐待行為	示例說明
家庭：含原生家庭、同居家庭、寄養家庭、收養家庭等	父母、手足、親友、主要照顧者	身體虐待 精神虐待 性虐待或性剝削 疏忽	毆打、砸、撞、燙傷等 口語暴力、冷嘲熱諷等 性侵害、強迫性交易等 漠視、不滿足兒童的基本需求與權利
機構：學校、安置收容機構、嬰幼兒托育中心、幼兒園或醫療單位	機構工作人員、主要照顧者、其他安置者與其親友等	體罰等不當管教 不當使用精神病理藥物 無意或故意延長隔離時間 使用機械設備限制其行動 階級、種族、性別歧視、方案濫用 非法禁見與探視 未提供法律規定的服務 性侵害與性剝削	交互蹲跳、暴力威脅等 餵食鎮靜劑、安眠藥等 以單獨禁閉為懲戒手段等限制兒童活動 嘲弄兒童之人格權等 不符兒童需要、未評估 拒絕親友探視 拒絕兒童福利專業協助 性騷擾、強暴等
社會：社會之行動、信念與價值等	兒童所處社會環境等	不適宜的教養文化 性別刻板印象 不平等、權力、暴力 允許暴力存在 兒童是無能的	不打不成器等觀念 遵守主流性別角色 教育、生涯發展 暴力是和諧的必要手段 成人的決定是出於愛與善

資料來源：馮燕等，《兒童福利》（台北：國立空中大學，2000），頁184。

輔導等各項有關兒童保護、安置的福利服務措施，這對於兒童及少年個人的人身安全權益是有其一定程度的保障效果。以一九九八年為例，在保護案件的開案數方面共計有4,082件，雖然較上一年度增加了5%，不過在諮商服務人次上也較前一年度大幅增加40.83%，這多少說明了有關兒童保護觀念的宣導已達到某種的成效。

至於，一九九八年的兒少保護個案共計有4,871人次，則遠較上一年度增加了近14%，這其中又以虐待占38.14%、疏忽占24.70%，以及管教不當占18.89%分別居前三名，這似乎點明出來：國人還是慣以將兒童視為是父

639

母的一種私有財以及親子之間的管教問題也被界定為私領域（private sphere）的概念範疇。

最後，在安置狀況方面，一九九八年保護個案共計處置了4,841位的兒童及少年，較上一年度增加35.07%，這其中又以家庭輔導占56.74%最多，其次為暫時性的寄養安置占26.92%，換言之，家內性質和家外性質的安置模式雖然同時並存，但是，在原生家庭以及支持輔助完整家庭的價值思維底下，家庭維護方案（family preservation programs）以及家庭重整方案（family reunification programs）自然還是整套兒童保護安置服務措施優先的運作準則（郭靜晃，2001）。

二、鉅視面分析

基本上，對於受虐兒童所提供的各項保護安置工作，比較是針對受虐兒本身、涉案家庭以及施虐者所進行之微視面的處遇方式，然而，當兒童的受虐以及父母或近親者的施虐成為一項整體社會事實（total social fact）時，那麼，對於兒童受虐現象的議題討論當有其必要去掌握這些兒童、父母及其家庭背後所共有的結構性限制。就此而言，有關兒童的人身問題與其鉅視面人文區位環境彼此之間的相互關係，自然是探討兒虐現象必要的切入點。

從各項客觀的發展指標也直接點明各縣（市）政府在執行兒童保護與安置業務時，背後所必須要面對的結構性限制（見**表**12-5）。相關的研究（余漢儀，1997，1998）也說明了將兒童的受虐與保護現象放置在人文區位環境當中所蘊涵的意涵包括有：

首先，台灣地區依然呈現出各縣市不等的都市化程度，連帶而來衝擊包括了當地工商業的發達情形以及所帶動的工作就業機會，而這都會直接影響到家戶內的經濟所得維持水準。

因此，若以各縣市的每百住戶中的低收入比例代表貧窮率，並且配合當地縣市政府的財源負債情形，那麼，像是澎湖縣、台東縣、屏東縣、花蓮縣、雲林縣，以及南投縣等等人民所得貧窮和地方政府財政貧乏的縣市，凸顯出一項兩難的發展困境，那便是：這些貧窮縣市的居民及其家庭

表12-5　各縣市兒童保護工作的客觀事實

客觀事實	農林人口比例	貧窮率	未成年媽媽比例	兒保接案數	兒保接案率	兒童嫌疑犯	政府兒保社工	家扶兒保社工	縣市政府累積負債
台北縣	1.80	0.62	4.37	445	7.06	159	9	14	9.70
宜蘭縣	11.23	1.06	6.22	130	15.35	17	2	2	5.26
桃園縣	5.52	0.65	4.82	186	6.01	80	7	2	9.20
新竹縣	8.02	0.54	5.95	46	5.54	44	3	1	5.00
基隆市	1.68	0.72	5.28	35	45.45	46	6	2	--
新竹市	3.32	0.26	4.76	27	2.21	14	2	-	2.00
苗栗縣	13.69	1.14	5.83	23	2.79	36	2	2	9.95
台中縣	10.22	0.38	5.24	79	3.63	63	7	2	48.00
彰化縣	18.72	0.81	5.23	89	3.13	53	5	1	10.00
南投縣	28.67	1.10	7.10	31	2.97	39	5	3	8.80
雲林縣	35.15	1.35	6.97	37	7.57	38	2	1	17.00
台中市	2.90	0.20	2.91	130	3.07	33	7	3	34.00
嘉義縣	31.55	1.07	6.15	29	1.18	20	19	1	--
台南縣	21.50	0.66	5.2	22	5.81	44	20	1	5.10
高雄縣	13.13	0.74	6.23	121	3.77	31	1	4	32.94
屏東縣	27.01	1.78	8.65	60	7.71	41	1	3	8.00
澎湖縣	17.37	4.02	7.10	11	3.85	7	1	1	3.25
嘉義市	6.74	0.72	4.30	18	3.77	22	4	-	16.00
台南市	3.27	0.64	3.73	48	7.71	21	3	2	23.00
台東縣	24.08	2.78	11.35	63	14.94	109	1	7	20.00
花蓮縣	14.60	1.54	9.64	57	9.25	76	1	2	0.22
台北市	0.62	0.78	2.01	266	6.18	70	65	-	--
高雄市	2.12	1.07	3.82	88	3.53	60	4	4	--
單位	%	百分比	百分比	人	萬分比	人	人	人	億元

資料來源：王順民，兒童福利的另類思考——以縣市長選舉兒童福利政見為例，《社會福利服務——困境、轉折與展望》（台北：亞太，1999），頁39～68。

余漢儀（1998）。兒保過程中之社工決策。《國立政治大學社會學報》，28，81-116。

理當有著較大的社會服務需求，但是地方政府卻反而是無力可以提供較多的社會福利資源，最終發展的結果則是掉落入惡性的循環當中，而增加問題處遇上的難題。

　　就此而言，上述這幾個縣市所出現較高比例的未成年媽媽，就某個角度而言，這除了是青少年個人道德上的瑕疵（moral failure），尚隱含著區位

結構性限制所必然帶來的一種預期性的後果（intended consequences）。畢竟，一則未成年媽媽的比例與貧窮率呈現相關性的內在關聯，再則，後天社會福利資源配置的不足，這使得政府部門對於心智未臻成熟的未成年媽媽所能提供的親職教育和家庭訪視等等服務，自然是不足且匱乏的。

最後，就兒保的接案率（兒保接案數÷當地未滿12歲人口數）和政府民間的社工人力配置情形來看，即便這些偏遠縣市本身兒保的通報量並不大，但是，如果進一步考量這些第一線實務工作者所主兼辦的業務項目（舉凡從接受受虐通報、家庭訪視、家戶調查、轉介安置、社區服務、收養家庭調查，以及對其他弱勢族群所提供的福利服務），那麼，各縣市政府社工人力配置上的落差還是一項累積已久的難題（引自王順民，2002）。

總而言之，台灣地區在兒童保護工作上，雖然提供了包括通報調查、機構收容安置、寄養家庭服務以及領養服務等等多元並存的服務輸送體系，並據以發展出全托、補助、協調以及自辦四種不同的兒保策略，但是，有關兒童的保護工作一旦落實在工具性層次時，那麼，如工作人員過重的負荷以及工作情境的不可控制所造成的無力感或工作壓力；民間部門的專業知能與經費資源極度匱乏；施虐家庭與施暴父母的不肯合作；行政處分的未能強制執行；受虐情境的採證困難；專業人員自身安全深感威脅；醫療警政單位的配合度低和專業認知上的差異；以及缺乏對於原生家庭長期性的規劃等等（余漢儀，1996、1997），在在點明出來：這項同時包含個人、家庭、機構、制度、法令和文化認知不同因素的兒童保護工作，便在交雜著微視面與鉅視面雙重性的牽絆交互作用之下，而亟待重新釐定出一套全型的整體兒童照顧方案。

第五節　整體兒童照顧方案的試擬——以兒童的保護與安置工作為例

王順民（2002）建基在上述的論述基礎，試著從公平性、可行性、迫切性以及展望性不同的角度，提出有關兒童保護與安置工作的規劃藍圖，至於，進一步地扣緊綱領與實施進程的思考架構，那麼，這項藍圖的勾勒

將涵蓋以下兩種不同的面向——「基本原則」及「實施要項暨行動方案」。

1.基本原則

(1)國家社會是兒童最終父母的基本原則。

(2)「兒童——父母——家庭——社會」之整合多層照顧模式的基本原則。

(3)兒童本位、父母本位、家庭本位與社會本位之整合性操作的基本原則。

(4)兒童的價值超越兒童的價格之認知態度的基本原則。

(5)反應式、支持性、主導性和預防性之兒童安置保護的基本原則。

(6)家庭安置、團體安置與機構安置並行的基本原則。

(7)初期安置、後續安置與較長期安置並存的基本原則。

(8)政府、委託機構、寄養家庭與親生家庭互動規範的基本原則。

(9)政府部門、民間自願部門與市場商業部門之協力合作的基本原則。

(10)單一窗口、服務整合與服務網絡之整體性連結的基本原則。

(11)一般群體、高危險群群體、標定群體與真正服務到的群體的分界。

(12)部門內部組織機構的協調分工優先於社政部門與其他部會單位間連結整合的基本原則。

(13)恩威並施與賞罰並重之保護安置輔導的基本原則。

(14)法院行動與行政執行之配套運作策略的基本原則。

(15)脫離危險情境與提供適宜成長環境之雙重思維模式的基本原則。

2.實施要項暨行動方案

(1)保護服務部分：見**表**12-6所示。

(2)安置服務部分：見**表**12-7所示。

表12-6　兒童保護服務的實施要項暨行動綱領

採行措施	主辦單位	協辦單位	時程
1.設置全省連線的通報系統，發展電腦化的接案查詢與個案管控系統，以確實掌握兒虐的通報人數和流向	直轄市及各縣（市）政府	內政部兒童局	短程
2.設置涵蓋家暴、性侵害以及兒虐之「單一窗口」的統合單位，以提供統整性的初級保護服務	直轄市及各縣（市）政府	內政部兒童局	短程
3.設立兒童保護警察或任務編組，並將兒童保護的處理流程編入警察勤務手冊	直轄市及各縣（市）政府	內政部兒童局內政部警政署	短程
4.強化兒童緊急保護網絡的連結，並提升定期業務督導會報的層級與權責	直轄市及各縣（市）政府	內政部兒童局	短程
5.規劃財產信託制度，訂定法令內容及相關法規的配合措施，以協助解決不幸兒童的問題	直轄市及各縣（市）政府	內政部兒童局	短程
6.研擬家庭及親職教育的課程內容，以達到強化家庭功能的服務指標	直轄市及各縣（市）政府	內政部兒童局	短程
7.強化學校主管與老師的兒保觀念，並以聯繫會報方式主動到校宣導兒福法相關規定與兒保活動	直轄市及各縣（市）政府	內政部兒童局	短程
8.增設心理治療與親職教育輔導機構	直轄市及各縣（市）政府	內政部兒童局教育部	中、長程
9.建立緊急庇護場所、寄養家庭及安置機構的管理、監督與評估制度	直轄市及各縣（市）市政府	內政部兒童局	短程
10.研訂緊急醫療處理標準流程，以達到保障兒童人身安全的服務指標	衛生署	內政部兒童局	短程
11.加強失蹤兒童的宣導協尋及通報工作	直轄市及各縣（市）市政府	內政部兒童局	短程
12.針對不同家庭類型需求以提供服務，倡導兒童及家庭問題的研究發展工作，以因應日趨複雜的家庭問題	直轄市及各縣（市）市政府	內政部兒童局	中、長程
13.加強兩性平權及國家親權之教育與宣導，以防範消弭兒童性侵害及虐待之事件	直轄市及各縣（市）市政府	內政部兒童局教育部國教司	中、長程
14.推動新聞單位及媒體工作者的教育宣導，以落實對於報導身心創傷兒童個案的隱私保護	直轄市及各縣（市）市政府	內政部兒童局新聞局	短程
15.寬列經費以增加兒保工作人員的加給與通訊裝配	直轄市及各縣（市）政府	內政部兒童局	短程

資料來源：王順民，兒童保護與安置政策。輯於中國文化大學社會福利學系（主編），《當代台灣地區青少兒童福利展望》（台北：揚智文化，2002）。

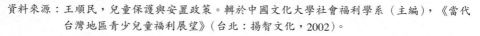

644

表12-7　兒童安置服務的實施要項暨行動綱領

採行措施	主辦單位	協辦單位	時程
1.設置不同受虐類型的安置場所	直轄市及各縣（市）市政府	內政部兒童局	短程
2.調查現有社福機構安置床位，並且積極規劃各機構的人力資源和轉型服務	直轄市及各縣（市）市政府	內政部兒童局	短程
3.提供多元化的安置服務，並優先安置身心障礙兒童，以使家庭獲得喘息的機會	直轄市及各縣（市）政府	內政部兒童局	中程
4.設置專門從事性交易兒童或少年的緊急收容中心，並且研擬中途學校的設置	直轄市及各縣（市）政府	內政部兒童局 內政部社會司 教育部國教司	短程
5.配合司法轉向制度，加強對行為偏差兒童的安置服務工作	直轄市及各縣（市）政府	內政部兒童局 司法院判事廳	短程
6.寬列兒童福利預算，以專案補助民間社福機構從事兒保安置、監控以及專業知能訓練的各項經費	直轄市及各縣（市）政府	內政部兒童局	短程
7.設置學校社工專職人員，並建立矯治社會工作制度	直轄市及各縣（市）政府	內政部兒童局	短程
8.建立寄養家庭個案管理的標準流程	直轄市及各縣（市）政府	內政部兒童局	短程
9.提升寄養家庭的照護能力，並引進訓練課程和其他的專業協助	直轄市及各縣（市）政府	內政部兒童局	短程
10.統一兒童收養標準流程，並且設置出領養資料管理中心	直轄市及各縣（市）政府	內政部兒童局	短程
11.結合社區資源、推動社區照顧臨托方案，以幫助單親及其他弱勢家庭	直轄市及各縣（市）政府	內政部兒童局	短程
12.檢討各類安置機構的設立標準，以確實達到安置兒童的服務指標	直轄市及各縣（市）政府	內政部兒童局	短程
13.提供發展遲緩兒童專業團隊的在宅服務	直轄市及各縣（市）政府	內政部兒童局	短程

資料來源：王順民，兒童保護與安置政策。輯於中國文化大學社會福利學系（主編），《當代台灣地區青少兒童福利展望》（台北：揚智文化，2002）。

本章小結

　　本章係探討有關提供兒童保護服務之現況與政策分析，基本上，對於所有兒童的關懷與看顧理應是一視同仁和一體適用的，然而，個別性的差異以及結構條件限制的不同，這使得兒童照顧方案的擬定係以個別性和多元化的精神為主。**表**12-8列舉整理出來不同兒童對象類型及其相對應的福利需求和可能的福利作為，至於，它們彼此互動所呈顯出來的意義無非是在於點明出來：對於所有兒童（一般兒童、棄嬰、發展遲緩兒童、非婚生兒童、未婚媽媽兒童、無依兒童、孤兒、街頭遊童、性剝削兒童、單親家庭兒童、原住民兒童）的照顧應該是一項整體社會事實，其間隱含著整體性（universalities）觀照以及個別性（particularities）探究的雙重論述。

　　不過，即便如此，畢竟包括受虐兒在內的特殊兒童有其特殊的問題處境，而有待社會較多的看重，至於，這樣一份真心的關懷與真實看顧的承諾是建基在幾項基本的社會性工程上：第一，兒童作為一項公共財的社會教育倡導；第二，建構一套以捍衛家庭完整性的社會福利政策；第三，兒童保護法之特別法的研擬立法；第四，界定兒童保護之範圍與介入的分際；第五，明定兒童保護處理之流程、建立合理的分工與合作；第六，架構一套縝密的兒童保護服務網絡；第七，多元化的兒童保護、安置措施。

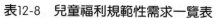

參考書目

一、中文部分

內政部（2000）。《社會工作辭典》（第四版）。台北：內政部社區發展雜誌社印行。

王順民（1999）。兒童福利的另類思考——以縣市長選舉兒童福利政見為例。《社會福利服務——困境、轉折與展望》，39-68。台北：亞太。

王順民（2002）。兒童保護與安置政策。輯於中國文化大學社會福利學系（主編），《當代台灣地區青少兒童福利展望》。台北：揚智文化。

江季璇（1999）。受虐兒童專業倫理保密的兩難。《社區發展季刊》，86，131-142。

余漢儀（1996）。婦運對兒童保護之影響。《婦女與兩性學刊》，7，115-140。

余漢儀（1997）。《變調的兒童保護》，發表於「台灣社會福利運動的回顧與展望研討會」。台灣大學社會學系。

余漢儀（1998）。兒保過程中之社工決策。《國立政治大學社會學報》，28，81-116。

內政部（2004）。《中華民國九十二年社政年報》。台北：內政部。

內政兒童局（2002）。《兒童保護執行概況》。台中：內政部兒童局。

張寶珠（1997）。正視兒童虐待現象與預防輔導工作。《社區發展季刊》，77，174-177。

郭靜晃（1996）。兒童保護輸送體系之檢討與省思。《社區發展季刊》，75，144-155。

郭靜晃（2001）。兒童寄養服務之另類思考——家庭維繫服務及家庭重聚服務模式之探究。《兒童福利期刊》，1，209-220。

馮燕、李淑娟、劉秀娟、謝友文、彭淑華（2000）。《兒童福利》（頁184）。台北：國立空中大學。

二、英文部分

Pecora, P., Whittaker, J., Maluccio, A., Barth, R., & Plotnick, R. (1992). *The child welfare challenge: Policy, practice, and research*. New York: Walter de Gruyter.

Chapter13
第十三章

兒童福利服務之新
思維與作法

　　誠如從第九章至第十二章所述，過去在兒童福利工作實務上常被社會福利機構所使用的服務包括：一、支持性的服務：如在宅（居家）服務、對有所需要家庭的暫時性補助、現金（實物）補助、家庭諮詢服務、父母管教技巧訓練等；二、補充性的服務：如喘息服務、托育服務等；三、替代性服務：如寄養服務、收養服務、住宅、社區及團體照顧處遇等，以及四、兒童保護服務；而這些服務已有長久的歷史，且其服務及技術也有所改進，並漸漸形成一門社會工作的專業。本章將介紹一些可能只是一種哲學式的想像，並且應用不同於過去以殘補處遇爲主的預防式或發展導向之觀念，提供未來在兒童福利政策或實務的一些參考。此類服務是以鉅視觀點來透視兒童及其家庭的需求，目前尚未普遍實施，甚至沒有實質的方案內容。這些方案可能只是一種概念，而且也是需要更專業的社會工作技巧，尤其對第一線的社工實務工作者，當對所需服務的兒童及其家庭進行處遇及規劃服務時，此類服務的眞正運用也可能會遭受許多阻礙，尤其是政策或法規的引用。這些創造性的服務，如能在實務執行中獲得一小步的進展，對兒童及其家庭的福利卻能帶來更多的保障。此類兒童福利服務，主要是基於社工之增強（strengthen）處遇服務模式，更基於兒童及其家人有能力，且願意團結在一起共同解決家庭危機的假設前提，此類服務包括：一、整體性家庭寄養服務；二、以學校爲本位的服務機構；三、調停方案；四、戶外營隊方案；五、互助團體、自助訓練及倡導團體；六、家庭爲本位的處遇方案；七、兒童倡導方案，以及無家可歸的家庭庇護所等，茲分別介紹如下：

一、整體性家庭寄養服務

　　整體性家庭寄養服務（holistic family foster care）不同於前章所指兒童寄養服務，它是整個家庭都接受另一個家庭的寄養服務，尤其對於年輕之單親女性家庭。此種服務基於假設年輕之單親媽媽，因爲缺乏資源或智識能力來照顧其子女。此類寄養家庭不但提供單親媽媽及其子女生活的空間，而且還要教導照顧子女的技巧，以期最終他們可以獨立生活照顧。寄養家庭之父母要提供如何養兒育女的知識及實際照顧技巧，並且還要增強

單親媽媽如何照顧家庭生活起居。

另外一種整體性家庭寄養服務的概念是擴大為社區寄養服務（foster care community），例如，加拿大有些社區是整體被兒童福利機構所購買，再分售給寄養家庭。整個社區依被寄養之家庭與子女的需求增設一些社區服務中心，並且建立整個服務網絡，這些居住在社區中的寄養家庭自然也成為共同互助的團體。

Goldstein及Colleagueo（1996）指出過去美國希望兒童是由生母，其次再由生父來撫養；然現在則是如果父母不能勝任，就由親戚或收養父母來撫養，此種趨勢是由心理父母（psychological parents）取代過去以生理父母（biological parents）為優先考量。

二、以學校為本位的服務機構

以學校為本位的服務機構（school-based agencies）打破過去學校不被大多數人所認為是一社會服務機構的觀念，但是Loughborough（1997）指出：「在美國父母不再是唯一的社會化的角色；社會上全體人員應為所有兒童的安全與成長負責」。學校因此也成為兒童與家庭及社會的中介場所。也誠如我國教育學者張春興教授所言：「兒童及少年的問題，種因於家庭，顯現於學校，惡化於社會」，此類學校提供補充及支持家庭之服務就因此顯得有其重要性及迫切性，例如課後照顧服務（after-school program）及學校社會工作（school social work）。目前課後照顧方案已成為社區中公立學校的服務之一，即使是美國如此，台灣也亦然。以往台灣小學生放學後也參加坊間所興辦的安親班或到兒童托育機構參加才藝班、補習或課輔服務，不過這是屬於私部門或非營利組織辦理，但自二〇〇五年度台灣實施托教合一後，5歲幼兒進入K教育，國民小學也要辦理課後照顧服務。不過，在美國此類服務並不是由學校出資來辦理，而是委託外面的社會服務機構（如YMCA、YWCA）提供各種不同滿足兒童需求的照顧服務。此類的課後照顧服務不僅讓社區中的家庭及兒童獲得他們所需要的服務及資源，而且也將社區中的家庭聚集在一起共同注意社區中的家庭之需求。

另外一類是學校社會工作，當學校中有適應困難或兒童（少年）虐待

之個案，個案的問題來自家庭，在目前學校的教育體系未能有效處理此類問題，而兒童及家庭的問題較適合社會工作者透過家庭訪視，找出問題癥結，再運用社會工作之增強方法給予家庭必要的支持與協助，以解決兒童及家庭的問題。Wolf（1991）指出：「成人日後的情緒及身體虐待的預防最有效的方法是透過在兒童早期落實他們對家庭角色及責任的體認」。他倡導早期透過小學及中學教育，教導學生有關家庭及社會的需求、角色及責任，以期他們能對社會公民及家庭對兒童的保護有所認知。社會工作者就是將學校行政區的父母聚集在一起，倡導兒童保護的預防概念。學校社會工作主要為學生及家長進行親職教育、個別、家庭及團體諮商，以及危機處理及服務。

三、調停方案

大多數人想到調停（mediation）的名詞或概念時，會連想到生意上或法律訴訟的協商，甚至是政黨協商，但是愈來愈多的社會工作人員發現協商（調停）技巧對於兒童福利實務也有很大的幫助（這也是社會工作專業人員之個案管理技巧之一，可參考第二章）。

Kassebaum及Chandler（1992）指出在兒童福利情境中的協商技巧似乎對兒童虐待之個案是最實用的解決方式之一。社會工作人員與家庭成員發現，在保護的個案中運用協商技巧討論各種因素及因應技巧，將會對兒虐的個案產生較正面的影響效果。

因為協商需要一些技巧，例如，傾聽、溝通、問題解決、衝突解決等，這些技巧對青少年的發展助益很大（Godman, 1998），因此，將這個概念運用到兒童少年福利機構最為恰當不過。試想當兒童少年在機構內想尋求個人之自主與獨立，而機構人員能運用協商技巧給予同理或傾聽兒童及少年的需求，並同時提供一套安全網絡知識，而讓兒童及少年從中選擇既能追求獨立與自主，也能保障個人安全，這也是社工人員與個案的雙贏局面。在加拿大溫哥華的少年協商方案（Teen Mediation Program）就是採用協商技術教導青少年與父母共同解決問題而聞名（Godman, 1998）。

四、戶外營隊方案

戶外營隊方案（outdoor camp program），例如夏令營、冬令營、假日營隊或特殊團體之戶外休閒體驗營，已在國外及我國社會中執行多年，國內金車基金會、國立體育學院或其他民間團體皆有辦理此類活動。兒童的營隊自五〇年代便開始流行，藉著營隊活動讓兒童及其家人有共同或獨自的休閒活動。自六〇年代後，兒童的戶外休閒營隊便增加了一些治療的目的，在九〇年代，此種營隊主要是增強兒童自我概念及學習如何與別人有良好的日常互動，美國Outward Bound便是此種營隊方案的代表。此種專門為有行為問題（例如，中輟、飆車、吸毒等）之青少年所設計之戶外營隊，主要是提供正向之野外求生環境、訓練青少年正向概念及增強技巧，以幫助他們自立、增加求生能力，以及培養如何與別人相處之正向人際關係。此類營隊要有時間限制以及仔細為兒童及少年的需求量身打造。在美國，此種方案提供大多來自於宗教團體，提供孩子精神、情緒、社會及休閒需求，主要是提供家庭之支持服務，如兒童照顧、外展服務、親職教育等。但也有人質疑這些教會的志工是否有足夠的專業提供州政府會提供的家庭支持服務呢？現在有愈來愈多的社區提供此種的服務，而且有些方案還是免費的（Ambrosino, et al., 2008）。

五、互助團體、自助訓練及倡導團體

互助團體（natural support system）一直被用來當作個人充權增能訓練以能關懷別人及自我決策，例如，酗酒匿名團體（Alcohol Anonymous, AA）或青少年酗酒匿名團體（Alcohol Anonymous Teens, A-AT）、父母匿名團體（Parents Anonymous）、單親家庭組織（Single Parent Organization），長期為兒童福利機構所使用，也已對許多家庭產生一些正面影響，台灣也有類似的團體組織，例如少奶奶俱樂部、一葉蘭、單親協會等組織。此外，還有一些著重於消費者領導發展的倡導團體，例如消基會、兒童福利聯盟、靖娟幼兒安全文教基金會、中華兒童福利基金會（CCF）等，也對社會上一些團體產生影響力，甚至影響了社會政策。在美國類似這些團體有男同性

戀（gay）、女同性戀（lesbian）、灰豹（gray panthers），以及一些福利權利團體〔例如，社區兒童行動方案（Community Action Project for Children, CAPC）〕（Cooke, 1998）。CAPC的組織成員，類似我國一些基金會，如CCF，在社區中聚集一些專家、學者及兒童福利實務者為以社區為中心為兒童倡導福利。這些團體在社區為一些年輕的兒童及少年創立中心提供一些課輔、休閒、教育、玩具圖書館、支持團體、父母成長團體，以及外展服務業為兒童及青少年提供一些正常社會化的場所，在台灣有善牧基金會在萬華設立青少年中心，中心社工員採用增強策略，去除過去社會福利機構的傳統以問題為取向的處遇的烙印（stigma），利用社區資源幫助個案及其家庭提升個案及其家庭的復原力（resilience）、堅毅力及自我解決問題的能力（Carruthers, 1998）。這種團體也是以互助團體的名稱聞名，他們能相互支持及同時為他們的家庭與社區採取為他們謀取福利的行動。教育部也於二〇〇八年開始介入課後照顧服務，提供弱勢家庭在晚上七至九點的教育及照顧方案，以避免這些家庭的孩子到處遊盪或課業落後，此種提供教育及照顧機會的支持方案亦是方案亦是弱勢家庭最基本的需求。

六、家庭為本位的處遇方案

以家庭為本位（family-centered program）和家庭維存（繫）方案（family preservation programs）在美國近幾年來已有大力推廣的現象。此種方案主要被設計來防止家庭外寄養安置（out-of-home foster placements）以及採用家庭重建（home builder）的優點，讓兒童待在原生家庭，以及兒童實務工作者以生態觀點仔細評估家庭與社區環境的關係，採用增強（strengthen）及充權增能（empower）的策略，在短時期提供密集性的服務，通常服務是在案主家中進行（參閱**專欄**13-1）。密集性的家庭維存服務（intensive family preservation service）的主要目標為：(1)保護兒童；(2)維繫和增強家庭連帶（family bond）關係；(3)穩定危機情況；(4)增強家庭成員的技巧與能力；(5)促使家庭使用各種正式與非正式的輔助資源。IFPS強調的是此時此地（here and now）的現況，其目的不在「治療」家庭，而是增強家庭成員解決危機與問題的能力，以促成家庭重建。

13-1　弱勢家庭的另類處遇理念——
增強權能（empowerment）的積極性家庭維存（繫）服務

一、前言

近年來，國內由於經濟快速成長，國民所得已超過壹萬參仟美元，社會結構與人群關係急遽變遷，民眾在物質生活大幅改善之同時，對社會福利需求日益殷切，相關弱勢或利益團體對社會福利之要求也與日俱增；社會福利已是社會大眾所共同期盼，更是民主政治中爭取選民認同和支持的重要訴求（唐啓明，1996）。

環顧世界，只有在經濟高度發展，人民自由意志充分發展的先進國家，始有完善的社會福利制度；換言之，社會福利的有效建制，已成為一個國家邁向文明、先進的重要指標。不過，隨著國內政治民主化與社會多元化，民眾愈來愈勇於爭取權益，目前各政黨、團體、民意機關和社會大眾對社會福利的爭取，可謂非常熱烈，而對社會福利的訴求亦趨多樣化，且呈現相當分歧的現象。因此，當前社會福利的規劃誠有因應此一情勢再行調整之必要；一方面結合民間資源，擴大社會福利參與；另一方面則應積極研究改進社會福利措施及施行方法，並建立一套便民、利民、福民的社會福利制度（陳武雄，1996）。

然而，資源是有限的，但需求是無限的。在全球經濟不景氣的籠罩之下，國家財政拮据，福利預算縮水，但相對地，個人之家庭資源及社會資源愈來愈少，這不僅造成個人、家庭的損失，更造成沉痛又複雜的社會問題。

福利服務是社會展開社會福利的措施之一，其必須能夠滿足民眾需要；亦須因時應勢，以減少社會變遷所帶來的衝擊，因此，福利服務的具體項目，有屬延續性的，亦有創新性或發展性。內政部社會司為推動社會福利所做的努力，呈現整體性的全貌——共分為身心障礙者福利、老人福利、兒童福利、少年福利、社會救助、社區發展、社會工作及志願服務。除此之外，社會司更以現代性社會福利為使命，將社會福利服務化約為主動為民服務，融預防、治療與發展為一體，具多功能的服務工作，也是發揮個人潛能，保障每個人生存權、財產權及工作權的行政措施（陳武雄，1996）。

由於民眾對社會福利需求日益殷切，而有限的福利資源勢必依福利需求的優先性作一合理的分配，以符合社會公平、正義的原則。因此，政府對社會福利的介入，對有經濟能力人口應採互助模式，而以著重社會弱勢人口的兒童、少年、

婦女、老人、身心障礙者及原住民照顧為主要對象。而這些弱勢人口群所融合的體系為弱勢家庭。由於家庭也遭受社會快速變遷的衝擊，使得功能式微，衍生諸多問題，如：受虐兒童、青少年犯罪率日漸升高、犯罪年齡降低、家庭婚姻暴力、老人或身心障礙者照顧問題。所以，如何健全家庭功能，建立以家庭為本位之社區福利體系（亦為社區福利化），為政府當前重要之課題。

家庭係社會構成的基本單位，家庭之人皆受其所處環境所影響。弱勢家庭的個人發展需求亦有賴於其所依存的環境來提供，而這些福利需求到底由誰來負責？以兒童為例，大部分的社會、家庭往往成為兒童與社會的中介，社會不視兒童為獨立的個體，而是附屬於父母之名下，其所擁有之權力更立基於其父母之社會地位（i. e., 取決於父母購買、聯結社會資源的能力）（余漢儀，1995）。就此看來，兒童保護服務之目標宜建立在盡力照顧兒童和家庭。鄭瑞隆（1991）提出：兒童保護之觀念宜由「懲戒式」（只有處罰條文）走向「合作、支持式」（親職教育）。換言之，兒童保護服務之目標包括了提供適切的支持性服務和專業諮詢的混合式服務來協助家庭，為兒童提供適切的照顧（Gelles & Cornell, 1990）。

由於兒童虐待的發生大多是家庭問題，可能來自施虐者身心病態或親子關係失調，而以往兒童保護處理方法是將兒童帶離家庭，當處遇為唯一選擇時（通常是替代性服務），吾人必須留意：虐待原因是多元性，所以社工處遇應從解決問題取向為主，而且要提供多元化服務及多元化的專業訓練，一方面爭取案主合作，另一方面考量兒童的最佳利益（best interest），使社工專業發揮使能（empowerment），共同為案主重建家庭功能，畢竟兒童終究適合生長於功能健全的親生家庭（鄭瑞隆，1991；余漢儀，1995）。

就上述的處遇最大的難題是經費。有了經費，才有專業的訓練，更才能有充權增能的多元化專業服務；除此之外，我們更需要完善的制度、政策和法規。縱然，近年來我國福利服務的經費、法規、制度漸進改善，也趨於完善，因而建立完善的兒童保護服務系統便刻不容緩。但即便是最好的兒童保護的處遇，也只是反應兒童虐待的一種反應式福利服務。適切的處理兒童虐待問題，可以預防家庭發生更進一步的虐待行為，但卻永遠無法預防已發生的虐待事件（郭靜晃，1996）。

二、當前福利服務之提供

近年來，政府與民間共同努力推動社會福利服務，以滿足民眾的福利需求，為貫徹民眾福祉為先的目標，具體的執行措施有六，茲分述如下：

(一)研訂各種相關法規

政府據以依法行政來推動福利服務，其範疇除了制定弱勢族群之相關法規，如：身心障礙者福利法、老人福利法、兒童福利法、青少年福利法，提供醫療、復健、保險、教育、就業、職訓、托育、教養、無障礙生活環境等相關福利及權利保障。為進一步落實各法案，並加以研訂各種相關立法，及逐年寬列經費預算，來推展各項社會福利服務。

(二)辦理各項福利服務輸送

配合當前社會發展需要，開拓育幼機構安置功能，辦理老人安養、養護之教養服務，加強照顧受虐待及遭遇不幸兒童，提供收容教養、心理輔導及家庭輔導之服務。

(三)辦理中低收入戶的老人、家庭生活津貼

政府提供現金，照顧65歲以上家境清寒老人生活，不幸家庭之中低收入的生活津貼措施，為符合公平正義原則及社會救助精神來落實弱勢家庭的福利工作。

(四)結合社會資源，建構社會福利產業

政府除了利用公共資源興辦社會福利事業，同時為充分運用民間資源，有效結合民間人力、物力及財力，共同舉辦社會福利事業，或採補助、委辦，或公設民營等方式，採取社會福利民營化，激勵民間團體，建構以企業經營方式，合理利潤，來投入社會福利產業，以因應日益增多的不同需求。

(五)廣結社會資源，積極推廣志願服務

政府力量有限，民間力量無窮，舉凡九二一大地震、桃芝颱風及納莉颱風，處處皆可看見民間之人力、物力及財力之熱絡。各類人民團體均是政府推動各項措施之最大助力。政府為了結合人民團體力量，創設「內政部社會資源捐助專戶」，加強推廣「廣結志工拓展社會福利工作——祥和計畫」。

(六)健全家庭功能，推動社區福利化服務

由於社區居民最能瞭解社區需要，如能掌握最方便、最接近的社區發展協會及相關組織，提供社區本身之人力與資源來幫助社區中之弱勢族群，必能以最低

之成本,最溫馨、符合案家需求的最佳照顧方式。一方面協助政府落實福利服務的工作,並能建立「社區生命共同體」的共識。

隨著國內政治民主化與社會多元化,加上面對人民對社會福利的需求亦呈多樣化,在面對此社會福利轉型階段,要落實社會福利工作,必須瞭解社會的變遷,整體民眾的問題,對各項政策的推動必須掌握社會脈動,以民眾福祉為依歸。政府依法行政提供有關社會保險、社會救助及福利服務之社會福利工作,並妥為運用社會資源,引導暨鼓勵民間共同參與,發揮政府與民間互補功能,對針對優先的老人、身心障礙者、不幸少女、兒童虐待等問題,提供安置服務,並擴大照顧中低收入兒童、少年、婦女、老人、身心障礙者及原住民等弱勢族群等基本生活,並朝建構以家庭為本位、社區為中心之社區化福利服務體系發展,加速落實政府扶持弱勢族群之福利政策,以提升人民生活之品質。

然有關現行政府所提供福利服務輸送之處遇,常以消極性的社會救助(如津貼)或以殘補式提供機構式的安置服務為主,對於提供案主自主照顧功能,提升案主之重建功能的積極性及預防性服務較為少見,另以案主最佳利益為考量,增強案家之增強效能之積極處遇方式更是付之闕如。

三、積極之處遇理念——增強權能的家庭維存(繫)服務

積極性的處遇(intensive intervention),例如家庭維存(繫)服務,是一種有效的且可行的家庭介入方式,特別對兒虐家庭,早療家庭或青少年偏差行為之高危險群更具有一些臨床成功之經驗。積極處遇的意涵強調:(1)現在改變,短期(積極)處遇;(2)父母參與;及(3)長期依賴社會服務是無效的。其精神是在解決家庭的危機,目標為:(1)解決立即的危機;(2)恢復該家庭機能至危機前的功能;及(3)將孩童留在原生家庭。換言之,積極性的處遇應用社工實務是應用在宅服務方式、提供多元處遇方法、短期的處遇介入及預防、政策和社會工作服務,茲分述如下:

(一)提供在宅服務

積極性家庭維存(繫)服務最特殊的性質即是在家庭中提供最自然情境之案家社工服務。在宅服務(in-home service)第一個優點可以提供社工員自然觀察案主家中的自然情境,以準確評估孩子遭受危機(例如兒虐、青少年觸犯嚴重偏差行為、親子互動等)的可能性,以及觀察家庭本身或衍生的危機因素。Loeber(1982)之青少年研究指出:當童年時期的偏差行為愈多樣,愈嚴重、愈頻繁,

當孩子進入青春期其嚴重且冥頑的反社會行為出現的機率就愈大。而當早療家庭也可透過家庭訪視，瞭解第一手家庭互動，孩子管教、家庭衝突的嚴重性，以及失序困境和家庭資源的實際情況。

積極性家庭維存（繫）服務的在宅評估設計，自然是期待正面訊息，所以太格式化的面談、冗長的表格填寫反而會帶來反效果。因此，帶著自然、坦率、明確提供幫助的訊息，以期待迅速獲得重要的診斷資訊，並援引案主參與介入過程的動機。此外，在宅服務也增加成功傳授和學習管理技巧的機會，例如在密集的時間和機會處遇中，社會工作者可掌握每次與案主（案家）的日常接觸，有效掌握「可教育的時刻」（teaching for moment），例如，當父母對孩子行為之挫折感或施以不當管教，工作者可提供不同的管教策略，增強父母的新技巧，或提供在宅服務訓練，即實際督導行為，立即糾正自然發生的行為，提供回饋以其讓父母習得新的技巧並應用到不同的情境。

(二)多元處遇方法

每個家庭中，引起家庭危機之因素及程度各不相同，例如兒童虐待之家庭，可能是父母婚姻感情不佳、觀念不和為主因；也可能是父母缺乏有效管教策略與方法；也有可能是受極度貧困和失序所困擾。發展遲緩兒童家庭之母親可能因「自責」心態或「預期被烙印」態度使得其較心甘情願承擔對子女的照顧，而父親因較缺乏與孩子互動，故對孩子期待較高，另外，社會文化壓力也影響到祖父母對發展遲緩兒童的因應態度，進而影響接納他們的時機，甚至因怕被標籤化而不願接受處遇（林幸君，1999）。因此，積極性家庭維存（繫）的服務同時會遭受不同及多種問題，也不限定同一範疇，所以工作者可以衡量處遇及介入情況，提出每次家庭最嚴重的危機因素，進行診斷及提供可能處遇的方法與策略，並提供實質服務，授與減少衝突的技巧，以減少家庭因危機因素而造成傷害。

另一方面，積極性家庭維存（繫）服務也與傳統社會個案工作之模式相同，要尋找案主家庭所欠缺的特質。積極性家庭維存（繫）服務（i, e., Berleman, 1980; McCord, 1978）即運用特定、目標導向的技巧，解決家庭和其他相關工作與學者合力診斷出的特定問題並提供解決問題之策略與方法。

因為在積極處遇之短期的時間限制中，積極性的家庭維存（繫）服務的家庭調解需要特定的技術運用，以反應特定的問題及提供處遇。

家庭重建者之積極性家庭維存（繫）服務至少提供第一線工作者二十一個訓練單元，包括危機排除、融入、面對案主；向家庭傳授技巧、行為管理技巧、明

確溝通的技巧、家庭的情緒管理、解決問題的技巧、結案以及其他方法
（Whittaker, et al., 1990）。每一個訓練單元包括一套調解技巧的傳授和督導，這將
有助於提出不正常運作家庭可能遭受的問題。這種多元處遇的形式化和規律化不
以單一處遇技術運用到所有家庭，而是以訓練有素的治療者評估的結果作為處遇
的依據。至於何種處遇方式最能立即奏效是積極性家庭維存（繫）服務（例如家
庭重建者模式）的團隊最引以為傲的成就之一。

(三)短期的處遇介入

短期介入危機的觀點蘊涵造成家庭關係快速變化的轉機。危機家庭通常有利
用社工服務的動機，例如，避免離家安置，將案主放在原生家庭，提供有效的社
工處遇。除此之外，積極性家庭維存（繫）服務僅給社工員三十天的期限做有效
的處遇，這本身給社工人員就是一種挑戰與壓力。而有限的意涵顯而易見包括三
個特點：(1)改變的時機就是現在；(2)改變能否成功，端看家庭積極的參與；以及
(3)長期依賴社工及治療者是不可能的。

這種積極性短期的處遇方式對於兒虐個案、酗酒家庭、嚴重精神疾病及青少
年偏差行為之家庭頗有成效，除此之外，最令人意外的結果，這種積極性的短期
社工處遇會減少案主對社工人員及治療者惡性（長期）的依賴，以期減少當社工
不再持續協助時，案主可能產生依賴的症侯（被剝奪症候群）及憎惡感
（McCord, 1978）。

(四)預防、政策和社會工作服務

積極性家庭維存（繫）服務，例如「家庭重建者」模式是結合預防和處遇的
社會工作服務，至少在兒虐家庭及青少年犯罪、偏差行為（例如中輟學生家庭）
是一有效的服務策略。雖然此種模式缺乏有效評估性的實徵調查，但此模式對於
降低離家安置的有效性是不容懷疑的，而且對親子互動的成效也是有跡可循的。

此種處遇模式在社工服務的成效可意謂此模式之概化（generalized）並可否
擴展成為協助弱勢家庭政策及服務方案的推廣。積極性的家庭維存（繫）服務將
家庭視為整體，社會工作者必須提出以防止案主離家安置的特定家庭需求和問
題；同時，政策制定者必須視兒童福利，青少年偏差行為與犯罪預防、藥物濫
用、青少年自殺事件、貧困與失序家庭之個人問題和家庭問題是相互關聯。因
此，我們需要一綜合的家庭政策，整合個別及零零碎碎的社會服務方案的規劃和
處遇方式，減少頭痛醫頭，腳痛醫腳的殘補式的社會工作方案，而將個人及其家

庭成為一個連貫的整體。其目標在減少或排除家庭的普通危機因素，將案主留置在原生家庭，提供專業的服務方式滿足個人的需求及提供健康的社會和個人的成長與發展，並提升個人及家庭的生活品質。

　　積極性的家庭維存（繫）服務打破以往社會福利服務的目標，強調將弱勢案主從家庭移走，遠離他們能力不足的主要照顧者的庇護和保護，轉移到將案主仍留在潛藏危機的家庭，在家外提供專業的社工服務。相反的，積極性的家庭維存（繫）服務是盡量保持家庭的完整性，家庭成員應盡最大的努力生存於他們所處的環境，社工服務是協助家庭獲得有效解決問題之額外家庭管理和衝突解決的技巧，獲取必要的資源，以符合案主留置於原生家庭，社會工作者擔任示範和教育主要照顧者的任務，以減少案主長期對社工人員及社工處置的依賴，及解決家庭危機和預防家庭再產生危機。以發展遲緩兒童之家庭為例，社工人員如能結合各方面之專業如心理、語言之治療師、復健人員、醫生或老師等，從提供資源、教導家長因應壓力及親職技巧，也可提倡發展遲緩兒童之入學適應（陳麗文，2000），語言表達及社會互動（林芳蘭，2000；韓福榮，2000；宋鴻燕，2000；徐庭蘭等，2000）及減低孩子之行為問題及適應外在環境（杜娟菁等，2000）。

四、結論

　　積極性家庭維存（繫）服務，例如「家庭重建者」模式是一社工服務取向，其即有時間限制（強調24小時積極及密集性的家庭社工服務），強調短期與家庭本位破除以往傳統長期及與機構為本位的殘補式的社工處遇模式，並擴大與其他專業合作，例如心理、衛生、司法及教育部等，接觸高危機家庭，以檢視、診斷、發展合適的家庭處遇介入，融入多元處遇方法，來避免家庭分裂，保持家庭完整性的專業社工服務。其精神在於解決家庭立即的危機，恢復家庭原有的功能，避免離家安置，所提供之實務方法有在宅服務、多元處遇方法、短期的處遇介入及預防和政策並用的專業社會工作服務。積極性的家庭維存（繫）服務自一九六〇年代，美國之青少年藥物濫用、未婚少年懷孕、中途輟學、學業挫敗、偏差行為、犯罪和自殺、儼然成為美國社會新興的社會問題，而這些問題也正是目前台灣社會所面臨的社會問題的焦點。現代的家庭無形中處於危機之中，加上社會資源的不足、人口出生率下降、青少年族群的死亡率也悄然上升，而造成社會事件頻傳，這是否意謂會降低未來社會的人口品質。

　　為了提升人類及家庭的生活品質，我們應對以往的政策及社工處遇模式加以重新檢視，包括預防和治療模式，如此謹慎探究未來前景且發展有效良好的社工

處遇策略，可以成功地預防習慣性及嚴重性的危機行為產生，以及有效教導家庭成員擴展社會資源，提升有效的家庭管理及解決衝突的技巧，以期自立、自主，減少社會工作服務的依賴，並降低個人及家庭危機行為的產生，積極性的家庭維存（繫）服務對於提升弱勢家庭的生活品質是一可參考的模式之一。

參考書目

一、中文部分

余漢儀（1995）。《兒童虐待——現象檢視與問題反思》。台北：巨流圖書公司。

宋鴻燕（2000）。《音樂治療與自閉症幼兒社會互動的表現》。中華民國發展遲緩兒童早期療育協會：全國早期療育跨專業實務研討暨學術發表會早療論文集。

杜娟菁、楊品珍、鍾育志（2000）。《學齡前注意力缺陷過動症（ADHD）兒童之父母訓練團體成效評估》。中華民國發展遲緩兒童早期療育協會：全國早期療育跨專業實務研討暨學術發表會早療論文集。

林幸君（1999）。《台北市八十八年度發展遲緩兒童個案管理服務成果報告》。台北市政府社會局委託。

林芳蘭（2000）。《音樂治療應用於唐氏症兒童早期療育計畫中之成效》。中華民國發展遲緩兒童早期療育協會：全國早期療育跨專業實務研討暨學術發表會早療論文集。

唐啓明（1996）。台灣省社政工作之檢視與前瞻。《社區發展季刊》，75，16-23。

徐庭蘭、許春蘭、吳翠花、顏君芳、林婷婷（2000）。《親子共讀對幼兒語言發展遲緩影響之初探》。中華民國發展遲緩兒童早期療育協會：全國早期療育跨專業實務研討暨學術發表會早療論文集。

陳武雄（1996）。我國社政工作之檢視與前瞻。《社區發展季刊》，75，5-15。

陳麗文（2000）。《遲緩兒家庭教育方案行動研究如何幫助遲緩兒克服學習困難與入學調適》。中華民國發展遲緩兒童早期療育協會：全國早期療育跨專業實務研討暨學術發表會早療論文集。

郭靜晃（1996）。兒童保護輸送體系之檢討與省思。《社區發展季刊》，75，144-155。

鄭瑞隆（1991）。兒童虐待與保護服務。輯於周震歐（主編），《兒童福利》。台北：巨流圖書公司。

韓福榮（2000）。《家長參與對人工電子耳兒童溝通能力發展之研究》。中華民國
　　發展遲緩兒童早期療育協會：全國早期療育跨專業實務研討暨學術發表會早
　　療論文集。

二、英文部分

Berleman, W. C. (1980). Juvenile delinquency prevention experiments: A review and
　　analysis, Washington DC: US Department of Justice. Office of Juvenile Justice
　　and Delinquency Prevention, U. S. Government Printing Office.

Gelles, R. J. & Cornell, C. P. (1990). *Intimate violence in families*. CA: Sage
　　Publishing, Inc.

Loeber, R. (1982). The stability of antisocial and delinquent child behavior: A review.
　　Child Development, 53, 1431-1446.

McCord, J. (1978). A thirty-year follow-up of treatment effects. *American
　　Sociological Review,* 53, 81-93.

Whittaker, J. K., Kinney, J., Tracy, E. M. & Booth. C. (1990). *Reaching high-risk fam-
　　ilies-Intensive family preservation in human services*. New York: Walter de
　　Gruyter, Inc.

資料來源：郭靜晃、吳幸玲（2001）。弱勢家庭的另類處遇理念——增強權能
　　　　　（empowerment）的積極性家庭維繫服務。《社區發展季刊》，96，
　　　　　202-211。

　　　　在兒童福利領域中，需要寄養安置服務的家庭，長久以來一直是受到
關切的。傳統上，這些需要被安置者的父母，多半被視為是問題的一部
分，而非是解決問題的答案。故寄養安置服務被視為是問題家庭的替代方
案。少數企圖納入父母的決策過程，認為是優先於安置服務或是安置期間
的處遇過程（Whittaker, 1979）。然而，重新強調「永久性」的結果，卻使
得兒童福利服務經歷了從強調兒童機構或寄養家庭安置移轉至強調對家庭
的支持（Stehno, 1986）。這些轉變已經對整個兒童福利服務的連續性產生
影響。寄養家庭或機構安置服務和居家服務間不再是彼此相互排斥（Small

& Whittaker, 1979）。

　　就廣泛的意義而言，永久性的計畫是指那些被用來執行以確保對兒童持續照顧的工作，無論是使家庭凝聚、重整或是為兒童尋找永久的家（Maluccio, Fein & Olmstead, 1986），故強化父母教養孩童的知識、技能及資源就變成是極為重要的焦點。許多被設計用來強化家庭和避免寄養安置的服務也因此應運而生。此外，支持性家庭服務正持續地被認知為在寄養服務後，兒童服務計畫的要素之一（Whittaker & Maluccio, 1988），只有一些極為少數而正持續增加中的現存方案是有關寄養安置服務之前以及之後，與在提供服務過程中設計家庭所需要的服務。總之，美國社會及專業組織正在為已經在寄養安置服務中以及需要安置服務的家庭而努力。

　　家庭為中心的處遇方案來自八○年代美國對福利改革的方案，主要是對六○及七○年代對家庭外安置的不滿，在華盛頓州Edna McConnel Cark基金會所努力的家庭重建計畫及實勒岡州的密集性家庭維存（繫）服務方案及擴大到全國的家庭為中心的處遇方案。儘管人們對於家庭維存（繫）服務的具體特色以及服務輸送的範圍，甚至是那些服務的名稱都還沒有明顯的共識，但是在兒童福利中此類的服務正持續受到歡迎。在愛荷華城（Iowa city），家庭本位服務的全國資源中心（The National Resource Center on Family-Based Services），目前列出超過二百個類似的方案。在相較之下，在一九八二年第一個分刊的名冊上卻只列出二十個方案。超過六十個獨立的方案是在州和郡的管轄之下，同時有許多州已經通過立法並發展全州的方案；然而，許多社區卻限制了這種預防性的服務。

　　儘管各種方案〔例如，家庭維存（繫）服務（FPS）、密集性家庭維存（繫）服務（IFPS）、家庭重建服務（home builder service）〕之間有所差異，但仍有共同的特質。有些反映了服務輸送的特色，有些則反映了在這服務類型下其獨特工作人員的態度與價值。家庭重建者和其他家庭維存（繫）服務（FPS）方案共同的要素包括了：

1.僅接受處於緊急安置危機中的家庭。
2.服務是危機導向的，在這個方案之後，家庭才會被視為可能。
3.社工人員可以隨時給予幫助並維持一週七日的彈性時間（Crosson-Tower, 2005）以及全天制的危機處理。如家庭重建者社工人員將他

們的居家電話提供給需要協助的家庭。

4.接案與評估的過程以確保沒有兒童是處於危險中。

5.縱使個人的問題會出現，但家庭維存（繫）服務所關注的是以家庭為單位，而非視父母或是兒童為問題的個體。

6.社工人員進行家訪時，要在方便該家庭生活作息下進行經常性的訪視。許多的服務也可以在學校或是鄰近的社區設立。

7.服務取向包含教導家庭成員的技巧，幫助家庭獲得必要的資源與服務，以及建立在視家庭功能為單位的理解下的諮商。

8.服務的基礎通常是在於辨別家庭的需求，而非是明確合適的項目。

9.每一個社工人員在任何的時間是擔負著較小的工作量。有些限制的方案才開始用團隊的方式，在家庭重建者模式中為有團隊支持下的個人運作，但是在同一時間內的工作量只能以兩個家庭為限。執行方案有中心團隊支持負責社工提供家庭必要的支持。

10.方案所限制介入家庭的時間為一短暫的時間，典型是介於一至五個月。家庭重建者模式通常介入家庭是超過四至六個星期的時間。

11.強調父母責任、父母為兒童之教育者、主要照顧者及教養者。

　　簡言之，密集性維存（繫）方案的服務輸送特色預設了家庭服務（儘管有些家庭也曾失敗於其他的諮商中），在有限的時間內，保持積極性的服務，並增加服務中獲益的可能性。IFPS提供整合性的服務，可用來處理家庭危機，強化家庭功能，並符合具體和臨床的服務需求，以及減少家庭的孤立。多數IFPS的運作來自於家庭的支持以及包括使用擴大家庭、社區及鄰居等資源（Lloyd & Bryce, 1984）。這些服務，大量地使用工作者目標及角色的多樣性，如顧問、父母訓練者、倡導者、諮詢者及資源中介者。

　　儘管在八○年代美國在兒童福利實務從原先機構或寄養家庭之殘補式安置轉移到短期以家庭及社區為中心的維存（繫）服務，但自九○年代，此類服務將服務內容擴充到更長期並整合更多資源以形成家庭資源網絡（family resource network）來增強家庭。Wells及Tracy（1996）從家庭為中心的維存處遇方案擴充到社區網絡（community network）可為兒童及家庭提供一地區（領域）內的預防方案。此種方案也不限制短期的服務，而是依兒童與家庭的需求作仔細的評估，然後尋求專業的服務及政策支持。此

種服務需要許多專業的支持，例如，醫生、心理學家、物質濫用、治療師及諮商師、教育者及社工人員。當然此種方案必須尋求法規與地區性的政策支持以滿足兒童及家庭最終朝向獨立照顧的可能（Nelson, 1995）。在台灣，學校社會工作人員也與學校輔導人員針對問題少年推展類似三合一輔導網絡建立，以幫助學校中適應不良或中輟少年給予增強能力，並運用社工專業技巧支持家庭，尋求社區其他專業資源，共同解決少年及其家庭的問題。

七、兒童倡導方案

兒童倡導方案（child advocacy programs）在美國自二十世紀以來就有了，尤其是倡導兒童人權，但在六〇年代，此種團體更受到社會上的重視。在台灣，兒童福利聯盟、中華兒童福利基金會、人權協會也是扮演此種角色。兒童福利系統的倡導可以縮減預防式及殘補式處遇的鴻溝。Litzelfelner及Petr（1997）宣稱在西雅圖市（Seattle, WA）始於一九七七年的法院支持的特殊倡導者的特殊方案（Court Appointed Special Advocates, CASAs），日後擴展至美國。在一九九〇至一九九四年期間，此種方案成長78%。此類方案訓練由法院系統所贊助的義工，鼓吹兒童福利情境中應以兒童最佳利益為考量，此種義工並不一定要有社工背景。但是這些義工是由社會工作者來加以訓練，以幫助他們更瞭解社會工作的充權增能與增強的技術與策略。目前在美國已立法，要求法院指定司法社工（guardian ad litem）以確定兒童在任何家庭訴訟中可保有最佳利益，尤其是訴訟中，父母之間或父母與政府之間，在不一致的意見中尋求兒童之最佳利益。

八、無家可歸的家庭庇護所

無家可歸的家庭庇護所（homeless family shelters）在美國有許多城市專門為無家可歸的家庭成員設立收留的庇護所。在歐洲也有一些為青少年所設的社區中心，如Hostel、Community Home。這些收容庇護所專門是收容家庭以避免父母與子女的分離，並同時為兒童及其家庭提供資源，發展

解決問題的能力。Philips、DeChild、Kronenfeld及Middleton-Jeter（1998）提出這種庇護所在短期中可提供家庭一些正面功能。當然，如有可能也可以發展社區性的無家可歸之家庭公寓，可提供更長期的收容功能，並運用職業諮詢及兒童福利服務，這需要勞委會職訓局、國民住宅處及專管兒童福利之社政部門一起通力合作，爲兒童及其家庭解決短期中的家庭危機，以預防形成兒童福利之受虐事件的發生。

九、健康及家庭計畫方案

早期健康篩檢可減少兒童及家庭的問題。兒童健康的問題會帶給家庭無限壓力；提供可及性及可負荷之成人產前健康照顧可減少家庭解組，此外也可避免不健康嬰兒的誕生，造成日後昂貴的機構處遇。美國每年有很多低體重嬰兒誕生，這些嬰兒需要早期療育或日後特殊教育處遇，唯有透過完善的產前護理及處遇方案才能降低不幸兒童產生之盛行率。

本章小結

本章提供有別於過去在兒童福利領域常使用殘補式服務，兒童福利服務有第一道防線——支持性福利服務、第二道防線——補充性福利服務及第三道防線——替代性福利服務，以及兒童保護服務，也已在前四章（第九至十二章）有詳盡的介紹，這些服務來自於正式及非正式的資源，而福利服務之多元主義更將福利服務分爲公部門、私部門、非營利組織（第三部門）。本章提供一些美國正在發展或只是概念式的福利服務，強調增強技術及預防性的功能，他山之石可以攻錯，或許這些服務也可以讓我國社會在推展兒童福利服務時有一些新的思維與新做法，假以時日，待社會更成熟，我們也可以朝向此類福利服務發展，爲兒童謀求最佳利益最少危害，也是我們的心聲及期盼。

參考書目

一、英文部分

Ambrosino, R., Ambrosino, R., Emeritns, J. H., & Emeritns, G. S. (2008). *Social work and social welfare: An introduction* (6th ed.). New York: Thomson Brooks/Cole.

Cooke, K. (1998). Working in child welfare. Unpublished manuscript, Wilfrid Laurier University.

Children Defense Fund (2006). *Backgrocrnd materials on key section of the act to leave no child behind. Washington DC: Author.*

Crosson-lower, C. (2005). *Exploring Child Welfare: A Practice Perspective* (5th ed.). Boston: Allyn & Bacon.

Godman, R. (1998). Child welfare. Unpublished manuscript. Wilfrid Laurier University.

Goldstein, J., Solnit, A., Goldstein, S., & Frend, A (1996). *The best interest of the child: The least detrimental alternatives*. New York: Free Press.

Kassebaum, G., & Chandler, D. B. (1992). In the Shadow of best interest: Negotiating the facts, interests, and intervention in child abuse cases. *Sociological Practice,* 10, 49-66.

Litzenfelner, P. & Petr, C. G. (1997). Case advocacy in child welfare. *Social Work,* 42(4), 392-402.

Lloyd, J. C., & Bryce, M. E. (1984). *Placement prevention and family reunification: A handbook for the family-centered service practioner.* Iowa City: University of Iowa, National Resource Center for Family Based Services.

Maluccio, A. N., Fein, E., & Olmstead, K. A. (1986). *Permanency planning for children: Concepts and methods.* New York: Tavistock.

Nelson, B. (1995). *Making an issue of child abuse: Political agenda setting for social problems.* Chicago: University of Chicago Press.

Philips, M. H., DeChild, N., Kronenfeld, D., & Middleton-Jeter, V. (1988). Homeless families: Services make a difference. *Social Casework,* 69, 48-53.

Small, R., & Whittaker, J. K. (1979). Residential group care and home-based care: Towards a continuity of family service. In S. Maybanks & M. Bryce, Home-based services for children and family, pp. 77-91. Springfield, IL: Charles C. Thomas.

Stehno, S. M. (1986). Family-centered child welfare services: New lifer for a historic idea. *Child Welfare,* 65, 231-240.

Wells, K., & Tracy, E. (1996). Reorienting intrusive family preservation services in relation to public child welfare practice. *Child Welfare,* 75(6), 667-692.

Whittaker J. K. (1979). *Caring for troubled children: Residential treatment in a community context.* San Francisco: Jossey-Bass.

Whittaker, J. K. & Maluccio, A. N. (1988). Understanding the families of children in foster and residential care. In E. W. Nunnally, C. S. Chilman, & F. M. Cox (Eds.). Troubled relationships: Families in troubled series volume 3(pp.192-205). Beverley Hills, CA: Sage.

Wolf, D. A. (1991). Child care use among welfare mothers-A dynamic analysis. *Journal of Family Issues, 12 (4),* 519-536.

附 錄

附錄　兒童及少年福利法

二○○三年五月二十八日公布

第一章　總　　則

第1條　為促進兒童及少年身心健全發展，保障其權益，增進其福利，特制定本法。
　　　　兒童及少年福利依本法之規定，本法未規定者，適用其他法律之規定。

第2條　本法所稱兒童及少年，指未滿18歲之人；所稱兒童，指未滿12歲之人；所稱
　　　　少年，指12歲以上未滿18歲之人。

第3條　父母或監護人對兒童及少年應負保護、教養之責任。對於主管機關、目的事
　　　　業主管機關或兒童及少年福利機構依本法所為之各項措施，應配合及協助。

第4條　政府及公私立機構、團體應協助兒童及少年之父母或監護人，維護兒童及少
　　　　年健康，促進其身心健全發展，對於需要保護、救助、輔導、治療、早期療
　　　　育、身心障礙重建及其他特殊協助之兒童及少年，應提供所需服務及措施。

第5條　政府及公私立機構、團體處理兒童及少年相關事務時，應以兒童及少年之最
　　　　佳利益為優先考量；有關其保護及救助，並應優先處理。
　　　　兒童及少年之權益受到不法侵害時，政府應予適當之協助及保護。

第6條　本法所稱主管機關：在中央為內政部；在直轄市為直轄市政府；在縣（市）
　　　　為縣（市）政府。
　　　　前項主管機關在中央應設兒童及少年局；在直轄市及縣（市）政府應設兒童
　　　　及少年福利專責單位。

第7條　下列事項，由中央主管機關掌理。但涉及各中央目的事業主管機關職掌，依
　　　　法應由各中央目的事業主管機關掌理者，從其規定：
　　　　一、全國性兒童及少年福利政策、法規與方案之規劃、釐定及宣導事項。
　　　　二、對直轄市、縣（市）政府執行兒童及少年福利之監督及協調事項。
　　　　三、中央兒童及少年福利經費之分配及補助事項。
　　　　四、兒童及少年福利事業之策劃、獎助及評鑑之規劃事項。
　　　　五、兒童及少年福利專業人員訓練之規劃事項。
　　　　六、國際兒童及少年福利業務之聯繫、交流及合作事項。
　　　　七、兒童及少年保護業務之規劃事項。

八、中央或全國性兒童及少年福利機構之設立、監督及輔導事項。

九、其他全國性兒童及少年福利之策劃及督導事項。

第8條　下列事項，由直轄市、縣（市）主管機關掌理。但涉及各地方目的事業主管機關職掌，依法應由各地方目的事業主管機關掌理者，從其規定：

一、直轄市、縣（市）兒童及少年福利政策、自治法規與方案之規劃、釐定、宣導及執行事項。

二、中央兒童及少年福利政策、法規及方案之執行事項。

三、兒童及少年福利專業人員訓練之執行事項。

四、兒童及少年保護業務之執行事項。

五、直轄市、縣（市）兒童及少年福利機構之設立、監督及輔導事項。

六、其他直轄市、縣（市）兒童及少年福利之策劃及督導事項。

第9條　本法所定事項，主管機關及各目的事業主管機關應就其權責範圍，針對兒童及少年之需要，尊重多元文化差異，主動規劃所需福利，對涉及相關機關之兒童及少年福利業務，應全力配合之。

主管機關及各目的事業主管機關權責劃分如下：

一、主管機關：主管兒童及少年福利法規、政策、福利工作、福利事業、專業人員訓練、兒童及少年保護、親職教育、福利機構設置等相關事宜。

二、衛生主管機關：主管婦幼衛生、優生保健、發展遲緩兒童早期醫療、兒童及少年心理保健、醫療、復健及健康保險等相關事宜。

三、教育主管機關：主管兒童及少年教育及其經費之補助、特殊教育、幼稚教育、兒童及少年就學、家庭教育、社會教育、兒童課後照顧服務等相關事宜。

四、勞工主管機關：主管年滿15歲少年之職業訓練、就業服務、勞動條件之維護等相關事宜。

五、建設、工務、消防主管機關：主管兒童及少年福利機構建築物管理、公共設施、公共安全、建築物環境、消防安全管理、遊樂設施等相關事宜。

六、警政主管機關：主管兒童及少年保護個案人身安全之維護、失蹤兒童及少年之協尋等相關事宜。

七、交通主管機關：主管兒童及少年交通安全、幼童專用車檢驗等相關事宜。

八、新聞主管機關：主管兒童及少年閱聽權益之維護、媒體分級等相關事宜之規劃與辦理。

九、戶政主管機關：主管兒童及少年身分資料及戶籍相關事宜。

十、財政主管機關：主管兒童及少年福利機構稅捐之減免等相關事宜。

十一、其他兒童及少年福利措施由各相關目的事業主管機關依職權辦理。

第10條　主管機關為協調、研究、審議、諮詢及推動兒童及少年福利政策，應設諮詢性質之委員會。

前項委員會以行政首長為主任委員，學者、專家及民間團體代表之比例不得低於委員人數之二分之一。委員會每年至少應開會四次。

第11條　政府及公私立機構、團體應培養兒童及少年福利專業人員，並應定期舉辦職前訓練及在職訓練。

第12條　兒童及少年福利經費之來源如下：

一、各級政府年度預算及社會福利基金。

二、私人或團體捐贈。

三、依本法所處之罰鍰。

四、其他相關收入。

第二章　身分權益

第13條　胎兒出生後七日內，接生人應將其出生之相關資料通報戶政及衛生主管機關備查。

接生人無法取得完整資料以填報出生通報者，仍應為前項之通報。戶政主管機關應於接獲通報後，依相關規定辦理；必要時，得請求主管機關、警政及其他目的事業主管機關協助。

出生通報表由中央衛生主管機關定之。

第14條　法院認可兒童及少年收養事件，應基於兒童及少年之最佳利益，斟酌收養人之人格、經濟能力、家庭狀況及以往照顧或監護其他兒童及少年之紀錄決定之。

滿7歲之兒童及少年被收養時，兒童及少年之意願應受尊重。兒童及少年不同意時，非確信認可被收養，乃符合其最佳利益，法院應不予認可。

法院認可兒童及少年之收養前，得准收養人與兒童及少年先行共同生活一段期間，供法院決定認可之參考；共同生活期間，對於兒童及少年權利義務之行使或負擔，由收養人為之。

法院認可兒童及少年之收養前，應命主管機關或兒童及少年福利機構進行訪視，提出調查報告及建議。收養人或收養事件之利害關係人亦得提出相關資

料或證據，供法院斟酌。

前項主管機關或兒童及少年福利機構進行前項訪視，應調查出養之必要性，並給予必要之協助。其無出養之必要者，應建議法院不為收養之認可。

法院對被遺棄兒童及少年為收養認可前，應命主管機關調查其身分資料。

父母對於兒童及少年出養之意見不一致，或一方所在不明時，父母之一方仍可向法院聲請認可。經法院調查認為收養乃符合兒童及少年之最佳利益時，應予認可。

法院認可或駁回兒童及少年收養之聲請時，應以書面通知主管機關，主管機關應為必要之訪視或其他處置，並作成報告。

第15條　收養兒童及少年經法院認可者，收養關係溯及於收養書面契約成立時發生效力；無書面契約者，以向法院聲請時為收養關係成立之時；有試行收養之情形者，收養關係溯及於開始共同生活時發生效力。

聲請認可收養後，法院裁定前，兒童及少年死亡者，聲請程序終結。收養人死亡者，法院應命主管機關或其委託機構為調查，並提出報告及建議，法院認收養於兒童及少年有利益時，仍得為認可收養之裁定，其效力依前項之規定。

第16條　養父母對養子女有下列之行為，養子女、利害關係人或主管機關得向法院聲請宣告終止其收養關係：

一、有第30條各款所定行為之一。

二、違反第26條第2項或第28條第2項規定，情節重大者。

第17條　中央主管機關應自行或委託兒童及少年福利機構設立收養資訊中心，保存出養人、收養人及被收養兒童及少年之身分、健康等相關資訊之檔案。

收養資訊中心、所屬人員或其他辦理收出養業務之人員，對前項資訊，應妥善維護當事人之隱私並負專業上保密之責，未經當事人同意或依法律規定者，不得對外提供。

第一項資訊之範圍、來源、管理及使用辦法，由中央主管機關定之。

第18條　父母或監護人因故無法對其兒童及少年盡扶養義務時，於聲請法院認可收養前，得委託有收出養服務之兒童及少年福利機構，代覓適當之收養人。

前項機構應於接受委託後，先為出養必要性之訪視調查；評估有其出養必要後，始為寄養、試養或其他適當之安置、輔導與協助。

兒童及少年福利機構從事收出養服務項目之許可、管理、撤銷及收出養媒介程序等事項，由中央主管機關定之。

第三章　福利措施

第19條　直轄市、縣（市）政府，應鼓勵、輔導、委託民間或自行辦理下列兒童及少年福利措施：

一、建立發展遲緩兒童早期通報系統，並提供早期療育服務。

二、辦理兒童托育服務。

三、對兒童及少年及其家庭提供諮詢輔導服務。

四、對兒童及少年及其父母辦理親職教育。

五、對於無力撫育其未滿12歲之子女或被監護人者，予以家庭生活扶助或醫療補助。

六、對於無謀生能力或在學之少年，無扶養義務人或扶養義務人無力維持其生活者，予以生活扶助或醫療補助。

七、早產兒、重病兒童及少年與發展遲緩兒童之扶養義務人無力支付醫療費用之補助。

八、對於不適宜在家庭內教養或逃家之兒童及少年，提供適當之安置。

九、對於無依兒童及少年，予以適當之安置。

十、對於未婚懷孕或分娩而遭遇困境之婦嬰，予以適當之安置及協助。

十一、提供兒童及少年適當之休閒、娛樂及文化活動。

十二、辦理兒童課後照顧服務。

十三、其他兒童及少年及其家庭之福利服務。

前項第9款無依兒童及少年之通報、協尋、安置方式、要件、追蹤之處理辦法，由中央主管機關定之。

第1項第12款之兒童課後照顧服務，得由直轄市、縣（市）政府指定所屬國民小學辦理，其辦理方式、人員資格等相關事項標準，由教育部會同內政部定之。

第20條　政府應規劃實施3歲以下兒童醫療照顧措施，必要時並得補助其費用。

前項費用之補助對象、項目、金額及其程序等之辦法，由中央主管機關定之。

第21條　疑似發展遲緩兒童或身心障礙兒童及少年之父母或監護人，得申請警政主管機關建立疑似發展遲緩兒童或身心障礙兒童及少年之指紋資料。

第22條　各類兒童及少年福利、教育及醫療機構，發現有疑似發展遲緩兒童或身心障礙兒童及少年，應通報直轄市、縣（市）主管機關。直轄市、縣（市）主管機關應將接獲資料，建立檔案管理，並視其需要提供、轉介適當之服務。

第23條　政府對發展遲緩兒童，應按其需要，給予早期療育、醫療、就學方面之特殊照顧。

父母、監護人或其他實際照顧兒童之人，應配合前項政府對發展遲緩兒童所提供之各項特殊照顧。

早期療育所需之篩檢、通報、評估、治療、教育等各項服務之銜接及協調機制，由中央主管機關會同衛生、教育主管機關規劃辦理。

第24條　兒童及孕婦應優先獲得照顧。

交通及醫療等公、民營事業應提供兒童及孕婦優先照顧措施。

第25條　少年年滿15歲有進修或就業意願者，教育、勞工主管機關應視其性向及志願，輔導其進修、接受職業訓練或就業。

雇主對年滿15歲之少年員工應提供教育進修機會，其辦理績效良好者，勞工主管機關應予獎勵。

第四章　保護措施

第26條　兒童及少年不得為下列行為：

一、吸菸、飲酒、嚼檳榔。

二、施用毒品、非法施用管制藥品或其他有害身心健康之物質。

三、觀看、閱覽、收聽或使用足以妨害其身心健康之暴力、色情、猥褻、賭博之出版品、圖畫、錄影帶、錄音帶、影片、光碟、磁片、電子訊號、遊戲軟體、網際網路或其他物品。

四、在道路上競駛、競技或以蛇行等危險方式駕車或參與其行為。

父母、監護人或其他實際照顧兒童及少年之人，應禁止兒童及少年為前項各款行為。

任何人均不得供應第一項之物質、物品予兒童及少年。

第27條　出版品、電腦軟體、電腦網路應予分級；其他有害兒童及少年身心健康之物品經目的事業主管機關認定應予分級者，亦同。

前項物品列為限制級者，禁止對兒童及少年為租售、散布、播送或公然陳列。

第1項物品之分級辦法，由目的事業主管機關定之。

第28條　兒童及少年不得出入酒家、特種咖啡茶室、限制級電子遊戲場及其他涉及賭博、色情、暴力等經主管機關認定足以危害其身心健康之場所。

父母、監護人或其他實際照顧兒童及少年之人，應禁止兒童及少年出入前項

677

場所。

第1項場所之負責人及從業人員應拒絕兒童及少年進入。

第29條　父母、監護人或其他實際照顧兒童及少年之人，應禁止兒童及少年充當前條第一項場所之侍應或從事危險、不正當或其他足以危害或影響其身心發展之工作。

任何人不得利用、僱用或誘迫兒童及少年從事前項之工作。

第30條　任何人對於兒童及少年不得有下列行為：

一、遺棄。

二、身心虐待。

三、利用兒童及少年從事有害健康等危害性活動或欺騙之行為。

四、利用身心障礙或特殊形體兒童及少年供人參觀。

五、利用兒童及少年行乞。

六、剝奪或妨礙兒童及少年接受國民教育之機會。

七、強迫兒童及少年婚嫁。

八、拐騙、綁架、買賣、質押兒童及少年，或以兒童及少年為擔保之行為。

九、強迫、引誘、容留或媒介兒童及少年為猥褻行為或性交。

十、供應兒童及少年刀械、槍杯、彈藥或其他危險物品。

十一、利用兒童及少年拍攝或錄製暴力、猥褻、色情或其他有害兒童及少年身心發展之出版品、圖畫、錄影帶、錄音帶、影片、光碟、磁片、電子訊號、遊戲軟體、網際網路或其他物品。

十二、違反媒體分級辦法，對兒童及少年提供或播送有害其身心發展之出版品、圖畫、錄影帶、影片、光碟、電子訊號、網際網路或其他物品。

十三、帶領或誘使兒童及少年進入有礙其身心健康之場所。

十四、其他對兒童及少年或利用兒童及少年犯罪或為不正當之行為。

第31條　孕婦不得吸菸、酗酒、嚼檳榔、施用毒品、非法施用管制藥品或為其他有害胎兒發育之行為。

任何人不得強迫、引誘或以其他方式使孕婦為有害胎兒發育之行為。

第32條　父母、監護人或其他實際照顧兒童之人不得使兒童獨處於易發生危險或傷害之環境；對於6歲以下兒童或需要特別看護之兒童及少年，不得使其獨處或由不適當之人代為照顧。

第33條　兒童及少年有下列情事之一，宜由相關機構協助、輔導者，直轄市、縣（市）主管機關得依其父母、監護人或其他實際照顧兒童及少年之人之申請或經其同意，協調適當之機構協助、輔導或安置之：

一、違反第26條第1項、第28條第1項規定或從事第29條第1項禁止從事之工作，經其父母、監護人或其他實際照顧兒童及少年之人盡力禁止而無效果。

二、有品行不端、暴力等偏差行為，情形嚴重，經其父母、監護人或其他實際照顧兒童及少年之人盡力矯正而無效果。

前項機構協助、輔導或安置所必要之生活費、衛生保健費、學雜各費及其他相關費用，由扶養義務人負擔。

第34條　醫事人員、社會工作人員、教育人員、保育人員、警察、司法人員及其他執行兒童及少年福利業務人員，知悉兒童及少年有下列情形之一者，應立即向直轄市、縣（市）主管機關通報，至遲不得超過二十四小時：

一、施用毒品、非法施用管制藥品或其他有害身心健康之物質。

二、充當第28條第1項場所之侍應。

三、遭受第30條各款之行為。

四、有第36條第1項各款之情形。

五、遭受其他傷害之情形。

其他任何人知悉兒童及少年有前項各款之情形者，得通報直轄市、縣（市）主管機關。

直轄市、縣（市）主管機關於知悉或接獲通報前二項案件時，應立即處理，至遲不得超過二十四小時，其承辦人員並應於受理案件後四日內提出調查報告。

第1項及第2項通報及處理辦法，由中央主管機關定之。

第1項及第2項通報人之身分資料，應予保密。

第35條　兒童及少年罹患性病或有酒癮、藥物濫用情形者，其父母、監護人或其他實際照顧兒童及少年之人應協助就醫，或由直轄市、縣（市）主管機關會同衛生主管機關配合協助就醫；必要時，得請求警察主管機關協助。

前項治療所需之費用，由兒童及少年之父母、監護人負擔。但屬全民健康保險給付範圍或依法補助者，不在此限。

第36條　兒童及少年有下列各款情形之一，非立即給予保護、安置或為其他處置，其生命、身體或自由有立即之危險或有危險之虞者，直轄市、縣（市）主管機關應予緊急保護、安置或為其他必要之處置：

一、兒童及少年未受適當之養育或照顧。

二、兒童及少年有立即接受診治之必要，而未就醫者。

三、兒童及少年遭遺棄、身心虐待、買賣、質押，被強迫或引誘從事不正當

之行為或工作者。

四、兒童及少年遭受其他迫害，非立即安置難以有效保護者。

直轄市、縣（市）主管機關為前項緊急保護、安置或為其他必要之處置時，得請求檢察官或當地警察機關協助之。

第一項兒童及少年之安置，直轄市、縣（市）主管機關得辦理家庭寄養、交付適當之兒童及少年福利機構或其他安置機構教養之。

第37條　直轄市、縣（市）主管機關依前條規定緊急安置時，應即通報當地地方法院及警察機關，並通知兒童及少年之父母、監護人。但其無父母、監護人或通知顯有困難時，得不通知之。

緊急安置不得超過七十二小時，非七十二小時以上之安置不足以保護兒童及少年者，得聲請法院裁定繼續安置。繼續安置以三個月為限；必要時，得聲請法院裁定延長之。

繼續安置之聲請，得以電訊傳真或其他科技設備為之。

第38條　直轄市、縣（市）主管機關、父母、監護人、受安置兒童及少年對於前條第二項裁定有不服者，得於裁定送達後十日內提起抗告。對於抗告法院之裁定不得再抗告。

聲請及抗告期間，原安置機關、機構或寄養家庭得繼續安置。

安置期間因情事變更或無依原裁定繼續安置之必要者，直轄市、縣（市）主管機關、父母、原監護人、受安置兒童及少年得向法院聲請變更或撤銷之。

直轄市、縣（市）主管機關對於安置期間期滿或依前項撤銷安置之兒童及少年，應續予追蹤輔導一年。

第39條　安置期間，直轄市、縣（市）主管機關或受其交付安置之機構或寄養家庭在保護安置兒童及少年之範圍內，行使、負擔父母對於未成年子女之權利義務。

法院裁定得繼續安置兒童及少年者，直轄市、縣（市）主管機關或受其交付安置之機構或寄養家庭，應選任其成員一人執行監護事務，並負與親權人相同之注意義務。直轄市、縣（市）主管機關應陳報法院執行監護事務之人，並應按個案進展作成報告備查。

安置期間，兒童及少年之父母、原監護人、親友、師長經主管機關許可，得依其指示時間、地點及方式，探視兒童及少年。不遵守指示者，直轄市、縣（市）主管機關得禁止之。

主管機關為前項許可時，應尊重兒童及少年之意願。

第40條　安置期間，非為貫徹保護兒童及少年之目的，不得使其接受訪談、偵訊、訊

問或身體檢查。

兒童及少年接受訪談、偵訊、訊問或身體檢查，應由社會工作人員陪同，並保護其隱私。

第41條　兒童及少年因家庭發生重大變故，致無法正常生活於其家庭者，其父母、監護人、利害關係人或兒童及少年福利機構，得申請直轄市、縣（市）主管機關安置或輔助。

前項安置，直轄市、縣（市）主管機關得辦理家庭寄養、交付適當之兒童及少年福利機構或其他安置機構教養之。

直轄市、縣（市）主管機關、受寄養家庭或機構負責人依第一項規定，在安置兒童及少年之範圍內，行使、負擔父母對於未成年子女之權利義務。

第1項之家庭情況改善者，被安置之兒童及少年仍得返回其家庭，並由主管機關續予追蹤輔導一年。

第2項及第36條第3項之家庭寄養，其寄養條件、程序與受寄養家庭之資格、許可、督導、考核及獎勵之辦法，由直轄市、縣（市）主管機關定之。

第42條　直轄市、縣（市）主管機關依第36條第3項或前條第2項對兒童及少年為安置時，因受寄養家庭或安置機構提供兒童及少年必要服務所需之生活費、衛生保健費、學雜各費及其他與安置有關之費用，得向扶養義務人收取；其收費規定，由直轄市、縣（市）主管機關定之。

第43條　兒童及少年有第30條或第36條第1項各款情事，或屬目睹家庭暴力之兒童及少年，經直轄市、縣（市）主管機關列為保護個案者，該主管機關應提出兒童及少年家庭處遇計畫；必要時，得委託兒童及少年福利機構或團體辦理。

前項處遇計畫得包括家庭功能評估、兒童少年安全與安置評估、親職教育、心理輔導、精神治療、戒癮治療或其他與維護兒童及少年或其他家庭正常功能有關之扶助及福利服務方案。

處遇計畫之實施，兒童及少年本人、父母、監護人、實際照顧兒童及少年之人或其他有關之人應予配合。

第44條　依本法保護、安置、訪視、調查、評估、輔導、處遇兒童及少年或其家庭，應建立個案資料，並定期追蹤評估。因職務上所知悉之秘密或隱私及所製作或持有之文書，應予保密，非有正當理由，不得洩漏或公開。

第45條　對於依少年事件處理法所轉介或交付安置輔導之兒童及少年及其家庭，當地主管機關應予以追蹤輔導，並提供必要之福利服務。

前項追蹤輔導及福利服務，得委託兒童及少年福利機構為之。

第46條　宣傳品、出版品、廣播電視、電腦網路或其他媒體不得報導或記載遭受第30

條或第36條第1項各款行為兒童及少年之姓名或其他足以識別身分之資訊。兒童及少年有施用毒品、非法施用管制藥品或其他有害身心健康之物質之情事者，亦同。

行政機關及司法機關所製作必須公開之文書，不得揭露足以識別前項兒童及少年身分之資訊。

除前2項以外之任何人亦不得於媒體、資訊或以其他公示方式揭示有關第1項兒童及少年之姓名及其他足以識別身分之資訊。

第47條　直轄市、縣（市）主管機關就本法規定事項，必要時，得自行或委託兒童及少年福利機構、團體進行訪視、調查及處遇。

直轄市、縣（市）主管機關或受其委託之機構或團體進行訪視、調查及處遇時，兒童及少年之父母、監護人、實際照顧兒童及少年之人、師長、雇主、醫事人員及其他有關之人應予配合並提供相關資料；必要時，該主管機關並得請求警政、戶政、財政、教育或其他相關機關或機構協助，被請求之機關或機構應予配合。

第48條　父母或監護人對兒童及少年疏於保護、照顧情節嚴重，或有第30條、第36條第一項各款行為，或未禁止兒童及少年施用毒品、非法施用管制藥品者，兒童及少年或其最近尊親屬、主管機關、兒童及少年福利機構或其他利害關係人，得聲請法院宣告停止其親權或監護權之全部或一部，或另行選定或改定監護人；對於養父母，並得聲請法院宣告終止其收養關係。

法院依前項規定選定或改定監護人時，得指定主管機關、兒童及少年福利機構之負責人或其他適當之人為兒童及少年之監護人，並得指定監護方法、命其父母、原監護人或其他扶養義務人交付子女、支付選定或改定監護人相當之扶養費用及報酬、命為其他必要處分或訂定必要事項。

前項裁定，得為執行名義。

第49條　有事實足以認定兒童及少年之財產權益有遭受侵害之虞者，主管機關得請求法院就兒童及少年財產之管理、使用、收益或處分，指定或改定社政主管機關或其他適當之人任監護人或指定監護之方法，並得指定或改定受託人管理財產之全部或一部。

前項裁定確定前，主管機關得代為保管兒童及少年之財產。

第五章　福利機構

第50條　兒童及少年福利機構分類如下：
　　　　一、托育機構。
　　　　二、早期療育機構。
　　　　三、安置及教養機構。
　　　　四、心理輔導或家庭諮詢機構。
　　　　五、其他兒童及少年福利機構。
　　　　前項兒童及少年福利機構之規模、面積、設施、人員配置及業務範圍等事項
　　　　之標準，由中央主管機關定之。
　　　　第1項兒童及少年福利機構，各級主管機關應鼓勵、委託民間或自行創辦；
　　　　其所屬公立兒童及少年福利機構之業務，必要時，並得委託民間辦理。

第51條　兒童及少年福利機構之業務，應遴用專業人員辦理；其專業人員之類別、資
　　　　格、訓練及課程等之辦法，由中央主管機關定之。

第52條　私人或團體辦理兒童及少年福利機構，應向當地主管機關申請設立許可；其
　　　　有對外勸募行為且享受租稅減免者，應於設立許可之日起六個月內辦理財團
　　　　法人登記。
　　　　未於前項期間辦理財團法人登記，而有正當理由者，得申請核准延長一次，
　　　　期間不得超過三個月；屆期不辦理者，原許可失其效力。
　　　　第1項申請設立之許可要件、申請程序、審核期限、撤銷與廢止許可、督導
　　　　管理及其他應遵行事項之辦法，由中央主管機關定之。

第53條　兒童及少年福利機構不得利用其事業為任何不當之宣傳；其接受捐贈者，應
　　　　公開徵信，並不得利用捐贈為設立目的以外之行為。
　　　　主管機關應辦理輔導、監督、檢查、評鑑及獎勵兒童及少年福利機構。
　　　　前項評鑑對象、項目、方式及獎勵方式等辦法，由主管機關定之。

第六章　罰　則

第54條　接生人違反第13條規定者，由衛生主管機關處新臺幣六千元以上三萬元以下
　　　　罰鍰。

第55條　父母、監護人或其他實際照顧兒童及少年之人，違反第26條第2項規定情節
　　　　嚴重者，處新臺幣一萬元以上五萬元以下罰鍰。

供應菸、酒或檳榔予兒童及少年者，處新臺幣三千元以上一萬五千元以下罰鍰。

供應毒品、非法供應管制藥品或其他有害身心健康之物質予兒童及少年者，處新臺幣六萬元以上三十萬元以下罰鍰。

供應有關暴力、猥褻或色情之出版品、圖畫、錄影帶、影片、光碟、電子訊號、電腦網路或其他物品予兒童及少年者，處新臺幣六千元以上三萬元以下罰鍰。

第56條　父母、監護人或其他實際照顧兒童及少年之人，違反第28條第2項規定者，處新臺幣一萬元以上五萬元以下罰鍰。

違反第28條第3項規定者，處新臺幣二萬元以上十萬元以下罰鍰，並公告場所負責人姓名。

第57條　父母、監護人或其他實際照顧兒童及少年之人，違反第29條第1項規定者，處新臺幣二萬元以上十萬元以下罰鍰，並公告其姓名。

違反第29條第2項規定者，處新臺幣六萬元以上三十萬元以下罰鍰，公告行為人及場所負責人之姓名，並令其限期改善；屆期仍不改善者，除情節嚴重，由主管機關移請目的事業主管機關令其歇業者外，令其停業一個月以上一年以下。

第58條　違反第30條規定者，處新臺幣三萬元以上十五萬元以下罰鍰，並公告其姓名。

違反第30條第12款規定者，處新臺幣十萬元以上五十萬元以下罰鍰，並得勒令停業一個月以上一年以下。

第59條　違反第31條第2項規定者，處新臺幣一萬元以上五萬元以下罰鍰。

第60條　違反第32條規定者，處新臺幣三千元以上一萬五千元以下罰鍰。

第61條　違反第34條第一項規定而無正當理由者，處新臺幣六千元以上三萬元以下罰鍰。

第62條　違反第17條第2項、第34條第5項、第44條第2項、第46條第3項而無正當理由者，處新臺幣六千元以上三萬元以下罰鍰。

第63條　違反第46條第1項規定者，各目的事業主管機關對其負責人及行為人，得各處新臺幣三萬元以上三十萬元以下罰鍰，並得沒入第46條第1項規定之物品。

第64條　兒童及少年之父母、監護人、實際照顧兒童及少年之人、師長、雇主、醫事人員及其他有關之人違反第47條第2項規定而無正當理由者，處新臺幣六千元以上三萬元以下罰鍰，並得按次處罰，至其配合或提供相關資料為止。

第65條　父母、監護人或其他實際照顧兒童及少年之人有下列情事之一者，直轄市、縣（市）主管機關得令其接受八小時以上五十小時以下之親職教育輔導，並收取必要之費用；其收費規定，由直轄市、縣（市）主管機關定之：

一、對於兒童及少年所為第26條第1項第2款行為，未依同條第2項規定予以禁止。

二、違反第28條第2項、第29條第1項、第30條或第32條規定，情節嚴重。

三、有第36條第1項各款情事之一者。

經直轄市、縣（市）主管機關令其接受前項親職教育輔導，有正當理由無法如期參加者，得申請延期。

拒不接受第一項親職教育輔導或時數不足者，處新臺幣三千元以上一萬五千元以下罰鍰；經再通知仍不接受者，得按次連續處罰，至其參加為止。

第66條　違反第52條第1項規定者，由設立許可主管機關處新臺幣六萬元以上三十萬元以下罰鍰並公告其姓名，並命其限期申辦設立許可，屆期仍不辦理者，得按次處罰。

經設立許可主管機關依第52條第1項規定令其立即停止對外勸募之行為，而不遵令者，由設立許可主管機關處新臺幣六萬元以上三十萬元以下罰鍰並限期改善；屆期仍不改善者，得按次處罰並公告其名稱，並得令其停辦一日以上一個月以下。

兒童及少年福利機構有下列各款情形之一者，設立許可主管機關應通知其限期改善；屆期仍不改善者，得令其停辦一個月以上一年以下：

一、虐待或妨害兒童及少年身心健康者。

二、違反法令或捐助章程者。

三、業務經營方針與設立目的不符者。

四、財務收支未取具合法之憑證、捐款未公開徵信或會計紀錄未完備者。

五、規避、妨礙或拒絕主管機關或目的事業主管機關輔導、檢查、監督者。

六、對各項工作業務報告申報不實者。

七、擴充、遷移、停業未依規定辦理者。

八、供給不衛生之餐飲，經衛生主管機關查明屬實者。

九、提供不安全之設施設備者。

十、發現兒童及少年受虐事實未向直轄市、縣（市）主管機關通報者。

十一、依第52條第1項須辦理財團法人登記而未登記者，其有對外募捐行為時。

十二、有其他重大情事，足以影響兒童及少年身心健康者。

依前2項規定令其停辦而拒不遵守者,處新臺幣六萬元以上三十萬元以下罰鍰。經處罰鍰,仍拒不停辦者,設立許可主管機關應廢止其設立許可。

兒童及少年福利機構停辦、停業、解散、撤銷許可或經廢止許可時,設立許可主管機關對於該機構收容之兒童及少年應即予適當之安置。兒童及少年福利機構應予配合;不予配合者,強制實施之,並處以新臺幣六萬元以上三十萬元以下罰鍰。

第67條　依本法應受處罰者,除依本法處罰外,其有犯罪嫌疑者,應移送司法機關處理。

第68條　依本法所處之罰鍰,經限期繳納,屆期仍不繳納者,依法移送強制執行。

第七章　附　則

第69條　18歲以上未滿20歲之人,於緊急安置等保護措施,準用本法之規定。

第70條　成年人教唆、幫助或利用兒童及少年犯罪或與之共同實施犯罪或故意對其犯罪者,加重其刑至二分之一。但各該罪就被害人係兒童及少年已定有特別處罰規定者,不在此限。

對於兒童及少年犯罪者,主管機關得獨立告訴。

第71條　以詐欺或其他不正當方法領取本法相關補助或獎勵費用者,主管機關應撤銷原處分並以書面限期命其返還,屆期未返還者,依法移送強制執行;其涉及刑事責任者,移送司法機關辦理。

第72條　扶養義務人不依本法規定支付相關費用者,如為保護兒童及少年之必要,由主管機關於兒童及少年福利經費中先行支付。

第73條　本法修正施行前已許可立案之兒童福利機構及少年福利機構,於本法修正公布施行後,其設立要件與本法及所授權辦法規定不相符合者,應於中央主管機關公告指定之期限內改善;屆期未改善者,依本法規定處理。

第74條　本法施行細則,由中央主管機關定之。

第75條　本法自公布日施行

資料來源:全國法規資料庫

其他附錄（請參考相關網站）

★兒童少年福利法施行細則

　http://law.moj.gov.tw/fn/fn4.asp?id=21575

★少年事件處理法

　http://law.moj.gov.tw/Scripts/newsdetail.asp?no=1C0010011

★少年事件處理法施施細則

　http://www.shps.tp.edu.tw/gender/law/interior/law5.htm

★少年不良行爲及虞犯法預防辦法

　http://163.26.164.12/old/law14.html

★強迫入學條例

　http://law.moj.gov.tw/Scripts/Newsdetail.asp?NO=1H0070002

★強迫入學條例細則

　http://law.moj.gov.tw/Scripts/Newsdetail.asp?NO=1H0070011

★兒童及少年性交易防制條例

　http://law.moj.gov.tw/Scripts/NewsDetail.asp?no=1D0050098

★兒童及少年性交易防制條例施行細則

　http://www.sinica.edu.tw/~whchou/01/aa58.html

★性侵害犯罪防治法

　http://law.moj.gov.tw/Scripts/NewsDetail.asp?no=1D0080201

★家庭暴力防治法

　http://law.moj.gov.tw/Scripts/NewsDetail.asp?no=1D0050401

★家庭暴力防治法施行細則

　http://www.scu.edu.tw/sw/data/welfarelaw/welfare_20.htm

★菸害防治法

　http://www.kmuh.org.tw/www/fm/smoke/the_laws.html

★托兒所設置辦法

　http://www.kid.mlc.edu.tw/c/c05.htm

★幼稚教育法

　http://www.tmtc.edu.tw/~kidcen/six-1.htm

★特殊教育法

　http://law.moj.gov.tw/Scripts/Newsdetail.asp?NO=1H0080027

★特殊教育法施行細則

http://www.ftps.kh.edu.tw/%E7%89%B9%E6%95%99/P2/FT44-2.htm

★身心障礙者保護法

http://volnet.moi.gov.tw/sowf/05/06_01.htm

★優生保健法

http://www.doh.gov.tw/NewVersion/content.asp?class_no=115&now_Fod_list_no=1875
&array_Fod_list_no=115,&level_no=1&doc_no=7515

★優生保健法施行細則

http://www.doh.gov.tw/NewVersion/content.asp?class_no=45&now_Fod_list_no=5&arr
ay_Fod_list_no=45,&level_no=1&doc_no=5031

★兒童及少年福利機構設置標準草案

http://www.cbi.gov.tw/my/img/da023/20/0930419-1.doc

★兒童及少年福利機構設立許可及管理辦法草案

http://www.cbi.gov.tw/my/img/da023/20/0930419-2.doc

幼教叢書 17

兒童福利

作　　者／郭靜晃
出 版 者／揚智文化事業股份有限公司
發 行 人／葉忠賢
總 編 輯／閻富萍
執行編輯／李鳳三
地　　址／台北縣深坑鄉北深路三段 260 號 8 樓
電　　話／(02)8662-6826
傳　　真／(02)2664-7633
網　　址／http://www.ycrc.com.tw
　E-mail ／service@ycrc.com.tw
印　　刷／鼎易彩色印刷股份有限公司
　I S B N ／978-957-818-929-4
初版一刷／2004 年 7 月
二版一刷／2009 年 11 月
定　　價／新台幣 750 元

國家圖書館出版品預行編目資料

兒童福利 = Child welfare / 郭靜晃著. -- 二
版. -- 臺北縣深坑鄉：揚智文化, 2009.11
　　面；　公分. -- （幼教叢書；17）

　ISBN 978-957-818-929-4（平裝）

　1.兒童福利

547.51　　　　　　　　　　　　　98018396